SONDERHEFT 34

ÖFFENTLICHKEIT, ÖFFENTLICHE MEINUNG, SOZIALE BEWEGUNGEN

KÖLNER ZEITSCHRIFT FÜR SOZIOLOGIE
UND SOZIALPSYCHOLOGIE

SONDERHEFTE
Begründet durch *René König*

Herausgegeben von
Jürgen Friedrichs, M. Rainer Lepsius und *Friedhelm Neidhardt*

ÖFFENTLICHKEIT, ÖFFENTLICHE MEINUNG, SOZIALE BEWEGUNGEN

HERAUSGEGEBEN VON
FRIEDHELM NEIDHARDT

WESTDEUTSCHER VERLAG

Kölner Zeitschrift für Soziologie und Sozialpsychologie

Begründet als „Kölner Zeitschrift für Soziologie"
durch *Leopold von Wiese* (1948–1954)
Fortgeführt als „Kölner Zeitschrift für Soziologie und Sozialpsychologie"
durch *René König* (1955–1985)

Herausgegeben von Prof. Dr. *Jürgen Friedrichs*, Universität zu Köln,
Prof. Dr. *M. Rainer Lepsius*, Universität Heidelberg, und
Prof. Dr. *Friedhelm Neidhardt*, Wissenschaftszentrum Berlin
Redaktionssekretär: Dr. *Heine von Alemann*, Forschungsinstitut für Soziologie
der Universität zu Köln

REDAKTIONELLE BEMERKUNGEN

Briefe, Manuskripte und Besprechungsexemplare bitten wir nur an die Redaktion einzusenden.
Unverlangt eingesandte Manuskripte und Rezensionsexemplare von Büchern können nicht zurückgeschickt werden. Die Hinweise zur Manuskriptgestaltung (am Ende des Heftes) sind zu beachten.
Die Auswahl der Bücher zur Rezension behält sich die Redaktion vor. Unverlangt eingesandte
Buchbesprechungen werden nicht veröffentlicht. Die KZfSS publiziert nur Originalbeiträge, die
nicht bereits an anderer Stelle veröffentlicht wurden.

Zuschriften werden erbeten an:

Redaktion der Kölner Zeitschrift für Soziologie und Sozialpsychologie,
Forschungsinstitut für Soziologie, Lindenburger Allee 15, D-50931 Köln.
Telefon: (0221) 470-2518

Die KZfSS wird u.a. in den folgenden Informationsdiensten erfaßt: *Social Science Citation Index*
und *Current Contents* des Institute for Scientific Information; *sociological abstracts; psychological abstracts; Bulletin signalétique; prd,* Publizistikwissenschaftlicher Referatedienst; *SRM,*
social research methodology abstracts; *SOLIS,* Sozialwissenschaftliches Literaturinformationssystem; Literaturdatenbank *PSYNDEX;* Referatedienst *Psychologischer Index,* u.a.m.

Verlag: *Westdeutscher Verlag GmbH,* Postfach 5829, D-65048 Wiesbaden.
Telefon: Vertrieb/Anzeigen (0611) 160230, Telefax (0611) 160229.
Geschäftliche Zuschriften, Anzeigenaufträge usw. nur an den Verlag.
Es gilt die Anzeigenpreisliste Nr. 5 vom 1. Januar 1993.
Jährlich erscheinen vier Hefte im Gesamtumfang von ca. 800 Seiten. Bezugspreis 1994: Jahresbezugspreis DM 149,–/öS 1162,–/sFr 149,–, Jahresabonnement für Studenten gegen Studienbescheinigung DM 86,–/öS 671,–/sFr 86,–, Einzelheft DM 45,–/öS 351,–/sFr 45,–, jeweils zuzüglich Versandkosten. Die angegebenen Bezugspreise enthalten die Mehrwertsteuer. Alle Bezugspreise und
Versandkosten unterliegen der Preisbindung. Das Sonderheft des laufenden Jahrgangs wird je nach
Umfang berechnet und den Jahresabonnenten bei Bezug im Jahr des Erscheinens mit einem Nachlaß gegen gesonderte Rechnung als Drucksache geliefert. Die Hefte sind durch jede Buchhandlung
oder direkt beim Verlag zu beziehen. Abbestellungen müssen spätestens 3 Monate vor Ende des
Kalenderjahres schriftlich erfolgen. Jede Verwertung außerhalb der engen Grenzen des Urheberrechtsgesetzes ist ohne Zustimmung des Verlags unzulässig und strafbar. Das gilt insbesondere für
Vervielfältigungen, Übersetzungen, Mikroverfilmungen und die Einspeicherung und Verarbeitung
in elektronischen Systemen. Die Zeitschrift und alle in ihr enthaltenen Beiträge und Abbildungen
sind urheberrechtlich geschützt.
Satz: ITS Text und Satz GmbH, Herford
Druck und Buchbinderei: Lengericher Handelsdruckerei, Lengerich

Der Westdeutsche Verlag ist ein Unternehmen der Bertelsmann Fachinformation GmbH.

© 1994 by Westdeutscher Verlag GmbH, Opladen

ISBN 978-3-531-12650-0

INHALTSÜBERSICHT

I. Einleitung

Friedhelm Neidhardt
Öffentlichkeit, öffentliche Meinung, soziale Bewegungen   7

II. Bedingungen, Strukturen und Funktionen von Öffentlichkeit

Bernhard Peters
Der Sinn von Öffentlichkeit 42

Jürgen Gerhards
Politische Öffentlichkeit. Ein system- und akteurstheoretischer Bestimmungs-
versuch 77

III. Öffentlichkeitsakteure

Rüdiger Schmitt-Beck und Barbara Pfetsch
Politische Akteure und die Medien der Massenkommunikation. Zur Generierung von Öffentlichkeit in Wahlkämpfen 106

Klaus Schönbach, Dieter Stürzebecher und Beate Schneider
Oberlehrer und Missionare? Das Selbstverständnis deutscher Journalisten . . 139

Hans Peter Peters
Wissenschaftliche Experten in der öffentlichen Kommunikation über Technik,
Umwelt und Risiken 162

Birgit Peters
„Öffentlichkeitselite" – Bedingungen und Bedeutungen von Prominenz . . . 191

IV. Prozesse und Wirkungen öffentlicher Meinungsbildung

Hans Mathias Kepplinger
Publizistische Konflikte. Begriffe, Ansätze, Ergebnisse 214

Hanspeter Kriesi
Akteure – Medien – Publikum. Die Herausforderung direkter Demokratie
durch die Transformation der Öffentlichkeit 234

Michael Schenk und *Patrick Rössler*
Das unterschätzte Publikum. Wie Themenbewußtsein und politische Meinungsbildung im Alltag von Massenmedien und interpersonaler Kommuni-
kation beeinflußt werden 261

Werner Bergmann
Effekte öffentlicher Meinung auf die Bevölkerungsmeinung. Der Rückgang
antisemitischer Einstellungen als kollektiver Lernprozeß 296

Klaus von Beyme
Die Massenmedien und die politische Agenda des parlamentarischen Systems 320

V. Die Mobilisierung des Publikums: Protestbewegungen

Dieter Rucht
Öffentlichkeit als Mobilisierungsfaktor für soziale Bewegungen 337

Jürgen Friedrichs
Stresemannstraße. Eine Fallstudie zur Dynamik sozialen Protests 359

Ingrid Gilcher-Holtey
Die Nacht der Barrikaden. Eine Fallstudie zur Dynamik sozialen Protests . . 375

Doug McAdam
Taktiken von Protestbewegungen. Das „Framing" der amerikanischen Bürgerrechtsbewegung 393

Roland Roth
Lokale Bewegungsnetzwerke und die Institutionalisierung von neuen sozialen
Bewegungen 413

Die Autoren der Beiträge 437

English Summaries 440

I. Einleitung

ÖFFENTLICHKEIT, ÖFFENTLICHE MEINUNG, SOZIALE BEWEGUNGEN*

Friedhelm Neidhardt

Zusammenfassung: Moderne Öffentlichkeit ist ein relativ frei zugängliches Kommunikationsfeld, in dem „Sprecher" mit bestimmten Thematisierungs- und Überzeugungstechniken versuchen, über die Vermittlung von „Kommunikateuren" bei einem „Publikum" Aufmerksamkeit und Zustimmung für bestimmte Themen und Meinungen zu finden. Politische und ökonomische Interessen der Öffentlichkeitsakteure strukturieren diese Kommunikation ebenso wie die Unterhaltungs- und Orientierungsbedürfnisse eines Publikums, das in marktwirtschaftlich verfaßten Demokratien als Elektorat und Kundschaft strategische Bedeutung besitzt. Untersucht wird, in welchem Maße und unter dem Einfluß welcher Bedingungen Öffentlichkeit nicht nur Transparenz-, sondern auch Validierungs- und Orientierungsfunktionen erfüllt und dabei „Öffentliche Meinungen" erzeugt, die zunächst das Publikum und dann entweder direkt oder, vermittelt über demoskopisch bestimmbare „Bevölkerungsmeinungen" indirekt, auch die politischen Entscheidungsprozesse beeinflussen. Es wird dabei skizziert, welche Beiträge die übrigen Aufsätze des Sonderheftes zu den Fragen leisten, die bei einer systematischen Analyse des Zusammenhangs von Öffentlichkeit und Politik aufkommen. Die Rolle, die unter bestimmten Bedingungen soziale Bewegungen für diesen Zusammenhang spielen, wird gesondert behandelt.

Öffentlichkeit erscheint als ein offenes Kommunikationsforum für alle, die etwas sagen oder das, was andere sagen, hören wollen. In den Arenen und Relaisstationen dieses Forums befinden sich die Öffentlichkeitsakteure, die zu bestimmten Themen Meinungen von sich geben oder weitertragen: Sprecher und Kommunikateure. Auf den Galerien versammelt sich eine mehr oder weniger große Zahl von Beobachtern, das Publikum. Unter bestimmten Bedingungen können sich aus der Kommunikation in den Arenen Fokussierungen auf bestimmte Themen und Übereinstimmungen in den Meinungsäußerungen zu diesen Themen ergeben. In diesem Falle einer Arenenkonsonanz sind *„öffentliche Meinungen"* entstanden – öffentliche Meinungen als herrschende Meinungen unter den Öffentlichkeitsakteuren, also denen, die das Publikum wahrnehmen kann. Ob und unter welchen Bedingungen öffentliche Meinungen auch den Meinungen des Publikums sowie derer entsprechen, die an öffentlicher Kommunikation weder als Akteure noch als Beobachter teilnehmen, ist eine empirische Frage. Öffent-

---

* Der folgende Beitrag versucht eine analytische Rahmung und Plazierung der weiteren 16 Aufsätze des Sonderheftes und bemüht sich um die Systematisierung der mit ihnen eingebrachten Perspektiven und Gesichtspunkte. Der bibliographische Bezug auf diese Aufsätze erfolgt mit dem Kürzel (idB: Nr. ..).

liche Meinung und Bevölkerungsmeinung sind unterschiedliche Größen. Decken sie sich, so entsteht in demokratischen Systemen ein relativ starker Druck auf die politischen Entscheidungsträger. Fallen sie erheblich auseinander und bleiben politische Effekte aus, so kann es unter bestimmten Bedingungen zu *sozialen Bewegungen* kommen, also zu Mobilisierungen von Publikumsgruppen mit dem Ziel, selber Zugang zu den Öffentlichkeitsarenen zu gewinnen und die öffentliche Meinung, die Bevölkerungsmeinung sowie politische Entscheidungsprozesse zu ihren Gunsten zu beeinflussen.

Die Frage für die Forschung ist: Wann entsteht was? Was sind die Bedingungen, unter denen sich Themenfokussierungen und Meinungskonsonanzen in der Öffentlichkeit entwickeln? Unter welchen Voraussetzungen konvergieren öffentliche Meinungen und Bevölkerungsmeinungen und wirken auf politische Entscheidungen ein? Welche Umstände erzeugen aus der Differenz von öffentlicher Meinung und Bevölkerungsmeinung soziale Bewegungen?

I. Funktionsbestimmungen politischer Öffentlichkeit

Die Fragen, mit denen es eine Öffentlichkeitssoziologie zu tun hat, werden als politische Fragen in der Öffentlichkeit selber verhandelt, seitdem sich Demokratie als verbindliches Muster politischer Herrschaft durchzusetzen begann. Öffentlichkeit gehört zur verfassungsrechtlich gesicherten Grundausstattung der Demokratien, und aus dieser Bindung entwickeln sich die politischen Funktionen, die man ihr zurechnet, sowie die Ansprüche und Maßstäbe, an denen man sie mißt. Öffentlichkeit und öffentliche Meinung sind neben allem sonstigen politische Begriffe, die seit dem Beginn der Aufklärung normative Ladungen besitzen. Die Ansprüche an Öffentlichkeit sind selber Teil öffentlicher Meinungsbildung, und man muß annehmen, sollte auf jeden Fall nicht ausschließen, daß sie nicht ohne jede Wirkung auf den Gegenstand sind, dem sie selber zugehören.

Die normativen Modelle von politischer Öffentlichkeit, die in der öffentlichen Diskussion, dann aber auch in den sozialwissenschaftlichen Theorien öffentlicher Diskussion erkennbar sind, unterscheiden sich allerdings in dem Anspruchsniveau ihrer Maßstäbe. Die Unterschiede lassen sich verdeutlichen, wenn man im Sinne der Theorie „kybernetischer Fähigkeiten" von Amitai Etzioni Öffentlichkeit als ein Kommunikationssystem betrachtet, in dem Themen und Meinungen (A) gesammelt (Input), (B) verarbeitet (Throughput) und (C) weitergegeben (Output) werden (Etzioni 1969: 157ff.; vgl. Gerhards/Neidhardt 1990: 13ff.) . Mit Blick auf diese drei Prozeßstufen lassen sich normative Ansprüche auf drei Prinzipien und Funktionen politischer Öffentlichkeit beziehen:

(A) Öffentlichkeit soll *offen* sein für alle gesellschaftlichen Gruppen sowie für alle Themen und Meinungen von kollektiver Bedeutung. In dem Maße, in dem das Prinzip der Offenheit eingelöst ist, erfüllt Öffentlichkeit *Transparenzfunktionen*.

(B) Öffentlichkeitsakteure sollen mit den Themen und Meinungen anderer *diskursiv* umgehen und ihre eigenen Themen und Meinungen unter dem Druck der Argumente anderer gegebenenfalls revidieren. In dem Maße, in dem das Prinzip der Diskursivität beachtet wird, leistet öffentliche Kommunikation *Validierungsfunktionen*.

(C) Öffentliche Kommunikation, die von den Öffentlichkeitsakteuren diskursiv betrieben wird, erzeugt „öffentliche Meinungen", die das Publikum als *überzeugend* wahrnehmen und akzeptieren kann. In dem Maße, in dem „öffentliche Meinungen" diese Autorität besitzen, leisten sie in Demokratien politisch wirksame *Orientierungsfunktionen*.

Die theoretischen Programme, die gegenwärtig die Öffentlichkeitssoziologie und deren Fragestellungen dominieren, verhalten sich im Hinblick auf das dreistufige normative Modell ungleich anspruchsvoll. Niklas Luhmann skizziert ein *Spiegelmodell* von Öffentlichkeit (1990: 181f.), das inzwischen weiter ausgearbeitet wurde (Marcinkowski 1993). *Jürgen Gerhards* behandelt in diesem Band die Grundzüge dieses Ansatzes und versucht weiterführend eine Vermittlung system- und akteurstheoretischer Positionen (Gerhards idB: Nr. 3). Entscheidend ist die Implikation, daß die Leistung von Öffentlichkeit über die Akquisition des Rohstoffs an Themen und Meinungen nicht hinauskommt, der als Input öffentlich wird. In diesem Sichtbarmachen wird der entscheidende Beitrag gesehen und gewürdigt. Öffentlichkeit erfüllt Transparenzfunktionen (Prinzip A), und ihre Publizität ist schon ihre Leistung (Marcinkowski 1993: 46-70). Die Gesellschaft spiegelt sich mit dem, was sie von sich gibt, im Medium der Öffentlichkeit, und das zu beobachten, gibt instruktive Informationen für das Handeln in den Funktionsbereichen, die in irgendeiner Weise von den Publikumsresonanzen öffentlicher Kommunikation abhängen. Als illusorisch erscheint in diesem Modell, von der Öffentlichkeit auch noch zu erwarten, daß sie die Kristallisierung „öffentlicher Meinungen" leistet. Allenfalls erzeugt sie eine „Institutionalisierung von Themen" (Luhmann 1971: 22; Marcinkowski 1993: 120), also mit „agenda-setting" eine Fokussierung der Aufmerksamkeit auf bestimmte Angelegenheiten.

Normativ wesentlich anspruchsvoller ist das *Diskursmodell* öffentlicher Meinungsbildung, das Jürgen Habermas immer wieder begründet und angewendet hat (Habermas 1989, 1990, 1992). *Bernhard Peters* expliziert in diesem Bande die normativen Elemente dieses Modells und prüft vor allem die strukturellen Einschränkungen ihrer empirischen Geltung mit dem Ziel, die heuristische Leistungsfähigkeit des Modells zu verbessern (Peters idB: Nr. 2). Übersetzt man die zentralen Postulate des Diskursmodells in die Formalsprache einer Input/Output-Analyse, so läßt sich in Anlehnung an Bernhard Peters vor allem dreierlei festhalten: Öffentlichkeit erfüllt ihre gesellschaftlichen und politischen Funktionen nur in dem Maße, in dem sie (A) offen ist sowohl für alle gesellschaftlichen Akteure (bzw. deren Repräsentanten) als auch deren Themen und Meinungen, (B) die diskursive Verarbeitung von Themen und Meinungen durch die Öffentlichkeitsakteure in kollektiven Lernprozessen gewährleistet und dadurch (C) „zu begründeten, kritisch geprüften, in diesem Sinne vernünftigen gemeinsamen Einsichten, Problemlösungen und Zielsetzungen" beiträgt, die in Gestalt „öffentlicher Meinung" nach außen argumentativen Druck entfalten. Entscheidend ist in diesem Modell erstens der Anspruch auf Diskursivität: „Auseinandersetzungen über Problemdefinitionen und Lösungsvorschläge werden mit Argumenten ausgetragen, die Anspruch auf eine kollektive Akzeptanz erheben, welche auf allgemein geteilter, zwanglos erzielter Überzeugung beruht". Das setzt neben allem anderen auch „eine gegenseitige Achtung der Kommunikationspartner voraus" (Peters idB: Nr. 2). Entscheidend ist in diesem Modell zweitens auch die empirische Annahme, daß durch

Diskurs die Wahrscheinlichkeit erhöht werde, einen „vernünftigen" Konsens zu erreichen. Die Unterschiede zwischen Spiegel- und Diskursmodell lassen sich in der Formalsprache einer Input/Throughput/Output – Analyse in Mehr-oder-weniger-Differenzen
übersetzen. Das Diskursmodell enthält die Grundannahmen des Spiegelmodells und
geht darüber hinaus. Es ist insofern reichhaltiger und erscheint (sieht man von der
Unüberprüfbarkeit von Vernünftigkeitsannahmen ab) bei der Disposition empirisch
orientierter Analyseprogramme als fruchtbarer. Ob sich der heuristische Mehrwert bei
der Analyse auszahlt, bleibt abzuwarten.

II. Öffentlichkeitsebenen und Öffentlichkeitsakteure

Öffentlichkeit entsteht dort, wo ein Sprecher vor einem Publikum kommuniziert,
dessen Grenzen er nicht bestimmen kann. Konstitutiv ist „die prinzipielle Unabgeschlossenheit des Publikums" (Habermas 1990: 98). Die Galerie ist frei zugänglich,
und man kann nicht wissen, wer und wie viele mit von der Partie sein werden.
Öffentliche Kommunikation findet unter diesen Bedingungen prinzipiell mit hohen
Ungewißheiten und mit einer starken Wahrscheinlichkeit von Überraschungen statt.

1. Große und kleine Öffentlichkeiten

Ungewißheiten und Überraschungen erscheinen besonders in den großen Foren von
Öffentlichkeit ausgeprägt, die durch massenmediale Vermittlung entstehen. Mit den
Massenmedien tritt neben Sprechern und Publikum eine dritte Größe in das soziale
Feld der Öffentlichkeit. Sprecher und Publikum werden über Kommunikateure ver-
mittelt und verlieren ihren interaktiven Zusammenhang. Dies aber steigert die Reich-
weite der Sprecher, und die Größe des Publikums kann erheblich steigen. Öffentliche
Kommunikation wird zur Massenkommunikation.

Über die Massenmedien wird Öffentlichkeit zu einer dauerhaft bestimmenden
gesellschaftlichen und politischen Größe, und es ist deshalb unvermeidlich, daß Öf-
fentlichkeitsforschung sich auch und ganz wesentlich als Massenmedienforschung
verstehen muß; Massenmedien spielen deshalb in allen Beiträgen dieses Bandes eine
zentrale Rolle. Dabei werden in der Regel die ubiquitären Präsenzformen von „*Versammlungsöffentlichkeit*" systematisch vernachlässigt und unterschätzt (Gerhards/
Neidhardt 1990: 19-26). Spielen diese Formen der Versammlungsöffentlichkeit in der
Form öffentlicher Veranstaltungen im konventionellen Politikbetrieb moderner Demokratien zwar nur eine mäßige Rolle (Gerhards 1992: 766-779; Schmitt-Beck/Pfetsch
idB: Nr. 4, Tabelle 1), so besitzen sie für nichtetablierte Öffentlichkeitsakteure, denen
der Zugang zu den Massenmedien nicht oder noch nicht gelungen ist, eine erhebliche
Bedeutung – zum Beispiel für Protestbewegungen, die mit solchen Veranstaltungen
die Resonanz und eine Mobilisierung von Publikum anstreben; nicht nur die Nazibe-
wegung hat sich auf diese Weise am Anfang ihre Anhänger erzeugt. Für den Normal-
verkehr politischer Kommunikation ist in modernen Demokratien jedoch die massenmedial gesteuerte Öffentlichkeit bestimmend.

2. Die Massenmedien

Mit der Entwicklung von Druck-, Funk- und Televisionstechniken weitet sich politische Öffentlichkeit auf Gesellschaft insgesamt aus; in Deutschland werden täglich fast alle Bürger über mindestens ein Medium (Zeitung, Rundfunk, Fernsehen) von politischen Informationen erreicht, überwiegend von mehreren (Kiefer 1992: 169f., 343-347). Der Prozeß, der diesen Effekt erzeugt, läßt sich als „Ausdifferenzierung des Mediensystems" mit folgenden Merkmalen beschreiben (Alexander 1988; Gerhards idB: Nr. 3):

a) Mit ihrer zunehmenden Befreiung vom Diktat kirchlicher und politischer Instanzen gewannen die Massenmedien relative *Autonomie*, d.h. ein relativ hohes Maß an Selbstbestimmung. Erst dadurch werden die Medien in der Öffentlichkeit als „Medien" zu einem Akteur besonderer Art, dessen Eigenlogik – abhängig von seinen spezifischen Produktionsbedingungen, Leistungsprogrammen und Zieldefinitionen – öffentliche Kommunikation nachdrücklich prägt.

Das Ausmaß an Autonomie variiert vor allem im Funk- und Fernsehbereich länderspezifisch: Im „staatsdirigistischen Modell" Frankreichs ist sie weniger ausgeprägt als im britischen „Treuhandmodell" und in der deutschen Variante „öffentlich-rechtlicher Anstalten", bei diesen wiederum weniger als im „Marktmodell" der USA (von Beyme 1993: 75-81). Die Tendenzen der Privatisierung haben jedoch insgesamt zu einer Steigerung politischer Autonomie geführt. Der Stellungsverlust der Parteienpresse und die damit einhergehende Auflockerung ideologischer Medienbindungen (Voltmer 1993) lassen sich als ein Indiz dieser Entwicklung interpretieren.

b) Diesem Prozeß läuft die *Professionalisierung* der Medienproduktion einher. Es entstehen betriebsförmige Anstalten und Verlage mit zunehmend zweckförmiger Rationalisierung medialer Leistungserstellung. In diesen Relaisstationen öffentlicher Kommunikation kommt es zur Ausdifferenzierung von Journalistenrollen, und Ansätze zu deren Professionalisierung sind erkennbar.

Ausbildungsgänge werden akademisiert, Berufsbilder werden angeglichen, verschiedene Varianten eines „code of ethics" definieren berufsspezifische Werte und Verhaltensstandards, Berufsverbände sorgen für kollektive Interessenvertretung. Auch das durchschnittliche Prestige von Journalisten stabilisiert sich – zwischen Studienräten und Grundschullehrern – auf einem bürgerlichen Niveau (Wegener 1985: 232-235). Unter diesen Bedingungen ist es nicht überraschend, daß *Klaus Schönbach, Dieter Stürzebecher* und *Beate Schneider* in diesem Band zum „Selbstverständnis deutscher Journalisten" Daten berichten, die im Aggregat weder eine stark einseitige Parteienbindung noch eine missionarische Rollenauffassung belegen (Schönbach et al. idB/Nr. 5). Der Entideologisierung der Medienbetriebe entspricht mehrheitlich ein Verzicht auf agitatorischen Journalismus. „Chronistenpflicht" entwickelt sich zur bestimmenden Norm.

Allerdings ist die Selbstkontrolle der journalistischen Professionsstandards nur halbwegs strukturell gesichert. Aufgrund der Verfassungsprinzipien der Meinungsfreiheit sind einer berufsständischen Selbstorganisation der Journalistenberufe Grenzen gesetzt: Im Unterschied zu den klassischen Professionen ist ihre Berufsbezeichnung nicht geschützt; die Zahl sogenannter freier Mitarbeiter liegt hoch; die Qualifikationsbedingungen sind anhaltend locker geregelt; ihre Akademisierung ist nur teilweise durchgesetzt; die auf freiwilliger Mitgliedschaft beruhenden Berufsverbände und -organe sind relativ schwach und besitzen keine Sanktionsmittel, um die Sicherung der von ihnen selbst deklarierten Berufsstandards wirksam durchsetzen zu können (vgl. Eisermann 1993).

Angesichts der vorhandenen Professionalisierungsdefizite ist davon auszugehen, daß die am ehesten handlungsbestimmenden Normsetzungen und Normkontrollen weder auf der Individualebene der Journalisten noch auf der Kollektivebene ihrer Verbände, sondern auf der in der Forschung immer noch vernachlässigten Ebene der Medienbetriebe und ihrer Redaktionen liegt (Saxer 1992: 108f., 124). Auf dieser Ebene variieren ihre Inhalte und Niveaus aber beträchtlich, und es entsteht im Medienbereich eine enorme Produktdifferenzierung – dies nicht zuletzt in Abhängigkeit von Marktstrategien und den unterschiedlichen Bezugsgruppen des Publikums. Es variiert darüber hinaus die „redaktionelle Linie" der meisten Medien im Hinblick auf politische Präferenzen, die sich zum Beispiel als mehr oder weniger „links" bzw. „rechts" darstellen. Die „News Bias"-Forschung (Staab 1990: 27-40) hat dafür zahlreiche Nachweise geliefert. Auch nach Verschwinden der „Parteienpresse" (Voltmer 1993) erscheinen Medien also nicht als politisch indifferent, und nicht nur in den „Kommentaren" kommen die politischen Standorte der Redaktionen mehr oder weniger linienförmig zum Ausdruck.

c) Medienbetriebe konkurrieren auf *Medienmärkten* um die Aufmerksamkeit des Publikums. Erst die Expansion des Publikums und die Kommerzialisierbarkeit seiner Nachfrage sichern die politische Emanzipation des Mediensektors und die technischen, organisatorischen und beruflichen Voraussetzungen seiner Leistung. Mit dem Ausmaß ihres Erfolges tritt ein weiterer Mitspieler auf den Plan: die Werbewirtschaft. Inzwischen wird in allen Medienbereichen der weit überwiegende Anteil der Betriebskosten von Werbeeinnahmen gedeckt. „News consumers trade their attention, and perhaps per-copy fees, to news providers for information. The news providers then sell their attention to advertisers for rates based on size and commercial value (income, stage of life, etc.) of the audience whose attention is delivered" (McManus 1992: 788). Die damit gegebenen Multiplikatoreffekte des Publikumserfolgs verschärfen die Konkurrenz zwischen den Medienbetrieben und über den Konkurrenzmechanismus die Sensibilität für Publikumsinteressen, wobei tendenziell jene Publikumsgruppen privilegiert werden, die als Zielgruppen der Werbung besonders interessant erscheinen.

3. Das Publikum

Sprecher und Medien sind die zentralen Akteure von Öffentlichkeit, und das Publikum ist als Adressat ihrer Kommunikation die öffentlichkeitskonstituierende Bezugsgruppe. Dabei erscheint Publikum angesichts der Reichweite der Massenmedien potentiell als die Gesamtheit der Bürger, verkörpert sich allerdings erst durch deren tatsächliche Beteiligung am öffentlichen Kommunikationsprozeß, setzt also ein Mindestmaß an Aktivität voraus. Dabei variiert die Teilnahmemotivation nach der Art der Rezeptionsinteressen. Unterhaltungsbedürfnisse sind konsumptiv; schon die Bindung von Aufmerksamkeit erscheint als befriedigend. Darüber hinausgehende Orientierungsbedürfnisse suchen nach Chancen der Zustimmung, um lernen und sich danach anders als vorher verhalten zu können.

Unabhängig von den vorherrschenden Teilnahmemotivationen schwankt die Publikumsbeteiligung in Abhängigkeit von Sprechern und Medien, Themen und Meinungen. Massenkommunikation ist ein „Kommunikationsnetz ohne Anschlußzwang" (Luhmann 1990: 172), und Publikum ist eine kontingente Größe, mal klein, mal groß. Mit ihrer Größe verändert sich auch die Zusammensetzung des Publikums. Im Regelfall ist Publikum alles andere als bevölkerungsrepräsentativ.

Geht es um politische Kommunikation, so erscheint mit seinen Orientierungsbedürfnissen ein Publikumskern politisch Interessierter überrepräsentiert, der nach Merkmalen von Bildung, Geschlecht, Alter, sozialem Status und ideologischer Orientierung selbstselektiv verzerrt ist. Die amerikanische Forschung spricht im Hinblick darauf von *„attentive public"* und weist dieser einen überdurchschnittlichen sozialen und politischen Einfluß zu (Devine 1970: 31-35, 64, 115-127; Nimmo 1978: 263-290). Gegenüber diesem Stammpublikum politischer Kommunikation dürften am stärksten jene Klientelgruppen des Publikums fluktuieren, die nach Gesichtspunkten unmittelbarer Betroffenheit nur fallweise, nämlich themen- und issuespezifisch interessiert werden.

Unabhängig von den angedeuteten Selbstselektivitätsmustern ergeben sich aus den Merkmalen der Offenheit von Öffentlichkeit allerdings einige allgemeine Merkmale, die jedes Publikum kennzeichnen:

a) Je öffentlicher öffentliche Kommunikation, d.h. je größer das Publikum, um so stärker ist das Übergewicht von *Laien*, also von Nicht-Experten im Hinblick auf die Themen, um die es jeweils geht. Expertentum gehört nicht zu den Teilnahmebedingungen des Publikums. Die Folge ist, daß sich alle Öffentlichkeitsakteure auf eine begrenzte Verständnisfähigkeit des Publikums einstellen müssen, um erfolgreich sein zu können.

b) Dabei ergeben sich zusätzliche Schwierigkeiten aus der *Heterogenität* des Publikums. Ist zwar davon auszugehen, daß die Zusammensetzung des Publikums nicht repräsentativ ist, je nach Sprecher, Medium, Thema und Meinung deutlich variiert und im Hinblick darauf eine gewisse Segmentierung des Publikums stattfindet, so ist doch zu erwarten, daß Junge und Alte, Männer und Frauen, Gebildete und Ungebildete, Linke und Rechte, also im Hinblick auf Kompetenzen und Interessen unterschiedliche Bezugsgruppen im jeweils sich konstituierenden Publikum vertreten sind – darunter immer auch solche, mit denen die Sprecher nicht rechnen können und die sie sich gar nicht wünschen.

c) Für die Handlungsfähigkeit des Publikums ist im übrigen folgenreich, daß sein *Organisationsgrad* insgesamt nur *schwach* ausgeprägt ist. Zwar ist es einerseits wichtig zu berücksichtigen, daß das Publikum mehr ist als ein bloß statistisches Aggregat einzelner Rezipienten (eine Annahme, die zu den Schwächen der üblichen Umfrageforschung gehört). *Michael Schenk* und *Patrick Rössler* können mit eigenen Daten in diesem Band zeigen, wie stark individuelle Netzwerke im Publikum entwickelt sind und mit ihrer Tendenz zu interner „Meinungskongruenz" in den gesellschaftsweiten Kommunikationen der Bevölkerung dann auch einflußreich werden (Schenk/Rössler idB: Nr. 10). Intermediäre Strukturen, die individuelle Netzwerke auf höheren Ebenen verknüpfen und organisieren könnten, haben sich bislang jedoch allenfalls in kleinen und ephemeren Ansätzen entwickelt. Soziale Bewegungen sind in dieser Hinsicht als „mobilisierte Netzwerke von Netzwerken" (Neidhardt 1985) eine interessante Ausnahme, die allerdings nur minoritäre Publikums„lager" und auch diese nur in relativ lockerer Form sozial aggregiert. Insgesamt erfüllt das Publikum nicht die Organisationsbedingungen eines kollektiven Akteurs. Seine Handlungsfähigkeit stellt sich in der Regel über die Summe von individuellen Reaktionen her, die nur auf unterster Ebene konzertiert erscheinen.

4. Die Sprecher

Je konsequenter sich Massenmedien an ihre „Chronistenpflicht" halten und vor allem als Nachrichtenträger verstehen, um so eigenständiger und deutlicher wird der öffentliche Kommunikationsbeitrag der Akteure, deren Stimme sie weitertragen. Eine Soziologie öffentlicher Meinungsbildung wird die soziale Produktionsstruktur der Sprecher, deren Stimme die Medien vermitteln, systematisch in die Analyse einbeziehen müssen.

Vergegenwärtigt man sich das Sprecherensemble, das sich zu politischen Angelegenheiten zu Wort meldet, so lassen sich Sprechertypen danach unterscheiden, was bzw. wen sie vertreten. Bernhard *Peters* beschreibt in seinem Beitrag (idB: Nr. 2) folgende Rollen: 1. Als Vertreter zahlreicher gesellschaftlicher Gruppierungen und Organisationen (Interessenverbänden, Parteien, sozialen Bewegungen, Vereinen) treten „Repräsentanten" auf. 2. Davon lassen sich „Advokaten" unterscheiden, die ohne politische Vertretungsmacht, wohl aber im Namen von unverfaßten Gruppierungen sprechen und mit Blick auf deren Interessen Plädoyers einbringen. Dabei handelt es sich z.B. um Angehörige von „troubled persons professions": „councellors, social workers, clinical psychologists, foundation administrators, alcohol rehabilitation specialists, researchers" etc. (Gusfield 1989: 432f.). 3. Als „Experten" erscheinen Sprecher mit wissenschaftlich-technischen Sonderkompetenzen; *Hans Peters Peters* behandelt in diesem Band ihre Probleme im Umgang mit Öffentlichkeit (Peters idB: Nr. 6); darauf wird zurückzukommen sein. 4. Behandeln Experten vor allem im Namen von Wissenschaft spezifische Richtigkeitsfragen von öffentlicher Bedeutung, so ist es Sache der „Intellektuellen", am kritischen Maßstab kultureller Werte sozial-moralische Sinnfragen aufzunehmen und allgemeine Zeitdeutungen öffentlich zu machen (Kadushin 1974). Diese Typisierungen lassen sich um ein weiteres Rollenmuster noch ergänzen, nämlich mit dem Hinweis 5. auf Journalisten als „Kommentatoren" dann, wenn sie sich sowohl zu öffentlichen Angelegenheiten als auch zu deren Behandlung durch andere Sprecher nicht nur berichterstattend, sondern mit eigenen Meinungen zu Wort melden.

Fragen stellen sich für die Analyse von Sprechern und Sprecherverhalten nach Maßgabe der drei oben explizierten normativen Prinzipien von Öffentlichkeit. Einerseits ist im (A) Hinblick auf die Input-Bedingungen öffentlicher Kommunikation zu fragen, ob über die Rekrutierung der Sprecher in den massenmedial vermittelten Arenen zu den öffentlichen Angelegenheiten, die dort verhandelt werden, „die Vielfalt der bestehenden Meinungen ... in möglichster Breite und Vollständigkeit" „gleichgewichtig" (BVerfG 1981: 1776) repräsentiert erscheint. Diese Frage bezieht sich vor allem auf die Selektionsmuster der Massenmedien, die die öffentliche Präsentation ihrer „Quellen" leisten. Andererseits bleibt (B) im Hinblick auf die Verarbeitungskapazität des Informationssystems Öffentlichkeit (also deren Throughput) zu prüfen, wie die

Sprecher in den Arenen miteinander umgehen und welchen Einfluß die Medien dabei ausüben. Genügt die Kommunikation der Sprecher mehr oder weniger den anspruchsvollen Bedingungen eines „Diskurses", über den dann auch kollektives Lernen stattfinden kann? Erst danach (siehe Kap. IV/1 und IV/2) läßt sich (C) im Hinblick auf den Output des Kommunikationssystems Öffentlichkeit die Frage beantworten, ob „öffentliche Meinungen" einerseits überhaupt entstehen und andererseits für das Publikum überzeugend genug sind, um Orientierungsfunktionen auszuüben.

III. Interessen und Kommunikationen

Offenheit und Diskursqualität öffentlicher Kommunikation hängen von den in Öffentlichkeit wirksamen Interessenkonstellationen und den darauf gründenden Austauschbeziehungen zwischen Sprechern, Medien und Publikum ab. Diese sind vorab zu bestimmen.

1. Austauschbeziehungen

Die Kommunikationsprozesse zwischen Medien, Sprechern und Publikum werden durch ökonomische, politische und soziale Austauschbeziehungen strukturiert, die sowohl das Verhalten der einzelnen Akteure als auch deren Zusammenhang anhaltend bestimmen. Die Sprecher haben in dem Maße, in dem das Publikum als Kundschaft und Elektorat für sie eine Bedeutung besitzt, ökonomische und politische Interessen daran, daß sie öffentliche Aufmerksamkeit und Zustimmung für sich erlangen. Dazu brauchen sie die Medien, um beim Publikum anzukommen.

Das Verhältnis von Sprechern und Medien stabilisiert sich in der Form eines „generalisierten Tausches" (von Beyme idB: Nr. 12; vgl. Schmitt-Beck/Pfetsch idB: Nr. 4). Die Sprecher erwarten Publizität für die Darstellung ihrer Themen und Meinungen; die Medien erwarten Themen und Meinungen, mit denen sie selber beim Publikum Aufmerksamkeit und Zustimmung gewinnen. Um den Erwartungen der Medien genügen zu können und damit ihre Publizitätschancen zu erhöhen, professionalisieren vor allem die organisierten Sprecher „Public Relations" und beschäftigen zu diesem Zweck eine Sonderkategorie von Experten, die nicht selten vorher selber Journalisten waren (Grunig/Hunt 1984).

Public-Relations-Experten bereiten die werbende Botschaft ihrer Organisationen zu medienförmigen Nachrichten auf, veranstalten zum Zwecke medialer Weitervermittlung auch bestimmte Arten von „Pseudoereignissen" (Boorstin 1961), die nicht stattfinden würden, wenn es Medien nicht gäbe. *Rüdiger Schmitt-Beck* und *Barbara Pfetsch* beschreiben in diesem Band mit eigenen Daten nicht nur die Formen solcher Pseudoereignisse, sondern auch das hohe Ausmaß, in dem das mit ihnen stattfindende „Management von Medienereignissen" erfolgreich ist: Ein großer Teil der Medieninformationen geht auf strategisch veranstaltete „Pseudoereignisse" zurück. Dabei kommen allerdings nicht alle Interessenten gleichermaßen zum Zuge. Sprecherkandidaten sind für die Medien auch unabhängig und zum Teil abweichend von den Prominenz- und Prestigewerten, die ihnen das Publikum verleiht, von ungleicher Bedeutung. Sie unterscheiden sich einerseits im Hinblick auf ihren Wert als dauerhafte Nachrichtenquelle; Regierungsvertreter sind in dieser Hinsicht ergiebiger als die Opposition, die etablierten Parteien der Opposition wohl ergiebiger als irgendeine Bürgerinitiative oder ein Wohlfahrtsverband. Sie unterscheiden sich andererseits je nach ihrer Ressourcenlage im Hinblick auf Ausmaß und Professionalität ihrer „Öffentlichkeitsarbeit". Beide Faktoren bewirken ungleiche Chancen der Publizität.

Schmitt-Beck und *Pfetsch* zeigen mit ihren Daten (idB: Nr. 4), daß die etablierten Repräsentanten und Advokaten (vor allem Regierungen und die herrschenden Parteien) in der medienvermittelten Arena der Öffentlichkeitsakteure überrepräsentiert sind – dies zu Lasten der „nicht-etablierten 'Herausforderer'". Deren „Chancen auf Beteiligung am öffentlichen Diskurs sind vergleichsweise gering" (Schmitt-Beck/Pfetsch idB: Nr. 4). Dies trägt zur Stabilisierung der bestehenden Herrschaftsordnung bei, beschränkt aber die Offenheit von Öffentlichkeit, und das Gebot des Bundesverfassungsgerichts, die in der Gesellschaft vorhandenen Meinungen sollten „gleichgewichtig" zum Ausdruck kommen können, wird nur in Grenzen erfüllt. Im Hinblick auf die oben als (A) definierte Offenheitsnorm bleibt insofern festzuhalten, daß die Transparenzfunktionen von Öffentlichkeit zugunsten von status-quo-Repräsentanten des politischen Systems systematisch verzerrt sind. Dieser „bias" wird allerdings von Erwartungen und Ansprüchen des Publikums zum Teil konterkariert – und zwar in dem Ausmaß, in dem Marktorientierungen für die Medien bestimmend sind.

Öffentlichkeit ist nicht Politik und Ökonomie, sondern das (politisch und ökonomisch mitbestimmte) Forum der Kommunikation über Politik, Ökonomie (und viel sonstiges). Hier kommt es darauf an, beim Publikum Aufmerksamkeit und Zustimmung zu erreichen. Dies ist einerseits abhängig von den Formen und Inhalten der Kommunikation, und diese werden mit bestimmten Thematisierungs- und Überzeugungsstrategien der Öffentlichkeitsakteure öffentlichkeitsspezifisch stilisiert (siehe Kapitel III/2). Zu den Lehrsätzen der Rhetorik gehört nun aber seit langem, daß die Wirkung eines Kommunikationsaktes nicht nur von seinen jeweiligen Formen und Inhalten, sondern auch von der Prominenz und dem Prestige des Sprechers abhängt (Ueding/Steinbrink 1886: 215f.; sozialpsychologische Befunde zusammenfassend Hovland/Weis 1951). Dieser Sachverhalt führt dazu, daß ökonomische und politische Austauschbeziehungen von sozialen Beziehungen überlagert und zum Teil auch kontrolliert werden. Alle Sprecher, die ihre Interessen über die Beeinflussung des Publikums dauerhaft durchsetzen wollen, müssen versuchen, das soziale Kapital von Prominenz und Prestige zu erlangen (Neidhardt 1994: 322-324) – beides Resultat vorangegangener Kommunikation. Dabei läßt sich *Prominenz* als die generalisierte Fähigkeit verstehen, Aufmerksamkeit zu erregen; der Prominente kann mit einem öffentlichen Interesse an sich selber und dann auch für seine Angelegenheiten rechnen. *Prestige* ist demgegenüber die mit Prominenz nicht unbedingt einhergehende generalisierte Fähigkeit, nicht nur Aufmerksamkeit, sondern auch Zustimmung zu erzeugen (Parsons 1980: 138ff.; Habermas 1981: 408ff.). Der Besitz von Prestige sichert situationsübergreifend (und deshalb generalisiert) überdurchschnittliche Überzeugungschancen. Er bewirkt, daß „Alter Ego für eine vertrauenswürdige Informationsquelle hält und ihm 'glaubt', auch wenn er nicht in der Lage ist, die Information selbständig zu verifizieren – oder sich nicht diese Mühe machen will" (Parsons 1980: 151). Dies ist gerade im Informationssystem der Massenkommunikation ein funktionales Erfordernis insofern, als die hier umlaufenden Feststellungen, Erklärungen, Bewertungen und Folgerungen überwiegend „credence goods" (McManus 1992: 794) darstellen, deren Qualität vom

Laienpublikum der Öffentlichkeit oft nur sehr begrenzt beurteilt werden können. Vertrauen in die Kompetenz und Glaubwürdigkeit der Sprecher und Kommunikateure ist eine wesentliche Bedingung für die Akzeptanz dessen, was sie sagen.

Geht man davon aus, daß Prominenz und Prestige knappe Güter darstellen, dann erzeugt ihre Verteilung *Schichtungen* im Ensemble der Arenenakteure, die mit ungleichen Chancen auf öffentliche Aufmerksamkeit und Zustimmung verbunden sind. Insofern diese für die Sprecher und auch für die Medien wertvoll sind, entstehen zwischen den Akteuren dauerhaft *soziale Konkurrenzen*, Konkurrenzen um den Gewinn von Prominenz und Prestige, also um soziale Güter. Der Ausgang dieser Konkurrenzen wird vom Publikum entschieden, das einigen Sprechern und Medien mehr als anderen Aufmerksamkeit und Zustimmung zuwendet, weil es die Erfahrung gemacht hat, daß sich das, was diese früher kommuniziert haben, im Vergleich zu den Beiträgen anderer für sie als interessanter und wichtiger bzw. als kompetenter und glaubwürdiger erwies. Für die Integration des Öffentlichkeitssystems und für Ausmaß und Art der Publikumsresonanz auf öffentliche Kommunikationen ist nun entscheidend, in welchem Maße Prominenz- und Prestigedifferenzierungen des Publikums die Rekrutierung der Öffentlichkeitsarena und das Verhalten der Öffentlichkeitsakteure tatsächlich bestimmen. In welchem Maße entstehen in der Öffentlichkeit überhaupt Prominenz und Prestige, und in welchem Maße beeeinflußt die soziale Währung, die sich in ihnen ausdrückt, auch die politischen und ökonomischen Austauschverhältnisse zwischen den Öffentlichkeitsakteuren? Es wird später deutlich werden, daß im Hinblick darauf Öffentlichkeitsprobleme auftreten, die die Wirksamkeit öffentlicher Kommunikationen nachhaltig begrenzen. *Birgit Peters* stellt in ihrem Beitrag sowohl zu Prominenz- als auch zu Prestigedifferenzierungen (im Falle der letzteren im Rahmen von Analysen zu „Meinungsführerschaft") empirische Befunde vor und behandelt mit ihren Daten einige der öffentlichkeitssoziologisch wichtigen Fragen (Peters idB: Nr. 7).

2. Öffentlichkeitsrhetorik

Unter Konkurrenzdruck versuchen die Öffentlichkeitsakteure, die von ihren Interessen her bestimmten Beiträge bei einem großen Publikum, das zumindest ihre Zielgruppen möglichst vollständig erfaßt, erfolgreich abzusetzen. Sie müssen im Hinblick darauf mit ihren Beiträgen sowohl interessanter und wichtiger als auch kompetenter und glaubwürdiger erscheinen als ihre Mitkonkurrenten. Das gelingt nur in dem Maße, in dem sie sich den Gesetzmäßigkeikeiten öffentlicher Kommunikation anpassen – Gesetzmäßigkeiten, die bestimmt sind durch die Kontingenz, die Heterogenität und den Laienstatus des Publikums, die Eigengesetzlichkeiten der Massenmedien und die um Aufmerksamkeit und Zustimmung konkurrierenden Beiträge einer mehr oder weniger großen Zahl von Mitspielern. Welche Ansprüche und Schwierigkeiten dabei entstehen, zeigt *Hans Peter Peters* in diesem Band am Beispiel der Öffentlichkeitsaktivitäten von Experten (Peters idB: Nr. 6). In der Begegnung mit Wissenschaft beweist sich Öffentlichkeit mit als typisch identifizierbaren Abweisungen, Indifferenzen und Vorlieben als Kommunikationssystem eigener Art (vgl. Neidhardt 1994a), und sie erscheint als kräftig genug, auf alle Sprecher einen Anpassungsdruck auszuüben, die öffentliche Aufmerksamkeit und Zustimmung erzielen wollen. Erkennbar sind in der Praxis öffentlicher Kommunikation dann auch öffentlichkeitsspezifische Strategien, die von den Akteuren verfolgt werden. Sie lassen sich als Thematisierungs- und Überzeugungsstrategien beschreiben.

a) *Thematisierungsstrategien* werden eingesetzt, um Aufmerksamkeit für bestimmte Themen zu erzielen und damit ein Publikum für diese Themen überhaupt erst zu konstituieren. Sie dienen dem „agenda-setting". Im Hinblick darauf haben Theorien von „news values" und „Nachrichtenfaktoren" (Schulz 1976; Staab 1990) seit längerem beschrieben, worauf es in der Praxis massenmedial vermittelter Öffentlichkeit vor allem ankommt. *Jürgen Gerhards* (idB: Nr. 3) und *Hans Peters Peters* (idB: Nr. 6) haben in diesem Band ausführlicher darauf Bezug genommen: Themen müssen dem Publikum einerseits als interessant, andererseits als wichtig erscheinen. In einer Kommunikationssituation aber, in der um die Aufmerksamkeit des Publikums konkurriert wird, weil diese gleichzeitig knapp und wertvoll ist, in einer Situation, in der dem Publikum ständig eine gar nicht faßbare Zahl von Reizen kommuniziert wird, bedarf es der Vermittlung starker Betroffenheitssuggestionen und drastischer Differenzbehauptungen, um vom Publikum überhaupt wahrgenommen zu werden.

Das geschieht einerseits durch linguistische Aufladung von Präsentationen, beispielsweise durch die Übertreibungsmethoden, die Pomeranz (1986: 219ff.) als „extreme case formulations" beschrieben hat: Etwas wird als „brand new" und „completely innocent" bezeichnet und soll für „everyone" und „forever" gelten (Potter/Wetherell 1987: 47f.). Auf der anderen Seite werden schon bei der Auswahl und Konstruktion der Themen und Themenaspekte strukturelle Präferenzen bestimmend: die Bevorzugung des Neuen und Überraschenden, die Überbetonung von Konflikten und spektakulär abweichenden Fällen (z.B. von Kriminalität), die Dramatisierung von Folgen vor allem dann, wenn sie für das Publikum Schaden bedeuten könnten und deshalb Angst machen. Instruktiv ist in diesem Zusammenhang auch, daß sich in den Untersuchungen über „news values" die Verknüpfung solcher Themen und Themenaspekte mit Prominenten, die als Akteure, Opfer oder „Quellen" behauptet werden, als besonders bevorzugt erwies (Staab 1990: 151-167).

b) *Überzeugungsstrategien* werden entworfen und praktiziert, um Meinungen zu den Themen durchzusetzen, die auf der Agenda der Öffentlichkeit verhandelt werden. Feststellungen müssen als richtig, Erklärungen als plausibel, Bewertungen als legitim, Folgerungen als notwendig und nützlich erscheinen. Die Strategien, um dieses zu erreichen, folgen allerdings nur begrenzt den Mustern akademischer Wahrheitssuche. Die Bezugsgruppe der Sprecher ist nicht eine Versammlung von Experten, sondern ein heterogenes Publikum von Laien. Unter diesen Bedingungen folgen die Argumentationen öffentlicher Kommunikation eher den Gesetzen der Rhetorik als denen der Logik (Ueding/Steinbrink 1986; Huth 1977). Sie müssen sich nicht an den Standards von „peer evaluations", sondern am „common sense" des Publikums (Geertz 1983) bewähren.

Die wohl wichtigste Überzeugungsoperation besteht in der Massenkommunikation darin, *die Tatsächlichkeit der Tatsachen*, die behauptet werden, möglichst eindrucksvoll zu demonstrieren. Belegt ist in diesem Zusammenhang der häufige Gebrauch bestimmter „persuasive content features" (Dijk 1988: 82ff.). Dazu gehören: die Präsentation von Beispielen als „natürlichen Beweisen" (Ueding/Steinbrink 1986: 248), deren Darstellung als Erlebnisbericht, die Verwendung von Augenzeugen („I have seen it with my own eyes" als äußerste Wahrheitsgarantie), der Gebrauch von Zitaten, dabei Bevorzugung von „Quellen" gemäß einer „hierarchy of credibility and reliability" – bei abstrakteren Themen auch „number games" als Inszenierung von „signals of precision and hence of truthfulness" (Dijk 1988: 87f.). Vorherrschend sind aber vor allem in Rundfunk und Fernsehen „episodic frames", die sich auf „konkrete Einzelfälle oder bestimmte Ereignisse" beziehen (Iyengar 1992: 134ff.).

Geht Massenkommunikation über bloße Tatsachenberichte mit dem Versuch hinaus, Gründe für berichtete Tatsachen zu bestimmen, so entsteht das Problem, von der *Plausibilität der Erklärungen* zu überzeugen. Das fällt um so leichter, je mehr die eingebrachten Begründungen den Bedingungen von „experiental commensurability" (Snow/Benford 1988: 208) genügen, also vom Publikum aufgrund eigener Erfahrungen nachvollzogen werden können. Ist dies aufgrund des Gegenstandes (z.b. in wissenschaftlich-technischen Kontroversen) nicht möglich, erweist sich die Bestätigung durch reputierliche Experten als Mittel der Wahl, um überzeugend zu wirken (Peters idB: Nr. 6) – sofern sie die eigene Erklärung unterstützen. Sie fungieren dann als „opportune Zeugen" (Hagen 1992). Es entspricht im übrigen der sozialpsychologischen Forschung über Muster der Kausalattribution bei Laienerklärungen (Schönbach 1990: 9f.), daß im Publikum eine Vorliebe für deterministische Kausalmodelle vorhanden ist (ein interessantes Beispiel berichtet Hilgartner 1990). Sie liefern eindeutige Ursachen für eindeutige Effekte. Was die Eindeutigkeit dieses Zusammenhangs komplizieren und relativieren würde, wäre nicht nur schwerer zu begreifen, sondern würde, wenn etwas geschehen soll, auch eine verbindliche Zuschreibung von Verantwortlichkeit erschweren.

Kausalattribuierungen sind in öffentlicher Kommunikation häufig mit Bewertungen vermischt, für die allgemein geltende Maßstäbe gebraucht werden. Die notwendige *Legitimierung der Urteile* rekurriert am zuverlässigsten nicht auf spezielle Normen, über die in einem heterogen zusammengesetzten Publikum Dissens erwartet werden muß, sondern auf allgemein geltende Werte, z.B. auf generalisierte Präferenzen für Freiheit, Gleichheit und Gerechtigkeit, die ein außerordentliches Maß an Anerkennung in der Bevölkerung besitzen. Der Rekurs auf solche Werte begünstigt die in öffentlicher Kommunikation häufig angelegte Moralisierung von Kausalität. Es besteht, wenn Tatsachen als Probleme gedeutet werden, die Tendenz, das kognitive Begründungsschema Ursache/Wirkung mit dem Gegensatz von gut/böse moralisch aufzuladen und Kausalfragen als Schuldfragen zu verhandeln. Die dramatischste Form der Moralinszenierung vollzieht sich mit der Skandalisierung von Personen und Institutionen. Der *Skandal* ist das Genre, an dem die Typik öffentlicher Meinungsbildung, aber auch die Kraft der sozialen Kontrolle, die von ihr ausgeht, am deutlichsten werden. Eine erfolgreiche Skandalinszenierung markiert einen eindeutigen Ursache/Wirkungs-Zusammenhang und übersetzt diesen in ein soziales Verhältnis von schuldigem Täter und unschuldigem Opfer, auf diese Weise eine Differenz beschreibend, die einerseits Aufmerksamkeit, andererseits eine Empörung hervorruft, welche genau fixiert, was nun zu tun ist: Der Angeklagte wird ausgestoßen. Hans Mathias *Kepplinger* beschreibt einen solchen Fall in seinem Beitrag zu diesem Band (Kepplinger idB: Nr. 8). Moralische Skandalisierung eignet sich allerdings nur zum Angriff auf andere. Robert Entman stellt an einem instruktiven Beispiel dar, daß dann, wenn ein Akteur selber von Schuldvorwürfen betroffen ist, ein Wechsel von „moral frames" zu „technical frames" eine probate „Neutralisierungstechnik" darstellt (Entman 1991).

Die Art, in der Feststellungen, Kausalattribuierungen und Bewertungen konstruiert werden, präjudiziert die *Notwendigkeit der Konsequenzen* und die Richtungen, in denen diese postuliert werden. Erscheint eine Tatsache als Problem, das Problem als sozial verursacht und ein Verursacher als Schuldiger, dann ist induziert, daß etwas geschehen muß. Joel Best (1987) hat dies am Beispiel ihrer Analyse des „Constructing the Missing Children Problem" überzeugend demonstriert. Offen bleibt dann nur, wer der Adressat von Forderungen ist. Zur Verfügung stehen: der Schuldige und/oder ein zur Intervention beanspruchbarer Dritter, z.B. Gerichte, der Staat, der Rechnungshof etc. Wird deren Inaktivität beobachtet oder prognostiziert, kommt es zu einem Appell zur Selbstmobilisierung, zum „motivational framing", mit dem „the need for and the utility of becoming active in the cause" (Snow/Benford 1988: 202f.) begründet wird. Beim Studium sozialer Bewegungen ist dieses Muster regelmäßig aufweisbar.

Natürlich muß davon ausgegangen werden, daß alle Thematisierungs- und Überzeugungspraktiken Feststellungen, Kausalattribuierungen, Bewertungen und Folgerungen enthalten, deren Validität bestreitbar ist. Howard Kahane hat die Vielzahl möglicher Verstöße gegen „sound argumentation" aufgezählt und dann auch in Kommentaren und Nachrichten amerikanischer Zeitungen aufgewiesen: suppressed and doubtful evidence, ad hominem-, straw man- and false dilemma-arguments, hasty conclusions, questionable analogies etc. (Kahane 1971). Die entscheidende Frage ist allerdings nicht, ob und in welchem Maße dergleichen vorkommt, sondern ob und auf welche Weise in der Öffentlichkeit Validitätsprüfungen stattfinden, die das Publikum für die eigene Meinungsbildung wahrnehmen kann. Gibt es und unter welchen Bedingungen gibt es kommunikative Selbstkontrolle in öffentlichen Kommunikationsprozessen? In welchem Maße erfüllt das Kommunikationssystem Öffentlichkeit insofern nicht nur (A) Transparenz-, sondern auch (B) die Validierungsfunktionen, die ihr normativ zugerechnet werden können?

3. Dominierende Kommunikationsmuster

Das „Diskursmodell" öffentlicher Meinungsbildung (siehe Kap. I) unterstellt nicht nur die Wünschbarkeit und sondern auch die Möglichkeit diskursiver Verarbeitung der kommunikativen Beiträge von Sprechern und Mediatoren in den Arenen der Öffentlichkeit. Das „Spiegelmodell" läßt die Wünschbarkeit offen und schließt die Möglichkeit aus (vernachlässigt im übrigen generell die Sprecher zugunsten der Medienebene). Es ist eine empirische Frage, ob es damit nicht zu harmlos ist und Prozesse ausblendet, die tatsächlich beobachtbar und dann auch folgenreich sind.

Empirische Klärungen des theoretischen Dissenses müssen sich auf eine Untersuchung der Kommunikationsmuster konzentrieren, die in öffentlichen Arenen zu erkennen sind. Im Hinblick darauf lassen sich mindestens drei Kommunikationsmuster idealtypisch voneinander unterscheiden. In einem *„Verlautbarungsmodell"* öffentlicher Kommunikation tendieren die kommunikativen Elemente gegen Null. Die Sprecher liefern ihre Statements ab. Sie zitieren, wenn überhaupt, nur sich selber. Frage/Antwort-Sequenzen sind nicht erkennbar. Öffentliche Kommunikation stellt dann eine Serie von Monologen dar, ist also eigentlich gar keine. In einem *„Agitationsmodell"* öffentlicher Kommunikation reagieren die Sprecher aufeinander, dies aber ohne erkennbare Verständigungsabsicht. Die Beiträge konkurrierender Sprecher werden angegriffen, diese selber mehr oder weniger offensiv diskreditiert. Fragen tauchen als rhetorische Fragen auf, Antworten als polemische Antworten. Im Sinne eines *„Diskursmodells"* findet eine argumentative Auseinandersetzung auch mit den Gegnern und Kritikern der eigenen Beiträge statt. Lernprozesse beweisen sich im Fallenlassen falsifizierter Behauptungen und im Ausscheiden unhaltbarer Begründungen, Bewertungen und Folgerungen, also in der Revision eigener Beiträge (Peters idB: Nr. 2).

Die empirische Beobachtung liefert vor allem Material für Verlautbarungs- und Agitationsmuster öffentlicher Kommunikation. Kommunikationsverweigerung ist laufend zu erkennen. Beispiele für das Grassieren agitatorischer Kommunikationsstile sind zahlreich belegt.

Kommunikationsverweigerung zeigt sich im Kommuniquéstil öffentlicher Einlassungen, ständig auch im Genre von Interviews, in denen in einem außerordentlichen Maße (von Journalisten) Fragen gestellt werden, die keine Antwort finden, und (von Sprechern) Antworten gegeben werden, die nicht erfragt worden sind. Dies ist Teil einer Tendenz, die der „Bericht zur Lage des Fernsehens", der für den Bundespräsidenten erstellt wurde, als „Rückkehr der höfischen Öffentlichkeit" (Groebel et al. 1994: 105) beschreibt. Ein absolutistisches Kommunikationsverhalten verfällt zu Monologen, mit denen Beiträge nicht integriert, sondern dekretiert werden.

Beispiele für agitatorische Kommunikationsstile sind in der Literatur häufig belegt; auch in den Aufsätzen dieses Bandes sind sie mehrfach berichtet (Peters idB: Nr. 2; Schmitt-Beck/Pfetsch idB: Nr. 4; Peters idB: Nr. 6; Kepplinger idB: Nr. 8). Vor allem im Wahlkampf entwickelt sich die politische Arena zu einem „Podium für gegenseitige persönliche Vorwürfe" (Baker et al. 1981: 540). Das Vorherrschen nicht nur von monologischen Stilen, sondern auch von „negative campaigning" (Sarcinelli 1983: 134f.; mit vielen Beispielen: Patterson 1993) fanden zum Beispiel Mathes und Dahlem (1989) in ihrer Studie über „The Rental Law Conflict in the 1982-1983 Election Campaign in the Federal Republic of Germany": „Our findings show that actors in conflict communication seldom refer directly to each other. In general, they argue on different levels and speak about different topics. Second, they deny to each other a communicative claim of validity. In particular, they cast doubt upon the sincerity of the communication partner. Thus, our study shows that the concept of reception and comprehension as the aim of communication is obviously not very appropriate for the description of public communication" (Mathes/Dahlem 1989: 45).

Die Forschungsliteratur demonstriert also einen Überhang monologischer und polemischer Stile öffentlicher Kommunikation. Dieser Sachverhalt läßt sich als Folge struktureller Bedingungen des Kommunikationssystems Öffentlichkeit interpretieren. Erstens: Die kommunikationstheoretisch elementare Besonderheit öffentlicher Massenkommunikation besteht darin, daß sie zwischen Sprechern stattfindet, die nicht die Adressaten ihrer Beiträge sind. Sie meinen sich in der Regel auch dann nicht, wenn sie sich ansprechen. Ihre Bezugsgruppe ist ein nicht anwesender Dritter, das Publikum. Zweitens: Im Hinblick auf dieses Publikum und seine Aufmerksamkeit und Zustimmung sind in den Sprecherarenen der Öffentlichkeit Konkurrenzen ausgeprägt, die mit der strategischen Bedeutung von Publikumserfolg für politische und ökonomische, also außerkommunikative Zwecke zusammenhängen (vgl. Kap. III.1). Drittens: Das Publikum läßt sich nur über Massenmedien erreichen, deren Aufmerksamkeitsmuster eine konflikthafte Stilisierung von Konkurrenzen belohnen; Konflikte besitzen hohen „Nachrichtenwert" – und dies um so mehr, je stärker sie mit den Mitteln der Skandalisierung inszeniert werden können (vgl. Kap. III.2). Im übrigen fungieren die Medien in dem Maße, in dem sie ihrer „Chronistenpflicht" nachkommen, nicht als Evaluateure dessen, was die Sprecher von sich geben. Allenfalls in Kommentaren findet kritische Metakommunikation statt; darauf wird zurückzukommen sein.

Hans Mathias Kepplinger beschreibt in diesem Band in ähnlicher Weise den strukturellen Kontext dessen, was er „publizistische Konflikte" nennt, und er bestimmt auch die Optionen rational kalkulierender Akteure, die dieser Kontext eröffnet (Kepplinger idB: Nr. 8): Sie laufen auf die Kommunikationsstile hinaus, die den Verlautbarungs- und Agitationsmodellen öffentlicher Kommunikation entsprechen. Insoweit sich diese tatsächlich durchsetzen, würde folgen, daß öffentliche Kommunikation, die massenmedial vermittelt wird, nicht die Validierungsfunktionen erfüllen kann, die ihr im Diskursmodell zugemutet werden. Öffentliche Kommunikation wäre zu großen

Teilen bloßes Geräusch, und das „Spiegelmodell" hätte als Inputmodell recht mit seiner Vernachlässigung kommunikativer Potentiale öffentlicher Kommunikation.

4. Auf der Suche nach „Diskurs"

Es bleibt aber nach den Grenzen der Geltung „dominanter Kommunikationsmuster" zu fragen und zu bestimmen, ob und in welcher Hinsicht vorhandenen Ausnahmen systematische Bedeutung zukommt. Weniger auf einer kommunikativen als auf einer strukturellen Ebene läßt sich mit einigen Indizien prüfen, ob der öffentliche Kommunikationskontext mit den genannten Merkmalen schon hinreichend beschrieben ist.

Bernhard Peters hat sicher recht mit seiner These, daß Diskursansprüche an öffentliche Meinungsbildung „ein wichtiges Element der symbolischen Verfassung moderner Gesellschaften" darstellen: „Normative Konzeptionen von Öffentlichkeit und diskursiver Verständigung werden artikuliert in den Kommunikationsfreiheiten von Verfassungen und Pressegesetzen, in politischen und juristischen Diskursen über Meinungs- und Äußerungsfreiheit, in Auseinandersetzungen über Medienpolitik, in journalistischen Professionsnormen und in öffentlichen Auseinandersetzungen über die Verhaltensstandards von Massenmedien, in öffentlicher Empörung über Geheimhaltung und Irreführung, in negativen Reaktionen auf manipulative Techniken in politischen Kampagnen, im Anspruch minoritärer Gruppen auf 'Stimme' (voice) und öffentlichem Gehör" (Peters idB: Nr. 2). Normative Kraft erhalten solche Ansprüche allerdings erst in dem Maße, in dem Verstöße gegen sie Sanktionen auslösen, so daß sich die Folgen der Anspruchsverletzungen für rational kalkulierende Akteure als Kosten darstellen. Im Hinblick darauf werden folgende Gesichtspunkte wichtig sein.

Das Sprecherensemble öffentlicher Arenen ist in starkem Maße, aber keineswegs vollständig mit „Repräsentanten" und „Advokaten" besetzt, deren Handlungsführung durch die auf Macht und Geld bezogenen Hintergrundinteressen ihrer Herkunfts- und Interessenfelder von Politik und Ökonomie bestimmt ist. Die Arenen der Öffentlichkeit sind im Prinzip offen für alle gesellschaftlichen Bereiche, neben Politik und Wirtschaft natürlich auch für Wissenschaft, Kultur etc. Deren „Experten" und „Intellektuelle", auch jene Journalisten, die als „Kommentatoren" selber zu Öffentlichkeitssprechern werden, besitzen rollenspezifische Bindungen an Kommunikationsmuster, die bloßen Verlautbarungs- und Agitationsmodellen nicht entsprechen. Auch sie können natürlich eingeschüchtert oder gekauft werden und dann ihren Code wechseln. Aber sie sind selber Teil von Professionen und Netzwerken, in denen Diskursqualitäten Kriterien für die Zuweisung von Reputation und Geltung darstellen. Solange sie professionell eingebunden und mit ihresgleichen vernetzt sind, müssen sie den Prestigeverlust fürchten, der durch Abweichung von wissenschaftlichen und intellektuellen Standards angemessenen Kommunizierens ausgelöst wird. Insofern ist von ihnen eher als von anderen zu erwarten, daß sie, wenn sie als Experten, Intellektuelle und journalistische Kommentatoren öffentlich werden, Diskurselemente einerseits in die öffentliche Diskussion einbringen, andererseits aber auch kritisch von anderen einklagen. Wenn das richtig ist, bliebe freilich immer noch die Frage, in welchem Maße von ihrem Engagement allgemeinere Wirkungen auf die Stile öffentlicher Kommunikation ausgehen.

In diesem Band behandelt *Hans Peter Peters* am Beispiel der in wissenschaftlich-technische Kontroversen eingreifenden *Experten* Bedingungen und Wirkungen ihrer öffentlichen Rolle (Peters idB: Nr. 6). Er bestätigt Tendenzen ihrer „De-Professionalisierung" in öffentlichen Rollen – bedingt durch Kompetenzüberforderungen der Wissenschaft in politisch und ökonomisch relevanten Kontroversen, durch Konfundierung von Experten- und Advokatenrollen, durch paralysierende Effekte von engagierten „Gegenexperten", nicht zuletzt durch die Anpassungszwänge, die von den medialen Gesetzmäßigkeiten der Massenkommunikation ausgehen. Ihr Einfluß auf die Qualität öffentlicher Diskussionen wird dadurch nicht gelöscht, bleibt aber begrenzt. Zu einem ähnlichen Urteil gelangt über die Rolle der *Intellektuellen* Charles Kadushin in seiner methodisch interessanten Studie über „The American Intellectual Elite" (1974), die leider keine Nachfolge gefunden hat, so daß die Verallgemeinerbarkeit seiner Befunde unüberprüft geblieben ist.

Besondere Aufmerksamkeit verdienen (haben aber noch nicht gefunden) jene Journalisten, die als *Kommentatoren* in Leitartikeln, Editorials und Hintergrundberichten selber zu Sprechern werden und ihre eigenen Feststellungen, Begründungen, Bewertungen und Folgerungen zu den Beiträgen anderer Sprecher öffentlich machen. Untersteht der Nachrichtenteil der Medien der journalistischen „Chronistenpflicht", den Rohstoff zu transportieren, der für das Publikum interessant und bedeutsam erscheint, bietet das etablierte Genre der journalistischen Kommentare regelmäßig die Gelegenheit zu validierender Metakommunikation. Kommentare stellen die Institutionalisierung von kritischer Dauerreflexion in den Medien selber dar, und es ist unwahrscheinlich, daß dies am Publikum folgenlos vorbeiläuft und bei anderen Sprechern ohne jede Wirkung bleibt (Page et al., 1987: 30ff.). Offen ist allerdings auch im Hinblick auf Kommentatoren, unter welchen Bedingungen ihre Beiträge und Ansprüche Gewicht erhalten.

In welchem Maße sich Diskurspraktiken und Diskursansprüche von Experten, Intellektuellen und journalistischen Kommentatoren in den Sprecherarenen insgesamt durchsetzen, dürfte nicht nur von Sprechern und Medien, sondern letztlich entscheidend von der Bezugsgruppe abhängig sein, bei denen Sprecher und Medien Aufmerksamkeit und Zustimmung für sich und ihre Beiträge erwarten, nämlich dem *Publikum*. Die sich über Politik und Wirtschaft durchsetzenden Marktgesetze öffentlicher Kommunikation binden die Handlungsorientierungen von Sprechern und Medien an Publikumserfolg.

Dabei ist dem Sachverhalt Rechnung zu tragen, daß auch das Publikum ein sehr heterogenes und im übrigen wenig organisiertes Kollektiv darstellt. Handlungsorientierend für Sprecher und Medien sind weniger das Publikum insgesamt als spezifische Zielgruppen im Publikum. Im Hinblick darauf arbeitet *Hans Mathias Kepplinger* in diesem Band für den Fall politischer Konfliktlagen mit einer auch in unserem Zusammenhang hinreichenden Dreiteilung. Sprecher sehen sich im Publikum gegenüber: Anhängern, Gegnern und „Neutralen bzw. Unentschiedenen" (Kepplinger idB: Nr. 8). Die Publikumsstrategien der Öffentlichkeitsakteure werden in Abhängigkeit von ihren Handlungszielen vor allem durch die wahrgenommene quantitative Verteilung dieser Gruppierungen sowie durch die wahrgenommene Qualität und Stabilität ihrer Orientierungen bestimmt sein (Beispiele für entsprechende Kalküle im Wahlkampf bietet Radunski 1983: 183-185). Dient die Einlassung eines Sprechers nur der Pflege der eigenen Klientel, kann er sich bloße Verlautbarungen erlauben. Erscheint deren Mobilisierung notwendig, ist der agitatorische Umgang mit den Gegnern ein zusätzliches Mittel der Wahl. Dabei ist aber auf Seiteneffekte bei den Gegnern und vor allem der Zwischengruppe der noch nicht Festgelegten zu achten. Erscheint das Publikum jenseits der eigenen Klientel als relativ uninformiert und uninteressiert, so sind im Sinne sozialpsychologischer Theorien über den Gebrauch von one- versus two-sided arguments (Danet 1980: 535) Erwähnung und Erwägung von Gegenargumenten eher kontraproduktiv. Erst wenn die Zwischengruppe der „Neutralen bzw. Unentschiedenen" einerseits groß genug und damit für die eigenen Zwecke strategisch wichtig ist sowie andererseits als informiert und interessiert wahrgenommen wird, entsteht für die Sprecher die Notwendigkeit diskursiver Auseinandersetzung – und für die Experten, Intellektuellen und journalistischen Kommentatoren in den Sprecherarenen über Marktmechanismen der strukturelle Rückhalt für die Diskursansprüche, die sie selber geltend machen.

Die Forschung hat der öffentlichkeitssoziologisch besonders interessanten Publikumsgruppe der „Neutralen bzw. Unentschiedenen" bislang nicht die Aufmerksamkeit gewidmet, die sie verdient. Erst mit dieser Zwischengruppe der in laufenden öffentlichen Auseinandersetzungen nicht von vornherein Festgelegten erhält Öffentlichkeit überhaupt ihren Sinn. Würden sich im Publikum jeweils nur die Anhänger und Gegner der konkurrierenden Sprecher versammeln und gäbe es bei völliger „Klientelisierung" des Publikums (Habermas 1990: 42) kein Potential von „floating votes", das sich erst unter dem Eindruck der Beiträge dieser Sprecher entscheidet, geriete Öffentlichkeit zum bloßen Ritual. „Neutrale bzw. Unentschiedene" spielen die Rolle des „Dritten". Sie setzen die konkurrierenden Repräsentanten und Advokaten – unter der Zusatzbedingung, daß sie im Hinblick auf die jeweiligen „issues" ein hinreichendes Minimum an Interesse und Informiertheit mitbringen – unter Argumentationsdruck und erzwingen „Objektivierungen" (Simmel 1968: 77f.; vgl. Lippmann 1965: 252f.).

Die Forschung behandelt mit ihren Umfragen „Neutrale bzw. Unentschiedene" in der Regel als einen zu vernachlässigenden Rest, und die demoskopischen Instrumente sind im übrigen meistens so geeicht, daß diese Zwischengruppe in den Ergebnissen möglichst verschwindet. *Hanspeter Kriesi* (idB: Nr. 9) kann für den Fall von individuellen Meinungsbildungen, die vor einer größeren Zahl von Volksabstimmungen in der Schweiz demoskopisch erfaßt wurden, allerdings zeigen, daß ein beträchtlicher Teil der Bevölkerung noch kurz vor den Abstimmungszeitpunkten im Hinblick auf die Entscheidungsalternativen nicht festgelegt ist. Die Zwischengruppe derer, die weder zu den Anhängern noch zu den Gegnern von Öffentlichkeitsfraktionen und deren Präferenzen zählen und zumindest in Teilen nach Argumenten suchen, um sich entscheiden zu können, erscheint als bemerkenswert stark, und es spricht einiges dafür, daß ihre Zahl in den allgemeinen gesellschaftlichen Wandlungsprozessen tendenziell weiterwächst: Die Zahl der „Stammwähler" sinkt nicht nur im Hinblick auf Parteien, sondern auch auf ideologische und politische „Lager" generell (Streeck 1987). Kriesi interpretiert seinen Befund als Indikator für ein erhebliches „deliberatives Potential", d.h. als Chance für offene Prozesse „kollektiver Beratschlagung" und öffentlich ausgetragener Verständigung. Offen bleibt, ob und in welchem Maße dieses Publikumssegment nicht nur „neutral bzw. unentschieden", sondern auch hinreichend interessiert und informiert ist, um sich in der Rolle des „attentive public" (Devine 1970) als Diskursnachfrager auf dem Markt auch geltend zu machen. Bekannt ist, daß im Publikum allgemein das politische Interesse über Jahrzehnte hin gestiegen ist und sich mit zunehmend kritischer Mediennutzung auch informiert hält (Daten z.B. bei Kiefer 1992: 165-180, 253-256, 340-346, 367-371). Es wäre interessant zu wissen, ob und in welchem Maße sich dieses kritische Dauerpublikum mit dem Publikumssegment überlagert, das im Hinblick auf die sich darbietenden Sprecherfraktionen nicht fixiert erscheint.

Bilanziert man die Analysen der Kap. III/3 und III/4, so läßt sich folgendes festhalten: Die Sprecherarenen der Massenkommunikation sind heterogen rekrutiert, so daß nicht nur konkurrierende Feststellungen, Begründungen, Bewertungen und Folgerungen aufeinandertreffen, sondern sich auch unterschiedliche Kommunikationsstile begeg-

nen und teilweise durchdringen. Dabei erscheint das Vorherrschen von Verlautbarungs-
und Agitationsmodellen in der massenmedialen Öffentlichkeit als strukturell angelegt
und auch empirisch belegt. Dies mit der Folge, daß die Selbstkontrollfähigkeit von
Öffentlichkeit als relativ gering eingeschätzt werden muß. Validitätsprüfungen finden
bei den dominierenden Sprechern der politischen Öffentlichkeit überwiegend nicht
oder aber in einer Weise statt, die den Stilen entspricht, die sie angreifen; sie sind
insofern also selbstdestruktiv. Die diskursive Verarbeitung des Rohstoffs, der als Input
täglich in großen Mengen anfällt, findet insofern in nur geringem Maße statt. Die
Validierungsfunktionen politischer Öffentlichkeit werden entsprechend wenig erfüllt.
Diese Praxis bleibt aber nicht unangefochten angesichts von Diskurspraktiken und
-ansprüchen, die sich – mit begrenztem und medienspezifisch unterschiedlichem Erfolg
– in der Öffentlichkeit selber geltend machen und zumindest dann, wenn solche
Ansprüche von strategisch relevanten Publikumsgruppen übernommen und als Kom-
munikationsnachfrage den Akteuren Beachtung abzwingen, marktwirksam und handlungsrelevant werden können. Insofern ist der Widerspruch gegen die herrschende
Praxis öffentlicher Kommunikation einerseits Teil dieser Praxis. Eine Chance, sich
durchzusetzen, besitzt er andererseits aber nur in dem Maße, in dem sich Diskursansprüche als Nachfrage über den Markt geltend machen. Erweist sich der Erklärungswert des „Diskursmodells" als begrenzt, so gewinnt es seine heuristische Funktion
dadurch, daß es die Fragen nach Kommunikationsmustern und Diskursbedingungen
aufwirft und für die Forschung zum Thema macht. Empirisch fundierte Antworten
stehen noch aus.

IV. Effekte öffentlicher Kommunikation

Zu prüfen bleibt, welche Wirkungen sich aus den beobachtbaren Praktiken und Wi-
dersprüchen öffentlicher Kommunikation ergeben. Dabei sind mehrere Wirkungsebe-
nen voneinander zu unterscheiden. Die erste Frage bezieht sich darauf, ob und unter
welchen Bedingungen massenmedial vermittelte Kommunikation von Öffentlichkeitsakteuren überhaupt jenen Output hervorbringt, der sich als „öffentliche Meinung"
begreifen läßt. Erst danach läßt sich weiterfragen, ob und in welcher Weise dieser
Output (C) Orientierungsfunktionen erfüllt und, über Publikum vermittelt, demoskopisch bestimmbare „Bevölkerungsmeinung" und dann zusammen mit dieser jene Entscheidungen beeinflußt, die im politischen System allgemein verbindlich getroffen
werden. Erst damit schließt sich die Bedingungs- und Wirkungskette, die den Zusammenhang zwischen Öffentlichkeit und Politik herstellen kann.

1. Erscheinungen und Fiktionen „öffentlicher Meinung"

Der Begriff der „öffentlichen Meinung" gehört seit Jahrzehnten zu den mysteriösesten
Begriffen der Sozialwissenschaften (Herbst 1993). *Werner Bergmann* beschreibt in diesem
Band die anhaltend großen semantischen Differenzen, die in der Forschung erhebliche
Konfusionen auslösen und ihre Ergebnisse zu großen Teilen inkompatibel machen
(Bergmann idB: Nr. 11). Die Ungereimtheiten betreffen sowohl die analytische Bestim-

mung der Meßebene, für die der Begriff „öffentliche Meinung" stehen soll, als auch die im Hinblick auf ihre Messung erforderlichen Operationalisierungen. Die folgenden Überlegungen stellen Kriterien analytischer Konsistenz und theoretischer Fruchtbarkeit in den Vordergrund.

a) Im Rahmen einer soziologischen Öffentlichkeitstheorie kann „öffentliche Meinung" nicht als demoskopisch erhobenes, statistisches Aggregat von Bevölkerungseinstellungen verstanden werden. Es geht nicht um Einstellungen, die jemand im Kopf hat, sondern um Meinungen, die in öffentlichen Kommunikationen, also derart geäußert werden, daß sie von einem mehr oder weniger großen Publikum wahrgenommen werden können. In einem Forumsmodell von Öffentlichkeit bezieht sich „öffentliche Meinung" also nicht auf indivuelle Meinungen des Publikums, sondern auf medial vermittelte Meinungsäußerungen der Sprecher vor einem Publikum. Erst diese Differenzierung erlaubt es, den Zusammenhang zwischen Öffentlichkeit und öffentlicher Meinung einerseits und Bevölkerungsmeinung andererseits empirisch zu bestimmen. b) „Öffentliche Meinung" ist nicht die Summe aller öffentlich geäußerten Meinungen von Öffentlichkeitsakteuren, sondern ein kollektives Produkt von Kommunikationen, das sich zwischen den Sprechern als „herrschende" Meinung darstellt. Erst die Unterstellung einer normativen Kraft macht öffentliche Meinung zu einer Wirkungsgröße, die soziologische Beachtung verdient. „Herrschend" ist eine öffentlich geäußerte Meinung dann, wenn eine Abweichung von den mit ihr ausgedrückten Feststellungen, Begründungen, Bewertungen und Folgerungen bei einer Mehrzahl anderer Sprecher (und bei den Medien) einen Widerstand auslöst, der eine Marginalisierung der Abweichung zur Folge hat und für die abweichenden Sprecher Prestigeverlust mit sich bringt.

Schwierigkeiten ergeben sich bei der Operationalisierung dieses Konzepts in zweierlei Weise. Einerseits erfordert die Ermittlung der Prozesse, mit denen Widerstand wirksam durchgesetzt wird, einen inhaltsanalytischen Meßaufwand, der von der Forschung kaum geleistet werden kann. Als Ersatzgröße bietet sich an, das „Herrschende" einer öffentlichen Meinung durch die Wirkungen dieser Prozesse, nämlich durch Ausmaß und Stabilität der Konsonanz von Sprecherbeiträgen zu bestimmen. Wieder kommt es nicht auf einen Konsens der Meinungen von Sprechern an, sondern auf Übereinstimmung ihrer Meinungsäußerungen in öffentlicher Kommunikation. Diese Übereinstimmung kann jenseits der Mehrheitsschwelle mehr oder weniger groß, öffentliche Meinung insofern mehr oder weniger ausgeprägt vorliegen. Meßprobleme ergeben sich andererseits aber auch dadurch, daß die Gesamtheit der Sprecherbeiträge, die zur Konsonanzmessung repräsentiert sein müßte, unbekannt ist. Vor allem die kleinen Foren der Öffentlichkeit, die sich als Versammlungsöffentlichkeit darstellen (vgl. Kap. II/1), lassen sich nicht hinreichend zuverlässig erfassen. Geht man unter Bedingungen moderner Demokratien jedoch davon aus, daß Massenmedienöffentlichkeit das bestimmende Öffentlichkeitsforum darstellt, dann sind in der Regel die Validitätsdefizite hinnehmbar, die sich dadurch ergeben, daß öffentliche Meinung als *„Konsonanz öffentlicher Meinungsäußerungen"* begriffen und (wie Kepplinger idB: Nr. 8, Tabelle 1, demonstriert) über Inhaltsanalyse von medialen Sprecheräußerungen gemessen wird.

Akzeptiert man die hier entwickelte Fassung von Begriff und Meßoperationen und bestimmt öffentliche Meinung als „Konsonanz öffentlicher Meinungsäußerungen", so entsteht als erstes die Frage, ob und unter welchen Bedingungen sich öffentliche Meinung in diesem Sinne überhaupt in hinreichend deutlichen Ausprägungen entwickeln kann. Die in den bisherigen Kapiteln vorgestellte Analyse legt die Hypothese nahe, daß die Verarbeitungskapazität des Informationssystems Öffentlichkeit in der Regel zu schwach ist, um selber jene Fokussierungen auf Themen und jene Synthetisierungen von Meinungen zu erzeugen, die der Entwicklung hoher Konsonanzgrade vorausgehen müßte.

Öffentliche Meinungen lassen sich am ehesten dort erwarten, wo schon der von außen eingebrachte Input von Meinungen einen relativ geringen Dissonanzgrad besitzt und deshalb die Diskursfähigkeit öffentlicher Akteure nur in geringem Maße herausfordert. Das scheint am ehesten der Fall bei Themen, die jenseits der in einer Gesellschaft vorhandenen Konfliktlinien liegen: z.B. bei rein außenpolitischen Themen eher als bei innenpolitischen, und bei innenpolitischen Themen am ehesten in solchen Bereichen, die allgemeine nationale Interessen berühren (etwa im Falle der seit Holocaust außerordentlich geschlossenen öffentlichen Meinung gegen Antisemitismus; vgl. Bergmann idB: Nr. 11), oder bei Einzelvorgängen skandalisierbarer Abweichungen, gegen die sich auf allgemeinster Ebene von Anständigkeitsnormen moralische Entrüstung mobilisieren läßt (vgl. Kepplinger idB: Nr. 8).

Auch wenn in solchen Fällen die Konsonanzgrade, die in öffentlicher Kommunikation erkennbar werden, nur mäßig ausgeprägt sind, können sich allerdings interessante Effekte dadurch ergeben, daß sowohl im Publikum als auch bei den Öffentlichkeitsakteuren *Fiktionen* öffentlicher Meinung entstehen, die nach dem bekannten Thomas-Theorem („If men define situations as real, they are real in their consequences") außerordentlich wirksam werden können. Elisabeth Noelle-Neumann hat dies in ihrer „Theorie der Schweigespirale" mit einer Fülle von Daten belegen können (Noelle-Neumann 1991, 1993), deren Verallgemeinerbarkeit allerdings nicht unbestritten blieb (vgl. z.B. Fuchs et al. 1991). Unbestritten und durch Forschung anderer Autoren bestätigt (z.B. bei Fields/Schuman 1976; Glynn 1989) sind zentrale Befunde, die sich trotz ihrer Orientierung an anderen Begriffen von öffentlicher Meinung auf unseren Zusammenhang übertragen lassen: Menschen bilden sich eine individuelle Meinung über die öffentliche Meinung; sie orientieren sich dabei in starkem Maße an ihren Eindrücken von „herrschender Meinung" in den Massenmedien, die sie rezipieren (Noelle-Neumann 1991: 41ff.; 1993: 157-166); und sie überschätzen dabei sowohl deren Konsonanz als auch deren Überzeugungseffekt auf das Publikum (Davison 1983; Gunther 1991). Wie immer sie darauf reagieren – eher im Sinne von „bandwagon-" oder aber umgekehrt von „Bumerang-Effekten" –, werden ihre Konstrukte von öffentlicher Meinung Wirkung zeigen. Öffentlichkeit und „öffentliche Meinung" wirken auch über das hinaus, was sie nachweisbar tatsächlich darstellen. Die Indikatoren, mit denen sie vom Publikum beobachtet werden, entfalten Multiplikatoreffekte unabhängig davon, ob sie valide wahrgenommen worden sind. Allerdings ist anzunehmen, daß die Beobachterkonstruktionen „öffentlicher Meinung" nicht unabhängig von den tatsächlich beobachtbaren Konsonanzen öffentlicher Kommunikation entstehen. Insofern erscheint es kurzschlüssig, weil für die Analyse verlustreich, öffentliche Meinung ex definitione auf eine „bloße Suggestion einer Mehrheitsmeinung" (Fuchs 1993: 60f.) zu reduzieren.

2. Publikumseffekte öffentlicher Kommunikation

In welchem Maße Merkmale und Fiktionen öffentlicher Meinung im Publikum Resonanz auslösen und dann auch über nachfolgende Multiplikatoreffekte des Publikums die demoskopisch faßbare Bevölkerungsmeinung beeinflussen, und ob bei vorliegenden Resonanzen eher „bandwagon-" oder „Bumerang-Effekte" entstehen, hängt von Merkmalen ab, die in die Analyse schon eingeführt worden sind, deren Effekte nun aber noch genauer bestimmt werden müssen. *Hanspeter Kriesi* (idB: Nr. 9) sowie *Michael Schenk* und *Patrick Rössler* (idB: Nr. 10) berichten in ihren Beiträgen ausführlicher den Forschungsstand zu dieser Frage. Jenseits der dort behandelten Faktoren (die sich vor allem auf Besonderheiten von Themen, Medien und Rezipienten beziehen), erscheinen für den hier verfolgten analytischen Argumentationsgang zwei in der Medienforschung zwar bekannte, aber empirisch vernachlässigte Bedingungskomplexe von besonderer Bedeutung. Sie betreffen einerseits den Grad der Ausprägung, andererseits die Qualität öffentlicher Meinungsbildung.

a) Der Einfluß medial vermittelter Beiträge von Öffentlichkeitsakteuren steigt in dem Maße, in dem sie konsonant sind und das Publikum sozusagen von allen Seiten in dieselbe Richtung stimulieren (Noelle-Neumann 1973; Noelle-Neumann/Mathes 1987). In dem Maße, in dem in den Öffentlichkeitsarenen tatsächlich öffentliche Meinung entstanden ist (oder auch nur wahrgenommen wird), werden ihre Effekte auf Bevölkerungsmeinung wahrscheinlich – vermittelt über das mehr oder weniger große Publikum, das die öffentliche Kommunikation über die Medien beobachtet. Die Bedingung, daß in dieser öffentlichen Kommunikation hohe Meinungskonsonanzen entstehen, wird angesichts der Konkurrenzverhältnisse zwischen Öffentlichkeitssprechern und Medien aber nur in einer begrenzten Zahl von Fällen erfüllt (siehe Kap. IV/1). Schon aus diesem Grunde ist anzunehmen, daß öffentliche Meinung und Bevölkerungsmeinung in der Regel nicht sehr hoch korrelieren. Allerdings berichtet *Werner Bergmann* in diesem Band einen eindrucksvollen Fall, der die Bedeutung öffentlicher Meinung für Bevölkerungsmeinung dort belegt, wo sie sich mit hohen Konsonanzgraden tatsächlich ausgeprägt hat: das sich unter dem gleichgerichteten Einfluß praktisch aller Öffentlichkeitsakteure langfristig (und unter unterstützenden Zusatzbedingungen) vollziehende Verlernen von Antisemitismus (Bergmann idB: Nr. 11).

b) Unabhängig davon, in welchem Maße sich öffentliche Meinung als eine Konsonanz der Sprecherbeiträge entwickelt, hängen deren Wirkungen von der vom Publikum wahrgenommenen Qualität einerseits der eingesetzten Thematisierungs- und Überzeugungsstrategien (siehe Kap. III/2), andererseits der Kommunikationsstile (siehe Kap. III/3) ab, die die Sprecher präsentieren – nicht zuletzt auch (und längerfristig vor allem) von deren Prominenz und Prestige, also von dem aufmerksamkeits- und überzeugungsstiftenden Sozialkapital, das in früthereren Kommunikationen entstanden ist (siehe Kap. III/1). Fallen Prominenz und Prestige zusammen (dazu Peters idB: Nr. 7), so entstehen durch alle Widersprüche öffentlicher Meinungsbildungen hindurch deutliche Wirkungen im Publikum, ausgehend aber nicht von „öffentlicher Meinung", sondern von einzelnen Sprechern, die sich an der öffentlichen Meinungsbildung, vielleicht sogar mit abweichenden Stimmen, beteiligen. Im Öffentlichkeitssystem ist nicht nur Konsonanz (siehe oben), sondern auch soziale Schichtung eine relevante Variable, die Publikumseffekte auslösen kann. Entscheidend ist also nicht nur, wie viele dasselbe sagen, sondern auch, was von wem gesagt wird. Letzteres wird von der Medienforschung selten berücksichtigt.

Lehrreich sind im Hinblick darauf komplex angelegte Untersuchungen, die Benjamin Page mit seinen Mitarbeitern in den USA durchgeführt hat (Page/Shapiro/Dempsey 1987; Page/Shapiro 1992). Sie fanden im Hinblick auf Öffentlichkeitseffekte: „it is important to distinguish among news *sources* rather than aggregating all media content together". Bei einer Differenzierung von „sources" ergab sich, daß signifikante Veränderungen von demoskopisch erhobenen Bevölkerungsmeinungen vor allem auf den Einfluß von Kommentatoren und Experten zurückgehen, auch von Präsidenten dann, wenn sie „populär", also prominent und angesehen, waren. Ihre Erklärung für diesen Befund: „News commentators, experts, and popular presidents have in common a high level of credibility, which we believe is crucial to their influence on the public. Rational citizens accept information and analysis only from those they trust." Dies ist offensichtlich nicht der Fall bei der Mehrzahl der Interessenverbände, die nicht nur keinen, sondern zum Teil einen signifikant negativen Effekt ihrer PR-Bemühungen erfuhren (Page/Shapiro/Dempsey 1987: 27ff., 39; vgl. Jordan 1993: 194ff.).

Solche Ergebnisse verweisen noch einmal auf die Bedeutung von *Vertrauen* in einem Kommunikationsmarkt, dessen Waren in starkem Maße dem Typ „credence goods" entsprechen (McManus 1992: 794; vgl. Kap. 3.1). Im Hinblick darauf muß als ein folgenreicher Befund gewertet werden, daß mehrere Studien für die Bundesrepublik aufwiesen, daß in der Bevölkerung bei großen Minderheiten (zum Teil sogar bei Mehrheiten) kein Vertrauen gegenüber den Öffentlichkeitsakteuren, nämlich gegenüber Medien und jenen Parteien, Interessengruppen, Behörden, deren Sprecher die Öffentlichkeitsarenen dominieren, vorhanden ist (Bentele 1988; Listhaug/Wiberg 1993, Tabelle 1) ist. Die von diesen Akteuren bevorzugten Kommunikationsstile (vgl. Kap. III/2 und III/3) stoßen bei starken Publikumsteilen offenkundig auf Ablehnung (ein Beispiel berichten Baker et al. 1981). Das entspräche den oben entwickelten Hypothesen über die im Publikum tatsächlich vorhandene, aber offensichtlich weitgehend enttäuschte Diskurserwartung an Öffentlichkeitsakteure. Die im normativen Modell unter (C) reklamierte Orientierungsleistung der Öffentlichkeit erscheint unter diesen Bedingungen als entsprechend gering – mit interessanten Ausnahmen, die erkennbar werden, wenn Öffentlichkeitseffekte nicht pauschal, sondern sprecherspezifisch gemessen werden (siehe Page et al. 1987, 1992)

Erweist sich die allgemeine Orientierungsleistung des Kommunikationssystems Öffentlichkeit als deutlich beschränkt, so erklärt dies die in diesem Band mitgeteilten Befunde, daß sich sowohl die Themenfokussierung als auch die Meinungsbildung in der Bevölkerung von öffentlichen Meinungsbildungsprozessen in einem erheblichen Ausmaß abgekoppelt und verselbständigt hat. Sie erfolgt offensichtlich in einem bislang unterschätzten Ausmaß im Rahmen der persönlichen Netzwerke der Bürger. In diesem Sinne resümieren auch *Michael Schenk* und *Patrick Rössler* in diesem Band ihre zahlreichen Befunde: „Für eher kognitive Wirkungen wie die Thematisierung politischer Probleme zeigt sich ebenso wie für die Vermittlung von Einstellungen, daß die Inhalte der Medienberichterstattung nur einen geringen direkten Einfluß auf das Individuum ausüben. Dagegen erweist sich die persönliche Gesprächsaktivität über die politischen Probleme als zentrale Determinante sowohl für die Bedeutung eines Themas (Agenda-Setting) als auch die Einstellungen zum Thema (Persuasion)" (Schenk/Rössler idB:

Nr. 10). Man kann dieses Ergebnis beruhigend insofern finden, als es Vorstellungen von einer Manipulation der Bürger durch öffentliche Einflüsse falsifiziert – zu dieser Deutung neigt *Hanspeter Kriesi* in diesem Band (Nr. 9); sie indiziert gleichzeitig aber auch das hohe Ausmaß an Energieverlusten, die einerseits mit vergeblichen Anstrengungen der Öffentlichkeitsakteure entstehen, andererseits mit dem folgenlosen Rezeptionsaufwand des Publikums verbunden sind.

3. Öffentliche Meinung, Bevölkerungsmeinung, politische Entscheidungen

Der Einfluß öffentlicher Meinung auf politische Entscheidungen setzt vor allem anderen voraus, daß das politische System, das für die Gesellschaft kollektiv verbindliche Entscheidungen erzeugt, hinreichend demokratisiert ist, um die Meinungen der Bürgerschaft ernst nehmen zu müssen, die von öffentlichen Meinungsbildungsprozessen als Publikum direkt oder über das Publikum indirekt erreicht wird. Die institutionelle Zentralbedingung, die Demokratien einrichten, um die Aufmerksamkeit der politischen Akteure für öffentliche Meinungsbildungsprozesse strukturell zu sichern, liegt in der Bestimmung politischer Herrschaft auf Zeit durch regelmäßige allgemeine Wahlen. Die Bürgerschaft erhält Einfluß als Elektorat, und alles, was die Abstimmungspräferenzen dieses Elektorats mitbestimmen kann, muß das Interesse rational kalkulierender politischer Akteure finden. Öffentlichkeit erhält vor allem auf diese Weise ihren politischen Stellenwert (vgl. Gerhards idB: Nr. 3).

Im Rahmen dieser Ausgangsbedingungen muß ein Modell von politischen Effekten öffentlicher Meinung direkte und indirekte Einflüsse annehmen (Gerhards 1991: 4-8). Direkte Effekte öffentlicher Meinung ergeben sich mit der Annahme politischer Akteure, daß die über Medien vermittelten öffentlichen Kommunikationen die Einstellungen des Elektorats, demoskopisch bestimmbar als „Bevölkerungsmeinung", zum Teil ausdrücken, zum Teil beeinflussen. Deshalb rezipieren Politiker regelmäßig und neugierig Zeitungen und Fernsehen, und sie halten das auch für wichtig (Daten dazu bei Gerhards 1991: 42-49). Sie beobachten dabei ständig, wie sie im „Spiegel" der Massenmedienöffentlichkeit selber abschneiden, wie und mit was ihre Konkurrenten ankommen, welche Resonanzen das bei anderen Sprechern (Kommentatoren, Experten, Intellektuellen, Advokaten spezifischer Publikumsinteressen etc.) findet – und ob und in welchem Maße sich dabei öffentliche Meinung in Gestalt einer Konsonanz veröffentlichter Beiträge ergibt.

Klaus von Beyme warnt in seiner Analyse (idB: Nr. 12) nun aber davor, den Einfluß dieser Medienzuwendung politischer Akteure und der bei ihnen dabei entstehenden Fiktionen öffentlicher Meinung für den politischen Prozeß zu überschätzen. Vor allem die „Routinepolitik" geht, obwohl zum Teil für die Bevölkerung folgenreich, an der Öffentlichkeit weitgehend vorbei; von Beyme bringt dafür konkrete Beispiele (idB: Nr. 12). „Many important spheres ... are nearly invisible to the general public" (Kingdon 1984: 70).

Die eigenständigen Wirkungen öffentlicher Resonanzen sind mindestens durch zweierlei systematisch begrenzt. a) In der „Routinepolitik des Alltags" suchen sich die politischen Akteure mit ihren Konkurrenten Verhandlungs- und Entscheidungsverfahren, deren Erfolg nicht zuletzt davon abhängt, daß die Öffentlichkeit ausgeschlossen bleibt. „Bei Spitzengesprächen, Koalitionsrunden und Verhandlungen mit der Opposition sind die Medien nicht zugegen" (Beyme idB: Nr. 12). Nur wenn es im taktischen Interesse der Beteiligten liegt, werden Medien eingeschaltet und gezielt instrumentalisiert. b) Auch dann bleibt das Medieninteresse in Abhängigkeit von den „Nachrichtenwert"-Vorstellungen der Journalisten und Medienbetriebe (vgl. Kap. III/2) sehr selektiv. Das Verfallsdatum von „news" ist in der Regel deutlich kürzer als die Produktionsdauer politischer Entscheidungen. Und wenn zwischen den politischen Akteuren selber keine Konflikte aufkommen, ist die Sache, die sie verhandeln, auf den Märkten der Massenkommunikation häufig schlecht abzusetzen.

Nur zum Teil deckt sich also die öffentliche Agenda mit der politischen Agenda. Auch wenn sich beide überschneiden und politische Themen zu öffentlichen werden, ist die politische Wirksamkeit öffentlicher Meinungsbildung, die sich der Wahrnehmung der Medien anschließen kann, an Zusatzbedingungen gebunden. Für rationale politische Akteure hängt die Relevanz öffentlicher Kommunikationen von der Annahme ab, daß sie in signifikantem Ausmaße auf die Einstellungen des Elektorats einwirken und diese andererseits auch reflektieren. Dies aber ist (wie in Kap. IV/2 begründet) nur in einem begrenztem Maße der Fall – nämlich variabel in Abhängigkeit nicht nur vom Ausmaß an Sprecherkonsonanz, sondern auch von einer Qualität ihrer Beiträge und Kommunikationsstile, die beim Publikum Vertrauen in die Kompetenz und Glaubwürdigkeit der Öffentlichkeitsakteure auslösen. Dieses Vertrauen ist aber bei beträchtlichen Publikumsteilen nur gering ausgeprägt und bezieht sich, wenn vorhanden, eher auf einzelne Sprecher und Sprechergruppen als auf die Öffentlichkeitsarena insgesamt. Unter diesen Bedingungen entwickelt sich die Eigendynamik einer auf Mikroebene über persönliche Netzwerke ablaufenden, aber insgesamt wenig organisierten Bürgerkommunikation, die an die Themen und Meinungen der öffentlichen Kommunikation zwar vermittelt bleibt, sich in ihren Resultaten aber mehr oder weniger von „öffentlicher Meinung" abkoppelt. Deshalb können sich politische Akteure nur sehr begrenzt auf die Beobachtung öffentlicher Meinungsbildung via Massenmedien verlassen (vgl. Fuchs 1993: 61f.) – und sie tun es auch nicht.

In diesem Zusammenhang ist den demoskopisch ermittelbaren *Bevölkerungsmeinungen* in zunehmendem Maße eine politische Bedeutung zugewachsen, und dies hat der Umfrageforschung einen branchenhaften Auftrieb gegeben. Bevölkerungsumfragen liefern anders als Medienbeiträge (mehr oder weniger verläßlich) Direktbeobachtungen des Elektorats, auf dessen Einstellungen es den wahlabhängigen politischen Akteuren ankommen muß. Es kann deshalb auch nicht überraschen, daß der Einfluß demoskopischer Daten auf die politischen Entscheidungsbildungen – abhängig sowohl von Themenbereichen als auch der Art erkennbarer Meinungsverteilungen – mehrfach nachgewiesen wurde (Bennett 1980; Brooks 1990; Hinckley 1992; Page/Shapiro 1983; Stimson 1991; Yeric/Todd 1989). Befragungen politischer Entscheidungsträger weisen sogar darauf hin, daß Bevölkerungsmeinungen zumindest in bestimmten Bereichen des Politikprozesses stärker wirksam werden als die massenmedial erfahrbaren öffentlichen Meinungsbildungen (Kingdon 1984: 61ff., 68ff.). Auch dies gilt allerdings nur in den Themenbereichen der politischen Agenda, die (siehe oben) öffentliche Aufmerksamkeit finden; und im Hinblick darauf bleibt die Agenda-setting-Funktion der Medien auch für die Meinungsbildungen des Publikums relevant. Im übrigen ersetzen demoskopische Ergebnisse die Dauerbeobachtung der Öffentlichkeit auch

deshalb nicht vollständig, weil diese auf die künftige Entwicklung von Bevölkerungsmeinungen wirken könnte. Der Einfluß von beiden Ebenen der Meinungsbildung auf
politische Prozesse wird im übrigen dann besonders groß sein, wenn deren Themenfokussierungen und Meinungskonsonanzen konvergieren. In dem Maße, in dem dies
nicht der Fall ist, wachsen die Freiheitsgrade in der Selbststeuerung des politischen
Systems (dafür Beispiele bei Bergsdorf 1992: 44ff.), allerdings auch die Unsicherheiten
über die zu erwartenden Resonanzen des Elektorats.

V. Die Mobilisierung des Publikums: Protestbewegungen

Der Zusammenhang zwischen den Akteursgruppen der Öffentlichkeit – Sprecher,
Medien, Publikum – wird durch Austauschbeziehungen strukturell vermittelt, aber
nur relativ schwach integriert. Das ergibt sich aus Gründen, die in der bisherigen
Analyse deutlich wurden. Erstens: Das Sprecherensemble ist zugunsten etablierter
politischer Akteure nicht „gleichgewichtig" zusammengesetzt und repräsentiert „die
Vielfalt der bestehenden Meinungen" (BVerfG 1981: 1776) deshalb nur begrenzt (siehe
Kap. III/1). Zweitens: Die marktförmigen Konkurrenzbeziehungen sowohl zwischen
Sprechern als auch zwischen Medien befördern Kommunikationsstrategien und Kommunikationsmuster (siehe Kap. III/2 und III/3), deren Qualität vielleicht Aufmerksamkeit, bei offensichtlich großen Publikumsteilen aber nicht das Vertrauen auslöst,
das als Bedingung ihrer Überzeugung vorhanden sein muß (siehe Kap. IV/2). Drittens:
Das Publikum ist ein wenig organisiertes heterogenes Kollektiv (vgl. Kap. II/3) und
insofern über markttypisch individuelle „exit"-Optionen hinaus kollektiv wenig handlungsfähig. Es operiert in den vorhandenen Marktformen, ohne deren Strukturen und
Organisationen durch eigene Organisationen wirksam beeinflussen zu können. Unter
diesen Bedingungen sind auch Ungleichgewichte in den Akteursbeziehungen stabili-
sierbar.

Im Hinblick darauf erscheint die Förderung von „Publikumsorganisationen", die
im „Bericht zur Lage des Fernsehens" (Groebel et al. 1994: 137f.) neben anderem
empfohlen wird, als ein nützliches Instrument, soweit der Medienanteil an erkennbaren
Öffentlichkeitsproblemen bearbeitet werden soll. Als öffentlichkeitspolitisch breiter
wirksam, allerdings auch als schlecht kalkulierbar, lassen sich Publikumsakteure interpretieren, die in der Regel unter anderen Gesichtspunkten analysiert werden: soziale
Bewegungen. Soziale Bewegungen sind mobilisierte Netzwerke von Gruppen, die über
die Inszenierung öffentlich wahrnehmbarer Proteste aktiv werden. Als Protestbewegungen unterscheiden sie sich vom üblichen Zustand anderer Publikumssegmente
durch das Minimum an (meist lockerer) Organisation, das für ihren Wechsel von einem
reinen Kommunikations- in ein sozial voraussetzungsvolleres Handlungssystem erforderlich ist. Mit Protestbewegungen mobilisieren sich bestimmte Publikumssegmente, die sich öffentlich nicht hinreichend vertreten fühlen, und ihre Proteste dienen als
Geräuschverstärker für die Themen und Beiträge, für die sie öffentliche Aufmerksamkeit und Zustimmung anstreben. Protestdemonstrationen erscheinen insofern als ein
funktionales Äquivalent für die Pressekonferenzen jener Akteure, die sich im Kommunikationssystem Öffentlichkeit schon etabliert haben. Mit diesen konkurrieren sie

um Zugang zu den Sprecherarenen, die massenmedial angeschlossen und deren Kommunikationen deshalb von einem großen Publikum wahrnehmbar sind.

1. Mobilisierungsbedingungen

Die Entstehung von Protestbewegungen hängt von Bedingungen ab, die sich beim jetzigen Forschungsstand relativ bündig bestimmen lassen; *Dieter Rucht* (idB: Nr. 13) bilanziert mit den vorliegenden theoretischen Ansätzen der Bewegungsforschung auch die Variablen, die sich für Erklärungen bewährt haben (vgl. Neidhardt/Rucht 1991, 1993).

Die Wahrscheinlichkeit, daß sich soziale Bewegungen entwickeln, steigt, wenn folgende Bedingungen vorliegen: a) Bestimmte Personen und Gruppen nehmen ein Problem wahr, von dem sie meinen, daß es öffentlich nicht angemessen wahrgenommen und von den politischen Organisationen nicht hinreichend bearbeitet wird; es entsteht bei ihnen relative Deprivation. b) Die Deprivierten besitzen oder erreichen einen sozialen Zusammenhang, der ihre Solidarisierung und kollektive Mobilisierung erlaubt; Bewegungsunternehmer und Bewegungsorganisationen spielen dabei eine Rolle. c) Der Erfolg kollektiver Aktionen erscheint begünstigt durch eine Konstellation von „opportunities", die eine strategisch günstige Mischung von externer Unterstützung und Gegnerschaft anbieten. d) Entscheidend ist darüber hinaus, daß mit der Entwicklung eigener Bewegungsideologien und -programme ein erfolgreiches „framing" im Hinblick auf die Skandalisierung der Deprivationsursachen, die Möglichkeiten und Notwendigkeiten kollektiver Selbstmobilisierung sowie die taktische und strategische Nutzung von „opportunities" gelingt. (*Jürgen Friedrichs* demonstriert bei seiner Erklärung des Erfolgs einer lokalen Protestbewegung (idB: Nr. 14) das Zusammenspiel von Faktoren aller genannten Ebenen.)

Die Kalkulierbarkeit der Handlungsoptionen von Bewegungsakteuren wird allerdings in zweierlei Hinsicht erheblich eingeschränkt. Nach *innen* hin stellt sich ein hohes Quantum von Unwägbarkeiten dadurch ein, daß die Anhängerschaft mangels Formalisierbarkeit von Mitgliedschaftsrollen weder genau bestimmbar noch zuverlässig programmierbar ist. Nach *außen* ergeben sich gravierende Unsicherheiten daraus, daß soziale Bewegungen mit ihren Protestaktionen in einem nicht-institutionalisierten Konfliktfeld operieren, in dem die Erwartungen aller Akteure sehr fehleranfällig sind. *Ingrid Gilcher-Holtey* beschreibt das daraus resultierende „Moment von Zufälligkeit" in der Dynamik von Protestaktionen am Beispiel der 68er Pariser Maiunruhen (idB: Nr. 15): „Das ′kritische Ereignis′ Barrikadennacht entsteht ... aus einer Sequenz, oder, wenn man so will, Koinzidenz von unkoordinierten Entscheidungen der Regierung, situativen Entschlüssen einzelner Gruppen in der Bewegung und aus dem repressiven Verhalten der Polizei, d.h. aus kontingenten Handlungssituationen." Kein Mitspieler hat intendiert, was am Ende herauskam.

Überlebt eine Bewegung solche Situationen, entstehen allerdings mit der Zunahme von Erfahrungen Lernprozesse, welche die Fehlerwahrscheinlichkeit reduzieren, ohne sie allerdings aufheben zu können. *Doug McAdam* berichtet beides am Beispiel des Aufstiegs und Verfalls der amerikanischen Bürgerrechtsbewegung (idB: Nr. 16); er konzentriert sich dabei auf die taktischen Aspekte situationsspezifischer Protestinszenierungen, betont dabei aber deren symbolische Bedeutung in der Wahrnehmung der Publikumsgruppen, die über die Medien diese Aktionen beobachten. Öffentlichkeit ist die entscheidende Bezugsgruppe, über die die für Problemlösungen verantwortlichen Instanzen (in diesem Falle die amerikanische Bundesregierung) unter Druck gesetzt werden soll. Diese Umweltzusammenhänge sozialer Bewegungen werden auch deutlich in den beiden Fallanalysen von *Jürgen Friedrichs* (idB: Nr. 14) und *Ingrid Gilcher-Holtey* (idB: Nr. 15).

2. Öffentlichkeitsarbeit und Öffentlichkeitsbedeutung von Protestbewegungen

Soziologisiert man das in der Bewegungsforschung eingeführte Konzept von „opportunity structure", so erscheint die Umwelt sozialer Bewegungen, die ihnen gleichzeitig Gelegenheiten anbietet und restriktive Bedingungen setzt, als ein Bezugsgruppenfeld (siehe Schaubild 1 bei Rucht idB: Nr. 13), in dem Massenmedien und deren Publikum die intermediären Größen bei dem Versuch darstellen, bei politischen Instanzen Reaktionen im Sinne der Bewegung auszulösen. Öffentliche Resonanz ist das Mittel der Wahl für Gruppierungen, deren Ressourcen nicht reichen, um auf direkterem Wege über Geld Anreiz zu geben oder über Machtmittel Druck zu entfalten. Soziale Bewegungen sind in dieser Hinsicht schwach, so daß ihre Strategie darin bestehen muß, einerseits das tätige „commitment" ihrer eigenen Anhänger zu motivieren, andererseits die Unterstützung von Publikumsgruppen zu gewinnen. Um letzteres zu erreichen, bedarf es der Aufmerksamkeit der Medien. Im Sinne der Nachrichtenwerttheorien der Massenkommunikation (vgl. Kap. III/2) stellen Protestaktionen den Versuch dar, diese Aufmerksamkeit zu erzeugen. „Hierbei stehen Protestbewegungen vor dem Dilemma, daß nachrichtenwertträchtige Aktionen und insbesondere spektakuläre Regelverletzungen zwar starke Beachtung sichern, aber zugleich auch scharfe Ablehnung wahrscheinlich machen. Unter diesen Bedingungen besteht ein hohes Risiko, daß nicht Motive und Gründe des Protests, sondern die Verwerflichkeit der Protestformen zum Gegenstand öffentlicher Aufmerksamkeit werden. Deshalb müssen Protestbewegungen darauf bedacht sein, ihre Aktionsformen und ihr Framing so abzustimmen, daß die Balance zwischen 'appeal and threat' (Turner 1969: 820ff.) gewahrt bleibt" (Rucht idB: Nr. 13).

Doug McAdam bechreibt in seiner Analyse der amerikanischen Bürgerrechtsbewegung die für ihren Erfolg mitentscheidende Kunst Martin Luther Kings, neben „threat" diesen „appeal" ideologisch zu erzeugen (idB: Nr. 16). Darüber hinaus aber – und das trifft auch für die von *Jürgen Friedrichs* (idB: Nr. 14) und *Ingrid Gilcher-Holtey* (idB: Nr. 15) dargestellten Fälle zu – entstanden Mitgefühl, Wohlwollen und Unterstützung vor allem dadurch, daß es den Bewegungen möglich war, sich und ihre Anhänger glaubwürdig als unschuldige Opfer darzustellen und die Verantwortlichen des Unrechts, das ihnen widerfuhr, als Schuldige zu fixieren: Stadtverwaltungen, die eine Serie von Verkehrstoten hinnehmen, ohne etwas zu unternehmen, Regierungen, die die Stundenten unterdrückt – immer wieder die Polizei, die friedliche Demonstranten verletzt, in einigen Fällen sogar tötet. Im Hinblick darauf konnten Skandalisierungen gelingen, die die Öffentlichkeit beeindruckten und die Regierungen zu Konsequenzen zwangen (vgl. Kap. III/2).

Bewegungen unterscheiden sich dann allerdings im Ausmaß und in der Stabilität ihrer Wirkungen. Sowohl eindeutige Niederlagen als auch eindeutige Erfolge sind Gründe dafür, daß sie wieder verschwinden. In beiden Fällen waren sie für eine gewisse Zeit Mitspieler in den Arenen der Öffentlichkeit, im Falle ihres Erfolges haben sich in diesen Arenen neue Sprecher mit neuen Themen etabliert. Entsteht bei mittleren Graden des Erfolges die Situation, daß Bewegungen sich selber weder hoffnungslos noch überflüssig finden müssen, dann können Institutionalisierungen gelingen, die auch ihren Status in der Öffentlichkeit stabilisieren. *Roland Roth* untersucht (idB: Nr. 17) im Hinblick darauf Bedingungen, Formen und Effekte von „Bewegungsmilieus", die im Gefolge sog. Neuer Sozialer Bewegungen in der Bundesrepublik an mehreren Orten entstanden sind und nun jene soziale Infrastruktur am Leben erhalten, die zur Absicherung neuer Mobilisierungsschübe gebraucht wird.

Roth weist allerdings nach, daß die überlokale Verschränkung dieser Milieus und ihrer Netzwerke erstaunlich schwach ausgeprägt ist. Die Reichweite ihrer Effekte erscheint entsprechend begrenzt. An ihren Orten ist aber beobachtbar, daß sie zu einer „Revitalisierung lokaler Öffentlichkeit" deutlich beitragen. „An jedem der von uns untersuchten Orte sind die öffentlichen Debatten heute alternativenreicher und strittiger. Dazu haben die lokalpolitischen Übersetzungen von großen Bewegungsthemen ebenso beigetragen wie die Herausforderungen der Grenzen institutioneller Politik, wie sie programmatisch von der neuen Frauenbewegung mit der Parole 'Das Private ist politisch' vorangetrieben wurden. Die lokalen Bewegungsmilieus haben damit Widerspruch auf Dauer gestellt. In der Folge hat vor allem das engagierte Publikum der nichtorganisierten Öffentlichkeit deutlich zugenommen" (Roth idB: Nr. 17). Dabei spielt offensichtlich die Mobilisierung lokaler Medienöffentlichkeit über diverse Formen der „Versammlungsöffentlichkeit" (vgl. Kap. II/1) ständig eine Rolle (siehe Blattert 1992: 2-23).

Mit solchen Effekten werden soziale Bewegungen öffentlichkeitssoziologisch interessant. Sie benutzen Öffentlichkeit nicht nur für ihre Zwecke, sondern sie verändern sie auch in dem Maße, in dem sie über einzelne Kampagnen hinaus dadurch erfolgreich sind, daß sie nicht nur durch ihr Protestangebot von „Nachrichtenwerten" Aufmerksamkeit erregen, sondern auch Zustimmung für ihre Themen und Meinungen auslösen. Zwar ist nicht damit zu rechnen, daß sie die vorhandenen Muster öffentlicher Kommunikation kultivieren könnten. Nichts spricht dafür, daß die Diskursqualität von Protestbewegungen in der Öffentlichkeit dem Kommunikationsstil anderer Öffentlichkeitsakteure überlegen sei. Mit ihrem Erfolg etablieren sich aber neue Sprecher mit neuen Themen und Meinungen, welche die Agenden und Programme öffentlicher Kommunikation erweitern, schließen neue Publikumssegmente an und befördern in den Sprecherarenen dann auch durch alle Verlautbarungs- und Agitationsstile öffentlicher Kommunikation hindurch einige Lernprozesse, die den Bewegungsakteuren in der Regel zwar nicht als hinreichend erscheinen, dennoch aber (zum Beispiel im Hinblick auf die Themenkomplexe „Umwelt" und „Frauen") vorhanden sind. Damit modifizieren sie nicht die Grundstrukturen und Marktgesetze moderner Öffentlichkeit, aber diese werden in dem Maße offener und flexibler gehalten, in dem sich das Publikum aus seiner reinen Rezipientenrolle löst und neben seinen „exit"-Optionen auch die Chancen auf „voice" nutzt, die die Grundstrukturen und Marktgesetze moderner Öffentlichkeit anbieten.

VI. Zwischenbilanz und Folgefragen

Am Schluß sollen nicht die sachlichen Ergebnisse der Analyse resümiert werden; da bleibt manches offen, was die Forschung mit zusätzlichen Ergebnissen noch schließen muß. Bilanziert werden sollen die Ansätze, die sich in der Analyse bewährt haben, aber auch die Fragen, die sich aus der Arbeit mit ihnen ergeben haben.

a) Öffentlichkeitssoziologische Analysen unterscheiden sich von den meisten Programmen der Massenkommunikationsforschung schon im Ansatz dadurch, daß sie neben Massenmedien und Publikum auch die Ebene der „Sprecher" systematisch einbeziehen – Sprecher verstanden als diejenigen Akteure, die mit ihren Themen und Meinungen über die Massenmedien das Publikum erreichen. Dies wird um so notwendiger in dem Maße, in dem zumindest die etablierten Sprecher ihre „Public Relations" professionalisieren und damit zu eigenständigen Öffentlichkeitsgrößen werden. Zu beachten ist, daß die Kategorien von Sprechern, Medien und Publikum analytische Komplexe darstellen und daß konkrete Personen und Gruppen empirisch in mehreren Rollen auftreten können. Von Bedeutung ist im Hinblick darauf zum Beispiel, daß Journalisten als „Kommentatoren" von reinen Chronistenrollen zu Sprecherrollen wechseln können und in diesen Rollen Funktionen ausüben, die die Medienforschung bislang vernachlässigt hat (siehe Kap. IV/2).

b) Der dauerhafte kommunikative Zusammenhang zwischen Sprechern, Medien und Publikum wird durch politische und ökonomische Interessen hergestellt, die sich in der Kommunikation selber nur implizit, also für das Publikum nicht direkt wahrnehmbar, ausdrücken (siehe Kap. III/1). Die politischen Interessen ergeben sich für die Sprecher aus dem strategischen Stellenwert des Publikums als Elektorat, die ökonomischen Interessen für die Medien aus dem Umstand, daß das Publikum sowohl die eigene Kundschaft darstellt als auch die Kundschaft jener Interessenten enthält, für die die Medien als Werbeträger dienen (siehe Kap. II/2). Insoweit stellt sich Öffentlichkeit für Sprecher und Medien als ein Markt dar, und dieser Markt wird bestimmt durch Konkurrenzen.

c) Sprecher und Medien konkurrieren mit rhetorischen Thematisierungs- und Überzeugungstechniken um Aufmerksamkeit und Zustimmung des Publikums (siehe Kap. III/2). Aufmerksamkeit entsteht, wenn vom Publikum Themen als interessant und wichtig wahrgenommen werden; Zustimmung entsteht, wenn Meinungen zu diesen Themen als kompetent und glaubwürdig beurteilt werden.

Es ist eine empirische Frage, was das Publikum selber erwartet. Für bloße Unterhaltungsbedürfnisse reichen Angebote, die Aufmerksamkeit wecken; das Publikum befindet sich in einer Konsumentenrolle. Orientierungsbedürfnisse suchen nach Chancen, bestimmten Meinungen zustimmen zu können, um mit diesen selber handeln zu können. Wichtig ist, daß das Interesse des Publikums an öffentlicher Kommunikation auch dann stabil bleiben kann, wenn Orientierungsbedürfnisse nicht befriedigt werden – dann nämlich, wenn die Ansprüche von Rezipienten über Unterhaltung nicht hinausgehen.

d) Verbindet das Publikum interessante und wichtige Themen mit bestimmten Sprechern und Medien, so gewinnen diese Prominenz; verbindet das Publikum kompetente und glaubwürdige Meinungen mit bestimmten Sprechern und Medien, so gewinnen diese Prestige. Prominenz ist die generalisierte Fähigkeit, Aufmerksamkeit zu wecken. Prestige ist die generalisierte Fähigkeit, Zustimmung zu erzielen (siehe Kap. III/1). Mit der ungleichen Verteilung dieser knappen sozialen Ressourcen entstehen Öffentlichkeitsschichtungen, deren regulative Bedeutung von der Forschung unzulänglich recherchiert wurde. Wichtige empirische Fragen sind: in welchem Maße Prominenz und Prestige in der Öffentlichkeit unter welchen Bedingungen überhaupt entstehen, ungleich verteilt werden, miteinander korrelieren (Statuskongruenz) und die Erfolge öffentlicher Kommunikationen beim Publikum bestimmen.

e) Die Analyse des Funktionierens öffentlicher Kommunikation setzt voraus, daß systematischer als auch in unserem Beitrag praktiziert wurde, interne Differenzierungen in den Gruppierungen von Sprechern, Medien und Publikum sowie deren Zusammenhang berücksichtigt werden. Sprecher konkurrieren miteinander und unterscheiden sich dabei neben allem sonstigen im Hinblick auf ihre politischen Positionen und die von daher präferierten Themen und Meinungen. Medien sind in dem Maße, in dem sie von Marktorientierungen bestimmt werden (siehe Kap. II/2), zwar keine „Parteimedien" im traditionellen Sinne, folgen aber bestimmten „redaktionellen Linien" mit relativ stabilen Positionspräferenzen. In dem Maße, in dem Publikums„lager" mit diesen Differenzierungen korrelieren und sich den Sprechern und Medien jeweils als Anhänger, Gegner und eine Zwischengruppe der „Nicht-Festgelegten" darstellen, kommt es zur Segmentierung von politischen Teilmärkten öffentlicher Kommunikation mit der Folge, daß für die Öffentlichkeitsakteure nicht das Publikum, sondern bestimmte Zielgruppen im Publikum die primären Bezugsgruppen darstellen. Nur unter der Bedingung, daß die Zwischengruppe mit ihrem Potential an „floating votes" den Öffentlichkeitsakteuren einerseits als strategisch wichtig, andererseits als politisch interessiert und informiert erscheinen, entsteht auf Sprecher und Medien der Druck, ihre Thematisierungs- und Überzeugungsstrategien argumentativ und ihren Umgang mit konkurrierenden Standpunkten und Akteuren diskursiv einzurichten. Fehlt dieser Druck, dominieren Verlautbarungs- und Argumentationsstile öffentlicher Kommunikation (siehe Kap. III/3 und III/4).

f) In dem Maße, in dem Verlautbarungs- und Agitationsstile öffentlicher Kommunikation dominieren, verringert sich die Wahrscheinlichkeit, daß das Kommunikationssystem Öffentlichkeit in der Lage ist, den Input konkurrierender Themen und disparater Meinungen nicht nur zu sammeln (Transparenzfunktion), sondern auch kritisch zu verarbeiten (Validierungsfunktion). In der Folge verringert sich auch die Wahrscheinlichkeit, daß als Output öffentlicher Kommunikation „öffentliche Meinungen" im Sinne einer hohen „Konsonanz veröffentlichter Meinungsäußerungen" entstehen (siehe Kap. IV/1) und die „Bevölkerungsmeinungen" in eine gleichförmige Richtung beeinflussen (Orientierungsfunktionen; siehe Kap. IV/2). Wirksam werden im Publikum dann weniger kollektive Produkte öffentlicher Kommunikation („öffentliche Meinungen"), sondern einzelne Sprecher mit Prominenz und Prestige; dies auch dann, wenn diese Sprecher „herrschenden Meinungen" in der Öffentlichkeit widersprechen. „Öffentliche Meinung" stellt insofern für Erklärungszwecke eine allgemein überschätzte Kategorie dar. Allerdings sind auch Fiktionen öffentlicher Meinung nicht nur im Publikum, sondern auch bei den Öffentlichkeitsakteuren handlungswirksam.

g) In dem Maße, in dem weder Sachverhalte noch Fiktionen „öffentlicher Meinung" entstehen, kommt es zu einer Abkopplung von öffentlicher Kommunikation und privater Meinungsbildung. Die über Medienrezeption laufende Wahrnehmung öffentlicher Kommunikation durch das Publikum erfüllt dann eher Unterhaltungs- als Orientierungsfunktionen. Die individuelle Meinungsbildung verlagert sich um so stärker in die Netzwerke der Alltagskommunikation (siehe Kap. IV/2). Deren Ergebnisse, demoskopisch mit dem Aggregat der „Bevölkerungsmeinung" meßbar, sind die primäre Orientierungsgröße politischer Akteure, da Bevölkerung als Elektorat ihren politischen Status unmittelbar bestimmt. Die Orientierung politischer Entscheidungsprozesse an Bevölkerungsmeinungen erfolgt allerdings sehr selektiv, da sich auch folgenreiche Vorgänge laufender „Routinepolitik" der öffentlichen Aufmerksamkeit weitgehend entziehen (siehe Kap. IV/3).

h) Das Kommunikationssystem Öffentlichkeit erweist sich insgesamt also im Hinblick auf seine „kybernetischen Fähigkeiten" als wenig produktiv. Kommunikation zwischen Sprechern findet nur in Grenzen statt und erreicht nur in Einzelfällen eine Qualität, die im Publikum nicht nur Aufmerksamkeit findet, sondern auch als überzeugend wahrgenommen wird. Die Medien liefern mit ihrem Genre des „Kommentars" zwar kritische Evaluationen, aber ihre oberste Funktion besteht nicht darin, Richter, sondern Chronisten zu sein. Die Beteiligung des Publikums an öffentlicher Kommunikation erscheint unter diesen Bedingungen vor allem als eine Art „window-shopping", das nur selten und in Abhängigkeit von mehr oder weniger segmentierten Publikumsinteressen bei sehr unterschiedlichen Angeboten zu Aneignungen führt. Kollektive Mobilisierungen des Publikums, die zu „voice" anstatt zu bloßem „exit" führen (z.B. soziale Bewegungen; siehe Kap. V) kommen selten vor, und wenn sie vorkommen, führen sie evtl. zwar zur Komplettierung des Sprecherensembles und erhöhen die Transparenzleistungen von Öffentlichkeit, dürften zu einer Qualifizierung öffentlicher Kommunikation ansonsten aber kaum beitragen.

i) Die normativen Ansprüche des „Diskursmodells" öffentlicher Kommunikation (siehe Kap. 1) werden also unter den strukturellen Bedingungen moderner Öffentlichkeit nur sehr begrenzt erfüllt. Diese These läßt sich allerdings nur fundieren und die Bedingungen folgenreicher Ausnahmen lassen sich überhaupt erst erkennen, wenn man mit diesem Modell arbeitet. Insofern erfüllt es heuristische Funktionen, die ein „Spiegelmodell" öffentlicher Kommunikation nicht hergibt.

Literatur

Alexander, Jeffrey C., 1988: The Mass News Media in Systemic, Historical and Comparative Perspective. S. 107-152 in: *Ders.*: Action and its environments. New York: Columbia Univ.

Baker, Kendall L., *Helmuth Norpoth* und *Klaus Schönbach*, 1981: Die Fernsehdebatten der Spitzenkandidaten vor den Bundestagswahlen 1972 und 1976, Publizistik 26: 530-544.

Bennett, W. Lance, 1980: Public Opinion in American Politics. New York: Harcourt Brace, Jovanovich.

Bentele, Günter, 1988: Der Faktor Glaubwürdigkeit, Publizistik 33: 406-426.

Bergsdorf, Wolfgang, 1992: Öffentliche Meinung und politisches Argument. S. 41-50 in: *Jürgen Wilke* (Hg.): Öffentliche Meinung. Theorie, Methoden, Befunde. Beiträge zu Ehren von Elisabeth Noelle-Neumann. Freiburg/München: Alber.

Best, Joel, 1987: Rhetoric in Claims-Making: Constructing the Missing Children Problem, Social Problems 34: 101-120.

Beyme, Klaus von, 1993: Die politische Klasse im Parteienstaat. Frankfurt a.M.: Suhrkamp.

Blattert, Barbara, 1992: Anbieter von öffentlichen politischen Veranstaltern in West-Berlin. Discussion-Paper FS III92-101. Wissenschaftszentrum Berlin.

Boorstin, Daniel J., 1961: From News Gathering to News Making: A Flood of Pseudo-Events. S. 7-44 in: *Ders.*: The Image. New York: Harper Colophon.

Brooks, Joel E., 1990: The Opinion-Policy Nexus in Germany, Public Opinion Quarterly 54: 508-529.

Cantril, Albert H., 1991: The Opinion Connection. Polling, Politics, and the Press. Washington D.C.: Congressional Quarterly.

Davison, William, 1983: The Third-Person Effect in Communication, Public Opinion Quarterly 47: 1-15.

Devine, Donald J., 1970: The Attentive Public. Polyarchical Democracy. Chicago: Rand McNally.

Dijk, Teun A. van, 1988: News as Discourse. Hillsdale, N.J.: Lawrence Erlbaum.

Eisermann, Jessica, 1993: Selbstkontrolle in den Medien: Der Deutsche Presserat und seine Möglichkeiten. Discussion-Paper FS III 93-102. Wissenschaftszentrum Berlin.

Entman, Robert M., 1991: Framing U.S. Coverage of International News: Contrasts in Narratives of KAL and Iran Air Incidents, Journal of Communication 41/4: 6-27.

Etzioni, Amitai, 1968: The Active Society. New York: Free Press.

Fields, James M., und *Howard Schuman*, 1976: Public Beliefs about the Beliefs of the Public, Public Opinion Quarterly 40: 427-448.

Fuchs, Dieter, 1993: Eine Metatheorie des demokratischen Prozesses. Discussion Paper FS III 93-202. Wissenschaftszentrum Berlin.

Fuchs, Dieter, Jürgen Gerhards und *Friedhelm Neidhardt*, 1991: Öffentliche Kommunikationsbereit-schaft. Test eines zentralen Bestandteils der Theorie der Schweigespirale. Discussion Paper FS III 91-105. Wissenschaftszentrum Berlin.

Geertz, Clifford, 1983: Common sense als kulturelles System. S. 261-288 in: *Ders.*: Dichte Beschrei-bung. Beiträge zum Verstehen kultureller Systeme. Frankfurt a.M.: Suhrkamp.

Gerhards, Jürgen, und *Friedhelm Neidhardt*, 1990: Strukturen und Funktionen moderner Öffent-lichkeit. Discussion Paper FS III 90-101. Wissenschaftszentrum Berlin.

Gerhards, Jürgen, 1992: Politische Veranstaltungen in der Bundesrepublik. Nachfrager und wahrgenommenes Angebot einer „kleinen" Form von Öffentlichkeit, Kölner Zeitschrift für Soziologie und Sozialpsychologie 44: 766-779.

Glynn, Caroll J., 1989: Perception of Other's Opinion as a Component of Public Opinion, Social Science Research 18: 53-69.

Groebel, Jo, et al., 1994: Bericht zur Lage des Fernsehens für den Präsidenten der Bundesrepublik Deutschland. Mskr.

Grunig, James, und *Todd Hunt*, 1984: Managing Public Relations. New York.

Gunther, Albert, 1991: What We Think Others Think. Cause and Consequence in Third-Person Effect, Communication Research 18: 355-372.

Gusfield, Joseph R., 1989: Constructing the Ownership of Social Problems: Fun and Profit in the Welfare State, Social Problems 36: 431-441.

Habermas, Jürgen, 1981: Theorie des kommunikativen Handelns, Bd. 2: Zur Kritik der funktio-nalistischen Vernunft. Frankfurt a.M.: Suhrkamp.

Habermas, Jürgen, 1989: Volkssouveränität als Verfahren. Ein normativer Begriff von Öffentlich-keit, Merkur 6: 165-177.

Habermas, Jürgen, 1990: Strukturwandel der Öffentlichkeit. Frankfurt a.M.: Suhrkamp.

Habermas, Jürgen, 1992: Faktizität und Geltung. Beiträge zur Diskurstheorie des Rechts und des demokratischen Rechtsstaats. Frankfurt a.M.: Suhrkamp.

Hagen, Lutz M., 1992: Die opportunen Zeugen. Konstruktionsmechanismen von Bias in der Zeitungsberichterstattung über die Volkszählungsdiskussion, Publizistik 37/4: 444-460.

Herbst, Susan, 1993: The Meaning of Public Opinion: Citizens' Constructions of Political Reality, Media, Culture and Society 15: 437-454.

Hilgartner, Stephen, 1990: The Dominant View of Popularization: Conceptual Problems, Political Uses, Social Studies of Science, 20: 519-539.

Hilgartner, Stephen, und *Charles L. Bosk*, 1988: The Rise and Fall of Social Problems: A Public Arenas Model, American Journal of Sociology, 94: 53-78.

Hinckley, Ronald H., 1992: People, Polls and Policy Makers. New York: Lexington.

Hovland, Carl, und *Walter Weiss*, 1951: The Influence of Source Credibility on Communication Effectiveness, Public Opinion Quarterly 15: 635-650.

Huth, Lutz, 1977: Zur Rolle der Argumentation im Texttyp Korrespondentenbericht. S. 357-388 in: *Michael Schecker* (Hg.): Theorie der Argumentation. Tübingen: Narr.

Iyengar, Shanto, 1992: Wie Fernsehnachrichten die Wähler beeinflussen: Von der Themensetzung zur Herausbildung von Bewertungsmaßstäben. S. 123-142 in: *Jürgen Willke* (Hg.): Öffentliche Meinung. Theorien, Methoden, Befunde. Beiträge zu Ehren von Elisabeth Noelle-Neumann. Freiburg/München: Alber.

Jordan, Donald L., 1993: Newspaper Effects on Policy Preferences, Public Opinion Quarterly 57: 191-204.

Kadushin, Charles, 1974: The American Intellectual Elite. Boston/Toronto: Little Brown.

Kahane, Howard, 1971: Logic and Contemporary Rhetoric. The Use of Reason in Everyday Life. Belmont, Calif.: Wadsworth.

Kiefer, Marie-Luise, 1992: Massenkommunikation IV. S. 13-371 in: *Klaus Berg* und *Marie-Luise Kiefer*: Massenkommunikation IV. Eine Langzeitstudie zur Mediennutzung und Medienbewertung 1964-1990. Baden-Baden: Nomos.

Kingdon, John W., 1984: Agendas, Alternatives, and Public Policies. New York: Harper Collins.

Lippmann, Walter, 1965: Public Opinion. New York: Free Press.

Listhaug, Ola, und *Matti Wiberg*, 1993: Confidence in Political and Private Institutions. Paper for Presentation at the Meeting of the ESF-Project „Beliefs in Government", Budapest: The Central European University.

Luhmann, Niklas, 1971: Öffentliche Meinung. S. 9-34 in: *Ders.*: Politische Planung. Aufsätze zur Soziologie von Politik und Verwaltung. Opladen: Westdeutscher Verlag.

Luhmann, Niklas, 1990: Gesellschaftliche Komplexität und öffentliche Meinung. S. 170-182 in: *Ders.*: Soziologische Aufklärung 5. Konstruktivistische Perspektiven. Opladen: Westdeutscher Verlag.

Mann, Thomes E., und *Gary R. Orren* (Hg.), 1992: Media Polls in American Politics. Washington D.C.: Brookings.

Marcinkowski, Frank, 1993: Publizistik als autopoetisches System. Politik und Massenmedien. Eine systemtheoretische Analyse. Opladen: Westdeutscher Verlag.

Mathes, Rainer, und *Stefan Dahlem*, 1987: Campaign Issues in Political Strategies and Press Coverage: The Rental Law Conflict in the 1982-1983 Election Campaign in the Federal Republic of Germany, Political Communication and Persuasion 6: 35-48.

McManus, John, 1992: What Kind of Commodity is News?, Communication Research 19: 787-805.

Neidhardt, Friedhelm, 1985: Einige Ideen zu einer allgemeinen Theorie sozialer Bewegungen. S. 193-204 in: *Stefan Hradil* (Hg.): Sozialstruktur im Umbruch. Karl Martin Bolte zum 60. Geburtstag. Opladen: Westdeutscher Verlag.

Neidhardt, Friedhelm, 1994: Die Rolle des Publikums. Anmerkungen zur Soziologie politischer Öffentlichkeit. S. 315-328 in: *Hans-Ulrich Derlien, Uta Gerhardt* und *Fritz W. Scharpf* (Hg.): Systemrationalität und Partialinteresse. Festschrift für Renate Mayntz. Baden-Baden: Nomos.

Neidhardt, Friedhelm, 1994a: Öffentlichkeit und die Öffentlichkeitsprobleme der Wissenschaft. S. 39-56 in: *Wolfgang Zapf* und *Meinolf Dierkes* (Hg.): Institutionenvergleich und Institutionendynamik. WZB-Jahrbuch 1994. Berlin: Edition Sigma.

Neidhardt, Friedhelm, und *Dieter Rucht*, 1991: The Analysis of Social Movements: The State of the Art and some Perspectives for further Research. S. 421-464 in: *Dieter Rucht* (Hg.): Research on Social Movements. Frankfurt a.M./Boulder, CO: Campus/Westview.

Neidhardt, Friedhelm, und *Dieter Rucht*, 1993: Auf dem Weg in die „Bewegungsgesellschaft"?, Soziale Welt 44: 305-326.

Nimmo, Dan, 1978: Political Communication and Public Opinion in America. Santa Monica, Calif.: Goodyear.

Noelle-Neumann, Elisabeth, 1973: Kumulation, Konsonanz und Öffentlichkeitseffekt, Publizistik 18: 26-55.

Noelle-Neumann, Elisabeth, 1991: Die Theorie der öffentlichen Meinung. Das Konzept der Schweigespirale. Mskr. Allensbach: Institut für Demoskopie.

Noelle-Neumann, Elisabeth, 1993: The Spiral of Silence. Public Opinion – Our Social Skin. Chicago/London: University of Chicago Press.

Noelle-Neumann, Elisabeth, und *Rainer Mathes,* 1987: The 'Event as Event' and the 'Event as News': The Significance of 'Consonance' for Media Effects Research, European Journal of Communication 2: 391-414.

Page, Benjamin, und *Robert Y. Shapiro,* 1983: Effects of Public Opinion on Policy, The American Political Science Review 77: 175-190.

Page, Benjamin I., Robert Y. Shapiro und *Glenn R. Dempsey,* 1987: What Moves Public Opinion?, American Political Science Review 81: 23-43.

Page, Benjamin I., und *Robert Y. Shapiro,* 1992: The Rational Public. Fifty Years of Trends in American's Policy Preferences. Chicago/London: University of Chicago Press.

Paletz, David L., und *John Boiney,* 1988: Interest Groups and Public Opinion, Communication Yearbook II: 534-546.

Parsons, Talcott, 1980: Zur Theorie der sozialen Interaktionsmedien. Opladen: Westdeutscher Verlag.

Patterson, Thomas E., 1993: Out of Order. New York: Knopf.

Pomerantz, Anita, 1986: Extreme Case Formulations: A Way of Legitimizing Claims, Human Studies 9: 219-229.

Potter, Jonathan, und *Margret Wetherell,* 1987: Discourse and Social Psychology. London: Sage.

Rothman, Stanley, 1992: The Media, the Experts, and Public Opinion. S. 177-200 in: *Ders.,* The Mass Media in Liberal Democracies. New York: Paragon House.

Sarcinelli, Ulrich, 1983: Symbolische Politik im Wahlkampf. Koblenz.

Saxer, Ulrich, 1992: Strukturelle Möglichkeiten und Grenzen von Medien- und Journalismusethik. S. 104-128 in: *Michael Haller* und *Helmut Holzhey* (Hg.), Medienethik. Opladen: Westdeutscher Verlag.

Schulz, Winfried, 1976: Die Konstruktion von Realität in den Nachrichtenmedien. Freiburg/ München: Alber.

Sennett, Richard, 1983: Verfall und Ende des öffentlichen Lebens. Die Tyrannei der Intimität. Frankfurt a.M.: Fischer.

Simmel, Georg, 1968: Soziologie. Untersuchungen über die Formen der Vergesellschaftung. Berlin: Duncker & Humblot.

Snow, David A., und *Robert D. Benford,* 1988: Ideology, Frame Resonance, and Participant Mobilization. S. 197-218 in: *Bert Klandermans, Hanspeter Kriesi* und *Sidney Tarrow* (Hg.): International Social Movement Research, 1. Greenwich, Connecticut: JAI Press.

Staab, Joachim Friedrich, 1990: Nachrichtenwert-Theorie. Formale Struktur und empirischer Gehalt. Freiburg/München: Alber.

Stimson, James A., 1991: Public Opinion in America. Boulder: Westview Press.

Streeck, Wolfgang, 1987: Vielfalt und Interdependenz. Überlegungen zur Rolle von intermediären Organisationen in sich verändernden Umwelten, Kölner Zeitschrift für Soziologie und Sozialpsychologie 39: 471-495.

Turner, Ralph H., 1969: The Public Perception of Protest, American Sociological Review 34: 815-831.

Ueding, Gert, und *Bernd Steinbrink,* 1986: Grundriß der Rhetorik. Geschichte, Technik, Methode. Stuttgart: Metzler.

Voltmer, Katrin, 1993: Mass Media: Political Independence of Press and Broadcasting Systems. Discussion Paper FS III 93-205, Berlin: Wissenschaftszentrum.

Wegener, Bernd, 1985: Gibt es Sozialprestige?, Zeitschrift für Soziologie 14: 209-235.

Yeric, Jerry L., und *John Todd,* 1989: Public Opinion. The Visible Politics. Itaca, Ill.: Peacock.

II. Bedingungen, Strukturen und Funktionen von Öffentlichkeit

DER SINN VON ÖFFENTLICHKEIT*

Bernhard Peters

Zusammenfassung: Hat das „klassische" normative Modell einer diskutierenden Öffentlichkeit eine Bedeutung für gesellschaftstheoretische Analysen mit empirischen Erklärungsansprüchen? Der Artikel rekonstruiert zunächst grundlegende Merkmale normativer Konzeptionen von Öffentlichkeit, um diese Ansprüche dann mit skeptischen theoretischen und empirischen Einwänden zu konfrontieren. Das normative Modell dient auf diese Weise als Heuristik, um wichtige strukturelle Ermöglichungsbedingungen und Beschränkungen egalitärer öffentlicher Diskurse aufzuzeigen, die sich innerhalb der öffentlichen Sphäre wie in ihrer gesellschaftlichen Umwelt auffinden lassen.

I. Zur Semantik von „Öffentlichkeit"

„Öffentlichkeit" und verwandte Begriffe und Antonyme wie öffentliche Meinung, Publikum, öffentlich und privat, öffentlich und nichtöffentlich oder geheim, öffentlicher Raum und Privatsphäre sind wichtige Elemente der Semantik moderner westlicher Gesellschaften. Es sind Leitbegriffe, die eingebettet sind in Konzeptionen sozialer und politischer Ordnung, welche teils theoretisch systematisiert sind, teils implizit artikuliert werden in Verfassungsdokumenten, Gesetzen und Gerichtsurteilen und einflußreichen politischen Äußerungen. Publizistik und Alltagskommunikation machen sich diese Begriffe und Ordnungsvorstellungen zu eigen und versehen sie mit häufig vieldeutigen und strittigen Auslegungen. Wir haben es also mit einem beweglichen semantischen Feld zu tun mit vielen teils überlappenden, teils konfligierenden, teils ambigen Bedeutungen. Jedoch lassen sich einige allgemeine begriffliche Strukturen identifizieren, die einen gemeinsamen Rahmen für konkurrierende Konzeptionen darstellen. Diese haben sich seit dem 18. Jahrhundert in der politischen Kultur westlicher Gesellschaften herausgebildet und sind bis heute im wesentlichen stabil geblieben.

1. „Öffentlich" und „Öffentlichkeit": Drei Bedeutungen

Der Begriff der „Öffentlichkeit" fungiert in drei verschiedenen Weisen in der symbolischen Struktur moderner Sozialordnungen: In Kombination mit dem Gegenbegriff

*   Friedhelm Neidhardt und Lutz Wingert danke ich für Hinweise. Die Vorarbeiten zu diesem Artikel wurden ermöglicht durch eine Forschungsförderung der Thyssen-Stiftung, der ich für ihre Unterstützung danke.

„privat" dient „öffentlich" der Abgrenzung und Bezeichnung von sozialen Handlungs-
und Verantwortungsbereichen mit grundsätzlich verschiedenem normativem Charakter. In einer zweiten Begriffskonstellation wird „öffentlich" verbunden mit zwei Ge-
genbegriffen: „privat" und „geheim"; die entsprechenden Unterscheidungen dienen
einer sozialen Grenzziehung im Bereich von Kommunikation und Wissen. Der dritte
Sinn von „Öffentlichkeit" nimmt Elemente der beiden ersten Begriffsverwendungen
auf und verknüpft sie mit zusätzlichen normativen Gehalten: Öffentlichkeit bezeichnet
hier eine Art Kollektiv mit einer bestimmten Kommunikationsstruktur oder eine Sphäre
kommunikativen Handelns mit bestimmten anspruchsvollen Merkmalen und Funktionen.

Institutionalisierte Handlungssphären. Die erste Grenzziehung zwischen öffentlichen und
privaten Handlungs- oder Verantwortungsbereichen ist bekanntlich fundamental für
moderne, liberale politische und rechtliche Ordnungen. „Privat" und „öffentlich" können sich hier sowohl auf Handlungen wie auf deren institutionelle Rahmenbedingungen (Rollen bzw. Positionen, Kompetenzen) wie auch auf sachliche Handlungsbedingungen (Verfügung über Ressourcen) beziehen. So unterscheidet man öffentliche Ämter, die mit besonderen Kompetenzen, Pflichten und Verantwortlichkeiten verbunden
sind, von privaten Rollen. Entsprechend wird vom „öffentlichen" Dienst, von „public
servants" usw. gesprochen. Ressourcen können Privateigentum oder öffentliches Ei-
gentum sein, privater oder kollektiver Kontrolle unterliegen. Der Bereich des Privaten
gilt in diesem Kontext als eine geschätzte Handlungssphäre, in der die Gesellschaftsmitglieder ihre Ziele und Lebensprojekte verfolgen können, *ohne* sich kollektiven Entscheidungen zu unterwerfen oder sich gegenüber dem Kollektiv rechtfertigen zu müssen.

Das Kollektiv, von dem als Öffentlichkeit die Rede ist, ist natürlich die moderne
rechtlich-politische, staatliche Gemeinschaft. Die in diesem Rahmen getroffenen Entscheidungen sind nun nicht bloß in dem Sinn öffentlich, daß sie für alle verbindlich
sind. Die öffentlichen Angelegenheiten sollen auch im gemeinsamen oder allgemeinen
Interesse des Kollektivs entschieden werden (public interest) sowie unter Kontrolle
oder Beteiligung der Mitglieder.

Die Geschichte liberaldemokratischer Verfassungsstaaten ist durchzogen von Auseinandersetzungen um die Grenzziehung zwischen privaten und öffentlichen Hand-
lungsbereichen im eben beschriebenen Sinn: Was soll durch die politische Gemeinschaft
und ihre Organe verbindlich geregelt und entschieden werden, und was soll privater
Initiative und Handlungsfreiheit überlassen bleiben? Diese Auseinandersetzungen
dauern an, aber die Fronten sind sehr unübersichtlich geworden (nicht zuletzt, weil
die Erwartung, demokratisch kontrollierte staatliche Organe seien die berufenen Sach-
walter des öffentlichen Interesses, heute auch auf der linken Seite des politischen
Spektrums auf größere Vorbehalte stößt). Die institutionelle Grenzziehung ist selbst
diffus geworden. Wir finden eine breite Übergangszone zwischen privaten und öffentlichen Handlungs- und Verantwortungsbereichen – eine Vielzahl von Assoziationen,
Organisationen und anderen Strukturen, die nach vorherrschenden sozialen Definitionen öffentliche Aufgaben erfüllen und öffentliche Autorität ausüben, die aber nicht
dem Bereich staatlicher, dem Anspruch nach demokratisch kontrollierter Institutionen
angehören.

Kommunikation und Wissen. Das Attribut „öffentlich" bezeichnet noch eine zweite soziale Grenzziehung, die sich auf Kommunikation, Beobachtung oder Wissen bezieht. Der nichtöffentliche Bereich wird in diesem Fall bezeichnet durch mehrere Gegenbegriffe zu „öffentlich": nämlich „privat", „vertraulich" oder „geheim". Öffentlich sind Sachverhalte, Ereignisse oder Aktivitäten, die jeder beobachten oder von denen jeder wissen kann. Öffentlich sind Wissensbestände, die frei zugänglich sind, und Kommunikationen, die jeder verfolgen oder an denen sich jeder beteiligen kann. Privat, vertraulich oder geheim sind entsprechend Sachverhalte oder Aktivitäten, die abgeschirmt sind gegenüber Beobachtung oder Kenntnis von Unbefugten; ebenso Wissensbestände oder Kommunikationen mit eingeschränkten Zugangsbedingungen. Die Bedeutungsfelder von „privat" und „geheim" überschneiden sich hier. „Privatheit" (privacy) bezieht sich auf die Abschirmung privater, d.h. nichtstaatlicher Aktivitäten nicht nur gegen äußere Intervention, sondern schon gegen Beobachtung und Mitteilung. „Geheimnis" ist in diesem Begriffskontext traditionell vor allem auf staatliche Aktivitäten bezogen worden, findet aber auch andere Anwendungen (Geschäftsgeheimnis, Briefgeheimnis). Privatheit und Geheimnis haben (im Gegensatz zum bloßen Nichtwissen oder zum Unbekannten) eine normative oder intentionale Komponente – sie setzen Verbote gegen Beobachtung oder Mitteilung voraus oder zumindest (im Fall des Geheimnisses) ein aktives Verbergen gegenüber potentiellen Interessenten. Während „privat" in dieser Bedeutung eindeutig positive normative Konnotationen hat (Benn/Gaus 1983: 11), ist der Status von „geheim" vieldeutiger: es gibt legitime wie illegitime Geheimnisse.

Auch diese zweite Abgrenzung des Öffentlichen, bezogen auf Kommunikation oder Information, ist Gegenstand vielfältiger Auseinandersetzungen. In der Moderne steht das Geheimnis eher unter Verdacht. Geheimhaltung bedarf der besonderen Rechtfertigung – insbesondere natürlich im Bereich des Politischen: Moderne Auffassungen von Demokratie verlangen die Publizität aller öffentlichen Angelegenheiten. Tatsächlich werden Ausnahmen im staatlichen Bereich weithin anerkannt. Das gilt nicht nur für den Bereich der strategischen Auseinandersetzung mit äußeren und inneren Feinden (Staatsgeheimnisse, Geheimdienste usw.), sondern auch für weite Bereiche der Tätigkeiten der Verwaltungen, für Verhandlungen und Beratungen hinter verschlossenen Türen und ähnliches. Die Grenzen dieser Ausnahmen vom Publizitätsgebot sind jedoch umkämpft: Geheime staatliche Operationen werden regelmäßig zum Gegenstand öffentlicher Besorgnis. Auch die Informationsrechte der Bürger gegenüber den öffentlichen Verwaltungen sind ein häufiger Konfliktgegenstand. Andererseits ist die Besorgnis um den Schutz von Privatheit und Vertraulichkeit gegen unwillkommene Beobachtung, Informationsweitergabe oder Publizität erheblich gestiegen. Vor allem die Auseinandersetzungen über „Datenschutz", aber auch Konflikte über die Grenzen öffentlicher Berichterstattung aus dem „Privatleben" sind Beispiele.

„Öffentlich" im ersten Sinn ist also ein Prädikat, das Angelegenheiten oder Aktivitäten beigelegt wird, die Gegenstand organisierter kollektiver Verantwortlichkeiten und Entscheidungen sind (oder sein sollten). Öffentlich im zweiten Sinn ist all das, was vor aller Augen geschieht oder in aller Munde ist. Entsprechend läßt sich Öffentlichkeit auch als eine *soziale Handlungssphäre* verstehen, die mehr oder weniger frei zugänglich ist und in der soziale Akteure sich an ein unabgeschlossenes Publikum wenden oder jedenfalls der Beobachtung durch ein solches Publikum ausgesetzt sind.

Von diesen beiden Bedeutungen ist eine dritte zu unterscheiden, die hier „Öffentlichkeit im emphatischen Sinn" genannt werden soll.

Öffentlichkeit im emphatischen Sinn. In einer dritten Bedeutung bezeichnet Öffentlichkeit eine Art Kollektiv, das auf einer bestimmten Kommunikationsstruktur beruht, oder eine Sphäre kommunikativen Handelns, in der sich eine „öffentliche Meinung" mit bestimmten anspruchsvollen Merkmalen bilden kann. Im klassischen Verständnis handelt es sich um eine Sphäre öffentlicher, ungezwungener Meinungs- und Willensbildung der Mitglieder einer demokratischen politischen Gemeinschaft über die Regelung der öffentlichen Angelegenheiten. Das klassische normative Modell von Öffentlichkeit kombiniert insofern die beiden bisher genannten Bedeutungen von „öffentlich", fügt aber eine Reihe weiterer normativer Bestimmungen hinzu.

Die historische Entwicklung eines solchen emphatischen, normativ anspruchsvollen Konzepts von Öffentlichkeit und öffentlicher Meinung ist schon häufig dargestellt worden.[1] Hier soll nur eine idealtypische Rekonstruktion der wichtigsten Bestimmungen gegeben werden, die mit dieser Konzeption verbunden worden sind.

2. Strukturen und Funktionen von Öffentlichkeit im normativen Modell

Öffentlichkeit im emphatischen Sinn wird gebildet durch Kommunikation unter Akteuren, die aus ihren privaten Lebenskreisen heraustreten, um sich über Angelegenheiten von allgemeinem Interesse zu verständigen. Die Teilnahme an solchen Kommunikationen konstituiert eine Art soziales Kollektiv, manchmal „Publikum" genannt. Gelegentlich wird auch der Begriff „Öffentlichkeit" selbst im Sinne eines solchen Kollektivs verwendet; häufiger ist jedoch die Konnotation einer sozialen Sphäre oder eines sozialen Raums (public sphere, public space), der aufgespannt und erhalten wird durch Kommunikationen mit spezifischen Qualitäten. Öffentlichkeit, verstanden als ein solches kommunikatives Geschehen, kann expandieren oder schrumpfen je nach Umfang und Qualität der Kommunikationen.

a) Grundlegende Merkmale von Öffentlichkeit. Zu den Merkmalen der Kommunikationsformen, welche die Öffentlichkeit im emphatischen Sinn konstituieren, gehört zunächst ihr Gegenstand: Es geht um Angelegenheiten von kollektivem Interesse, um Probleme, die „alle" angehen oder interessieren sollten. Traditionell ist vor allem an politische oder Staatsangelegenheiten gedacht – also an kollektive Probleme, die einer politischen Regelung schon unterliegen oder zugeführt werden sollen. Für welche Probleme letzteres gilt, ist allerdings umstritten und selbst erst in öffentlichen Diskursen zu klären. Auch ist die allgemeine öffentliche Selbstverständigung nicht zu beschränken auf unmittelbar entscheidungsbedürftige oder -fähige praktische Fragen. Hierher gehören auch Debatten über allgemeinere Orientierungen, normative Prinzipien und Werte

---

1 Lucien Hölscher hat die Entstehung eines Verständnisses von „Öffentlichkeit als politisch-soziale Handlungseinheit" seit der Wende vom 18. zum 19. Jahrhundert nachgezeichnet (Hölscher 1979: 136ff.) Zur Rolle von Öffentlichkeit und opinion publique in der Geschichte der politischen Theorie im 18. und 19. Jahrhundert vgl. Habermas (1990); Gunn (1989); mit stärkerer Einbeziehung der angelsächsischen Tradition; Baker (1987), Ozouf (1987).

(sowohl des öffentlichen wie des privaten Lebens), das Verhältnis zur kollektiven Vergangenheit und kollektive Aspirationen für die Zukunft. Genres wie „Zeitdiagnose" oder „Kulturkritik" gehören ebenso zur Öffentlichkeit wie politische Debatten im engeren Sinn.

Öffentliche Diskurse behandeln praktische Fragen des kollektiven Zusammenlebens. Sie betreffen also nicht nur die Beurteilung objektiver Handlungsbedingungen, das heißt kognitive oder instrumentelle Probleme, sondern auch normative Fragen des Ausgleichs von Ansprüchen und Interessen und evaluative Probleme der Definition von kollektiven Werten und Aspirationen (Habermas 1992: 187-207). Durch solche Diskurse sollen die Teilnehmer die Möglichkeit gewinnen, auch ihre eigenen Interessen und Ansprüche zu reflektieren und möglicherweise zu revidieren. Öffentliche Diskurse sollen nicht nur Meinungen bilden, sondern auch Motive prägen, zur kollektiven *Willens*bildung beitragen (Tönnies 1922).

Wer bildet nun das Kollektiv, das sich in dieser Weise verständigen soll? Wer gehört zum Publikum? In den normativen Konzeptionen von Öffentlichkeit finden wir staatsbürgerliche und kosmopolitische Elemente. Im Rahmen der politischen Theorie war an eine politische Öffentlichkeit von Staatsbürgern gedacht. Zugleich sind mit dem Begriff öffentlicher Verständigung stets universalistische Ansprüche verbunden worden. Diese verweisen auf die Möglichkeit einer internationalen Öffentlichkeit oder „Weltöffentlichkeit", welche neben die Pluralität nationaler Öffentlichkeiten tritt – eine Vorstellung, die heute selbstverständlich geworden ist.

Weitere Grundmerkmale des normativen Modells von Öffentlichkeit betreffen die besonderen Qualitäten der Kommunikationsformen, welche den öffentlichen Raum aufspannen. Drei Merkmalsgruppen sollen hier beschrieben werden: *Gleichheit* und *Reziprozität* der kommunikativen Beziehungen – eine prinzipielle *Offenheit* für Themen und Beiträge und eine *adäquate Kapazität* zu ihrer Verarbeitung –, schließlich die *diskursive Struktur* von Kommunikationen.

Gleichheit und Reziprozität. Die Beteiligung an öffentlicher Kommunikation steht im Prinzip jedermann offen, der bereit und fähig ist, sich in der Öffentlichkeit verständig zu äußern. Diese Kompetenz kann niemandem ohne spezielle Gründe (etwa im Fall von Kindern oder geistig Behinderten) abgesprochen werden. In dieser Bedingung eingeschlossen ist eine Reziprozität von Hörer- und Sprecherrollen: Nicht nur die Möglichkeiten, zuzuhören und sich privat ein Urteil zu bilden, sondern auch die Möglichkeiten, sich in der Öffentlichkeit zu äußern und Gehör zu finden, sollen gleich verteilt sein.[2] Historisch betrachtet hat sich die anfangs vorhandene elitäre Beschränkung auf ein „gebildetes Publikum" verloren (die immerhin bereits eine egalitäre Komponente hatte, insofern Bildung zumindest potentiell von jedem zu erwerben ist). Familiäre Herkunft, Status, Vermögen, Ämter, Bildungsqualifikationen oder Expertise verschaffen keine *formellen* Vorrechte für die Beteiligung an öffentlichen Kommunikationen. Natürlich beeinflussen solche und andere soziale Merkmale die *faktischen* Teilnahmechancen; die normative Konzeption von Öffentlichkeit impliziert die Forderung, solche Einflüsse möglichst zu neutralisieren.

---

2 Daß jeder (womöglich gleichen) Anspruch auf Gehör haben soll, ist eine starke und – wie wir später noch diskutieren werden – in dieser einfachen Form unrealisierbare Forderung. Sie bringt die normative Intuition zum Ausdruck, daß es in der Öffentlichkeit nicht nur um einen Wettbewerb von Ideen geht, sondern daß auch die persönliche Perspektive eines jeden zählt. Beachtet und gehört zu werden, ist eine Form des Respekts, die jedem zusteht. Zur Bedeutung von „Unvertretbarkeit" in praktischen Diskursen vgl. Wingert (1993).

Offenheit und adäquate Kapazität. Eine weitere Grundbedingung ist eine generelle Offenheit für Themen und Beiträge. Es gilt das oben erwähnte Kriterium, daß Themen von allgemeinem Interesse behandelt werden sollen. Aber es gibt keine Themen oder Beiträge, die a priori ausgeschlossen wären (sofern sie sich an das Gebot der wechselseitigen Achtung von Integrität halten und nicht speziell begründete und akzeptierte Vertraulichkeits- oder Geheimhaltungsgebote verletzen). Über ihre Relevanz wird in der öffentlichen Debatte selbst entschieden. Im normativen Begriff von Öffentlichkeit ist zudem der Anspruch enthalten, daß das Publikum in der Lage sein soll, alle wichtigen öffentlichen Fragen nicht nur zu thematisieren, sondern auch kompetent und sachlich angemessen zu behandeln. Vorausgesetzt ist also eine adäquate Kompetenz oder Verarbeitungskapazität der öffentlichen Sphäre.

Diskursive Struktur. Schließlich haben Kommunikationsabläufe in diesem Idealmodell von Öffentlichkeit eine diskursive Struktur: Auseinandersetzungen über Problemdefinitionen und Lösungsvorschläge werden mit Argumenten ausgetragen, die Anspruch auf eine kollektive Akzeptanz erheben, welche auf geteilter, zwanglos erzielter Überzeugung beruht. Einwände oder Kritik sind jederzeit möglich – aber auch die Entkräftung von Kritik. Eine elementare Voraussetzung ist natürlich, daß überhaupt ein gemeinsames Verständnis der jeweiligen Beiträge erarbeitet werden kann. Eine solche Kommunikationsform setzt darüber hinaus eine gegenseitige Achtung der Kommunikationspartner voraus. Die Bedingung der Gleichheit wird also spezifiziert: Kritik an Beiträgen eines Teilnehmers wird nicht verbunden mit Achtungsentzug oder anderen Formen der Sanktionierung; die Teilnehmer respektieren wechselseitig ihre persönliche Integrität. Kommunikationsformen, die (wie Manipulation oder Drohung) auf Überwältigung statt auf Überzeugung zielen, sind nicht zugelassen.

b) Funktionen von Öffentlichkeit. Öffentliche Kommunikation mit solchen Merkmalen soll zu reflektierten Überzeugungen und Urteilen des Publikums im Hinblick auf relevante kollektive Probleme führen. „Öffentliche Meinung" in diesem anspruchsvollen Sinn gilt als rational oder aufgeklärt, weil oder insofern sie aus öffentlichen Diskursen hervorgeht: aus der öffentlichen Präsentation von Argumenten und Evidenzen, aus Kritik und Abwägung. Zwar ist der epistemische Status der so gebildeten Meinung umstritten: Handelt es sich um eine präsumtiv „wahre" Meinung – oder bleibt es „Meinung" im Gegensatz zum „Wissen", zumal auf Gebieten praktischer Fragen, wo sicheres Wissen gar nicht möglich oder die Begriffe der Wahrheit und des Wissens überhaupt unangemessen sind? Unabhängig von dieser Differenz bleibt jedoch die Annahme, daß das Publikum durch öffentliche Diskurse und *nur* dadurch zu begründeten, kritisch geprüften, in diesem Sinn vernünftigen gemeinsamen Einsichten, Problemlösungen und Zielsetzungen kommen kann (oder zumindest zu reflektiertem und tolerantem Dissens).

Diese Konzeption von Öffentlichkeit als Gesamtheit der Prozesse diskursiver, auf kollektive Probleme bezogener Meinungs- und Willensbildung ist dazu bestimmt, ein altes Problem der Demokratietheorie zu lösen. Wenn Demokratie kollektive Selbstregierung bedeuten soll, wie ist dann zu erreichen, daß es zu einer Einigung auf Entscheidungen kommt, die zugleich freiwillig und vernünftig ist? Wie kann sich eine volonté générale bilden, die „allgemein" ist im Sinne der Überwindung partikularer Perspektiven und der Verkörperung allgemeiner Einsichten, die den Einzelnen nicht oktroyiert wird und auch ihre disparaten Interessen und Aspirationen nicht einfach negiert? Die Kultivierung der Meinungs- und Willensbildung der Staatsbürger durch öffentliche Diskurse soll die praktische Auflösung des Rätsels erbringen (Habermas 1990: 38). Eine solche Auffassung läßt sich Demokratietheorien gegenüberstellen, für welche der politische Prozeß nichts sein kann als ein Mechanismus zur Aggregation oder zum tausch- oder kompromißförmigen Ausgleich vorgegebener Interessen oder Präferenzen. Öffentlichkeit hat in einer solchen Konzeption nur die Funktion, den beteiligten Akteuren die Informationen zur Verfügung zu stellen, die sie benötigen, um ihre Strategien und Wahlentscheidungen zu optimieren, eingeschlossen Informationen über die Präferenzverteilungen unter der Wählerschaft.[3] In einem diskursiven Modell des politischen Prozesses geht es dagegen um eine Reflexion vorgegebener Interessendefinitionen, um eine mögliche Transformation und Weiterentwicklung auch individueller Werte und Interessen, um die Definition kollektiver oder allgemeiner Interessen und Aspirationen, um normative Prinzipien und Regeln, welche den egozentrischen individuellen Interessenhorizont transzendieren.

Wie verhält sich die diskutierende Öffentlichkeit nun aber zu den etablierten Strukturen des demokratischen Entscheidungsprozesses: zu Wahlen, Parlamenten, politischen Parteien? Öffentliche Meinungs- und Willensbildung soll einmünden in institutionalisierte Beschlußfassung, aber die Transformationsmechanismen sind nicht völlig klar. Öffentlichkeit wird in der emphatischen Konzeption verstanden als gewissermaßen vor- oder gar antiinstitutionelles Element. Der Begriff hat gewisse „oppositionelle" Konnotationen; der Sinn einer ideellen (oder intellektuellen) „Gegenmacht" schwingt mit. Auch die Rede von der „kritischen" Funktion der Öffentlichkeit oder das Bild von der Richterrolle suggerieren eine Außenposition, von der aus über vorgegebene Initiativen und Entscheidungen des politischen Zentrums zu urteilen wäre. Historisch gesehen ist der Begriff der „öffentlichen Meinung" zunächst vor allem ins Spiel gebracht worden, um für eine von formellen politischen Entscheidungsprozessen ausgeschlossene gebildete Gesellschaft (im Frankreich des 18., teilweise auch im Deutschland des 19. Jahrhunderts) einen zumindest moralischen Einfluß auf die öffentlichen Angelegenheiten zu beanspruchen (Gunn 1983; Koselleck 1959). Ähnliche Konnotationen haben neuerdings populäre Konzeptionen der „Zivilgesellschaft" (Cohen, Arato 1992; Rödel, Frankenberg, Dubiel 1989; Keane 1988). Hier drückt er eine Absage an die Hoffnung aus, politische Institutionen könnten erobert und zu Organen einer transparenten demokratischen Selbstregulierung der Gesellschaft gemacht werden. Statt dessen werden die politischen Erwartungen verlagert auf eine kritische, innovative und machtbegrenzende Kraft von öffentlichen Kommunikationskreisläufen, die von sozialen Bewegungen, freiwilligen Assoziationen und informellen Milieus erhalten werden. Diesen informellen Kommunikationen werden Vorzüge im Hinblick auf Authentizität, Kreativität, die Sensibilität für Probleme und die Offenheit für

---

3 „In an aggregative process, the will of the people is discovered through political campaigns
   and bargaining among rational citizens each pursuing self-interest within a set of rules for
   governance through majority rule. In an integrative process, the will of the people is
   discovered through deliberation by reasoning citizens and rulers seeking to find the general
   welfare within a context of shared social values" (March, Olsen 1986: 344). Vgl. neuere
   Konzeptionen von „deliberativer Politik" bei Manin (1987), Cohen (1989), Sunstein (1993:
   241-252), Habermas (1992).

minoritäre, im formellen politischen Prozeß nicht organisatorisch repräsentierte Auffassungen oder Interessen zugesprochen. Es wird gewissermaßen die Irritationsfunktion der Öffentlichkeit betont. Darin liegt auch eine gewisse Modifikation gegenüber den Konsenserwartungen, die mit dem klassischen Begriff der „opinion publique" verbunden worden waren.

Solche oppositionellen Konnotationen des Begriffs einer „kritischen" oder „autonomen" Öffentlichkeit haben stets Kritiken und Verdächtigungen auf den Plan gerufen. Hinter dem Anspruch auf eine kritische Funktion der Öffentlichkeit ist seit jeher der Versuch von literarischen und intellektuellen Eliten oder neuerdings auch von gewöhnlichen Akademikern und Publizisten gesehen worden, sich ein gesellschaftliches Zensorenamt ohne politische Verantwortung anzumaßen und eigene partikulare Interessen unter den Mantel der Vertretung der wahren Allgemeinheit zu bringen. Solche Motivverdächtigungen werden oft verbunden mit dem Hinweis auf ein strukturelles Defizit der Sphäre öffentlicher Diskurse: Ihre Abgelöstheit von formellen Entscheidungsprozessen fördere Tendenzen zu einer unpraktischen Kritik, welche die Beschränkungen realer Handlungsalternativen unterschätze. Über diese spezielle Kritik hinaus gibt es natürlich eine lange Reihe von Analysen über die Strukturen realer moderner Öffentlichkeiten, welche die Realität oder Realisierbarkeit der emphatischen Konzeption von Öffentlichkeit in verschiedenen Hinsichten in Frage stellen; diesen Einwänden werden wir uns gleich zuwenden.

3. Soziologische Aufklärung?

Hier wurde ein idealisiertes normatives Modell von Öffentlichkeit beschrieben unter der Annahme, daß ähnliche Konzeptionen eine wichtige Rolle als normative Leitbilder in modernen Gesellschaften gespielt haben und noch spielen und daß gewisse Elemente dieses normativen Modells in sozialen Institutionen und Praktiken auch realisiert sind, wenn auch vielfältig eingeschränkt und modifiziert. Normative Konzeptionen von Öffentlichkeit und diskursiver Verständigung werden artikuliert in den Kommunikationsfreiheiten von Verfassungen und Pressegesetzen, in politischen und juristischen Diskursen über Meinungs- und Äußerungsfreiheit, in Auseinandersetzungen über Medienpolitik, in journalistischen Professionsnormen und in öffentlichen Auseinandersetzungen über die Verhaltensstandards von Massenmedien, in öffentlicher Empörung über Geheimhaltung und Irreführung, in negativen Reaktionen auf manipulative Techniken in politischen Kampagnen, im Anspruch minoritärer Gruppen auf „Stimme" (voice) und öffentliches Gehör. Die in solchen Formen artikulierten, oft diffusen und umstrittenen normativen Selbstverständnisse und Ansprüche machen ein wichtiges Element der symbolischen Verfassung moderner Gesellschaften aus. Das gibt dem normativen Modell eine Bedeutung auch für gesellschaftstheoretische Analysen mit empirischem Gehalt.

Allerdings haben sich gesellschaftstheoretische Ansätze und empirische Forschungen gegenüber der normativen Konzeption von Öffentlichkeit überwiegend indifferent verhalten oder sie als irrelevant abgelehnt. Nur einige wenige Theorietraditionen behandeln öffentliche Kommunikationen in einer Weise, die Verbindungen zum normativen Modell erkennen lassen.[4] Die

---

4 Das gilt zum Beispiel für ältere theoretische Ansätze aus dem Umkreis des amerikanischen Pragmatismus, der Chicago School und des Symbolischen Interaktionismus, in denen öffentliche Kommunikation als Form problemlösenden kollektiven Handelns analysiert

spezialisierten empirischen Forschungsrichtungen, die sich mit „public opinion", Massenkommunikation und politischer Kommunikation befassen, richten sich in der Regel auf bestimmte
Teilaspekte öffentlicher Kommunikation, ohne die Gesamtverfassung der öffentlichen Sphäre
und ihre gesellschaftlichen Funktionen in den Blick zu nehmen. Im Bereich allgemeiner Gesell-
schaftsanalysen gibt es vor allem zwei Formen des Umgangs mit den normativen Aspekten von
Öffentlichkeit. Im zeitdiagnostischen Genre finden wir (neben den bekannten älteren Theorien
zur „Massengesellschaft" oder zur Zersetzung öffentlicher Kommunikation durch die Kulturindustrie) historische Verfallsgeschichten, die das normative Modell in die Vergangenheit
projizieren oder jedenfalls als impliziten Maßstab einer pauschalen Kritik gegenwärtiger Verhältnisse verwenden. Es gibt verschiedene „große Erzählungen" über den Niedergang der
öffentlichen Sphäre. Hannah Arendt sah eine Verdrängung des öffentlichen Raums, der Sphäre
des Politischen durch den Aufstieg des Sozialen, durch die vorherrschende Beschäftigung mit
Fragen von Arbeit und Bedürfnis in der modernen Welt (Arendt 1981; Benhabib 1992). Richard
Sennett und andere haben die Überwältigung des öffentlichen Lebens durch die Ausuferung
des Privaten, durch einen öffentlichen Narzißmus, die „Tyrannei der Intimität" beschrieben
(Sennett 1977; Lasch 1978). Jürgen Habermas schrieb eine komplexere, später von ihm selbst
stark modifizierte Geschichte über die Instrumentalisierung oder Untergrabung autonomer
Öffentlichkeit durch Kommerzialisierung und strategisch operierende politische Macht (Ha-
bermas 1990). Diese historischen Darstellungen können hier beiseite bleiben. Ihre historischen
Rückprojektionen sind stark kritisiert worden (Calhoun 1992); ihre Beschreibungen gegenwär-
tiger Verhältnisse werden nur anekdotisch belegt.
      Die andere Variante finden wir im Bereich allgemeiner gesellschaftstheoretischer Ansätze.
Hier wird die Relevanz normativer Elemente von Öffentlichkeit häufig durch theoretische
Grundannahmen oder Vorentscheidungen ausgeschlossen. Wenn die herrschenden Ideen
nichts anderes sind als die Ideen der Herrschenden, oder wenn Politik nichts anderes ist als
Krieg mit anderen Mitteln, oder wenn Diskurse nichts anderes sind als eine Form der Statuskonkurrenz mit sublimeren Methoden, oder eine symbolische Realitätskonstruktion so gut ist
wie die andere, oder wenn moderne Gesellschaften zu komplex sind, um sich noch einer
einheitlichen und allgemeinverständlichen symbolischen Repräsentation zu fügen – dann
macht es keinen Sinn mehr, nach der Realität oder Realisierbarkeit von öffentlichen Diskursen
mit den oben genannten anspruchsvollen Eigenschaften zu fragen. Die aufgeklärte Öffentlichkeit oder öffentliche Meinung als „Phantom" (Lippmann 1925) oder als semantische Formel
mit bestimmten latenten Funktionen (Luhmann 1970, 1990) zu behandeln, wird oft mit dem
folgenden rhetorischen Manöver verteidigt: Das Idealmodell von Öffentlichkeit wird als un-
realisierbar dekuvriert; daraus wird gefolgert, daß *alle* normativen Gehalte dieses Modells
nunmehr hinfällig seien (Lippmann 1925: 13-62).
      Hier soll ein anderes Vorgehen verfolgt werden. Ich betrachte Öffentlichkeit im nor-
mativen Sinn als *variables* Element der Realität heutiger Gesellschaften. Es lassen sich
Deutungen, Handlungsorientierungen, Praktiken und institutionelle Strukturen identifizieren, die bestimmten Gehalten des normativen Modells entsprechen. Jedoch sind
die soziologischen Hinweise auf einschneidende Beschränkungen der Realisierung
und Realisierbarkeit des normativen Modells ernstzunehmen und zu überprüfen. Um
diese Verhältnisse zu analysieren, gebe ich dem normativen Modell eine *heuristische
Funktion*: Ausgehend von dem oben dargestellten idealisierten, hypothetischen Schema

worden ist (Cooley 1909; Park 1904; Park, Burgess 1921; Dewey 1927; Blumer 1953; Blumer
1969; vgl. Czitrom 1982: 91-121; Peters 1989). Es gilt auch für einige funktionalistische
Theorien sozialer Integration, welche die Rolle moderner Massenkommunikation hervorheben (Lasswell 1948; Deutsch 1966; Mayhew 1990; Alexander 1990) oder für bestimmte
Analysen in der Tradition Durkheims, die sich vor allem für die sozialintegrative Rolle von
expressiven öffentlichen Kommunikationen, sozialen Ritualen, von „media events" und
von öffentlichen Dramatisierungen moralischer Konflikte interessiert haben (Shils, Young
1953; Alexander 1988; Dayan, Katz 1992). Aber das sind Ausnahmen.

läßt sich beschreiben, wo, in welcher Form, in welchem Grad die realen Verhältnisse sich den Eigenschaften des Modells annähern oder davon abweichen.[5] Damit zu verbinden ist die Frage nach dem Charakter oder den Bedingungen dieser empirischen Variationen: Wo handelt es sich um strukturelle Grundbedingungen moderner Gesellschaften, deren Variation ausgeschlossen oder extrem unwahrscheinlich erscheint; wo handelt es sich um stärker variable Faktoren – um Instabilitäten, anspruchsvolle und gefährdete Funktionsvoraussetzungen, Anfälligkeiten und kontingente Störungen?

II. Voraussetzungen und Beschränkungen der öffentlichen Sphäre

Betrachten wir also, wie sich reale Kommunikationsbedingungen in heutigen Gesellschaften zu diesem normativen Modell verhalten. Hier werde ich insbesondere danach fragen, welche Einflüsse einen öffentlichen Raum mit dieser spezifischen Struktur schrumpfen oder gar kollabieren lassen. Wir verfolgen diese Fragen im Hinblick auf die drei oben genannten grundlegenden Strukturmerkmale des normativen Modells: Gleichheit, Offenheit, Diskursivität.[6]

1. Gleichheit und Reziprozität

Die einfachste Fassung der Forderung nach gleicher Teilnahme an einem Kommunikationszusammenhang würde verlangen, daß alle Beteiligten die gleiche Redezeit vor dem gesamten Publikum hätten. Es gäbe keine Ausbildung spezieller Kommunikationsrollen – außer der elementaren Differenzierung von Sprecher- und Hörerrollen, die im Wechsel einzunehmen wären. Eine solche Bedingung hat eine simple Konsequenz: Für jeden Teilnehmer ist der Anteil seiner Redezeit an der Gesamtdauer der jeweiligen kollektiven Kommunikation eine einfache Proportion, deren Nenner der Gesamtzahl der Teilnehmer entspricht. Die Möglichkeit des gleichmäßigen Wechsels zwischen Sprecher- und Hörerrolle gibt es nur im Dialog. Bei begrenzter Kommunikationszeit und steigenden Teilnehmerzahlen würde die Redezeit der Einzelnen rasch so klein, daß die genannte einfache Gleichheitsbedingung nicht mehr sinnvoll zu realisieren wäre (Dahl, Tufte 1974: 66-79). Schon in größeren Versammlungen und Veranstaltungen ist eine Rollenverteilung nicht nur typisch, sondern auch unvermeid-

---

5 Idealmodelle sozialer Prozesse oder sozialen Verhaltens als Hintergrund zu benutzen, um davon abweichende empirische Verhältnisse zu beschreiben, ist in den Sozialwissenschaften ein gebräuchliches Verfahren (spätestens seit Max Webers Bemerkungen über die Rolle von Idealtypen). Vgl. zum Beispiel die Arbeiten von James March zur empirischen Entscheidungstheorie, in der ein Idealmodell rationalen Entscheidens als Folie benutzt wird (March 1978). Forschungen zur sozialen Ungleichheit verfahren häufig in der gleichen Weise: Sie legen (implizit oder explizit) eine normative Konzeption von Gleichheit zugrunde, um Abweichungen von diesem Maßstab zu beschreiben und zu erklären.

6 F. Neidhardt hat mich auf die Notwendigkeit einer *Konsistenzprüfung* im Hinblick auf die Komponenten des normativen Modells hingewiesen. Gewisse Konflikte oder unvermeidliche „trade-offs" zwischen den Anforderungen des Modells liegen auf der Hand – zum Beispiel zwischen der Forderung nach gleicher Teilnahme und adäquater Verarbeitungskapazität. Aber das Problem bedürfte weiterer Überlegungen.

lich, bei der sich eine Minderheit von Diskutanten an eine Mehrheit von Zuhörern wendet. Moderne technische Kommunikationsmittel haben Kommunikationszusammenhänge mit sehr großen Teilnehmerzahlen möglich gemacht – das erzwingt schon per se eine Asymmetrie von Sprecher- und Hörerrollen.[7]

Für große Öffentlichkeiten muß das erwähnte Gleichheitsprinzip also revidiert werden. Aber natürlich sind die Abweichungen vom Prinzip gleicher Kommunikationschancen, die wir in modernen Öffentlichkeiten finden, nicht nur eine Folge dieser elementaren, sozusagen arithmetischen Beschränkung der Möglichkeiten aktiver Teilnahme in einem großen Publikum. Betrachten wir zunächst die wichtigsten Formen von Ungleichheiten und Asymmetrien in Kommunikationsverhältnissen, um dann auf die Konsequenzen für die Gleichheitsforderung zurückzukommen.

a) *Ungleichheiten und Asymmetrien in Kommunikationsverhältnissen.* Die einfache *Exklusion* ist die extremste Form der Ungleichheit in kommunikativen Beziehungen. Exklusion kann die Form von formellen oder informellen Verboten haben, die es bestimmten Kategorien von Personen oder Mitgliedern bestimmter sozialer Gruppen untersagen, sich in der Öffentlichkeit zu äußern; sie kann auch die Form der einfachen Nichtbeachtung haben. Es gibt historische Beispiele für solche krassen Formen von Exklusion (von Frauen oder „Unselbständigen"); in liberaldemokratischen Gesellschaften verstoßen sie gegen fundamentale Gleichheitsprinzipien und können zumindest in offener Form nicht mehr praktiziert werden. Sofern solche Diskriminierung heute diagnostiziert oder angeprangert wird (etwa von Vertreterinnen der Frauenbewegung (MacKinnon 1993)) scheint sie sich eher in der graduellen Form ungleicher Kommunikationschancen oder als Diskreditierung bestimmter Themen oder Standpunkte zu vollziehen.

Für unser Thema wichtiger sind deswegen die variablen Ungleichheiten oder *graduierbaren Asymmetrien* in Kommunikationen. Drei Grundformen lassen sich unterscheiden: Es gibt Ungleichheiten der *Sichtbarkeit* oder Vernehmlichkeit, des jeweils beanspruchten oder kontrollierten Anteils am öffentlichen Raum; es gibt Ungleichheiten des *Einflusses*; und es gibt schließlich asymmetrische *Wissensvoraussetzungen* in Kommunikationen.

Unterschiede der Sichtbarkeit sind am leichtesten zu identifizieren: Manche Teilnehmer sprechen länger oder häufiger als andere oder erreichen einen größeren Adressatenkreis, erhalten mehr Aufmerksamkeit, bekommen mehr Raum in der öffentlichen Sphäre. Allerdings stehen hinter den Sprechern häufig weniger sichtbare Akteure, welche den Zutritt zu bestimmten Regionen der öffentlichen Sphäre kontrollieren (etwa durch Kontrolle der Massenmedien) und dadurch die Verteilung von Sichtbarkeit beeinflussen.

---

7 Es ist primär dieses triviale Verhältnis und nicht die technische Natur der Massenmedien, welches den asymmetrischen Charakter von „Massenkommunikation" unvermeidlich macht. „Interaktive" Medien, welche jedem Empfänger von Botschaften im Prinzip die Möglichkeit der unmittelbaren Reaktion gäben, würden an diesem Problem gar nichts ändern. Die Anzahl der aktiven Kommunikationsteilnehmer und die Zahl der Botschaften könnte steigen, aber dies müßte unvermeidlich dazu führen, daß der durchschnittliche Empfängerkreis jeder einzelnen Botschaft (bei gegebenem Zeitbudget) kleiner würde.

Einfluß ist ein komplizierteres Phänomen. In einer egalitären, reziproken Kommunikationssituation werden Beiträge akzeptiert aufgrund ihrer sachlichen Überzeugungskraft, also unabhängig von der Person; nur im Hinblick auf bestimmte Inhalte wie Erlebnisberichte oder Bedürfnisartikulationen spielt persönliche Glaubwürdigkeit eine Rolle. Aus solchen Kommunikationen kann eine besondere Verbreitung und Wirkung bestimmter Argumente oder Ideen erwachsen, welche zwar häufig bestimmten Urhebern zugerechnet werden, ohne daß diese Wirkung jedoch mit persönlichen Eigenschaften oder Rollenqualifikationen der Urheber erklärt würde. Jemand hat die besseren Einfälle oder die stärkeren Argumente und erzielt eben dadurch die größeren Wirkungen. Vielleicht erwirbt er damit auch besondere Sichtbarkeit, Prominenz oder Anerkennung. „Einfluß" im hier gemeinten technischen Sinn soll jedoch eine *andere* Form der Ungleichheit oder Asymmetrie in Kommunikationsbeziehungen bezeichnen: nämlich den Sachverhalt, daß die Akzeptabilität von Äußerungen auf Wahrnehmungen der Person oder des Status des Sprechers gegründet wird – *jenseits* der Überzeugungskraft der vorgetragenen Argumente.[8] Das kann in verschiedenen Weisen geschehen: Einem Sprecher kann überlegenes kognitives Wissen oder Sachkompetenz zugerechnet werden; das verleiht seinem Urteil Autorität im Hinblick auf kognitive Fragen. Ein Sprecher kann als Repräsentant auftreten und sich auf das (formelle oder informelle) Mandat einer Gruppe berufen; damit beansprucht er Autorität für die Darstellung und Interpretation von kollektiven Erfahrungen und Ansprüchen. Schließlich gibt es die diffusen Phänomene der moralischen und intellektuellen Führerschaft und des persönlichen Charisma (die oft mit der Einnahme von Repräsentantenrollen verbunden sind). In diesen Fällen wird eine spezielle Kompetenz nicht nur in kognitiven, sondern auch in moralischen und evaluativen Fragen zugerechnet.[9] Diese Kompetenzzuschreibungen führen nicht nur zu besonderer Beachtung, sondern auch dazu, daß die von den entsprechenden Personen vertretenen Positionen *ungeprüft* abgenommen werden.

Unterschiedliche Wissensvoraussetzungen gibt es zwar in jeder Kommunikation – die für das jeweilige Thema relevanten Kenntnisse der Beteiligten überlappen sich, decken sich aber nicht vollständig. Eine Reziprozität von Kommunikationschancen bleibt aber gewahrt, solange diese Unterschiede nicht zu *strukturellen Asymmetrien* der Wissensverteilung werden. Das kann auf zwei Weisen geschehen: Im Fall einfacher *Informationsmonopole* verfügen bestimmte Teilnehmer oder Kategorien von Teilnehmern über dauerhafte Informationsvorsprünge, die für bestimmte Themengebiete wichtig sind und die sie deswegen zur strategischen Meinungsbeeinflussung einsetzen können. Es handelt sich dabei um Informationen, die für die übrigen Teilnehmer nicht unmittelbar nachprüfbar, aber ohne weiteres verständlich sind. Diese Voraussetzung ist in der zweiten Form struktureller Asymmetrie, im Falle des *Monopols an spezialisiertem Wissen*, nicht mehr gegeben. Hier handelt es sich um Wissen, dessen *Verständnis* besondere

---

8 Zu ähnlichen Explikationen der Kategorie „Einfluß" vgl. Mayhew (1990), Parsons (1967). Im Anschluß an Parsons formuliert Habermas: „,Einfluß' ... stützt sich auf einen Vorschuß von Vertrauen in aktuell nicht überprüfte Überzeugungsmöglichkeiten"(Habermas 1992: 439).

9 Da es hier um öffentliche *Meinungs*bildung geht, sind Erscheinungen praktischer Führerschaft zunächst ebensowenig zu berücksichtigen wie formelle Autoritäts- bzw. Befehlsverhältnisse; die Wechselbeziehungen zwischen solchen Autoritätsformen und öffentlichem Einfluß im engeren Sinn müssen hier vernachlässigt werden.

Kompetenzen voraussetzt, das also dem Laien nicht mehr ohne weiteres zugänglich ist, auch wenn es „veröffentlicht" ist.

Diese verschiedenen Asymmetrien treten häufig kombiniert auf und haben auch gewisse interne Zusammenhänge. Einfluß setzt in der Regel Sichtbarkeit voraus – allerdings führt eine besondere Sichtbarkeit nicht notwendig zur Verfügung über Einfluß: „Prominenz" oder „Berühmtheit" (celebrity) kann bedeuten, daß eine Person *Objekt* öffentlicher Aufmerksamkeit ist, ohne aktiv Einfluß auf öffentliche Meinungen zu nehmen und ohne besondere Glaubwürdigkeit zu besitzen. Und ein Monopol an spezialisiertem Wissen kann zu öffentlichem Einfluß in der Form der Expertenrolle führen; aber das ist natürlich nicht notwendig der Fall. Ich will diese Beziehungen hier jedoch nicht in allgemeiner Form diskutieren, sondern einige konkretere Formen beschreiben, in denen kommunikative Asymmetrien in modernen Öffentlichkeiten auftreten. Dabei betrachte ich zunächst, wie bestimmte allgemeine Strukturmerkmale moderner Gesellschaften (also Merkmale der gesellschaftlichen Umwelt von Öffentlichkeit) die Gleichheitsbedingungen der Öffentlichkeit beeinträchtigen (II.1.b). Sodann geht es um interne Strukturen der öffentlichen Sphäre selbst – um Differenzierungen des Publikums und um die Rolle der Massenmedien (II.1.3c).

b) Einflüsse der gesellschaftlichen Umwelt von Öffentlichkeit. Hier handelt es sich um den Einfluß von sozialen Stratifikations- und politischen Machtstrukturen sowie um Muster der sozialen Verteilung von Wissen.

Soziale Stratifikations- und politische Machtstrukturen. Daß sich unterschiedliche Positionen im Gefüge sozialer Stratifikation und in der politischen Ordnung in ungleiche öffentliche Einflußchancen umsetzen können, ist häufig beschrieben worden. *Money talks*: die Verfügung über ökonomische Ressourcen hat einen Lautsprechereffekt – sie ermöglicht es, die eigene Botschaft über viele Kanäle zu verbreiten, Spezialisten mit ihrer effektiven Formulierung und Präsentation zu beauftragen, Einrichtungen der Massenkommunikation auf direkte (privatwirtschaftlich organisierte Medien) und indirekte Weise (Werbeaufträge etc.) zu beeinflussen.

Politische Machtpositionen verschaffen gewisse Mittel für „Öffentlichkeitsarbeit": Ökonomische und organisatorische Ressourcen, in bestimmten Fällen Zensur und politische Kontrolle von Massenmedien. Staatliche Organisationen verfügen trotz der Publizitätsverpflichtungen, die Bestandteil demokratischer Ordnungen sind, weiterhin über erhebliche Informationsmonopole, die unter Umständen zur Beeinflussung der Öffentlichkeit eingesetzt werden können. Wichtig ist auch die Prämie an Aufmerksamkeit, die politische Ämter mit sich bringen: Wer an politischen Entscheidungsprozessen beteiligt ist, produziert Nachrichten und wird begehrter Nachrichtenlieferant. Generell verschaffen natürlich hohe Statuspositionen, Autoritätsfunktionen oder Repräsentantenrollen auch in anderen Bereichen (Wirtschaft, Verbände, private Vereinigungen, soziale Bewegungen) bestimmte Aufmerksamkeitsvorteile.

Der Einsatz ökonomischer, politischer und organisatorischer Ressourcen ist um so problematischer im Hinblick auf die Forderung nach gleichen Kommunikationschancen, je unbeschränkter diese zur Beeinflussung von Öffentlichkeit eingesetzt werden können. Diverse Formen rechtlicher Regulierungen (Kommunikationsfreiheiten, Mediengesetze usw.) sind darauf gerichtet, die öffentliche Sphäre gegen solche Einflüsse abzuschirmen, offenbar mit gemischten Erfolgen (Lichtenberg 1990; Dahlgren, Sparks 1991; Ferguson 1990). Unabhängig davon ist zu fragen, wie *effektiv* der strategische Einsatz ökonomischer Ressourcen und politischer Machtmittel im Bereich der Öffentlichkeit wirklich ist oder wie resistent umgekehrt betrachtet die internen Strukturen und Verarbeitungsmechanismen der öffentlichen Sphäre gegen solche externen Einflüsse sind. Ökonomische und politische Mittel können zweifellos die *Sichtbarkeit* bestimmter Botschaften erhöhen, aber wie *wirksam* diese Art der Beeinflussung öffentlicher Meinungen wirklich ist, scheint nicht sehr klar zu sein. Der Ansehensverlust, den privatwirtschaftliche und politische Organisationen und Institutionen in den letzten Jahrzehnten in den westlichen Demokratien erlebt haben, stimmt da immerhin skeptisch.

Die gesellschaftliche Verteilung des Wissens. Ein fundamentales Problem für moderne Öffentlichkeiten stellen die enorm gewachsene Bedeutung kognitiven Wissens für das soziale Leben und die sozialen Verteilungsmuster der Verfügung über solches Wissen dar. Die modernen Wissenschaften und pragmatische Disziplinen wie Technik, Recht oder Medizin beruhen auf Argumentations- und Wissensformen, die dem Anspruch nach universell, für jedermann zugänglich oder einsehbar sein sollen (also keine dogmatische Autorität, keinen privilegierten Zugang zur Wahrheit beanspruchen), die jedoch zugleich die Einübung in spezialisierte Diskursweisen und kognitive Stile und den Erwerb spezieller Kenntnisse und Qualifikationen voraussetzen, die nur durch lange Ausbildung und Training auf speziellen Wissensgebieten erworben werden können. In der öffentlichen Debatte können diese Kenntnisse und Kompetenzen nicht vorausgesetzt werden.

Kann sich das Publikum deswegen für unzuständig erklären und kognitive Fragen, die den allgemeinen kulturellen Verständnishorizont übersteigen, in seinen praktischen Beratungen schlicht ignorieren? Schließlich gibt es keine vergleichbare, nur durch besondere Ausbildung erwerbbare Expertise in moralischen und evaluativen Fragen, so daß ein egalitärer Diskurs auf solchen Gebieten viel eher möglich ist.[10]

Aber eine solche kognitive Selbstbeschränkung zugunsten der demokratischen Gleichheit wäre offensichtlich kaum praktikabel. Denn das spezialisierte kognitive Wissen ist längst in sozialen Praktiken, Technologien und Organisationsformen verkörpert. Diese Wissensbasis könnte nur mit schweren Kosten ignoriert werden. Das Mitglied des Publikums kann über dieses Wissen aber auch nicht verfügen. Das Publikum muß sich also auf Urteile und Empfehlungen beziehen, die in den spezialisierten Handlungssystemen hervorgebracht werden, welche dieses Wissen entwickeln und anwenden. Dabei kann es sich in der Regel nur auf indirekte Evidenzen für die Zuverlässigkeit oder Vertrauenswürdigkeit von Expertenurteilen stützen.

Zudem geht es nicht um die bloße *Verteilung* des Wissens in einem quantitativen Sinn. Es geht auch um unterschiedliche *Formen* des Wissens oder des Umgangs mit Wissen, um unterschiedliche kognitive Stile und Relevanzsysteme. Es handelt sich um den Erwerb von Spezialsprachen im weitesten Sinn, um die Sozialisation in Sprachspiele, welche die Kenntnisse von Begriffssystemen ebenso voraussetzen wie Wissensbestände, in welche diese Begriffe eingebettet sind, und praktische Fertigkeiten sowie bestimmte praktische Interessenrichtungen und Erfolgskriterien. Das mag den Transfer in den öffentlichen Diskurs zusätzlich erschweren. Das gehört bereits zur Thematik des nächsten Abschnitts (II.2).

---

10 Das gilt schon nicht mehr für ästhetische Fragen; daher rühren gewisse Dilemmata einer demokratischen Kulturpolitik.

Bestimmte Maßregeln und Praktiken sind dazu bestimmt, die Abhängigkeit von Handlungssystemen mit Wissensmonopolen zu mindern oder zu entproblematisieren. Die spezialisierten Handlungssysteme (etwa die Wissenschaft) werden so eingerichtet, daß sie sich selbst regulieren und kontrollieren in einer Weise, die für eine gewisse Zuverlässigkeit der Ergebnisse bürgt. In praktisch relevanten Fragen kann ein System von „checks and balances" zwischen Experten eingerichtet werden. Der Kenntnisstand des Publikums kann auf bestimmten relevanten Gebieten gehoben werden; besonders engagierte Teile des Publikums können sich mit bestimmten Wissensgebieten speziell vertraut machen. Außerdem setzt die Beurteilung der praktischen Konsequenzen von Technologien in der Regel nicht die Kenntnis von deren gesamter Wissensbasis voraus. Immerhin bleibt eine empfindliche Beschränkung der kognitiven Souveränität des Publikums.

c) Interne Differenzierungen der öffentlichen Sphäre. Die Gleichheitsbedingungen der Öffentlichkeit stehen nicht nur unter dem Druck von Einflüssen aus der sozialen Umwelt. Auch innerhalb der öffentlichen Sphäre selbst finden wir Strukturbildungen, welche die oben genannten Gleichheitspostulate verletzen. Es handelt sich dabei um Formen der Stratifikation und Differenzierung des Publikums und um die Herausbildung eines sozialen Systems von Massenmedien mit speziellen Funktionen und Rollen.

Differenzierung und Stratifikation des Publikums. Oben waren wir von dem fiktiven Modell eines einheitlichen Auditoriums ausgegangen, aus dem wechselnde Sprecher hervortreten. In der Realität ist die öffentliche Sphäre jedoch zusammengesetzt aus einer Vielzahl von „publics" – von Kommunikationszusammenhängen, die sich entweder im Rahmen bestimmter vorgegebener Vergesellschaftungen entfalten (lokale Milieus, soziale Assoziationen verschiedener Art, politische Lager usw.) oder die sich konstituieren im Hinblick auf jeweils aktuelle Themen. Um solche Themen entwickeln sich soziale Kommunikationsnetze von Interessenten. Diese Teilöffentlichkeiten sind Felder verdichteter Kommunikation mit porösen Grenzen; ein Teil der Beiträge, die intern im jeweiligen Feld zirkulieren, findet jeweils den Weg in größere Öffentlichkeiten. Eine solche Struktur ermöglicht ein höheres Maß an aktiver Partizipation, verglichen mit einer undifferenzierten großen Öffentlichkeit, aber sie birgt natürlich die Gefahr der Fragmentierung in spezialisierte Interessengruppen. Diese „horizontale" Differenzierung oder Pluralisierung von Öffentlichkeit wird überlagert von bestimmten Stratifikationsmustern: Die Mitglieder des Publikums unterscheiden sich im Hinblick auf Kompetenz (allgemeines Wissen über öffentliche relevante Angelegenheiten, Artikulationsfähigkeiten usw.), im Hinblick auf Engagement und Interesse und den Grad ihrer Aktivität in öffentlichen Debatten und im Hinblick auf „Sichtbarkeit" und „Einfluß" im oben definierten Sinn.[11] Diese Differenzen sind unter anderem abhängig von Faktoren wie formale Bildung, Einkommen und berufliche Stellung (also von Merkmalen der allgemeinen sozialen Stratifikationsstruktur). Eine spezielle Form dieser

---

11 In der Forschungsliteratur findet sich eine Reihe von Versuchen, diese Stratifikation des Publikums näher zu analysieren, vgl. Devine (1970), Neumann (1986), siehe schon Bryce (1921: 156f.). Diese Struktur ist häufig vereinfacht beschrieben worden als Differenzierung zwischen engagierten Sprechern, die an ein eher passiv-rezeptives Publikum appellieren (vgl. z.B. Blumer 1969: 92; Gerhards, Neidhardt 1991).

Differenzierung des Publikums ist die Herausbildung spezialisierter Kommunikationsrollen mit besonderer Sichtbarkeit und besonderem Einfluß. Die wichtigsten Typen sind *Repräsentanten, Experten, Advokaten* und öffentliche *Intellektuelle.*
   Repräsentative Sprecherrollen bilden eine verbreitete Strukturform. Das Publikum ist gegliedert in eine Vielzahl von sozialen Gruppierungen verschiedenen Typs; die Auseinandersetzung um das Thema selbst mag zu neuen Gruppierungen und Lagerbildungen führen. Prozesse der Meinungsbildung können in diesen Gruppierungen (Interessenverbände, „public interest groups", Parteien, freiwillige Assoziationen aller Art usw.) ablaufen und zu einer mehr oder weniger geteilten und authentischen Kollektivposition führen, die durch Vertreter nach außen dargestellt werden kann. Es können sich auch in informeller Weise repräsentative Sprecher entwickeln, die von Teilen des Publikums als authentische Vertreter ihrer Erfahrungen, Ansprüche und Aspirationen akzeptiert werden (Mayhew 1990).[12] Eine Variante ist die Figur des „moral entrepreneur", der sich ein bestimmtes Thema zu eigen macht, das noch keinen festen Interessentenkreis hat. Der „moral entrepreneur" wird versuchen (zumeist durch moralische Dramatisierung), öffentliche Aufmerksamkeit und Unterstützung zu mobilisieren und einen „symbolischen Kreuzzug" zu initiieren; auf diese Weise kann er ebenfalls in eine repräsentative Sprecherrolle gelangen.[13] Die Problematik solcher beanspruchter und in der Öffentlichkeit zugeschriebener Repräsentationsfunktionen besteht offensichtlich in der Qualität des Mandats. Handelt es sich um eine authentische Vertretung der Interessen und Auffassungen der jeweils repräsentierten sozialen Gruppierungen und Strömungen, die sich auf eine offene Meinungs- und Willensbildung innerhalb dieser Gruppen stützt?
   Die anderen drei Kategorien haben sich unter dem Einfluß allgemeiner sozialer Differenzierungsformen (der Entwicklung von Professionen und spezialisierten kulturellen Handlungssystemen) herausgebildet. Die Rolle des *Experten* und ihre Problematik wurden schon diskutiert. Experten sind in der Regel Vertreter spezialisierter Professionen oder wissenschaftlicher Disziplinen, die sich in ihrer eigenen sozialen Sphäre eine fachliche Reputation erworben haben. Zu Experten werden sie aber erst, wenn sie sich in der öffentlichen Sphäre bewegen, um dort ihre Reputation in öffentlichen Einfluß umzumünzen.[14] Im Falle der *Advokaten* handelt es sich um eine virtuelle Repräsentation von sozialen Gruppen bzw. Kategorien, die nach herrschendem Verständnis nicht in der Lage sind, ihre eigenen Interessen adäquat zu erkennen und zu artikulieren – Kinder, intellektuell Behinderte oder marginalisierte Gruppen, denen Kompetenzdefizite zugeschrieben werden. In der Rolle von Advokaten treten besonders häufig Mitglieder von Professionen auf, die auf die Behandlung entsprechender sozialer Problemfälle spezialisiert sind: Sozialpädagogen, Therapeuten, Teile der juristischen Profession. Es liegt auf der Hand, daß solche Spezialisierungen und die fehlende Möglichkeit einer Kontrolle der Repräsentation durch die Repräsentierten

---

12 Martin Luther King ist ein schon klassisches Beispiel.
13 Ralph Nader ist das prominenteste Beispiel.
14 Allerdings korrespondiert die Sichtbarkeit von Experten in der Öffentlichkeit, speziell den Massenmedien, nicht immer sehr eng mit der fachlichen Reputation (das scheint speziell zuzutreffen im Fall von Experten für Politik, Zeitgeschichte und ähnliche Gebiete).Vgl. Smith (1991) und Ricci (1992) über die Figur des „Medienexperten", sowie Boudon (1981) über die Diskrepanz zwischen akademischen und öffentlichen Märkten für Reputation.

besondere Probleme schaffen (Giesen 1983). Der Typus des *öffentlichen Intellektuellen* ist diffuser (und Gegenstand vielfältiger, kontroverser Definitionen oder Beschreibungen). Im Gegensatz zum Repräsentanten oder Advokaten stellt er sich nicht als Vertreter einer bestimmten Gruppierung, eines sektoralen Interesses dar. Und im Unterschied zum Experten ist die Funktion des Intellektuellen nicht primär die des „Gutachters", der öffentliche Empfehlungen aufgrund eines öffentlich nicht vermittelbaren speziellen Wissens abgibt. Intellektuelle stützen sich häufig auf eine Reputation, die sie außerhalb der politischen Öffentlichkeit erworben haben (als Literaten, Künstler oder Wissenschaftler). Aber sie äußern sich als „Zeitdeuter" nicht unter Berufung auf entsprechendes spezielles Wissen oder spezielle Kompetenzen, sondern mit dem Anspruch auf allgemeine Verständlichkeit (zumindest unter den Gebildeten). Sichtbarkeit und Einfluß von Intellektuellen in öffentlichen Diskursen sowie die sozialen Prozesse, in denen intellektuelle Prominenz entsteht, sind unzulänglich untersucht. Zahlreicher und bekannter sind die Kritiken oder Verdächtigungen, nach denen Intellektuelle unter dem Mantel der Vertretung des Allgemeinen oder der Vernunft in Wahrheit eigene partikulare Interessen verfolgten oder mit spezifischen Blindheiten geschlagen seien.

Das System der Massenmedien. In der öffentlichen Sphäre bildet der Bereich der Massenmedien in gewisser Weise ein eigenes, spezialisiertes Teilsystem mit komplexen Strukturen der Produktion und Distribution kultureller Produkte und Dienstleistungen, die auf Märkten abgesetzt oder auch einem Publikum kostenfrei angeboten werden, dessen Aufmerksamkeit aus kommerziellen oder anderen Gründen gewonnen werden soll. In diesem Bereich finden wir komplexe Funktions- und Rollendifferenzierungen, die hier nur sehr simplifiziert beschrieben werden sollen. Ich beschränke mich zudem auf eine Teilfunktion der Massenmedien, nämlich ihre „journalistische" Funktion: die Berichterstattung und die Beteiligung an öffentlichen Auseinandersetzungen. In dieser Hinsicht haben die Einrichtungen der Massenkommunikation, vor allem Buchverlage, Presse und Rundfunk, eine Doppelrolle: Sie produzieren eigene Beiträge; zugleich nehmen sie Beiträge auf, die von Akteuren außerhalb des Mediensystems produziert werden, verschaffen ihnen ein Podium und verbreiten sie – allerdings nicht ohne diese Beiträge auch den spezifischen Kommunikationsbedingungen der Massenmedien anzupassen.

Entsprechend finden wir (neben der ökonomischen Funktion des Verlegers, der nach Marktchancen sucht) eine Differenzierung in die Rolle des „Veranstalters" oder „gatekeepers" und in die Rolle des Journalisten im engeren Sinn. Gatekeeper entscheiden über die Zulassung oder Beschaffung und Bearbeitung von extern produzierten Beiträgen (wie auch über die Darstellung solcher Beiträge oder Debatten in Berichtsform). Wie beeinflußt diese Sortierfunktion die Gleichheit oder Ungleichheit von Kommunikationschancen in der Öffentlichkeit? Es gibt gewisse Befunde oder plausible Vermutungen über die Kriterien, welche die Auswahl von Themen oder Beiträgen mit bestimmten Merkmalen steuern (II.2). Aber Informationen dazu, ob dies eine systematische Diskriminierung oder Privilegierung von Sprechern oder Autoren mit bestimmten Statusmerkmalen bedeutet, sind spärlich (abgesehen von der generell plausiblen Vermutung, daß hoher Status bessere Zugangschancen bedeutet). Möglicherweise hängt die Art der Selektivität auch von so vielen variablen Merkmalen des Mediensystems ab (Zahl und Tendenz von Verlagen und Pressehäusern, Merkmale ihrer internen Organisation, Professionsnormen usw.), daß Verallgemeinerungen schwierig sind.

Journalisten als Produzenten eigener Texte (oder audiovisueller Botschaften) innerhalb des Mediensystems treten wiederum in einer Reihe unterscheidbarer Teilrollen auf: als Dokumentaristen, Chronisten, Kommentatoren, Übersetzer spezialisierten Wissens, Berichterstatter oder Reporter. Hier soll nur ein Aspekt der Rolle des Berichterstatters kommentiert werden: Der Reporter fungiert als „Augenzeuge" und „Insider" (Schütz 1964a). Als Augenzeuge berichtet er über Ereignisse aufgrund eigener Beobachtung (dem Anspruch nach), als Insider vermittelt er Informationen, die er durch privilegierte Beziehungen zu Inhabern von Wissensmonopolen gewonnen hat. Beide Funktionen bringen eine asymmetrische Kommunikationsstruktur mit sich: Der Rezipient muß sich auf Berichte verlassen, deren Korrektheit oder Angemessenheit er selbst in aller Regel nicht direkt überprüfen kann. Diese spezifische Asymmetrie ist von erheblicher Bedeutung für moderne Öffentlichkeiten, die in großem Umfang Nachrichten und Berichte verarbeiten, die von Journalisten produziert sind. Die Vertrauenswürdigkeit der Berichterstattung wird zu einer kritischen Größe.

Konsequenzen. Einige der genannten strukturellen Beschränkungen von Gleichheit und Reziprozität in der öffentlichen Kommunikation gehören zu den invarianten Grundmerkmalen moderner Gesellschaften: In großen Öffentlichkeiten ist der Anteil aktiver Sprecherrollen zwangsläufig klein relativ zur Größe des Publikums. Die asymmetrische Verteilung von Wissen, die mit wachsendem Umfang und wachsender Komplexität des sozialen Wissensvorrats einhergeht, ist nicht reversibel (auch wenn die spezifischen Verteilungsmuster variabel sind). Die modernen Massenmedien (selbst eine Bedingung der Möglichkeit großer Öffentlichkeiten) sind kaum denkbar ohne spezialisierte Kommunikationsrollen. Diese Bedingungen erzwingen offensichtlich Revisionen des Gleichheitsprinzips im Hinblick auf öffentliche Kommunikation.

Es finden sich (beispielsweise in politischen Auseinandersetzungen um die „Medienordnung") verschiedene Versuche zu einer entsprechenden Reformulierung des Gleichheitsprinzips (McQuail 1992). Der Anspruch auf gleiches Gehör verwandelt sich in eine Chancengleichheit der Konkurrenz um Redezeit und Aufmerksamkeit. Die Versuche, dieses Prinzip gleicher oder fairer Kommunikations*chancen* zu präzisieren und institutionell abzusichern, führen dann häufig zu einem pluralistischen Repräsentationsmodell (wie zum Beispiel in der Rechtsprechung des Bundesverfassungsgerichts zum Rundfunkrecht): „Alle relevanten gesellschaftlichen Gruppen" sollen Einfluß auf die öffentliche Meinungsbildung, einen gesicherten Platz auf dem Podium der öffentlichen Sphäre haben.

In solchen Repräsentationsmodellen kommt wohl auch die Intuition zum Ausdruck, daß es in der Öffentlichkeit nicht allein (wie dem Anspruch nach in der Wissenschaft) um einen Wettbewerb allgemeiner „Ideen", sondern auch um eine Konfrontation unterschiedlicher Erfahrungen und Perspektiven geht, die mit bestimmten sozialen Lebenslagen verknüpft sind. Allerdings sollten dann *alle* solche partikularen Perspektiven eine Artikulationschance haben – auch die von sozialen „Minderheiten" oder Individuen. Und es geht nicht *nur* um die Repräsentation von Gruppenstandpunkten, sondern *auch* um einen Wettbewerb von mehr oder weniger überzeugenden und innovativen Ideen und Interpretationen. Einige dieser Forderungen können zu einem gewissen Grad versöhnt werden in einem pluralistischen Modell der öffentlichen Sphäre, in dem viele Teilöffentlichkeiten (publics) existieren und sich relativ leicht neu bilden können (bezogen auf bestimmte Interessenlagen), ohne sich gegeneinander abzuschotten. Beiträge zu einem Thema würden in einer lokalen Umgebung formuliert und getestet; bewährte Argumente und Interpretationen sprächen sich dann in größeren Öffentlichkeiten herum oder würden von Repräsentanten vorgetragen. Normative Prinzipien und Modelle dieser Art sind Gegenstand vielfältiger Auseinandersetzungen über die Kommunikationsordnung heutiger Gesellschaften (Smolla 1992; Keane 1991); über ihre Realisierungsbedingungen wissen wir noch zu wenig.

Die Auswirkungen sozialer Stratifikation auf öffentliche Kommunikationschancen und die Möglichkeiten einer Abschirmung der öffentlichen Sphäre gegen solche Einflüsse gehören zu den Standardthemen der Forschungen über Massenkommunikation wie auch der politischen Auseinandersetzungen um die Regulierung der Medien. Es handelt sich offensichtlich um variable Größen; aber dieses Thema kann hier nicht weiterverfolgt werden. Die *internen* Stratifikationsmuster der öffentlichen Sphäre, die internen Mechanismen der Verteilung von Sichtbarkeit und vor allem Einfluß und die Ausdifferenzierung spezieller Kommunikationsrollen (Repräsentanten, Advokaten, Intellektuelle, prominente Publizisten oder journalistische Kommentatoren) sind Gegenstand vielfältiger, aber verstreuter Forschungen. Offenbar handelt es sich um grundlegende Strukturen öffentlicher Kommunikation, deren Reproduktionsbedingungen (Mechanismen der Allokation von Aufmerksamkeit und Prestige, Herausbildung intellektueller Führerschaften usw.) von größtem Interesse wären. Das normative Modell von Öffentlichkeit weist im Hinblick auf solche Phänomene ein merkliches Defizit oder sogar eine innere Widersprüchlichkeit auf: Die egalitären Ansprüche bleiben unvermittelt zum Element der Konkurrenz und zu den meritokratischen oder elitären Elementen, die aus öffentlichen Diskursen kaum wegzudenken sind. Akkomodationen des Modells wären denkbar im Hinblick auf Forderungen, daß Repräsentantenfunktionen authentisch und kritisierbar bleiben müssen und daß es einen fairen Wettbewerb um spezielle Einflußpositionen geben sollte. Aber eine gewisse innere Spannung zwischen egalitären und elitären Aspekten der normativen Konzeption scheint kaum aufhebbar.

Das Problem der asymmetrischen Verteilung von Information und Wissen und der entsprechenden asymmetrischen Kommunikationsbeziehungen (zwischen Experten und Laien, Journalisten und Publikum) kann entschärft werden durch bestimmte Kontrollmechanismen: Wechselseitige Kontrolle unter Experten oder unter Journalisten, institutionelle Vorkehrungen, Teilspezialisierungen des Publikums. Komplementär dazu ist jedoch ein erhebliches Maß an sozialem Vertrauen erforderlich, ohne das Kommunikationen mit asymmetrischen Wissensvoraussetzungen nicht funktionieren können (Simmel 1992: 389). Vertrauen wird damit zu einem limitierenden, unersetzbaren Faktor, dessen Fehlen die öffentliche Sphäre schrumpfen läßt. Die sozialen Reproduktionsbedingungen dieser Ressource sind ebenfalls noch unzulänglich erforscht (Shapiro 1987; Gambetta 1988).

2. Offenheit und adäquate Kapazität

Eine generelle Offenheit für Themen und Beiträge ist eine zweite Grundforderung der normativen Konzeption von Öffentlichkeit. Das bedeutet: Die Relevanz von Themen und Beiträgen ist im öffentlichen Diskurs selbst zu prüfen. Diesem Postulat korrespondiert eine Kompetenzunterstellung: Die Öffentlichkeit muß sensibel genug sein, um die wichtigen Probleme zu identifizieren, und sie muß die Kapazität haben, die relevanten Themen dann auch verständig zu behandeln.

Bestimmte Beschränkungen für die Realisierung dieser Bedingungen sind simpel, fundamental und allgemein bekannt: Die moderne Welt ist zu kompliziert, der Probleme sind zu viele, die Debatten werden zu lang, das Leben ist zu kurz, und die Probleme können nicht warten (Lippmann 1925: 24). Die Feststellung, daß Kompetenz und Aufmerksamkeit knapp sind, kann als erstes Axiom vieler moderner Theorien über Öffentlichkeit, Massenkommunikation und Demokratie gelten. Knappheit ist eine komplexe Größe, die sich aus dem Verhältnis zwischen mobilisierbaren Ressourcen und wahrgenommenen alternativen Verwendungsmöglichkeiten ergibt. Die Verfügbarkeit von Kompetenz und Aufmerksamkeit ist in gewissen Grenzen variabel. Wenn weniger Lebenszeit durch soziale Zwänge in Berufs- und Familienrollen fixiert ist, wird mehr Zeit und Energie disponibel für andere Angelegenheiten – potentiell also auch für öffentliches Engagement. Kompetenzen für die Behandlung öffentlicher Angelegenheiten können gesteigert werden durch den Erwerb von Kenntnissen und die Einübung kognitiver und argumentativer Fähigkeiten. Die Ausdehnung formaler Bildung und die Erweiterung öffentlicher Partizipationsmöglichkeiten wirken in dieser Richtung.

Wie sieht aber die andere Seite des Verhältnisses aus? Der Zunahme disponibler Zeit entspricht in der Regel die Vermehrung lohnender alternativer Möglichkeiten, Zeit und Energie zu verausgaben. Die Beschäftigung mit politischen Angelegenheiten tritt in Konkurrenz zu anderen möglichen Lebensinhalten. Die möglichen Anlässe öffentlichen Engagements haben sich zudem außerordentlich vermehrt, der Gegenstandsbereich öffentlicher Kommunikation ist enorm gewachsen: Mehr und mehr Deutungen, Wissensbestände und normative Standards sind einer kritischen Überprüfung zugänglich geworden. Mehr und mehr soziale Sachverhalte sind problematisierbar geworden in dem Sinn, daß ihre kollektive Veränderung normativ als wünschbar oder gefordert und kognitiv als möglich erscheint. Der Umkreis von Sachverhalten, die dem Bereich kollektiver Verantwortlichkeit zugerechnet werden, hat sich vergrößert gegenüber solchen, die als schicksalhaft oder unveränderlich betrachtet werden, die privater Verantwortung überlassen bleiben, die dem Verantwortungsbereich anderer politischer Kollektive zugeschrieben werden oder die schließlich dem Publikum ganz einfach unbekannt bleiben. Die Verwendungsmöglichkeiten für öffentliche Aufmerksamkeit steigen entsprechend, das Problem der Knappheit von Aufmerksamkeit und die Notwendigkeit der Selektion nehmen zu. Gleichzeitig geht die vermutlich gestiegene durchschnittliche Kompetenz einher mit einem größeren Schwierigkeitsgrad vieler öffentlicher Themen. Problematisierte Sachverhalte sind oft eingebettet in weitreichende Interdependenzen. Das Abwägen von Lösungsvorschlägen stellt gerade wegen des potentiell mobilisierbaren Wissens häufig erhebliche kognitive Anforderungen. Das Dilemma, daß spezialisiertes Wissen im öffentlichen Diskurs berücksichtigt werden muß, ohne daß es kompetent verstanden werden könnte, wurde oben schon beschrieben.

Solche Feststellungen liefern (wie schon Lippmann demonstriert hat) effektive Einwände gegen das fiktive demokratische Ideal eines allseits kompetenten Staatsbürgers oder einer Öffentlichkeit, die *alle* kollektiven Probleme unter Beteiligung *aller* Mitglieder des Publikums kompetent verhandelt. Das Kapazitätsproblem verändert sich zwar durch die schon erwähnte interne Differenzierung des Publikums in Teilöffentlichkeiten (publics): Es gibt nicht *eine* öffentliche „agenda", sondern viele. Eine Art demokratischer Arbeitsteilung durch die Bildung einer Vielzahl von „publics", die sich auf bestimmte Themen oder Problembereiche konzentrieren, erhöht die Gesamtkapazität für die Behandlung von Themen und ermöglicht spezielle Kompetenzsteigerungen durch intensivere Beschäftigung mit bestimmten Themengebieten.

Gleichwohl läßt sich sagen, daß die Verarbeitungskapazität der Öffentlichkeit sehr beschränkt ist relativ zur Zahl und Komplexität von Themen, die gemessen an modernen kulturellen Standards potentiell relevant sind für öffentliche Diskurse. Eine sehr restriktive Auswahl von Themen ist unvermeidlich und der Auswahlprozeß kann offensichtlich nicht einfach die Form einer Tagesordnungsdebatte haben, in der die gesamte Öffentlichkeit sich nach Prüfung möglicher Themen ein Urteil über die Prioritäten der Debatte bildet. Es muß also Formen oder Mechanismen der Auswahl von Themen und der Steuerung von Aufmerksamkeiten geben, die anders wirken.[15]

Solche Selektionsmechanismen sind in verschiedenen Forschungsrichtungen studiert worden. Dazu gehören Analysen der Entwicklung oder Konstruktion von „sozialen Problemen" (Spector, Kitsuse 1987; Smigel 1977; Hilgartner, Bosk 1988). Weiter die Forschungen zum „agenda setting", die sich mit der Plazierung von „issues" auf der öffentlichen „Tagesordnung" für politische Auseinandersetzungen und Entscheidungen befassen (Kingdon 1984; McCombs, Shaw 1977; Rogers, Dearing 1988). Schließlich Untersuchungen, die sich mit den Verarbeitungsmechanismen im System der Massenmedien befassen und darzustellen suchen, welche Faktoren dort auf die Auswahl und Präsentation von Nachrichten und prominenten Themen einwirken (Staab 1990). Die Ergebnisse sind schwer zu systematisieren. Es lassen sich immerhin zwei typische Blickrichtungen unterscheiden:

In der einen Richtung wird „agenda setting" oder die Konstruktion von „sozialen Problemen" primär als strategische Aktivität von sozialen Akteuren betrachtet; es wird entsprechend analysiert, welche Methoden und Ressourcen hier typischerweise zum Einsatz kommen (Molotch, Lester 1974). So gesehen ergibt sich die Selektivität der Öffentlichkeit für bestimmte Themen und Darstellungen in erster Linie als Resultante strategischer Konkurrenzen und Allianzen; diejenigen Themen haben die größten Chancen, welche die stärksten oder lautesten oder am geschicktesten agierenden Bataillone hinter sich haben. Das Phänomen der Selektivität ließe sich insoweit zurückführen auf die Muster ungleicher Teilnahme- oder Einflußchancen, die im vorherigen Abschnitt diskutiert wurden.

In der anderen Blickrichtung werden eher strukturelle Bedingungen oder nichtintentional wirkende Mechanismen betont, welche die Auswahl oder die Art der Präsentation von Themen

---

15 Ich beschränke mich hier im wesentlichen auf das Problem der Steuerung von Aufmerksamkeit und der Auswahl von Themen und vernachlässige den komplementären Aspekt: die (zu einem gewissen Grad unvermeidlichen) Simplifikationen in der Präsentation von Problemdefinitionen und Lösungsalternativen, also das Thema „bounded rationality" (Simon 1977).

beeinflussen. Die öffentliche Sphäre wird nicht als leerer Raum verstanden, den unterschiedliche Interessengruppen zu besetzen suchen, sondern als strukturiertes soziales Feld mit eigenen Selektions- und Verarbeitungsmechanismen. Untersucht worden sind in diesem Zusammenhang vor allem die Verarbeitungsstrukturen der Massenmedien. Diese Strukturen wirken offenbar selektiv sowohl in der Sozial- wie in der Sachdimenion. Bestimmten Kategorien von Akteuren (Inhaber von politischen Ämtern oder höheren Statuspositionen) werden spezielle Aufmerksamkeiten gewidmet oder spezielle Artikulationschancen eingeräumt. Auch läßt sich vermuten, daß professionell „mediengerecht" präparierte Darstellungen größere Chancen der Publizität haben als Laiendarstellungen, was die Vorteile von Akteuren mit entsprechenden Ressourcen akzentuiert (Baerns 1987). Es gibt jedoch noch eine andere Art der strukturellen Selektivität der Öffentlichkeit und speziell des Mediensystems: nämlich strukturelle Einflüsse auf die Auswahl und Darstellung von Nachrichten und Informationen sowie auf die Auswahl bestimmter Themen, auf die Formen der Präsentation von Themen und Beiträgen und auf die Weise, wie Themen und Probleme abgearbeitet werden, um schließlich wieder aus der Öffentlichkeit zu verschwinden. Es existiert eine Reihe von Untersuchungen und Überlegungen zu diesem Thema (Galtung, Ruge 1965; Tuchman 1978; Schulz 1976; Staab 1990; Luhmann 1970; Luhmann 1990; Neidhardt 1993). In einigen dieser Analysen finden wir die Ausgangsannahme, daß Massenmedien um knappe öffentliche Aufmerksamkeit konkurrieren (was für alle Teilnehmer an öffentlicher Kommunikation gilt) und daß deswegen Themen und Präsentationsweisen bevorzugt werden, die versprechen, Aufmerksamkeit zu binden. Daraus ergeben sich plausible Hypothesen: Vorteile haben Themen mit Neuigkeits- und Überraschungswert (was raschen Themenwechsel impliziert). Vorteile haben alarmierende Nachrichten, Themen und Problemdefinitionen. Die Dramatisierung von Problemlagen wird begünstigt. Ebenso die Auswahl von Problemdefinitionen, die starke Normverletzungen und individuell oder kollektiv zurechenbare Verantwortlichkeiten identifizieren. Solche Verantwortungszuschreibungen ermöglichen die Mobilisierung und Fokussierung von Empörung und helfen daneben, die kognitiven Dissonanzen zu reduzieren, die mit komplexen Problemlagen verbunden sind. Auch die Reduzierung komplexer Diskussionslagen mit mehreren unterschiedlichen Positionen auf einfache polare Konflikte erleichtert die öffentliche Darstellung und Dramatisierung. Organisationsstrukturen der Massenmedien, professionelle Routinen und Arbeitsweisen, die Darstellungsmöglichkeiten und -konventionen bestimmter Medien (vor allem des Fernsehens) mögen die Präsentation zusätzlich beeinflussen (vgl. Iyengar 1991).

Beide genannte Analyseperspektiven haben ihre Meriten; sie lassen sich miteinander kombinieren. Dies soll hier nicht weiter diskutiert werden. Die Darstellung soll nur illustrieren, welche Arten von Mechanismen an der Auswahl von Themen für die öffentliche Agenda beteiligt sind. Andere Faktoren ließen sich wahrscheinlich identifizieren, zum Beispiel allgemeine kulturelle Relevanzkriterien und Regeln der Aufmerksamkeitsverteilung oder auch latent wirkende Thematisierungsschwellen oder -verbote (im Unterschied zu offen geltenden Normen, welche Privatheit oder legitime Geheimnisse schützen).

Konsequenzen. Was bedeuten nun die Knappheit von Aufmerksamkeit und Kompetenz, die Beschränkung des Platzes auf der öffentlichen „agenda", das Wirken der beschriebenen Selektionsmechanismen für die Forderung nach „Offenheit"? Unter diesen Bedingungen muß sich der Sinn des Postulats ändern. Offenheit muß verstanden werden als Merkmal des Auswahlprozesses: Das Zirkulieren von Themenvorschlägen und Themen in einer Vielzahl von Teilöffentlichkeiten muß dazu führen, daß die „wichtigsten" Themen die größere Aufmerksamkeit oder das größere Publikum gewinnen können, daß die Mitglieder des Publikums die Chance einer informierten Wahl zwischen Themen haben, daß nicht bestimmte „wichtige" Themen systematisch unterdrückt oder benachteiligt werden. Analoges muß für sachliche Gesichtspunkte oder inhaltliche Beiträge zu den jeweiligen Themen gelten. Aber wie identifizieren wir „wichtige", aber ignorierte oder unterdrückte Themen? Welche Themen sind wichtig – wenn nicht die, welche von einem Publikum tatsächlich für wichtig gehalten werden? Wir könnten ein kontrafaktisches Kriterium formulieren mit Hilfe eines Gedankenexperiments: Diejenigen Themen sind wichtig, die in einer egalitären, verständigungsorientierten Debatte unter Beteiligung des gesamten Publikums auf die oberen Plätze der öffentlichen Tagesordnung gesetzt würden. Aber ließe sich ein solches Gedankenexperiment tatsächlich real als Kriterium verwenden? Ließe sich also empirisch ausmachen, wie weit und in welcher Richtung die Themenselektion in öffentlichen Kommunikationsprozessen von einem solchen postulierten Ergebnis abweicht?[16]

Ich sehe immerhin indirekte Möglichkeiten für eine empirische Identifikation von einseitiger oder verzerrender Selektivität, von Formen des Ausschlusses oder der „Verdrängung" von Themen bzw. Problemen – gemessen an den normativen Intuitionen, die in dem genannten Gedankenexperiment ausgedrückt werden.

Kommunikationstabus im Sinne latenter (nicht offen verteidigter) Thematisierungsverbote lassen sich identifizieren anhand von Abwehrreaktionen auf Thematisierungsversuche. Ob zum Beispiel ein „Mantel des Schweigens" über bestimmte problematische Ereignisse der kollektiven Vergangenheit gelegt wird, müßte sich an Symptomen zeigen: Feindselige Reaktionen und Blockaden gegenüber Thematisierungsversuchen oder hartnäckige Themenverschiebungen. Manchmal läßt sich auffälliges Schweigen auch retrospektiv identifizieren – wenn irgendwann die Barriere durchbrochen wird und die Dringlichkeit eines Themas allgemein sichtbar wird, die vorher abgewehrt wurde. Als Indiz für eine Verzerrung öffentlicher Kommunikation könnte umgekehrt gelten, wenn diese in hohem Maß von imaginären Gefahren oder Bedrohungen bestimmt wird – „imaginär" in dem Sinn, daß die Gefahrenszenarios auf Tatsachenbehauptungen beruhen, die nachweislich falsch sind (Haferkamp 1987).

Bestimmte hartnäckige und gravierende Inkonsistenzen öffentlicher Diskussion sind ein weiteres Indiz für Kommunikationssperren: Gemeint ist der Fall, daß bestimmte soziale Praktiken deutlich im Widerspruch stehen zu normativen Prinzipien, die ostentative öffentliche Unterstützung genießen – diese Diskrepanz aber nicht thematisiert, sondern verschwiegen oder „rationalisiert" wird (Merton 1949). Allerdings läßt sich beobachten, daß bestimmte Kommunikationslatenzen dieser Art, nämlich das stillschweigende Übersehen von gewissen episodischen Normverstößen oder auch von routinemäßigen Diskrepanzen zwischen „offiziell" anerkannten Verhaltensnormen und „inoffiziellen" faktischen Verhaltensweisen zum Normalfall sozialen Handelns gehören. Ein solches Verhalten vermindert Konflikte, Aushandelungs- und Sanktionsnotwendigkeiten.[17] Es gibt jedoch krassere Fälle, die in anderer Weise erklärungsbe-

---

16 Die Problematik der Anwendung solcher kontrafaktischer Maßstäbe ist bekannt aus der alten Debatte über „non-decisions", die durch die Beiträge von Bachrach und Baratz ausgelöst wurde (Bachrach, Baratz 1963).

17 Zu erinnern ist auch an die weitergehende funktionalistische These, daß die öffentliche Nichtbeachtung gewisser Diskrepanzen zwischen deklarierten normativen Ordnungen und faktischen Verhaltensweisen eine notwendige Bedingung der Stabilität dieser Ordnungen sei (vgl. Moore, Tumin 1949; Schneider 1962; Popitz 1969). Es ist ein beliebter, weil provozierender Zug soziologischer Analysen, die geheime Rationalität scheinbar irrationaler Verhaltensweisen zu behaupten; sicher wird auch diese funktionalistische Exkulpation manchmal übertrieben.

dürftig sind. Beispiele wären das Nebeneinander von deklarierten Gleichheitsprinzipien und Rassendiskriminierung (Myrdal 1944) oder anderen Diskriminierungspraktiken, wo die Diskrepanz durch Verschweigen, Verleugnen, Problemverschiebung (Schuldzuweisungen an die Betroffenen usw.) behandelt wird (vgl. dazu z.b. Klapp 1986; Thompson 1990; Meyrowitz 1985; Calhoun 1988; Boorstein 1972; Baudrillard 1978).

3. Diskursive Strukturen und symbolische Verständigungsschranken

Öffentlichkeit im emphatischen Verständnis beruht auf *diskursiver* Verständigung – das war das dritte Grundmerkmal des normativen Modells. Was unterscheidet argumentative oder diskursive Kommunikation von anderen Formen? In diskursiver Kommunikation werden Behauptungen, Forderungen, Urteile oder Empfehlungen als problematisch behandelt. Ihre Akzeptabilität wird mit Hilfe von Begründungen verteidigt oder bestritten. Es wird unterstellt, daß der Dissens im Prinzip durch wechselseitige Überzeugung und die Gewinnung geteilter Einsichten gelöst werden kann. Das setzt zugleich voraus, daß der Dissens selbst als berechtigt anerkannt wird: Wenn nicht eingeräumt würde, daß überhaupt ein Problem vorliegt, für das es keine unmittelbar evidente Lösung gibt, daß also vernünftige Leute unterschiedlicher Meinung zum vorliegenden Thema sein können, könnte man nicht sinnvoll argumentieren.

Betrachten wir nun die Rolle von nichtdiskursiven Kommunikationsformen und einige wichtige Weisen, in denen der diskursive Charakter öffentlicher Kommunikation eingeschränkt oder beseitigt werden kann.

Expressive Kommunikation. Bekanntlich hat nur ein Teil der öffentlich zugänglichen Kommunikationen diesen Charakter. Viele öffentliche Symbolhandlungen, die ihrem Sinn nach irgendwie in Zusammenhang mit politischen oder öffentlichen Angelegenheiten stehen, verwenden „präsentative" Symbole (S. Langer) oder ästhetische Ausdrucksmittel, die nicht Argumente oder Informationen, sondern andere symbolische Gehalte vermitteln. Zu diesen Formen der Symbolisierung gehören Rituale und Zeremonien, Demonstrationen, Feste, Slogans, Plakate und andere visuelle Ausdrucksformen, Musik, Film, überhaupt wichtige Teile der Kunst und Populärkultur. Zweifellos prägen solche Ausdrucksformen in bedeutendem Maß Erfahrungsweisen und Motive. Die historische Erfahrung zeigt, daß solche Formen öffentlicher Symbolisierung eingesetzt werden können, um öffentliche Diskurse einzuschnüren oder unwirksam zu machen (Kriegspropaganda ist das klassische Beispiel). Andererseits kann (wie die Erfahrungen der 60er Jahre zeigen) eine Vitalisierung der „präsentativen" Kultur auch mit einer Ausdehnung der diskursiven Sphäre der Öffentlichkeit einhergehen. Aber die Rolle solcher nichtdiskursiver kultureller Kommunikationsformen für die Entwicklung moderner Öffentlichkeiten muß ich hier beiseite lassen.

Verhandlungen. Von diskursiver Kommunikation zu unterscheiden sind strategische Verhandlungen (bargaining). Hier geht es nicht um wechselseitige Überzeugung oder die gemeinsame Klärung eines Problems, nicht um sachliche Überzeugung, sondern darum, durch wechselseitige Angebote oder Drohungen zu einer Vereinbarung zu kommen. Einstellungen und Überzeugungen der Kontrahenten bleiben davon unberührt. Verhandlungen werden in vielen sozialen Kontexten als eine akzeptable Form des Interessenausgleichs betrachtet, meist verbunden mit Vorstellungen über faire Verhandlungsbedingungen. Eine Vorherrschen solcher Interaktionsformen würde die öffentliche Sphäre natürlich unterhöhlen. Die politische Entwicklung der jüngeren Vergangenheit zeigt eher eine andere Tendenz: nämlich eine gewisse Entlegitimierung von Verhandlungen zugunsten von zumindest ostentativ diskursiven Auseinandersetzungsformen (manchmal beschrieben als Überwiegen von „Wertkonflikten" gegenüber „Interessenkonflikten"). Allerdings können öffentliche Dispute mit moralischen Gehalten recht eng liiert werden mit interessenorientierten Verhandlungen (Tarifverhandlungen); die Übergänge sind diffus. Außerdem ist der diskursive Charakter öffentlicher Auseinandersetzungen häufig auf bestimmte Weisen eingeschränkt, von denen gleich zu reden sein wird.

Symbolische Gewalt. Zwei ganz andere Arten strategischer Kommunikation bestehen in offener symbolischer Gewalt und in Täuschung oder Manipulation. Symbolische Aggression besteht in Formen der Beleidigung und Herabsetzung, der Signalisierung von Feindschaft und Verachtung. Täuschung und Manipulation geschehen nicht nur in Gestalt direkter Lüge, sondern auch durch gezielte Selektion von Informationen (Bryce 1921: 100; Kepplinger et al. 1989). In beiden Fällen kollabiert der öffentliche Raum für die Beteiligten, weil den Betroffenen die Freiheit der Stellungnahme genommen ist – im ersten Fall durch offene Verweigerung der Anerkennung als Diskussionspartner, im zweiten Fall durch die Untergrabung seiner Handlungsautonomie. Im Fall der Entdeckung der Täuschung wird das für kommunikative Verständigung notwendige Vertrauen zerstört.

Abschneiden von Negationsmöglichkeiten. Der Raum für Dissens kann auch noch auf andere Weisen eingeschnürt oder beseitigt werden. Viele Kommunikationsformen transportieren starke implizite Konsenserwartungen. Die Möglichkeit des Widerspruchs wird gar nicht vorausgesetzt; die Äußerung von Dissens wird als unliebsame Überraschung, Störung, heimtückischer Bruch eines Einverständnisses interpretiert. Kommunikation ist in solchen Fällen nicht primär informativ, schon gar nicht argumentativ, sondern dient der Bestätigung vorausgesetzter Gemeinsamkeiten und Zugehörigkeiten – beispielsweise in gemeinsamer Empörung über Dritte oder der Artikulation geteilter Empfindungen oder Betroffenheiten. Auch die Verwendung eines Vokabulars mit starker moralischer Aufladung nötigt die Angesprochenen, sich entweder auf die vorgegebene Sprache einzulassen und damit gewisse Wertprämissen stillschweigend zu übernehmen – oder die impliziten Voraussetzungen eines solchen Sprachgebrauchs zu thematisieren, eine implizite Konsenszumutung zurückzuweisen, das Sprachspiel zu unterbrechen, einen möglicherweise weitreichenden Dissens zu markieren, was häufig als Affront wahrgenommen wird.

Freund-Feind-Schemata (ingroup-outgroup) bilden einen ähnlichen Mechanismus: Widerspruch wird als Verrat, Seitenwechsel, Zerstörung von Solidarität behandelt. Ein wenig subtiler ist die stigmatisierende Klassifikation von Argumenten und Positionen, denen Gemeinsamkeiten oder Affinitäten mit Positionen zugeschrieben werden, die für alle Beteiligten als unakzeptabel gelten (Totalitarismus- oder Faschismusvorwürfe). Vertreter der inkriminierten Argumente stehen damit zumindest unter Verdacht und haben spezielle Verteidigungslasten zu tragen.

Diskursive Auseinandersetzungen erfordern generell bestimmte Differenzierungen: Wechselseitiger Respekt darf nicht an Konsens gebunden, der Widerspruch darf also nicht mit Achtungsentzug sanktioniert werden. Die Prüfung der Überzeugungskraft von Argumenten muß getrennt werden von Vermutungen und Urteilen über verborgene Motive des Diskussionspartners. Kognitive, moralische und evaluative Geltungsansprüche müssen differenziert werden. Entdifferenzierungen wirken entsprechend kommunikationsbeschränkend, lassen den öffentlichen Raum schrumpfen. Problemdiagnosen verbinden Tatsachenbehauptungen mit normativen Bewertungen; beide Elemente können derart legiert werden, daß Einwände gegen die empirische Diagnose als Gleichgültigkeit gegenüber den normativen Maßstäben erscheint: der Kritiker sei indifferent, insensitiv, verharmlose die Verhältnisse. Motivverdächtigungen zerstören die gemeinsame Kommunikationsbasis, weil nicht die Argumente des Kontrahenten behandelt, sondern seine Motive diskreditiert werden, womit er aus der Rolle des legitimen Diskussionspartners verstoßen ist. Auf die gleiche Weise wirkt die Beanspruchung privilegierter, an Persönlichkeits- oder Statusmerkmale oder Gruppenzugehörigkeit gebundener Erkenntnisquellen, die den Adressaten aus der Rolle des kompetenten Gesprächspartners verstößt und Widerspruch entlegitimiert. In der Darstellung einer Position können demonstratives persönliches Engagement (Betroffenheit, Angst, Empörung) mit moralischen Konsenserwartungen in einer Weise gekoppelt werden, die Widerspruch extrem erschwert: Der Kritiker wird mit Achtungsentzug bedroht (für fehlende moralische Sensitivität, wenn nicht Schlimmeres) und seine Kritik droht mit der persönlichen Selbstdarstellung des Empörten zu kollidieren (Luhmann 1971: 14).

Solche Mechanismen der Schließung von Kommunikationsmöglichkeiten finden sich allenthalben in der politischen Kommunikation. Informelle Assoziationen und soziale Bewegungen sind nicht frei davon. Kollektive Initiativen im öffentlichen Raum entwickeln sich häufig zunächst als öffentlicher „Protest". Protest kann zwei Funktionen haben (oft auch beide zugleich): Er kann kollektive Empörung und intensives Engagement artikulieren – eine erste, mehr oder weniger spontane Reaktion auf die Erfahrung von Unrecht. Und er dient der Erzeugung öffentlicher Aufmerksamkeit. Expressive Artikulation von Protest ist aber nicht immer leicht in diskursive Auseinandersetzung zu überführen, die dem Kontrahenten noch respektable Gründe zugesteht (wobei es natürlich sein kann, daß die politischen Kontrahenten – Regierung, Parteien – selbst die Bedingungen diskursiver Auseinandersetzung verletzen). Die Notwendigkeiten der kollektiven Mobilisierung, der Motivbündelung und der Schaffung interner Kohäsion und Solidarität mögen zudem unter bestimmten Bedingungen Tendenzen zur Konstruktion simpler, generalisierter moralischer Zurechnungen, zur Verwandlung politischer Differenz in Feindschaft und beschränkter Toleranz gegenüber Dissidenz in den eigenen Reihen fördern (Blalock 1989). Auch das ist natürlich kein „ehernes Gesetz".

Diese letzten Bemerkungen verweisen auf ein grundsätzliches Problem: die Überführung von Konflikt in Disput, in argumentativ austragbaren Dissens, ist eine anspruchsvolle Angelegenheit. Persönliches Engagement in praktischen Konflikten ist unvermeidlich. Insbesondere die moralischen Komponenten des Konflikts sind oft verknüpft mit Leidenschaften, Empörung, passionierter Ablehnung von Positionen oder Verhaltensweisen. Dies gilt natürlich insbesondere, wo eigene moralische Verletzungen registriert werden oder überhaupt die Verletzung besonders wichtiger moralischer Prinzipien. Wo es nicht um hypothetische Probleme, sondern praktische Entscheidung oder die Kritik und Verteidigung tatsächlicher Praktiken geht, wird die Abgrenzung zwischen „Unrecht haben" und „Unrecht tun" schwierig. Die Verwandlung eines solchen Zusammenpralls in eine diskursive Auseinandersetzung setzt voraus, daß auch moralische Konflikte als offene Fragen behandelt werden können, daß Dissens oder Irrtum unterschieden wird von vorwerfbarem Verhalten. Die Kontrahenten müssen sich gegenseitig zugestehen, daß sie möglicherweise in gutem Glauben, mit ernsthaften Gründen ihre Positionen vertreten. Die Zone legitimen moralischen Dissenses ist allerdings immer begrenzt. Bestimmte moralische Grundpositionen gelten in der Regel als unbestreitbar. Der gegenseitige Respekt muß enden, wo einer der Kontrahenten nicht bereit oder in der Lage ist, überhaupt glaubwürdige Bemühungen zur Rechtfertigung zu unternehmen.

Damit die Umwandlung allfälliger sozialer Konflikte in argumentativ ausgetragene Dispute überhaupt gelingen kann, ist ein gewisser Vorrat an Toleranz und gegenseitigem Respekt, eine gewisse Einübung in gewaltlose Konfliktaustragung und kollektive Problemlösung notwendig – ein gewisses Ausmaß an Zivilität. Dies ist ein weiterer limitierender Faktor, von dem die Lebensfähigkeit der öffentlichen Sphäre abhängt.

Diese Überlegungen werfen ein Licht auf das häufig mißverstandene Verhältnis von Konsens und Dissens. Argumentativ erzielter Konsens gilt häufig als unwahrscheinlich oder unmöglich, häufig auch als verdächtiges Ziel, hinter dem sich Konformismus, Harmoniezwänge oder Hegemonieansprüche verbergen. Dissens gilt als der empirische Normalfall und häufig auch als der erstrebenswertere Zustand. Es ist jedoch unsinnig, Konsens und Dissens in dieser Weise gegenüberzustellen: Argumentativer Konsens bedeutet die Lösung eines vorangegangenen Dissenses, der jedoch offen bleibt für neue Kritiken und Problematisierungen. Und wo Konsens nicht denkbar ist oder als unerwünscht gilt, kann man auch von Dissens nicht reden: denn kontroverse Argumentation macht nur Sinn, wo die Möglichkeit gegenseitiger Überzeugung vorausgesetzt wird. Nicht erst der Konsens, schon der Dissens bzw. Disput (im Gegensatz zum bloßen Konflikt) sind „unwahrscheinlich" – nämlich angewiesen auf eine eingeübte Praxis wechselseitigen Respekts. Nicht einfach die „Zähmung", sondern die Fruchtbarmachung von Konflikt durch Verwandlung in Dissens ist eine entscheidende, wenn auch stets gefährdete Errungenschaft der Moderne.

Fragmentierung des symbolischen Universums. Eine elementare Voraussetzung diskursiver Auseinandersetzung ist natürlich die Möglichkeit der Verständigung – der Erarbeitung geteilter Interpretationen der beiderseitigen symbolischen Äußerungen. Diese Voraussetzung wird in der modernen Welt bedroht durch zwei Formen sozialer Differenzierung: durch *funktionale* Differenzierung und durch *kulturellen Pluralismus*.

Einige Begleiterscheinungen funktionaler Differenzierung wurden oben schon behandelt – insbesondere die Problematik der gesellschaftlichen Verteilung spezialisierten Wissens. Es gibt weiterreichende Problemdiagnosen. Spezialisierte Funktionssysteme, Disziplinen oder Professionen konstruieren jeweils eigene Realitätsbeschreibungen und Problemdefinitionen. Soziale Sachverhalte (eine Virusepidemie, Drogensucht, Armut) können entsprechend unter ganz verschiedene Beschreibungen gebracht werden: medizinische, psychotherapeutische, juristische, soziologische, die verbunden sind mit unterschiedlichen Kausalanalysen und Verantwortungszuschreibungen und oft zu unterschiedlichen Handlungsempfehlungen führen (Giesen 1983). Mit dieser Feststellung werden zwei Diagnosen verbunden: Nach der Diagnose der *Fragmentierung* können diese unterschiedlichen Perspektiven nicht mehr in allgemeinen Diskursen miteinander vermittelt werden – es gibt keine begründbaren, allgemein überzeugenden Weisen, die jeweiligen Problembeschreibungen zu kombinieren oder unter ihnen auszuwählen. Nach der Diagnose der kulturellen *Kolonialisierung* überwuchern bestimmte Expertenkulturen oder szientistische Sprachspiele (zum Beispiel therapeutische oder soziologische) die Verständigungsformen des Alltags in einer Weise, die letztere ihrer Authentizität und Vielseitigkeit beraubt und wesentliche Ausdrucks- und Deutungsmöglichkeiten unterdrückt (Rieff 1973; Tenbruck 1984). Eine Beurteilung dieser beiden Aussagen ist einstweilen schwierig: Im Hinblick auf die These der Inkompatibilität spezialisierter Sprachspiele gibt es keine schlüssigen epistemischen oder sprachtheoretischen Argumente. Die empirischen Belege für die These einer umfassenden szientistischen Kolonialisierung der Alltagskommunikation und ihre befürchteten negativen Konsequenzen sind eher anekdotisch.

Pluralistische Differenzierung ist ein weiteres strukturelles Grundmerkmal moderner Gesellschaften, das die Bedingungen öffentlicher Kommunikation entscheidend affiziert. Pluralistische Differenzierung umfaßt alle Formen der Ausbildung unterschiedlicher sozialer Sinnwelten, die nicht auf der Ausdifferenzierung funktional spezialisierter Handlungssphären beruhen, sondern relativ unspezifische Überzeugungen, Einstellungen und Erlebnisweisen umfassen. Man könnte von unterschiedlichen „Weltanschauungen" oder „Weltperspektiven" sprechen. Beispiele wären Sonderkulturen von Klassen oder Statusgruppen, ethnische Gemeinschaften, Religionsgemeinschaften, Subkulturen mit spezifischen gemeinsamen Lebensorientierungen und Deutungsmustern, möglicherweise auch Formen der kulturellen Differenz zwischen den Geschlechtern. Ein solcher Pluralismus belastet den öffentlichen Diskurs nicht nur mit gesteigerten Dissenzrisiken. Er gefährdet auch eine Grundvoraussetzung für die diskursive Austragung von Konsens: nämlich einen gemeinsamen Verständigungshorizont. Einige Zeitdiagnostiker haben die radikale Schlußfolgerung gezogen, daß inkongruente kulturelle Perspektiven, inkompatible Deutungssysteme und gegeneinander abgeschlossene Diskursuniversen in heutigen Gesellschaften einen übergreifenden gesellschaftsweiten Diskurs illusorisch machten (der in ihren Augen vielleicht auch überflüssig ist).[18] Andere bestreiten, daß es epistemologische oder kommunikationstheoretische Gründe gibt, einen solchen kommunikativen Bruch zwischen den kulturellen Sinnwelten für unvermeidlich und unüberschreitbar zu halten: Der Schluß von der Existenz tiefer kultureller Differenzen auf die Unmöglichkeit von wechselseitiger argumentativer Überzeugung ist nicht zwingend (Rorty 1992). Andere studieren die Argumentationsverfahren und Kompromißstrategien, unter denen unter den Bedingungen weitreichender kultureller Differenzen versucht wird, gleichwohl eine partielle Einigung oder eine Umgehung von Konflikten zu erreichen (Gutmann, Thompson 1990). Kulturelle Differenzierung stellt die öffentliche Sphäre in heutigen Gesellschaften zweifellos vor Belastungsprobleme; ein kultureller Isolationismus – der Verzicht auf Über-

---

18 Der locus classicus für eine solche Position ist inzwischen Lyotard (1986). – Reiches Anschauungsmaterial für die Wirkung kultureller Schranken in öffentlichen Kommunikationen liefert ein jüngeres Beispiel aus den USA: nämlich die Debatte über den Verlauf der Hearings zur Nomination des Verfassungsrichters Clarence Thompson (Morrison 1992). Beispiele liefert auch der Konflikt um die gesetzliche Regelung der Abtreibung (Cook, Jelen, Wilcox 1992).

setzungsversuche – würde die Segmentierung der öffentlichen Sphäre in eine Vielzahl partikularer Kommunikationsnetze bedeuten. Wie die realen Entwicklungstendenzen aussehen, ist jedoch offen.

Konsequenzen. Hier wurden einige Voraussetzungen und Gefährdungen diskursiver Kommunikation dargestellt und einige Formen beschrieben, in denen diskursive Auseinandersetzungen untergraben oder blockiert werden können. Pauschale Schlußfolgerungen über Möglichkeiten und Beschränkungen von diskursiver öffentlicher Kommunikation lassen sich aus diesen Überlegungen nicht ziehen. Vielmehr sind sie ein Plädoyer für weitere Forschungen, die den Anteil an diskursiver Auseinandersetzung an öffentlichen Kontroversen und Debatten abzuschätzen und zu analysieren hätten, welche kulturellen Bedingungen, welche institutionellen Strukturen, welche sozialen Konstellationen und Interaktionsstrukturen Diskursivität fördern und beschränken. Welche Konsequenzen ergeben sich für das normative Modell? Anders als im Falle der normativen Bedingungen „Gleichheit" und „Offenheit" liegt im Hinblick auf die Forderung nach Diskursivität öffentlicher Debatten die Notwendigkeit nicht auf der Hand, die normativen Prinzipien selbst zu revidieren. Eher scheint eine Reflexion ihrer Anwendungsbedingungen erforderlich. Eine plausible normative Konzeption von Öffentlichkeit müßte also institutionelle Arrangements beschreiben, welche die Diskursivität öffentlicher Auseinandersetzung fördern. Nicht zuletzt müßte sie Maximen entwickeln für die Fälle, in denen diskursive Verständigungsversuche scheitern: Kompromißstrategien, Wege des Ausklammerns oder Neutralisierens von Streitpunkten, schließlich Kriterien für diejenigen Fälle, in denen Verständigungs- wie Kompromißbemühungen sinnlos werden und Pädagogik, Sanktionen und andere Mechanismen sozialer Kontrolle und Konfliktbewältigung einsetzen müssen.

III. Einige theoretische Konsequenzen

Hat es nach diesen Beschreibungen von Beschränkungen und Gefährdungen diskursiver öffentlicher Kommunikation noch Sinn, von der Realität oder Realisierbarkeit einer öffentlichen Sphäre im emphatischen Sinn auszugehen? Lohnt es sich, nach Prozessen diskursiver Meinungs- und Willensbildung zu fahnden, nach öffentlichen Debatten, in denen kollektive Selbstverständnisse diskutiert, Werte und Normen revidiert, Traditionen kritisch überprüft und angeeignet, kollektive Aspirationen entworfen, Probleme identifiziert, praktische Problemlösungen und Politiken debattiert werden? Können wir weiterhin annehmen, daß eine solche Öffentlichkeit wesentliche Funktionen für politische und soziale Innovationen und Lernprozesse und für politische Legitimation erfüllt? Oder erweist sich die „Öffentlichkeit" im anspruchsvollen Sinn wirklich als bloßes Phantom (Lippmann 1925) – als bloßes Element einer obsoleten Aufklärungs- und Emanzipationsrhetorik, auf die zumindest für Zwecke der soziologischen Theoriebildung verzichtet werden sollte? Es gäbe ja andere theoretische Optionen: Man könnte von einem strategischen Handlungsmodell ausgehen und öffentliche Kommunikationen als Verhandlungen und strategische Konkurrenzen um die Durchsetzung von Realitätsdefinitionen beschreiben, wo nur die effektivere Rhetorik und der effektivere Einsatz von Ressourcen zur Gewinnung von Aufmerksamkeit und Einfluß zählen. Oder man könnte der öffentlichen Kommunikation oder der emphatischen politischen Semantik von „Öffentlichkeit" latente Funktionen zuschreiben, die sich von den Funktionsbestimmungen deutlich abheben, die in dieser emphatischen Semantik selbst artikuliert werden. Öffentlichkeit ließe sich dann beispielsweise als Mechanismus der Selbstbeobachtung des politischen Systems beschreiben (Luhmann 1990).

Theoretische Optionen dieser Art sind weder zwingend noch empfehlenswert. Sie verfehlen die Bedeutung, welche normative Elemente *als Teil* der sozialen Realität haben. Daß normative Konzeptionen von Öffentlichkeit und diskursiver Verständigung eine wichtige Rolle in der symbolischen Verfassung moderner Gesellschaften spielen, zeigt sich nicht nur in Verfassungsprinzipien und offiziellen Grundsätzen demokratischer Legitimation. Es zeigt sich auch in den schon erwähnten aktuellen Auseinandersetzungen um die Kommunikationsordnung heutiger Gesellschaften.[19] Diese Konflikte über Kommunikationsbedingungen sind ein Indiz, daß die normativen Konzeptionen ein kulturelles Irritations- und Lernpotential bilden, das in Handlungsmotive umgesetzt werden kann. Daß es sich um praktisch wirksame Konzeptionen handelt, muß sich natürlich nicht zuletzt daran erweisen, daß öffentliche Kommunikationen tatsächlich Elemente von diskursiven Auseinandersetzungen mit den beschriebenen Eigenschaften aufweisen. Dafür gibt es zumindest plausible Erfahrungsbelege. Politische Auseinandersetzungen werden mit einem beachtlichen öffentlichen Argumentationsaufwand betrieben, der eher zu- als abgenommen hat. Viele große öffentliche Debatten der letzten Jahrzehnte haben den Argumentationshaushalt westlicher Gesellschaften und die Überzeugungen und den Kenntnisstand eines erheblichen Teils ihrer Mitglieder deutlich verändert: von den Debatten über die Auseinandersetzung mit problematischen kollektiven Vergangenheiten über die Außen- und Militärpolitik, Fragen der Sozialpolitik und das „Ende der Arbeitsgesellschaft", Erziehungsstile, Familienverhältnisse und Geschlechterbeziehungen bis zu ökologischen Problemen und Fragen der Einwanderungspolitik oder der „nationalen Identität". In all diesen Fällen ließe sich zeigen, daß ehemals herrschende Vorstellungen durch argumentative Kritik entkräftet und unglaubwürdig geworden sind (wenngleich sich natürlich viele der Verzerrungen öffentlicher Diskurse ebenfalls aufweisen ließen, die oben beschrieben worden sind).

In diesem Text habe ich mich allerdings weniger darum bemüht, die Wirksamkeit bestimmter normativer Orientierungen im Bereich öffentlicher Kommunikation empirisch plausibel zu machen. Vielmehr habe ich ein idealisiertes normatives Modell von Öffentlichkeit mit skeptischen Einwänden konfrontiert, die auf Grenzen der Realisierbarkeit dieses Modells hinweisen. Daraus ergab sich eine ausführliche Behandlung vor allem der *Beschränkungen* des normativen Modells. Aber die Analyse dieser limitierenden Bedingungen hat umgekehrt auch zu einer Relativierung verschiedener überzogener Einwände gegen die Möglichkeit öffentlicher Diskurse mit normativ anspruchsvollen Merkmalen geführt. Das normative Modell ist revisionsbedürftig, aber nicht alle seine Gehalte sind hinfällig.

Einige der strukturellen Beschränkungen, welche Revisionen des Modells erzwingen, sind irreversibel oder doch tief verankert in der Gesamtstruktur moderner Ge-

---

19 Geschichte und Gegenwart der amerikanischen Demokratie bieten besonders eindrucksvolle Beispiele (vgl. z.B. Frankenberg, Rödel 1981; Smolla 1992).

sellschaften. Die Existenz großer Öffentlichkeiten mit vielen Teilnehmern und der wachsende Umfang und die steigende Komplexität öffentlich thematisierbarer Sachverhalte erzwingen eine sehr restriktive Auswahl der Themen, welche vor eine größere Öffentlichkeit gelangen können. Die Herausbildung spezieller öffentlicher Sprecherrollen mit entsprechenden asymmetrischen Kommunikationsbeziehungen und eine interne Differenzierung der öffentlichen Sphäre in Teilöffentlichkeiten (publics) mit speziellen Interessen wird unvermeidlich. Wie wir gesehen haben, erfordert dies eine Reinterpretation der Prinzipien von Gleichheit und Offenheit, macht aber nicht per se alle mit diesen Prinzipien verbundenen normativen Gehalte hinfällig. Die mit Spezialisierung und funktionaler Differenzierung verbundenen Muster der sozialen Verteilung des Wissens und die Diskrepanz zwischen dem Bereich persönlicher Kenntnisse oder Erfahrungen und dem Bereich der Gegenstände öffentlicher Kommunikation macht kognitive Asymmetrien zur Regel. Das macht die Ergänzung der normativen Merkmale von Öffentlichkeit durch ein weiteres normatives Element notwendig: Funktionierende Öffentlichkeit erfordert *Vertrauen* in Rollenträger und Institutionen – in Experten und spezialisierte Handlungssysteme wie in Journalisten und Massenmedien.

Andere Voraussetzungen oder Beschränkungen diskursiver öffentlicher Kommunikation scheinen variabler zu sein und entsprechend auf variablere Bedingungszusammenhänge zurückzugehen. Das betrifft zum Beispiel das Maß, in dem die öffentliche Sphäre gegen Einflüsse sozialer Stratifikation abgeschirmt werden kann. Die Wirkungsweise von Mechanismen des „agenda setting" und der Präsentation (framing) von Themen ist vermutlich beeinflußt durch Faktoren wie der institutionellen Struktur von Massenmedien, journalistischen Professionsnormen, Elementen der politischen Kultur oder der Struktur meinungsbildender Assoziationen. Empirische Forschungen müßten klären, unter welchen Bedingungen bestimmte Verzerrungen der Themenselektion (Verdrängung latenter Probleme) oder der Themenpräsentation, welche eine diskursive Problembehandlung behindern, gefördert oder vermieden werden.

Variabel scheinen insbesondere auch die Einschränkungen des diskursiven Charakters öffentlicher Kommunikation zu sein. Die Beschränkung öffentlicher Verständigungsmöglichkeiten durch kulturelle Pluralisierung ist häufig behauptet, aber noch relativ wenig untersucht worden. Die Bedingungen, unter denen interne symbolische Blockierungen diskursiver Auseinandersetzung durch Umstellung auf strategische Kommunikationsformen oder Beschränkung von Negationsmöglichkeiten vorkommen, sind noch wenig verstanden, die Reproduktionsbedingungen von Zivilität und die Bedingungen des Zerfalls dieser Voraussetzung öffentlicher Diskurse noch kaum untersucht.

In welchem Grad Öffentlichkeit die Funktionen erfüllt oder erfüllen kann, welche ihr im normativen Modell zugeschrieben werden, ist nach alldem offen. Wie schon erwähnt, ist der Öffentlichkeit sowohl in traditionellen wie in zeitgenössischen Konzeptionen eine anspruchsvolle, aber auch spezifisch beschränkte Rolle zugewiesen worden. Öffentliche Diskurse sollen die Legitimität der politischen Ordnung und wichtiger politischer Maßnahmen kritisch prüfen. Sie sollen Erfahrungen von Deprivation, Leiden, Ungerechtigkeit artikulieren, die in den etablierten Bahnen der Interessenartikulation zu kurz kommen. Sie sollen vernachlässigte Probleme identifizieren, möglicherweise auch innovative Problemlösungsvorschläge in Umlauf bringen. Die Ausarbeitung praktischer Problemlösungen bedarf jedoch der formellen Institutionen der demokratischen Entscheidungsfindung und Interessenrepräsentation (Habermas 1992: 435- 467). Daß solche Funktionen in gewissem Umfang erfüllt werden, ist plausibel genug. Spezifische Probleme gerade von informellen öffentlichen Diskussionszusammenhängen sind aber ebenfalls deutlich geworden: Statuskonkurrenz und Wettbewerb um Sichtbarkeit und Einfluß mögen zu Moralunternehmertum und zur Usurpation von Repräsentantenrollen führen; Mobilisierungsnotwendigkeiten und „Identitätspolitiken" von sozialen Bewegungen und freiwilligen Assoziationen gefährden die Diskursivität von Kommunikation; die Spezialisierung auf Problemidentifikation und die Schärfung entsprechender Sensibilitäten sowie die Entlastung von praktischen Entscheidungszwängen kann zu einer Überproduktion von Krisendiagnosen und zu einer unpraktischen Kritik führen, welche die „Opportunitätskosten" geforderter Problemlösungen systematisch vernachlässigt (Wildavsky 1979: 252-279). Auch hier ist eine empirische Bilanzierung notwendig.

Es ergibt sich ein dreifaches Fazit. Erstens: Ein normatives Modell von Öffentlichkeit muß eine Reihe von grundlegenden strukturellen Beschränkungen berücksichtigen, die sich vor allem auf die Bedingungen der Gleichheit der Beteiligung (oder Beteiligungschancen) an öffentlicher Kommunikation und auf die Offenheit für Themen und Beiträge bzw. den Modus der Themenauswahl beziehen (siehe oben II.1 und II.3). Zweitens: Behauptungen, nach denen *alle* normativen Gehalte der emphatischen Konzeption von Öffentlichkeit unter heutigen gesellschaftlichen Bedingungen praktisch irrelevant geworden seien, sind nicht überzeugend – die diskutierten Beschränkungen lassen immer noch Raum für die Verwirklichung von Formen diskutierender Öffentlichkeit und es gibt empirische Evidenzen für ihre Realität. Drittens: Das normative Modell von Öffentlichkeit kann eine sinnvolle Heuristik für die empirische Untersuchung öffentlicher Kommunikationszusammenhänge abgeben. Das ist sicher nicht die einzig sinnvolle Analyseperspektive. Aber sie schärft die Aufmerksamkeit für empirische Phänomene, welche in theoretischen Ansätzen, welche sich von normativen Phänomenen von vornherein distanzieren, allzu leicht verlorengehen.

Literatur

Alexander, Jeffrey C., 1988: Culture and Political Crisis: 'Watergate' and Durkheimian Sociology. S. 203-26 in: *Jeffrey C. Alexander* (Hg.): Durkheimian Sociology: Cultural Studies. Cambridge: Cambridge University Press.

Alexander, Jeffrey C., 1990: The Mass News Media in Systemic, Historical and Comparative Perspective. S. 323-366 in: *Jeffrey C. Alexander* und *Paul Colomy* (Hg.): Differentiation Theory and Social Change: Comparative and Historical Perspectives. New York: Columbia University Press.

Arendt, Hannah, 1981: Vita activa oder Vom tätigen Leben. München: Piper.

Bachrach, Peter, und *Morton S. Baratz,* 1963: Decisions and Nondecisions: An Analytical Framework, American Political Science Review 57: 641-51.

Baerns, Barbara, 1987: Macht der Öffentlichkeitsarbeit und Macht der Medien. S. 147-160 in: *Ulrich Sarcinelli* (Hg.): Politikvermittlung. Bonn: Bundeszentrale für politische Bildung.

Baker, Keith Michael, 1987: Politics and Public Opinion Under the Old Regime: Some Reflections. S. 204-246 in: *Jeremy Popkin* (Hg.): The Press and Politics in Pre-Revolutionary France. Berkeley, CA: University of California Press.

Baudrillard, Jean, 1978: Agonie des Realen. Berlin: Merve.

Benhabib, Seyla, 1992: Models of Public Space: Hannah Arendt, the Liberal Tradition, and Jürgen Habermas. S. 73-98 in: *Craig Calhoun* (Hg.): Habermas and the Public Sphere. Boston: MIT Press.

Benn, S.I., und *G.F. Gaus* (Hg.), 1983: Public and Private in Social Life. New York: St. Martin's Press.

Blalock, Hubert M., Jr., 1989: Power and Conflict. Toward a General Theory. Newbury Park, CA: Sage.

Blumer, Herbert, 1953: The Mass, the Public, and Public Opinion. S. 43-49 in: *Bernard Berelson* und *Morris Janowitz* (Hg.): 1953: Reader in Public Opinion and Communication. 3. Aufl. Glencoe, IL: Free Press.

Blumer, Herbert, 1969: Collective Behavior. S. 65-122 in: *A.M. Lee* (Hg.): New Outlines of the Principles of Sociology. 3. Aufl. New York: Barnes & Noble.

Boorstin, Daniel J., 1972: The Image: A Guide to Pseudo-Events in America. New York: Atheneum.

Boudon, Raymond, 1981: L'intellectuel et ses publics: les singularités françaises. S. 465-480 in: *J.D. Reynaud* und *Y. Grafmeyer* (Hg.): Français, qui êtes-vous? Paris: Documentation française.

Bryce, James, 1921: Modern Democracies. 2 Bde. New York: MacMillan.

Calhoun, Craig, 1988: Populist Politics, Communication Media and Large Scale Societal Integration, Sociological Theory 6: 219-241.

Cohen, Jean L., und *Andrew Arato,* 1992: Civil Society and Political Theory. Cambridge, MA: Harvard University Press.

Cohen, Joshua, 1989: Deliberation and Democratic Legitimacy. S. 18-34 in: *Alan Hamlin* und *Philip Pettit:* The Good Polity. Normative Analysis of the State. Oxford: Basil Blackwell.

Cook, Elizabeth Adell, Ted G. Jelen und *Clyde Wilcox,* 1992: Between Two Absolutes: Public Opinion and the Politics of Abortion. Boulder, CO: Westview Press.

Cooley, Charles Horton, 1909: Social Organization: A Study of the Larger Mind. New York: Charles Scribner's Sons.

Czitrom, Daniel J., 1982: Media and the American Mind. Chapel Hill, NC: University of North Carolina Press.

Dahl, Robert A., und *Edward R. Tufte,* 1973: Size and Democracy. Stanford, CA: Stanford University Press.

Dahlgren, Peter, und *Colin Sparks* (Hg.), 1991: Communication and Citizenship. London: Routledge.

Dayan, Daniel, und *Elihu Katz,* 1992: Media Events: The Live Broadcasting of History. Cambridge: Harvard University Press.

Deutsch, Karl W., 1966: Nationalism and Social Communication. 2. Aufl. Cambridge, MA: The M.I.T. Press.

Devine, D.J., 1970: The Attentive Public: Polyarchical Democracy. Chicago: Rand McNally.

Dewey, John, 1929: The Public and Its Problems. New York: Holt, Rinehart & Winston.

Ferguson, Marjorie (Hg.), 1990: Public Communication: The New Imperatives. London: Sage.

Galtung, Johan, und *Mari Holmboe Ruge,* 1965: The Structure of Foreign News, Journal of Peace Research 2: 64-91.

Gambetta, Diego (Hg.), 1988: Trust. Oxford/New York: Basil Blackwell.

Gerhards, Jürgen, und *Friedhelm Neidhardt,* 1991: Strukturen und Funktionen moderner Öffentlichkeit. Fragestellungen und Ansätze. S. 31-90 in: *Stefan Müller-Doohm* und *Klaus Neumann-Braun* (Hg.): 1991: Öffentlichkeit. Kultur. Massenkommunikation. Oldenburg: bis.

Gunn, J.A.W., 1989: Public Opinion. S. 247-265 in: *Terence Ball, James Farr* und *Russell L. Hanson* (Hg.): Political Innovation and Conceptual Change. Cambridge: Cambridge University Press.

Gutmann, Amy, und *Dennis Thompson,* 1990: Moral Conflict and Political Consensus, Ethics 101: 64-88.

Habermas, Jürgen, 1990: Strukturwandel der Öffentlichkeit. Neuaufl. Frankfurt a.M.: Suhrkamp.

Habermas, Jürgen, 1992: Faktizität und Geltung. Frankfurt a.M.: Suhrkamp.

Haferkamp, Hans, 1987: Theorie sozialer Probleme. Kritik der neueren nordamerikanischen Problemsoziologie, Kölner Zeitschrift für Soziologie und Sozialpsychologie 39: 121-131.

Hilgartner, Stephen, und *Charles L. Bosk,* 1988: The Rise and Fall of Public Problems: A Public Arenas Model, American Journal of Sociology 94: 53-78.

Hölscher, Lucian, 1979: Öffentlichkeit und Geheimnis. Stuttgart: Klett-Cotta.

Iyengar, Shanto, 1991: Is Anyone Responsible? How Television Frames Political Issues. Chicago: University of Chicago Press.

Keane, John, 1988: Democracy and Civil Society. London: Verso.

Keane, John, 1991: The Media and Democracy. Cambridge: Polity Press.

Kepplinger, Mathias, et al., 1989: Instrumentelle Aktualisierung. Grundlagen einer Theorie. S. 199-220 in: *Max Kaase* und *Winfried Schulz* (Hg.): Massenkommunikation. Kölner Zeitschrift für Soziologie und Sozialpsychologie, Sonderheft 30. Opladen: Westdeutscher Verlag.

Kingdon, John, 1984: Agendas, Alternatives, and Public Policies. Boston/Toronto: Little, Brown.

Klapp, Orrin, 1986: Overload and Boredom: Essays on the Quality of Life in the Information Society. Westport, CT: Greenwood.

Koselleck, Reinhard, 1959: Kritik und Krise. 2. Aufl. Freiburg/München: Alber.

Lasch, Christopher, 1978: The Culture of Narcissism. New York: Norton.

Lasswell, Harold D., 1948: The Structure and Function of Communication in Society. S. 37-51 in: *Lyman Bryson* (Hg.): The Communication of Ideas. New York: Harper & Brothers.

Lichtenberg, Judith (Hg.), 1990: Democracy and the Mass Media. Cambridge: Cambridge University Press.

Lippmann, Walter, 1925: The Phantom Public. New York: Harcourt, Brace.

Luhmann, Niklas, 1990: Gesellschaftliche Komplexität und Öffentliche Meinung. S. 170-182 in: *Niklas Luhmann*: Soziologische Aufklärung 5: Konstruktivistische Perspektiven. Opladen: Westdeutscher Verlag.

Luhmann, Niklas, 1970: Öffentliche Meinung. Politische Vierteljahresschrift 11: 9-34.

Lyotard, Jean François, 1986: Das postmoderne Wissen. Ein Bericht. Graz/Wien: Böhlau Edition Passagen.

MacKinnon, Katherine A., 1993: Only Words. Cambridge, MA: Harvard University Press.

Manin, Bernard, 1987: On Legitimacy and Political Deliberation, Political Theory 15: 338-368.

March, James G., 1978: Decisions in Organizations and Theories of Choice. S. 205-244 in: *Andrew H. van De Ven* und *William F. Joyce* (Hg.): Perspectives on Organization Design and Behavior. New York: Wiley.

March, James G., und *Johan P. Olsen*, 1986: Popular Sovereignty and the Search for Appropriate Institutions, Journal of Public Policy 6: 341-370.

Mayhew, Leon H., 1990: The Differentiation of the Solidary Public. S. 294-322 in: *Jeffrey C. Alexander* und *Paul Colomy* (Hg.): Differentiation Theory and Social Change: Comparative and Historical Perspectives. New York: Columbia University Press.

McCombs, Maxwell E., und *D.L. Shaw* (Hg.), 1977: The Emergence of American Political Issues: The Agenda Setting Functions. St. Paul: West.

McQuail, Denis, 1992: Media Performance. London: Sage.

Merton, Robert K. 1949: Discrimination and the American Creed. S. 99-128 in: *Robert M. MacIver* (Hg.): Discrimination and National Welfare. Published by: Institute for Religious and Social Studies. Religion and Civilization Series. New York/London: Harper & Brothers.

Meyrowitz, Joshua, 1985: No Sense of Place. New York: Oxford University Press.

Molotch, Harvey, und *Marilyn Lester*, 1974: News as Purposive Behavior: On the Strategic Use of Routine Events, Accidents, and Scandals, American Sociological Review 39: 101-112.

Moore, Wilbert, und *Melvin Tumin*, 1949: Some Social Functions of Ignorance, American Sociological Review 14: 787-795.

Morrison, Toni (Hg.), 1992: Race-ing Justice, En-Gendering Power. New York: Pantheon Books.

Myrdal, Gunnar, with the assistance of Richard Sterner and Arnold Rose, 1962: An American Dilemma. New York, Evanston: Harper & Row.

Neidhardt, Friedhelm, 1994: Öffentlichkeit und die Öffentlichkeitsprobleme der Wissenschaft. S. 39-56 in: *Wolfgang Zapf* und *Meinolf Dierkes* (Hg.): Institutionenvergleich und Institutionendynamik. WZB-Jahrbuch 1994. Berlin: edition sigma.

Neumann, W.R., 1986: The Paradox of Mass Politics: Knowledge and Opinion in the American Electorate. Cambridge, MA: Harvard University Press.

Ozouf, Mona, 1987: „Opinion publique". S. 419-434 in: *Keith Michael* Baker (Hg.): The French Revolution and the Creation of Modern Political Culture. Bd. 1: The Political Culture of the Old Regime. Oxford: Pergamon Press.

Park, Robert E., 1904: Masse und Publikum: Eine methodologische und soziologische Untersuchung. Bern: Lack und Grunau.

Park, Robert E., und *E. W. Burgess,* 1969 (1921): An Introduction to the Science of Society. Chicago: University of Chicago Press.

Parsons, Talcott, 1967: On the Concept of Influence. S. 355-383 in: *Talcott Parsons: Sociological Theory and Modern Society.* New York: Free Press.

Peters, John Durham, 1989: Democracy and American Mass Communication Theory: Dewey, Lippmann, Lazarsfeld, Communication 11: 199-220.

Popitz, Heinrich, 1969: Über die Präventivwirkung des Nichtwissens. Tübingen: Mohr.

Ricci, David M., 1992: The Transformation of American Politics. New Haven, CT: Yale University Press.

Rieff, Philip, 1973: The Triumph of the Therapeutic. Harmondworth: Penguin Books.

Rödel, Ulrich, Günter Frankenberg und *Helmut Dubiel,* 1989: Die demokratische Frage. Frankfurt a.M.: Suhrkamp.

Rogers, Everett M., und *James W. Dearing,* 1988: Agenda-Setting Research. Where Has It Been, Where Is It Going? S. 555-594 in: *James A. Anderson* (Hg.): Communication Yearbook 11.

Rorty, Richard, 1992: Cosmopolitanism Without Emancipation: A Response to Lyotard. S. 59-72 in: *Scott Lash* und *Jonathan Friedman* (Hg.): Modernity and Identity. Oxford: Blackwell.

Schneider, Louis, 1962: The Role of the Category of Ignorance in Sociological Theory. An Exploratory Statement, American Sociological Review 27: 492-508.

Schütz, Alfred, 1964: The Well-Informed Citizen: An Essay on the Social Distribution of Knowledge. S. 120-134 in: *Alfred Schütz:* Collected Papers II: Studies in Social Theory. The Hague: Martinus Nijhoff.

Schulz, Winfried, 1976: Die Konstruktion von Realität in den Nachrichtenmedien. Freiburg/München: Alber.

Sennett, Richard, 1977: The Fall of Public Man. New York: Knopf.

Shapiro, Susan P., 1987: The Social Control of Impersonal Trust, American Journal of Sociology 93: 623-658.

Shils, Edward, und *Michael Young,* 1953: The Meaning of the Coronation, Sociological Review 12: 63-82.

Simmel, Georg, 1992 (1908): Soziologie. Untersuchungen über die Formen der Vergesellschaftung. Gesamtausgabe. Hg. von *Otthein Rammstedt.* Bd. 11. Frankfurt a.M.: Suhrkamp.

Simon, Herbert A., 1977: Models of Discovery and Other Topics in the Methods of Science. Boston: Reidel.

Smigel, Edward O. (Hg.), 1977: Handbook on the Study of Social Problems. Chicago: Rand McNally.

Smith, James Allen, 1991: The Idea Brokers: Think Tanks and the Rise of the New Policy Elite. New York: Free Press.

Smolla, Rodney A., 1992: Free Speech in an Open Society. New York: Knopf.

Spector, Malcolm, und *John Kitsuse,* 1987: Constructing Social Problems. Hawthorne, NY: de Gruyter.

Staab, Joachim Friedrich, 1990: Nachrichtenwert-Theorie. 2. Aufl. Freiburg/München: Alber.

Sunstein, Cass R., 1993: Democracy and the Problem of Free Speech. New York: Free Press.

Tenbruck, Friedrich H., 1984: Die unbewältigten Sozialwissenschaften oder Die Abschaffung des Menschen. Graz u.a.: Styria.

Thompson, John B., 1990: Ideology and Modern Culture: Critical Social Theory in the Era of Mass Communication. Stanford: Standford University Press.

Tönnies, Ferdinand, 1922: Kritik der öffentlichen Meinung. Berlin: Julius Springer.

Tuchman, Gaye, 1978: Making News: A Study in the Construction of Reality. New York: Free Press.

Wildavsky, Aaron, 1979: Speaking Truth to Power. Boston/Toronto: Little, Brown.

Wingert, Lutz, 1993: Gemeinsinn und Moral. Frankfurt a.M.: Suhrkamp.

POLITISCHE ÖFFENTLICHKEIT

Ein system- und akteurstheoretischer Bestimmungsversuch*

Jürgen Gerhards

Zusammenfassung: Der Artikel versucht, Struktur und Funktion politischer massenmedialer Öffentlichkeit in modernen Gesellschaften mit Hilfe der Luhmannschen Systemtheorie einerseits und der Theorie rationalen Handelns andererseits zu beschreiben: Ausdifferenzierte Teilsysteme werden als „constraints" von Akteurshandlungen interpretiert, die abstrakte substantielle Ziele vorgeben und Mittel zur Erreichung dieser Ziele definieren. Akteure wählen innerhalb der durch Systeme aufgespannten „constraints" diejenigen Handlungen, die ihre Ziele mit dem geringsten Aufwand erreichbar machen. Mit Hilfe dieses Theorems wird in einem ersten Schritt massenmediale Öffentlichkeit als ein ausdifferenziertes System beschrieben, dessen oberstes Ziel, an dem sich Akteure orientieren, das der Erhöhung von Aufmerksamkeit ist. Im zweiten Schritt wird Politik als ein System beschrieben, dessen Funktion die der Herstellung kollektiv verbindlicher Entscheidungen und dessen oberstes Ziel, an dem sich Akteure orientieren, das der Besetzung von Regierungspositionen ist. Mit politischer Öffentlichkeit schließlich wird der Teil an politischen Handlungen beschrieben, der in der massenmedialen Öffentlichkeit für das politische System beobachtbar ist. Warum es für die Bürger und die kollektiven Akteure der Politik rational ist, die Gesellschaft über die politische Öffentlichkeit zu beobachten und ihre Handlungen an diesen Beobachtungen zu orientieren und selbst politische Öffentlichkeit zu beeinflussen, wird herausgearbeitet.

Es mag an den wissenschaftsinternen Differenzierungsprozessen liegen, daß eine makrosoziologische Bestimmung der Struktur und Funktion von Öffentlichkeit bis heute ein Forschungsdesiderat darstellt. Mit der Ausdifferenzierung der Massenkommunikationsforschung als eigenständige Disziplin ist die Soziologie als Gesellschaftswissenschaft in die Position der Indifferenz gegenüber einer gesellschaftstheoretischen Beschreibung von Öffentlichkeit im allgemeinen und der Massenmedien im speziellen gerückt. Die Massenkommunikationsforschung selbst liefert nur wenige Versuche, Struktur und Funktion von Öffentlichkeit und Massenmedien innerhalb einer breiter angelegten Gesellschaftstheorie zu analysieren (vgl. Wilke 1986; zum Überblick über den Stand der Forschungen Kaase und Schulz 1989). Erst in jüngster Zeit sind aus systemtheoretischer Perspektive größer angelegte Beschreibungen der Massenmedien als ein Teilsystem moderner Gesellschaften vorgelegt worden.[1] Niklas Luhmann hat sich in einigen kürzeren Beiträgen der Beschreibung von Massenmedien und öffent-

---

* Ich bedanke mich bei Dieter Fuchs und Friedhelm Neidhardt für eine ausführliche Kommentierung des Manuskripts.
1 Zwar gibt es auch hier Vorläufer, wie z.B. den Aufsatz von Talcott Parsons und Winston White (1969); das Thema stand aber nicht eigentlich im Zentrum systemtheoretischer Analyse.

licher Meinung gewidmet (vgl. Luhmann 1971, 1981, 1990, 1993). Mit der Dissertation
von Frank Marcinkowski (1993) liegt eine erste längere Monographie vor, die mit Hilfe
der Luhmannschen Terminologie Publizistik als autopoietisches System beschreibt;
eine zweite Arbeit, ebenfalls mit dem Luhmannschen Beschreibungsinstrument ope-
rierend, mit einer eher historischen Perspektive auf den Prozeß der Ausdifferenzierung
von Journalismus als System von Bernd Blöbaum (1994) ist angekündigt.

Die folgenden Ausführungen greifen diese jüngeren systemtheoretischen Bemühungen auf und versuchen sie weiterzuentwickeln. Zugleich wird der Versuch unternommen, die systemtheoretische Beschreibung einer politischen Öffentlichkeit mit
einer akteurstheoretischen Perspektive zu verbinden. Die Begrifflichkeit der Systemtheorie, wie sie in der Beschreibung der Moderne als funktional differenzierte Gesellschaft entwickelt wurde, zu nutzen und für eine Beschreibung der Ausdifferenzierung
und der Funktion von politischer Öffentlichkeit in modernen Gesellschaften zu verwenden und zugleich diese Perspektive mit einer akteurstheoretischen, speziell der
Theorie rationalen Handelns zu verbinden, ist das Ziel des Beitrags.[2]

Die Entfaltung der Argumentation gliedert sich in folgende Schritte. Im ersten
Abschnitt soll die Notwendigkeit, Systemtheorie mit einer Akteurstheorie zu verbinden, plausibilisiert und ein Vorschlag der Verbindung entwickelt werden. Der gewonnene Verbindungsvorschlag zwischen Systemtheorie und der Theorie rationalen Handelns wird dann zur Analyse politischer Öffentlichkeit genutzt. Dies erfolgt in einem
Dreischritt: einer Beschreibung von Öffentlichkeit (Abschnitt II), einer Beschreibung
des politischen Systems (Abschnitt III) und schließlich einer Beschreibung der politischen Öffentlichkeit als Beobachtungssystem des politischen Systems (Abschnitt IV).

I. Die Verbindung von Systemtheorie und Akteurstheorie

Struktur- und Systemtheorien einerseits und Akteurs- bzw. Handlungstheorien andererseits bilden die beiden großen paradigmatischen Fundierungen der Soziologie (vgl.
Vanberg 1975; Franz 1986). Innerhalb dieser beiden paradigmatischen Fundierungen

---

2 Was ist der Sinn und der Status eines solchen Unterfangens, und an welchen Kriterien kann
   man die Qualität seines Gelingens überprüfen? Theorie wird hier in einem doppelten Sinne
   verstanden. Theorie meint zum einen ein Modell der Ordnung der empirischen Welt; Jeffrey
   C. Alexander (1982) spricht in diesem Fall auch von Metatheorie statt von Theorie. Die
   Funktion eines theoretischen Rahmens – einer Metatheorie – besteht darin, daß man empirisch überprüfbare Aussagen überhaupt erst systematisch formulieren und empirische
   Ergebnisse angemessen interpretieren kann (vgl. Lehmann 1988: 808). Zwei Kriterien für
   die Güte von Theorien in dem hier gemeinten Sinne lassen sich im Anschluß an Alexander
   definieren. Theorien sind als gute Theorien zu bezeichnen, wenn sie auf einem Generalisie-
   rungsniveau formuliert sind, das erlaubt, möglichst viel an sozialer Wirklichkeit begrifflich
   zu erfassen, gleichzeitig aber eine Respezifikationsmöglichkeit auf Theorien mittlerer
   Reichweite und Hypothesen, die empirisch überprüft werden können, ermöglicht. Mit
   diesem doppelten Maßstab sollen zum einen von der Empirie abstrahierende Generalisie-
   rungen begrenzt, zum anderen die Sammlung theorieloser Einzeldaten verhindert werden.
   Theorie meint zum zweiten – und dies ist die klassische Defintion des kritischen Rationa-
   lismus – einen Satz von empirisch überprüfbaren Aussagen über die soziale Wirklichkeit.
   Eine Theorie in diesem engeren Sinne ist dann als gut zu bezeichnen, wenn es ihr gelingt,
   Erklärungen von sozialen Sachverhalten zu erbringen. In diesem Sinne sind erklärende
   Aussagen wertvollere Aussagen als deskriptive Aussagen über die soziale Wirklichkeit.

gibt es jeweils eine Vielzahl an spezifischen Theorieangeboten. Die Systemtheorie Luhmannscher Prägung ist gegenwärtig innerhalb der verschiedenen Systemtheorien wohl einer der originellsten und produktivsten Vesuche, Gesellschaft als Gesamtgesellschaft zu konzeptionalisieren. Innerhalb der Akteurstheorien stellt die Theorie rationalen Handelns gegenwärtig wohl das meistdiskutierteste und vielversprechendste Theorieangebot dar.[3]

Nun gibt es verschiedene Versuche, die Differenzierung von Strukturtheorien und Handlungstheorien im allgemeinen, von Systemtheorie und Theorien rationalen Handelns im besonderen aufzulösen und eine Verbindung beider paradigmatischer Ansätze zu versuchen. Am besten und weitestgehendsten gelungen scheint mir dies in den Arbeiten von Uwe Schimank (1985, 1988) zu sein, an denen ich mich im folgenden orientieren werde.

Das Defizit der Systemtheorien beschreibt Schimank als Erklärungsdefizit. Systemtheorien beschreiben Gesellschaft, sie erklären sie nicht. Die Frage, warum sich Gesellschaften und Strukturen wandeln, läßt sich systemtheoretisch nicht plausibel beantworten. Systemtheorien unterstellen einen Determinismus in der Prägung von Handlungen durch Systemstrukturen. Wie Systeme selbst zustande gekommen sind, wie und durch wen ihre Reproduktion und ihre Veränderung bewirkt wird, bleibt in den Systemtheorien unbeantwortet oder zumindest unterbelichtet. Will man transzendente Bezugnahmen oder ihre säkularisierten Varianten, die von Hegels Weltgeist, über Smiths „invisibel hand" bis hin zu den verschiedenen Spielarten der systemischen Evolution reichen, vermeiden, dann bedarf es einer systematischen Einführung von handelnden Akteuren. Geht man davon aus, daß die soziale Welt eine von Akteuren mit ihren Handlungen gestaltete Welt ist, dann bedarf die Systemtheorie einer Ergänzung durch eine Akteursperspektive, damit sie ihr „genetisches Erklärungsdefizit" – so Schimank (1985: 422) – kompensieren kann.[4]

Umgekehrt, so die Kritik Schimanks an den Akteurstheorien und speziell an den Theorien rationalen Handelns, fehlt diesen der Bezug zu den allgemeinen Strukturen einer Gesellschaft.[5] Diagnostiziert man den Systemtheorien ein Erklärungsdefizit, so

---

3 Im Gegensatz zu dem Alternativangebot innerhalb der Klasse der Akteurstheorien, den verschiedenen Spielarten des symbolischen Interaktionismus, gilt für die Theorie rationalen Handelns, daß sie Handeln ursächlich erklären und nicht allein beschreiben will. Nach den oben explizierten Gütekriterien für Theorie ist die Theorie rationalen Handelns insofern als eine bessere Theorie einzustufen (vgl. dazu die überzeugende Arbeit von Hartmut Esser (1991), der die Arbeiten von Schütz im Paradigma der Theorie rationalen Handelns reinterpretiert).

4 Wann kann man auf sinnvolle Weise von einem Akteur sprechen? Wenn er die Fähigkeit besitzt, so Schimank (1985: 27) in Anlehnung an Parsons, als Akteur zu handeln. Dazu sind drei Bedingungen erforderlich: a) Ein Akteur muß Ziele und Interessen haben, die er erreichen will. b) Er muß über Mittel verfügen, diese Ziele auch erreichen zu können (Macht, Geld etc.). c) Er muß über eine Strategie verfügen, die die Mittel mit den Zielen kombiniert (vgl. Schimank (1988: 620) im Anschluß an Coleman). Von individuellen Akteuren lassen sich kollektive Akteure unterscheiden. Von kollektiven Akteuren kann man dann sprechen, wenn einzelne Mitglieder dazu berechtigt sind, im Auftrag aller Mitglieder zu handeln (vgl. Luhmann 1964: 221). Dies setzt voraus, daß es im Inneren des kollektiven Akteurs Gefolgschaft für das Handeln der Grenzrollen, der Vertreter, gibt und nach außen eine Vertretungsgewalt.

5 Fuchs spricht in Aufnahme der Begrifflichkeit Schimanks entsprechend von einem mangelnden Systembezug der Akteurstheorien (vgl. Fuchs 1993: 20).

kann man den Theorien rationalen Handelns ein Makro-Beschreibungsdefizit diagnostizieren. Damit sind zwei Defizite bezeichnet:

a) Theorien rationalen Handelns versuchen, Gesellschaft aus den Mikrointeraktionen von Akteuren zu rekonstruieren, eine hinlängliche Beschreibung von Makrostrukturen einer Gesellschaft und der Einbau dieser Beschreibung in die Theorie gelingt ihnen nicht. Die soziale Welt wird zwar erst durch die Handlungen der Akteure konstruiert, sie greifen dabei aber auf die in Strukturen geronnene Wirklichkeit, die die Handlungen von Akteuren zwar nicht determinieren, aber doch weitgehend prägen, zurück.

b) Theorien rationalen Handelns gehen davon aus, daß Akteure in Situationen ihren Nutzen maximieren bzw. optimieren wollen. Worin aber der substantielle Nutzen besteht und welche Mittel zur Erreichung der Ziele in bestimmten Situationen erlaubt bzw. verboten sind, dies wird von den Theorien rationalen Handelns nicht beantwortet. Daß es in der Sexualität um Lustmaximierung, in der Ökonomie um Einkommensmaximierung und im Leistungssport um Rekorde geht, dies sind unterschiedliche substantielle Bestimmungen von Nutzen. Die generellen Formeln von Theorien rationalen Handelns, wie die der Maximierung des absoluten Nutzens bzw. der Minimierung der Verluste „können zur Erklärung konkreten gesellschaftlichen Handelns natürlich noch gar nichts beitragen, weil immer erst substantiell spezifiziert werden muß, worin denn in einer bestimmten gesellschaftlichen Situation der Nutzen bzw. die Verluste eines Akteurs bestehen" (Schimank 1988: 622).

Innerhalb der Theorie rationalen Handelns ist allerdings mit dem Begriff der „constraints" zumindest ein begrifflicher Anschluß geschaffen, das diagnostizierte Makrobeschreibungsdefizit zu kompensieren und eine Verbindung mit der Systemtheorie einzugehen. „Constraints" bezeichnen die strukturellen Restriktionen, unter denen Akteure ihre Wahlen, ihre „choices", treffen und entsprechend handeln. Schimanks Vorschlag der Integration von Systemtheorie und der Theorie rationalen Handelns lautet nun, eine spezifische Klasse an „constraints" mit Hilfe der Systemtheorie als systemische „constraints" zu beschreiben. Systeme sind, so Schimank, situationsübergreifende, generalisierte Handlungsorientierungen, die die Auswahlmöglichkeiten von Akteuren konditionieren; sie gelten für alle Akteure, die innerhalb eines Systems handeln.

Man kann diesen Integrationsvorschlag von Schimank noch weiter spezifizieren und weiter in die Sprache der Theorie rationalen Handelns übersetzen: Teilsysteme sind generalisierte Handlungsorientierungen von Akteuren, durch die, wenn auch abstrakt, die substantiellen Ziele der Akteure und die Mittel, die zur Erreichung der substantiellen Ziele als legitime Mittel eingesetzt werden können, extern definiert werden. Es handelt sich um gleichsam objektive Ziel- und Mitteldefinitionen, die Akteure bei der Verfolgung ihrer subjektiven Ziele beachten müssen.[6]

Daß es im Wissenschaftssystem z.B. das Ziel ist, möglichst viel in renommierten Zeitschriften zu publizieren; daß es in der Politik hingegen das Ziel ist, Regierungspositionen zu besetzen, daß es in der Medizin um die Produktion von Gesundheit geht – das sind durch die Teilsysteme definierte Ziele. Diese substantiellen, aber

---

6 Systemische Ziele sind also nicht freiwillige Präferenzen der Akteure, sondern extern definierte Ziele, die die Handlungspräferenzen der Akteure strukturieren.

abstrakten Zieldefinitionen werden durch die Teilsysteme einer Gesellschaft vorgegeben. Akteure, die innerhalb von Teilsystemen handeln, müssen diese Ziele, wollen sie erfolgreich innerhalb von Teilsystemen handeln, aufgreifen und mit ihren subjektiven Zielen in Einklang bringen. Die systemtheoretische Beschreibung von Teilsystemen einer Gesellschaft läßt sich interpretieren als Beschreibung von historisch gewachsenen „constraints", die die „choices" von allen Akteuren, die innerhalb eines Teilsystems handeln, konditionieren. Wer im Wissenschaftssystem erfolgreich handeln will, muß publizieren und dies in den Zeitschriften der jeweiligen Fachdisziplin; wer politische Programme durchsetzen will, muß zuvörderst Regierungspositionen erreichen, damit er die gewünschten Inhalte umsetzen kann.

Ähnliches gilt für die Mittel zur Erreichung der Ziele. Daß im Wissenschaftssystem die Daten nicht manipuliert werden dürfen, um das Ziel, eine Publikation in einer guten Zeitschrift zu plazieren, zu erreichen; daß in der Politik die Opposition nicht hingerichtet werden darf, um selber die Regierung zu behalten; daß im Sport nicht gedopt werden darf, um Rekorde zu erreichen: All dies sind Definitionen von Mitteln, die zur Erreichung von Zielen nicht eingesetzt werden dürfen, die durch gegebene Systeme vorgegeben und mit Sanktionsdrohungen verbunden sind und als „constraints" die Handlungsoptionen von Akteuren einschränken.

Das Verbindungstheorem von System- und Akteurstheorie läßt sich dann folgendermaßen formulieren: Akteure wählen innerhalb der durch Systeme aufgespannten „constraints", durch die abstrakte Ziele substantiell vorgegeben und Mittel zur Erreichung der Ziele definiert sind, diejenigen Handlungen, die ihre spezifischen Ziele mit dem geringsten Aufwand erreichbar machen. Die Syntheseleistung eines solchen Theorems besteht darin, daß die beiden diagnostizierten Defizite der Systemtheorie einerseits und der Theorie rationalen Handelns andererseits kompensiert werden. Das Makrobeschreibungsdefizit der Theorie rationalen Handelns wird insofern kompensiert, als die Beschreibung von Teilsystemen als „constraints" von Akteuren, die innerhalb eines Systems handeln, interpretiert werden; das Erklärungsdefizit der Systemtheorie wird insofern aufgehoben, als Hypothesen formulierbar werden, die erklären, warum Akteure innerhalb systemischer „constraints" so handeln, wie sie handeln.

Wenn dies ein plausibles Integrationsangebot von Systemtheorie einerseits und der Theorie rationalen Handelns andererseits darstellt, dann fragt sich, ob man dieses Theorieangebot auch auf den Bereich der politischen Öffentlichkeit beziehen und gewinnbringend nutzen kann. Dies soll im folgenden versucht werden. Ich werde zur Beschreibung von Systemen das Begriffsangebot der Systemtheorie aufgreifen und mit Hilfe der Theorie rationalen Handelns Systeme als „constraints" von Akteurshandeln interpretieren. Ich beschränke mich auf die Analyse des Verbindungsstücks zwischen System- und Handlungstheorie, auf die Analyse von „constraints". Die Analyse von Akteurshandeln und Akteurskonstellationen innerhalb dieser „constraints" bleibt unbehandelt.

II. Massenmediale Öffentlichkeit als Teilsystem moderner Gesellschaften

Die Systemtheorie (insb. jene Luhmanns) beschreibt bekanntlich die moderne Gesellschaft als funktional differenzierte Gesellschaft. Ihre Entstehung ist durch eine Umstellung des Strukturmusters von stratifikatorischer Differenzierung auf funktionale Differenzierung gekennzeichnet. Die Auflösung einer nach Ständen gegliederten vertikalen Differenzierung, die durch eine Kultur, die in Form von Religion die Rechtmäßigkeit einer hierarchisch gegliederten Ordnung legitimierte, gestützt war, wird ersetzt durch eine horizontale, in mehr oder weniger autonome Teilsysteme (Wirtschaft, Politik, Wissenschaft, Kunst etc.) differenzierte Gesellschaft. Diese Teilsysteme der Gesellschaft sind relativ autonom in dem Sinne, daß sich die Handlungen im System in erster Linie an den systemeigenen Kriterien orientieren und nicht an der Rationalität anderer Systeme. Drei miteinander verknüpfte Merkmale sind für die Ausdifferenzierung von Teilsystemen konstitutiv und erlauben es auch, von Öffentlichkeit als einem spezifischen Teilsystem zu sprechen.

1. Teilsysteme übernehmen eine Funktion für die Gesamtgesellschaft, sie sind auf historisch entstandene Bezugsprobleme bezogen und spezialisierte Lösungssysteme für diese Bezugsprobleme (vgl. Luhmann 1977). Die Funktion der Politik ist die Herstellung kollektiv verbindlicher Entscheidungen, die der Wirtschaft die Produktion von Gütern zur Befriedigung von Bedürfnissen, die des Erziehungssystems die Sozialisation der Mitglieder einer Gesellschaft, die der Wissenschaft die Herstellung von Erkenntnissen. Insofern erfüllen die Teilsysteme eine spezialisierte Funktion für die Gesellschaft als Gesamtsystem.

2. Über eine Funktionsbestimmung hinaus sind Teilsysteme zum zweiten nach innen durch eine je spezifische Struktur gekennzeichnet. Da soziale Systeme Sinnsysteme sind, ist mit Struktur ein spezifischer Sinnzusammenhang gemeint, der sich gerade von anderen Systemen abgrenzt und als solcher als generalisierte Handlungsorientierung für Einzelhandlungen innerhalb dieses Sinnzusammenhangs dient. Ob z.B. etwas als Kunst fungiert und interpretiert wird, hängt in erster Linie von kunstspezifischen Kriterien ab, nicht von wissenschaftlichen, religiösen, politischen oder wirtschaftlichen; wissenschaftliches Handeln orientiert sich in der Auswahl und Bearbeitung von Gegenstandsbereichen an der wissenschaftsimmanenten Handlungslogik und reproduziert diese, indem sie dies tut; Einkäufe in einem Geschäft kann ich mir nur durch Zahlungen ermöglichen und in aller Regel nicht durch die Androhung von Gewalt, durch Liebesbekundungen oder ein Gebet. Generalisierte Sinnorientierungen eines Systems werden, so die systemtheoretische Vorstellung, in vielen Systemen durch einen binären Code des Systems festgelegt: recht/unrecht im Rechtssystem; wahr/falsch im Wissenschaftssystem; Haben/Nicht-Haben in der Ökonomie. Codes sind durch drei Merkmale gekennzeichnet: All das (symbolische Generalisierung), was innerhalb eines Teilsystems relevant ist (Limitierung), wird auf zwei Interpretationspole hin gedeutet (binäre Schematisierung), wobei einer der Pole als Positivwert bestimmt ist (vgl. Luhmann 1981a: 267f.; 1986: 75-88).[7]

3. Teilsysteme sind drittens keine situativen Ausdifferenzierungen von funktional spezialisierten Sinnzusammenhängen, sondern auf Dauer gestellte Sinnsysteme. Die Kontinuität wird durch Ausdifferenzierung spezifischer Rollen – von Luhmann als Leistungsrollen des Systems bezeichnet – erreicht (vgl. Luhmann und Schorr 1979: 29-34): Mediziner, Pädagogen, Politiker, Produzenten, Juristen, Künstler, Sportler sind Berufsrollenträger innerhalb der jeweiligen Teilsysteme, die die Handlungsrationalität zum Ausdruck bringen und damit strukturell

---

7 Dadurch, daß z.B. das Rechtssystem alle Kommunikationen innerhalb seines Zuständigkeitsbereichs nach recht/unrecht unterscheidet, macht es sich frei von außerrechtlichen Kriterien (Geld, Macht, Religionszugehörigkeit oder Bildung der Konfliktparteien) und sichert seine Autonomie.

absichern. Die für manche Teilsysteme spezifischen Leistungsrollen sind meist in Organisationen eingelassen. Insofern erhalten die Teilsysteme selbst eine weitere strukturelle Verfestigung.[8] Die Systeme Gesundheit, Wissenschaft, Politik, Recht, Wirtschaft, Erziehung und auch Öffentlichkeit haben heute alle Organisationen und weit verzweigte Organisationsnetze ausgebildet, die die jeweilige Handlungsrationalität strukturell absichern (vgl. Mayntz 1988).

Zusätzlich zu den Leistungsrollen der Teilsysteme und deren Einbindung in Organisationen lassen sich für fast alle Teilsysteme spezifische Publikumsrollen beschreiben, die die Inklusion der Gesamtbevölkerung in das jeweilige Sozialsystem über Partizipationsregeln definieren.[9] Als Patient, Zögling, Wähler, Konsument, Kläger und Zuschauer kann man über spezifische Rollen an den Teilsystemen partizipieren (vgl. Stichweh 1988 für eine ausführliche Entwicklung dieses Gedankens).

Die durch diese Merkmale beschreibbare Ausdifferenzierung spezifischer Teilsysteme bedeutet zugleich eine zunehmende Verflechtung zwischen den einzelnen Systemen. Insofern steigert Ausdifferenzierung die Unabhängigkeit der Systeme via Autonomiegewinn und die Abhängigkeit der Systeme voneinander zugleich (vgl. Tyrell 1978: 29ff.). So wie die Ökonomie mit ihrer Spezialisierung auf die Produktion von Gütern auf die im Erziehungssystem „hergestellten" Qualifikationen der Berufsrollenträger angewiesen ist, das politische System der in der Ökonomie produzierten Einkommen bedarf, um sie steuerlich abschöpfen zu können und damit Ressourcen zur Steuerung zu erhalten, die Ökonomie die vom Rechtssystem hergestellte Rechtssicherheit für ihr ökonomisches Handeln benötigt, so ist jedes Teilsystem auf die Leistungen des anderen Teilsystems angewiesen.[10]

Spezialisierung auf eine Funktion, Entwicklung einer spezifischen Sinnstruktur, strukturelle Absicherung des Systems durch spezifische Leistungsrollen und deren Einbindung in Organisationen einerseits und die Ausdifferenzierung von Publikumsrollen andererseits sowie die Verknüpfung der verschiedenen Teilsysteme durch Leistungsbezüge zwischen ihnen, dies sind die Grundmerkmale, mit denen Luhmann moderne Gesellschaften als funktional differenzierte Gesellschaften beschreibt. Kann man in diesem Sinn auch von Öffentlichkeit als von einem Teilsystem der Gesellschaft sprechen?

Ausdifferenzierungsprozesse von Teilsystemen beginnen häufig als situative Ausdifferenzierung von spezifischen Kommunikationen (vgl. Stichweh 1988a). Öffentliche Kommunikationen sind Kommunikationen vor einer Öffentlichkeit, im Grenzfall Kom-

---

8 Organisationen sind systemische Akteure, die die Mitgliedschaft an die Anerkennung des in Organisationen geltenden Regelsystems knüpfen und als Gegenleistung i.d.R. die Zahlung von Einkommen bieten (vgl. Luhmann 1964). Zwischen der Ausdifferenzierung von Teilsystemen und der Entstehung von Organisationen besteht eine Wahlverwandtschaft: Die Spezifizierung der Kommunikation und die Indifferenz gegenüber der Umwelt im Falle der Teilsysteme entspricht auf der Ebene der Organisationen deren Indifferenz gegenüber ihrer inneren Umwelt, ihren Mitgliedern. Marx' Analyse der Entstehung des Kapitalismus und der Zwangsanstalt des kapitalistischen Betriebes beschreibt in klassischer Weise das Zusammenspiel der Ausdifferenzierung des Wirtschaftssystems und spezifischer Organisationen, Webers Analyse der Rationalisierung der politischen Sphäre und der Entstehung einer rationalen Bürokratie beschreibt den ähnlichen Vorgang für das politische System.

9 Funktionale Differenzierung meint damit auch, daß die Menschen einer Gesellschaft nicht auf Teilsysteme aufgeteilt werden, sondern grundsätzlich alle an allen Teilsystemen, wenn sie die jeweilige Rationalität zur Grundlage ihrer Sinnorientierung machen, partizipieren können (vgl. Luhmann und Schorr 1979: 29-34).

10 Das Beziehungsgeflecht zwischen den Teilsystemen als ein komplexes Gefüge von wechselseitigem Ressourcenaustausch ist ein konstitutiver Bestandteil des Strukturprinzips funktionaler Differenzierung. Die Systemtheorie hat für die Beziehungen zwischen den Teilsystemen den Begriff der Leistung reserviert (vgl. Luhmann und Schorr 1979: 34-38).

munikationen der Mitglieder einer Gesellschaft vor allen Mitgliedern einer Gesellschaft. Die Unabgeschlossenheit des Publikums schließt Fremde und Unbekannte mit
ein, ja meint Kommunikation im Horizont aller möglicher Gesellschaftsmitglieder (vgl.
Gerhards und Neidhardt 1990).

Bedingung der Entstehung der Möglichkeit solcher potentieller Kommunikationssituationen ist die Auflösung einer vertikal differenzierten, ständisch organisierten
Gesellschaft, die gerade durch fest definierte Kommunikationsschranken beschreibbar
ist, und die Ermöglichung der Teilhabe aller Mitglieder der Gesellschaft an öffentlicher
Kommunikation. Der potentiell freie Zugang zur Kommunikation ist eine Voraussetzung der Entstehung von Öffentlichkeit. Insofern ist die Entstehung einer allgemeinen
Öffentlichkeit unmittelbar verbunden mit der Entstehung der modernen, funktional
differenzierten Gesellschaft.[11]

An anderer Stelle haben wir versucht, eine historisch-systematische Typologisie-
rung von drei verschiedenen Ebenen von Öffentlichkeit und von Stufen der Ausdifferenzierung von Öffentlichkeit zu entwickeln (vgl. Gerhards und Neidhardt 1990).
Die Ebenen reichen von einfachen Interaktionen zwischen Anwesenden über öffentliche
Veranstaltungen bis hin zu den indirekten Kommunikationen der Massenmedien. In
historischer Perspektive hat sich die Ausdifferenzierung von Öffentlichkeit von der
strukturell wenig verfaßten Interaktionsöffentlichkeit über örtlich zentrierte Öffentlichkeiten wie Salons, Kaffeehäuser und Lesegesellschaften und politische Veranstaltungen hin zur medial vermittelten Öffentlichkeit entwickelt. Meinungsfreiheit, Ver-
sammlungsfreiheit und Pressefreiheit waren und sind die semantischen Korrelate der
drei verschiedenen Öffentlichkeitsebenen, die mit ihrer rechtlichen Kodifizierung wiederum zur Institutionalisierung der Ebenen von Öffentlichkeit beigetragen haben.

In systemtheoretischer Perspektive gewinnt Öffentlichkeit aber erst mit der Bildung
von Massenmedien den Charakter eines ausdifferenzierten Teilsystems der Gesellschaft. Erst damit wird öffentliche Kommunikation auf Dauer gestellt; sie bleibt nicht
allein situativ verhaftet, sondern erfährt eine strukturelle Absicherung in spezifischen
Rollen. Die Ausdifferenzierung von Journalisten und Herausgebern und die Professionalisierung dieser Berufe, die Bildung von Organisationen in Form von Medienbetrieben, in denen die Berufe eingebunden sind, bilden die strukturelle Grundlage des
Auf-Dauer-Stellens öffentlicher Kommunikation.

Komplementär zu diesem Prozeß der Ausdifferenzierung von Leistungsrollen und
Organisationen des Systems erfolgt die Bildung spezifischer Publikumsrollen. Rudolf
Stichweh (1988: 262)) unterscheidet drei Merkmale der Entstehung teilsystemischer
Publikumsrollen, die sich auf die Publikumsrolle des Öffentlichkeitssystems übertragen
lassen: Generalisierung meint, daß der Zugang zum System unabhängig von den
Eigenschaften der einzelnen Individuen (z.B. Mitglied eines Standes) möglich ist;
Universalisierung bedeutet, daß jeder qua Mitglied der Gesellschaft an Öffentlichkeit
teilnehmen kann; Respezifizierung bedeutet, daß die Art der Teilnahme auf spezifische
Formen reduziert wird. Mit zunehmender Interaktionsferne der Ebenen von Öffentlichkeit – und dies gilt besonders für die massenmedial vermittelte Öffentlichkeit –
reduziert sich die Handlungsmöglichkeit der Publikumsrolle auf eine Exit-Option, die

---

11 Der Begriff der Öffentlichkeit selbst wird genau zu dieser Zeit in seiner heutigen Bedeutung
   geprägt (vgl. Hölscher 1979).

aber zugleich eine sehr machtvolle Option darstellt, wenn die Leistungsrollen von dem Zuspruch an Aufmerksamkeit durch das Publikum abhängig sind. Die Zuwendung oder Abwendung von Aufmerksamkeit für die massenmediale Kommunikation sind die beiden Wahlmöglichkeiten. Im System sind keine individuellen Äußerungen des Publikums zu vernehmen – sieht man von Leserbriefen einmal ab – , sondern nur Veränderungen im Aggregat, die von den Leistungsrollen auf ihre Motive hin gedeutet werden können und müssen, wenn die Leistungsrollen von der Zuteilung von Aufmerksamkeit durch das Publikum abhängig sind.

Die Differenzierung von Leistungsrollen und Publikumsrollen ermöglicht zugleich die besondere Leistungsfähigkeit der massenmedialen Öffentlichkeit im Vergleich zu den anderen Öffentlichkeitsebenen. Dies bezieht sich auf die Zeit, Sach- und Sozialdimension: Massenmedien verbreiten Informationen a) dauerhaft b) über eine Vielzahl an Themen c) an ein breites disperses Publikum. Bevor ich versuche, die Funktion von Öffentlichkeit und die Sinnstruktur des Systems zu bestimmen, soll in einem Exkurs der Prozeß der Ausdifferenzierung und strukturellen Absicherung des Systems erläutert werden.

Exkurs: Der Prozeß der Ausdifferenzierung des Mediensystems

Die Entstehung und Entwicklung eines ausdifferenzierten Mediensystems ist von komplexen Bedingungskonstellationen abhängig gewesen. Die in der Literatur diskutierten relevanten Faktoren lassen sich folgendermaßen systematisieren (vgl. zum folgenden Baumert 1928; Lindemann 1969; Koszyk 1966, 1972; Wilke 1984, 1989):

1. Zum einen bildet die Entwicklung der Technik, die die Herstellung der Produkte des Mediensystems erst ermöglichte, eine Voraussetzung der Ausdifferenzierung eines Mediensystems. Die Entstehung der Presse war gebunden an die Entwicklung der Druckerpresse mit beweglichen Lettern durch Johann Gutenberg; die Entwicklung der modernen Presse an die Erfindung der Schnellpresse und des Rotationsdrucks; die gegenwärtige Presse an die Computertechnologie. Die Entstehung des Rundfunks war gebunden an die Entdeckung elektromagnetischer Wellen zum Ende des letzten Jahrhunderts; die Entdeckung des Fernsehens an die Erfindung der Bildröhre.

2. Die Entwicklung einer Infrastruktur zum Transport von Informationen bildet die zweite Voraussetzung der Ausdifferenzierung eines Mediensystems. Die Entwicklung des Boten- und Postdienstes war insofern eine Voraussetzung der Entstehung der Presse, als sie die Verbreitung der Erzeugnisse ermöglichte. Die Entwicklung der Eisenbahn und des Telegraphen beschleunigte die Möglichkeit der Informationsübermittlung und -verbreitung. Für die Entstehung und Entwicklung des Rundfunks ist die Entwicklung einer Infrastruktur zur Verbreitung von elektronischen Schwingungen ohne direkte Verbindungsleitungen eine technische conditio sine qua non. Die Entwicklung der Satellitenübertragungstechnik schließlich ermöglicht eine weltweite, simultane Informationsübermittlung.

3. Die Entstehung eines autonomen Mediensystems hängt drittens von der erfolgreichen Zurückdrängung systemexterner Einflußfaktoren ab, der Befreiung der Medien aus kirchlicher und politischer Bevormundung und der Loslösung von Parteibindungen und ideologischen Orientierungen und damit der schrittweisen Gewinnung von Autonomie des Systems.[12] Die Presse war in Deutschland seit ihrem ersten Erscheinen im Gegensatz zum Rundfunk dominant privatwirtschaftlich organisiert und damit strukturell unabhängig von Kirche und Staat. Sie

---

12 Eine systemtheoretische Beschreibung dieses historischen Prozesses findet sich in Alexander (1990).

war aber seit ihrer Entstehung zugleich zuerst kirchlichen, dann politischen Kontrollen unterworfen. Die Kontrollmöglichkeiten reichten von der Erteilung von Konzessionen zur Herausgabe und Gründung von Zeitungen, über Prüfmaßnahmen (Zensur, Identifizierung des Urhebers) bis hin zu den unterschiedlichen Verbotsmaßnahmen (Beförderungsverbot, Importverbot, Verkaufs- und Erwerbsverbot, Berufsverbot, Verbot von bestimmten Themen und Aussagen; vgl. Wilke 1989: 293). Die Phasen der Autonomie der Presse vor politischer Zensur in der Geschichte Deutschlands sind recht begrenzt: Nach verschiedenen Zwischenphasen wurde mit dem Reichspressegesetz von 1874 die Pressefreiheit einheitlich gewährleistet, wenn auch nicht immer eingehalten. Weitere Autonomie vor staatlicher Kontrolle erreichte die Presse in der Weimarer Republik und dann erst mit der Gründung der Bundesrepublik 1949.

Von einer staatlichen Autonomieeinschränkung der Presse kann man eine Selbstbindung der Presse an politische Parteien und ideologische Orientierungen unterscheiden. Auch hier läßt sich, beobachtet man die letzten hundert Jahre der Pressegeschichte Deutschlands (mit Ausnahme der Zeit zwischen 1933 und 1945), ein Entwicklungstrend erkennen: ein Rückgang an Parteienpresse und an ideologischer Orientierung der Presse. Katrin Voltmer (1993: 12) hat diesen Trend für die Presse der OECD-Länder im Zeitraum von 1940 bis 1980 empirisch belegt.

Im Unterschied zur Presse war bzw. ist der Rundfunk seit Beginn seiner Entstehung in den meisten Ländern unmittelbar abhängig vom politischen System. Diese Abhängigkeit bezieht sich zum einen auf den Finanzierungsmodus. Während die Presse privatwirtschaftlich strukturiert war und ist und sich über Anzeigen und Verkauf ihres Produktes finanziert, war der Rundfunk in der Regel staatlich oder über meist staatlich festgelegten Gebühreneinzug finanziert. Die staatliche Reglementierung bezieht sich zum zweiten auf die rechtlich definierten Aufgabenbestimmungen, wie sie zum Beispiel durch das Bundesverfassungsgericht geregelt wurden und die institutionalisierten Kontrollen durch Parteien und Interessengruppen, wie sie in der Bundesrepublik z.B. über die Rundfunkräte erfolgen. Später als die Presse, aber auch hier als Trend erkennbar, hat auch der Rundfunk eine zunehmende Unabhängigkeit von staatlicher Reglementierung erhalten (für die OECD Länder vgl. Voltmer 1993: 16). In der Bundesrepublik hat sich ausgehend von dem Bundesverfassungsgerichtsurteil von 1981 ab 1984 ein duales Rundfunksystem entwickelt. Mit der Zulassung privater Sendeanstalten wurde ein Teil des Rundfunksystems von seiner politischen Anbindung entkoppelt. Darüber hinaus wurden mit der Zulassung privater Konkurrenz Marktverhältnisse insgesamt hergestellt, die auch die öffentlich-rechtlichen Anstalten zunehmend unter Druck setzten, die Interessen des Publikums stärker zu berücksichigen, um Marktanteile zu sichern.

4. Der Ausdifferenzierungsprozeß der Massenmedien hängt schließlich von der wechselseitigen Dynamik zwischen Leistungs- und Publikumsrollen des Öffentlichkeitssystems, von Angebot und Nachfrage ab. Das Sammeln und Publizieren von Informationen wurde Wirklichkeit, weil es Gewinne für diejenigen einbrachte, die das Geschäft betrieben. Es konnte Gewinne einbringen, weil es eine kaufkräftige Nachfrage nach Informationen gab, zuerst die Handelsunternehmen, die auf Marktinformationen angewiesen waren, dann ein politisch interessiertes und gebildetes Bürgertum und zunehmend immer weitere Bevölkerungskreise (vgl. Kiesel und Münch 1977: 154ff.). Voraussetzung für eine zunehmende Inklusion des Publikums in das Öffentlichkeitssystem und für eine Erhöhung der Nachfrage war die zunehmende Alphabetisierung der Bevölkerung durch Einführung der allgemeinen Schulpflicht. Die Ausdehnung des inkludierten Publikums erfolgte schrittweise entlang der beiden Linien Stadt/Land und Oberschicht/Unterschicht.

Heute ist der Inklusionsprozeß der Bevölkerung in das Öffentlichkeitssystem in den westlichen Demokratien nahezu abgeschlossen: Fast alle Haushalte der Bundesrepublik verfügen über ein Radio- und Fernsehgerät, mehr als 70 Prozent der Haushalte verfügen über eine Tageszeitung; fast alle Bürger der Bundesrepublik machen tagtäglich Gebrauch von ihrer Medienausstattung und partizipieren auf diese Weise an der medialen Öffentlichkeit (für empirische Belege vgl. Gerhards 1991).

Auf der Seite der Anbieter, der Leistungsrollen des Öffentlichkeitssystems also, lassen sich Differenzierungs-, Organisationsbildungs- und Professionalisierungsprozesse beobachten. Verleger und Journalist differenzierten sich als getrennte Berufe des Pressewesens; der Journalistenberuf selbst entwickelte sich von einer sporadischen, dann nebenberuflichen zur hauptberuflichen Tätigkeit. Ausbildungsgänge wurden geschaffen, Berufsverbände gegründet.[13] Die einzelnen Zeitungen und Rundfunkanstalten entwickelten sich zu formalen Organisationen mit festen Mitgliedschaftsdefinitionen, interner Hierarchie und Aufgabenteilungen.

Die beschriebenen Bedingungsfaktoren der Entwicklung des Mediensystems führen in ihrem Zusammenspiel zu folgenden Entwicklungstrends: Die technische Entwicklung der Herstellung der Medienprodukte und die Entwicklung der Infrastruktur der Informationsübermittlung ermöglichen in der Zeitdimension eine immer schnellere bis hin zur simultan zum faktischen Geschehen ablaufende Informationsübermittlung; sie ermöglichen in der Raumdimension eine fast alle Orte der Erde einbeziehende Informationsübermittlung und damit die Konstituierung der häufig zitierten medialen „Weltgesellschaft" (vgl. Luhmann 1981: 313). In Realität transformiert werden diese Möglichkeiten durch einen Prozeß der zunehmenden Inklusionserweiterung des Publikums auf der einen Seite und die Ausdifferenzierung und Professionalisierung von Medienberufen und die Bürokratisierung via Organisationsbildung von Medienbetrieben auf der anderen Seite. Diese Entwicklung sichert die dauerhafte Informationsübermittlung über das Geschehen in der Gesellschaft durch professionelle Informationsanbieter an nahezu alle Mitglieder der Gesellschaft.

Die Selektivität der Informationsübermittlung wird dabei zunehmend weniger durch medienexterne Kriterien bestimmt. Unmittelbare staatliche Kontrolle und ideologische Selbstbindung der Medien lassen nach, das System gewinnt Autonomie gegenüber der Beeinflussung durch Umweltsysteme, vor allem gegenüber dem politischen System. Die systeminternen Relationen entwickeln sich in Richtung eines kompetitiven Mediensystems. Damit ist gemeint, daß es mehrere Anbieter an massenmedialer Kommunikation und einen Markt zwischen ihnen gibt; zudem, daß die Existenz und der Erfolg der Medien davon abhängt, daß sie für ihre Kommunikationen ihr Publikum finden und zwar in der Weise, daß der Erfolg proportional zu der Anzahl an Rezipienten ansteigt. Für die Bundesrepublik gelten diese Bedingungen für das Pressewesen und seit der Institutionalisierung des dualen Rundfunksystems, wenn auch begrenzt, ebenfalls für den Bereich des Hörfunks und des Fernsehens.

Öffentlichkeit wird mit der Ausdifferenzierung und Institutionalisierung der Massenmedien als Teilsystem der Gesellschaft institutionalisiert und auf Dauer gestellt. In der folgenden Funktionsbestimmung und der Bestimmung der Systemstruktur gehe ich von dem Endpunkt des beschriebenen historischen Prozesses der Ausdifferenzierung aus.

Folgt man den Luhmannschen Kriterien der Beschreibung funktional differenzierter Teilsysteme, dann ist die strukturelle Absicherung eines Teilsystems eine notwendige, aber noch keine hinreichende Bedingung seiner Existenz. Die Bestimmung einer Primärfunktion kommt als zweites Bestimmungselement hinzu. Kann man eine spezifische, allein dem Öffentlichkeitssystem zukommende Funktion plausibel bestimmen?

Die zentrale Funktion von Öffentlichkeit besteht in der Ermöglichung der Beobachtung der Gesamtgesellschaft durch die Gesellschaft, in der Ermöglichung von Selbstbeobachtung (vgl. zur Entwicklung des Gedankens Marcinkowski 1993: 113ff.).[14] Massenmedien stellen das Beobachtungssystem der Gesellschaft insgesamt dar, indem sie ein nach ihrer Rationalität selektiertes Bild der Gesellschaft zeichnen und dieses der Gesellschaft zur Selbstbeobachtung zurückfunken. In der medialen Kommunikation spiegelt sich die Gesellschaft selbst. Die Medien berichten und informieren über

---

13 Einer vollständigen Professionalisierung des Berufs des Journalisten sind aber verfassungsrechtliche Grenzen gezogen. Die Berufsbezeichnung Journalist ist nicht geschützt, der freie Zugang zum Beruf ist nach Rechtsprechung des Bundesverfassungsgerichtes ein Bestandteil der Pressefreiheit.

14 Luhmann selbst benutzt (zwar nicht zur Beschreibung der Massenmedien, aber zur Beschreibung der öffentlichen Meinung) die Metapher des Spiegels (vgl. Luhmann 1990: 181).

Politik, Wirtschaft, Kunst, Wissenschaft, Gesundheit und sich selbst und stellen diese Beobachtungen der Gesellschaft zur Verfügung.[15] Die Teilsysteme können sich selbst und die anderen Teilsysteme über Öffentlichkeit respektive die Massemedien beobachten. Über öffentliche Kommunikation gelingt eine „Partizipation der Teile am Ganzen" (vgl. Marcinkowksi 1993: 126). Indem die Massenmedien die Gesellschaft beobachten und diese Beobachtung medial kommunizieren, leisten sie eine gesellschaftliche Inklusion der Bürger in die Gesellschaft insgesamt, die über die teilsystemspezifische Inklusion der anderen Teilsysteme – als Wähler, als Konsument, als Schüler etc. – hinausreicht. Sie sichern die Teilhabe der Bürger an der Gesellschaft insgesamt durch Beobachtung der medial dargestellten Gesellschaft. „Ihre (die der Massenmedien: J.G) gesellschaftliche Primärfunktion liegt in der Beteiligung aller an einer gemeinsamen Realität oder, genauer gesagt, in der Erzeugung einer solchen Unterstellung, die dann als operative Fiktion sich aufzwingt und zur Realität wird" (Luhmann 1981: 320).[16]

An die publizierten Beobachtungen von Gesellschaft kann die Gesellschaft bzw. können die verschiedenen Teilsysteme der Gesellschaft über ihre jeweiligen Leistungs- und Publikumsrollen und nach ihrer jeweiligen Rationalität Handlungen anschließen: Sie können neue oder andere politische Entscheidungen fällen bzw. andere Parteien wählen, wirtschaftliche Transaktionen unterlassen bzw. andere Produkte kaufen, Ausstellungen umdisponieren oder ihren Besuch verschieben, die Genforschung intensivieren bzw. dagegen öffentlich protestieren. Ich werde das Verhältnis der anderen Teilsysteme zur Öffentlichkeit am Beispiel des politischen Systems im vierten Abschnitt ausführlicher diskutieren.

Die Primärfunktion der Massenmedien, die Selbstbeobachtung der Gesellschaft zu ermöglichen, macht auch den besonderen Zuschnitt der Publikumsrolle des Systems plausibel. Weil sich die Massenmedien auf die Beobachtung der Gesellschaft insgesamt beziehen, also sowohl Politik, Wirtschaft, Kunst, Wissenschaft etc. beobachten und die Beobachtungen kommunizieren, und weil sie diese Beobachtung der Gesellschaft für alle Bürger der Gesellschaft und nicht allein für ein Spezialpublikum ermöglichen, ist der Zuschnitt der Publikumsrolle im Gegensatz zu den Inklusionsrollen der anderen Systeme so allgemein und diffus definiert, daß die Verwendung des Rollenbegriffs in diesem Zusammenhang selbst an seine Grenzen stößt.[17]

---

15 Die Funktionsbestimmung von Öffentlichkeit wird empirisch gestützt durch die Angaben zum beruflichen Selbstverständnis der Leistungsrollen des Systems, der Journalisten: Die Vermittlungsfunktion von Informationen über das Geschehen in der Welt an die Bürger ist die primäre Aufgabe der Journalisten nach ihrem eigenen Selbstverständnis (vgl. Schönbach, Stürzebecher und Schneider 1994, in diesem Band, Tabelle 1).

16 Jean Baudrillard hat ähnliches im Sinn, wenn er von der Simulation der Gesellschaft durch die Medien spricht, allerdings mit kritischem Unterton und mit der Unterscheidung einer repräsentierenden und einer simulierenden Verdoppelung der Gesellschaft (vgl. Baudrillard 1978: 40).

17 An die Primärfunktion von Öffentlichkeit mögen sich unter bestimmten Bedingungen Sekundärfunktionen anschließen (vgl. Neidhardt 1994). So kann man vermuten, daß Öffentlichkeit auch eine Kontrollfunktion gegenüber Verselbständigungen der anderen Teilsysteme einnimmt. Die Rückbindung der einzelnen Sachrationalitäten an den Alltagsverstand der Bürger und nicht allein an den Fachverstand von Spezialisten mag die Verselbständigung von Systemen bremsen. Umgekehrt wissen wir aber auch, daß häufig Nichtigkeiten in der öffentlichen Diskussion dramatisiert werden mit dysfunktionalen Effekten für die Teilsysteme. Die Erfüllung einer Kontrollfunktion hängt also von Zusatzkriterien ab. Ähnliches gilt für eine mögliche zweite Sekundärfunktion, die Integrationsfunktion von Öffent-

Über eine Funktionsbestimmung hinaus sind Teilsysteme *nach innen* durch einen spezifischen *Sinnzusammenhang* gekennzeichnet, der sie von anderen Systemen abgrenzt und innerhalb des Systems als Leitorientierung für Einzelhandlungen dient. Binäre Codes sind, so die These Luhmanns, in den meisten Teilsystemen die Mechanismen der Steuerung von Selektionen. Läßt sich auch für Öffentlichkeit sinnvoll von einem binären Code sprechen und wie könnte dieser beschaffen sein?

Aufmerksamkeit/Nicht-Aufmerksamkeit scheint mir der zentrale Code des Mediensystems zu sein. Der Positivwert des Codes besteht in der Aufmerksamkeitsproduktion und Aufmerksamkeitszentrierung, es geht um die Vermeidung von Nicht-Aufmerksamkeit. Alle Informationen aus der Umwelt des Mediensystems – aus Politik, Wirtschaft, Kunst, Sport etc. – werden nach diesem Kriterium selektiert. Informationen, die die Vermutung für sich haben, daß sie die Aufmerksamkeit des Publikums gewinnen können, werden öffentlich kommuniziert, andere werden nicht selektiert.

Binäre Codes sind zu allgemein und generalisiert in ihrer Bestimmung, so daß sie der Spezifikation bedürfen, um konkrete Selektionen steuern zu können. Eine solche Spezifikation erfolgt durch das, was in der systemtheoretischen Sprache als Programme bezeichnet wird. Die Herstellung von Aufmerksamkeit und die Vermeidung von Nicht-Aufmerksamkeit muß gleichsam operationalisiert werden. Die Spezifikation des Codes des Öffentlichkeitssystems erfolgt über die Kriterien, die in der Massenkommunikationsforschung mit dem Terminus der Nachrichtenwerte beschrieben wurde. Verbindet man Luhmanns eigene Ausführungen zur Massenkommunikation mit den empirischen Erkenntnissen der Nachrichtenwertforschung (vgl. Galtung und Holmboe Ruge 1965; Schulz 1976; Wilke 1984; Staab 1990), kann man die Kriterien, nach denen der Code des Mediensystems spezifiziert wird und die Produktion von Aufmerksamkeit erfolgt, systematisieren.[18]

a) In der Zeitdimension ist es vor allem und in erster Linie der Neuigkeitswert von Informationen, der als Selektionskriterium dient (Luhmann 1990: 177). Die Information, die gesendet und über die berichtet wird, muß neu sein, und darf nicht schon einmal berichtet worden sein, damit sie berichtet wird. Das Zeitintervall, das Neuigkeit als Neuigkeit publizierbar macht, ist im Prozeß der Ausdifferenzierung der Massenmedien immer kleiner geworden. Jürgen Wilke (1984: 122) hat in seiner historischen Studie gezeigt, daß im Jahr 1622 mehr als dreiviertel der Nachrichten älter als zwei Wochen waren, im Jahr 1906 mehr als 90 Prozent der Nachrichten vom Vortag waren,

lichkeit. Leon Mayhew (1990) versucht im Anschluß an Parsons die Funktion von Öffentlichkeit als die der Integration durch Solidaritätsstiftung zu bestimmen. Allein über öffentliche Kommunikationen kann die Gesellschaft von sich selbst erfahren. Geht man davon aus, daß das Wissen von sich selbst eine Voraussetzung der Integration von Systemen ist, dann bildet Öffentlichkeit die Voraussetzung einer Integration der Gesellschaft. Umgekehrt gilt aber – und dies ist Thema der nachfolgenden Überlegungen –, daß Konflikte, Negativismus, Neuigkeitswert zentrale Selektionskriterien des Öffentlichkeitssystems sind, die nicht gerade solidaritätsstiftend und integrativ wirken. Insofern scheint auch die integrative Wirkung von Öffentlichkeit von Zusatzfaktoren abzuhängen.

18 Die Orientierung am Code des Systems und an dessen Operationalisierung in Form von Nachrichtenwerten findet sich empirisch darüber hinaus in den Handlungsanweisungen für die Leistungsrollen des Systems, in den journalistischen Handbüchern und deren Vorläufern. Wilke (1984) zitiert in seiner historischen Arbeit über die Kontinuität von Nachrichtenfaktoren als Selektionskriterien für die Informationsauswahl eine Reihe von Handbüchern des Journalismus, die die Kontinuität der Bezugnahme auf Nachrichtenfaktoren als Selektionskriterium belegen.

der Aktualitätsbezug sich also enorm erhöht hat. Neuigkeit als Selektionskriterium schließt nicht aus, daß die Neuigkeit eingebettet ist in einen Themenbereich, über den dauerhaft berichtet wird. „Es kann Themenbereiche (Sport, Börsennachrichten) geben, in denen routinemäßig Neues anfällt und die infolgedessen einen festen Platz in der Berichterstattung gewinnen" (Luhmann 1990: 177). Gerade erst vor dem Hintergrund dieser Bereiche konstituiert sich das Neue als Neues, wird die Gestalt des Neuen im Horizont des Festen wahrnehmbar.

b) In der Sozialdimension sind es vor allem Konflikte zwischen Akteuren und der Status des Absenders, die die Auswahl von Informationen anleiten (vgl. Luhmann 1971: 17; 1990: 179). Zu Konflikten gehören verbale Konflikte, die die Struktur von Pro- und Contra-Aussagen haben, Handlungskonflikte in Form von Kriegen und Protesten und abweichendes Verhalten als Konflikte zwischen Norm und Normabweichung (z.B. Kriminalität). Konflikte produzieren Spannung und dienen deswegen der Generierung von Aufmerksamkeit.

Der Status von Akteuren als Auswahlkriterium bezieht sich sowohl auf Nationen (Bevorzugung von potenten Nationen), als auch auf kollektive Akteure (Bevorzugung der Exekutive und der großen Organisationen) und individuelle Akteure (Prominenz; vgl. dazu Birgit Peters 1994, in diesem Band). Der hohe Status des Absenders einer Information hat die Vermutung der Wichtigkeit der Information auf seiner Seite und die Wahrscheinlichkeit der Aufmerksamkeitsgewinnung.

c) In der Sachdimension sind es zum einen Veränderungen in Quantitäten, die besondere Aufmerksamkeit auf sich ziehen (vgl. Luhmann 1990: 178). Die Zunahme und Abnahme von Wählerstimmen, Aktienkursen, des Hochwasserpegels und von Scheidungsraten sichern die Aufmerksamkeit und sind Selektionskriterien für öffentliche Kommunikation. Zum anderen sind es Themen, die eine Identifikation des Publikums mit den Themen erlauben, die bevorzugt selektiert werden. Dazu gehören Themen mit lokalem Bezug und mit „Human Interest" Charakter.

Nachrichtenwerte rekurrieren auf anthropologische Mechanismen der Diskrepanzerzeugung; sie sind wegen dieses Allgemeinheitsgrades geeignet, die allgemeine Funktion der Medien, die Gesellschaft als Gesellschaft für die Bürger insgesamt, und nicht für spezifische Experten, beobachtbar zu machen, als sinnstrukturierende Mechanismen geeignet. Sie operationalisieren den Code des Öffentlichkeitssystems, indem sie Aufmerksamkeit erzeugen helfen.

Eine Reformulierung der entwickelten systemtheoretischen Beschreibung der massenmedialen Öffentlichkeit als Teilsystem der Gesellschaft innerhalb der Theorie rationalen Handelns geht davon aus, daß durch das System die „constraints" von Akteuren, die innerhalb des Systems agieren, definiert werden. Diese „constraints" lassen sich wiederum als extern definierte substantielle Ziele und Mittel interpretieren, die Akteure bei der Verfolgung ihrer subjektiven Ziele beachten müssen, wollen sie erfolgreich handeln. Indem sie dies tun, reproduzieren sie zugleich die Sinnstruktur des Systems. Die Akteure des Systems der Massenmedien sind die Produzenten (Leistungsrollen) in Form der in Medienorganisationen eingebundenen Journalisten auf der einen Seite und das Publikum der Leser, Zuhörer und Zuschauer auf der anderen Seite. Unter den Bedingungen eines ausdifferenzierten Mediensystems gilt, daß Akteure des Mediensystems in erster Linie darum bemüht sind, Aufmerksamkeit für ihre Informationen, die sie an ein Publikum vermitteln, zu gewinnen bzw. Nicht-Aufmerksamkeit in Form des Abschaltens oder Umschaltens des Rundfunkgeräts oder des Nicht-Lesens der Zeitung zu vermeiden. Handlungen der Leistungsrollen innerhalb des Mediensystems gelten dann als rational, wenn sie mit dem Aufwand der geringsten Mittel versuchen, den Wertertrag des Ziels, die Aufmerksamkeit zu erhöhen, zu steigern.

Da die Rezeptionsmotivation des Publikums nicht per se gegeben ist, muß die Aufmerksamkeit für die von einem Medium verbreiteten Informationen vor allem unter Konkurrenzbedingungen erst erzeugt werden. Dies geschieht durch Anreize, die Auffälligkeiten sichern und beim Publikum Aufmerksamkeit auslösen. Die beschriebenen Nachrichtenwerte sind solche Elemente von Informationen, die die Aufmerksamkeit des Publikums sichern. Die Orientierung an Nachrichtenwerten bei der Auswahl von Informationen ist letztlich eine Orientierung am Publikum und dessen Nutzenorientierung.[19] Lutz Erbring (1989: 304) macht dies deutlich, indem er Meldungen ohne Nachrichtenwerte formuliert: „Meldungen wie 'Kohl seit sechs Jahren Kanzler', 'Diskontsatz unverändert', 'Gestern wieder kein Störfall in Biblis', 'PanAm-Flug aus Berlin sicher gelandet', 'Erbring feiert 50. Geburtstag' verleiten wohl kaum jemanden zum Weiterlesen oder Hinhören". Nachrichtenwerte sichern die Aufmerksamkeit des Publikums und operationalisieren damit den Code des Systems oder in handlungstheoretischer Sprache: sie sind Mittel zur Erreichung des übergeordneten Ziels der Aufmerksamkeitszentrierung und des Erhalts von Einschaltquoten und Auflagenhöhen.

Aufmerksamkeitszentrierung als oberstes Ziel des Handelns von Akteuren kann aber nicht mit allen Mitteln durchgesetzt werden. Die zulässigen Mittel sind durch das System, wenn auch vage, festgelegt. Zum einen sind die Definitionen illegitimer Mittel strafrechtlich kodifiziert (Schutz der Privatsphäre, Jugendschutz etc.). Zum anderen gibt es Formen der Selbstkontrolle, die allerdings, wie beispielsweise der Deutsche Presserat, nicht sehr wirkungsvoll sind (vgl. Eisermann 1993).

Es gibt naheliegende, empirisch fundierte Einwände gegen die hier formulierte These, daß Aufmerksamkeitszentrierung und Nachrichtenwertorientierung die zentralen Sinnorientierungen des Öffentlichkeitssystems sind.

1. Viele Studien der Massenkommunikationsforschung zeigen (z.B. Kepplinger et al. 1989), daß die ideologische Ausrichtung der Medien, ihre redaktionelle Linie, ein Selektionskriterium für Informationen darstellt. Die Frankfurter Allgemeine Zeitung z.B. begünstigt konservative Informationen, die tageszeitung linke Informationen. In der Frankfurter Rundschau ist die politische links-liberale Orientierung sogar Bestandteil des Arbeitsvertrags der Redakteure (vgl. Meyn 1990: 55). Widerspricht dieser Befund der Beschreibung der Systemstruktur von Öffentlichkeit?

Die unterschiedlichen ideologischen Ausrichtungen der Medien lassen sich als unterschiedliche Weisen der Aufmerksamkeitsgewinnung interpretieren. Die verschiedenen Zeitungen haben sich mit ihrer ideologischen Orientierung auf ein Marktsegment

---

19 Nachrichtenwerte kommen den beiden Grundbedürfnissen, die den Nutzen der Teilnahme an Öffentlichkeit erklären können, entgegen. In dem sogenannten „Use and gratification"-Ansatz der Erklärung des Verhaltens von Rezipienten der Massenmedien werden meist zwei fundamentale Bedürfnisse unterschieden: Ein Informationsbedürfnis und ein Unterhaltungsbedürfnis (vgl. Wenner 1985; Schenk 1987: 398).

von Publikum spezialisiert, das diesem gerade wegen der ideologischen Orientierung des Mediums Aufmerksamkeit schenkt (vgl. empirisch dazu Gerhards 1993: 194ff.). Insofern orientieren sich die Medien am generalisierten Code des Systems, Aufmerksamkeit bei einem Publikum zu gewinnen, wenn auch die jeweiligen Spezifikationen dieses Codes für die verschiedenen Segmente unterschiedlich ausfallen. Ein Störfall in einem Atomkraftwerk löst bei der Leserschaft der taz höhere Aufmerksamkeit aus als bei der Leserschaft der FAZ, und genau dies wird mit dazu beitragen, daß die Information unterschiedlich in den beiden Medien repräsentiert sein wird.

2. Die Medien unterscheiden sich in dem Grad, indem sie auf Nachrichtenwerte als Selektionskriterien zurückgreifen. Qualitätszeitungen tun dies in weit geringerem Maße als Boulevardzeitungen. Widerspricht dieser Befund der Systembeschreibung von Öffentlichkeit? Das Publikum des Öffentlichkeitssystems unterscheidet sich nicht nur in einer horizontalen Dimension im Hinblick auf die ideologischen Vorlieben, sondern auch in einer vertikalen Dimension im Hinblick auf Schichtzugehörigkeit, vor allem im Hinblick auf den Grad der Bildung der Rezipienten. Bevölkerungsgruppen aus den unteren Schichten präferieren in stärkerem Maße Boulevardzeitungen, die aus den höheren Schichten in stärkerem Maße Qualitätszeitungen. Die unterschiedlichen Grade der Verwendung von Nachrichtenwerten in den beiden Pressetypen als Selektionskriterium für Informationen sind unterschiedliche Weisen der Erzeugung von Aufmerksamkeit bei unterschiedlichen Publika. Sie folgen aber beide dem generalisierten Ziel der Erhöhung von Aufmerksamkeit.

3. Ich habe die systemtheoretische Beschreibung von Öffentlichkeit interpretiert als „constraints" des Handelns von Akteuren innerhalb der Systeme. Dies bedeutet aber, daß die jeweilige spezifische Ausgestaltung der Restriktionen sich nach den subjektiven Präferenzen der Akteure ergibt, die hier aber nicht im Zentrum der Analyse stehen. Im empirischen Resultat wird dies zu einer je nach Akteur unterschiedlichen Einfärbung der generalisierten Sinnrationalität des Systems führen. Die subjektiven Präferenzen eines Verlegers können zum Beispiel, wie dies bei Axel Springer der Fall war, bedeuten, keine antisemitische Berichterstattung zuzulassen, auch wenn dies vielleicht ein Verzicht von Aufkmerksamkeitszuwachs bedeuten könnte. Die Verfolgung von mit dem Code des Systems konfligierenden Zielen ist aber nur begrenzt möglich. Sie führt, zu weit getrieben, zur Strafe der Nichtbeachtung und damit zur nicht-öffentlichen Kommunikation.[20]

---

20 Die Beschreibung der Massenmedien als ausdifferenziertes System hat idealtypischen Charakter. Idealtypisch meint, daß die empirische Mannigfaltigkeit von der Beschreibung abweicht, der strukturelle Kern der Realtypen aber mit der idealtypischen Beschreibung richtig gefaßt ist. Die idealtypische Beschreibung der generalisierten Handlungsorientierung des massenmedialen Systems meint nicht, daß das Handeln der Akteure allein durch diese Zielvorstellung erklärt werden kann, sondern daß damit der wichtigste Faktor in der Erklärung der Varianz der Variable „Handeln von Akteuren im medialen System" erfaßt ist. Damit ist zugleich auch gemeint, daß es andere Größen gibt, die das Handeln von Akteuren innerhalb von Systemen prägen.

In der empirischen Sozialforschung, die sich um die ursächliche Erklärung sozialer Sachverhalte bemüht, gilt es als ein legitimes und mitteilungswertes Ergebnis, wenn 10 Prozent der Varianz einer unabhängigen Variablen durch eine abhängige Variable erklärt werden. Daß dabei 90 Prozent der Varianz nicht erklärt werden kann, bleibt oft unbeachtet. Vergleicht man die Ansprüche, die an theoretische Aussagen über die soziale Wirklichkeit

Daß durch den Code des Mediensystems ein spezifisches Bild der Realität gezeichnet wird, bestimmte Sachverhalte überbelichtet, andere unterbelichtet werden, gehört zum gesicherten Bestand der Massenkommunikationsforschung[21] und zum Dauerklagelied kultureller Eliten, die von Verzerrung und Manipulation reden.[22] Geht man von der Wirkungsmächtigkeit von Strukturen einerseits und der Rationalität des Handelns von Akteuren andererseits aus, dann wird sich an der Selektionsweise des Mediensystems nicht viel ändern. Unter normativen Gesichtspunkten ist es sogar fraglich, ob sich in demokratischen Gesellschaften öffentliche Kommunikation anders als durch Bezugnahme auf das Publikum legitimieren läßt.

III. Politik als Teilsystem der Gesellschaft

Bei der Beschreibung des politischen Systems als ein funktionales Teilsystem der Gesellschaft kann man in stärkerem Maße auf systemtheoretische Vorarbeiten zurückgreifen (vgl. Luhmann 1970, 1981b, 1986; und die Weiterentwicklung bei Fuchs 1993). Was zeichnet das politische System nach den Kriterien der Systemtheorie als ein funktionales Teilsystem moderner demokratischer Gesellschaften aus?

1. Auch für das politische System läßt sich eine Funktion angeben, auf die allein das politische System spezialisiert ist. In Übereinstimmung mit vielen Definitionen des politischen Systems besteht diese in a) der Formulierung und Aggregation, b) der Herstellung und c) der Durchsetzung kollektiv verbindlicher Entscheidungen.[23] Interessengruppen und Parteien sind die Akteure, die kollektive Ziele formulieren bzw. aggregieren, Regierung und Parlament sind die Akteure, die in demokratischen Gesellschaften kollektiv verbindliche Entscheidungen herstellen, die politische Administration der Akteur, der die beschlossenen Entscheidungen durchsetzen soll. Die Monopolisierung der Gewalt ist eine strukturelle Voraussetzung zur Funktionserfüllung des Systems, weil nur so Entscheidungen durchgesetzt werden können.

---

gestellt werden, mit dem, was in der empirischen Sozialforschung bereits als Erklärung von Wirklichkeit gilt, so sind hier die Ansprüche weitaus rigider und, wie ich meine, zu rigide. Theorien im engeren Sinne von Hypothesen formulieren Aussagen über die Ursachen von sozialem Handeln. Sie versuchen nicht, soziales Handelns in toto, sondern Varianzen sozialen Handelns theoretisch zu erklären. Gelingt ihnen dies auf plausible Weise, dann kann man mit Theorien bereits zufrieden sein. Orientiert man sich bei der Festlegung dessen, was eine gute Theorie ist, an den Kriterien der empirischen Sozialforschung, so kann dies bedeuten, daß die Erklärung von 10 Prozent des Akteurshandelns bereits ausreichend ist, um von einer guten Theorie zu sprechen.

21 Für die Darstellung von Politik in den Medien vgl. Max Kaase (1986: 365) und die dort angegebene Literatur; Barbara Pfetsch (1991) vergleicht öffentlich-rechtliche Anstalten mit privaten Anbietern.

22 Die einschlägige Literatur reicht von dem Kapitel „Kulturindustrie" in der Dialektik der Aufklärung von Max Horkheimer und Theodor W. Adorno (1971) bis zu dem Buch von Douglas Kellner (1990).

23 In der Literatur (z.B. Luhmann 1986: 171) findet man häufig nur den Oberbegriff „Herstellung kollektiv verbindlicher Entscheidungen". Ich habe hier absichtlich verschiedene Stufen der Herstellung von Entscheidungen unterschieden, um die verschiedenen Leistungsrollen des Systems auf diese Subfunktionen beziehen zu können.

2. Über eine Funktionsbestimmung hinaus sind Teilsysteme zweitens intern durch einen spezifischen Sinnzusammenhang gekennzeichnet, der als Leitorientierung für Einzelhandlungen innerhalb dieses Sinnzusammenhangs dient. Die Formulierung, Herstellung und Durchsetzung kollektiv verbindlicher Entscheidungen läßt sich nur erreichen, wenn Akteure Positionen erreichen und besetzen, die ihnen die Chance der Machtausübung geben. Luhmann schlägt deswegen vor, Regierung/Opposition als den binären Code des politischen Systems funktional differenzierter Gesellschaften zu bezeichnen (vgl. Luhmann 1986: 170). Akteure, die innerhalb des Systems handeln, versuchen, Regierungspositionen zu erringen und Oppositionspositionen zu vermeiden. Nur die Regierung kann kollektiv verbindliche Entscheidungen herstellen und durchsetzen, nur mit der Besetzung von Regierungspositionen lassen sich kollektiv verbindliche Entscheidungen herstellen. Alle Handlungen innerhalb des politischen Systems werden durch diesen Zentralcode strukturiert.

Wie wird der Code des politischen Systems operationalisiert, durch welche Programme wird er spezifiziert? Es sind die thematischen Angebote der politischen Akteure, die Regierungspositionen erreichen wollen oder zumindest sie beeinflussen wollen, die den Code spezifizieren. Diese reichen von Äußerungen und Forderungen zu aktuellen Themen, über Beschlüsse und Lösungsvorschläge bis hin zu Grundsatzpapieren, Parteiprogrammen und Wahlprogrammen.[24] In diesen unterschiedlichen Verlautbarungen machen Akteure Aussagen darüber, was sie denn als kollektiv verbindlich entscheiden wollen, was politisch erstrebenswert ist und was verhindert werden soll.

3. Ein Funktionssystem bedarf einer strukturellen Absicherung auf der Ebene der Ausdifferenzierung spezifischer Rollen und Organisationen – das dritte Kriterium zur Bestimmung von Teilsystemen. Ähnlich wie im Mediensystem und anderen Teilsystemen differenziert sich auch das politische System in Leistungs- und Publikumsrollen. Die Publikumsrolle des politischen Systems weist in demokratischen Gesellschaften insofern die Merkmale der Generalisierung und Universalisierung auf, als alle Staatsbürger qua Staatsbürgerschaft die Möglichkeit der Teilhabe besitzen, ganz unabhängig von ihren Merkmalen als Personen. Eine Respezifizierung erfährt diese Rolle durch die verschiedenen Formen der zum Teil rechtlich kodifizierten Teilhabe wie das Engagement und die Mitgliedschaft in Interessgruppen und Parteien und die Möglichkeit zu wählen. Die wichtigste, weil machtvollste Publikumsrolle in kompetitiven Demokratien besteht in der Wählerrolle. Die Macht dieser Rolle ergibt sich aus der Tatsache, daß Regierungspositionen befristet besetzt werden. In regelmäßigen zeitlichen Abständen entscheiden die Wähler mit ihrer Stimme über die Akteure, die die Regierung stellen und damit befugt sind, kollektiv verbindliche Entscheidungen herzustellen.

Leistungsrollen sind berufsförmig strukturiert, in Organisationen eingebunden und bilden die kollektiven Akteure des Systems. Entlang der Funktionsbestimmung des politischen Systems – a) der Formulierung und Aggregation, b) der Herstellung und c) der Durchsetzung kollektiv verbindlicher Entscheidungen – lassen sich drei Klassen

---

24 Vgl. Fuchs (1993: 34f), der den verschiedenen Akteuren des politischen Systems verschiedene Handlungsprodukte zuordnet.

von Leistungsrollen und kollektiven Akteuren unterscheiden. Interessengruppen und Parteien sind die Akteure, die kollektive Ziele artikulieren und aggregieren, Regierung und Parlament sind die Akteure, die in demokratischen Gesellschaften kollektiv verbindliche Entscheidungen herstellen, die politische Administration der Akteur, der die beschlossenen Entscheidungen durchsetzen soll.[25]

Alle kollektiven Akteure des politischen Systems sind auf die Zustimmung des Publikums des Systems angewiesen, wenn auch in unterschiedlichem Ausmaß. Die Interessengruppen konkurrieren zwar nicht um Regierungspositionen und sind insofern nicht von den Wahlen abhängig; ihr Einfluß auf Parteien, Parlament und Regierung wächst aber in dem Maße, wie sie plausibel machen können, daß sie über eine große Anhängerschaft von Bürgern verfügen, die sie u.a. auch für gerichtete Wahlentscheidungen mobilisieren können. Parteien, die um Regierungspositionen konkurrieren, sind unmittelbar vom Publikum und dessen Wahlentscheidungen abhängig; gleiches gilt für Parlament und Regierung. Die Entscheidungen darüber, ob es diesen Akteuren gelingt, die Regierungspositionen zu besetzen bzw. sie zu erhalten, hängt von der Menge an Stimmen ab, die sie durch das Publikum der Wähler erhalten. Die Maximierung bzw. Optimierung von Wählerstimmen ist damit das ableitbare Ziel ihrer Handlungen. Die Administration ist im Vergleich zu den anderen Akteuren des politischen Systems in weitem Maße indifferent gegenüber dem Publikum des politischen Systems.

Ich werde mich bei der Reformulierung dieser systemtheoretischen Beschreibung des politischen Systems als funktionales Teilsystem der Gesellschaft innerhalb der Theorie des rationalen Handelns allein auf die Parteien, die um Regierungspostionen konkurrieren, und die Regierung, die diese befristet inne hat, beschränken. Eine Reformulierung der systemtheoretischen Beschreibung innerhalb der Theorie rationalen Handelns geht ähnlich wie die Reformulierung des Massenmediensystems davon aus, daß durch das System die „constraints" von Akteurshandlungen, d.h. die generalisierten substantiellen Ziele der Akteure, die innerhalb des Systems handeln, definiert werden. Ich werde bei der Beschreibung der Rationalität des Handelns politischer Akteure die Argumentation von Anthony Downs (1968) aufnehmen.

Das oberste Ziel der Akteure des politischen Systems ist die Besetzung von Regierungspositionen, um kollektiv verbindliche Entscheidungen durchzusetzen, so die durch den Code erfolgte Zieldefinition. Sie wollen die Regierung erringen, die Opposition vermeiden. Dazu bedürfen sie in einer Demokratie der Stimmen des Publikums, der Stimmen der Wähler. Die Maximierung bzw. Optimierung von Wählerstimmen ist also das abgeleitete Ziel der Akteure, wenn sie die Regierungspositionen erringen bzw. erhalten wollen. Eine Maximierung bzw. Optimierung von Wählerstimmen können Akteure wiederum nur erreichen, wenn sie mit ihren Entscheidungen (Regierung) und Programmen (Parteien) die Erwartungen und Interessen der Bürger befriedigen. Die Formulierung von Programmen und Entscheidungen ist also wiederum ein Mittel zur Erreichung des abgeleiteten Ziels der Maximierung/Optimierung von Wählerstimmen.

In diesem Sinne leistet der Code des politischen Systems eine substantielle Bestim-

---

25 Für eine komplexere Einteilung der Akteure des politischen Systems, an die sich die hier vorgenommene Klassifikation anlehnt, vgl. Fuchs (1993: 47ff.).

mung eines allgemeinen Ziels und von Subzielen, die sich aus dem allgemeinen Ziel
ableiten lassen. Gemessen an dieser Zieldefinition läßt sich auch rationales Handeln
von Akteuren innerhalb des politischen Systems genauer bestimmen: Jede Handlung
eines Akteurs in Form von Programmen und Entscheidungen ist dann rational, wenn
sie mit dem geringsten Einsatz an Mitteln den höchsten Zusatz an Unterstützung bei
der Bevölkerung in Form von Wählerstimmen erreicht und damit die Zielerreichung,
Besetzung von Regierungspositionen, wahrscheinlicher macht. Welche Handlungen
müssen Regierung und Parteien dann vollziehen, wenn sie rational handeln?

Ihr Ziel erreichen sie nur, wenn sie mit ihren Handlungen die Nutzenerwartungen
der Bürger befriedigen. Geht man davon aus, daß auch die Bürger rationale Akteure
sind, die ihren Nutzen maximieren bzw. befriedigen wollen, und entsprechend die
Partei wählen bzw. die Regierung im Amt bestätigen, die ihnen den höchsten Nutzen
bringen wird, dann werden Regierung und Parteien antizipatorisch in ihren Programmen und in ihren faktischen Entscheidungen diejenigen Ziele der Bürger berücksichtigen, die Mehrheiten hinter sich haben. Dies bedeutet, daß Regierung und Parteien
strukturell gezwungen sind, das Allgemeinwohl gegenüber Partikularinteressen zu
vertreten bzw. dies öffentlich so darzustellen (vgl. Downs 1968: 51ff.).[26] Die Gemein-
wohlorientierung der Politik ist also nicht das eigentliche Ziel der Politik, sondern ein
Mittel zur Befriedigung von Individualinteressen, ein Mittel zum Machterwerb. Ähnlich wie die Leistungsrollen des Mediensystems mit Nachrichtenwerten die Aufmerksamkeit des Publikums gewinnen wollen, ähnlich wollen Regierung und Parteien mit
ihren Programmen und ihren Entscheidungen die Unterstützung des Publikums gewinnen. Ähnlich wie die Nachrichtenwerte sich an den Rezeptionswünschen des
Publikums orientieren, ähnlich müssen sich auch Regierung und Parteien in Programmen an den Zielen der Wähler orientieren, wenn sie rational handeln.[27]

Nach einer systemtheoretischen Beschreibung des massenmedialen Systems, einer
Beschreibung des politischen Systems und einer jeweiligen Reformulierung in Termini
der Theorie rationalen Handelns, sind die Vorarbeiten zur Beschreibung von politischer
Öffentlichkeit geleistet.[28]

---

26 Überraschend ähnlich rationalistisch argumentiert Hitzler (1991) auf der Basis einer inter-
   pretativen Analyse politischen Handelns.
27 Freiheitsräume und Indifferenzen gegenüber dem Publikum entstehen dadurch, daß die
   Präferenzordnung der einzelnen Bürger weder eindeutig, noch stabil, noch transitiv ist (vgl.
   Fuchs 1993: 39). Hinzu kommt, daß die einzelnen Interessen generalisiert und in Interessen-
   bündel aggregiert werden müssen, damit größere Teile des Publikums angesprochen werden.
28 Gegen die vorgelegte Beschreibung des politischen Systems lassen sich ähnliche Einwände
   formulieren wie gegen die Beschreibung von Öffentlichkeit (s.o.). Allerdings sind auch die
   Gegenargumente ähnlich gewichtig: 1. Die Unterschiede in der Programmatik und der
   ideologischen Ausrichtung der Parteien lassen sich interpretieren als Spezialisierung von
   Parteien auf besimmte Marktsegmente, die durch ideologisch relativ homogene Bevölke-
   rungsanteile gekennzeichnet sind. 2. Der Anspruch der entwickelten Theorie ist beschränkt.
   Er besteht in der Beschreibung von „constraints" von Akteuren, die das Handeln prägen.
   Daß innerhalb dieser Restriktionen sich Varianzen von Akteurshandlungen ergeben, die
   durch die Präferenzen der Akteure bedingt sind, versteht sich von selbst.

IV. Politische Öffentlichkeit: die Beobachtung der Gesellschaft durch die Politik

Öffentlichkeit ermöglicht die Selbstbeobachtung der Gesellschaft, so unsere Funktionsbestimmung von Öffentlichkeit. Diese Funktion erfüllt Öffentlichkeit und speziell das
Mediensystem für die Gesellschaft insgesamt, d.h. für alle gesellschaftlichen Teilsysteme. Allerdings benutzen die verschiedenen Teilsysteme die Öffentlichkeit respektive
die Massenmedien in unterschiedlichem Maße zur Beobachtung der Gesellschaft, wie
umgekehrt in recht unterschiedlichem Ausmaß in den Massenmedien über und aus
den Teilsystemen berichtet wird.[29] Über Wissenschaft und Recht, aber auch über
Wirtschaft wird beispielsweise wenig berichtet, Sport und Politik stehen hingegen im
Zentrum der Berichterstattung. Die unterschiedliche wechselseitige Bedeutung von
Öffentlichkeit und einzelnen Teilsystemen spiegelt sich auch in der Häufigkeit, mit
der die Leistungsrollen der einzelnen Teilsysteme als Oberschicht im Öffentlichkeitssystem repräsentiert sind (vgl. Peters 1994, in diesem Band). Die Bedeutung von
Öffentlichkeit für die einzelnen Teilsysteme variiert mit dem Grad der Abhängigkeit
der Leistungsrollen von der Zustimmung durch ein breites Publikum. In den Bereichen,
in denen dies der Fall ist, ist es für die Leistungsrollen und das Publikum der jeweiligen
Teilsysteme rational, sich über Öffentlichkeit zu beobachten und die eigenen Handlungen an diesen Beobachtungen auszurichten.

Bezieht man die Beobachtungsfunktion von Öffentlichkeit allein auf das politische
System, dann sind es die Akteure des politischen Systems, die sich selbst und die
anderen Akteure des politischen Systems über das Mediensystem beobachten können,
insofern in den Medien darüber berichtet wird: die Interessengruppen und die Parteien,
die Exekutive und das Parlament sowie die Administration können sich selbst und
die jeweils anderen in ihren Handlungen in den Medien beobachten. Sie wissen dabei,
daß all dies von dem Publikum des Mediensystems beobachtet wird. Mit politischer
Öffentlichkeit bezeichne ich ganz allgemein dann den Teil an politischen Handlungen,
der in der massenmedialen Öffentlichkeit, nach den Regeln des Öffentlichkeitssystems
selektiert, für das politische System beobachtbar ist.

Akteure des politischen Systems beobachten aber nicht nur sich und die anderen
Akteure des politischen Systems durch Beobachtung der Massenmedien, sondern sie
handeln in der Folge oder in der Antizipation dessen, daß sie wissen, daß sie beobachtet
werden; sie kommunizieren im Hinblick auf die Tatsache, daß es ein Beobachtungssystem gibt und versuchen selbst mit ihren Handlungen, das Bild in den Medien zu
gestalten. Beide Aspekte, a) daß das politische System die Medien zur Beobachtung
benutzt und b) daß die Akteure des Systems in der Folge oder antizipatorisch auf
diese Beobachtungen hin handeln, möchte ich separat diskutieren.

Warum ist es für die Akteure des politischen Systems rational, die Medien zu
beobachten – genauer: Warum ist es für das Publikum, die Bürger und warum ist es
für die Leistungsrollen des politischen Systems, hier die Parteien und die Regierung,
rational, die Medien zu beobachten?

Das Ziel der Wähler – so unsere Bestimmung des substantiellen Ziels, das alle
Akteure des politischen Systems verfolgen, wenn sie politisch handeln – ist es, Regierungspositionen mit ihrem jeweiligen Favoriten zu besetzen. Dazu wählen sie die

---

29 Zum Verhältnis von Öffentlichkeit und Wissenschaft vgl. Neidhardt (1994a).

Partei, die ihnen den höchsten Nutzen verspricht. Die Wahlentscheidung ist eine
Investition in die Zukunft, die mit hohen Unsicherheiten verbunden ist (vgl. Popkin
1991: 10). Voraussetzung für eine sichere Entscheidung aber wäre es, wenn die Wähler
die Programme der Parteien, die vergangenen Handlungen der Regierung und die
Effekte vergangener Handlungen und zukünftiger Handlungsversprechen auf die eigene Nutzenfunktion, die selbst ungewiß sein kann, kennen (vgl. Popkin 1991: 8). Die
Bürger kennen aber nicht genau die Entscheidungen der Regierung, das Alternativangebot der Oppositionsparteien und die möglichen Effekte dieser Handlungen, um
auf der Basis dieser Kenntnis die Partei zu wählen, die ihnen tatsächlich den meisten
Nutzen bringen wird. Die selbständige Beschaffung von unmittelbaren Informationen
über die Programme und Entscheidungen der Parteien kostet Geld und Zeit. Die
Bereitschaft, diese Investitionen zu tätigen, ist vor allem angesichts des Stimmenwerts,
das heißt des Effekts, den die eigene Stimme auf die Auswahl der Regierung hat,
relativ gering.[30] Die Wähler versuchen entsprechend, die Informationskosten zu senken
bzw. so gering wie möglich zu halten. Die Beobachtung der politischen Öffentlichkeit
über die Massenmedien ist eine Strategie, die Informationskosten zu senken bzw.
niedrig zu halten.

Die Beobachtung der Regierung, der Parteien und ihrer Angebote über die Massenmedien ist zum einen mit einem geringen finanziellen Aufwand verbunden. Hinzu
kommt, daß die Beobachtung der politischen Öffentlichkeit mit sogenannten „soft-in-
centives" in Form eines Unterhaltungswerts, der durch die Nachrichtenwerte sicher-
gestellt ist, verbunden ist. Die Informationsbeschaffung wird so zu dem, was Samuel
Popkin (1991: 22) mit „By-Product Theory of Information" bezeichnet; Unterhaltungs-
interessen stehen häufig im Vordergrund, Informationen fallen als Nebenprodukte ab.
Die Kommunikationen in der politischen Öffentlichkeit werden von den Bürgern als
Ersatzmessungen der Handlungen der um Regierungspositionen konkurrierenden
Akteure interpretiert und dienen damit als Orientierungspunkt für die Ausbildung
eigener Präferenzen und speziell von Wahlpräferenzen. Insofern ist es für die Bürger
rational, die politischen Akteure über die Medien zu beobachten.

Eine ähnliche Rationalität kann man den Leistungsrollen des politischen Systems,
den kollektiven Akteuren zuschreiben. Regierung und Parteien orientieren sich ebenfalls am Code des Systems: Sie wollen die Regierungspositionen erreichen bzw. sie
erhalten. Dazu wählen sie die Entscheidungen und Programme, die ihnen die meisten
Wählerstimmen einbringen. Die Berücksichtigung der Nutzenpräferenzen der Wähler
einerseits und die Abgrenzung zu alternativen Anbietern, zu anderen Parteien also,
andererseits bilden die Determinanten dessen, was Regierung und Parteien an Programmen anbieten. Voraussetzung dafür aber ist es, daß die Regierung und Parteien
von den Nutzenpräferenzen der Bürger und über die Angebote der Konkurrenz der
anderen Parteien erfahren. Die Beobachtung der politischen Öffentlichkeit bildet auch

---

30 Insgesamt gehen in die Bereitschaft, wählen zu gehen und eine bestimmte Partei zu wählen,
folgende Faktoren ein (vgl. Downs 1968: 266ff.): a) das Parteidifferential, das sich aus dem
Vergleich des erwarteten Nutzens einer Partei mit dem erwarteten Nutzen anderer Parteien
ergibt, b) der Stimmenwert, der durch die Relevanz der eigenen Stimme für den Wahlaus-
gang bestimmt ist, c) der Partizipationswert, der sich aus dem Wert der Wahlbeteiligung an
und für sich ergibt, und d) die Informationskosten, die sich aus den Kosten ergeben, die zur
hinreichenden Information über die verschiedenen Parteien entstehen.

für die Regierung und die Parteien eine der Möglichkeiten, das Ungewißheitsproblem zu lösen. Die in den Medien abgebildeten Interessenartikulationen der Bürger und vor allem ihrer Interessengruppen dienen der Regierung und den Parteien dazu, Themen und Präferenzen der Bürger zu erfahren.[31] Die Beobachtung der in den Medien gespiegelten Äußerungen der anderen Parteien ermöglicht ihnen, die Angebotspalette ihrer Konkurrenten zu erfahren. Die politische Öffentlichkeit dient der Regierung und den Parteien als Ersatzindikator für die Erfassung der Bedürfnispräferenzen des Publikums und die Angebote der anderen Parteien. Insofern ist es für die Regierung und die Parteien rational, die politische Öffentlichkeit zu beobachten. Die Ausdifferenzierung spezialisierter Rollen innerhalb der Organisationen der Akteure, die dauerhaft die Öffentlichkeit beobachten, ist eine strukturelle Operationalisierung dieser Rationalität.

Von der Beobachtung der politischen Öffentlichkeit durch die Akteure des politischen Systems kann man die Handlungen der Akteure unterscheiden, die sie in der Folge oder in der Antizipation dessen, daß sie wissen, daß sie und ihre Handlungen beobachtet werden, tätigen; sie kommunizieren im Hinblick auf die Tatsache, daß es ein Beobachtungssystem gibt und versuchen selbst mit ihren Handlungen, das Bild von sich und den anderen Akteuren des politischen Systems in der politischen Öffentlichkeit zu gestalten. Ich hatte mich bei der Beschreibung des Öffentlichkeitssystems allein auf die interne Struktur des Systems konzentriert und den Input an Informationen, der von Akteuren anderer Systeme produziert und an das Öffentlichkeitssystem gerichtet wird, bisher außer Acht gelassen.

Warum und auf welche Weise versuchen Akteure des politischen Systems, die politische Öffentlichkeit mitzugestalten? Wollen Regierung und Parteien das durch den Code des Systems vorgegebene Ziel, Regierungspositionen zu besetzen, erreichen, dann müssen sie die Wähler mit ihren Angeboten an Programmen und Entscheidungen informativ erreichen und überzeugen, daß ihr Angebot ein besseres Angebot darstellt als jenes der Konkurrenten. Wissend, daß die politische Öffentlichkeit von den Bürgern beobachtet wird und wahrscheinlich das wichtigste Beobachtungssystem für die Bürger darstellt, ist es für die Regierung und die Parteien rational, weil im Vergleich zu anderen Kanälen der Kommunikation kostengünstig, die Bürger mit ihren Themen, Meinungen und Programmen via politische Öffentlichkeit zu erreichen. Die Ausdifferenzierung spezialisierter Rollen innerhalb der Organisationen der Akteure in Form von Öffentlichkeitsreferaten, Pressesprechern etc. dient dieser Aufgabe und sichert sie strukturell ab. Diese sind dauerhaft darum bemüht, ihre Themen, Meinungen, Programme und Entscheidungen in das Öffentlichkeitssystem zu lancieren.

Dabei müssen die kollektiven Akteure des politischen Systems zwei Handlungsrationalitäten zugleich berücksichtigen, die des politischen Systems und die des Öffentlichkeitssystems. Als Akteure des politischen Systems ist es ihr Ziel, Unterstützung für ihre Anliegen bei den Bürgern zu maximieren bzw. zu optimieren. Nur so kann es ihnen gelingen, Regierungspositionen zu besetzen. Wollen sie ihre Botschaften aber über das Öffentlichkeitssystem lancieren, müssen ihre Botschaften nach der Sinnstruk-

---

31 Alternative Möglichkeiten der Informationsgewinnung über die Präferenzen der Bürger besteht vor allem und in erster Linie in der Umfrageforschung, dann in den direkten Kontakten mit den Bürgern und den Interessengruppen.

tur von Öffentlichkeit resonanzfähig sein: sie müssen die Aufmerksamkeit des Publikums von Öffentlichkeit gewinnen. Die Benutzung von Nachrichtenwerten sind Operationalisierungen dieser Handlungsrationalität von Öffentlichkeit: Minister (bzw. ehemalige Minister) springen mit dem Fallschirm, Protestbewegungen führen Straßenblockaden durch, Kanzler organisieren kurz vor dem Wahltag ein Treffen mit internationaler Politprominenz. All dies sichert den Zugang zu den Medien; mit Aufmerksamkeit bei dem Publikum kann gerechnet werden. Es sichert aber noch nicht die Unterstützung. Bewegungen können mit ihren Blockaden als Kriminelle interpretiert werden, der fallschirmspringende Minister kann als sportlich leistungsfähig, aber politisch als Luftikus gedeutet werden, dem Kanzler wirft man vor, daß er sich anstatt um die heimatlichen Probleme zu kümmern in der Weltgeschichte herumtreibt. All dies kann den handelnden Politikern nicht recht sein, wenn sie rational handeln. Sie müssen, wollen sie ihr Ziel erreichen, Unterstützung und Zustimmung beim Publikum zu bewirken versuchen. Die kommunikativen Handlungen, die diesem Ziel gerecht werden, sind vielfältig und können an dieser Stelle nicht expliziert werden. Sie folgen aber einer rationalen Logik, die man beschreiben kann.[32]

V. Ausblick

Es war das Ziel der theoretischen Ausführungen, einen Begriff von politischer Öffentlichkeit zu entwickeln, der zum einen politische Öffentlichkeit innerhalb einer Gesamtvorstellung von Gesellschaft begrifflich verortet, zum zweiten in der Bestimmung von politischer Öffentlichkeit eine systemtheoretische Beschreibung mit einer akteurstheoretischen Perspektive verknüpft. Solche begrifflichen Versuche bewähren sich letztendlich erst dann, wenn man den Begriffsapparat zur Beschreibung von empirischer Wirklichkeit in Anschlag bringt. In welche Richtung dies gehen könnte, soll am Ende zumindest hypothetisch angedeutet werden.

Von verschiedenen Autoren der politischen Soziologie ist die These formuliert worden, daß Politikvermittlung und symbolische Poltik in westlichen Demokratien immer bedeutsamer wird (vgl. z.B. Edelman 1988; Sarcinelli 1987). Diesen Wandel kann man auch beschreiben als zunehmende Bedeutung politischer Öffentlichkeit in ihrer Funktion als Beobachtungssystem von Politik und in der Folge eine Zunahme von Handlungen des politischen Systems im Hinblick auf den Bedeutungszuwachs von politischer Öffentlichkeit. Dieser hypothetische Entwicklungstrend und seine Ursachen lassen sich mit Hilfe des hier entwickelten Begriffsapparats recht gut analysieren.

---

32 Akteure versuchen, einzelne Themen und Meinungen in von vielen Bürgern geteilte, konsistente Deutungsmuster (Anbindung an Werte, Ideologien etc.) zu integrieren und so zu interpretieren. Dies verringert zum einen auf der Seite des Publikums die Kosten der Informationsbeschaffung, weil nicht jede Entscheidung und jedes Thema in seiner Komplexität gedeutet werden muß, sondern als Informationspartikel eines generellen Sinnzusammenhangs interpretiert und somit schneller verarbeitet werden kann (vgl. Downs 1968: 93ff.; vgl. auch Gerhards 1992). Handelt es sich zudem um gemeinsam von vielen Bürgern geteilte Deutungsmuster, dann wird der Einzelne unterstellen, daß die Entscheidung bzw. das Thema mit einem Nutzen für ihn selbst verbunden ist.

Als Ursache für diesen Prozeß ist zum einen ein Wandel der Publikumsrolle des politischen Systems zu veranschlagen[33]. Erhöhung des Bildungsgrades der Bevölkerung, ökonomisches Wachstum und wohlfahrtsstaatliche Entwicklung führen im Modernisierungsprozeß zum einen zu einer Erhöhung kognitiver Fähigkeiten der Bürger, sich für Politik zu interessieren und an Politik zu beteiligen, und zum anderen zu einer Veränderung von Werteeinstellungen, wie sie von Inglehart als Wandel hin zu postmaterialistischen Werten beschrieben wurde (vgl. Inglehart 1989). Man kann vermuten, daß sich in der Folge die Beobachtungskompetenz für und die Beteiligungskompetenz an Politik sowie der faktische Beteiligungswunsch an Politik erhöht hat. Hinzu kommt, daß sich mit wachsender Staatstätigkeit die Menge an kollektiv verbindlichen Entscheidungen erhöht hat und damit politisches Handeln für die Bürger insofern immer wichtiger geworden ist, als immer häufiger ihre Interessen durch politisches Handeln tangiert werden. Diese Veränderungen der Publikumsrolle des politischen Systems setzen wiederum die Leistungsrollen des politischen Systems verstärkt unter Druck, die Wünsche und Bedürfnisse der Bürger aufzunehmen und in ihren Kommunikationsangeboten zu berücksichtigen. Die Notwendigkeit, politische Kommunikation zu betreiben, wächst.

Eine zweite Veränderung der Publikumsrolle des politischen Systems, die u.a. von Wolfgang Streeck (1987) herausgearbeitet wurde, kommt hinzu. Zunehmende räumliche, kulturelle und soziale Mobilität führen zu einer sozialstrukturellen Auflösung vormals homogener sozialer Milieus. Diese Milieus bildeten die Basis für die Ausbildung fester Loyalitäten zwischen Bürgern und politischen kollektiven Akteuren, die gleichsam im Gegenzug die Interessen dieser Milieus im politischen System repräsentierten. Mit Erhöhung der Mobilität der Gesellschaft und zunehmender Individualisierung weichen diese Milieus auf, die Bindungen der Bürger an ihre kollektiven Akteure lassen nach, die Akteure selbst, so die Formulierung Streecks, verlieren ihre Stammkundschaft. Der sozialstrukturell induzierte Effekt der nachlassenden Bindung der Bürger an die Leistungsrollen des politischen Systems wird ergänzt durch eine kulturell bedingte Veränderung der Publikumsrolle. Die Eigendynamik der Kulturentwicklung in einer säkularisierten Moderne führt zu einer Dominanz von zweckrationalen, Nutzen und Kosten abwägenden Einstellung der Bürger. Im Zusammenspiel mit der nachlassenden Bindungskraft der kollektiven Akteure führt dies zu einem Publikum, das zunehmend ungebunden an kollektive Akteure den eigenen Nutzen von Entscheidungen und Programmen der Leistungsrollen des politischen Systems kalkuliert. Für die Leistungsrollen des politischen Systems bedeutet dies aber, daß es einen wachsenden Bedarf der Überzeugungskommunikation und der Erzeugung von Zustimmung zu Programmen und Entscheidungen gibt. Die Abnahmemotivation auf Seiten des Publikums muß immer wieder neu erzeugt werden, der Bedarf an symbolischer Politik steigt.

Dieser Entwicklungstrend wird verstärkt durch Entwicklungen des Öffentlichkeitssystems selbst. Auf der Seite des Publikums hat sich der Grad der Inklusion in das Öffentlichkeitssystem beständig erhöht. Fast alle Bürger der Bundesrepublik beobachten heute tagtäglich das Geschehen in der Gesellschaft und insbesondere das Geschehen

---

33 Die folgenden Überlegungen beziehen sich auf die Ausführungen von Fuchs und Klingemann (1994) und die dort in Hypothesenform gut systematisierte Literatur.

in der Politik durch Beobachtung der Medien. Gleichzeitig kann man vermuten, daß alternative Kanäle der Informationsbeschaffung wie der Austausch von Informationen in Vereinen und Interessengruppen an Bedeutung verloren haben. Die Beobachtung der Gesellschaft und der Politik durch Beobachtung der politischen Öffentlichkeit hat also zugenommen. Diese Veränderungen auf der Seite des Publikums gehen einher mit Veränderungen auf der Seite der Leistungsrollen von Öffentlichkeit. Neben einer kontinuierlichen Erweiterung des Programmangebots insgesamt, aber auch des Angebots an politischen Informationen, die durch die Neubildung und Vergrößerung bestehender Medienorganisationen ermöglicht wurde, besteht der zentrale Wandel in der gewachsenen Autonomie des Systems gegenüber Umwelteinflüssen. Für den Rundfunk und speziell das Fernsehen, das das wichtigste Medium für die Bürger darstellt, bestand der entscheidende Schritt in der Zulassung privater Sendeanstalten und der Etablierung von Marktverhältnissen zwischen den verschiedenen Anbietern. Dies hat in der Folge zu einer verstärkten Orientierung des Systems am Code des Systems und seiner Operationalisierung in Form von Nachrichtenwerten (vgl. Pfetsch 1991) und einem Bedeutungsverlust von systemexternen Kriterien geführt.

Die Zunahme der Nutzung der Medien als Beobachtungssystem durch das Publikum einerseits, die Zunahme der Orientierung der Leistungsrollen von Öffentlichkeit an Nachrichtenwerten andererseits, wird für die Politik bedeuten, die Medien einerseits wichtiger nehmen zu müssen und im Hinblick auf die Medien zu kommunizieren, zum anderen die eigenen Handlungen an den Selektionskriterien der Medien zu orientieren, kurz: mit einer Zunahme an symbolischer Politik zu antworten. Ausdifferenzierung und Professionalisierung von neuen Grenzrollen innerhalb des politischen Systems, die den Umgang mit den Medien organisieren, dürften strukturelle Antworten auf den gewachsenen Bedarf darstellen.

Literatur

Alexander, Jeffrey C., 1982: Theoretical Logic in Sociology. Volume One: Positivism, Presuppositions, and Current Controversies. Berkeley: University of California Press.

Alexander, Jeffrey C., 1990: The Mass News Media in Systemic, Historical, and, Comparative Perspective. S. 322-366 in: *Jeffrey C. Alexander* und *Paul Colomy* (Hg.), Differentiation Theory and Social Change. Comparative and Historical Perspectives. New York: Columbia University Press.

Baudrillard, Jean, 1978: Politik und Simulation. S. 39-48 in: *Ders.*: Kool Killer oder der Aufstand der Zeichen. Berlin: Merve.

Baumert, Dieter Paul, 1928: Die Entstehung des deutschen Journalismus. Eine sozialgeschichtliche Studie. München/Leipzig: Duncker & Humblot.

Blöbaum, Bernd, 1994: Journalismus als System. Geschichte, Ausdifferenzierung und Verselbständigung. Opladen: Westdeutscher Verlag.

Downs, Anthony, 1968: Ökonomische Theorie der Demokratie. Tübingen: J.C.B. Mohr (Siebeck).

Edelmann, Murray, 1988: Die Erzeugung und Verwendung sozialer Probleme, Journal für Sozialforschung 28, 2: 175-192.

Eisermann, Jessica, 1993: Selbstkontrolle in den Medien: Der Deutsche Presserat und seine Möglichkeiten. Discussion Paper FS III 93-102. Wissenschaftszentrum Berlin.

Erbring, Lutz, 1989: Nachrichten zwischen Professionalität und Manipulation. Journalistische Berufsnormen und politische Kultur. S. 301-313 in: *Max Kaase* und *Winfried Schulz* (Hg.): Massenkommunikation. Theorien, Methoden, Befunde (Sonderheft 30 der Kölner Zeitschrift für Soziologie und Sozialpsychologie). Opladen: Westdeutscher Verlag.

Esser, Hartmut, 1991: Alltagshandeln und Verstehen. Zum Verhältnis von erklärender und verstehender Soziologie am Beispiel von Alfred Schütz und „Rational Choice". Tübingen: J.C.B. Mohr (Siebeck).

Franz, Peter, 1986: Der „Constrained Choice"-Ansatz als gemeinsamer Nenner individualistischer Ansätze in der Soziologie. Ein Vorschlag zur theoretischen Integration, Kölner Zeitschrift für Soziologie und Sozialpsychologie 38, 1: 32-54.

Fuchs, Dieter, 1993: Eine Metatheorie des demokratischen Prozesses. Discussion Paper FS III 93-202. Wissenschaftszentrum Berlin.

Fuchs, Dieter, und *Hans-Dieter Klingemann*, 1994: Citizens and the State: A Changing Relationship? Erscheint in: *Dieter Fuchs* und *Hans-Dieter Klingemann* (Hg.): Citizens and the State. Oxford: Oxford University Press.

Galtung, Johann, und *Mari Ruge*, 1965: The Structure of Foreign News. The Presentation of the Congo, Cuba and Cyprus Crisis in Four Norwegian Newspapers, Journal of Peace Research 2: 64-91.

Gerhards, Jürgen, 1991: Die Macht der Massenmedien und die Demokratie: Empirische Befunde, Discussion Paper FS III 91-108. Wissenschaftszentrum Berlin.

Gerhards, Jürgen, 1992: Dimensionen und Strategien öffentlicher Diskurse, Journal für Sozialforschung 32, 3/4: 307-318.

Gerhards, Jürgen, 1993: Neue Konfliktlinien in der Mobilisierung öffentlicher Meinung. Opladen: Westdeutscher Verlag.

Gerhards, Jürgen, und *Friedhelm Neidhardt*, 1990: Strukturen und Funktionen moderner Öffentlichkeit. Fragestellungen und Ansätze. Discussion Paper FS III 90-101. Wissenschaftszentrum Berlin.

Habermas, Jürgen, 1962: Strukturwandel der Öffentlichkeit. Untersuchungen zu einer Kategorie der bürgerlichen Gesellschaft. Neuwied/Berlin: Luchterhand.

Hitzler, Ronald, 1991: Der Machtmensch. Zur Dramatologie des Politkers, Merkur 45: 201-210.

Hölscher, Lucian, 1979: Öffentlichkeit und Geheimnis. Eine begriffsgeschichtliche Untersuchung zur Entstehung der Öffentlichkeit in der frühen Neuzeit. Stuttgart: Klett-Cotta.

Horkheimer, Max, und *Theodor W. Adorno*, 1971 (zuerst 1947): Dialektik der Aufklärung. Frankfurt a.M.: S. Fischer.

Inglehart, Ronald, 1989: Kultureller Umbruch. Wertwandel in der westlichen Welt. Frankfurt a.M./New York: Campus.

Jarren, Otfried, 1988: Politik und Medien im Wandel: Autonomie, Interdependenz oder Symbiose? Anmerkungen zur Theoriedebatte in der politischen Kommunikation, Publizistik 33, 4: 619-632.

Kaase, Max, 1986: Massenkommunikation und politischer Prozeß. S. 357-374 in: Ders. (Hg.): Politische Wissenschaft und politische Ordnung. Analysen zu Theorie und Empirie demokratischer Regierungsweise, Festschrift zum 65. Geburtstag von Rudolf Wildenmann. Opladen: Westdeutscher Verlag.

Kaase, Max, und *Winfried Schulz* (Hg.), 1989: Massenkommunikation. Theorien, Methoden, Befunde, Sonderheft 30 der Kölner Zeitschrift für Soziologie und Sozialpsychologie. Opladen: Westdeutscher Verlag.

Kellner, Douglas, 1990: Television and the Crisis of Democracy. Boulder: Westview.

Kepplinger, Hans Matthias, et al., 1989: Kommunikation im Konflikt. Freiburg: Alber.

Kiesel, Helmuth, und *Paul Münch*, 1977: Gesellschaft und Literatur im 18. Jahrhundert. Voraussetzungen und Entstehung des literarischen Markts in Deutschland. München: Beck.

Koszyk, Kurt, 1966: Deutsche Pressse im 19. Jahrhundert. Berlin: Colloquium Verlag.

Koszyk, Kurt, 1972: Deutsche Presse 1914-1945. Berlin: Colloquium Verlag.

Lehmann, Edward W., 1988: The Theory of the State versus the State of Theory, American Sociological Review 53: 807-823.

Lindemann, Margot, 1969: Deutsche Presse bis 1815. Berlin: Colloquium Verlag.

Luhmann, Niklas, 1964: Funktionen und Folgen formaler Organisation. Berlin: Duncker & Humblot.

Luhmann, Niklas, 1970: Soziologie des politischen Systems. S. 154-177 in: Ders.: Soziologische Aufklärung. Aufsätze zur Theorie sozialer Systeme, Band 1. Opladen: Westdeutscher Verlag.

Luhmann, Niklas, 1971: Öffentliche Meinung. S. 9-34 in: Ders.: Politische Planung. Opladen: Westdeutscher Verlag.

Luhmann, Niklas, 1977: Differentiation of Society, Canadian Journal of Sociology 2: 29-53.

Luhmann, Niklas, 1981: Veränderungen im System gesellschaftlicher Kommunikation und die Massenmedien. S. 309-320 in: *Ders.*: Soziologische Aufklärung 3. Soziale Systeme, Gesellschaft, Organisation. Opladen: Westdeutscher Verlag.

Luhmann, Niklas, 1981a: Der politische Code: „Konservativ" und „progressiv" in systemtheoretischer Sicht. S. 267-286 in: *Ders.*: Soziologische Aufklärung 3. Soziale Systeme, Gesellschaft, Organisation. Opladen: Westdeutscher Verlag.

Luhmann, Niklas, 1981b: Politische Theorie im Wohlfahrtsstaat. München: Olzog.

Luhmann, Niklas, 1986: Ökologische Kommunikation: Kann die moderne Gesellschaft sich auf ökologische Gefährdungen einstellen? Opladen: Westdeutscher Verlag.

Luhmann, Niklas, 1990: Gesellschaftliche Komplexität und öffentliche Meinung. S. 170-182 in: *Ders.*: Soziologische Aufklärung 5. Konstruktivistische Perspektiven. Opladen: Westdeutscher Verlag.

Luhmann, Niklas, 1993: Die Beobachtung der Beobachter im politischen System: Zur Theorie der Öffentlichen Meinung. S. 77-86 in: *Jürgen Wilke* (Hg.): Öffentliche Meinung. Theorien, Methoden, Befunde. Freiburg/München: Alber.

Luhmann, Niklas, und *Karl-Ernst Schorr*, 1979: Reflexionsprobleme im Erziehungssystem. Stuttgart: Klett-Cotta.

Marcinkowski, Frank, 1993: Publizistik als autopoietisches System. Politik und Massenmedien. Eine systemtheoretische Analyse. Opladen: Westdeutscher Verlag.

Mayhew, Leon, 1990: The Differentiation of the Solidary Public. S. 294-322 in: *Jeffrey C. Alexander* und *Paul Colomy* (Hg.): Differentiation Theory and Social Change. Comparative and Historical Perspectives. New York: Columbia University Press.

Mayntz, Renate, 1988: Funktionelle Teilsysteme in der Theorie sozialer Differenzierung. S. 11-44 in: *Renate Mayntz, Bernd Rosewitz, Uwe Schimank* und *Rudolf Stichweh* (Hg.): Differenzierung und Verselbständigung. Zur Entwicklung gesellschaftlicher Teilsysteme. Frankfurt a.M./New York: Campus.

Meyn, Hermann, 1990: Massenmedien in der Bundesrepublik Deutschland (überarbeitete und aktualisierte Neuauflage). Berlin: Colloquium Verlag.

Neidhardt, Friedhelm, 1994: Jenseits des Palavers. Funktionen politischer Öffentlichkeit. S. 19-30 in: *Wolfgang Wunden* (Hg.): Öffentlichkeit und Kommunikationskultur. Zu normativen Aspekten der Medien. Hamburg/Stuttgart: Steinkopf Verlag.

Neidhardt, Friedhelm, 1994a: Öffentlichkeit und die Öffentlichkeitsprobleme der Wissenschaft. S. 39-56 in: *Wolfgang Zapf* und *Meinolf Dierkes* (Hg.): Institutionenvergleich und Institutionendynamik. (WZB-Jahrbuch 1994). Berlin: Sigma.

Parsons, Talcott, und *Winston White*, 1969: The Mass Media and the Structure of American Society. S. 241-251 in: *Talcott Parsons*: Politics and Social Structure. New York/London: The Free Press.

Peters, Birgit , 1994: „Öffentlichkeitselite" – Bedingungen und Bedeutungen von Prominenz, S. 191-213 in: *Friedhelm Neidhardt* (Hg.): Öffentlichkeit, öffentliche Meinung, soziale Bewegungen. Sonderheft 34 der Kölner Zeitschrift für Soziologie und Sozialpsychologie. Opladen: Westdeutscher Verlag.

Pfetsch, Barbara, 1991: Politische Folgen der Dualisierung des Rundfunksystems in der Bundesrepublik Deutschland. Konzepte und Analysen zum Fernsehangebot und zum Publikumsverhalten. Baden-Baden: Nomos.

Popkin, Samuel L., 1991: The Reasoning Voter. Communication and Persuasion in Presidential Campaigns. Chicago/London: University of Chicago Press.

Sarcinelli, Ulrich, 1987: Politikvermittlung und demokratische Kommunikationskultur. S. 19-45 in: *Ulrich Sarcinelli* (Hg.): Politikvermittlung. Beiträge zur politischen Kommunikationskultur. Bonn: Bundeszentrale für politische Bildung.

Schenk, Michael, 1987: Medienwirkungsforschung. Tübingen: J.C.B. Mohr (Paul Siebeck).

Schimank, Uwe, 1985: Der mangelnde Akteurbezug systemtheoretischer Erklärungen gesellschaftlicher Differenzierung – Ein Diskussionsvorschlag, Zeitschrift für Soziologie 14: 421-434.

Schimank, Uwe, 1988: Gesellschaftliche Teilsysteme als Akteursfiktionen, Kölner Zeitschrift für Soziologie und Sozialpsychologie 40: 619-639.

Schönbach, Klaus, Dieter Stürzebecher und *Beate Schneider*, 1994: Oberlehrer oder Missionare? Das Selbstverständnis deutscher Journalisten. S. 139-161 in: *Friedhelm Neidhardt* (Hg.), Öffentlichkeit, öffentliche Meinung, soziale Bewegungen. Sonderheft 34 der Kölner Zeitschrift für Soziologie und Sozialpsychologie. Opladen: Westdeutscher Verlag.

Schulz, Winfried, 1976: Die Konstruktion von Realität in den Nachrichtenmedien. Freiburg/ München: Alber.

Staab, Joachim Friedrich, 1990: Nachrichtenwerttheorie. Formale Struktur und empirischer Gehalt. München/Freiburg: Alber.

Stichweh, Rudolf, 1988: Inklusion in Funktionssysteme der modernen Gesellschaft. S. 261-294 in: *Renate Mayntz, Bernd Rosewitz, Uwe Schimank* und *Rudolf Stichweh* (Hg.): Differenzierung und Verselbständigung. Zur Entwicklung gesellschaftlicher Teilsysteme. Frankfurt a.M./ New York: Campus.

Stichweh, Rudolf, 1988a: Differenzierung des Wissenschaftssystems. S. 45-116 in: *Renate Mayntz, Bernd Rosewitz, Uwe Schimank* und *Rudolf Stichweh* (Hg.): Differenzierung und Verselbständigung. Zur Entwicklung gesellschaftlicher Teilsysteme. Frankfurt a.M./New York: Campus.

Streeck, Wolfgang, 1987: Vielfalt und Interdependenz. Überlegungen zur Rolle von intermediären Organisationen in sich ändernden Umwelten, Kölner Zeitschrift für Soziologie und Sozialpsychologie 39: 471-495.

Tyrell, Hartmann, 1978: Anfragungen an eine Theorie der gesellschaftlichen Differenzierung, Zeitschrift für Soziologie 7: 175-193.

Vanberg, Victor, 1975: Die zwei Soziologen. Individualismus und Kollektivismus in der Sozialtheorie. Tübingen: J.C.B. Mohr (Paul Siebeck).

Voltmer, Katrin, 1993: Mass Media: Political Independence of Press and Broadcasting Systems, Discussion Paper FS III 93-205. Wissenschaftszentrum Berlin.

Wenner, Lawrence A.,1985 The Nature of News Gratifications. S. 171-193 in: *Karl Erik Rosengren, Lawrence A. Wenner* und *Philip Palmgreen* (Hg.): Media Gratifications Research. Current Perspectives. Beverly Hills/London/New Delhi: Sage.

Wilke, Jürgen, 1984: Nachrichtenauswahl und Medienrealität in vier Jahrhunderten. Eine Modellstudie zur Verbindung von historischer und empirischer Publizistikwissenschaft. Berlin/New York: de Gruyter.

Wilke, Jürgen, 1986: Massenmedien und sozialer Wandel. Eichstätter Hochschulreden. München: Minerva.

Wilke, Jürgen, 1989: Pressegeschichte. S. 287-313 in: *Elisabeth Noelle-Neumann, Winfried Schulz* und *Jürgen Wilke* (Hg.): Fischer Lexikon, Publizistik, Massenkommunikation. Frankfurt a.M.: Fischer.

III. Öffentlichkeitsakteure

POLITISCHE AKTEURE UND DIE MEDIEN DER MASSENKOMMUNIKATION

Zur Generierung von Öffentlichkeit in Wahlkämpfen*

Rüdiger Schmitt-Beck und Barbara Pfetsch

Zusammenfassung: Der Beitrag entwickelt zunächst ein allgemeines Modell der politischen Kommunikation in Wahlkämpfen. Diese werden konzeptualisiert als Wettbewerbe zwischen politischen Akteuren um Einfluß auf die Öffentlichkeit. Da die Massenmedien in modernen Industriegesellschaften die wichtigsten Kanäle sind, über die sich Öffentlichkeit konstituiert, versuchen die politischen Parteien, die um Wählerstimmen konkurrieren, deren Berichterstattung im Sinne ihrer Kommunikationsziele zu beeinflussen. Politische Medieninhalte lassen sich infolgedessen als Resultat der Interaktion zwischen politischen Akteuren und Massenmedien verstehen. Die Bedingungen dieser Interaktion stehen im Mittelpunkt der empirischen Analysen im zweiten Teil des Beitrags, einer Inhaltsanalyse. Indikator für den Erfolg der Medienstrategien von Parteien ist dabei das Vorkommen von Pseudoereignissen in der Berichterstattung. Es zeigt sich, daß die Medien insgesamt sehr empfänglich auf die von den Parteien inszenierten Pseudoereignisse reagieren. Besonders gilt dies für die Nachrichtenagentur dpa, das öffentlich-rechtliche Fernsehen und die Medien in den neuen Bundesländern. Der Nachrichtenfaktor Konflikt spielt ebenfalls eine Rolle, jedoch nur gemeinsam mit anderen Variablen.

Einleitung

Der vorliegende Beitrag hat zwei Ziele. Erstens wird ein allgemeines Modell der politischen Kommunikation in Wahlkämpfen entwickelt. Bezugnehmend auf das Konstrukt „Politikvermittlung" konzeptualisieren wir Wahlkämpfe als Wettbewerbe zwischen politischen Akteuren um Einfluß auf die Öffentlichkeit als denjenigen Raum, in dem allgemeinverbindliche Definitionen des Politischen entstehen. In modernen Industriegesellschaften sind die Medien der Massenkommunikation die wichtigsten Austauschkanäle, über die sich Öffentlichkeit konstituiert. Die politischen Parteien, die in Wahlkämpfen um Wählerstimmen konkurrieren, haben daher ein vitales Interesse daran, daß die tagesaktuelle Berichterstattung dieser Medien im Sinne ihrer Kommunikationsziele günstig ausfällt. Eines der wichtigstes Instrumente der Kommunika-

---

* Frühere Versionen dieses Beitrags wurden im Februar 1993 und im April 1993 im Rahmen des Kolloquiums des Mannheimer Zentrums für Europäische Sozialforschung und der ECPR Joint Session of Workshops in Leiden vorgestellt. Die Autoren sind allen Teilnehmern der lebhaften Diskussionen, besonders Herbert Döring, Max Kaase und Pippa Norris, für konstruktive Kritiken und Anregungen zu Dank verpflichtet. Dank für wichtige Nachfragen auch dem Herausgeber dieses Bandes.

tionsstrategien politischer Akteure ist die Inszenierung sogenannter Pseudoereignisse – Aktionen, die ausschließlich dazu dienen, das Interesse der Medien zu wecken und vorteilhafte Berichterstattung zu stimulieren. Politische Medieninhalte lassen sich infolgedessen auch als Resultat der Interaktion zwischen politischen Akteuren und Massenmedien verstehen. Die Bedingungen dieser Interaktion stehen im Mittelpunkt des zweiten Teils des Beitrags, einer empirischen Analyse. Sie hat das Ziel, Faktoren zu identifizieren, die sich auf den Erfolg der Medienstrategien politischer Akteure förderlich oder hinderlich auswirken. Als exemplarischer Fall wurde die erste gesamtdeutsche Bundestagswahl vom 2. Dezember 1990 ausgewählt.

I. Politikvermittlung in den Medien

1. Zwei Dimensionen von Politik: Herstellung und Darstellung

Für den ganz überwiegenden Teil der Bürger moderner, hochgradig funktional differenzierter, demokratisch verfaßter Industriegesellschaften ist die Politik wesentlich gekennzeichnet durch wachsende Erfahrungsferne, Komplexität und Ambiguität. Soweit Politik erfahrbar wird, stammt sie, bis auf Residualbereiche, aus zweiter Hand. Das meiste von dem, was die Durchschnittsbürger über Politik wissen, oder besser: zu wissen glauben, können sie nicht aus eigener Anschauung kennen. Politikerfahrung ist größtenteils eine durch Kommunikationsmedien vermittelte Erfahrung (Lippmann 1922; Ball-Rokeach 1985; Edelman 1985, 1988; Guggenberger 1988; Nimmo/Combs 1990).

Ausgehend von dieser Diagnose ist es folgerichtig, bei der Analyse von Politik als Elitenhandeln zwei Dimensionen systematisch voneinander zu unterscheiden: die „Herstellung" und die „Darstellung" von Politik (Sarcinelli 1987b: 66; Edelman 1985). Die erste Dimension bezeichnet den Bereich der politischen Sachentscheidungen und deckt sich mit dem herkömmlichen Verständnis von Politik, wie es beispielsweise in der klassischen funktionalistischen Definition von Politik als autoritativer Allokation von Werten in der Gesellschaft (Easton 1965) zum Ausdruck kommt. Im Unterschied zu dieser Dimension der „Politikerzeugung" bezieht sich die Dimension der „Politikvermittlung" (Sarcinelli 1987a) auf die Darstellung politischen Handelns, politischer Ereignisse oder Sachverhalte durch die Eliten im Medium der Öffentlichkeit. Im Gegensatz zur „issue-policy" handelt es sich um „rhetorische Politik" (Sarcinelli 1986: 187). Es geht nicht um die Durchsetzung politischer Gestaltungsabsichten in Entscheidungsarenen mittels formal institutionalisierter Prozeduren, sondern um Inszenierungen und Realitätsdeutungen (Offe 1976). Für die politischen Akteure heißt politisches Handeln dann, „nicht nur an die Inhalte, sondern auch an die öffentliche Umsetzung der Politik zu denken" (Radunski 1980: 7). In der Innenperspektive der politischen Praxis scheinen Herstellung und Darstellung von Politik tendenziell zu verschmelzen, das eine wird nicht mehr ohne das andere gedacht. Politik als Elitenhandeln nimmt insgesamt Züge einer permanenten Kommunikationskampagne an (Denton/Woodward 1990: 51-52; Radunski 1980: 7-11; Hombach 1991).

Wesentlich ist, daß Politikvermittlung keineswegs mit „Informationsvermittlung" im Sinne einer unverzerrten Widerspiegelung von Sachpolitik gleichzusetzen ist. Die möglichen Inhalte von Politikvermittlung lassen sich vielmehr auf einem idealtypischen Kontinuum anordnen, auf dem pure Sachinformation durch objektive „politische Bildung" – die selbst nur als Idealtypus vorstellbar ist (Böckelmann et al. 1979) – lediglich einen der beiden Pole markiert. Der Gegenpol besteht im reinen Politiksurrogat, dem jeder Bezug zu einem sachpolitischen Signifikat abgeht. Je näher sich die Inhalte von Politikvermittlung auf diesen Pol zubewegen, desto stärker handelt es sich um rein „symbolische Politik" (Edelman 1985; Sarcinelli 1987b). Symbolischer Politik geht es gerade nicht um Wissenstransfer, rationale Reflexion und Überzeugung, sondern im Gegenteil um „Suggestion, Faszination und Emotionalisierung" (Sarcinelli 1987a: 33).

Wenn die Dimension der Politikherstellung durch die Wahrnehmung des „Normalbürgers" nicht mehr erfaßt werden kann, dann ist für ihn „Politik ... ganz überwiegend die Darstellung von Politik" (Sarcinelli 1987b: 5). Ihr Gegenstand ist ein „kommunikatives Kunstprodukt" (Sarcinelli 1987a: 24). Die politische Erfahrung stellt mithin eine „designed experience" dar (Nimmo/Combs 1990: 7), der man sich – wie Offe (1976: IX) empfiehlt – besser mit der Haltung des Theaterkritikers als mit der des Informationssammlers aussetzen sollte.

2. Politikvermittlung als Kampf um Macht

Unter „Öffentlichkeit" kann man einen Raum verstehen, in dem aufgrund nicht-privater Kommunikationsvorgänge Auffassungen, Vorstellungen und Sichtweisen von Gegenständen der Politik entstehen (und vergehen), die als mehr oder weniger verbindlich und mehrheitsfähig gelten und nach allgemeinem Dafürhalten „legitim" sind (Gerhards/Neidhardt 1991). Was zu einer bestimmten Zeit im öffentlichen Raum einer Gesellschaft die „herrschende" oder „öffentliche Meinung" (Gerhards/Neidhardt 1991: 42) bildet, steckt auf der einen Seite die Grenzen des „Erlaubten" ab und konstituiert auf der anderen Seite spezifische Reaktionserfordernisse für die Mitglieder der politischen Gemeinschaft (Luhmann 1970): Im Feld der Öffentlichkeit konstituiert sich das (mitunter rasch wechselnde) Inventar dessen, was nach allgemeinem Verständnis als Problemhaushalt der Politik gilt.

Politikvermittlung stellt nichts anderes dar als den Versuch politischer Akteure, durch Kommunikationsstrategien das Öffentlichkeitssystem zu beeinflussen. Sie ist ein Kampf um die Definitionsmacht im Raum der Öffentlichkeit (Champagne 1990: 17-22). Aus der Sicht von Eliten, deren Herrschaft sich auf die Zustimmung der Regierten gründet, hat Politikvermittlung primär einem Zweck zu dienen: der Stimulierung und Stabilisierung von Unterstützung und Loyalität. Ihre Kommunikationsstrategien sollen dazu beitragen, ein für sie günstiges öffentliches Bild der Politik zu erzeugen und stabil abzusichern. Politikvermittlung ist also aus der Perspektive ihrer Urheber primär auf die Darstellung von Politik unter dem Aspekt ihrer Zustimmungsfähigkeit angelegt.

In der gegenwärtigen Theoriediskussion können grob zwei Varianten dieser Grundthese unterschieden werden, nämlich eine system- und eine akteursbezogene. Autoren, die sich primär mit der symbolischen Politik auseinandersetzen, attestieren dieser häufig eine globale „Placebo"-Funktion (Meyer 1992: 62): Symbolische Politik diene

dazu, das Aufbrechen latenter Legitimationsdefizite des politischen Systems zu verhindern, die entstünden, weil politische Unterstützung vor dem Hintergrund schrump-
fender politischer Handlungsspielräume immer weniger durch „Leistung" gewonnen
werden könne.[1] Als „Souveränitätsfiktion" diene symbolische Politik zur Simulation
von Handlungskompetenz (Meyer 1992: 149; Guggenberger 1988).

Unser Beitrag folgt der zweiten Argumentationslinie. Sie berücksichtigt, daß in
konkurrenzdemokratischen, pluralen politischen Systemen zahlreiche Akteure miteinander im Wettbewerb um die Zustimmung der Bürger stehen. Infolgedessen geht es
nicht um ein einziges dominantes Muster der Politikvermittlung, sondern um eine
Vielzahl von Transaktionen, die konflikthaft aufeinander bezogen sind. „Öffentlichkeit
ist in liberaldemokratischen Gesellschaften ... ein Konkurrenzsystem in dem Sinne,
daß Akteure, die spezifische Themen und Meinungen als öffentliche Themen definieren
wollen, meist nicht lange allein und nicht unangefochten bleiben" (Gerhards/Neid-
hardt 1991: 76). An die Stelle der systembezogenen Status-quo-Funktionen symbolischer Politik treten in dieser Perspektive als analytische Schlüsselkategorien die Kommunikationsziele und -strategien konkurrierender politischer Akteure.

Die prototypische Situation hierfür ist der Wahlkampf. In diesem Kontext sind
naturgemäß die um die politische Macht konkurrierenden Parteien die zentralen Akteure. Ebenso wichtig sind jedoch auch die von diesen Parteien besetzten und ganz
oder partiell in Konkordanz mit ihren Kommunikationszielen agierenden Institutionen
des politischen Systems, etwa Regierungen oder Parlamentsfraktionen.[2] Hinzu kommen Akteure wie Verbände und soziale Bewegungen, aber auch Spezialorganisationen
wie Wählerinitiativen oder die „Political Action Committees" in den USA (Beckmann
1989), die im Wahlkampf offen oder verdeckt in strategische Koalitionen mit Parteien
und Kandidaten eintreten.

Das Ende des Wahlkampfes markiert natürlich keineswegs das Ende von Politikvermittlung, sondern lediglich eine Intensitäts- und Akzentverschiebung. Alle genann-

---

1 Der prononcierteste Vertreter dieser Sichtweise ist sicherlich Edelman (1985, 1988). In der
  deutschsprachigen Diskussion finden sich im Grundsatz ähnliche Auffassungen vor allem
  bei Lange (1981); Schatz et al. (1981); Sarcinelli (1987b); Streeck (1987); Meyer (1992: 63-67).
  Edelman geht in seinem „cui bono" allerdings, ähnlich wie Champagne (1990), durch die
  Betonung der Funktionalität von Politikvermittlung für die Aufrechterhaltung von Strukturen sozialer Ungleichheit über diese Positionen hinaus.
2 In der Öffentlichkeitsarbeit politischer Organe, die von Parteien auf Zeit besetzt sind, ist
  vor dem Hintergrund des Grundsatzes gleicher Wahlchancen der Parteien ein Spannungs-
  verhältnis zwischen der auf die Tätigkeit dieser Organe bezogenen Unterrichtungs- und
  Informationspflicht gegenüber der Öffentlichkeit einerseits und parteipolitisch einseitiger
  Wahlwerbung andererseits strukturell angelegt. In der Vergangenheit wurde die darin
  implizierte Problematik der verdeckten Staatsfinanzierung von Wahlwerbung auf dem
  Wege der Öffentlichkeitsarbeit politischer Organe mehrfach (1966, 1976 und 1989) zum
  Gegenstand von Konflikten, die vor dem Bundesverfassungsgericht ausgetragen wurden.
  Das BVG hält zwar die Öffentlichkeitsarbeit politischer Organe grundsätzlich für notwendig, setzt aber Grenzen zulässiger Öffentlichkeitsarbeit nach inhaltlichen und terminlichen
  Kriterien. Insbesondere vor Wahlen wird Neutralität verlangt (vgl. Leonardy 1978; Böckel-
  mann/Nahr 1979; Klatt 1980; Jäger/Bärsch 1991; Sarcinelli 1993). Vor dem Hintergrund
  neuerer Forschungen über kognitive (im Unterschied zu persuasiven) Medienwirkungen,
  die Entscheidungen dadurch beeinflussen, daß sie ihre Informationsgrundlagen verändern
  (vgl. z.B. Gamson 1988b), wird aber evident, daß ein solcher Grundsatz beträchtliche
  Implementationsprobleme aufwirft.

ten Akteure begreifen Politikvermittlung als strategische Kernaufgabe, die permanent zu erfüllen ist.[3] Die Spannweite der Akteure, die sich aufgrund der verschiedensten Kommunikationsziele an Politikvermittlung beteiligen, reicht im politischen „Alltag" von Industrieunternehmen (Hintermeier 1982: 150-157) bis zu sozialen Bewegungen (Schmitt-Beck 1990; Gerhards 1992a). Stetige Anstrengungen, ihre eigene Publizität zu steuern und damit die Öffentlichkeit zu beeinflussen, unternehmen nicht nur Akteure, die offensichtlich Partialinteressen vertreten, sondern auch politische Organe wie z.B. Regierungen (Kempen 1975; Hofsähs 1977; Walker 1982; Kernell 1986). Selbst Nationalstaaten betreiben gegenüber Regierungen und Bürgern anderer Staaten Politikvermittlung.[4]

3. Politikvermittlung im Wahlkampf

Wahlkampagnen dienen aus der Sicht der beteiligten Akteure vor allem einem Ziel: der Maximierung von Wählerstimmen. Jede Partei muß im Wahlkampf bestrebt sein, den Wählern zwei Notwendigkeiten zu vermitteln: sich an der Abstimmung zu beteiligen (Mobilisierung) und ihre Stimmen für sie und nicht für eine der konkurrierenden Parteien abzugeben (Überzeugung). Dafür steht den Parteien im wesentlichen nur ein Instrument zur Verfügung, nämlich die Beeinflussung der Öffentlichkeit durch Kommunikation. „[P]olitical election campaigns are campaigns of communication" (Trent/Friedenberg 1991: 12). Drei Aspekte sind dabei für Parteien im Vorfeld von Wahlen zentral:

1. Parteien, insbesondere kleine und neue Parteien, müssen versuchen, größtmögliche Aufmerksamkeit zu gewinnen, um bei den Wählern als Teilnehmer am Wettbewerb bekannt und anerkannt zu werden (Langenbucher/Uekermann 1985: 52).
2. Vorteilhafte Images der Parteien und ihrer Kandidaten müssen erzeugt, projiziert und in der Wahrnehmung der Wähler verankert werden (Nimmo/Savage 1976; Radunski 1980: 15-23).
3. Parteien müssen versuchen, die Themenstruktur des Wahlkampfes unter ihre Kontrolle zu bringen oder zumindest in einer für sie vorteilhaften Weise deutend, durch „Framing" (Gamson 1988a), zu beeinflussen (Budge/Farlie 1983; Sarcinelli 1987b: 116-165; Salmore/ Salmore 1989: 111-137).[5]

Zwei Kommunikationskanäle sind für die Politikvermittlung der Parteien maßgeblich: die Parteiorganisation und die Massenmedien. Kennzeichnend für die klassische Wahlkampagne war die persönliche Ansprache der Wähler durch Großveranstaltungen mit Kandidaten und durch „canvassing" der lokalen Parteimitglieder und -anhänger. Dieser direkte Kontakt zwischen Parteien bzw. Kandidaten und Wählern hat in den letzten

---

3 Vgl. z.B. als instruktive Fallstudie am Beispiel der CSU: Pauli-Balleis (1987: 241-339).
4 Vgl. Kunczik (1989). Ein besonders spektakuläres Beispiel aus der jüngeren Geschichte ist die Kampagne einer Public Relations-Agentur im Auftrag der Organisation „Citizens for a Free Kuwait", welche die amerikanische Öffentlichkeit nach der Besetzung des Landes durch den Irak auf die militärische Befreiungsaktion einstimmen sollte; vgl. Leo (1992).
5 An dieser Stelle gehen wir über die Konzeptualisierung von „Öffentlichkeit" durch Gerhards/Neidhardt (1991) oder auch Luhmann (1970) hinaus, weil wir nicht nur Themen, sondern auch Akteure und deren Wahrnehmungen als Elemente von Öffentlichkeit begreifen.

Jahrzehnten immer mehr zugunsten der indirekten, durch Massenmedien vermittelten Ansprache an Gewicht verloren (Cayrol 1989: 393-395; Esaiasson 1991). Mit der Ausbreitung der elektronischen Medien, insbesondere des Fernsehens, wurden die notwendigen technischen Kapazitäten bereitgestellt, um so gut wie alle Bürger permanent direkt an die Kampagnen anzuschließen. Die Parteien sehen in der Vermittlungsleistung der Massenmedien eine strategische Ressource, durch die Wahlkämpfe heute allgegenwärtig werden können.

Hinsichtlich der Massenmedien unterscheiden die Wahlkampfstrategen zwischen „paid media" und „free media" (Farrell/Wortmann 1987: 299; Salmore/Salmore 1989: 139-166; Esaiasson 1991). Erstere umfassen alle Arten bezahlter Werbung, von Plakaten und Eigenpublikationen der Parteien über Zeitungsanzeigen bis hin zu den Werbespots im Fernsehen.[6] Die entscheidende Bedeutung für die Politikvermittlung im Wahlkampf wird jedoch den „free media" zugesprochen: der alltäglichen politischen Berichterstattung der Massenmedien. Die Parteien schreiben vor allem dem Fernsehen ein enormes politisches Wirkungspotential nicht zuletzt in bezug auf die Beeinflussung der wachsenden Zahl der parteiungebundenen Wähler zu, auf die sich ihre Wahlkampfanstrengungen primär richten (Salmore/Salmore 1989: 4-9; Radunski 1980: 15; Bjorklund 1991). Daher wird der „Medienwahlkampf", der versucht, die aktuelle Berichterstattung als kostenlosen Werbeträger zu instrumentalisieren, als Zentralachse des gesamten Wahlkampfes aufgefaßt (Radunski 1979, 1980, 1983; Langenbucher/Uekermann 1985; Trent/Friedenberg 1991: 91-118). Wahlkampfmanager unterstellen dabei, daß die medienvermittelte politische Realität von den Wählern nicht als Produkt von Wahlkampfstrategien erkannt, sondern als „Politik schlechthin" wahrgenommen wird (Radunski 1983: 136). D.h. anders als bei allen anderen Vermittlungsformen des Wahlkampfes geht es bei der Medienkampagne nicht um offenkundige Parteienwerbung, sondern um das öffentliche Bild der Politik selbst.

Am Beispiel des Wahlkampfes zur Bundestagswahl 1990[7] lassen sich die unterschiedlichen Kontaktchancen mit den Wählern quantifizieren, welche den Parteien durch die verschiedenen Kommunikationskanäle eröffnet werden (*Tabelle 1*).[8] Die Kontakt-

---

6 Die Werbemöglichkeiten der Parteien im Fernsehen sind in westlichen Demokratien, mit Ausnahme der USA, normalerweise stark reglementiert. In der Bundesrepublik stellen die öffentlich-rechtlichen Sender den Parteien vor Wahlen kontingentierte Sendezeiten für Wahlspots zur Verfügung, die diese kostenlos nutzen dürfen. Da es sich hierbei aber eindeutig um explizite Werbung handelt, ist unter systematischem Blickwinkel auch hier von „paid media" zu sprechen. Außerdem müssen die Parteien selbst für die Produktionskosten aufkommen. Durch die neuen privatkommerziellen Sender ist es neuerdings aber für die deutschen Parteien auch möglich geworden, Werbezeit im Fernsehen zu kaufen. Auch hier kommt eine Quotenregel zur Anwendung, die jedoch lediglich Anrechte auf Sendezeit festlegt. Aufgrund der hohen Kosten haben die kleinen Parteien bei der Bundestagswahl 1990 darauf verzichtet, ihre Kontigente für Werbung im Privatfernsehen zu belegen – eine hinsichtlich der Chancengleichheit der Parteien bedenkliche Entwicklung (vgl. Kleinhenz 1990: 61-64).
7 Die hier ausgewerteten Umfragedaten wurden ebenso wie die inhaltsanalytischen Daten, auf die weiter unten zurückgegriffen wird, im Kontext des Projekts „Vergleichende Wahlstudie 1990" erhoben. Das Projekt wird gemeinsam geleitet von Max Kaase (Berlin), Hans-Dieter Klingemann (Berlin), Manfred Küchler (New York) und Franz Urban Pappi (Mannheim). Verantwortliche Projektbearbeiter sind Rüdiger Schmitt-Beck und Ingo Koßmann (beide Mannheim). Ferner sind an dem Vorhaben wissenschaftlich beteiligt Rolf Hackenbroch (Berlin), Rainer Mathes (Frankfurt), Barbara Pfetsch (Berlin), Peter R. Schrott (Mannheim), Katrin Voltmer (Berlin) und Bernhard Weßels (Berlin).
8 Die Tabelle basiert auf je einer repräsentativen Wiederholungsbefragung der wahlberechtigten Bevölkerung im westlichen und im östlichen Wahlgebiet. Die 1. Panelwelle wurde während des beginnenden Wahlkampfes erhoben (Feldzeit: 3. Oktober – 16. November

Tabelle 1: Kontaktchancen über die Kommunikationskanäle Parteiorganisation und Massenmedien (Angaben in Prozent – 1990)

	Westdt. Elektorat	Ostdt. Elektorat
Parteiorganisation:		
Kontakt mit Kandidaten oder Wahlhelfern	17,8	21,7
Teilnahme an Wahlveranstaltungen	6,7	15,0
„Paid Media":		
Lesen von Wahlkampfmaterial der Parteien	46,1	69,2
„Free Media":		
Lektüre der pol. Berichterstattung der Tageszeitung an wenigstens einem Tag in der Woche	72,3	87,4
Sehen von Fernsehnachrichten an wenigstens einem Tag in der Woche	94,9	96,4

chancen der klassischen Wahlkampfinstrumente der Parteien wie Werbeaktionen der lokalen Mitglieder- und Anhängerschaft sowie öffentliche Veranstaltungen sind eher gering.[9] Gedrucktes Werbematerial spielt unter den parteikontrollierten Instrumenten der Politikvermittlung noch die größte Rolle; es erreicht in Westdeutschland knapp die Hälfte des Elektorats, in Ostdeutschland immerhin rund zwei Drittel. Dagegen besitzen Botschaften, die über die aktuelle Berichterstattung der Massenmedien vermittelt werden, ein wesentlich größeres Reichweitenpotential. Insbesondere das Fernsehen erweist sich als ein ubiquitäres Medium, und zwar auch hinsichtlich seiner tagesaktuellen politischen Informationsangebote: Fast alle Besitzer von Fernsehempfängern sehen wenigstens einmal in der Woche eine Nachrichtensendung.

4. Kommunikationsstrategische Instrumentalisierung der politischen Berichterstattung

Öffentlichkeit ist in modernen Industriegesellschaften in erster Linie eine massenmediale Öffentlichkeit (Gerhards/Neidhardt 1991: 54-55). Die tagesaktuelle politische

---

1990), die 2. Panelwelle unmittelbar vor dem Wahltermin der Bundestagswahl (10. November – 1. Dezember 1990). Die Fallzahlen betragen N=1340 (1. Welle) bzw. N=449 (2. Welle) für Westdeutschland incl. West-Berlin sowie N=692 (1. Welle) bzw. N=253 (2. Welle) für Ostdeutschland incl. Ost-Berlin. Die Ergebnisse zur Nutzung der „free media" entstammen der 1. Befragungswelle, die anderen Ergebnisse der 2. Welle. Da sich an der 2. Welle politisch Interessierte – wie bei Panelbefragungen üblich – in überdurchschnittlichem Umfang beteiligt haben, dürften die in der Tabelle wiedergegebenen Anteile sogar Maximalwerte darstellen.

9 Daß öffentliche politische Veranstaltungen in der Bundesrepublik generell kein großes Publikum finden, wird neuerdings aufgezeigt bei Gerhards (1992b). Allerdings neigen stärker politisch involvierte Personen mit höherem kognitivem Kompetenzniveau überproportional zur Nutzung dieser „kleinen Form von Öffentlichkeit", so daß ein gewisser Multiplikatoreffekt durch Meinungsführerschaft im interpersonalen Umfeld wahrscheinlich ist (vgl. Schenk 1993: 264). Zudem variiert das Interesse an politischen Veranstaltungen stark in Abhängigkeit von politisch-ideologischen Orientierungen.

Berichterstattung der Medien der Massenkommunikation beteiligt direkt oder indirekt – indem sie die interpersonale Kommunikation im Alltag mitprägt (Shaw 1977; Kepplinger/Martin 1986) – alle Mitglieder der Gesellschaft an einer gemeinsamen politischen Realität. Es handelt sich dabei freilich um eine Medienrealität, die nach eigenen Gesetzmäßigkeiten konstruiert ist (Luhmann 1981; Gamson 1988b; Schulz 1989). Im Wahlkampf ist es vorrangiges Ziel der konkurrierenden politischen Akteure, auf den Prozeß der massenmedialen Realitätskonstruktion so einzuwirken, daß diese im Sinne ihrer Kommunikationsziele möglichst günstig ausfällt.

Ansatzpunkte hierfür finden sie in den Konstruktionsmechanismen der Medienrealität, d.h. in den Gesetzmäßigkeiten der Nachrichtenproduktion. „Newsmaking" durch Medienorganisationen ist ein nach Routinen ablaufender Prozeß der Komplexitätsreduktion, der unter Bedingungen knapper Ressourcen ständig optimiert werden muß. Die Wirksamkeit von Nachrichtenfaktoren (Schulz 1976) und die Bedeutung logistischer Rahmenbedingungen (Sigal 1973; Lange 1981) als Auswahlkriterien machen die Nachrichtenproduktion kalkulierbar und eröffnen politischen Akteuren die Möglichkeit, Medienstrategien zu entwerfen. Diese bestehen darin, den Medien gezielt Anlässe zur Berichterstattung anzubieten. Aus der Sicht von Wahlkampfmanagern stellt sich die Wahlkampfführung insoweit als das „Management von Medienereignissen" dar (Radunski 1983: 137). Sie versuchen, die systematische Selektivität der Massenmedien auszunutzen, indem sie kalkulierte Stimuli für die Berichterstattung setzen (Sarcinelli 1987b: 199-228; Schulz 1987).

Boorstin (1961) hat in seiner klassischen Arbeit den Begriff „Pseudoereignisse" für Geschehnisse geprägt, die von politischen Akteuren ausschließlich deshalb herbeigeführt werden, um die Aufmerksamkeit der Medien auf sich zu ziehen und Berichterstattung zu stimulieren. Pseudoereignisse sind Aktionen, die nicht stattfinden würden, wenn es keine Massenmedien gäbe. Für politische Akteure sind sie ein Instrument, das so gestaltet werden kann, daß politische Bedeutungsgehalte mit größtmöglicher Wahrscheinlichkeit die Wahrnehmungsfilter des Mediensystems passieren können. Sie erhöhen damit die Chance politischer Akteure auf Medienpräsenz. Pseudoereignisse stellen ein variabel einsetzbares kommunikationsstrategisches Instrument dar. Timing, Lokalisierung, Präsentationsformen und logistische Vorkehrungen, die den Journalisten die Arbeit erleichtern, können flexibel festgelegt werden. Techniken der „politischen Public Relations" wie Pressekonferenzen und -stellungnahmen stellen die wichtigsten „Routinekanäle" (Sigal 1973: 120-121) politischer Akteure dar, um ihren Botschaften Publizität zu sichern (Müller 1986: 110-111; Trent/Friedenberg 1991: 189-198). Einen zweiten Typ von Pseudoereignissen bilden spektakuläre, dabei jedoch nicht weniger durchgeplante Inszenierungen, wie z.B. Demonstrationen und Kundgebungen, die besonders aufgrund ihrer Neuigkeit und Außergewöhnlichkeit, ihres Konfliktgehaltes oder ihres visuellen Schaueffektes Nachrichtenwert besitzen (Champagne 1990: 193-267). Man denke etwa an die Lichterketten gegen Ausländerfeindlichkeit, die im Winter 1992/93 in vielen Orten der Bundesrepublik organisiert wurden. Zumeist werden solche Ereignisse als öffentliche Veranstaltungen realisiert, die durch die Anwesenheit eines Publikums vor Ort legitimiert werden. Dieses fungiert aber faktisch als Statisterie (Kepplinger 1982: 99; Champagne 1990: 259), weil die Medien bzw. genauer: das Medienpublikum der eigentliche Adressat ist.

Pseudoereignisse müssen zwei Eigenschaften möglichst optimal miteinander verbinden, wenn sie ihren Zweck im Prozeß der Politikvermittlung erfüllen sollen: Erstens müssen sie so beschaffen sein, daß sie mit erhöhter Wahrscheinlichkeit die Selektionsfilter des Mediensystems passieren und zu Nachrichten werden. Es ist daher wichtig, daß sie als potentielle Anlässe für Berichterstattung mit Nachrichtenwert aufgeladen und/oder in logistischer Hinsicht mediengerecht vorstrukturiert sind. Zweitens müssen sie die kognitiv-informativen und/oder symbolischen Bedeutungsgehalte image- oder themenpolitischer Art transportieren, welche die politischen Akteure durch die Medienberichterstattung an das Publikum weitergeleitet haben wollen. Hierin besteht der eigentliche Zweck der Inszenierung von Pseudoereignissen. Ihr mediengerechtes Design hat hingegen instrumentellen Charakter; es ist Mittel zum Zweck.[10]

Empirische Fallstudien aus der Bundesrepublik, der Schweiz und den USA[11] demonstrieren übereinstimmend, daß politische Parteien und Institutionen, aber auch andere kollektive Akteure (Industrieunternehmen, Bewegungsorganisationen wie „Greenpeace") in der Tat durch Pressekonferenzen und verwandte Public Relations-Instrumente erheblich auf die Inhalte der Routineberichterstattung einwirken können. Allerdings gibt es Hinweise, daß dabei medien- und akteursbezogene Faktoren mehr oder weniger stark intervenieren. Ein erheblicher Teil der aktuellen Routineberichterstattung basiert diesen Studien zufolge auf Pressekonferenzen und Pressemitteilungen. Wenn Medien über solche Pseudoereignisse berichten, dann übernehmen sie überdies in der Regel die dort vorgegebene Themenstruktur. Redaktionelle Bearbeitungen finden nur in beschränktem Umfang statt. Nach- oder Zusatzrecherche ist selten. Das Timing der Berichterstattung wird durch die Terminierung der Pseudoereignisse ebenfalls weitgehend festgelegt, weil normalerweise sofort berichtet wird. Allerdings gibt die Durchführung einer Pressekonferenz keine Gewißheit, daß sie tatsächlich von den Nachrichtenmedien berücksichtigt wird; die Chance steigt jedoch, wenn logistische Vorkehrungen getroffen werden, die den Funktionserfordernissen der Medienorganisationen entgegenkommen. Sowohl für die Bundespolitik als auch für die spezifische Kommunikationssituation von Wahlkämpfen sind empirische Studien bislang allerdings selten geblieben: Lediglich Dahlem/Mathes (1989) und Mathes/Freisens (1990) untersuchen Themenstrukturen sowie Präsenz und Bewertung politischer Akteure in Tageszeitungen bzw. Fernsehnachrichten und ermitteln empirische Anhaltspunkte, die auf eine Beeinflußbarkeit der Medien durch die Kommunikationsstrategien politischer Parteien auch im Kontext von Wahlkämpfen zu Bundestagswahlen hindeuten.

Die Beobachtung, daß politische Akteure verstärkt und unter zunehmendem Einsatz professioneller Techniken versuchen, die politische Berichterstattung der Massenmedien als Gratis-Werbeträger für ihre Kommunikationszwecke zu instrumentalisieren (Plasser 1989), hat eine Reihe von weitreichenden, zum Teil sehr pointierten Hypothesen über das Verhältnis von politischem System und Mediensystem hervorgebracht (Blumler/Gurevitch 1981; Fabris 1987; Jarren 1988). Die eine Extremposition in dieser Debatte postuliert die passive Ohnmacht der Medien gegenüber den Instrumentalisierungskapazitäten eines übermächtigen politischen Systems. Politische Akteure könnten die Berichterstattung der Nachrichtenmedien in einem solchen Ausmaß steu-

---

10 Vgl. dazu als Belege auch die Wahlkampfhandreichungen der Parteien für ihre Mitglieder: CDU-Bundesgeschäftsstelle – Abteilung Öffentlichkeitsarbeit (o.J.); Vorstand der SPD – Referat Öffentlichkeitsarbeit (1990: 76-78, 105-110); Bundesgeschäftsstelle DIE GRÜNEN (1990: Kap. 5).

11 Vgl. Sigal (1973); Nissen/Menningen (1979); Hintermeier (1982); Baerns (1985); Grossenbacher (1986); Turk (1991); Barth/Donsbach (1992); Fröhlich (1992); Ruß-Mohl (1992: 121-135); Rossmann (1993).

ern, daß das, „was als Medienwirkung erscheint, ... tatsächlich die Wirkung der Kommunikationsstrategien der politischen Primärkommunikatoren ist, die sich der Medien instrumentell bedienen" (Langenbucher 1983: 114-115). Zur Erklärung der Medienrealität erscheint aus dieser Sicht ein „Inszenierungsmodell der Nachrichtenauswahl" (Kepplinger 1990: 42-43) angemessen.

Die Gegenthese sieht die Gewichtsverteilung gerade umgekehrt: Ein aktives Mediensystem diktiere dem politischen System die Bedingungen seiner eigenen öffentlichen Präsenz. Die Instrumentalisierungsbemühungen, die politische Akteure in der Hoffnung auf eine bestimmte vorteilhafte Qualität der Berichterstattung unternehmen, seien als aufgenötigte Anpassungsleistungen der Objekte der Berichterstattung an die Kommunikationsregeln des Mediensystems zu verstehen und müßten daher eigentlich als „Medienwirkungen" interpretiert werden (Kepplinger 1982). Noch weiter geht die Annahme, daß die Medien als unabhängige „4. Gewalt" umgekehrt über das Potential verfügten, durch eigeninitiierte Berichterstattung den Parteien die Realisierung ihrer Kommunikationsziele sogar erheblich zu erschweren (Oberreuter 1989; Bjorklund 1991; Esaiasson 1991).

Schließlich gibt es eine mittlere Position, die weder dem Mediensystem noch den politischen Akteuren ein Übergewicht zuschreibt. Sie konzeptualisiert die Beziehungen zwischen politischem System und Mediensystem als komplexe Interaktionen zwischen zwei Gruppen von wechselseitig abhängigen und daher anpassungsbereiten Akteuren. Beide Gruppen verfolgen ein globales gemeinsames Ziel, nämlich die Aufrechterhaltung der politischen Kommunikation, haben ansonsten aber verschiedene, zum Teil entgegengesetzte Intentionen. Sie gehen daher eine Beziehung zum gegenseitigen Nutzen ein, in der routinemäßig Information gegen Publizität getauscht wird (Blumler/Gurevitch 1981). Aus dieser symbiotischen Konstellation wechselseitiger Abhängigkeit (Boorstin 1961: 41; Sarcinelli 1987b: 213-222) erwächst für keinen der Akteure die Macht, den jeweils anderen zu kontrollieren. Das politische System ist zwar auf die Kapazitäten des Mediensystems zur Verbreitung von Informationen angewiesen, aber dieses gewinnt dadurch keine Machtposition, weil es kein Sanktionspotential besitzt. Schon weil die Informationsvermittlung ihr Daseinszweck ist, können die Medien diese Leistung nicht einfach einstellen. Vielmehr ist das Mediensystem selbst umgekehrt darauf angewiesen, daß ihm die politischen Eliten Informationen zukommen lassen, um darüber zu berichten. Andererseits können aber auch die Medienstrategien der politischen Akteure keine Quellen von Macht sein. „Free media" können dadurch nur mehr oder weniger erfolgreich beeinflußt, aber nicht verläßlich kontrolliert werden (Trent/Friedenberg 1991: 114). Und die Bedingungen, unter denen Medienstrategien erfolgreich sein können, werden vom Mediensystem selbst gesetzt. Dies impliziert, daß politische Akteure nicht jede beliebige Botschaft mit Hilfe der Massenmedien weitervermitteln können, sondern nur solche, die diesen Bedingungen korrespondieren.

5. Ein Modell des Prozesses der Politikvermittlung im Wahlkampf

Die Annahme, daß die Beziehung zwischen politischem System und Mediensystem im Prozeß der Politikvermittlung als Wechselbeziehung gefaßt werden kann, bildet den Ausgangspunkt der empirischen Untersuchung, die im zweiten Teil dieses Beitrags vorgestellt wird. Sie zielt darauf ab, die Mechanismen, die innerhalb dieser Interaktionsbeziehung wirksam werden, genauer zu durchleuchten. Wir gehen bei unserer Untersuchung also weder davon aus, daß das Mediensystem nur mehr eine Art Rohrpost für Primärkommunikationen politischer Akteure darstellt, noch unterstellen wir, daß es gegenüber den Medienstrategien der politischen Akteure völlig immun ist und ganz autonom agiert. Zumindest für den Bereich der Routineberichterstattung scheint uns die Idee der Interdependenz bzw. Symbiose zwischen Massenmedien und politischen Akteuren sowohl die tatsächlichen Verhältnisse am besten zu treffen, als auch die größte heuristische Offenheit für prüfbare Hypothesen zu gewährleisten. Der Inhalt der politischen Berichterstattung der Nachrichtenmedien stellt aus dieser Sicht, mit einer Metapher von Sigal (1973: 4) ausgedrückt, in wesentlichen Teilen das Produkt der Kopplung zweier informationsverarbeitender Maschinen dar: der Medienorganisationen und der professionellen Anbieter von Informationsvorprodukten, welche von den politischen Akteuren als spezifische Organisationsgliederungen ausdifferenziert worden sind.

Zunächst wollen wir jedoch die bisher angestellten Überlegungen in den Gesamtrahmen eines Prozeßmodells der Politikvermittlung im Wahlkampf einordnen (*Schaubild 1*).[12] Politikvermittlung im Wahlkampf begreifen wir als einen „top-down"-Prozeß politischer Kommunikation, der jedoch in Form von Rückkopplungsschleifen auch „bottom-up"-Komponenten enthält. Die zentralen Akteure der Kampagnenkommunikation sind die Parteiführungen bzw. die von ihnen bestellten Planungsstäbe aus Kommunikationsspezialisten und Kampagnenmanagern. Sie legen die spezifischen Kommunikationsziele der Kampagnen fest und entwerfen die Strategien, die im Wahlkampf realisiert werden sollen. Die Kommunikationsziele können die ganze Spannbreite von der Vermittlung rein kognitiver Botschaften bis hin zur symbolischen Politik umfassen.

Im Planungsprozeß dürfen verschiedene einschränkende Faktoren nicht außer acht gelassen werden. Selbst wenn sich eine Parteiführung dafür entscheiden sollte, ein reines „Marketing"-Konzept (Oellerking 1988) zu verfolgen, werden ihr doch bei der „Positionierung" am politischen „Markt" durch frühere politische Festlegungen, durch die tradierte Lokalisierung der Partei im ideologischen Spektrum (Lijphart 1981) und durch die politischen und ideologischen Präferenzen und Orientierungen der Mitglieder auf den verschiedenen Ebenen der Parteiorganisation, die ja die Strategie zum

---

12 Die graphische Darstellung berücksichtigt nicht die systemspezifischen Kontexte, innerhalb derer sich Wahlkämpfe in verschiedenen Ländern entfalten. Systemvariablen wie Wahlsysteme, die Struktur der Parteiensysteme und der Mediensysteme, einschließlich der rechtlichen Bestimmungen für die Wahlwerbung im Sinne von „paid media", Bestimmungen zur Parteienfinanzierung und nicht zuletzt der Aufbau des politischen Systems selbst (z.B. föderales oder zentralistisches System, Unterschiede hinsichtlich Anzahl und Art der direkt wählbaren politischen Organe, Existenz plebiszitärer Beteiligungsformen, Notwendigkeit von Koalitionsregierungen oder Möglichkeit der Alleinherrschaft großer Parteien) konstituieren zweifelsohne Randbedingungen von erheblicher Prägekraft (Christensen/Svasand 1993). Was die konkurrierenden Parteien selbst anbelangt, macht es hinsichtlich der strategischen Ausgangslage einen Unterschied, ob eine Partei an der Regierung ist oder in der Rolle des Herausforderers in den Wahlkampf geht. Auch die Größe einer Partei ist hinsichtlich ihrer Prägekraft für den Gesamtwahlkampf ein Faktor von Belang. Dasselbe gilt für den Grad der „Etabliertheit" einer Partei.

Schaubild 1: Modell des Prozesses der Politikvermittlung im Wahlkampf

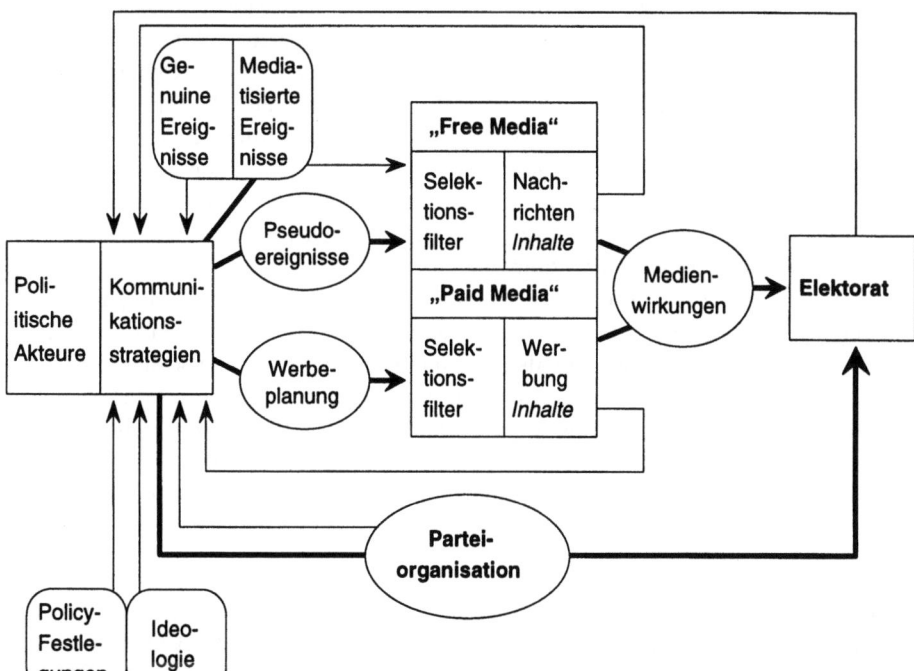

Teil implementieren müssen, Beschränkungen auferlegt. Der Adressat der Kommunikationsstrategien der Parteien, die Wählerschaft selbst, wird auf zweierlei Weise zum Ursprung einer Rückkopplungsschleife: durch ihr Entscheidungsverhalten bei früheren Wahlen, das ja als Reaktion auf die jeweils implementierten Wahlkampfstrategien gedeutet werden kann, und durch strategische Informationssammlung, z.B. mittels Umfragen. Diese gilt heute bei den meisten Parteien als selbstverständliches Element der Wahlkampfplanung (Kavanagh 1981; Radunski 1980: 28-36).

Die Kommunikationsinhalte, die im Rahmen der „Parteien- und Mobilisierungskampagne" (Radunski 1980: 118- 128) über die Parteiorganisation vermittelt werden, erreichen den einzelnen Wähler hauptsächlich über öffentliche Versammlungen und über persönliche Kontakte, die von Parteiaktivisten gezielt gesucht werden.[13] Die schematische Darstellung konzentriert sich jedoch auf den zweiten Hauptkanal der Politikvermittlung, nämlich die Medien der Massenkommunikation. Ihre Inhalte beeinflussen die politischen Wahrnehmungen und Auffassungen im Elektorat nach Gesetzmäßigkeiten, wie sie von der Forschung über Medienwirkungen aufgedeckt werden (Schenk 1987). Sie erreichen die einzelnen Wähler entweder unmittelbar oder

---

13 Da das Schaubild nur die öffentlichen Komponenten der Kampagnenkommunikation abbildet, berücksichtigt es nicht die Weiterverarbeitungen, welche die einfließenden Informationen in der privaten Umwelt der einzelnen Wähler erfahren, d.h. in den Netzwerken der alltäglichen interpersonalen Kommunikation mit Verwandten, Freunden oder Arbeitskollegen (Knoke 1990: 29-56).

vermittelt und weiterverarbeitet über interpersonale Kontaktnetze (Merten 1988). Se-
lektivitäten der Medienrezeption wirken von der Adressatenseite her moderierend auf
die medienvermittelten Kommunikationsflüsse ein (Donsbach 1989; Ruhrmann 1989:
30-42). Im Rahmen der „Werbekampagne" (Radunski 1980: 92-117; Oellerking 1988:
194-235) nutzen die Parteien die Massenmedien – oft unter Einschaltung von Werbe-
agenturen – als Werbeträger („paid media"). Die Selektionsfilter des Mediensystems
im Bereich der bezahlten Werbung sind primär rechtlicher und ökonomischer Art. Im
Rahmen ihrer finanziellen Möglichkeiten haben politische Akteure hier weitgehende
Gestaltungsfreiheit und können ihre Werbung nach den Regeln dieser „Kunst" auf
ihre Wirkungsintentionen feinabstimmen.

Im Mittelpunkt der vorliegenden Untersuchung steht die Medienkampagne, d.h.
der Versuch, die tagesaktuelle Berichterstattung der Nachrichtenmedien zu beeinflussen. Diese wird von den Parteien als „free media", als potentieller kostenloser Werbeträger gesehen.[14] Durch die Inszenierung von Pseudoereignissen versuchen politische Akteure, die von den Medien vermittelten Inhalte im Sinne ihrer Ziele zu beeinflussen. Ihre Versuche, die Nachrichtenmedien als Plattform zu instrumentalisieren,
stoßen jedoch – abgesehen von der Widerständigkeit des Mediensystems selber, auf
welche sich die Fragestellung der folgenden empirischen Analysen richtet – an drei
Seiten auf Grenzen.

Erstens ist der Wahlkampf eine Konkurrenzsituation, in der eine Vielzahl von politischen
Akteuren mit strukturell ähnlichen Strategien um die Aufmerksamkeit der Medien kämpft.
Schon kapazitätsmäßig können nicht alle Informationsangebote von den Medien gleichermaß-
en berücksichtigt werden.

Zweitens ist die Medienrealität nicht nur ein Reflex der kommunikationspolitisch motivierten Inszenierungstrategien politischer Akteure, sondern stellt zugleich auch eine systematisch-
selektive Verarbeitung des „aktuellen Ereignishintergrundes" (Mathes/Freisens 1990: 550) der
„genuinen" politischen Ereignisse (Kepplinger 1990: 46) dar, d.h. der Ereignisse der materiellen
Politik, die im Gegensatz zu Pseudoereignissen nicht als Inszenierungen für die Massenmedien
zustandekommen, sondern ihre Relevanz aus ihrem Stellenwert im politischen Entscheidungsprozeß gewinnen. Häufig werden diese allerdings kommunikationsstrategisch überformt und
gestaltet; man kann sie dann als „mediatisierte Ereignisse" (Kepplinger 1990: 46) bezeichnen.
Hierbei handelt es sich um politische Anlässe, die zwar substantiell „Politikherstellung"
betreffen, die aber von den beteiligten politischen Akteuren mediengerecht eingerichtet werden: Politikherstellung wird hier in einer für die Adressaten nicht wahrnehmbaren Weise mit
Politikvermittlung verschweißt. Mediatisierte Ereignisse sind ein Beispiel für den „Reziprozi-
tätseffekt", der sich einstellt, wenn Handlungen von Akteuren dadurch verändert werden, daß
die Massenmedien – tatsächlich oder antizipiert – darüber berichten (Kepplinger 1982: 100). So
haben beispielsweise Parteitage, zumal Wahlparteitage, klare strategische Funktionen im Ab-
laufplan von Wahlkämpfen (Radunski 1983: 141-142). Auch Auslandsreisen von Kandidaten
mögen durchaus wichtige Funktionen im politischen Entscheidungsprozeß erfüllen, aber sie
werden grundsätzlich auch als „leichter Zugang zur Fernsehberichterstattung" wahrgenommen und dementsprechend geplant (Radunski 1983: 139; Trent/Friedenberg 1991: 71). Auf eine
Extremform verweist das Konzept der „symbolischen Gesetze", die zwar formal alle Merkmale
materieller politischer Entscheidungen aufweisen. Sie werden jedoch nicht in der Absicht
formuliert, die Realität durch normiertes Verhalten im Sinne des Gesetzestextes zu beeinflussen, sondern damit dieser Tatbestand selbst durch die Medien publik wird (Kindermann 1989;
Mazur 1992).

---

14 Hofsähs (1977) weist darauf hin, daß Analoges selbst für die Routineöffentlichkeitsarbeit
   der Bundesregierung gilt.

Viele genuine politische Ereignisse liegen jedoch auch außerhalb der Kontroll- und Einfluß-möglichkeiten politischer Akteure und können deren Medienstrategien durchaus konterkarieren. Der Zusammenbruch des Regimes in der DDR im Vorfeld der Bundestagswahl 1990 ist ein Beispiel für eine Entwicklung, auf welche die im Wahlkampf konkurrierenden Parteien nur begrenzt einwirken können, die jedoch jede von ihnen unter Reaktionszwang setzt. Die ursprünglich vorgesehenen Wahlkampfstrategien der SPD und der Grünen waren der grundlegend geänderten politischen Ausgangssituation nicht mehr angemessen; der Spielraum dieser Parteien, auf die neue Lage wirkungsvolle wahlstrategische Antworten zu finden, war offenbar begrenzt (Kitschelt 1991). Ein zweites Beispiel ist der Angriff der UN-Alliierten auf den Irak, der unmittelbar vor der hessischen Landtagswahl im Januar 1991 buchstäblich über Nacht die politische Agenda neu strukturierte, was vermutlich die Chancen der Wahlsieger SPD und Grüne verbessert hat (Schmitt-Beck 1991). Die jederzeit bestehende Möglichkeit derartiger Einwirkungen „höherer Gewalt" bringt in jeden Wahlkampf ein Moment der Zufälligkeit und stellt für die professionelle Kompetenz, Flexibilität und Kreativität der Kommunikationsstrategen eine besondere Herausforderung dar. Im Unterschied zu solchen historisch mehr oder weniger einmaligen und in ihrer zeitlichen Struktur eher punktuellen „Umweltkontingenzen" von Wahlkampagnen stellt die Wirtschaftslage eine quasi-objektive Rahmenbedingung von dauerhafter Bedeutung dar. Die Chancen von Regierungsparteien, durch konjunkturpolitische Steuerungsversuche ihre wahlstrategische Ausgangssituation zu verbessern, sind gering (Schmidt 1983). Daher besteht in diesem Feld ein um so stärkerer Bedarf, Wahrnehmungen durch „Framing" zu verbessern (Visser/Wijnhoven 1990) – eine Strategie, die durchaus wirksam sein kann, wenn sie in den Medien Resonanz findet (Mutz 1992).

Die dritte Einschränkung ergibt sich aus der Eigeninitiative der Medien. Massenmedien reagieren nicht nur auf externe Reize, sondern nehmen sich in ihrer Berichterstattung auch aus systeminternen Motiven bestimmter Themen an. Sie engen dadurch den Raum ein, der zur Verfügung steht, um inszenierte Ereignisse zu berücksichtigen. Freilich gibt es auch hier eine Grauzone. Es darf nämlich nicht übersehen werden, daß solche Beiträge ebenfalls häufig auf Initiativen politischer Akteure zurückgehen, jedoch werden diese nicht offenkundig. Beispiele sind die in den USA notorischen „leaks" (Sigal 1973: 143-148), sogenannte „Hintergrundgespräche" (Pauli-Balleis 1987: 312-313) oder auch die direkte Beteiligung von Parteien an der Planung von Beiträgen, wie sie etwa bei Wahlsondersendungen im öffentlich-rechtlichen Fernsehen praktiziert wird (Langenbucher/Lipp 1982: 229-230).[15]

Schaubild 1 bildet idealtypisch nur einen einzigen der im Wahlkampf konkurrierenden Akteure ab. Gleichwohl kommen implizit auch alle anderen Teilnehmer des Wettbewerbs in der Darstellung vor, und zwar vermittelt über die Inhalte der Massenmedien. Nicht nur für die Wähler, sondern füreinander sind die Parteien, die im Wettbewerb um Stimmen stehen, primär als Bestandteile der Medienrealität präsent. In Wahlkämpfen diskutieren die Parteien nicht miteinander, sondern vermittelt durch das Mediensystem allenfalls übereinander, wenn nicht aneinander vorbei (Budge/Farlie 1983: 22-26). Sie stehen in einem „publizistischen Konflikt" (Kepplinger et al. 1989; 1994 i.d.Bd.), d.h. einer Konstellation, in der mehrere Akteure zugleich konkurrierend versuchen, durch kommunikative Inszenierungsstrategien die Medien zu ihren Gunsten zu beeinflussen. Jeder von ihnen gerät dadurch unter den Druck, permanent auch auf die Inszenierungen der anderen Akteure, soweit diese in der Medienrealität re-

---

15 Im Bundespresseamt ist das Instrument der „Verlautbarungsstufen" institutionalisiert, das bereits in der Weimarer Republik eingesetzt wurde. Äußerungen gegenüber Journalisten mit Verlautbarungsstufe 1 können oder sollen sogar zitiert werden, solche mit Verlautbarungsstufe 3 auf der anderen Seite dürfen nicht veröffentlicht werden. Die Verwendung von Äußerungen mit Verlautbarungsstufe 2 ist erlaubt oder sogar erwünscht, aber nur ohne Quellenangabe; vgl. Walker (1982: 201).

flektiert sind, zu reagieren. Diese müssen sowohl antizipativ als auch retrospektiv berücksichtigt werden. Schon Boorstin (1961: 31) hatte diese Fortpflanzungsdynamik beobachtet: „[P]seudo-events produce more pseudo-events". Die Parteien beobachten daher systematisch und permanent die aktuelle Berichterstattung (Pauli-Balleis 1987: 299-301). Außerdem wird die Resonanz der eigenen Kommunikationsstrategien im Mediensystem ständig evaluiert, wovon ebenfalls wieder Rückwirkungen auf die Strategieentscheidungen selbst ausgehen (Pauli-Balleis 1987: 332-334). Es entstehen auf diese Weise weitere Rückkopplungsschleifen, die ebenfalls wieder auf die Planung von Kommunikationsstrategien einwirken.

Alle Komponenten dieses Modells der Politikvermittlung müssen als Variablen aufgefaßt werden. Das Schema repräsentiert ein Raster zur empirischen Analyse von Wahlkampagnen als Kommunikationskampagnen. Die relativen Bedeutungsgewichte jedes der Elemente im Modell und der zwischen ihnen bestehenden Relationen sind nicht festgelegt. So treten nicht alle Parteien mit derselben finanziellen Ressourcenausstattung in die Arena. Auch ist der Trend zur Professionalisierung und Zentralisierung von Kommunikationsfunktionen nicht in allen Parteien gleich weit fortgeschritten. Dies hängt wiederum nicht zuletzt von ideologischen Festlegungen der Parteien ab. Ebenso gibt es keinen Anlaß, davon auszugehen, daß alle konkurrierenden Akteure die Informationen, die ihnen über die diversen Feedbackkanäle zufließen, hinsichtlich ihrer strategischen Relevanz und Bedeutung gleichermaßen gut entschlüsseln können. Im folgenden wollen wir einen Teilausschnitt aus diesem Gesamtmodell einer genaueren empirischen Analyse unterwerfen. Es handelt sich um die Schnittstelle zwischen den Strategien der Ereignisinszenierung, welche von den konkurrierenden politischen Akteuren verfolgt werden, und den Selektionsfiltern der „free media". Wir untersuchen diesen Aspekt am Beispiel der Bundestagswahl 1990.

II. Ereignisinszenierungen im Wahlkampf 1990

Gegenstand der folgenden Analysen ist die Medienresonanz der Ereignisse, die von politischen Akteuren inszeniert werden, um Reaktionen der Nachrichtenmedien zu stimulieren. Das Ziel der Auswertungen besteht darin, den Anteil von Pseudoereignissen an der Gesamtberichterstattung zu bestimmen und Bedingungen seiner Variabilität zu ermitteln: In welchem Umfang geht die Berichterstattung der Massenmedien auf Pseudoereignisse zurück? In welcher journalistischen Form werden Pseudoereignisse von den Medien berücksichtigt? Welche Variablen beeinflussen die Reaktionsbereitschaft von Massenmedien gegenüber potentiellen Anlässen der Berichterstattung, die von Akteuren des politischen Systems eigens in Szene gesetzt wurden, um Publizität zu gewinnen? Unter welchen Bedingungen ist also der Anteil von Pseudoereignissen an der aktuellen Berichterstattung hoch, unter welchen Bedingungen ist er gering? Wir wissen aus einschlägigen Fallstudien, daß die Berichterstattung, sofern sie auf Pseudoereignisse zurückgeht, mit hoher Wahrscheinlichkeit im Sinne der Kommunikationsintentionen der Primärkommunikatoren ausfällt.[16] Vor diesem Hintergrund

---

16 Es muß allerdings angemerkt werden, daß die Medien zumindest bei Demonstrationen und anderen öffentlichen Kundgebungen spektakulärer und konfliktträchtiger Art, die von

gibt uns diese Untersuchung Aufschluß über die *Chancen* politischer Akteure, die Nachrichtenmedien durch Inszenierungsstrategien als *Plattform für Politikvermittlung* zu instrumentalisieren.

Anders als die meisten vorliegenden Studien zu diesem Problemkreis stützen wir uns auf eine Aggregatperspektive.[17] Wir untersuchen die gesamte Berichterstattung ausgewählter west- und ostdeutscher tagesaktueller Nachrichtenmedien zu allen Themen der deutschen Innen- und Außenpolitik[18] über eine längere Zeitperiode hinweg, nämlich für die gesamte Dauer des Wahlkampfes und Vorwahlkampfes zur ersten gesamtdeutschen Bundestagswahl am 2. Dezember 1990. Datenbasis ist eine quantitative Inhaltsanalyse der tagesaktuellen Medien mit Ausnahme des Hörfunks, die den Zeitraum vom 17. April bis zum 8. Dezember 1990 abdeckt.[19]

1. Pseudoereignisse in den Massenmedien: Deskriptive Ergebnisse

Tabelle 2 bestätigt einmal mehr einen bekannten Sachverhalt (vgl. z.B. Sigal 1973: 121): Die aktuelle Berichterstattung der Massenmedien berücksichtigt in erheblichem Umfang die Informationsangebote politischer Akteure. Fast die Hälfte der gesamten Be-

---

Protestbewegungen inszeniert werden, um ihren Anliegen Geltung zu verschaffen, dazu neigen, die Botschaften zugunsten der Formen zu vernachlässigen (Schmitt-Beck 1990: 652). Daher eignet sich diese Form von Pseudoereignissen neben der Erzwingung von Aufmerksamkeit wohl am ehesten zur Vermittlung symbolischer Bedeutungen.

17 Überwiegend handelt es sich bei den bislang vorgelegten Untersuchungen um Fallstudien, die Primärkommunikationen in Pressekonferenzen und Pressemitteilungen mit der Berichterstattung der Medien, die sich darauf stützt, vergleichen. Die Eingrenzung der Gegenstandsbereiche dieser Studien erfolgt über die Auswahl bestimmter Akteure, eines bestimmten Themas und/oder bestimmter Medien (vgl. Nissen/Menningen 1979; Hintermeier 1982; Baerns 1985, 1987; Grossenbacher 1986; Turk 1991; Barth/Donsbach 1992; Fröhlich 1992; Rossmann 1993). Die Untersuchungsanlage der hier vorgelegten Studie erbringt demgegenüber generalisierbare Ergebnisse über Chancenstrukturen im gesamten Mediensystem und für alle Akteure und Themen. Der Beleg, daß die Inhalte der auf Pseudoereignisse zurückgehenden Berichterstattung im Einzelfall tatsächlich den Kommunikationsintentionen der Primärkommunikatoren entsprechen, kann aufgrund des Stichprobenvolumens nicht geleistet werden.

18 Nur Beiträge über internationale Politik, d.h. ohne Beteiligung deutscher Akteure, wurden nicht berücksichtigt.

19 Die Inhaltsanalyse umfaßt eine Reihe von west- und ostdeutschen Tageszeitungen, die Nachrichtensendungen der öffentlich-rechtlichen Hauptprogramme und der beiden Privatprogramme mit den größten Reichweiten, RTLplus und SAT1, sowie den dpa-Basisdienst. In Westdeutschland wurden die überregionalen Tageszeitungen „Die Welt", „Frankfurter Allgemeine Zeitung", „Süddeutsche Zeitung", „Frankfurter Rundschau" und „die tageszeitung" in die Stichprobe aufgenommen. Wegen der Fluidität des Medienmarktes und des Fehlens von überregionalen Tageszeitungen in Ostdeutschland wurde dort ein regionales Auswahlkriterium angewandt: „Berliner Zeitung", „Leipziger Volkszeitung" und „Ostsee-Zeitung" wurden infolgedessen in die Analyse einbezogen. Codiert wurden jeweils die ersten drei Seiten der Ausgaben jeden dritten Wochentages. Folgende Nachrichtensendungen sind in der Stichprobe enthalten: „Tagesschau" und „Tagesthemen" (ARD), „heute" und „heute-journal" (ZDF), „ak am Abend" und „ak zwo" (DFF), „RTLplus-aktuell-Hauptnachrichten" und „RTLplus-aktuell-Spätnachrichten" (RTLplus) sowie „SAT1-Blick" und „SAT1-Blick-Spätausgabe" (SAT1). Wiederum wurden jeder dritte Tag in der Stichprobe berücksichtigt (jeweils der den Stichprobentagen der Tageszeitungen vorangegangene Tag). Dasselbe gilt auch für den dpa-Basisdienst, vom dem die Meldungen in der Zeit von 12.00 bis 18.00 Uhr berücksichtigt wurden.

richterstattung über die deutsche Innenpolitik im Untersuchungszeitraum stützt sich auf Informationsanlässe, die wir als Pseudoereignisse klassifizieren. Nahezu jeder zweite innenpolitische Medienbericht stellt also eine Verarbeitung von Kommunikationsanlässen dar, in denen sich Öffentlichkeitsstrategien politischer Akteure deutlich manifestieren. Mit mehr als einem Drittel aller Berichte bilden Stellungnahmen von politischen Akteuren den größten Anteil, d.h. Statements oder Verbalinitiativen, die gegenüber Medienrepräsentanten als unmittelbaren Adressaten abgegeben und von diesen im „O-Ton" oder paraphrasiert an ihr Publikum weitertransferiert werden. Versammlungsöffentliche Inszenierungen wie Kundgebungen, Demonstrationen, Kongresse oder Wahlveranstaltungen sowie die „Routineform" der Pressekonferenz kommen seltener in den Medien vor.

Im Verlauf des Wahlkampfes bleibt der Anteil der Pseudoereignisse nicht völlig konstant. Vielmehr läßt die Längsschnittbetrachtung einige interessante Variationen erkennen (Schaubild 2). Es kann nicht verwundern, daß die besonderen Entwicklungen des Wahljahres, das zugleich das Jahr der deutschen Vereinigung war, ihren Niederschlag in den Medien gefunden haben. So war im Juni 1990, d.h. kurz vor Inkrafttreten der deutsch-deutschen Wirtschafts-, Währungs- und Sozialunion, der Anteil genuiner politischer Ereignisse[20] besonders hoch, um dann nach Abschluß der Verhandlungen stark abzufallen. Umgekehrt war der Anteil politischer Public Relations (Pressekonferenzen und Stellungnahmen zusammengefaßt) im August 1990 sehr hoch, und dann erneut kurz vor der Bundestagswahl, in der heißen Phase des Wahlkampfes. Auch der relativ hohe Anteil von Kundgebungen usw. von September bis November 1990 dürfte ein Reflex des Wahlkampfes sein. Der gleichwohl insgesamt relativ geringe Anteil dieses Typus von Pseudoereignissen an der Gesamtberichterstattung selbst in der „heißen Phase" des Wahlkampfes ist ein Ausdruck der von Semetko (1993) durch Journalistenbefragungen beim ZDF belegten – und besonders im Vergleich zu den amerikanischen oder britischen Medien sehr auffälligen – Zurückhaltung deutscher Medien, wenn es darum geht, das „campaign hoopla" selbst zum Gegenstand der Berichterstattung zu erheben. „Thematische Substanz" von Neuigkeitswert muß aus Sicht der Journalisten schon vorhanden sein, damit es sich lohnt, einem reinen Wahlkampfereignis Publizität zu verschaffen (Semetko 1993: 7). Der Anteil eigeninitiierter oder jedenfalls nicht in erkennbarer Weise außenstimulierter

---

20 Genuine politische Ereignisse werden operational anhand ihres funktionalen Kontextes von Pseudoereignissen abgegrenzt. Während Pseudoereignisse keine andere Funktion als die Informationsweitergabe an Medienrepräsentanten haben, ist der Kontext genuiner Ereignisse durch seine Funktionalität im politischen Entscheidungsprozeß charakterisiert. Als genuine politische Ereignisse in diesem Sinn werden beispielsweise eingestuft: Bundestagsdebatten (als parlamentarisches Ereignis), Kabinettssitzungen (als Regierungsereignis), Parteitage (als Parteiereignis), Verhandlungen des Bundesverfassungsgerichts (als Ereignis mit sonstigem innerstaatlichem Akteur) oder internationale Konferenzen (als außenpolitisches Ereignis). Wir sprechen im folgenden bei allen funktional in dieser Weise bestimmten Ereignissen von genuinen Ereignissen, obwohl es sich vermutlich in vielen so kategorisierten Fällen faktisch um mediatisierte Ereignisse handelt, d.h. um kommunikationsstrategisch eingerichtete genuine Ereignisse. Aber genuine und mediatisierte Ereignisse können operational nur auf der Basis einer tiefergehenden Analyse der Intentionen ihrer Urheber auseinandergehalten werden, was nur im begrenzten Rahmen von Fallstudien möglich ist. Durch eine quantitativ umfangreiche reine Outcome-Analyse, wie sie in diesem Beitrag angewandt wird, können die Kommunikationsabsichten der Urheber von Informationsanlässen jedoch nicht identifiziert werden. Daher finden die Kommunikationsstrategien politischer Akteure nur insoweit in unserer Analyse Berücksichtigung, als sie sich in Pseudoereignissen, also sozusagen in „Politikvermittlung ohne Politikherstellung", ausdrücken. Das Analoge gilt auch für eigeninitiierte Medienberichte.

Schaubild 2: Anlässe der Berichterstattung: Entwicklung über Zeit (in Prozent)

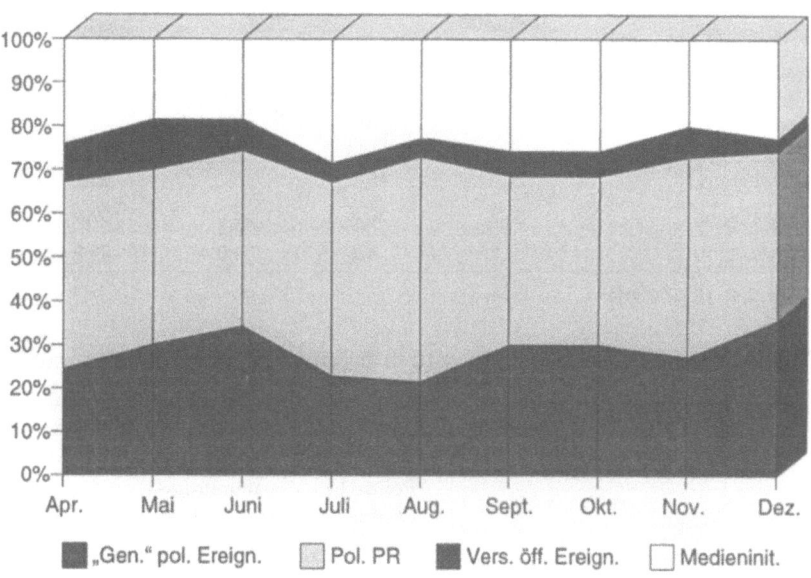

Tabelle 2: Struktur der Berichterstattung (Angaben in Prozent)

„Genuine" politische Ereignisse:	
Parlamentarische Ereignisse	5,8
Regierungsereignisse	3,0
Parteiereignisse	4,7
Ereignisse mit sonstigen innerstaatlichen Akteuren	7,7
Außenpolitische Ereignisse	6,0
Pseudoereignisse:	
Pressekonferenzen u.ä.	6,7
Stellungnahmen von polit. Akteuren	35,9
Versammlungsöffentliche Inszenierungen	5,5
Medieninitiiert	23,7
Nicht identifizierbar	1,0
N	18344

Berichterstattung schwankte zwar ebenfalls recht stark, machte aber zu keinem Zeitpunkt wesentlich mehr als ein Drittel aus.[21]

Eine der Hauptaufgaben von Journalisten besteht in der Aufbereitung, Be- und Verarbeitung von Information gemäß professioneller Normen. Vor diesem Hintergrund

---

21 Zur Rubrik der medieninitiierten Berichte zählen z.B. Interviews, aber auch Reaktionen von Medien auf Berichte anderer Medien in der Form, daß ein Medium ein anderes Medium als Quelle benutzt, etwa wenn die Montagsausgaben von Tageszeitungen über „Spiegel"-Artikel schreiben oder wenn über Äußerungen politischer Akteure gegenüber anderen Medien berichtet wird.

Tabelle 3: Anlässe der Berichterstattung nach journalistischem Stil (Zeilen-Prozent)

	„Genuine" polit. Ereignisse	Pseudoereignisse		Medien-initiiert	N
		Politische Public Relations	Versammlungs-öff. Inszenie-rungen		
Tatsachenbetont	27,0	45,1	5,7	22,1	16732
Meinungsbetont	38,2	20,8	4,0	37,0	1095
Interviews	4,8	4,3	1,0	89,9	207

Cramer's V = .15 (P < .01)

Tabelle 4: Anlässe der Berichterstattung nach Beachtungsgrad (Zeilen-Prozent)

	„Genuine" polit. Ereignisse	Pseudoereignisse		Medien-initiiert	N
		Politische Public Relations	Versammlungs-öff. Inszenie-rungen		
Aufmacher	38,2	38,6	4,3	18,9	1411
Zweithöchster Beachtungsgrad	32,0	38,6	6,2	23,3	3888
Dritthöchster Beachtungsgrad	28,8	36,7	6,7	27,8	4884
Niedrigster Beachtungsgrad	22,5	49,9	4,9	22,8	7972

Cramer's V = .09 (P < .01)

ist zu fragen, in welcher Weise Pseudoereignisse als Stimuli der Berichterstattung in den Medien behandelt werden. Wie sich zeigt, werden Pseudoereignisse je nach journalistischer Stilform und Beachtungsgrad der Beiträge in sehr unterschiedlichem Umfang berücksichtigt. Beiträge, in denen es um die informationsbetonte Vermittlung von Tatsachen geht, d.h. Nachrichten oder Korrespondentenberichte, sind weitaus offener für die Medienstrategien politischer Akteure und nehmen wesentlich häufiger Bezug auf Pseudoereignisse als meinungsbetonte Beiträge wie z.B. Kommentare, Leitartikel oder Glossen (*Tabelle 3*). Aber auch diese lassen sich immerhin zu einem Viertel auf Pseudoereignisse zurückführen. Interviews kommen hingegen in neun von zehn Fällen durch Eigeninitiative der Medien zustande. Botschaften, die anlässlich eines Pseudo-ereignisses vermittelt werden, fließen den Medienrezipienten also vor allem in der Gestalt von Beiträgen mit informationsorientierten Darstellungsformaten zu.

Tabelle 4 zeigt indessen, daß die Medien der politischen Public Relations mit Abstand den geringsten Beachtungsgrad[22] zuweisen; Pressekonferenzen und Stellungnahmen

---

22 Die vier Beachtungsgrade sind folgendermaßen operationalisiert: höchster Beachtungsgrad = Aufmacher; zweithöchster Beachtungsgrad = Mehrspalter Titelseite/Seitenaufmacher Innenseiten bzw. Filmberichte länger als 90 sec.; dritthöchster Beachtungsgrad = Einspalter

politischer Akteure erscheinen in den Printmedien überwiegend in Form von einspaltigen Artikeln auf den Innenseiten und im Fernsehen als reine Sprechermeldungen. Von diesen „Normalberichten", die 44 Prozent der gesamten Berichterstattung ausmachen, basiert die Hälfte auf solchen Public Relations-Ereignissen, im Unterschied zu den journalistisch hervorgehobenen Beiträgen, in denen ihr Anteil auf wenig mehr als ein Drittel sinkt. Öffentliche Veranstaltungen wie Kundgebungen usw. werden in den Beiträgen mit mittleren Beachtungsgraden am häufigsten thematisiert. Unsere Analyse zeigt also, daß die tagesaktuellen Medien oft auf Pseudoereignisse reagieren, daß diese aber in aller Regel eher kurz und an nachgeordneter Stelle berücksichtigt werden, was auf eine gewisse Zurückhaltung der Journalisten bei inszenierten Informationsanlässen hindeutet.

2. Pseudoereignisse in den Massenmedien: Analyse von Einflußfaktoren

Im nun folgenden Schritt geht es darum, Einflußfaktoren zu identifizieren, die sich darauf auswirken, in welchem Umfang politische Akteure durch ihre Medienstrategien die Zugangsschleusen des Mediensystems öffnen können. Wir beziehen drei Arten solcher Faktoren in die Analyse ein: Charakteristika der Medien, Nachrichtenfaktoren und den Typ der beteiligten politischen Akteure. Zunächst beleuchten wir die bivariaten Zusammenhänge, den Abschluß der Untersuchung bildet dann eine simultane Betrachtung der verschiedenen potentiellen Einflußfaktoren in einem multivariaten Analysemodell.

Charakteristika der Medien. Wie reagieren die verschiedenen Typen von Medien auf die Stimuli, die politische Akteure setzen, um die Aufmerksamkeit auf sich zu ziehen? Es ist vermutet worden, daß das Fernsehen als visuelles Medium sehr viel responsiver auf die bildenträchtigen Reize spektakelhafter Ereignisse reagiere als die Printmedien, während letztere umgekehrt eher für verbale Botschaften empfänglich seien (Simons/ Stewart 1991: 207). *Tabelle 5* bestätigt diese Hypothese allenfalls in der Tendenz. Der Anteil der politischen Public Relations-Ereignisse, bei denen es primär um die Verbreitung verbaler Stellungnahmen geht, ist in der Berichterstattung der Tageszeitungen geringfügig höher als im Fernsehen; das Umgekehrte gilt für die öffentlichen Inszenierungen vor anwesendem Publikum. Keinerlei Bestätigung findet die Erwartung, daß das Fernsehen als logistisch besonders schwerfälliges Medium insgesamt häufiger als die „Papier-und-Bleistift-Medien" auf die relativ unaufwendig abzudeckenden, da schon gemäß seiner Bedürfnisse eingerichteten Pseudoereignisse ausweicht (Lange 1981: 64-67). Zwischen Fernsehen und Tageszeitung ergeben sich nämlich kaum Unterschiede hinsichtlich der Gesamtanteile von Pseudoereignissen. Als das eigentliche Einfallstor der Kommunikationsstrategien von politischen Akteuren erweist sich vielmehr die Deutsche Presse-Agentur (dpa). Deutlich mehr als die Hälfte des Informationsangebotes, das über diesen Kanal ins gesamte Mediensystem diffundiert, besteht aus Berichten über Pseudoereignisse. Wir können nur vermuten, daß die regionale Abonnementpresse, die aufgrund ihrer vergleichsweise geringen Ressourcenausstattung stärker als die großen Tageszeitungen auf die Agenturdienste als Informations-

---

Titelseite/Mehrspalter Innenseite bzw. Filmbericht kürzer als 90 sec.; geringster Beachtungsgrad = Einspalter Innenseiten bzw. Sprechermeldung.

Tabelle 5: Anlässe der Berichterstattung nach Typ des Mediums (Zeilen-Prozent)

	„Genuine" polit. Ereignisse	Pseudoereignisse		Medien- initiiert	N
		Politische Public Relations	Versammlungs- öff. Inszenie- rungen		
Tageszeitungen	26,6	41,3	5,0	27,1	8554
Fernsehnachrichten	33,4	37,1	6,5	23,0	4139
Nachrichtenagentur	24,2	50,1	5,8	19,8	5476

Cramer's V = .08 (P < .01)

Tabelle 6: Anlässe der Berichterstattung nach Region (Zeilen-Prozent)

	„Genuine" polit. Ereignisse	Pseudoereignisse		Medien- initiiert	N
		Politische Public Relations	Versammlungs- öff. Inszenie- rungen		
Alte Bundesländer	29,4	42,6	5,2	22,8	13233
Neue Bundesländer	22,2	44,2	6,6	27,0	4936

Cramer's V = .08 (P < .01)

quellen angewiesen ist, diese Nachrichten in vergleichbarem Umfang an ihre Rezipienten weitergibt. Zugang zur Nachrichtenagentur als Multiplikator erleichtert es
den Kommunikationsstrategen der Parteien offenbar signifikant, ihre Botschaften im
Mediensystem zu verbreiten (Pfetsch 1993: 93). Das scheint diesen auch durchaus
bewußt zu sein, wie Pauli-Balleis (1987: 312) am Beispiel der CSU belegt.

Der Wahlkampf zur Bundestagswahl 1990 fand in einer singulären historischen Situation statt,
nämlich im Kontext des Vereinigungsprozeses der beiden deutschen Staaten. Dies bedeutete
auch die Zusammenführung von zwei unterschiedlichen politischen Kulturen und zwei Me-
diensystemen mit völlig andersgeartetem Entwicklungshintergrund. Es liegt daher nahe, abweichende Muster der medienvermittelten Wahlkampfkommunikation in West- und Ostdeutschland zu erwarten (Pfetsch/Voltmer 1994). Die Medien der Massenkommunikation in
der ehemaligen DDR konnten 1990 das Erbe ihrer Vergangenheit in einem autoritären politischen System noch nicht überwunden haben (Holzweißig 1990). Das SED-Regime hatte die
Medien über Jahrzehnte zu Propagandazwecken instrumentalisiert (Hoff 1990) und zahlreiche
Printmedien in der DDR bzw. den neuen Bundesländern waren 1990 noch nicht durch Über-
nahmen westlicher Zeitungsverlage kommerzialisiert worden. Auch der Deutsche Fernsehfunk
(DFF), das ehemalige DDR-Staatsfernsehen, arbeitete unter einer neuen, nach öffentlich-recht-
lichem Vorbild eingerichteten Leitung weitgehend mit demselben Personal und unveränderter
innerer Struktur (Faul 1991). Es kann daher erwartet werden, daß die Tradition des Verlautbarungsjournalismus in einem besonders hohen Anteil von Berichten über Ereignisse, die von
politischen Akteuren für die Medien inszeniert wurden, ihren Ausdruck findet. In *Tabelle 6*
lassen sich nur schwache Belege für diese Vermutung erkennen. Über Public Relations-Ereignisse und öffentliche Kundgebungen wurde in den ostdeutschen Medien nur geringfügig
häufiger berichtet als in den westdeutschen Medien. Gleichwohl wird im Hinblick auf die

Tabelle 7: Anlässe der Berichterstattung nach Typ des Rundfunkveranstalters
– nur Fernsehnachrichten (Zeilen-Prozent)

	„Genuine" polit. Ereignisse	Pseudoereignisse		Medien- initiiert	N
		Politische Public Relations	Versammlungs- öff. Inszenie- rungen		
Öffentlich-rechtlich	31,8	40,3	6,7	21,2	2832
Privat	36,8	30,3	6,0	26,9	1307

Cramer's V = .10 (P <. 01)

Informationsanlässe eine unterschiedliche Ausrichtung der Berichterstattung deutlich, da genuine politische Ereignisse, die den institutionalisierten politischen Prozeß repräsentieren, in den alten Bundesländern deutlich stärker berücksichtigt wurden als in den neuen Bundesländern.

Im Fernsehen vermuten die Wahlkampfplaner der Parteien zumeist das strategisch wichtigste, weil einflußreichste Medium. Die Zulassung privatkommerzieller Rundfunkanbieter hat nun in der Bundesrepublik ein tiefgreifend verändertes Mediensystem entstehen lassen. Die Dualisierung der Ordnung der elektronischen Medien hatte nicht zuletzt für die politische Berichterstattung in Hörfunk und Fernsehen erhebliche Konsequenzen. Während dem öffentlich-rechtlichen Fernsehen aufgrund seiner Elitenorientierung nachgesagt wird, der Ort zu sein, „an dem jede Turnhallen-Einweihung durch einen Politiker verläßlich dem Zuschauer gezeigt wird" (Riehl-Heyse 1993), orientiert sich die Präsentation der voll werbefinanzierten und deswegen extrem reichweitenabhängigen Privatsender am Publikumsgeschmack (Pfetsch 1991). Dementsprechend unterscheiden sich öffentlich-rechtliche und private Kanäle stark hinsichtlich Inhalt und Stil der politischen Berichterstattung (Faul 1989; Mathes/Freisens 1990; Pfetsch 1991). Dies wirkt sich auch systematisch auf die Kommunikationschancen politischer Akteure aus (*Tabelle 7*). Beim Vergleich der Nachrichtensendungen der öffentlich-rechtlichen Sender ARD, ZDF und DFF auf der einen Seite und der Privatprogramme RTLplus und SAT1 auf der anderen wird offenkundig, daß die ersteren Pseudoereignisse, besonders vom visuell unattraktiveren Typ der Pressekonferenzen und verbalen Stellungnahmen, in der Tat häufiger berücksichtigen. Die öffentlich-rechtlichen Kanäle bieten den politischen Akteuren also die deutlich besseren Chancen, sich durch das Instrument der Medieninszenierungen Präsenz auf den Bildschirmen zu sichern.

Nachrichtenfaktoren. Wenn Journalisten aus der Fülle der Nachrichtenstoffe, die ihnen ständig angeboten werden, auswählen, welche Gegenstände in der Berichterstattung berücksichtigt werden sollen und welche nicht, wenden sie professionelle Normen des Nachrichtenwertes an. Je höher der Nachrichtenwert eines Ereignisses, desto größer ist die Wahrscheinlichkeit, daß es in der Berichterstattung berücksichtigt wird. Konflikthaltigkeit ist einer der wichtigsten Nachrichtenfaktoren, die Ereignisse mit Nachrichtenwert aufladen (Schulz 1976: 95-106). Für Kampagnenplaner bedeutet dies, daß ihre Chance, durch inszenierte Ereignisse Medienaufmerksamkeit anzuzie-

Tabelle 8: Konfliktgrad nach Anlässen der Berichterstattung (Arithm. Mittel)

	„Genuine" polit. Ereignisse	Pseudoereignisse		Medien-initiiert
		Politische Public Relations	Versammlungs-öff. Inszenie-rungen	
Mittelwert	−0,44	−0,90	−0,91	−1,13
N	3211	4432	585	2239

F = 82.4 (P < .01), Eta = .15

hen, wachsen könnte, wenn diese Ereignisse konflikthaft dramatisiert werden. Rund sechs von zehn Beiträgen in unserer Analyse können auf einer Skala der Konflikthaltigkeit[23] klassifiziert werden. Die Beiträge über beide Typen von Pseudoereignissen sind in der Tat im Durchschnitt konfliktiver als Beiträge über genuine politische Ereignisse (*Tabelle 8*). Die Inszenierung von Pseudoereignissen mit kontroversem Gehalt erhöht offenbar tatsächlich die Chance auf Medienpräsenz und stellt damit für politische Akteure eine wichtige kommunikationsstrategische Gestaltungsoption dar. Noch etwas konflikthaltiger sind allerdings die Beiträge, die auf Eigeninitiative der Medien zurückgehen.

Typ des politischen Akteurs. Einen dritten möglichen Einflußfaktor auf die Chance, durch Pseudoereignisse auf die Berichterstattung der Nachrichtenmedien einzuwirken, vermuten wir im Typus des handelnden Akteurs. Es könnte sein, daß die Medien nicht bei allen Akteuren mit derselben Sensibilität auf inszenierte Angebote zur Berichterstattung reagieren. *Tabelle 9* demonstriert, daß die Bundesregierung und ihre Gliederungen gemeinsam mit den Regierungsparteien und -fraktionen vor der Bundestagswahl 1990 häufiger als jeder andere Typ von Akteuren im Mittelpunkt von Medienbeiträgen stand. Jeder vierte Beitrag über Themen der deutschen Politik berichtete primär über einen Regierungsakteur. In nicht mehr als 10 Prozent der Zeitungsartikel und Fernsehbeiträge stand ein oppositioneller Akteur im Zentrum.[24] Die Bundesregierung dominierte mithin die Berichterstattung vor der Bundestagswahl und überwog das Gewicht sämlicher Oppositionsparteien zusammen um das Zweieinhalbfache. Man kann dies als Ausdruck der unterschiedlichen funktionalen Positionen von Regierung und Opposition in Systemen der Mehrheitsdemokratie interpretieren. Die Regierung ist als politisches Machtzentrum der gestaltende Akteur und genießt daher von vornherein bei den Medien einen Aufmerksamkeitsbonus.

---

23 Die Skala reicht von −3 (= sehr starker Konflikt) bis +3 (= völliger Konsens).

24 Als oppositionelle Akteure wurden eingestuft: die Opposition allgemein, Oppositionsfraktionen im Bundestag, der SPD-Spitzenkandidat Oskar Lafontaine sowie die Parteien SPD, Grüne/Bündnis 90, PDS, DSU und REP einschließlich ihnen zugehöriger Politiker und Untergliederungen. Da die Einstufung der politischen Akteure auf der Basis der thematisierten Funktion erfolgte, wurden parteipolitisch besetzte Institutionen von Ländern und Kommunen für Regierungs- und für Oppositionsparteien der Kategorie „Politische Institutionen von Ländern und Gemeinden" zugerechnet. Die Kategorie „DDR-Akteure" fiel aus diesem Grund nur vor der deutschen Vereinigung ins Gewicht. Danach wurde viele ostdeutsche Akteure aufgrund von Rollenwechseln, etwa durch Eintritt in die Bundesregierung, anders eingestuft, im genannten Beispiel etwa als Regierungsakteur.

Tabelle 9: Zentrale Akteure der Beiträge (Angaben in Prozent)

Bundesregierung und Regierungskoalition	26,5
Oppositionsparteien	9,9
Sonstige bundespolitische Institutionen	12,2
Institutionen der Landes- oder Kommunalpolitik	6,7
DDR-Akteure	16,9
Ausländische politische Akteure	3,2
Interessenverbände	8,7
Sonstige	15,9
N	18343

Die Längsschnittanalyse zeigt, daß das massive Übergewicht der Bundesregierung gegenüber der Opposition in den Monaten vor der Bundestagswahl zwar prinzipiell immer bestand, daß es jedoch Schwankungen unterworfen war. Die Opposition war im Juni, d.h. kurz vor der Währungsunion, auf Kosten der Bundesregierung verstärkt in den Medien präsent. Außerdem wuchs ihr Gewicht relativ zur Regierung auch parallel zur Intensivierung des Wahlkampfes in den Monaten September bis November. Diese relative Verbesserung der Medienpräsenz der Opposition könnte auf effiziente Kommunikationsstrategien zurückzuführen sein. Parallel zur Intensivierung des Wahlkampfes von der Jahresmitte bis zur Bundestagswahl konzentrierte sich die Berichterstattung der Medien immer stärker auf die Kontrahenten Regierung und Opposition; ihr gemeinsamer Anteil wuchs von rund 30 bis auf 45 Prozent. Auch über Institutionen von Ländern und Gemeinden wurde in dieser Periode häufiger berichtet. Diese Akteure, die ja ebenfalls von den Parteien besetzt sind, die vor der Bundestagswahl um Stimmen kämpfen, richten vermutlich mit heranrückendem Wahltermin ihre Kommunikationsstrategien verstärkt an der bundespolitischen Wahlkampfsituation aus und versuchen, die Wahlchancen ihrer jeweiligen Parteien durch konzertierte Aktivitäten in den landes- und kommunalpolitischen Nebenarenen zu erhöhen. Dasselbe gilt für Interessengruppen, die ebenfalls kurz vor dem Wahltermin besonders stark in Erscheinung traten.

Der „Regierungsbonus" der Nachrichtenmedien ist keine neue Erkenntnis (Sigal 1973: 123-130; Nissen/Menningen 1979). Auch war der Prozeß der deutschen Vereinigung unzweifelhaft eine „Stunde der Exekutive" (v. Beyme 1991: 314-321). Daher ist zu fragen, ob es der Opposition gelungen ist, die relative Verbesserung ihrer Medienpräsenz vor der Bundestagswahl mit Hilfe des kommunikationsstrategischen Instruments der Inszenierung von Pseudoereignissen herbeizuführen. Pseudoereignisse stellen ja für Oppositionsparteien die wichtigste strategische Option dar, um ihren a priori bestehenden Aufmerksamkeitsnachteil bei den Medien auszugleichen, der daraus resultiert, daß sie eben nicht an den Schalthebeln der Macht sitzen und daher vergleichsweise wenige Gelegenheiten haben, durch politisch gestaltendes Handeln Anlässe für die Berichterstattung zu schaffen. Die Antwort auf diese Frage ist eindeutig negativ. *Tabelle 10* zeigt eine geradezu verblüffende Ähnlichkeit der Verteilungen der Anlässe, aufgrund derer Regierung und Opposition in die Nachrichtenmedien gelangt sind. Eine signfikant größere Bedeutung von Pseudoereignissen für die Präsenz der Oppositionsparteien am Bildschirm und in der Tagespresse ist nicht erkennbar. Daß sie von den Medien vor der Wahl häufiger berücksichtigt wurden, scheint daher eher auf deren Streben nach einer balancierten Berichterstattung als auf erfolgreiche Strategien der Ereignisinszenierung zurückzuführen sein.

Multivariate Analyse. Die Nachrichtenagentur dpa, die ostdeutschen Medien und

Tabelle 10: Anlässe der Berichterstattung nach Typ des zentralen Akteurs
(Zeilen-Prozent)

	„Genuine" polit. Ereignisse	Pseudoereignisse		Medien- initiiert	N
		Politische Public Relations	Versammlungs- öff. Inszenie- rungen		
Bundesregierung und Regierungskoalition	31,2	48,2	3,4	17,2	4787
Oppositionsparteien	33,8	47,2	3,2	15,8	1788

Cramer's V = .02 (P = .48)

das öffentlich-rechtliche Fernsehen haben sich als Medien erwiesen, die im Bundestagswahlkampf 1990 relativ einflußoffen gegenüber den Kommunikationsstrategien
politischer Akteure waren. Auch der Nachrichtenfaktor Konflikt scheint dazu beigetragen zu haben, daß Pseudoereignisse mit erhöhter Wahrscheinlichkeit in der aktuellen
Berichterstattung berücksichtigt wurden. Der Typ des Akteurs hatte hingegen keinen
direkten Einfluß auf den Anteil von Pseudoereignissen in den Medien der Massenkommunikation. Alle diese bivariaten Zusammenhänge sind freilich nicht sehr stark.
Bedingungen, unter denen Pseudoereignisse in den Medien tatsächlich zu einer wenig
relevanten Größe herabsinken, haben wir bei unseren bisherigen Analysen nicht gefunden. Das Mediensystem scheint also auf die von den politischen Akteuren inszenierten Informationsanlässe deutlich zu reagieren. Die tagesaktuelle Berichterstattung
von Tageszeitungen, Fernsehen und Nachrichtenagentur besteht unter allen Bedingungen, die in unserer Analyse berücksichtigt wurden, zu einem erheblichen Teil in
der Weitergabe der Botschaften, die politische Akteure bei Pressekonferenzen, in Form
verbaler Stellungnahmen gegenüber den Medien oder bei versammlungsöffentlichen
Inszenierungen äußern. Auch die multivariate Betrachtung ändert an dieser grundsätzlichen Feststellung nichts. Die bei simultaner Betrachtung mehrerer Einflußfaktoren
erkennbare Variation der Anteile von Pseudoereignissen erhöht sich kaum (Cramer's
V = .11).

Der Zweck der multivariaten Analyseperspektive besteht daher vor allem darin,
Wechselbeziehungen zwischen Einflußfaktoren aufzudecken, die bei der bivariaten
Analyse nicht erkannt werden können. Zur Vereinfachung der Analyse wurde die
abhängige Variable dichotomisiert, indem alle Typen von Pseudoereignissen zusammengefaßt den anderen Arten von Anlässen der Berichterstattung kontrastierend gegenübergestellt werden. Die Analyse berücksichtigt nur Publikumsmedien; die dpa-
Beiträge werden nicht einbezogen. Der lineare GSK-Ansatz zur Analyse mehrdimen-
sionaler Tabellen (Küchler 1979: 154-218; SAS-Institute 1988: 189-282) ist für unsere
Fragestellung besonders geeignet, weil er gleichsam organisch an die bivariate Tabel-
lenanalyse anschließt. Er erlaubt die Berechnung von Haupteffekten und Interaktions-
effekten, die in bedingte Haupteffekte transformiert werden können. Wir finden bei
unserer Analyse[25] nur einen einzigen Haupteffekt: Die Medien der neuen Bundesländer
berichten um 8 Prozent häufiger über Pseudoereignisse als die Westmedien (*Tabelle
11*). Die Variablen Medium (Tageszeitung vs. Fernsehen), Konflikt (Konflikt vs. kein

Tabelle 11: Einflußfaktoren auf den Anteil von Pseudoereignisse in der Berichterstattung: ein GSK-Modell

Grand Mean	.490
Region	–.040
Konflikt (für Region = Westdeutschland)	.046
Konflikt (für Zentraler Akteur = Bundesreg.)	–.047
W	3.32
df	4
P	.506
N	4567

Anmerkung: Alle Effekte signifikant mit $p < .001$.

Konflikt) und zentraler Akteur (Bundesregierung vs. Opposition) lassen in dieser Analyse keine signifkanten unabhängigen Einflüsse auf den Anteil der Pseudoereignisse in der Berichterstattung erkennen.

Es werden aber zwei Interaktionseffekte identifiziert, die beide den Nachrichtenfaktor Konflikt betreffen. Seine Wirkung ist also komplexerer Natur als es in der bivariaten Analyse (vgl. *Tabelle 8*) ersichtlich werden konnte. In den westdeutschen Medien ist der Anteil der Pseudoereignisse in Beiträgen, in denen Konflikte eine Rolle spielen, um gut 9 Prozent höher als in Beiträgen, in denen dies nicht der Fall ist. Allerdings wird dieser bedingte Einfluß von Konflikten durch einen entgegengerichteten konditionalen Haupteffekt von fast gleicher Stärke neutralisiert, wenn der zentrale Akteur die Bundesregierung ist. Der Nachrichtenfaktor Konflikt wird also in Westdeutschland nur in Berichten über die Opposition uneingeschränkt wirksam. In ostdeutschen Medien werden die Inszenierungen politischer Akteure, wie gesagt, generell stärker in der Berichterstattung berücksichtigt. Der Konfliktgehalt wirkt sich in den Medien der neuen Bundesländer nur in Berichten über die Bundesregierung auf das Vorkommen von Pseudoereignissen aus, und zwar negativ: Wenn ein Konflikt vorliegt, werden sie in den Beiträgen über die Regierung seltener erwähnt.

Wir finden also die interessante Konstellation, daß sich Nettoeffekte von Konflikten bei westdeutschen Medien in Berichten über die Opposition und bei ostdeutschen Medien in Berichten über die Regierung einstellen. Diese wirken überdies in entgegengesetzten Richtungen: Wenn wir davon ausgehen, daß es Wahlkampfstrategen darauf ankommt, durch das Instrument der Pseudoereignisse möglichst breite Präsenz in den Massenmedien zu erobern, dann nützt Konflikt in den alten Bundesländern der Opposition[26], denn in den westdeutschen Tageszeitungen und Fernsehprogrammen war der Anteil inszenierter Informationsanlässe dann am höchsten, wenn unter Vorliegen eines Konfliktes die Opposition im Zentrum der Berichterstattung stand (48,6 Prozent). In den neuen Bundesländern hingegen schadete Kon-

---

25 Codierung der Variablen: Abhängige Variable: 1 = Pseudoereignisse, 2 = alle anderen Anlässe der Berichterstattung. Unabhängige Variablen: Medium: 1 = Tageszeitungen, 2 = Fernsehnachrichten; Region: 1 = alte Bundesländer, 2 = neue Bundesländer; Konflikt: 1 = Konflikt (Skalenwerte –3 bis –1), 2 = kein Konflikt (Skalenwerte 0 bis +3 oder kein Bezug zur Dimension Konflikt); Zentraler Akteur: 1 = Bundesregierung und Regierungsparteien, 2 = Oppositionsparteien.

26 In Ostdeutschland könnte diese Regel zumindest in den Tageszeitungen ebenfalls gelten. In der durch diese Merkmalskombination definierten Subgruppe der Analyse wird nämlich der Anteil der Pseudoereignisse durch unser Modell um rund 5 Prozent unterschätzt. Dies ist das einzige nennenswerte Residuum im ansonsten sehr gut angepaßten Modell. Der Nachrichtenfaktor Konflikt könnte der Opposition also generell dazu verhelfen, durch Strategien der Ereignisinszenierung Präsenz in den Medien zu gewinnen.

flikt der amtierenden Regierung: Insgesamt war der Anteil der Pseudoereignisse nämlich in denjenigen Beiträgen der ostdeutschen Medien besonders hoch, in denen die Regierung im Zentrum stand und kein Konflikt vorlag (57,7 Prozent).

III. Schlußbemerkung

Wir haben in diesem Beitrag versucht, mit Bezug auf die Konzepte „Öffentlichkeit", „Politikvermittlung" und „Ereignisinszenierung" ein Prozeßmodell strategischer Kommunikation zu entwickeln, das als Analyserahmen für empirische Analysen operational fruchtbar gemacht werden kann. Unser Anwendungsfall war die spezifische Kommunikationssituation des Wahlkampfes; als Akteure standen daher die politischen Parteien im Vordergrund. Grundsätzlich wird aber jeder Versuch politischer Akteure, durch Kommunikationsstrategien die Öffentlichkeit zu beeinflussen, in strukturell ähnlicher Weise ablaufen.

Unsere Überlegungen gingen davon aus, daß die Entscheidungsabläufe im politischen System ebenso wie ihre zuschreibbaren Folgen in modernen, funktional differenzierten Gesellschaften vom Bürger immer weniger durchschaut werden können. Die Abhängigkeit der Bürger von Wissen, das über Vermittlungsinstanzen bereitgestellt wird, eröffnet den politischen Akteuren die Chance, das öffentliche Bild der Politik durch Kommunikation zu beeinflussen. Da Öffentlichkeit sich primär über die Medien der Massenkommunikation konstituiert, werden diese zu einem der vorrangigen Ziele der Kommunikationsstrategien politischer Akteure. Die Realität der Nachrichtenmedien ist kein unverzerrtes Abbild „objektiver" Sachverhalte, sondern eine eigenständige Wirklichkeitsdimension, die nach regelhaft beschreibbaren Gesetzmäßigkeiten konstruiert wird. Politische Akteure können daher versuchen, die aktuelle Berichterstattung der Massenmedien durch mehr oder weniger professionelle Techniken der Ereignisinszenierung zu beeinflussen.

Um ihre Medienpräsenz generell zu erhöhen und sie im Sinne ihrer Kommunikationsinteressen zu formen, organisieren sie Pseudoereignisse: Aktionen, die nur stattfinden, damit die Medien darüber berichten. Wir sind davon ausgegangen, daß solche strategisch motivierten Inszenierungsstrategien die Medienrealität nicht völlig determinieren können. Vielmehr nehmen wir an, daß diese mit den Bedingungen interagieren, die das Mediensystem setzt. Pseudoereignisse sind also keine Freikarten für einen Platz auf der Medienagenda. Ihr Erfolg im Sinne der jeweiligen Kommunikationsinteressen hängt davon ab, ob und wie gut sie den Selektionsmechanismen des Mediensystems angepaßt sind.

In unserer Analyse der Medienberichterstattung im Bundestagswahlkampf 1990 haben wir versucht, den Mechanismus der Interaktion zwischen politischen Akteuren und Mediensystem genauer zu beleuchten. Es zeigte sich, daß die Medien insgesamt sehr responsiv auf das Angebot an Pseudoereignissen reagieren. Fast die Hälfte ihrer Berichterstattung – allerdings mit Schwergewicht auf den journalistisch nicht hervorgehobenen „Normalnachrichten" – basiert auf solchen Anlässen, wobei „Routineanlässe" wie Pressekonferenzen und verbale Stellungnahmen dominieren. Überdies konnten wir keine Bedingung identifizieren, unter der der Anteil der Pseudoereignisse in der Berichterstattung wirklich entscheidend sinkt. In geringerem Umfang gibt es indessen durchaus Variation. So erwiesen sich die Nachrichtenagentur dpa, das öffentlich-rechtliche Fernsehen und generell die Medien in den neuen Bundesländern als besonders offen für Pseudoereignisse. Der Nachrichtenfaktor Konflikt spielt ebenfalls eine Rolle, jedoch nur in Interaktion mit anderen Faktoren: Vor der Bundestagswahl 1990 nutzte er in den alten Bundesländern kommunikationsstrategisch der Opposition, während er in den neuen Bundesländern der Regierung schadete. Mit der absehbaren allmählichen Angleichung der ostdeutschen Medien an die westdeutschen Standards dürfte sich eines der Einfallstore des Mediensystems für Strategien der Ereignisinszenierung allerdings in Zukunft verengen.

Insgesamt findet ein reines „Inszenierungsmodell" der Nachrichtenauswahl in unserer Analyse keine Bestätigung. Daß die Medien sich allerdings gegenüber den Kommunikationsstrategien der politischen Akteure als resistente „4. Gewalt" erweisen, die allen Instrumentalisierungsbemühungen widersteht, kann man noch weniger konstatieren. Politische Akteure nehmen auf den Prozeß der Konstitution von Öffentlichkeit im Sinne ihrer Kommunikationsinteressen Einfluß, indem sie sich durch strategisch inszenierte Kommunikationsanlässe Präsenzchancen im Mediensystem sichern und auf den Inhalt der Medienagenda einwirken. Das ist für die Demokratie nicht unproblematisch: Wenn die Eliten darüber mitbestimmen können, an welchen Maßstäben sie von den Bürgern gemessen werden, kommt dies im Extrem einer selbsterzeugten Legitimation gleich. Allerdings darf nicht übersehen werden, daß es sich beim Raum der Öffentlichkeit um umstrittenes Terrain handelt. Insoweit die von den Medien beachteten politischen Akteure kontroverse Problemsichten und Situationsdeutungen propagieren, wird keiner von ihnen die Öffentlichkeit dauerhaft okkupieren können. Auch hier kann Konkurrenz mithin als Korrektiv wirken. Anders verhält es sich freilich mit nicht-etablierten „Herausforderern", die divergente Perspektiven zu Themen und Sachverhalten vertreten, die zwischen den etablierten Akteuren unkontrovers sind (Blumler/Gurevitch 1981: 489). Ihre Chancen auf Beteiligung am öffentlichen Diskurs sind vergleichsweise gering.[27] Aus der Perspektive des klassisch-liberalen Modells von Öffentlichkeit besteht also die Gefahr, daß die Nachrichten weniger zur Aufklärung über politische Problemlagen beitragen, als zur Arena für Elitenkämpfe denaturieren, die über publizistische Konflikte ausgefochten werden. Wenn man Öffentlichkeit als Zielfindungssystem für die Problemlagen einer Gesellschaft interpretiert (Luhmann 1970), dann ist die Gefahr zu diagnostizieren, daß sie diese Funktion immer weniger erfüllen kann, wenn ihr Themenhorizont weniger durch die Sachverhalte festgelegt wird, die nach Kriterien der Systemerhaltung der politischen Bearbeitung bedürfen, als durch die Themen, deren Publizität den Eliten im Lichte ihrer Machterhaltungsinteressen wünschenswert erscheint.

---

27 Akteure aus dem Umkreis der neuen sozialen Bewegungen, wie z.B. die Bewegungsorganisationen Greenpeace, BUND oder BBU, stellen wenig mehr als ein Zehntel der Interessenverbände in *Tabelle 9.* In welchem Umfang und unter welchen Bedingungen das Arsenal disruptiver Ereignisstrategien, auf das solche Akteure vorwiegend zurückgreifen müssen, um sich Medienaufmerksamkeit zu verschaffen, im publizistischen Konflikt mit etablierten Akteuren ein funktionales Gegengewicht zu deren „Routine-Zugängskanälen" in das Mediensystem darstellen kann, ist eine bislang noch offene empirische Frage.

Literatur

Baerns, Barbara, 1985: Öffentlichkeitsarbeit oder Journalismus? Zum Einfluß im Mediensystem. Köln: Verlag Wissenschaft und Politik.

Ball-Rokeach, Sandra J., 1985: The Origins of Individual Media-System Dependency. A Sociological Framework, Communication Research 12: 485-510.

Barth, Henrike, und *Wolfgang Donsbach*, 1992: Aktivität und Passivität von Journalisten gegenüber Public Relations. Fallstudie am Beispiel von Pressekonferenzen zu Umweltthemen, Publizistik 37: 151-165.

Beckmann, Petra, 1989: Political Action Committees in den USA, Zeitschrift für Parlamentsfragen 20: 208-217.

Beyme, Klaus von, 1991: Das politische System der Bundesrepublik Deutschland nach der Vereinigung. München: Piper.

Bjorklund, Tor, 1991: Election Campaigns in Postwar Norway (1945-1989): From Party-Controlled to Media-Driven Campaigns, Scandinavian Political Studies 14: 279-302.

Blumler, Jay G., und *Michael Gurevitch*, 1981: Politicians and the Press: An Essay on Role Relationship. S. 467-493 in: *Dan D. Nimmo* und *Keith R. Sanders* (Hg.): Handbook of Political Communication. Beverly Hills etc.: Sage.

Böckelmann, Frank, Walter A. Mahle und *Günter Nahr*, 1979: Staatliche Öffentlichkeitsarbeit und die Willensbildung des Volkes. S. 93-113 in: *Wolfgang R. Langenbucher* (Hg.): Politik und Kommunikation. München: Piper.

Böckelmann, Frank, und *Günter Nahr*, 1979: Staatliche Öffentlichkeitsarbeit im Wandel der politischen Kommunikation. Berlin: Spiess.

Boorstin, Daniel J., 1961: From News Gathering to News Making: A Flood of Pseudo-Events. S. 7-44 in: *Daniel J. Boorstin*: The Image. A Guide to Pseudo-Events in America. New York: Harper Colophon.

Budge, Ian, und *Dennis J. Farlie*, 1983: Explaining and Predicting Elections. Issue-Effects and Party-Strategies in Twenty-Three Democracies. London: Allen & Unwin.

Bundesgeschäftsstelle DIE GRÜNEN (Hg.), 1990: Erste Gesamtdeutsche Wahl 1990. Bonn: Die Grünen.

Cayrol, Roland, 1989: Le rôle des campagnes électorales. S. 385-417 in: *Daniel Gaxie* (Hg.): Explication du vote. Paris: Presses de la FNSP (2. Aufl.).

CDU-Bundesgeschäftsstelle – Abteilung Öffentlichkeitsarbeit (Hg.), o.J.: Lokale Pressearbeit – Einmaleins der Pressearbeit, Redaktionelle Dienste (Reihe Moderne Parteiarbeit in den 90er Jahren). Bonn: CDU.

Champagne, Patrick, 1990: Faire l'opinion. Le nouveau jeu politique. Paris: Les Éditions de Minuit.

Christensen, Dag Arne, und *Lars Svasand*, 1993: Political Parties and Environments: Electoral Strategies as Organizational Responses. A Study of Norwegian Parties 1985-1989. Paper presented at the ECPR Joint Sessions of Workshops, Workshop on „Party Campaign Strategies and Mass Communications Techniques", Leiden/NL, 2nd – 8th April, 1993.

Dahlem, Stefan, und *Rainer Mathes*, 1989: Der Konflikt um die „Mietenlüge". Kommunikationsstrategien und Presseberichterstattung im Bundestagswahlkampf 1982/83, Politische Vierteljahresschrift 30: 655-673.

Denton, Robert, und *E. Gary C. Woodward*, 1990: Political Communication in America (2nd.Ed.). New York etc.: Praeger.

Donsbach, Wolfgang, 1989: Selektive Zuwendung zu Medieninhalten. Einflußfaktoren auf die Auswahlentscheidung der Rezipienten. S. 392-405 in: *Max Kaase* und *Winfried Schulz* (Hg.): Massenkommunikation. Theorien, Methoden, Befunde (Sonderheft 30 der Kölner Zeitschrift für Soziologie und Sozialpsychologie). Opladen: Westdeutscher Verlag.

Easton, David, 1965: A Systems Analysis of Political Life. New York: Wiley.

Edelman, Murray, 1985: The Symbolic Uses of Politics. Urbana/Chicago: University of Illinois Press, 2nd. Ed.

Edelman, Murray, 1988: Constructing the Political Spectacle. Chicago/London: University of Chicago Press.

Esaiasson, Peter, 1991: 120 Years of Swedish Election Campaigns. A Story of the Rise and Decline of Political Parties and the Emergence of the Mass Media as Power Brokers, Scandinavian Political Studies 14: 261-278.

Fabris, Hans Heinz, 1989: Zwischen Politik und Politikinszenierung: Mediendiskurse der achtziger Jahre, Österreichische Zeitschrift für Politikwissenschaft: 119-128.

Farrell, David M., und *Martin Wortmann*, 1987: Party Strategies in the Electoral Market: Political Marketing in West Germany, Britain and Ireland, European Journal of Political Research 15: 297-318.

Faul, Erwin, 1989: Die Fernsehprogramme im dualen Rundfunksystem, Rundfunk und Fernsehen 37: 70-95.

Faul, Erwin, 1991: Die Rundfunkordnung im vereinigten Deutschland: Überwuchern Interessendschungel die nationale Verfassungsaufgabe? S. 147-212 in: *Rudolf Wildenmann* (Hg.): Nation und Demokratie. Politisch- kulturelle Gestaltungsprobleme im neuen Deutschland. Baden-Baden: Nomos.

Fröhlich, Romy, 1992: Qualitativer Einfluß von Pressearbeit auf die Berichterstattung: Die „geheime Verführung" der Presse?, Publizistik 37: 37-49.

Gamson, William A., 1988a: Political Discourse and Collective Action. S. 219-244 in: *Bert Klandermans, Hanspeter Kriesi* und *Sidney Tarrow* (Hg.): International Social Movement Research, Vol. 1: From Structure to Action. Comparing Social Movement Research Across Cultures. Grennwich/Conn.: JAI.

Gamson, William A., 1988b: The 1987 Distinguished Lecture: A Constructionist Approach to Mass Media and Public Opinion, Symbolic Interaction 11: 161-174.

Gerhards, Jürgen, 1992a: Dimensionen und Strategien öffentlicher Diskurse, Journal für Sozialforschung 32: 307-318.

Gerhards, Jürgen, 1992b: Politische Veranstaltungen in der Bundesrepublik. Nachfrager und wahrgenommenes Angebot einer „kleinen" Form von Öffentlichkeit, Kölner Zeitschrift für Soziologie und Sozialpsychologie 44: 766-779.

Gerhards, Jürgen, und *Friedhelm Neidhardt*, 1991: Strukturen und Funktionen moderner Öffentlichkeit: Fragestellungen und Ansätze. S. 31-89 in: *Stefan Müller-Doohm* und *Klaus Neumann-Braun* (Hg.): Öffentlichkeit – Kultur – Massenkommunikation. Oldenburg: bis.

Grossenbacher, René, 1986: Hat die „Vierte Gewalt" ausgedient? Zur Beziehung zwischen Public Relations und Medien, Media Perspektiven 11: 725-731.

Guggenberger, Bernd, 1988: So-tun-als-ob. Die Gegenwart als Zeit des notwendigen Scheins, Die Neue Gesellschaft/Frankfurter Hefte 35: 430-436.

Hintermeier, Josef, 1982: Public Relations im journalistischen Entscheidungsprozeß – dargestellt am Beispiel einer Wirtschaftsredaktion. Düsseldorf: Flieger.

Hoff, Peter, 1990: „Vertrauensmann des Volkes". Das Berufsbild des „sozialistischen Journalisten" und die „Kaderanforderungen" des Fernsehens in der DDR, Rundfunk und Fernsehen 38: 385-399.

Hofsähs, Rudolf, 1977: Regierung und Information. S. 155-169 in: *Horst Reimann* und *Helga Reimann* (Hg.): Information. München: Goldmann.

Holzweißig, Gunter, 1990: Massenmedien unter Parteiaufsicht – Lenkungsmechanismen vor der Wende in der DDR, Rundfunk und Fernsehen 38: 365-376.

Hombach, Bodo, 1991: Semantik und Politik. S. 34-43 in: *Frank Liedtke, Martin Wengeler* und *Karin Böke* (Hg.): Begriffe besetzen. Strategien des Sprachgebrauchs in der Politik. Opladen: Westdeutscher Verlag.

Jäger, Claus, und *Ralf Bärsch*, 1991: Dürfen Fraktionsmittel für Öffentlichkeitsarbeit eingesetzt werden? Eine Auseinandersetzung mit dem „Wüppesahl-Urteil", Zeitschrift für Parlamentsfragen 22: 204-209.

Jarren, Otfried, 1988: Politik und Medien im Wandel: Autonomie, Interdependenz oder Symbiose? Anmerkungen zur Theoriedebatte in der politischen Kommunikation, Publizistik 33: 619-632.

Kavanagh, Dennis, 1981: Public Opinion Polls. S. 196-215 in: *David Butler, Howard R. Penniman* und *Austin Ranney* (Hg.): Democracy at the Polls. A Comparative Study of Competitive National Elections. Washington/London: American Enterprise Institute.

Kempen, Otto Ernst, 1975: Grundgesetz, amtliche Öffentlichkeitsarbeit und politische Willensbildung. Ein Aspekt des Legitimationsproblems in Verfassungsrecht, Verfassungspraxis und Verfassungstheorie. Berlin: Duncker & Humblot.

Kepplinger, Hans Mathias, 1982: Die Grenzen des Wirkungsbegriffes, Publizistik 27: 98-113.

Kepplinger, Hans Mathias, 1990: Realität, Realitätsdarstellung und Medienwirkung. S. 39-55 in: *Jürgen Willke* (Hg.): Fortschritte der Publizistikwissenschaft. Freiburg/München: Alber.

Kepplinger, Hans Mathias, Hans Bernd Brosius, Joachim Friedrich Staab und *Günter Linke*, 1989: Instrumentelle Aktualisierung. Grundlagen einer Theorie publizistischer Konflikte. S. 199-220 in: *Max Kaase* und *Winfried Schulz* (Hg.): Massenkommunikation. Theorien, Methoden, Befunde (Sonderheft 30 der Kölner Zeitschrift für Soziologie und Sozialpsychologie). Opladen: Westdeutscher Verlag.

Kepplinger, Hans Mathias, und *Verena Martin*, 1986: Die Funktionen der Massenmedien in der Alltagskommunikation, Publizistik 31: 118-128.

Kernell, Samuel, 1986: Going Public. New Strategies of Presidential Leadership. Washington, D.C.: Congressional Quarterly.

Kindermann, Harald, 1989: Alibigesetzgebung als symbolische Gesetzgebung. S. 257-273 in: *Rüdiger Voigt* (Hg.): Politik der Symbole – Symbole der Politik. Opladen: Leske + Budrich.

Kitschelt, Herbert, 1991: The 1990 German Federal Election and the National Unification: A Watershed in German Electoral History?, West European Politics 14: 121-148.

Klatt, Helmut, 1980: Regierungsamtliche Öffentlichkeitsarbeit: Verfassungsauftrag oder Wahlpropaganda?, Gegenwartskunde 29: 19-33.

Kleinhenz, Thomas, 1990: Wahlkampf und Fernsehen. Eine Analyse am Beispiel der Wahl zum ersten gesamtdeutschen Bundestag. Unveröff. Magisterarbeit, Universität Mannheim.

Knoke, David, 1990: Political Networks. The Structural Perspective. Cambridge/MA u.a.: Cambridge UP.

Küchler, Manfred, 1979: Multivariate Analyseverfahren. Stuttgart: Teubner.

Kunczik, Michael, 1989: Public Relations für Staaten. Die Imagepflege von Nationen als Aspekt der internationalen Kommunikation: Zum Forschungsstand. S. 165-184 in: *Max Kaase* und *Winfried Schulz* (Hg.):Massenkommunikation. Theorien, Methoden, Befunde (Sonderheft 30 der Kölner Zeitschrift für Soziologie und Sozialpsychologie). Opladen: Westdeutscher Verlag.

Lange, Klaus, 1981: Das Bild der Politik im Fernsehen. Die filmische Konstruktion einer politischen Realität in den Fernsehnachrichten. Frankfurt a.M.: Haag & Herchen.

Langenbucher, Wolfgang R., 1983: Wahlkampf – ein ungeliebtes, notwendiges Übel?. S. 114-128 in: *Winfried Schulz* und *Klaus Schönbach* (Hg.): Massenmedien und Wahlen. München: Ölschläger.

Langenbucher, Wolfgang R., und *Michael Lipp*, 1982: Kontrollieren Parteien die politische Kommunikation?. S. 217-234 in: *Joachim Raschke* (Hg.): Bürger und Parteien. Opladen: Westdeutscher Verlag.

Langenbucher, Wolfgang R., und *Heinz Uekermann*, 1985: Politische Kommunikationsrituale. Zur publizistischen Funktion moderner Wahlkämpfe am Beispiel der Bundesrepublik Deutschland. S. 49-59 in: *Fritz Plasser, Peter A. Ulram* und *Manfred Welan* (Hg.): Demokratierituale. Zur politischen Kultur der Informationsgesellschaft. Wien etc.: Böhlau.

Leo, Angelika, 1992: Täglicher Kontakt mit dem Weißen Haus. Internationale PR-Agenturen suchen Zusammenarbeit mit den Lobby- Organisationen in Washington, Horizont 16: 30.

Leonardy, Uwe, 1978: Öffentlichkeitsarbeit der Regierung minus Wahlwerbung: Informationsläden des Staates. Urteil des Bundesverfassungsgerichts vom 2. März 1977 – 2 BvE 1/76 –, Zeitschrift für Parlamentsfragen 9: 23-33.

Lijphart, Arend, 1981: Political Parties: Ideologies and Programs. S. 26-51 in: *David Butler, Howard R. Penniman* und *Austin Ranney* (Hg.): Democracy at the Polls. A Comparative Study of Competitive National Elections. Washington/London: American Enterprise Institute.

Lippmann, Walter, 1922: Public Opinion. New York: Macmillan.

Luhmann, Niklas, 1970: Öffentliche Meinung, Politische Vierteljahresschrift 11: 2-28.

Luhmann, Niklas, 1981: Veränderung im System gesellschaftlicher Kommunikation und die Massenmedien. S. 309-320 in: *Niklas Luhmann*: Soziologische Aufklärung 3. Opladen: Westdeutscher Verlag.

Mathes, Rainer, und *Uwe Freisens*, 1990: Kommunikationsstrategien der Parteien und ihr Erfolg. Eine Analyse der aktuellen Berichterstattung in den Nachrichtenmagazinen der öffentlich-rechtlichen und privaten Rundfunkanstalten im Bundestagswahlkampf 1987. S. 531-568 in: *Max Kaase* und *Hans-Dieter Klingemann* (Hg.): Wahlen und Wähler. Analysen aus Anlaß der Bundestagswahl 1987. Opladen: Westdeutscher Verlag.

Mazur, Amy G., 1992: Symbolic Reform in France: Egalité Professionelle during the Mitterand Years, West European Politics 15: 39-56.

Merten, Klaus, 1988: Aufstieg und Fall des „Two-Step-Flow of Communication". Kritik einer sozialwissenschaftlichen Hypothese, Politische Vierteljahresschrift 29: 610-635.

Meyer, Thomas, 1992: Die Inszenierung des Scheins. Essay-Montage. Frankfurt a.M.: Suhrkamp.

Müller, Wolfgang C., 1986: Parteien zwischen Öffentlichkeitsarbeit und Medienzwängen. S. 106-135 in: *Wolfgang R. Langenbucher* (Hg.): Politische Kommunikation. Wien: Braumüller.

Mutz, Diana, 1992: Mass Media and the Depoliticization of Personal Experience, American Journal of Political Science 36: 483-508.

Nimmo, Dan, und *James E. Combs*, 1990: Mediated Political Realities (2nd Ed.). New York: Longman.

Nimmo, Dan, und *Robert L. Savage*, 1976: Candidates and their Images. Pacific Palisades/CA.: Goodyear.

Nissen, Peter, und *Walter Menningen*, 1979: Der Einfluß der Gatekeeper auf die Themenstruktur der Öffentlichkeit. S. 211-231 in: *Wolfgang R. Langenbucher* (Hg.): Politik und Kommunikation. München: Piper.

Oberreuter, Heinz, 1989: Mediatisierte Politik und politischer Wertewandel. S. 31-43 in: *Frank Böckelmann* (Hg.): Medienmacht und Politik. Berlin: Spiess.

Oellerking, Christian, 1988: Marketingstrategien für Parteien. Gibt es eine Technologie des legalen Machterwerbs? Frankfurt a.M. etc.: Lang.

Offe, Claus, 1976: Editorial. S. VII-X in: *Murray Edelman*: Politik als Ritual. Die symbolische Funktion staatlicher Institutionen und politischen Handelns (1. Aufl.). Frankfurt a.M./New York: Campus.

Pauli-Balleis, Gabriele, 1987: Polit-PR – Strategische Öffentlichkeitsarbeit politischer Parteien. Zur PR-Praxis der CSU. Zirndorf: Pauli-Balleis.

Pfetsch, Barbara, 1991: Politische Folgen der Dualisierung des Rundfunksystems in der Bundesrepublik Deutschland. Konzepte und Analysen zum Fernsehangebot und zum Publikumsverhalten. Baden-Baden: Nomos.

Pfetsch, Barbara, 1993: Strategien und Gegenstrategien – Politische Kommunikation bei Sachfragen. Eine Fallstudie aus Baden-Württemberg. S. 45-110 in: *Wolfgang Donsbach, Otfried Jarren, Hans Mathias Kepplinger* und *Barbara Pfetsch*: Beziehungsspiele – Medien und Politik in der öffentlichen Diskussion. Gütersloh: Verlag Bertelsmann-Stiftung.

Pfetsch, Barbara, und *Voltmer, Katrin*, 1994: Geteilte Medienrealität? Zur Thematisierungsleistung der Massenmedien im Prozeß der deutschen Vereinigung. S. 509-542 in: *Hans-Dieter Klingemann* und *Max Kaase* (Hg.): Wahlen und Wähler. Analysen aus Anlaß der Bundestagswahl 1990. Opladen: Westdeutscher Verlag.

Plasser, Fritz, 1989: Medienlogik und Parteienwettbewerb. S. 207-218 in: *Frank E. Böckelmann* (Hg.): Medienmacht und Politik. Berlin: Spiess.

Radunski, Peter, 1979: Wahlkampfentscheidung im Fernsehen. S. 114-123 in: *Wolfgang R. Langenbucher* (Hg.): Politik und Kommunikation. München: Piper.

Radunski, Peter, 1980: Wahlkämpfe. Moderne Wahlkampfführung als politische Kommunikation. München/Wien: Olzog.

Radunski, Peter, 1983: Strategische Überlegungen zum Fernsehwahlkampf. S. 131-145 in: *Winfried Schulz* und *Klaus Schönbach* (Hg.): Massenmedien und Wahlen. München: Ölschläger.

Riehl-Heyse, Herbert, 1993: Im Spagat auf die Einschaltquoten starren, Süddeutsche Zeitung v. 28.01.1993: 3.

Rossmann, Torsten, 1993: Öffentlichkeitsarbeit und ihr Einfluß auf die Medien. Das Beispiel Greenpeace, Media Perspektiven 2: 85-94.

Ruhrmann, Georg, 1989: Rezipient und Nachricht. Struktur und Prozeß der Nachrichtenrekonstruktion. Opladen: Westdeutscher Verlag.

Ruß-Mohl, Stephan, 1992: Zeitungs-Umbruch. Wie sich Amerikas Presse revolutioniert. Berlin: Argon.

Salmore, Barbara G., und *Stephen A. Salmore*, 1989: Candidates, Parties, and Campaigns. Electoral Politics in America (2nd. Ed.). Washington, D.C.: Congressional Quarterly.

Sarcinelli, Ulrich, 1986: Wahlkampfkommunikation als symbolische Politik. Überlegungen zu einer theoretischen Einordnung der Politikvermittlung im Wahlkampf. S. 180-200 in: *Hans-Dieter Klingemann* und *Max Kaase* (Hg.): Wahlen und politischer Prozeß. Analysen aus Anlaß der Bundestagswahl 1983. Opladen: Westdeutscher Verlag.

Sarcinelli, Ulrich, 1987a: Politikvermittlung und demokratische Kommunikationskultur. S. 19-45 in: *Ulrich Sarcinelli* (Hg.): Politikvermittlung. Beiträge zur politischen Kommunikationskultur. Bonn: Bundeszentrale für politische Bildung.

Sarcinelli, Ulrich, 1987b: Symbolische Politik. Zur Bedeutung symbolischen Handelns in der Wahlkampfkommunikation der Bundesrepublik Deutschland. Opladen: Westdeutscher Verlag.

Sarcinelli, Ulrich, 1993: Öffentlichkeitsarbeit der Parlamente – Politikvermittlung zwischen Public Relations und Parlamentsdidaktik, Zeitschrift für Parlamentsfragen 24: 464-473.

SAS-Institute Inc., 1988: SAS/STAT User's Guide, Release 6.03 Edition, Cary/NC: SAS.

Schatz, Heribert, Klaus Adamczewski, Klaus Lange und *Ferdinand Nüssen*, 1981: Fernsehen und Demokratie. Eine Inhaltsanalyse der Fernsehnachrichtensendungen von ARD und ZDF vom Frühjahr 1977. Opladen: Westdeutscher Verlag.

Schenk, Michael, 1987: Medienwirkungsforschung. Tübingen: Mohr.

Schenk, Michael, 1993: Die ego-zentrierten Netzwerke von Meinungsbildnern („Opinion-Leaders"), Kölner Zeitschrift für Soziologie und Sozialpsychologie 45: 254-269.

Schmidt, Manfred G., 1983: Politische Konjunkturzyklen und Wahlen. Ein internationaler Vergleich. S. 174-197 in: *Max Kaase* und *Hans-Dieter Klingemann* (Hg.): Wahlen und politisches System. Opladen: Westdeutscher Verlag.

Schmitt-Beck, Rüdiger, 1990: Über die Bedeutung der Massenmedien für soziale Bewegungen, Kölner Zeitschrift für Soziologie und Sozialpsychologie 42: 642-662.

Schmitt-Beck, Rüdiger, 1991: Die hessische Landtagswahl vom 20. Januar 1991: Im Schatten der Weltpolitik kleine Verschiebungen mit großer Wirkung, Zeitschrift für Parlamentsfragen 22, 226-244.

Schulz, Winfried, 1976: Die Konstruktion von Realität in den Nachrichtenmedien. Freiburg: Alber.

Schulz, Winfried, 1987: Politikvermittlung durch Massenmedien. S. 129-144 in: *Ulrich Sarcinelli* (Hg.): Politikvermittlung. Beiträge zur politischen Kommunikationskultur. Bonn: Bundeszentrale für politische Bildung.

Schulz, Winfried, 1989: Massenmedien und Realität. Die „ptolemäische" und die „kopernikanische" Auffassung. S. 135-149 in: *Max Kaase* und *Winfried Schulz* (Hg.): Massenkommunikation. Theorien, Methoden, Befunde. Opladen: Westdeutscher Verlag.

Semetko, Holli, 1993: The Cross-National Election Project – News Media and the Electoral Process in Comparative Perspective, Political Communication Report 4: 4-8.

Shaw, Eugene F., 1977: The Agenda-Setting Hypothesis Reconsidered: Interpersonal Factors, Gazette 23: 230-240.

Sigal, Leon V., 1973: Reporters and Officials. The Organization and Politics of Newsmaking. Lexington/Mass.: Heath.

Simons, Herbert W., und *Don J. Stewart*, 1991: Network Coverage of Video Politics: „A New Beginning" in the Limits of Criticism. S. 203-228 in: *Frank Biocca* (Hg.): Television and Political Advertising, Vol. 2.: Signs, Codes, and Images. Hillsdale/NJ: Lawrence Erlbaum.

Streeck, Wolfgang, 1987: Vielfalt und Interdependenz. Überlegungen zur Rolle von intermediären Organisationen in sich ändernden Umwelten, Kölner Zeitschrift für Soziologie und Sozialpsychologie 39: 471-495.

Trent, Judith, und *Robert V. Friedenberg*, 1991: Political Campaign Communication. Principles and Practice. New York etc.: Praeger, 2nd. Ed.

VanSlyke Turk, Judy, 1991: Public Relations' Influence on the News. S. 211-222 in: *David L. Protess* und *Maxwell McCombs* (Hg.): Agenda Setting. Readings on Media, Public Opinion, and Policymaking. Hillsdale/NJ: Lawrence Erlbaum.

Visser, Wessel, und *Rien Wijnhoven*, 1990: Politics do matter, but does unemployment? Party strategies, ideological discourse and enduring mass unemployment, European Journal of Political Research 18: 71-96.

Vorstand der SPD – Referat Öffentlichkeitsarbeit (Hg.), 1990: Wahlkampf '90, Handbuch 2: Planung und Umsetzung vor Ort. Bonn: SPD.

Walker, Horst O., 1982: Das Presse- und Informationsamt der Bundesregierung. Eine Untersuchung zu Fragen der Organisation, Koordination und Kontrolle der Presse- und Öffentlichkeitsarbeit der Bundesregierung. Frankfurt a.M.: Haag + Herchen.

OBERLEHRER UND MISSIONARE?

Das Selbstverständnis deutscher Journalisten

Klaus Schönbach, Dieter Stürzebecher und Beate Schneider

Zusammenfassung: Die folgende These ist unter Politikern und in der deutschen Medienforschung weit verbreitet: Deutsche Journalisten seien in ihrer Berufsmotivation und ihrem Rollenverständnis von besonderem Missionseifer beseelt – sie wollten ihrem Publikum nicht nur als Informationsvermittler dienen. Diese Behauptung wird mit Daten der ersten repräsentativen gesamtdeutschen Journalistenbefragung überprüft – und zurückgewiesen. Es zeigt sich außerdem, daß die – wenigen – „Erzieher" unter den Journalisten ihrem Publikum nicht arroganter gegenüberstehen als jene Kollegen, die sich eher als Informationsvermittler begreifen. Die Gründe, die angeblich dazu führen, daß deutsche Journalisten sich vornehmlich als „Oberlehrer" gerierten – Zugehörigkeit zur „68er"-Generation, „linke" politische Einstellungen, gescheiterte Aufstiegserwartungen –, können eine Vorliebe für derartige Erziehungsversuche nicht erklären.

I. Warum deutsche Journalisten als „Missionare" gelten

Viele Politiker, aber auch ganze Schulen von Medienwissenschaftlern sind sich einig: Deutsche Journalisten greifen zu sehr in „die öffentliche Meinung" ein – in der Regel gemeint als illegitime *politische* Beeinflussung der Bevölkerung. Sie praktizierten vorrangig einen „Interpretations- und Wertungsjournalismus" (Donsbach 1993a: 275) und wollten sich nicht auf die dienende Funktion eines *Vermittlers* von Informationen und Meinungen in der Gesellschaft beschränken (vgl. u.a. Donsbach 1982, 1987, 1993b; Kepplinger 1979, 1992; Kepplinger/Köcher 1990; Köcher 1985, 1992; Wagner 1991). Der deutsche Journalist verstehe sich als „Aufklärer, der die Fakten einer allgemeinen Aufklärungsidee unterwirft und die Informationen dafür passend zurechtschleift" (Wagner 1991: 50). Indem Journalisten ihre eigenen Vorstellungen und Problemsichten in den Prozeß der Nachrichtenselektion und -strukturierung einfließen ließen und insbesondere bei der Berichterstattung über kontroverse Themen zur „instrumentellen Aktualisierung" (Kepplinger 1984: 94), zum Hoch- und Herunterspielen von Informationen im Dienste der eigenen Überzeugungen neigten, werde die Berichterstattung der Medien auf „voluntaristische Grundlagen" gestellt (Kepplinger 1989a: 59; vgl. auch Kepplinger 1989b, 1990, 1992; Kepplinger/Köcher 1990; Noelle-Neumann/Kepplinger 1978); das „'journalistische' Vermittlungsprogramm" werde „überlagert und ersetzt durch ein 'publizistisches' Führungsprogramm" (Wagner 1991: 62).

Die Begriffspaare, die diesen Vorwurf zuspitzen sollen, lauten typischerweise: Journalisten wollten „Kommunikatoren" statt „Mediatoren" sein, „Wortführer der öffentlichen Meinung" (so z.B. – allerdings eher klaglos – Langenbucher 1974/1975: 262, und Langenbucher/Neufeldt 1988: 259), „Missionar" statt „Spürhund" (Köcher 1985), „Meinungs- und Gesinnungspublizist" statt „Informator" oder „Popularisator" (so – abwertend – Hagemann 1966: 294). Journalisten wollten nicht als „Makler" zwischen den Meinungen der Gesellschaft vermitteln (Wagner 1991: 49), sondern maßten sich statt dessen „Prophetengehabe" an (ebenda: 66).

Dieses Selbstverständnis deutscher Journalisten gehe konsequenterweise mit Ignoranz gegenüber dem Publikum einher, ja sogar mit Verachtung (Donsbach 1982: 218ff.). Deutsche Journalisten bildeten eine vorrangig auf sich selbst bezogene Gruppe, ja „Kaste" (Wagner 1991: 103). Das zeige sich etwa daran, daß sie vor allem *Berufskollegen* zu ihren Freunden und Bekannten zählten (Donsbach 1982: 240ff.). Auch bei der Arbeit selbst orientierten sie sich konsequent an der „peer group", den Kollegen: Nur was diese für gute Arbeit hielten, zähle (Donsbach 1979: 44; vgl. auch Donsbach 1982; Kepplinger 1979; Wagner 1991). Berufliches Fehlverhalten von Kollegen werde deshalb kaum einmal öffentlich und namentlich kritisiert (Kepplinger 1993).

Durch dieses „Braten im eigenen Saft" gerieten den deutschen Journalisten beinahe zwangsläufig die Interessen, Sorgen und Problemsichten derer aus dem Blick, für die sie eigentlich arbeiteten. Zudem verstünden sie sich – sehr viel häufiger als etwa ihre britischen Kollegen – als Intellektuelle und als geistige Elite (vgl. Donsbach 1987; Köcher 1985). Dieses Elite-Bewußtsein der Journalisten präge ihr Verhältnis zum Publikum, denn es rechtfertige für sie eine Beeinflussung der öffentlichen Meinung: „Die eigene politische Mission wird subjektiv aus dem im Vergleich zu den eigenen Werten 'falschen Bewußtsein' des Publikums legitimiert und in die entsprechenden Selektionsentscheidungen umgesetzt" (Donsbach 1987: 122).

Typisch sei auch, daß „Missionare" unter den Journalisten nicht „hart" recherchieren wollten. Da es den vermeintlichen „Erziehern" in Deutschland – ganz im Gegensatz etwa zu den britischen Journalisten – nicht vorrangig darum gehe, den Informationsansprüchen ihres Publikums genüge zu tun, sondern die eigenen Überzeugungen mitzuteilen, halte sich ihre Recherche-Begeisterung eher in Grenzen. Deutsche Journalisten schätzten das Arbeiten unter Termindruck und den Reiz des Informationsvorsprungs nicht so sehr an ihrem Beruf wie etwa ihre Kollegen in Großbritannien – folgerichtig sei ihnen „das Wesen des leidenschaftlichen Rechercheurs ... weitgehend fremd" (Köcher 1985: 77). Deutlich werde dies ferner an ihrer Scheu, gegebenenfalls auch einmal umstrittene oder gar illegale Methoden der Informationsbeschaffung anzuwenden, um mühsam die Wahrheit herauszufinden – sie wollten keine „Spürhunde" sein (Köcher 1985: 140ff.). Entsprechend seltener als ihre britischen (Köcher 1985: 159ff.) wie auch amerikanischen Kollegen (Donsbach 1983b: 289) beklagten sich deutsche Journalisten denn auch über Beschränkungen ihrer Arbeitsmöglichkeiten, etwa einen unzureichenden Zugang zu Regierungsdokumenten oder zu wichtigen Persönlichkeiten des öffentlichen Lebens. Im Widerspruch dazu allerdings wird gelegentlich auch behauptet, „Missionare" recherchierten durchaus intensiv – allerdings nur dann, wenn die erhofften Informationen ihren eigenen politischen Zielen dienten (Kepplinger 1988; Kepplinger 1992).

Auch über die *Ursachen* für das eher missionarische Rollenverständnis deutscher Journalisten sind sich die Kritiker schnell einig:

a) Langfristige *kulturelle Prägungen* und *historische Traditionen* seien dafür verantwortlich:

Deutsche Journalisten identifizierten sich – etwa im Vergleich zu ihren britischen Kollegen – stärker mit der Rolle eines „Missionars" und „Volkserziehers", weil hier eine andere Funktion von Pressefreiheit nachwirke als etwa in Großbritannien. In Deutschland sei die Pressefreiheit vornehmlich als Recht des Einzelnen, seine Meinung zu vertreten, erkämpft worden. In Großbritannien hingegen habe man sie schon früh als „Freiheit sozialer Kommunikation" (Stammler 1971: 89) verstanden. Deutschland blicke zudem auf eine ausgeprägtere Tradition der Parteipresse zurück als etwa die angelsächsischen Länder. Daß es inzwischen praktisch keine Parteizeitungen mehr gibt, habe die Kraft dieser Tradition immer noch nicht gebrochen. Die Instrumentalisierung der Medien während der Zeit des Nationalsozialismus und ihr Auftrag zur demokratischen Umerziehung der Bevölkerung nach dem Zweiten Weltkrieg hätten diese Besonderheit des deutschen Journalismus, seine Parteilichkeit, letztlich nur unter anderen Vorzeichen fortgesetzt. Daher habe sich im deutschen Journalismus keine Tradition des „Objektivitäts-Ideals" entwickeln können (Donsbach 1987: 119; vgl. u.a. auch Donsbach 1990; Köcher 1985; Kepplinger/Köcher 1990).

b) Auch bestimmte *individuelle Prägungs- und Sozialisationserlebnisse* werden immer wieder als Ursachen für den Hang zumindest *west*deutscher Journalisten zu einer engagierten Meinungspublizistik ins Feld geführt:

In Westdeutschland sei vor allem die *68er-Bewegung* „nicht spurlos" am Journalismus vorbeigegangen (Wilke 1993: 142). Sie habe die „missionarische" Tradition bestärkt und weiter fortgesetzt. Zudem habe sich der berufliche Nachwuchs in den 60er und 70er Jahren überwiegend aus sozialwissenschaftlichen Fächern rekrutiert, die als besonders stark politisiert zu gelten hätten (Donsbach 1987: 119). Die Anti-Vietnam-Demonstrationen hätten „einen Wendepunkt im politischen Denken der Journalisten" bedeutet, worauf sich „ihre Vorstellungswelt zunehmend von der Vorstellungswelt der Gesellschaft entfernte" (Kepplinger 1991: 132f.). Im Unterschied dazu hätten die dramatischen Ereignisse der jüngsten Zeit, also das Ende der DDR, die Vereinigung Deutschlands und der Zusammenbruch des Sozialismus in Osteuropa, den „zeitgeschichtlichen Kosmos" und die beruflichen Orientierungen westdeutscher Journalisten weitgehend unberührt gelassen (Kepplinger 1992: 92). Mit anderen Worten: Die Absicht der 68er-Generation, die Welt zu verändern, habe sich bis heute in ihrem journalistischen Selbstverständnis erhalten und sich selbst gegenüber politischen und gesellschaftlichen Umwälzungen von historischer Tragweite als weitgehend immun erwiesen.

Insgesamt drängten vor allem „*linke Weltverbesserer*" in den Beruf, da sie im Journalismus eine Chance sähen, das System von innen heraus zu verändern (vgl. Donsbach 1990) – die Tätigkeit in den Medien also als Variante des vielbeschworenen „langen Marsches durch die Institutionen". Konsequenterweise resultiere die Berufswahl deutscher Journalisten vielfach aus einer bewußten Entscheidung gegen eine Tätigkeit in Staat und Wirtschaft (vgl. Kepplinger 1979; Köcher 1985). Indiz hierfür sei die große Zahl an Berufswechslern und Studienabbrechern unter den Journalisten, wie sie zumindest für die 70er Jahre ermittelt wurde. Diese in den Beruf von vornherein eingebrachte kritische Haltung vieler Journalisten gegenüber Wirtschaft, Verwaltung und Politik stehe in engem Zusammenhang mit ihren politischen Einstellungen: Im Vergleich zur Bevölkerung seien linksliberale Positionen im deutschen Journalismus deutlich überrepräsentiert (vgl. Donsbach 1987, 1993b; Kepplinger/Köcher 1990; Köcher 1985; Noelle-Neumann 1979).

Die zunehmende *Akademisierung des Berufs* habe eine Sozialisation als „Oberlehrer" begünstigt – zumindest sei Verständnis für die „wahren" Sorgen und Probleme der Bevölkerung verloren gegangen. „Akademischer Dünkel" und die unter deutschen Journalisten weit verbreitete Überzeugung, der geistigen Elite im Lande anzugehören, hätten es ersetzt. Außerdem hätten die meisten Journalisten mit einem abgeschlossenen oder abgebrochenen Hochschulstudium sozialwissenschaftliche oder philologische Fächer studiert. Anders als z.B. für die Naturwissenschaften sei für geisteswissenschaftliche Disziplinen kennzeichnend, daß Probleme eher in einem „individualisierend-interpretierenden" Denkstil wahrgenommen, analysiert und beurteilt werden (Kepplinger 1979: 24).

c) Als Drittes wird gelegentlich – aber in der Regel außerhalb der Wissenschaft, z.B. von Politikern – geltend gemacht, Journalisten entfalteten missionarischen Eifer und spielten sich als „Moralwächter" auf, weil sie etwas zu kompensieren hätten, etwa eine als unbefriedigend empfundene Arbeitssituation (Wiesand 1977: 62). Vor allem Frustrierte und „gescheiterte Existenzen" strömten in diesen Beruf. Sie wollten gerne „mitregieren", ohne dazu ein Mandat zu besitzen – Journalismus als Spielart einer *politischen* Karriere (Weber 1919/1980).

Pauschalisierung und Dramatisierung kennzeichnen viele der beschriebenen Vorwürfe an die Adresse der deutschen Journalisten wie auch die Erklärungen dafür. In aller Regel stützt sich die Überzeugung, das deutsche Medienpublikum werde nicht von Vermittlern bestmöglich mit Informationen bedient, sondern von Meinungspublizisten bevormundet, auf die Befunde einer einzigen repräsentativen Befragung westdeutscher (und britischer) Journalisten (Köcher 1985) – wenn sie sich denn überhaupt um empirische Fundierung bemüht. Der Streit darüber, inwieweit diese Studie den Anspruch der Repräsentativität tatsächlich einlöst (vgl. die Kritik von Weischenberg 1989: 238; Weischenberg/Löffelholz/Scholl 1993: 21f; Scholl 1993: 82; vgl. auch die Diskussion methodischer Defizite in Schneider/Schönbach/Stürzebecher 1993a: 9), soll hier außer Betracht bleiben. In jedem Falle bedeutsam jedoch ist, daß diese Befragung inzwischen schon mehr als ein Jahrzehnt zurückliegt – sie wurde 1980/81 durchgeführt. Trotz der Expansion und des Strukturwandels der Massenmedien gerade in Deutschland seit Beginn der 80er Jahre ist die Gültigkeit der auf Köchers Befragung basierenden Typisierung deutscher Journalisten als „Missionare" praktisch nicht systematisch und vor allem *empirisch* überprüft worden.

Die erste seitdem durchgeführte Befragung (1990/91) von (Nachrichten-)Journalisten aus Deutschland und weiteren vier Ländern, die über eine bloße Fallstudie hinausgeht (Donsbach 1993b), beharrt auf der von Köcher postulierten Dichotomie journalistischer Rollenverständnisse: Demnach ist es amerikanischen Journalisten überraschenderweise wichtiger als ihren deutschen Kollegen, mit ihrer Arbeit das politische Geschehen wie auch das Publikum zu beeinflussen. Vehikel für diesen Einfluß seien jedoch vorrangig die Recherche und die Vermittlung von Informationen. Deutsche Journalisten hingegen schätzen an ihrem Beruf deutlich häufiger die Möglichkeit, sich für bestimmte Werte und Ideen einsetzen zu können – sie wollten also Einfluß mittels der Artikulation eigener Überzeugungen ausüben, seien eben „Missionare". Bereits Köcher (1985: 90f.) hatte Befunde, die dem Bild von zwei ganz und gar gegensätzlichen Journalistentypen zu widersprechen schienen, in ähnlicher Weise interpretiert: So erkläre sich die sehr viel stärkere Akzeptanz der „Erzieher"- bzw. „Pädagogen"-Rolle in Großbritannien damit, daß britische Journalisten sie nicht als Wunsch zur Lenkung, sondern im Sinne der Wissensvermittlung verstünden.

Hier werden grundsätzliche, von den Kritikern jedoch weitgehend ignorierte Probleme bei der Interpretation der Daten erkennbar:

a) Köchers Charakterisierung deutscher und britischer Journalisten als „Missionare" versus „Spürhunde" geht allein auf *Selbstauskünfte* der Befragten zurück. Und selbst diese Selbstauskünfte „enthüllten" im Grunde nur, daß den Selbstbildern, die auf eine „missionarische" Berufsauffassung hindeuten könnten, in Deutschland zu Beginn der 80er Jahre häufiger zugestimmt wurde als in Großbritannien. Daraus jedoch pauschal auf eine „missionarische" Grundeinstellung *der* deutschen Journalisten zu schließen, wie es in der beschriebenen Journalismus-Kritik bis heute immer wieder der Fall ist, läßt sich bereits mit Köchers Befunden nicht überzeugend begründen.

b) Köcher selbst (1985: 86ff.) deutet schon die Möglichkeit an, daß sich deutsche wie auch britische Journalisten nicht alternativ einem der beiden scheinbar gegensätzlichen Aufgabenverständnissen verschrieben haben könnten, sondern zugleich neutral-vermittelnde und aktiv-partizipatorische Rollenbilder für sich in Anspruch nehmen. Solche Rollenüberlappungen gelten z.b. bereits Anfang der 70er Jahre als typisch für den amerikanischen Journalismus (vgl. Johnstone/Slawski/Bowman 1976). Auch die Befunde einer Mitte der 80er Jahre in den USA durchgeführten repräsentativen Erhebung (Weaver/Wilhoit 1991) attestieren den amerikanischen Journalisten ein vielschichtiges, „pluralistisches" Rollenverständnis: „They cannot be described simply as interpreters or disseminators; they are *both*" (144). Auch die Mehrheit der gegenwärtigen Journalistengeneration in den Vereinigten Staaten, dies belegen die Ergebnisse der neuesten Repräsentativbefragung (Weaver/Wilhoit 1992), identifiziert sich mit Elementen sowohl der einen als auch der anderen Rollenauffassung. Der Gegensatz „Missionar" und „Vermittler" – ein Artefakt?

c) Allein eine Inhaltsanalyse der *Medienberichterstattung* kann erhellen, ob und in welchem Ausmaß deutsche Journalisten ihr berufliches Aufgabenverständnis auch konkret in ihrer Arbeit umsetzen. Der Vorwurf an die Journalisten in Deutschland, sie seien Meinungspublizisten und ließen sich zu sehr von ihren eigenen Überzeugungen leiten, geht dennoch von der Annahme aus, ihr berufliches Selbstverständnis spiegele sich ungebrochen in ihren journalistischen Beiträgen wider. Warum sonst sollte die ihnen unterstellte Absicht, sie wollten das Medienpublikum im Sinne der eigenen Anschauungen bevormunden, überhaupt problematisch sein? Allerdings steht der Nachweis, daß die „missionarischen" Bekenntnisse der Befragten tatsächlich Folgen für die *Berichterstattung* der Medien haben, bislang weitgehend aus (vgl. auch die Kritik bei Weischenberg 1989). Nur einige wenige Fallstudien lassen sich dafür heranziehen (z.B. Schönbach 1977; Kepplinger 1989b; Noelle-Neumann/Kepplinger 1978). Sie legen darüber hinaus zumindest eine Differenzierung der Vorwürfe – etwa nach dem jeweiligen Arbeitsplatz – nahe.

Angesichts dieser höchst unsicheren Fundierung erstaunt die ungebrochene Vehemenz, mit der nicht nur Politiker meinen, daß deutsche Journalisten „Missionare", „Oberlehrer" und „Mitpolitiker ohne Mandat" seien. Das macht es notwendig, dem empirischen Gehalt solcher Vorwürfe mit Blick auf das Selbstverständnis der gegenwärtigen Journalistengeneration in der Bundesrepublik auf den Grund zu gehen.

II. Die Untersuchung

In dieser Studie wollen wir drei Fragenkomplexe überprüfen: a) Wo siedeln deutsche Journalisten heute ihre Aufgabe zwischen den beiden Polen „Erzieher" und „Vermittler" an? Gilt ihnen die zielgerichtete Beeinflussung öffentlicher Meinung wirklich nicht nur als zulässig, sondern sogar als selbstverständliche berufliche Aufgabe? b) Sind Zynismus gegenüber dem Publikum und geringe Neigung zum Recherchieren tatsächlich mit einem „erzieherischen" Rollenverständnis verknüpft? Und schließlich c): Inwieweit treffen die vermuteten *Ursachen* für eine „missionarische" Berufsauffassung zu – einmal ganz unabhängig davon, wie weit verbreitet sie tatsächlich sein mag?

Unsere Erkenntnisse dazu stützen sich auf eine telefonische Befragung einer repräsentativen Stichprobe von insgesamt 983 westdeutschen Journalisten. Hinzu kam eine zweite repräsentative Stichprobe von 477 Berufskollegen, die in Ostdeutschland sowohl arbeiteten, als auch von dort stammten (also schon vor 1990 ihren Wohnsitz in der DDR hatten). Vom EMNID-Institut, Bielefeld, wurden die Interviews in West-deutschland vom 29. Juli bis 29. September 1992 durchgeführt, in Ostdeutschland vom 20. Januar bis zum 4. Februar 1993 (zum Fragebogen vgl. Schönbach 1992; Schnei-der/Schönbach/Stürzebecher 1993a). Beide Befragungen waren Teil einer „Sozialen-quête über die Journalisten in den neuen Ländern der Bundesrepublik Deutschland", die vom Presse- und Informationsamt der Bundesregierung in Auftrag gegeben und gefördert wurde.

Die Grundgesamtheit beider Stichproben umfaßte *festangestellte* Journalistinnen und Journalisten. Befragt wurden Redakteure und Volontäre in Zeitungs-, Zeitschriften- und Rundfunkunternehmen sowie in deutschsprachigen Nachrichtenagenturen. In den *Printmedien* wurden allerdings nur diejenigen Redaktionen berücksichtigt, deren Publikationen sich nicht an ein spezielles Fachpublikum richteten, mindestens einmal pro Monat erschienen, *verkauft* wurden sowie – dies allerdings nur bezogen auf West-deutschland – eine IVW-geprüfte Auflage hatten. Für die konkrete Auswahl der Be-fragten aus dieser Grundgesamtheit wurden mehrstufige und medienspezifisch un-terschiedliche Verfahren angewandt (vgl. dazu Schneider/Schönbach/Stürzebecher 1993a und 1993b).

III. Grundlegende Berufsorientierungen 1992/93

Deutsche Journalisten sehen sich 1992/93 im Vergleich zu 1980/81 noch häufiger als *Vermittler* denn als Missionare. In ihrer damaligen Untersuchung hatte Renate Köcher (1985) zwei Fragen gestellt, auf deren Antworten sich ein großer Teil der beschriebenen Kritik am deutschen Journalismus beruft:

Die eine Frage ermittelte die *„Anziehungspunkte"* des Journalismus, die möglichen Gründe dafür, Journalist zu sein: „Was von diesen Punkten finden Sie persönlich heute besonders anziehend?" Während keine der Antwortvorgaben die journalistische *Vermittler*tätigkeit als attraktiv beschrieb, waren drei der 18 zur Entscheidung vorgegebenen Anziehungspunkte eher „missionarischer" Natur:
- „die Möglichkeit, sich für Werte und Ideale einzusetzen",
- „die Möglichkeit, meine eigenen Überzeugungen vielen anderen mitzuteilen" und
- „die Möglichkeit, politische Entscheidungen zu beeinflussen".

Darüber hinaus war gefragt worden: „Wie sollte man als Journalist Ihrer Meinung nach seine Aufgabe verstehen, als was sollte man sich als Journalist sehen?" Zwei der 10 Antwortvorgaben unterstellen eine Einflußnahme auf die öffentliche Meinung nicht nur wie zuvor als *Möglichkeit*, sondern sogar als legitime *Aufgabe* von Journalisten:
- „Pädagoge, Erzieher" und
- „Politiker mit anderen Mitteln".

Die Zustimmung zu zwei anderen Vorgaben deuteten für Köcher (1985) auf ein Berufsverständ-nis als *Vermittler* hin:
- „neutraler Berichterstatter" und
- „Sprachrohr der Bevölkerung".

Tabelle 1: Berufliches Selbstverständnis als „Vermittler" bzw. als „Missionar"

Frage: „Wie sollte man als Journalist Ihrer Meinung nach seine Aufgabe verstehen, als was sollte man sich als Journalist sehen? Sagen Sie mir bitte, ob Sie den folgenden Aussagen zustimmen oder nicht zustimmen" (1980/81 und 1992/93: Vorgaben wurden vorgelesen).

	Westdeutsche Journalisten		Ostdeutsche Journalisten
	1980/81[a] % N = 450	1992 % N = 983	1993 % N = 477
„Vermittler":			
Neutraler Berichterstatter	81	89	84
Sprachrohr der Bevölkerung	47	64	71
Mindestens einer dieser beiden Berufs- auffassungen zugestimmt	nicht bekannt	95	95
„Missionar":			
Pädagoge, Erzieher	16	13	25
Politiker mit anderen Mitteln	12	11	25
Mindestens einer dieser beiden Berufs- auffassungen zugestimmt	nicht bekannt	20	39

a *Quelle:* Köcher 1985.

Köcher (1985) hatte die zweite Frage zur Ermittlung des journalistischen „Selbstbildes", des „Aufgabenverständnisses" von Journalisten verwendet – was sie von ihrer Formulierung her nicht notwendigerweise sein muß: Das zweimalige „sollte" signalisiert den Befragten eventuell eher die Frage nach einer Norm, die sie ihrer *eigenen* Arbeit jedoch *nicht* unbedingt zugrunde zu legen brauchen. So gesehen ist die erste Frage – die nach den *Anziehungspunkten* des Journalismus – vielleicht sogar der validere Indikator für das eigene „missionarische" Berufsverständnis. Weil jedoch die beschriebene Kritik am deutschen Journalismus sich durch solche Zweifel an der Validität nicht weiter beirren ließ, verwenden auch wir *beide* Fragen, um das journalistische Missionarstum der Jahre 1992/93 zu quantifizieren.

Fast alle befragten Journalisten stimmen 1992/93 auf die Frage nach dem Aufgabenverständnis mindestens einem der beiden *vermittlungsorientierten* Rollenbilder zu. Besonders ausgeprägt ist die Priorität der Vermittlerrolle in *Westdeutschland* – nur ein Fünftel bejaht nämlich eine der beiden Vorgaben, die auf ein anderes, ein *missionarisches* Rollenverständnis hindeuten. Bei *ostdeutschen* Journalisten ist – bei gleichem Stellenwert der Vermittlerrolle – die eher „aktiv-partizipatorische" Berufsauffassung etwas ausgeprägter (*Tabelle 1*).

So viel zu den Rollenbildern. Immerhin – auch wenn west- wie ostdeutsche Journalistinnen und Journalisten die Lenkung öffentlicher Meinung offenbar nicht für ihre wesentliche *Aufgabe* halten: Die „missionarischen" *Möglichkeiten* ihres Berufs bezeichnen sie durchaus häufig als „Anziehungspunkte". Auch hier geben ostdeutsche Journalisten noch häufiger als ihre westdeutschen Kollegen an, solche Möglichkeiten machten ihren Beruf besonders anziehend (*Tabelle 2*).

Tabelle 2: „Missionarische" Anziehungspunkte des Journalismus

Frage: „Wenn Sie einmal von heute aus urteilen: Was von diesen Punkten finden Sie persönlich heute an Ihrem Beruf besonders anziehend?" (1980/81: „Wenn Sie mir bitte die entsprechenden Karten herauslegen" – Vorlage eines Kartenspiels; 1992/93: Vorgaben wurden vorgelesen)

	Westdeutsche Journalisten		Ostdeutsche Journalisten
	1980/81[a] % N = 450	1992 % N = 983	1993 % N = 477
Die Möglichkeit, sich für Werte und Ideale einzusetzen	42	49	81
Die Möglichkeit, meine Überzeugungen vielen anderen mitzuteilen	34	34	61
Die Möglichkeit, politische Entscheidungen zu beeinflussen	29	30	47
Mindestens einen dieser drei Anziehungspunkte genannt	nicht bekannt	66	89

a *Quelle*: Köcher 1985.

Bereits diese ersten Befunde zeigen: Die beruflichen Grundorientierungen west- und ostdeutscher Journalisten sind in diesen Punkten recht verschieden. Eine eventuell historisch gewachsene nationale Eigentümlichkeit des deutschen Journalismus hat offenbar *nicht* (gleichsam über alles Trennende hinweg) fortgewirkt. Das ist auch plausibler als die Gegenthese (Kepplinger 1992; Köcher 1992): Denn aus welchem Grunde sollten die vier Jahrzehnte lang grundlegend unterschiedlichen und von den Journalisten *unmittelbar erlebten* Rahmenbedingungen ihres beruflichen Handelns weniger Einfluß auf ihr Aufgabenverständnis ausgeübt haben als das Wissen um eine zwar gemeinsame, jedoch mehr als 40 Jahre zurückliegende historische Tradition? Mögen die Unterschiede im Einstellungsprofil west- und ostdeutscher Journalisten vier Jahre nach der Wende in der DDR auch geringer sein, als vielleicht zu erwarten gewesen wäre, so gilt offenbar: Wenn den Massenmedien und ihren Mitarbeitern über lange Zeit eine propagandistische und damit erzieherische Aufgabe sogar gesetzlich verordnet wird (vgl. dazu u.a. Blaum 1985; Geserick 1983; Holzweißig 1989; Klump 1986), nehmen Journalisten auch wesentlich stärker eine „missionarische" Rolle für sich selbst in Anspruch.

Für *westdeutsche* Journalisten indessen läßt sich feststellen: Ihr berufliches Selbstverständnis als neutraler „Mediator" hat offenbar seit Beginn der 80er Jahre signifikant an Bedeutung gewonnen (Schneider/Schönbach/Stürzebecher 1993a). Renate Köcher (1985) hatte ja in ihrer damaligen Umfrage die gleichen Fragen an 450 im großen und ganzen vergleichbar ausgewählte Journalisten gestellt (Ergebnisse in den *Tabellen 1* und 2). Demnach sind 1992/93 „missionarische" Anziehungspunkte als Motive, diesen Beruf auszuüben, höchstens von ähnlicher Bedeutung wie vor etwa zehn Jahren – wahrscheinlich aber sind sie weniger bedeutsam: 1992/93 wurden nämlich *alle* Vorgaben vorgelesen, 1980/81 hatten die Befragten ein Kartenspiel mit den Vorgaben durchzublättern. Das könnte heißen, daß in der neueren Befragung *alle* Angaben aufmerksamer zur Kenntnis genommen wurden. Auf jede einzelne mußte ja geantwortet werden. Wir vermuten, daß damit eine generell höhere Zustimmungsquote zustande kam (Schneider/Schönbach/Stürzebecher 1993a: 19). Auf jeden Fall jedoch gibt es deutliche Veränderungen beim *Aufgabenverständnis*: Westdeutsche Journalisten sehen sich 1992 deutlich häufiger als zuvor als Vermittler und etwas seltener als „Erzieher".

Ein solcher Befund mag dennoch für manche Anhänger der These, *die* deutschen Journalisten wollten die öffentliche Meinung lenken, noch keine Entwarnung bedeuten. Denn: Könnte es nicht eine wichtige Gruppe geben, nämlich Journalisten in den *Politikressorts*, die sich zur aktiven politischen Einflußnahme mehr als andere berufen fühlen und sich daher besonders stark als engagierte Meinungspublizisten hervortun? Die Antwort auf diese Frage heißt in Ost- wie in Westdeutschland: nein. Unter den 87 Ost- wie auch 194 West-Redakteuren mit dem Tätigkeitsschwerpunkt Politik ist der Anteil der „Vermittler" exakt so groß wie der von *allen* Befragten. Keine auch nur entfernt signifikanten Unterschiede gibt es auch bei der Anziehungskraft „missionarischer" *Möglichkeiten* des Berufs. Die größte Überraschung: In West- und Ostdeutschland arbeiten im politischen Journalismus *weniger* Mitarbeiter mit einem „missionarischen" Aufgabenverständnis (14 Prozent im Westen, 32 Prozent im Osten) als in anderen Ressorts (20 Prozent im Westen, 40 Prozent im Osten).

Überraschenderweise hängen 1992/93 die Attraktivität eines „missionarischen" Journalismus und die Selbstbilder als Erzieher bzw. Vermittler, wenn überhaupt, dann nur schwach miteinander zusammen. Daß die Anziehungskraft der *Möglichkeiten*, Einfluß auf die öffentliche Meinung zu nehmen, weder in West noch Ost mit dem *Aufgabenverständnis eines Vermittlers* auf irgendeine Weise korreliert, ist noch plausibel. Daß aber der Zusammenhang zwischen dieser Motivation und ihrem Korrelat bei den Selbstbildern, dem des „Pädagogen", auch eher schwach ist, und vor allem, daß die Aufgaben eines Missionars und eines Vermittlers einander überhaupt nicht ausschließen, ist verblüffend – zumindest auf den ersten Blick (*Tabelle 3*).

Andererseits wird damit signalisiert, daß sich die Journalisten des Jahres 1992/93 durchaus zu ihrem Beruf hingezogen fühlen können wegen eines darin steckenden Potentials, das sie jedoch nicht unbedingt in die Tat umzusetzen gedenken. Außerdem wird deutlich, daß beide Selbstbilder im Journalistenberuf durchaus *gemeinsam* angelegt sein können und einander für die Befragten nicht widersprechen müssen (vgl. auch Weischenberg/v. Bassewitz/Scholl 1989). Tatsächlich stimmten mehr als ein Drittel (36 Prozent) der Befragten im Osten und fast ein Fünftel (19 Prozent) im Westen sowohl einem vermittelnden als auch einem pädagogischen Aufgabenverständnis zu (jeweils zumindest *einer* der beiden entsprechenden Antwortvorgaben, s. o.). Dies ist gerade für den deutschen Journalismus auch naheliegend: Eine vor allem in den USA übliche klare Rollenteilung zwischen den Tätigkeitsbereichen eines „reporters" (Informationsbeschaffung), „editors" (Auswahl und Redigieren des Materials) und „editorial writers" (Schreiben von Kommentaren) gibt es in deutschen Redaktionen nicht; hier sind Rollenüberlappungen die Regel (vgl. Donsbach 1993b: 302; 1993c: 145ff.). Dennoch gilt es noch einmal festzuhalten, daß eine große Mehrheit der Befragten *ausschließlich* Rollenbilder bejaht, die zum Selbstverständnis eines *Vermittlers* gehören – 75 Prozent im Westen und 59 Prozent im Osten. Auf der anderen Seite stimmen *allein* den Aufgaben

Tabelle 3: Zusammenhänge zwischen „missionarischen" Anziehungspunkten des Journalismus und den beiden beruflichen Selbstbildern (Korrelationskoeffizienten)

	Westdeutsche Journalisten N = 983	Ostdeutsche Journalisten N = 477
Selbstbild als „Missionar" – „missionarische" Anziehungspunkte	.11**	.24**
„missionarische" Anziehungspunkte – Selbstbild als Vermittler	.05	–.02
Selbstbild als „Missionar" – Selbstbild als Vermittler	.00	.02

** auf dem 1%-Niveau signifikant.

eines *Missionars*, nicht aber denen eines Vermittlers lediglich *ein* Prozent der westdeutschen und drei Prozent der ostdeutschen Journalisten zu.

IV. Grundlegende Berufsorientierungen und das Verhältnis zum Publikum

Deutschen Journalisten wird unterstellt, sie ignorierten – weil sie „Oberlehrer" seien – ihr Publikum, nähmen seine Interessen und Befindlichkeiten wenig zur Kenntnis und orientierten sich statt dessen vor allem an der eigenen „peer group" (s.o.). Diese Kollegen-Orientierung manifestiere sich nicht nur in ihrer Arbeit, sondern auch im außerberuflichen Sozialverhalten: Freunde und Bekannte stammten überwiegend aus dem gleichen beruflichen Milieu. Stimmt das? Zur Prüfung steht uns die Antwort auf die Frage zur Verfügung: „Von allen Ihren Bekannten und Freunden, wie groß ist da ungefähr der Prozentsatz derjenigen, die irgendetwas mit Journalismus oder Massenmedien zu tun haben?" „Publizisten" oder solche Personen, die sich vor allem von den missionarischen *Möglichkeiten* des Journalismus angezogen fühlen, umgeben sich nun – natürlich nur nach eigener Aussage – keineswegs mit mehr Bekannten aus der gleichen „in-group" als Journalisten, die sich eher als Vermittler sehen. Mit anderen Worten: Missionare vermeiden nicht stärker als „Mediatoren" den Kontakt mit „normalen" Menschen. Kein einziger der – ohnehin marginalen – Unterschiede zwischen Personen mit *starker* Affinität zu einer bestimmten Berufsrolle und solchen mit *schwacher* ist signifikant (*Tabelle 4*).

Der geschilderten Kritik zufolge geht die Kollegenorientierung deutscher Journalisten einher mit einer *abschätzigen Beurteilung des Publikums*. Unsere Umfragen ergeben jedoch ein ganz anderes Bild: Zunächst einmal rechnen sowohl in West- wie in Ostdeutschland Journalisten ihrem Publikum deutlich häufiger positive als negative Eigenschaften zu. Dabei spielt die jeweilige berufliche Grundorientierung durchaus eine Rolle – allerdings *nicht*, jedenfalls nicht sehr eindeutig, in der erwarteten Richtung. Zu einer ersten Prüfung diente die Zahl der Zustimmungen zu insgesamt sieben negativen Eigenschaften („bieder, kleinbürgerlich", „gleichgültig", „oberflächlich", „sensationshungrig", „engstirnig", „leicht zu beeinflussen", „stur").

Tabelle 4: Grundlegende Berufsorientierungen und das Ausmaß von „Kollegenorientierung"

Berufsorientierungen:	Durchschnittlicher Prozentsatz von Bekannten und Freunden, „die irgendetwas mit Journalismus oder Massenmedien zu tun haben" (N in Klammern)	
	Westdeutsche Journalisten %	Ostdeutsche Journalisten %
Attraktivität eines „missionarischen" Journalismus:		
– schwach (höchstens *eine* entsprechende Angabe)[a]	29 (647)	25 (150)
– stark (zwei bis drei entsprechende Angaben)	27 (336)	26 (327)
Selbstbild als „Missionar":		
– nicht genannt (keine entsprechende Angabe)[a]	28 (783)	25 (292)
– genannt (eine oder zwei entsprechende Angaben)	26 (200)	26 (185)
Selbstbild als Vermittler:		
– schwach (höchstens *eine* entsprechende Angabe)[a]	29 (410)	27 (192)
– stark (*zwei* entsprechende Angaben)	27 (573)	25 (285)
Insgesamt	28 (983)	26 (477)

a Erklärung vgl. *Abschnitt III.*

Tabelle 5: Grundlegende Berufsorientierungen und ein negatives Bild vom Publikum

Berufsorientierungen:	Mittlere Zahl der Zustimmungen zu sieben *negativen* Eigenschaften des Publikums[a] (N in Klammern)	
	Westdeutsche Journalisten	Ostdeutsche Journalisten
Attraktivität eines „missionarischen" Journalismus:		
– schwach (höchstens *eine* entsprechende Angabe)[b]	2,2 (647)	3,5 (150)
– stark (zwei bis drei entsprechende Angaben)	2,6 (336)*	3,4 (327)
Selbstbild als „Missionar":		
– nicht genannt (keine entsprechende Angabe)[b]	2,3 (783)	3,4 (292)
– genannt (eine oder zwei entsprechende Angaben)	2,3 (200)	3,5 (185)
Selbstbild als Vermittler:		
– schwach (höchstens *eine* entsprechende Angabe)[b]	2,2 (410)	3,2 (192)
– stark (*zwei* entsprechende Angaben)	2,5 (573)*	3,6 (285)
Insgesamt	2,3 (983)	3,4 (477)

a „bieder, kleinbürgerlich", „gleichgültig", „oberflächlich", „sensationshungrig", „engstirnig", „leicht zu beeinflussen", „stur".
b Erklärung vgl. *Abschnitt III.*
* Unterschied signifikant auf dem 5%-Niveau.

Zunächst gilt: Wie von einigen der zitierten Journalismuskritiker vermutet, finden zumindest westdeutsche Journalisten, die sich von den *missionarischen Möglichkeiten* ihres Berufs angezogen fühlen, in der Tat ihr Publikum ein wenig, aber immerhin

Tabelle 6: Grundlegende Berufsorientierungen und ein positives Bild vom Publikum

	Mittlere Zahl der Zustimmungen zu acht *positiven* Eigenschaften des Publikums[a] (N in Klammern)	
Berufsorientierungen:	Westdeutsche Journalisten	Ostdeutsche Journalisten
Attraktivität eines „missionarischen" Journalismus:		
– schwach (höchstens *eine* entsprechende Angabe)[b]	3,3 (647)	4,9 (150)
– stark (zwei bis drei entsprechende Angaben)	4,3 (336)*	5,7 (327)**
Selbstbild als „Missionar":		
– nicht genannt (keine entsprechende Angabe)[b]	3,7 (783)	5,2 (292)
– genannt (eine oder zwei entsprechende Angaben)	3,6 (200)	5,9 (185)**
Selbstbild als Vermittler:		
– schwach (höchstens *eine* entsprechende Angabe)[b]	3,8 (410)	5,3 (192)
– stark (*zwei* entsprechende Angaben)	3,5 (573)	5,6 (285)
Insgesamt	3,7 (983)	5,5 (477)

a „politisch interessiert", „aufgeschlossen", „kritisch, anspruchsvoll", „gut informiert", „engagiert", „selbstbewußt", „tolerant", „fortschrittlich".
b Erklärung vgl. *Abschnitt III.*
* Unterschied signifikant auf dem 5%-Niveau; ** Unterschied signifikant auf dem 1%-Niveau.

signifikant unsympathischer als andere. Allerdings gilt das gleiche auch – unerwartet – für westdeutsche Anhänger einer *Vermittler*rolle. In Ostdeutschland finden wir keinerlei statistisch erhebliche Unterschiede (*Tabelle 5*).

Zur Gegenkontrolle: Welche Bedeutung haben die untersuchten beruflichen Grundorientierungen für ein *positives* Publikumsbild? Auch dafür hatten die Befragten eine Reihe von Eigenschaften zu beurteilen („politisch interessiert", „aufgeschlossen", „kritisch, anspruchsvoll", „gut informiert", „engagiert", „selbstbewußt", „tolerant", „fortschrittlich"). Wiederum betrachten wir die Zahl der Zustimmungen dazu in Abhängigkeit von missionarischen Anziehungspunkten des Journalistenberufs und den Selbstbildern als Vermittler und Missionar.

Merkwürdigerweise führt hier die Anziehung des „Missionarischen", wie sie vom Journalistenberuf ausgehen mag, keineswegs zu *weniger* Sympathie für das Publikum – im Gegenteil (s. auch schon Köcher 1985). Personen, die die pädagogischen Möglichkeiten ihres Berufs schätzen, nennen statt dessen insgesamt *mehr* Eigenschaften ihres Publikums – negative (s.o.) wie positive. Und: Weder im Westen noch im Osten finden Journalisten, die als *Vermittler* mit ihrer dienenden Funktion einverstanden sind, ihre Klientel signifikant sympathischer. Ein *Selbstverständnis als Meinungspublizist* schließlich spielt entweder gar keine Rolle für das Publikumsbild (wie in Westdeutschland), oder es *fördert* sogar noch Sympathien für die Leser, Hörer und Zuschauer (wie in Ostdeutschland). Fazit: „Missionare" stehen ihrem Publikum also nicht systematisch zynischer gegenüber als Journalisten mit anderen beruflichen Orientierungen (*Tabelle 6*).

An diesen Ergebnissen ändert sich übrigens auch nichts, wenn wir die positiven Eigenschaften des Publikums probeweise aufteilen in solche, die stärker miteinander zusammenhängen als andere, sich also in gewissem Maße *bündeln* lassen. Eine recht homogene Gruppe positiver Publikumseigenschaften läßt sich nämlich als „aufkläre-rische Bürgertugenden" bezeichnen. Sie besteht laut einer Faktorenanalyse aus folgen-den fünf Eigenschaften: „aufgeschlossen", „kritisch", „politisch interessiert", „tolerant" und „fortschrittlich". Die zweite zusammenhängende Gruppe signalisiert eher die Vorstellung von einem unabhängigen, „autonomen" Publikum. Zu ihr gehören „selbst-bewußt", „gut informiert" und „engagiert" (vgl. auch Reus/Schneider/Schönbach, im Druck). Keineswegs jedoch halten „Oberlehrer" nun ihr Publikum für „autonomer" oder „Vermittler" das ihrige etwa für „aufgeklärter". Im wesentlichen erhalten wir für beide Gruppen von Charakteristika die gleichen Ergebnisse wie für *alle* positiven Eigenschaften zusammen.

V. Grundlegende Berufsorientierungen und die Legitimität „ungewöhnlicher" Recherchemethoden

Deutsche Journalisten – so die Kritik – wollten als „Missionare" lieber nicht recher-chieren. Sie scheuten mehr als ihre britischen Kollegen davor zurück, gegen überlieferte Konventionen des journalistischen Anstandes zu verstoßen oder illegale Methoden der Informationsbeschaffung anzuwenden. Wenn eingefleischte „Gesinnungspublizi-sten" überhaupt intensiv recherchierten, dann nur punktuell – dann etwa, wenn die Recherche den eigenen politischen Überzeugungen oder Vorurteilen nütze (s.o.).

Obwohl zu bezweifeln ist, daß sich die generelle Recherchebereitschaft von Jour-nalisten (allein) am Ausmaß ihrer Skrupellosigkeit messen läßt, wollen wir diese Argumentation anhand unserer Daten überprüfen. Die gleichen „ungewöhnlichen" Techniken der Recherche, die Köcher (1985) bei ihrer Befragung beurteilen ließ, und noch zwei weitere hatten wir zur Bewertung vorgegeben (Frage: „Weil es oft sehr schwierig ist, an wichtige Informationen zu kommen, helfen sich Journalisten öfter mit ungewöhnlichen Methoden. Welche der folgenden Methoden halten Sie für ver-tretbar, und welche billigen Sie auf gar keinen Fall?"). Westdeutsche Journalisten gehen generell etwas lockerer mit ihnen um als ihre ostdeutschen Kollegen. In der Tat wollen auch – zumindest westdeutsche – Journalisten, die einem missionarischen Selbstbild zustimmen, etwas weniger der zehn vorgelegten Recherchemethoden einsetzen: 3,0 im Vergleich zu 3,4 bei den anderen Befragten. Andererseits stimmen Personen in Ost und West, die sich eher als Vermittler sehen, deshalb durchaus nicht etwa einer größeren Zahl dieser Verfahren zu. Auch die Präferenz für eher missionarisch geprägte Anzie-hungspunkte des Berufs macht hier keinen Unterschied (*Tabelle 7*).

Interessante zusätzliche Erkenntnisse liefert allerdings eine *Aufschlüsselung* dieser Recherche-techniken. Schon bei einer ersten Analyse ihrer Beurteilung durch die Befragten fiel auf, daß sie auf *systematische* Weise als unterschiedlich legitim gelten (Schneider/Schönbach/Stürzebe-cher 1993a): Die Bereitschaft, vertrauliche Informationen bei *Institutionen und Organisationen* zu sammeln, war insgesamt größer. Stärkere Skrupel fanden wir bei Recherchemethoden, bei denen einzelne *Personen* getäuscht werden.

Wenn eine „missionarische" Berufsauffassung mit einer insgesamt geringeren Bereitschaft zur Recherche einhergeht, dann sollten *Organisationen und Institutionen* als Objekte dieser Informationsbeschaffung von Skrupeln eher ausgenommen sein. Wären denn die „gesell-schaftsverändernden Missionare" nicht geradezu prädestiniert dazu, gegenüber Organisatio-nen und Institutionen rücksichtsloser vorzugehen als die „Mediatoren"? Immerhin bilden

Tabelle 7: Grundlegende Berufsorientierungen und die Legitimität „ungewöhnlicher"
Recherchemethoden

	Zahl der Zustimmungen zu zehn „ungewöhnlichen" Recherchemethoden[a] (N in Klammern)	
	Westdeutsche Journalisten	Ostdeutsche Journalisten
Attraktivität eines „missionarischen" Journalismus:		
– schwach (höchstens *eine* entsprechende Angabe)[b]	3,3 (647)	2,8 (150)
– stark (zwei bis drei entsprechende Angaben)	3,2 (336)	2,8 (327)
Selbstbild als „Missionar":		
– nicht genannt (keine entsprechende Angabe)[b]	3,4 (783)	2,8 (292)
– genannt (eine oder zwei entsprechende Angaben)	3,0 (200)*	2,8 (185)
Selbstbild als Vermittler:		
– schwach (höchstens *eine* entsprechende Angabe)[b]	3,4 (410)	3,0 (192)
– stark (*zwei* entsprechende Angaben)	3,2 (573)	2,7 (285)
Insgesamt	3,3 (983)	2,8 (477)

a „sich als Mitarbeiter in einem Betrieb, einer Organisation betätigen, um an interne Informationen zu kommen", „als Journalist geheime Regierungsunterlagen benutzen", „Informanten unter Druck setzen", „Vorgabe einer anderen Meinung oder Einstellung, um einem Informanten Vertrauen einzuflößen", „wenn Journalisten private Papiere, wie Briefe und Fotos von jemandem, veröffentlichen ohne dessen Zustimmung", „dem Informanten die Geheimhaltung der Informationen zusagen, aber nicht einhalten", „sich als eine andere Person ausgeben", „sich durch Geldzuwendungen vertrauliche Unterlagen zu verschaffen", „wenn Journalisten sich in ihren Beiträgen auf Quellen berufen, die sie dem Publikum nicht nennen", „versteckte Mikrofone und Kameras einsetzen".
b Erklärung vgl. *Abschnitt III.*
* Unterschied signifikant auf dem 5%-Niveau.

Staat, Wirtschaft und Verwaltung ja angeblich den Gegenpart, gegen den sich die Arbeit der kritischen und linkslastigen „Gesinnungspublizisten" richten müßte.

Diese Differenzierung entspricht jedoch nicht der journalistischen Realität in Deutschland zu Beginn der 90er Jahre. Eine nach dem Objekt der Recherche getrennte Analyse zeigt es: Zwei Vorgaben aus unserer Liste betreffen vor allem das Sammeln von Informationen bei Organisationen und Institutionen: „sich als Mitarbeiter in einem Betrieb, einer Organisation betätigen, um an interne Informationen zu kommen" und „als Journalist geheime Regierungsunterlagen benutzen". Vier andere erfordern hingegen explizit die Täuschung oder sogar Nötigung von *individuellen Personen*: „Vorgabe einer anderen Meinung oder Einstellung, um einem Informanten Vertrauen einzuflößen", „wenn Journalisten private Papiere, wie Briefe und Fotos, von jemandem veröffentlichen ohne dessen Zustimmung", „dem Informanten die Geheimhaltung der Information zusagen, aber nicht einhalten" und schließlich „Informanten unter Druck setzen".

Eine getrennte Auswertung für beide Gruppen von Recherchetechniken enthüllt verschiedene Muster in Ost und West: „Meinungspublizisten" in Westdeutschland stimmen erstaunlicherweise *seltener* denjenigen Methoden zu, mit denen Institutionen und Organisationen Informationen „entrissen" werden sollen. Westdeutsche Journalisten hingegen, die von den missionarischen *Möglichkeiten* ihres Berufs fasziniert sind, scheuen sich eher ein wenig, *Individuen* zu täuschen. In Ostdeutschland sind es allerdings – wenn überhaupt – die *Vermittler*, die sich eher „staatstragend" geben und sich gegenüber Institutionen und Organisationen nicht unmoralisch verhalten wollen. Mit anderen Worten: Unsere Aufteilung der Recherchetechniken bestätigt nicht die Vermutung einer „selektiven" Skrupellosigkeit von „Oberlehrern". Insgesamt aber erhalten wir für Westdeutschland durchaus Hinweise darauf, daß sich „Erzieher" bei „ungewöhnlichen" Recherchemethoden generell etwas mehr zurückhalten wollen.

VI. Determinanten grundlegender Berufsorientierungen

Kommen die betrachteten beruflichen Grundorientierungen – ungeachtet der Häufigkeit ihres Auftretens – nun so zustande, wie die Kritiker der vermeintlichen „Missionare" im Journalismus meinen? Wir können die oben beschriebenen Ursachen für ein „publizistisches", meinungsbetontes Berufsverständnis auf ihre tatsächliche Bedeutung prüfen:

a) Angehörige der 68er-Generation lassen sich mit jüngeren bzw. älteren Kollegen kontrastieren. Als „68er" definieren wir alle, die zumindest *eines* der Jahre 1967 bis 1970 in einem als „Prägephase" angenommenen Lebensalter erlebt haben. Diese Prägephase definieren wir als den Zeitraum zwischen 15 und 25 Jahren. Dann sind in unserer Stichprobe alle diejenigen „68er", die 1992 zwischen 37 und 50 Jahre bzw. 1993 zwischen 38 und 51 Jahre alt waren.

b) Eine Präferenz für „linkes" Gedankengut ließ sich nur in Form von *Partei*sympathien messen. Sie liegen uns für alle im Bundestag vertretenen Parteien (und für die Republikaner) auf einer Elferskala fein abgestuft vor: von –5 (= „halte überhaupt nichts von der Partei") bis +5 (= „halte sehr viel von der Partei"). Die entsprechende Frage hatte gelautet: „Und nun noch etwas genauer zu den Parteien in Deutschland. Stellen Sie sich einmal ein Thermometer vor, das aber lediglich von +5 bis –5 geht, mit einem Nullpunkt dazwischen. Sagen Sie mir bitte mit diesem Thermometer, was Sie von den einzelnen Parteien halten. +5 bedeutet, daß Sie sehr viel von der Partei halten, –5 bedeutet, daß Sie überhaupt nichts von der Partei halten. Mit den Werten dazwischen können Sie Ihre Meinung abstufen."

c) „Akademischen Dünkel", d.h. universitäre Sozialisation, haben für uns alle erlebt, die ein abgeschlossenes Studium an einer Universität, Hochschule oder Fachhochschule vorzuweisen haben.

d) Inwiefern eine besonders „missionarische" Sozialisation durch das Studium speziell geistes- bzw. sozialwissenschaftlicher Fächer begünstigt wird, können wir zwar nicht generell überprüfen, da die Journalisten nicht nach allen ihren Studienfächern gefragt wurden. Bekannt jedoch ist, wer zumindest eine bestimmte Geistes- bzw. Sozialwissenschaft (im Haupt- oder Nebenfach) studierte, nämlich Journalistik, Publizistik, Kommunikations- oder Zeitungswissenschaft. Auch davon müßten, sollte sich die Behauptung als richtig erweisen, deutliche „missionarische" Sozialisationsspuren ausgehen.

e) Als Indikatoren beruflicher Unzufriedenheit, die angeblich kompensiert werden muß, verwenden wir: „enttäuschte Aspirationserwartungen", den Eindruck, „nicht so weit gekommen" zu sein, wie man es sich eigentlich vorgestellt hatte (Antwort „ja" auf die Frage: „Einmal alles zusammengenommen: Sind Sie in Ihrem Beruf so weit gekommen, wie Sie sich das vorgestellt haben, oder ist das eher nicht der Fall?"); eine generell geringe Zufriedenheit mit der gegenwärtigen Berufssituation (Antwort auf die Frage: „Wie zufrieden sind Sie alles in allem mit Ihrer heutigen Tätigkeit? Würden Sie sagen: sehr zufrieden, ziemlich zufrieden, ziemlich unzufrieden, sehr unzufrieden?"). Generelle Zufriedenheit hängt übrigens nur sehr schwach mit dem Eindruck zusammen, so weit gekommen zu sein wie vorgestellt (in Westdeutschland ist die entsprechende Korrelation .27, in Ostdeutschland .23).

In der Tat gehört nun ein gutes Drittel der westdeutschen Journalisten zur 68er-Generation, und auch akademische Abschlüsse sind in Ost wie West weit verbreitet. Außerdem gilt: Den ost- und westdeutschen Journalisten ist die „linke" SPD deutlich sympathischer als etwa die „rechte" CDU/CSU. Allerdings hält sich die Unzufrieden-

Tabelle 8: Die untersuchten Determinanten grundlegender Berufsorientierungen

	Westdeutsche Journalisten N = 983	Ostdeutsche Journalisten N = 477
Sozialisation:		
1992 jünger als 37 Jahre	50 %	51 %
1992 37 bis 50 Jahre alt („68er")	34 %	41 %
1992 älter als 50 Jahre	16 %	8 %
Parteisympathie:	Skalenmittelwerte[a]	
– CDU/CSU	– 0.9	– 1.2
– SPD	+ 0.2	+ 0.4
– FDP	– 0.9	– 0.8
– Grüne/Bündnis 90	± 0.0	+ 0.7
– Republikaner	– 4.3	– 4.5
– PDS	– 3.0	– 1.5
Hochschulabschluß	45 %	74 %
Studium der Journalistik, Publizistik usw.	21 %	48 %
Berufliche Unzufriedenheit:		
Nicht so weit gekommen, wie vorgestellt	13 %	16 %
	Skalenmittelwerte[b]	
Zufrieden mit heutiger Tätigkeit	3.3	3.2

a –5 = „halte überhaupt nichts von der Partei" bis +5 = „halte sehr viel von der Partei".
b 4 = „sehr zufrieden" bis 1 = „sehr unzufrieden".

heit mit Beruf und beruflicher Stellung deutlich in Grenzen (vgl. auch Schneider/Schönbach/Stürzebecher 1993a und 1993b; Schneider/Schönbach 1993) (*Tabelle 8*).

Aus der Verteilung dieser Eigenschaften nun jedoch summa summarum zu schließen, deshalb müsse auch „missionarischer Eifer" weit verbreitet sein, ist falsch, wie schon zu sehen war. Hinzu kommt, daß diese Merkmale offenbar noch nicht einmal sonderlich dazu taugen, die wenigen, die sich nun tatsächlich als „Erzieher" oder „Publizisten" verstehen, von anderen Journalisten zu unterscheiden. Multiple Regressionen der Attraktivität „missionarischer" Möglichkeiten des Berufs und der Selbstbilder als Mediator bzw. als Kommunikator auf alle diese Merkmale zeigen, welche Erklärungskraft solche Charakteristika in Ost und West tatsächlich besitzen. Weil alle Determinanten miteinander zusammenhängen können, werden sie mit diesem Verfahren jeweils simultan kontrolliert. Damit läßt sich z.B. entscheiden, ob es die Zugehörigkeit zur 68er-Generation oder die Sympathie für SPD und Grüne ist, die 1992/93 stärker zu einem missionarischen Berufsverständnis prädestinieren. Abhängige Variable ist jeweils diejenige *Anzahl* der „missionarischen Möglichkeiten" des Berufs, der Vorgaben missionarischer bzw. mediatorischer Berufsbilder, denen der einzelne Befragte zugestimmt hat.

Berufliche Unzufriedenheit, so zeigt sich deutlich, ist es kaum, die zu einem missionarischen Impetus – zum Zwecke der Kompensation – führt. Für beide beruflichen Grundorientierungen wie auch für die Wertschätzung der erzieherischen Möglichkeiten als Attraktion des Berufs ist in Ost- wie in Westdeutschland die *Sozialisation* deutlich

Tabelle 9: Determinanten der Attraktivität „missionarischer" Möglichkeiten des Journalismus: Ergebnisse multipler Regressionen (betas)

	Westdeutsche Journalisten N = 983	Ostdeutsche Journalisten N = 477
	Mittlere Zahl der Zustimmungen zu drei „missionarischen" Anziehungspunkten[a] (Standardabweichung in Klammern)	
	1,1 (1,0)	1,9 (1,0)
Sozialisation: erklärte Varianz insgesamt	1,7 %	2,9 %
1992 37 bis 50 Jahre alt („68er")[b]	.02	.07
1992 älter als 50 Jahre	.09*	.11*
Parteisympathie:		
– CDU/CSU	.04	–.01
– SPD	–.08*	–.01
– FDP	.04	.06
– Grüne/Bündnis 90	.04	.08
– Republikaner	–.10**	–.09
– PDS	.02	–.05
Hochschulabschluß	.01	–.04
Studium der Journalistik, Publizistik usw.	.01	.03
Berufliche Unzufriedenheit: erklärte Varianz insgesamt	0,3 %	0,0 %
Nicht so weit gekommen, wie vorgestellt	.05	–.05
Unzufrieden mit gegenwärtiger Tätigkeit	–.02	–.03

a „die Möglichkeit, sich für Werte und Ideale einzusetzen", „die Möglichkeit, meine Überzeugungen vielen anderen mitzuteilen", „die Möglichkeit, politische Entscheidungen zu beeinflussen".
b Wegen Auflösung der metrischen Variable „Alter" in sogenannte „Dummy-Variablen" einzelner Altersgruppen darf *eine* dieser Gruppen nicht in der multiplen Regression verwendet werden – wir haben die jüngste gewählt.
* signifikant auf dem 5%-Niveau; ** signifikant auf dem 1%-Niveau.

wichtiger. Aber auch sie kann im höchsten Falle nur etwas mehr als fünf Prozent der individuellen Unterschiede im missionarischen bzw. vermittlerischen Eifer erklären. Das bedeutet schon einmal, daß die landläufigen Ideen über die Genese dieser journalistischen Grundorientierungen zumindest heute keine besonders eindrucksvolle Erklärungskraft besitzen.

Im einzelnen gilt: Die *Möglichkeiten* des Berufs, sich pädagogisch-publizistisch zu verwirklichen, sind 1992/93 „Anziehungspunkte" vor allem für *ältere* Journalisten. Deren Anteil jedoch hat – zumindest in den alten Bundesländern – in den vergangenen zehn Jahren stark abgenommen (vgl. Schönbach/Schneider/Stürzebecher 1993a). Die „68er" tun sich 1992 in Westdeutschland nicht besonders hervor; in Ostdeutschland ist von einer besonderen Prägung durch „1968" ohnehin nicht auszugehen. Es sind auch nicht „die Linken", die sich vom Missionarstum besonders angezogen fühlen: Bei ostdeutschen Journalisten z. B. spielt die politische Präferenz, ausgedrückt in

Tabelle 10: Determinanten eines „missionarischen" Berufsverständnisses:
Ergebnisse multipler Regressionen (betas)

	Westdeutsche Journalisten N = 983	Ostdeutsche Journalisten N = 477
	Mittlere Zahl der Zustimmungen zu zwei „missionarischen" Selbstbildern[a] (Standardabweichung in Klammern)	
	0,2 (0,5)	0,5 (0,7)
Sozialisation: erklärte Varianz insgesamt	4,5 %**	5,3 %**
1992 37 bis 50 Jahre alt („68er")[b]	–.01	.06
1992 älter als 50 Jahre	.12**	.10*
Parteisympathie:		
– CDU/CSU	.00	.02
– SPD	–.08	.04
– FDP	.01	.00
– Grüne	.01	.04
– Republikaner	.10**	–.02
– PDS	.09**	.15**
Hochschulabschluß	–.01	.09
Studium der Journalistik, Publizistik usw.	.01	–.07
Berufliche Unzufriedenheit: erklärte Varianz insgesamt	0,1 %	1,3 %*
Nicht so weit gekommen, wie vorgestellt	–.01	–.07
Unzufrieden mit gegenwärtiger Tätigkeit	–.02	–.08

a „Pädagoge, Erzieher" und „Politiker mit anderen Mitteln".
b Wegen Auflösung der metrischen Variable „Alter" in sogenannte „Dummy-Variablen" einzelner Altersgruppen darf *eine* dieser Gruppen nicht in der multiplen Regression verwendet werden – wir haben die jüngste gewählt.
* signifikant auf dem 5%-Niveau; ** signifikant auf dem 1%-Niveau.

Parteisympathien, überhaupt keine wesentliche Rolle für die Wertschätzung des „missionarischen" Potentials im Journalismus. In Westdeutschland zeigen diejenigen mit mehr Freude an den erzieherischen Möglichkeiten des Berufs zwar erwartungsgemäß weniger Sympathie für die Republikaner, aber auch für die SPD! (*Tabelle 9*).

Auch ein konkret missionarisches *Aufgabenverständnis* – deutlich seltener als die Wertschätzung erzieherischer *Möglichkeiten* als Attraktion des Berufs (s.o.) – ist kein Charakteristikum der 68er-Generation. Es sind statt dessen erneut die über 50jährigen, die diesem Berufsbild stärker zustimmen. Auffällig allerdings ist in West- wie Ostdeutschland eine überdurchschnittliche Sympathie für die PDS in dieser Gruppe, in den alten Bundesländern zusätzlich noch für die Partei am entgegengesetzten Ende des politischen Spektrums, die Republikaner (*Tabelle 10*).

Wer sich ausschließlich oder vorrangig als *Vermittler* sieht, bildet nun durchaus nicht das totale Gegenbild zu den „Missionaren". Sicher, in Westdeutschland sind das eher die *jungen* Journalisten (unter 37 Jahren) – die nicht in unseren Tabellen ausgewiesene „Komplementärgruppe" der beiden anderen Alterskohorten. Hinzu kommen

Tabelle 11: Determinanten eines Berufsverständnisses als Vermittler: Ergebnisse multipler Regressionen (betas)

	Westdeutsche Journalisten N = 983	Ostdeutsche Journalisten N = 477
	Mittlere Zahl der Zustimmungen zu zwei Selbstbildern als Vermittler[a] (Standardabweichung in Klammern)	
	1,5 (0,6)	1,6 (0,6)
Sozialisation: erklärte Varianz insgesamt	5,4 %**	4,3 %*
1992 37 bis 50 Jahre alt („68er")[b]	–.08*	–.08
1992 älter als 50 Jahre	–.13**	–.0.8
Parteisympathie:		
– CDU/CSU	–.08*	.03
– SPD	.13**	–.02
– FDP	.11**	.10
– Grüne	–.09*	.02
– Republikaner	.09*	.01
– PDS	–.12**	–.04
Hochschulabschluß	–.09**	–.12*
Studium der Journalistik, Publizistik usw.	.01	.09
Berufliche Unzufriedenheit: erklärte Varianz insgesamt	0,0 %	0,3 %
Nicht so weit gekommen, wie vorgestellt	–.01	–.03
Unzufrieden mit gegenwärtiger Tätigkeit	–.01	–.04

a „Neutraler Berichterstatter" und „Sprachrohr der Bevölkerung".
b Wegen Auflösung der metrischen Variable „Alter" in sogenannte „Dummy-Variablen" einzelner Altersgruppen darf *eine* dieser Gruppen nicht in der multiplen Regression verwendet werden – wir haben die jüngste gewählt.
* signifikant auf dem 5%-Niveau; ** signifikant auf dem 1%-Niveau.

alle, die die PDS (und übrigens auch die Grünen) stärker ablehnen. Auch die etwas seltenere akademische Ausbildung dieser Gruppe in West wie Ost scheint ins Bild zu passen: Weil sie keinen „akademischen Dünkel" aufweisen, haben sie die Freude am Vermitteln nicht verloren, könnte die Interpretation nach den altbekannten Mustern lauten. Allerdings gibt es zumindest bei westdeutschen „Vermittlern" durchaus keine systematische Ablehnung „linker" Parteien. Statt dessen erhalten wir eine eigentümliche Mischung politischer Präferenzen: So widerspricht eine Mediator-Orientierung zwar einer Sympathie mit der PDS, aber auch mit der CDU/CSU. Anderseits mögen Journalisten mit einem „Makler"-Selbstbild die SPD und die FDP, aber auch die Republikaner – zumindest *etwas* mehr als andere Journalisten.

Insgesamt gilt: Für einen konsistenten Zusammenhang zwischen den parteipolitischen Präferenzen deutscher Journalisten und ihrem beruflichen Selbstverständnis, vor allem aber für die immer wieder pauschal unterstellte „Linkslastigkeit" der vermeintlichen „Gesinnungspublizisten" gibt es – zumindest eingangs der 90er Jahre – keinerlei Indizien (vgl. *Tabelle 11*).

VII. Fazit

Man muß Abschied nehmen von Vorurteilen über „den deutschen Journalismus": Die erste gesamtdeutsche Journalistenbefragung erweist sich als „Legendenkiller". Die vielzitierte Dichotomie „Missionar" versus „Spürhund" bzw. „Gesinnungspublizist" versus „Vermittler" formuliert Gegensätze, die mit der journalistischen Realität in der Bundesrepublik nicht viel zu tun haben. Wenn sie denn überhaupt jemals Gültigkeit beanspruchen konnte, um die Befindlichkeiten und Einstellungen des Berufsstandes zu charakterisieren und vom Journalismus anderer Länder abzugrenzen, dann ist sie inzwischen überholt.

Nur ein kleiner Teil der deutschen Journalisten hält sich zu Eingriffen in die öffentliche Meinung überhaupt für berechtigt oder beauftragt. Und selbst bei denjenigen, die sich einem solchen Aufgabenverständnis in der Tat verpflichtet fühlen, hat es nicht die oft als selbstverständlich angenommenen Konsequenzen:
- Das Publikum wird von „missionarisch" eingestellten Journalisten nicht verachtet. Eher die *Vermittler* unter den Journalisten sind skeptisch – vielleicht auch nur: realistisch.
- Die „Kollegenorientierung" der „Pädagogen" ist nicht ausgeprägter als die anderer Journalisten.
- Immerhin wollen „Missionare" etwas weniger „hart" recherchieren als andere. Allerdings ist zu fragen: Eignet sich die Ablehnung illegitimer, ja sogar illegaler Recherche wirklich als Vorwurf gegen „publizistisch" orientierte Journalisten? Wäre es wirklich besser, wenn sich deutsche Journalisten ähnlich skrupellos verhalten würden wie ihre amerikanischen Kollegen (vgl. Schneider/Schönbach/Stürzebecher 1993a; Weaver/Schönbach/Schneider 1993)?

Auch die häufig angebotenen Erklärungen für die Entwicklung eines missionarischen Eifers deutscher Journalisten greifen nicht so recht: Eine „Akademisierung" des Berufs, ja selbst das Studium von Journalistik, Publizistik oder Kommunikationswissenschaft tragen dazu praktisch nicht bei. Eine Präferenz für die SPD und die Grünen spielt für eine erzieherische Berufsauffassung keine Rolle. Es muß dann schon Sympathie für die PDS oder für die Republikaner sein, die mit Missionseifer zusammenhängt.

Wir finden auch keinen Hinweis darauf, daß berufliche Unzufriedenheit journalistisches Missionarstum erklären könnte: Publizistisch orientierte Journalisten sind weder unzufriedener mit ihrer gegenwärtigen Tätigkeit als andere, noch meinen sie häufiger, sie seien in ihrem Beruf nicht so weit gekommen, wie sie es sich vorgestellt hätten.

In Westdeutschland sind es auch nicht, wie von den Journalismuskritikern immer wieder unterstellt, die „68er", die besonders stark zu einer „publizistischen" Berufsauffassung neigen. Bestenfalls ließe sich mit unseren Befunden die These belegen: Die *traditionelle Parteilichkeit* des deutschen Journalismus – bis in die ersten Jahre des Wiederaufbaus nach dem Zweiten Weltkrieg – habe die Neigung zu einem eher pädagogisch-missionarischen Aufgabenverständnis begünstigt. Es sind nämlich in erster Linie die älteren, über 50jährigen Journalisten, die sich noch am ehesten einem erzieherischen Selbstverständnis verpflichtet fühlen – jene also, die die Phase der „reeducation" zum Teil noch selbst publizistisch begleitet haben. Dann allerdings hätte diese besondere historische Tradition des Journalismus in Deutschland offenbar *nicht* bis in die jüngeren Jahrgänge (einschließlich der „68er") fortgewirkt.

Alles in allem jedoch gibt es – zumindest eingangs der 90er Jahre – eigentlich keinen triftigen Grund, aufwendig nach den Ursachen für ein „missionarisches" berufliches Aufgabenverständnis zu suchen: Reine „Missionare" gibt es so gut wie nicht, die reinen „Vermittler" hingegen sind deutlich in der Mehrheit.

Literatur

Blaum, Verena, 1985: Ideologie und Fachkompetenz. Das journalistische Berufsbild in der DDR. Köln: Wissenschaft und Politik.

Donsbach, Wolfgang, 1979: Aus eigenem Recht. Legitimitätsbewußtsein und Legitimitätsgründe von Journalisten. S. 29-48 in: *Hans Mathias Kepplinger* (Hg.): Angepaßte Außenseiter: Was Journalisten denken und wie sie arbeiten. Freiburg und München: Alber.

Donsbach, Wolfgang, 1982: Legitimationsprobleme des Journalismus. Gesellschaftliche Rolle der Massenmedien und berufliche Einstellungen von Journalisten. Freiburg und München: Alber.

Donsbach, Wolfgang, 1987: Journalismusforschung in der Bundesrepublik: Offene Fragen trotz „Forschungsboom". S. 105-142 in: *Jürgen Wilke* (Hg.): Zwischenbilanz der Journalistenausbildung. München: Ölschläger.

Donsbach, Wolfgang, 1990: Role Perceptions and Professional Norms of Journalists in a Comparative Perspective. Paper presented at the annual conference of the American Association for Public Opinion Research, Lancaster/Pennsylvania, May 16-20.

Donsbach, Wolfgang, 1993a: Täter oder Opfer – die Rolle der Massenmedien in der amerikanischen Politik. S. 221-281 in: *Wolfgang Donsbach, Otfried Jarren, Hans Mathias Kepplinger* und *Barbara Pfetsch*: Beziehungsspiele – Medien und Politik in der öffentlichen Diskussion. Fallstudien und Analysen. Gütersloh: Verlag Bertelsmann Stiftung.

Donsbach, Wolfgang, 1993b: Journalismus versus journalism – ein Vergleich zum Verhältnis von Medien und Politik in Deutschland und in den USA. S. 283-315 in: *Wolfgang Donsbach, Otfried Jarren, Hans Mathias Kepplinger* und *Barbara Pfetsch*: Beziehungsspiele – Medien und Politik in der öffentlichen Diskussion. Fallstudien und Analysen. Gütersloh: Verlag Bertelsmann Stiftung.

Donsbach, Wolfgang, 1993c: Redaktionelle Kontrolle im Journalismus: Ein internationaler Vergleich. S. 143-160 in: *Walter A. Mahle* (Hg.): Journalisten in Deutschland. Nationale und internationale Vergleiche und Perspektiven. München: Ölschläger.

Geserick, Rolf, 1989: 40 Jahre Presse, Rundfunk und Kommunikationspolitik in der DDR. München: Minerva.

Hagemann, Walter, 1966: Grundzüge der Publizistik (2., überarb. u. erg. Aufl.). Münster: Regensberg.

Holzweißig, Gunter, 1983: Massenmedien in der DDR. Berlin: Holzapfel.

Johnstone, John W.C., Edward J. Slawski und *William W. Bowman*, 1976: The News People: A Sociological Portrait of American Journalists and Their Work. Urbana: University of Illinois Press.

Kepplinger, Hans Mathias, 1979: Angepaßte Außenseiter. Ergebnisse und Interpretationen der Kommunikatorforschung. S. 7-28 in: *Hans Mathias Kepplinger* (Hg.): Angepaßte Außenseiter: Was Journalisten denken und wie sie arbeiten. Freiburg und München: Alber.

Kepplinger, Hans Mathias, 1984: Instrumentelle Aktualisierung, Publizistik 29: 94.

Kepplinger, Hans Mathias, 1989a: Voluntaristische Grundlagen der Politikberichterstattung. S. 59-83 in: *Frank E. Böckelmann* (Hg.): Medienmacht und Politik. Mediatisierte Politik und politischer Wertewandel. Berlin: Spiess.

Kepplinger, Hans Mathias (in Zusammenarbeit mit *Hans-Bernd Brosius, Joachim Friedrich Staab* und *Günther Linke)* 1989b: Instrumentelle Aktualisierung. Grundlagen einer Theorie publizistischer Konflikte. S. 199-220 in: *Max Kaase* und *Winfried Schulz* (Hg.): Massenkommunikation. Theorien, Methoden, Befunde (Sonderheft 30 der Kölner Zeitschrift für Soziologie und Sozialpsychologie). Opladen: Westdeutscher Verlag.

Kepplinger, Hans Mathias, 1990: Realität, Realitätsdarstellung und Medienwirkung. S. 39-55 in: *Jürgen Wilke* (Hg.): Fortschritte der Publizistikwissenschaft. Freiburg und München: Alber.

Kepplinger, Hans Mathias, 1991: Historische Ereignisse im Bewußtsein von Journalisten. S. 127-138 in: *Walter A. Mahle* (Hg.): Medien im vereinten Deutschland. Nationale und internationale Perspektiven. München: Ölschläger.

Kepplinger, Hans Mathias, 1992: Ereignismanagement: Wirklichkeit und Massenmedien. Zürich: Interfrom.

Kepplinger, Hans Mathias, 1993: Kritik am Beruf. Zur Rolle der Kollegenkritik im Journalismus. S. 161-182 in: *Walter A. Mahle* (Hg.): Journalisten in Deutschland. Nationale und internationale Vergleiche und Perspektiven. München: Ölschläger.

Kepplinger, Hans Mathias, und *Renate Köcher,* 1990: Professionalism in the Media World?, European Journal of Communication 5: 285-311.

Klump, Brigitte, 1986: Das rote Kloster: eine deutsche Erziehung. München: Goldmann.

Köcher, Renate, 1985: Spürhund und Missionar: Eine vergleichende Untersuchung über Berufsethik und Aufgabenverständnis britischer und deutscher Journalisten. München: Phil. Diss.

Köcher, Renate, 1992: Zum Aufgabenverständnis ostdeutscher Journalisten. S. 115-117 in: *Walter A. Mahle* (Hg.): Pressemarkt Ost. Nationale und internationale Perspektiven. München: Ölschläger.

Langenbucher, Wolfgang R., 1974/1975: Kommunikation als Beruf. Ansätze und Konsequenzen kommunikationswissenschaftlicher Berufsforschung, Publizistik 19/20: 256-277.

Langenbucher, Wolfgang R., und *Günther Neufeldt,* 1988: Journalistische Berufsvorstellungen im Wandel von drei Jahrzehnten. S. 257-272 in: *Hans Wagner* (Hg.): Idee und Wirklichkeit des Journalismus: Beiträge aus Wissenschaft und Praxis. München: Olzog.

Noelle-Neumann, Elisabeth, 1979: Die Entfremdung. Brief an die Zeitschrift „Journalist". S. 260-280 in: *Hans Mathias Kepplinger* (Hg.): Angepaßte Außenseiter: Was Journalisten denken und wie sie arbeiten. Freiburg und München: Alber.

Noelle-Neumann, Elisabeth, und *Hans Mathias Kepplinger,* 1978: Journalistenmeinungen, Medieninhalte und Medienwirkungen. Eine empirische Untersuchung zum Einfluß der Journalisten auf die Wahrnehmung sozialer Probleme durch Arbeiter und Elite. S. 41-68 in: *Gertraude Steindl* (Hg.): Publizistik aus Profession. Düsseldorf: Droste.

Reus, Gunter, Beate Schneider und *Klaus Schönbach,* im Druck: Paradiesvögel in der Medienlandschaft? Kulturjournalisten – was sie sind, was sie tun und wie sie denken. In: Zwischen Wissenschaft und Kunst: Festschrift für Richard Jakoby.

Schneider, Beate, und *Klaus Schönbach,* 1993: Journalisten in den neuen Bundesländern: Zur Struktur und zur sozialen Lage des Berufsstandes. Ergebnisse der Sozialenquete über die Journalisten in den neuen Ländern der Bundesrepublik Deutschland I. S. 35-56 in: *Walter A. Mahle* (Hg.): Journalisten in Deutschland. Nationale und internationale Vergleiche und Perspektiven. München: Ölschläger.

Schneider, Beate, Klaus Schönbach und *Dieter Stürzebecher,* 1993a: Westdeutsche Journalisten im Vergleich: jung, professionell und mit Spaß an der Arbeit, Publizistik 38: 5-30.

Schneider, Beate, Klaus Schönbach und *Dieter Stürzebecher,* 1993b: Journalisten im vereinigten Deutschland. Strukturen, Arbeitsweisen und Einstellungen im Ost-West-Vergleich, Publizistik 38: 353-382.

Schönbach, Klaus, 1977: Trennung von Nachricht und Meinung. Empirische Untersuchung eines journalistischen Qualitätskriteriums. Freiburg und München: Alber.

Schönbach, Klaus, 1992: Sozialenquête ostdeutscher Journalisten: das Design der Journalistenbefragung. S. 131-136 in: *Walter A. Mahle* (Hg.): Pressemarkt Ost. Nationale und internationale Perspektiven. München: Ölschläger.

Scholl, Armin, 1993: Ist der Ost-West-Vergleich im Journalismus obsolet geworden? S. 81-88 in: *Walter A. Mahle* (Hg.): Journalisten in Deutschland. Nationale und internationale Vergleiche und Perspektiven. München: Ölschläger.

Stammler, Dieter, 1971: Die Presse als soziale und verfassungsrechtliche Institution. Eine Untersuchung zur Pressefreiheit nach dem Bonner Grundgesetz. Berlin: Duncker & Humblot.

Wagner, Hans, 1991: Medien-Tabus und Kommunikationsverbote. Die manipulierbare Wirklichkeit. München: Olzog.

Weaver, David H., Klaus Schönbach und *Beate Schneider*, 1993: West German and U.S. Journalists: Similarities and Differences in the 1990s. Paper presented at the 76th Annual Convention of the Association for Education in Journalism and Mass Communication, Kansas City/ Missouri, August 11-14.

Weaver, David H., und *G. Cleveland Wilhoit*, 1991: The American Journalist. A Portrait of U.S. News People and Their Work (2. Aufl.). Bloomington: Indiana University Press.

Weaver, David H., und *G. Cleveland Wilhoit*, 1992: The American Journalist in the 1990s: A Preliminary Report of Key Findings from a 1992 National Survey of U.S. Journalists. Paper presented at The Freedom Forum World Center, Arlington/Virginia, November 17.

Weber, Max, 1919/1980: Politik als Beruf. S. 505–560 in: Max Weber: Gesammelte politische Schriften (4., erw. Aufl.). Tübingen: J.C.B. Mohr.

Weischenberg, Siegfried, 1989: Der enttarnte Elefant. Journalismus in der Bundesrepublik – und die Forschung, die sich ihm widmet, Media Perspektiven (4): 227-239.

Weischenberg, Siegfried, Susanne von Bassewitz und *Armin Scholl*, 1989: Konstellationen der Aussagenentstehung: Zur Handlungs- und Wirkungsrelevanz journalistischer Kommunikationsabsichten. S. 280-300 in: *Max Kaase* und *Winfried Schulz* (Hg.): Massenkommunikation: Theorien, Methoden, Befunde (Sonderheft 30/1989 der Kölner Zeitschrift für Soziologie und Sozialpsychologie). Opladen: Westdeutscher Verlag.

Weischenberg, Siegfried, Martin Löffelholz und *Armin Scholl*, 1993: Journalismus in Deutschland. Design und erste Befunde der Kommunikatorstudie, Media Perspektiven (1): 21-33.

Wiesand, Andreas Johannes, 1977: Journalisten-Bericht. Berufssituation – Mobilität – Publizistische „Vielfalt". Berlin: Spiess.

Wilke, Jürgen, 1993: Umbrüche im deutschen Journalismus. S. 137-142 in: *Walter A. Mahle* (Hg.): Journalisten in Deutschland. Nationale und internationale Vergleiche und Perspektiven. München: Ölschläger.

WISSENSCHAFTLICHE EXPERTEN IN DER ÖFFENTLICHEN KOMMUNIKATION ÜBER TECHNIK, UMWELT UND RISIKEN

Hans Peter Peters

Zusammenfassung: Ein wichtiger Typus gegenwärtiger politischer Konflikte tangiert Wissenschaft und Technik entweder als Ursache von z.B. Risiko- und Umweltproblemen oder aber als mögliche Problemlöser. Der Beitrag untersucht die Form und Voraussetzungen einer Teilnahme wissenschaftlicher Experten an der öffentlichen (massenmedialen) Behandlung dieser Themen. Ausgehend von einem Arena-Modell der Massenkommunikation, nach dem die Kommunikatoren bestimmte Regeln zu befolgen haben, um am öffentlichen Diskurs teilnehmen zu können, wird versucht, diese Regeln im Hinblick auf Experten zu analysieren. Es stellt sich u.a. heraus, daß wissenschaftliche Reputation nur eine begrenzte Bedeutung für die „Zulassung" von Experten zum öffentlichen Diskurs hat. Unter den Bedingungen eines gesellschaftlichen Konflikts besteht überdies eine Tendenz, Experten als Vertreter der einen oder anderen Seite aufzufassen und Expertise als persuasive Ressource zu betrachten, die es nach ideologiekritischen Kriterien statt unter dem Gesichtspunkt ihres spezifischen Wahrheitsanspruches zu bewerten gilt. Damit wird in der öffentlichen Arena Expertise als Mittel der Konfliktlösung entwertet, was sich unter dem Gesichtspunkt einer Zurückweisung vorschnell postulierter „Sachzwänge" aber auch positiv auffassen läßt. Abschließend wird die These vertreten, daß sich eine Beurteilung der Leistungen und Defizite der Arena öffentlicher Kommunikation nicht auf eine isolierte Behandlung stützen darf, sondern daß dazu die öffentliche Arena in ihren Interdependenzen mit anderen gesellschaftlichen Arenen betrachtet werden muß.

I. Einleitung

Öffentliche Auseinandersetzungen über Technik, Umweltprobleme und sonstige Risikothemen sind unter anderem charakterisiert durch den hohen Stellenwert, den wissenschaftliche Argumente und damit wissenschaftliche Experten in diesen Debatten haben. Stärker als bei anderen politischen Konflikten beziehen sich die zur Begründung verschiedener Entscheidungsoptionen herangezogenen Argumente nicht in erster Linie auf semantische Dimensionen wie sozial gerecht oder ungerecht, moralisch geboten oder verboten, nützlich oder schädlich, sondern postulieren oder bestreiten die wissenschaftliche Wahrheit von Faktenbehauptungen. Oberflächliche Gründe für diesen Unterschied zu klassischen politischen Themen sind, daß die umstrittenen Techniken, Umweltauswirkungen oder Gesundheitsrisiken Ergebnis von Entwicklungen im wissenschaftlich-technischen Bereich sind (etwa im Falle der Kerntechnik und Gentechnik), die entsprechenden positiven wie negativen Implikationen alltagsfern und nur durch eine hochentwickelte wissenschaftliche Methodik erfahrbar sind (z.B. durch probabilistische Risikoanalysen, epidemiologische Studien, hochempfindliche chemische Analytik zum Nachweis von Umweltgiften, Computermodellierung des Klimas oder der Volkswirtschaft) und/oder der Wissenschaft und Technik das Potential zu- oder abgesprochen wird, Probleme zu beseitigen oder wenigstens zu entschärfen (z.B. im Falle von AIDS).

Daß die Auseinandersetzungen in solchen Kontroversen wesentlich mit wissenschaftlich-technischen Argumenten ausgetragen werden, bedeutet jedoch nicht, daß die zugrundeliegenden Konflikte in erster Linie auf sachlichen Meinungsverschiedenheiten beruhen. Fallstudien von wissenschaftlich-technischen Kontroversen zeigen, daß der Widerstand gegen die Implementation wissenschaftlich-technischer Erkenntnisse auf einer Vielzahl verschiedener Gründe beruhen kann: beispielsweise auf der Bedrohung traditioneller Werte durch die Wissenschaft, unterschiedlichen politischen Prioritäten (z.B. Ökologie vs. Ökonomie), Angst vor Gesundheitsrisiken oder der Bedrohung individueller Freiheiten und Interessen (vgl. Nelkin 1992: xiii). In der Regel umfassen konkrete Kontroversen mehrere strittige Aspekte; häufig konzentrieren sich jedoch beide Seiten auf die Aspekte, die sich als Meinungsverschiedenheiten über wissenschaftliche Fakten verstehen lassen. Dazu tragen folgende Gründe bei:

1. In den (empirischen) Wissenschaften sind Kontroversen nahezu immer Kontroversen um die Anerkennung von Hypothesen, Theorien und die Gültigkeit und Interpretation von Messungen und Beobachtungen. Meinungsverschiedenheiten beziehen sich daher fast immer auf die Richtigkeit der Wirklichkeitsbeschreibung. Befürworter der Implementation wissenschaftlich-technischer Ergebnisse benutzen auch für die Kommunikation außerhalb der Wissenschaft zunächst einmal solche Argumente, mit deren Umgang sie vertraut sind und die sie selbst für überzeugend halten. Da die meisten dieser Akteure einer vergleichsweise werthomogenen wissenschaftlich-technischen oder ökonomisch geprägten Kultur angehören, unterstellen sie implizit die technokratischen Werte dieser Kultur (wie z.B. wissenschaftlich-technischer Fortschritt, Effizienz, Kontrollierbarkeit der Natur bzw. Autonomie von der Natur) als unkontroverse allgemeine Werte. Bei unterstellter Gleichheit von Werten, Präferenzen und Interessen können dann eigentlich nur noch die Fakten kontrovers sein. Kommunikationspartner, die diese als Basis einer „rationalen" Auseinandersetzung nicht akzeptieren, werden häufig als „ignorant", „ideologisiert", „irrational" oder „emotional" abqualifiziert. Angehörige des technikproduzierenden Systems, das nicht nur die Wissenschaft, sondern auch Bereiche von Industrie, Behörden und politischer Administration umfaßt, sind aufgrund ihrer technokratischen Orientierung oftmals unqualifiziert, eine Debatte über andere Entscheidungsgründe als „Fakten" zu führen.

2. Für Argumente in der öffentlichen Debatte, die die rhetorische Form wissenschaftlicher Aussagen haben, glauben die Befürworter, die Autorität der Wissenschaft in Anspruch nehmen zu können. Da es zwischen den Befürwortern und Gegnern meist eine Asymmetrie in der Verfügung über wissenschaftliche Ressourcen gibt, sehen sich die Befürworter im Vorteil, wenn sie auf diesem Feld die Auseinandersetzung suchen. Frederick Frankena interpretiert die Fokussierung der Argumentation auf Faktenfragen seitens der Befürworter technischer Projekte sogar als strategischen Versuch, potentielle Streitfragen zu depolitisieren, als Expertenprobleme zu formulieren und damit der demokratischen Willensbildung zu entziehen: „Making the debate technical restricts participation to those who are capable of technical argumentation" (Frankena 1992: 47).

3. Die Gegner technischer Projekte oder unter Berufung auf Wissenschaft geplanter politischer Entscheidungen müssen sich zunächst einmal an die von den Befürwortern eingeführten Spielregeln anpassen, um als legitime Debattenteilnehmer anerkannt zu werden (Frankena 1992: 53), selbst wenn die Motive ihrer Opposition ganz andere sind. Dazu suchen sie Verbündete unter Experten bzw. entwickeln selbst Expertise.

4. Aber auch aus taktischen Gründen ist es für die Gegner vor allem dann sinnvoll, die Auseinandersetzung auf dem Feld der Faktenbehauptungen zu suchen, wenn die eigentlichen Motive öffentlich schwer verständlich zu machen sind oder gar mit weitverbreiteten Werten und ideologischen Überzeugungen kollidieren. So befanden sich zum Beispiel vor allem zu

Beginn der Anti-AKW-Bewegung radikale antikapitalistische und industriegesellschaftskriti-
sche Technikgegner in einem so großen ideologischen Gegensatz zur breiten Bevölkerung und
etablierten Politik, daß aus der Ideologie heraus entwickelte Argumente in der öffentlichen
Debatte kaum überzeugend gewesen wären und außerdem über die „bürgerlichen" Massenmedien vermutlich erst gar nicht den Zugang zur Öffentlichkeit gefunden hätten. Es lag daher
nahe, die kernenergiekritische Position mit Sachargumenten zu vertreten und sich dazu mit
vom wissenschaftlichen Establishment abweichenden Experten zu verbünden und eine bewe-
gungsinterne Infrastruktur technikkritischer Expertise auszudifferenzieren.

Zwei wichtige Akteure der öffentlichen Auseinandersetzung um Technik – das tech-
nikproduzierende System und die Opponenten technischer Projekte (oftmals, aber
nicht immer, mit den Neuen Sozialen Bewegungen assoziiert) – führen daher aus
unterschiedlichen Gründen die *öffentliche* Kontroverse hauptsächlich mit Faktenargu-
menten, die die Vor- und Nachteile (besonders Risiken) der umstrittenen technischen
Projekte sowie ihrer jeweiligen Alternativen in jeweils anderem Licht erscheinen lassen.

II. Wissenschaftlich-technische Kontroversen

Daß Kontroversen um Technik, Umwelt und Risiken auf der Basis unterschiedlicher
Faktenbehauptungen erfolgreich institutionalisiert werden können, setzt die Ambiguität wissenschaftlicher Evidenz voraus. Die kontroversen Positionen müssen – um eine
Chance auf Durchsetzung zu haben – kompatibel mit der wissenschaftlichen „Rationalität" sein. Diese Voraussetzung ist allerdings häufig erfüllt, denn theoretisch überzeugende Antworten auf praktische Fragen etwa nach der Sicherheit einer Technik
oder den Ursachen eines Umweltproblems (z.B. Waldsterben) sind ausgesprochen
schwierig zu finden. Und ferner sind solche wissenschaftlichen Antworten – wenn es
sie denn gibt – in der öffentlichen Diskussion nicht notwendig überzeugend, weil ihre
inhaltliche Würdigung in aller Regel bei Laien nicht vorhandene statistische, bioche-
mische oder ingenieurwissenschaftliche Kompetenz erfordert und Wissenschaft und
Technik in der Öffentlichkeit vor allem bei Vorliegen eines Expertenstreits nicht mehr
auf naives Vertrauen bauen können. Am Beispiel der Kontroversen um die gesundheitlichen Auswirkungen von ionisierender Strahlung im Niedrigdosisbereich und um
die gesundheitlichen Nebenwirkungen der Trinkwasser-Fluoridierung als Kariespro-
phylaxe hat Allan Mazur (1981: 11-33) dargestellt, wie wissenschaftlich unentscheid-
bare Fragen zum Kern einer politischen Kontroverse werden können. Heute werden
vergleichbare Expertendebatten z.B. um die gesundheitlichen Effekte von Dioxin (aus
Müllverbrennungsanlagen), um die biologischen Wirkungen elektromagnetischer
Wechselfelder (von Funktelefonen, Sendeanlagen und Hochspannungsleitungen) sowie um die zu erwartenden Klimaänderungen aufgrund der anthropogenen Emissio-
nen von CO_2 geführt (vgl. Stewart 1991).

Daß es wissenschaftliche Auseinandersetzungen um die Bedeutung von Beobachtungen, Meßergebnissen, Experimenten oder um konkurrierende Hypothesen und
Theorien gibt, ist Alltag der Forschung. D.h. mit einem gegebenen Bestand an wissenschaftlichem „Rohmaterial" (Statistiken, Messungen, Experimentergebnisse) sind
in der Regel unterschiedliche theoretische Ansichten und erst recht unterschiedliche
praktische Folgerungen kompatibel. Der Normalzustand für den Entscheidungsträger

ist daher, daß die vorhandene wissenschaftliche Evidenz das Spektrum möglicher Auffassungen zwar eingrenzt, aber keine eindeutige Schlußfolgerung zuläßt. Politische Entscheidungen sind in der Regel Entscheidungen unter wissenschaftlicher Unsicherheit.

Festzuhalten bleibt also, daß die vorhandenen wissenschaftlichen Erkenntnisse den Experten einen Interpretationsspielraum belassen, den diese bewußt oder unbewußt nach verschiedenen Gesichtspunkten nutzen können (vgl. Mazur 1981: 20-27). Der wissenschaftliche Prozeß und die wissenschaftliche Datenlage läßt bei der Konstruktion von verallgemeinernden Aussagen, Theorien und Prognosen erheblichen Raum für subjektive Entscheidungen. Kontroversen innerhalb der Wissenschaft beruhen häufig auf der unterschiedlichen Nutzung des bei einem gegebenen Forschungsstand vorhandenen Interpretationsspielraums (vgl. Nowotny 1979: 136-139).

Aber natürlich eröffnen die Interpretationsspielräume auch Einflußmöglichkeiten für wissenschaftsexterne Faktoren. Soweit wissenschaftliche Erkenntnisse für alltagspraktische Fragen, politische Probleme oder für die Forschung selbst relevant sind, werden auch die Einstellungen, (politischen) Präferenzen und Interessen der Forscher (z.B. beim Gentechnik-Gesetz) sowie die Interessen von Auftraggebern und Klienten Einfluß auf die subjektiven Entscheidungen im Forschungsprozeß nehmen und damit die Konstruktion wissenschaftlicher Aussagen beeinflussen. Bei fehlender Eindeutigkeit der wissenschaftlichen Erkenntnisse in einer politischen Streitfrage und einer Überschneidung der sozialen Rollen von Forscher und Staatsbürger (Weingart 1979: 14-15) oder bei administrativen oder finanziellen Abhängigkeiten der Forscher von Förderinstitutionen oder Auftraggebern besteht die Möglichkeit, daß sich eine Expertenkontroverse parallel zu einer politischen Kontroverse entwickelt. Politische Positionen entwickeln sich in Entsprechung zu wissenschaftlichen Positionen bzw. wissenschaftliche Positionen entsprechend zu politischen (vgl. Mazur 1981: 27-29). In welchem Bereich die Entwicklung einer *wissenschaftlich-technischen Kontroverse* ihren Ursprung nimmt, ob divergierende wissenschaftliche Interpretationen Anlaß zu einer politischen Kontroverse sind oder ein politischer Streit zu einer entsprechenden Expertenkontroverse führt, kann dabei von Fall zu Fall variieren.

Gegenstand solcher Kontroversen sind nicht nur technische Anlagen wie Kernkraftwerke und Müllverbrennungsanlagen, sondern ebenso Produkte wie gentechnisch veränderte Nahrungsmittel, Produktionsverfahren wie etwa die „Chlorchemie", Maßnahmen der Gesundheitsfürsorge und Sicherheit, z.B. Einführung von Reihenuntersuchungen auf Aids und Geschwindigkeitsbegrenzungen im Straßenverkehr, oder auch umstrittene medizinische Prozeduren wie Abtreibung, Sterbehilfe und Organentnahme bei Hirntoten.

III. Wissenschaftliche Experten

In Kontroversen, die in irgendeiner Weise mit der Anwendung von Wissenschaft oder gar dem wissenschaftlichen Prozeß selbst zu tun haben, sind wissenschaftliche Experten in der Lage, aus dem Bestand an wissenschaftlichem Wissen brauchbare Argumente zu generieren und Inkompatibilitäten mit dem wissenschaftlichen Erkenntnisstand in den Argumenten der anderen Seite aufzudecken. Sie sind außerdem qua Rolle legitimiert, diese Argumente zu vertreten. Unterschiedliche Motive bewirken, daß sich Experten aus eigenem Antrieb an diesen Auseinandersetzungen beteiligen: Sie mögen ihre Forschungsmöglichkeiten verteidigen (beispielsweise bei der Debatte der Regulierung von gentechnischen Versuchen), sich mit einer von ihnen entwickelten Technik identifizieren und infolgedessen ihre Implementation als persönlichen Erfolg ansehen (zahlreiche Forscher in der Kerntechnik) oder auch ihre Arbeit in den Dienst eines von ihnen unterstützten politischen Zieles (beispielsweise Verhinderung der Kernenergie oder Schutz der Umwelt) stellen. Manche Experten mögen auch durch den Wunsch motiviert werden, neben der wissenschaftlichen eine politische und öffentliche Reputation zu gewinnen. Neben diesen intrinsischen Motiven können natürlich ökonomische und organisatorische Abhängigkeiten von Arbeitgebern und Auftraggebern Wissenschaftler veranlassen, sich in das Feld politischer Auseinandersetzungen zu begeben.

Der Begriff *„Experte"*, der im folgenden zu den zentralen Konzepten gehört, bedarf einiger Erläuterungen. In der psychologischen Expertenliteratur (vgl. z.B. Shanteau/Stewart 1992) ist das bestimmende Definitionskriterium die Verfügung über eine spezielle Kompetenz (Wissen und Problemlösungsstrategien). Gegensatz zum Experten ist der Laie, der über diese Kompetenz nicht verfügt. „Experte" und „Laie" (bzw. „expert" und „novice") markieren als Idealtypen die Enden einer Skala, auf die konkrete Personen jeweils eingestuft werden können. Auch in Alfred Schütz' (1946) klassischem Aufsatz „The Well-Informed Citizen" unterscheiden sich der „Experte", der „gut informierte Bürger" und der „Mann auf der Straße" hauptsächlich in der Verfügung über bestimmte Wissenstypen. Ergänzt wird diese Begriffsbestimmung des Experten durch den wichtigen Hinweis, daß es sich bei „Experten" und „Laien" um komplementäre Rollen handelt: Laie ist jemand nur dann, wenn er gehalten ist, „bei der Lösung von Problemen ein entsprechendes Expertenwissen zu konsultieren" (Sprondel 1979: 149). Und entsprechend gilt umgekehrt: Experte ist man nur dann, wenn es jemanden gibt, der die spezielle Expertise zur Lösung eigener Probleme heranzieht. Statt den mit vielerlei abwertenden Konnotationen behafteten Begriff „Laie" zu benutzen, ziehe ich es vor, von „Klienten" als Nachfragern und Verwendern spezialisierten Expertenwissens zu sprechen. Auch der Klient ist jemand, der Kompetenz benötigt und besitzt: er muß wissen, daß es Sonderwissen gibt, wie er Zugang dazu erhält und wie er dieses Sonderwissen für seine Zwecke einsetzen kann (vgl. Sprondel 1979: 148-149).

Helga Nowotny definiert den Experten als Wissenschaftler, der eine spezielle Funktion wahrnimmt. Sie unterscheidet drei klassische Funktionen der Wissenschaft, nämlich Produktion und Umsetzung von Wissen, Weitergabe von Wissen und Nutzbarmachung für Entscheidungsprozesse (Nowotny 1982: 612). Die dritte Funktion ist es, die den Experten kennzeichnet. Als Experten bezeichnen wir daher Wissenschaftler nur dann, wenn sie ihre Kompetenz als Berater im weitesten Sinne des Wortes bei der Lösung von fremden (Entscheidungs-)Problemen einsetzen. Diese Beratung kann die verschiedensten Formen annehmen: Hilfe bei der Analyse einer Situation (z.B. Risikobeurteilung nach einem Chemieunfall, Diagnose einer Krankheit), bei der Meinungsbildung und bei der Entwicklung von Vorschlägen zur Problemlösung. Klienten können in diesem Zusammenhang beispielsweise Patienten, Unternehmen, Behörden oder Politiker sein. Aber auch die Bürger, die sich bei der Meinungsbildung oder ihrem individuellen Verhalten (Ernährung, Verkehrsverhalten usw.) an Expertenansichten orientieren, lassen sich als Klienten auffassen.

Zusammengefaßt zeichnen den (wissenschaftlichen) Experten in unserem Sinne also folgende Merkmale aus: 1. Verfügung über wissenschaftliches Sonderwissen, 2. Bereitstellung des Sonderwissens im Rahmen von Experte-Klient-Verhältnissen und 3. Anwendung dieses Wissens zur Diagnose und Bewältigung von praktischen (nichtwissenschaftlichen) Problemen. Nicht jeder Experte muß also Forscher sein und umgekehrt ist nicht jeder Forscher automatisch auch Experte.[1]

Durch die „Entdifferenzierung von wissenschaftlichen und politischen Diskursen" und die dadurch bedingte „De-Professionalisierung" der Experten (Weingart 1983: 238) ist allerdings die Abgrenzung, wer als Experte zu gelten hat, fragwürdig geworden. Nicht selten ist das Experte-Klient-Verhältnis konfundiert mit einem Anwalt-Mandant-Verhältnis, dessen Gegenstand die Vertretung der Interessen einer „Partei" ist. Oder Regulator- und Expertenrolle sind kombiniert, wie es häufig bei Fachbehörden und Ministerien und gelegentlich bei Politikern der Fall ist. Und schließlich können Kommunikator- und Expertenfunktion zusammenfallen, etwa im Fall wissenschaftlich kompetenter Pressesprecher von Forschungsorganisationen oder Unternehmen. Innerhalb von Bürgerinitiativen und Bewegungen werden Rollen ausdifferenziert, die sich mit der Kritik an etablierten wissenschaftlichen Positionen und dem Entwurf von Gegenvorstellungen befassen (vgl. Eyerman/Jamison 1991: 94-119). Diese „Gegenexperten" sind dann nicht unbedingt Wissenschaftler, die sich durch eigene Forschung oder ein systematisches Hochschulstudium auf dem betreffenden Gebiet qualifiziert haben, sondern Bewegungsanhänger, die oft eine allgemeine wissenschaftliche Kompetenz besitzen und sich in das jeweilige Gebiet eingearbeitet haben. Innerhalb von wissenschaftlich-technischen Kontroversen gibt es dann oft Auseinandersetzungen darüber, wer als legitimer Experte zu betrachten ist (Nowotny 1980: 452). Liegt in der Kontroverse eine Establishment-Herausforderer-Struktur vor, dann bestreiten die Vertreter des Establishments den Experten der Gegenseite häufig deren wissenschaftliche Qualifikation und Reputation („Pseudoexperten") oder argumentieren mit deren Minderheitenposition, während die Repräsentanten der Herausforderer-Position den Establishment-Experten Interessenabhängigkeit und fehlende „Neutralität" unterstellen.

IV. Arena massenmedialer Öffentlichkeit

Wissenschaftlich-technische Kontroversen werden in allen möglichen „Arenen" ausgetragen: beispielsweise in Kommissionen, die zulässige Grenzwerte festlegen, in Parlamenten, vor Gerichten, in der Wissenschaft und – nicht zuletzt – in der Öffentlichkeit. Der Begriff „Arena" wird in der Literatur in unterschiedlicher Weise gebraucht. Herbert Kitschelt (1980: 13-32) benutzt ihn zum Beispiel zur Kennzeichnung von politischen Handlungsräumen, die sich um verschiedene gesellschaftliche Problemklassen entwickeln. Meist wird unter einer Arena jedoch lediglich – weniger spezifisch – ein relativ geschlossener institutioneller Kontext verstanden, in dem Probleme behandelt und insbesondere Auseinandersetzungen ausgetragen werden können (vgl. Hilgartner/Bosk 1988; Edwards/von Winterfeldt 1985; Cracknell 1993; Hård 1993). Bestimmte politische Probleme werden nach dieser Auffassung parallel in verschiedenen Arenen

---

1   Die Beschränkung auf *wissenschaftliche* Experten erfolgt lediglich im Hinblick auf die Zielsetzung dieses Artikels; unberücksichtigt bleibt als für die Frage des Verhältnisses von Experten zur Öffentlichkeit irrelevant auch, daß es Experte-Klient-Verhältnisse auch innerhalb der Wissenschaft gibt.

behandelt, wobei die Vorgänge einer Arena die in anderen Arenen beeinflussen können. In den verschiedenen Arenen gelten jeweils spezielle Regeln, die zum Beispiel den Zugang von Akteuren zur Arena steuern, deren Handeln reglementieren und über die Zulässigkeit von Themen, Meinungen und die Form von Argumenten entscheiden.

Öffentlichkeit konstituiert sich unter den gegebenen gesellschaftlichen Bedingungen in westlichen Massendemokratien hauptsächlich über Massenmedien, unter denen hier redaktionell gestaltete, allgemein-informierende und aktuelle Medien verstanden werden, die sich an ein allgemeines und nicht an ein Fachpublikum richten und deren Inhalt einen Bezug zu zeitlich aktuellen Vorgängen aufweist. Unter diese Definition von Massenmedien fallen vor allem Tageszeitungen, Wochenzeitungen und -zeitschriften sowie die Nachrichten- und Magazinsendungen von Rundfunk und Fernsehen. Daneben spielen andere Formen der Öffentlichkeit eine Rolle, vor allem öffentliche Veranstaltungen (vgl. Gerhards 1993). Ihre Bedeutung darf vor allem bei der Formierung lokaler Öffentlichkeiten nicht übersehen werden, zumal öffentliche Veranstaltungen regelmäßig die Eckpfeiler der Berichterstattung in den lokalen Medien darstellen.

Wissenschaftlich-technische Kontroversen sind oft geprägt von einer quantitativen und qualitativen Asymmetrie der Ressourcenverteilung auf die beiden Seiten. Qualitative Asymmetrie bedeutet dabei, daß sich die Ressourcen*strukturen* unterscheiden: ökonomische Macht, Unterstützung durch die Exekutive, Mehrheitspositionen in Parlamenten, Verfügung über wissenschaftliche Expertise, Rechtspositionen, Einflußmöglichkeiten durch korporatistische Strukturen finden sich vor allem auf der Seite etablierter (d.h. in der Regel technikbefürwortender) Positionen. Auch die Seite der Herausforderer kann oft rechtliche Positionen (z.B. Klagemöglichkeiten) nutzen, um die Implementation von Techniken zu behindern, zu verzögern und zu verteuern. Daneben gibt es oft Unterstützung aus dem politischen und wissenschaftlichen System. Allerdings besteht die wohl wichtigste Ressource der Herausforderer in der Möglichkeit zur Mobilisierung von Anhängern, dem Erzeugen öffentlicher Aufmerksamkeit und schließlich in der Beeinflussung der öffentlichen Meinung. „Erfolgreiche" wissenschaftlich-technische Kontroversen unterliegen einer Dynamik, in deren Verlauf sich die Ressourcenstruktur der Herausforderer schließlich erweitert: Verbündete im parlamentarischen System werden gefunden, Unterstützung von Akteuren des intermediären Systems kommt hinzu, wissenschaftliche Expertise wird innerhalb der Herausforderer entwickelt und/oder von außen acquiriert.

Die Asymmetrie in den zur Verfügung stehenden Ressourcen besteht in praktisch allen Arenen; in vielen Fällen gelingt der Eintritt in die politische Debatte jedoch am leichtesten über die Öffentlichkeit (vgl. Luhmann 1970), und das heißt unter den gegebenen Bedingungen: über die Massenmedien. Wenn eine Kontroverse erst einmal in der Öffentlichkeit institutionalisiert ist, gelingt es leicht, ihn auf andere Arenen zu übertragen. Auch in der massenmedialen Arena gibt es erhebliche Asymmetrien in den Zugangschancen, die sich in praktisch jeder Inhaltsanalyse der Technik- oder Umweltberichterstattung durch die Dominanz von Primärquellen aus dem Bereich der etablierten Politik und der Exekutive manifestieren (zusammenfassend vgl. Schanne/Meier 1992: 273-274). Trotzdem hängt der Zugang zu Massenmedien nur in weit geringerem Maße als in anderen Arenen von formalen Voraussetzungen ab wie akademischer Ausbildung (Wissenschaft), kodifizierten Ansprüchen und Pflichten (Öf-

fentliche Administration) oder einem Wählermandat (Parlament). Die wichtigste Zu-
trittsregel für Akteure in der Öffentlichkeit lautet: Aufmerksamkeit erregen.

Massenmedien stellen zwei grundlegend verschiedene Arten von Beziehungen
zwischen Kommunikationspartnern her. Zum einen vermitteln sie eine Kommunikation zwischen den Urhebern der Aussagen im Massenmedieninhalt – Primärquellen
und Journalisten – und den Medienrezipienten.[2] Diese Beziehung ist im wesentlichen
uni-direktional; d.h. es handelt sich hauptsächlich um eine *Informationsverbreitung* mit
Hilfe von Massenmedien, wenngleich es eine schwache Rückkoppelung durch Leserbriefe und -anrufe sowie indirekt durch den Markterfolg (Verkaufszahlen, Sehbeteili-
gungen) gibt. Zum andern vermitteln Massenmedien aber auch kommunikative Beziehungen zwischen den gesellschaftlichen Akteuren, die als Primärquellen in den
Medien auftreten. Von den Medien wiedergegebene Äußerungen etwa der Regierung
veranlassen die Opposition zu entsprechenden Reaktionen, über die wiederum die
Medien berichten. Über die Medien wird so eine Debatte zwischen gesellschaftlichen
Akteuren geführt. Die Massenmedien konstituieren ein *Forum* für eine öffentliche
Debatte zwischen gesellschaftlichen Akteuren. Die einzelnen Kommunikationsbeiträge
haben formal keinen spezifischen Adressaten – sie richten sich an die „Öffentlichkeit".
De facto reagieren aber vor allem solche Akteure darauf, die hinsichtlich der angesprochenen Themen andere Ansichten vertreten. Indirekt kommt so eine Kommunikation zwischen den Streitparteien zustande. Dieses so geschaffene Forum bezeichne
ich als die *Arena* (massenmedialer) öffentlicher Kommunikation.

V. Experten und Massenmedien

1. Unterschiedliche Kommunikationsformen

Wenn man die Bedeutung von Experten in den Massenmedien einschätzen will, so
hat man beide kommunikativen Beziehungen, die zum Medienpublikum und die zu
anderen gesellschaftlichen Akteuren, zu berücksichtigen. Über eine Vielzahl von kontroversen aber auch unkontroversen Themen verbreiten Experten über Massenmedien
Informationen an das Medienpublikum. Aufklärung über medizinische Probleme, Hinweise für ein sicheres Verhalten im Straßenverkehr, Erläuterungen zu astronomischen
Phänomenen usw. sind seit jeher Bereiche, in denen Wissenschaftler in den Medien
auftreten. Es ist daher notwendig, mehrere Modi des journalistischen Umgangs mit
Wissenschaft zu unterscheiden (vgl. *Schaubild*). Das erste Differenzierungskriterium
ist die Perspektive, unter der Wissenschaft thematisiert wird. Diese kann entweder
wissenschaftsorientiert oder problemorientiert sein. Im ersten Fall steht die „Übersetzung" wissenschaftlicher Erkenntnisse aus der Wissenschaftssprache in die Alltagssprache im Vordergrund. Ziel der Bemühungen ist es, interessierte Laien am Erkennt-
nisfortschritt der Wissenschaft teilhaben zu lassen. Der Wissenschaftler steht hier der

---

2 Unter Primärquellen werden im folgenden solche Kommunikatoren verstanden, deren
   Aussagen von Journalisten in der Berichterstattung direkt oder indirekt wiedergegeben
   werden. Primärquellen sind also die gesellschaftlichen Akteure, die über Massenmedien
   Zugang zu den Medienrezipienten und damit zur Öffentlichkeit finden.

Schaubild: Formen der massenmedialen Thematisierung von Wissenschaft

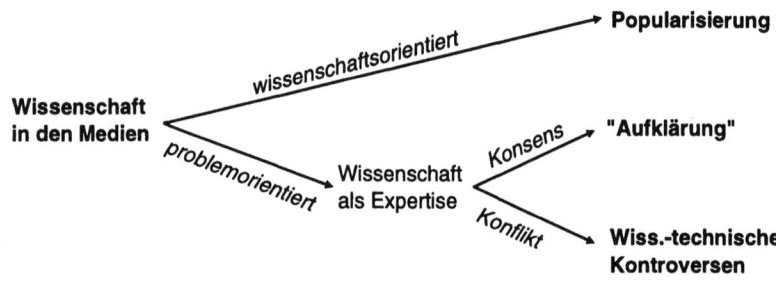

Öffentlichkeit in seiner Funktion als „Lehrer" gegenüber. Gegenstand der Berichterstattung sind wissenschaftliche Fragen (auch wenn diese häufig im Zusammenhang
mit praktischen Problemen stehen). Der klassische Wissenschaftsjournalismus orientierte sich weitgehend an diesem Paradigma der *Popularisierung.*

Im zweiten Fall, der problemorientierten Perspektive, ist Bezugspunkt der Berichterstattung nicht die Wissenschaft an sich, sondern ein praktisches (gesellschaftliches
oder individuelles) Problem steht im Mittelpunkt, zu dessen Behandlung (Analyse
und Behebung) ein Beitrag von wissenschaftlichen Experten erwartet wird. So äußern
sich Experten in den Massenmedien beispielsweise zu Fragen der richtigen Ernährung,
der gesundheitlichen Vorsorge (z.B. Krebsfrüherkennung, Alkohol- und Zigaretten-
konsum, „Safer Sex"), der Kindererziehung, der Ursachen von Naturkatastrophen,
des Risikos nach Chemieunfällen, der Vor- und Nachteile von Gentechnik, der Sicherheit von Blutpräparaten oder zu Fragen der Organtransplantation und der Feststellung
des Hirntodes. Wissenschaftler nehmen hier eine Expertenfunktion (d.h. Beraterfunk-
tion) wahr und transferieren über die Massenmedien Informationen und Empfehlungen an ihre (fiktiven) Klienten – an die „breite Bevölkerung", aber auch an gesellschaftliche Entscheidungsträger. Während bei der Popularisierung der Wissenstransfer
im Vordergrund steht, geht es bei der problemorientierten Kommunikation auch darum, Präferenzen zu ändern und Entscheidungen zu beeinflussen: sowohl individuelle
Entscheidungen wie z.B. die Wahl bestimmter Nahrungsmittel oder sogar bestimmte
Sexualpraktiken als auch politisch-gesellschaftliche Entscheidungen wie der Erlaß von
Gesetzen, Verordnungen, Grenzwerten oder die Genehmigung technischer Anlagen.

Der Fall problemzentrierter Kommunikation erfordert eine zweite Differenzierung.
Entscheidend für die journalistische Behandlung von Expertise ist, in welchem Ausmaß
es einen gesellschaftlichen Konflikt über die Problembehandlung gibt. Bei weitgehen-
dem Konsens (bzw. nicht-sichtbarem Dissens) wird die Expertise seitens der Journalisten kaum problematisiert. Experten werden als neutral und am Wohl der Gesellschaft
bzw. der einzelnen Menschen orientiert charakterisiert. Experteninformationen über
die Gefahren des Rauchens werden beispielsweise wie viele andere gesundheitliche
Ratschläge auf diese Art vermittelt. Dieses Kommunikationsmuster läßt sich als *Aufklärung* bezeichnen. Implizit sind in dieser Form der Kommunikation zwischen wissenschaftlichen Experten und Medienpublikum pädagogische oder gar paternalistische
Elemente enthalten. Und diese werden vom Journalisten bei Abwesenheit eines gesellschaftlichen Konflikts selten in Frage gestellt.

Sobald dagegen die Expertise einen Gegenstandsbereich betrifft, der gesellschaftlich umstritten ist, wie in einer der oben skizzierten *wissenschaftlich-technischen Kontroversen*, ändert sich vielfach die journalistische Behandlung von Experten und Experteninformationen. Die Informationen von Experten werden nun als tendenziell strategische Äußerungen betrachtet. Die Fragen „Wem nützt das Ergebnis?" oder „Wer hat dafür bezahlt?" treten neben die Frage nach der wissenschaftlichen Wahrheit der behaupteten Sachverhalte. Mit wissenschaftlichen Aussagen wird wie mit politischen Meinungen umgegangen. Die Experten selbst werden weitgehend als Interessenvertreter bzw. Anwälte für die verschiedenen Seiten einer Kontroverse angesehen und porträtiert.

Die drei oben skizzierten Kommunikationsmodi, zwischen denen es vielfältige Zwischenformen gibt, unterscheiden sich in einer Reihe wichtiger Merkmale. Wissenschaftsvermittlung als Popularisierung ist Journalismus auf einem Spezialmarkt: Es gibt die ausdifferenzierte journalistische Berufsrolle des „Wissenschaftsjournalisten", der sich oft selbst als wissenschaftsnah versteht, und organisatorisch abgegrenzte Wissenschaftsredaktionen in den Medienorganisationen (vgl. Hömberg 1990). Ferner gibt es spezielle populärwissenschaftliche Zeitschriften und Sendungen sowie besondere Wissenschaftsressorts in den größeren Tageszeitungen. Die Beziehungen zwischen Wissenschaftlern und Journalisten bei der Popularisierung sind häufig von einer hohen Kooperationsbereitschaft gekennzeichnet, was sich beispielsweise in der Bereitschaft zeigt, die Wissenschaftler selbst als Autoren zu Wort kommen zu lassen. Der Kontext der Wissenschaftsvermittlung ist wissenschaftsnah und wissenschaftsfreundlich. Wenn Wissenschaft dagegen im Hinblick auf nichtwissenschaftliche Probleme thematisiert wird, liegt die Berichterstattung häufig in den Händen von nicht auf Wissenschaft spezialisierten Journalisten (z.B. Lokaljournalisten, Journalisten der politischen Redaktion oder Journalisten des Ressorts „Vermischtes").

2. Einflußfaktoren auf die Nutzung wissenschaftlicher Expertise

Im folgenden wird eine Reihe von Faktoren diskutiert, die Einfluß auf journalistische Selektions- und Konstruktionsprozesse nehmen, in denen wissenschaftliche Informationsangebote in Medieninhalte transformiert werden. Zu denken ist zunächst an inhaltliche Faktoren der Informationen, zusammengefaßt im Begriff der Aktualität, sowie an soziale Faktoren wie die Zugänglichkeit von Informationen und Quellenstrategien zur Plazierung ihrer Botschaften. Die Informationsnachfrage seitens des Mediensystems ist zunächst bestimmt durch die Struktur journalistischer Aufmerksamkeit, die sich an der Themenstruktur und an professionsspezifischen und gegenstandsbereichsbezogenen kognitiven Erwartungsstrukturen („Frames") orientiert. Daneben spielen die Legitimität von Quellen und Argumenten eine Rolle. Und schließlich wäre es blauäugig, wollte man die Beeinflussungsversuche ignorieren, die von verschiedensten Seiten auf die Journalisten ausgeübt werden, und die Beschränkungen vergessen, die sich für die journalistische Verarbeitung von Experteninformationen aus der begrenzten wissenschaftlichen Kompetenz ergeben, die in den Redaktionen verfügbar ist.

Der Zugang zur Arena der Öffentlichkeit und die Inhalte der massenmedialen Kommunikation werden häufig unter normativen Gesichtspunkten der realitätsangemessenen Darstellung (vgl. z.B. Kepplinger 1989; Singer/Endreny 1993) und Ausgewogenheit bzw. Sensationalisierung (Rager et al. 1987; Friedman et al. 1987) diskutiert. Gerade auch bei der Berichterstattung über Wissenschaft und Technik wird vor allem der Einfluß, den die redaktionelle Linie eines Medienorgans bzw. individuelle journalistische Einstellungen auf die öffentliche Kommunikation nehmen, als wichtiger Einflußfaktor betrachtet (z.B. Kepplinger 1989). Eine solche Betrachtungsweise wird im folgenden allerdings konsequent vermieden und statt dessen das professionelle Verhalten der Journalisten, strukturelle Randbedingungen und das Verhalten der Primärkommunikatoren beleuchtet. Unbestritten ist, daß sich redaktionelle Politik und individuelle journalistische Einstellungen z.B. durch die Wahl von Themen, von Frames, von Quellen und durch direkte und indirekte Bewertungen ausdrücken können und insofern Einfluß auf die Inhalte der öffentlichen Kommunikation haben. Unserem Ansatz liegt jedoch die Annahme zugrunde, daß sich diese Einflüsse lediglich als Variationen des professionellen Handelns äußern.

a) Aktualität. Nach einer klassischen Vorstellung der Kommunikationswissenschaften besitzen Nachrichten bestimmte Merkmale (*Nachrichtenfaktoren*), die darüber entscheiden, ob sie von den Journalisten zur Veröffentlichung ausgewählt werden. Der Journalist bzw. die Redaktion wurde dabei klassisch als Gatekeeper aufgefaßt, der anhand von bestimmten, den Nachrichtenfaktoren entsprechenden Selektionskriterien darüber entscheidet, welche Nachrichten ins Medium übernommen bzw. durch Plazierung oder Umfang besonders herausgestellt werden und welche nicht (z.B. Rosengren 1970). Winfried Schulz hat diese Nachrichtenfaktoren theoretisch uminterpretiert als Konstruktionsregeln für die Erzeugung der Medienrealität (Schulz 1976: 27-31). Unter anderem nennt er Thematisierung, räumliche und politische Nähe, Relevanz, regionale und nationale Zentralität, Prominenz, Überraschung, Schaden und Erfolg als Nachrichtenfaktoren (Schulz 1976: 40-45). Empirische Analysen bestätigen im allgemeinen, daß der Beachtungsgrad von Nachrichten statistisch mit solchen Faktoren korreliert ist (vgl. z.B. Schulz 1976, speziell für Unfälle Burdach 1988, für die Kernenergieberichterstattung Overhoff 1984). Trotzdem handelt es sich bei den Nachrichtenfaktoren wohl eher um Konstrukte auf einer phänomenologischen Ebene, die die Frage offen lassen, warum gerade Nachrichten mit solchen Merkmalen im Medieninhalt vertreten sind. Außerdem dürften die üblicherweise genannten Nachrichtenfaktoren nur für einen Teilbereich des Journalismus, dem der „Hard News", zutreffend sein. Es ist davon auszugehen, daß die Kriterien der journalistischen Bewertung von Primärinformationen als Konkretisierungen allgemeiner Prinzipien ressort- und medienspezifisch variieren (Schulz 1976: 24) und sich beispielsweise auch die bei der Popularisierung der Wissenschaft und der Berichterstattung über wissenschaftlich-technische Kontroversen angelegten Kriterien unterscheiden. Und schließlich sind die Nachrichtenfaktoren nicht logisch unabhängig voneinander: so lassen sich beispielsweise räumliche Nähe, Schaden, Erfolg und Prominenz als Indikatoren für den Nachrichtenfaktor „Relevanz" auffassen.

Klaus Merten (1973; 1977: 144) hat versucht, einen theoretisch begründeten Rahmen für die Analyse von massenmedialer Selektivität zu schaffen. Danach wird die Selektion von Nachrichten für die Berichterstattung durch ein Konzept von *Aktualität* gesteuert. Aktualität ist nach Merten gegeben, wenn die beiden Elemente „Neuigkeit" und „Relevanz" vorliegen. Um diesen Ansatz empirisch fruchtbar werden zu lassen, bedürfte es allerdings einer sorgfältigen Entfaltung vor allem des Konzepts Relevanz; denn was relevant ist, variiert mit dem Rezipienten, mit dem Gegenstandsbereich und möglicherweise sogar mit dem Motiv der Informationsnutzung.

Im Zusammenhang mit der Technikberichterstattung ist insbesondere ein inhaltlicher Faktor, nämlich der *Negativismus* der Berichterstattung untersucht worden. Nach Kepplingers Inhaltsanalyse der Technikberichterstattung wird in den meisten der von ihm untersuchten Technikfelder (in der aktuellen politischen Berichterstattung) häufiger über mögliche oder tatsächliche Schäden als über den Nutzen der Technik berichtet (Kepplinger 1989: 101). Als Erklärung führt er u.a. das Berufsverständnis und die technikkritischen Einstellungen der Journalisten an (Kepplinger 1989: 141-147). Allerdings zeigte Susanne Femers (1993: 95-96) in einer psychologischen Untersuchung der Bewertung von Informationen über eine Müllverbrennungsanlage, daß selbst einstellungsneutrale Versuchspersonen im Mittel eine Präferenz für Risiko- gegenüber Nutzeninformationen hatten. Dies deutet darauf hin, daß die Dominanz negativer Wertungen über Technik in den Medien vermutlich den Rezipientenerwartungen entspricht und nicht allein mit einstellungskonformer Informationsselektion der Journalisten erklärt werden kann.[3]

b) Zugänglichkeit/Angebotsdruck. Neben Merkmalen der Botschaft wie ihrer Neuigkeit und Relevanz ist von essentieller Bedeutung, ob und wie eine Botschaft den Redaktionen zugänglich wird. R. Gordon Shepherd (1981) analysierte die Verwendung wissenschaftlicher Expertenquellen in der amerikanischen Berichterstattung über die Marihuana-Kontroverse (Freigabe oder Verbot von Marihuana) und fand heraus, daß die wissenschaftliche Reputation im Fachgebiet – gemessen an der Zahl an Zitierungen durch Fachkollegen – so gut wie keinen Einfluß auf die Auswahl von Quellen durch Journalisten hatte: „Over two-thirds (69 percent) of those represented by the press as science authorities on marijuana had no citations to any work on marijuana published in science journals as ascertained by examining the Index Medicus; the great majority had, in fact, never done any research on marijuana at all" (Shepherd 1981: 134). Zwei Gruppen von Experten dominierten in der Berichterstattung: solche, die in einschlägigen Institutionen wie dem National Institute of Mental Health oder der Food and Drug Administration usw. tätig waren, und öffentlich prominente Wissenschaftler (z.B. Nobelpreisträger), selbst wenn sich deren Expertise nur peripher auf die Marihuana-Thematik erstreckte. Letzteres Ergebnis stimmt überein mit Rae Goodells (1977) These, daß die öffentliche Verbreitung wissenschaftlicher Erkenntnisse über eine relativ kleine Gruppe von „Visible Scientists" erfolgt.

Für die journalistische Beachtung von Experten scheint also weniger deren wissenschaftliche *Reputation* als vielmehr deren öffentliche *Prominenz* ausschlaggebend zu sein. Während sich Reputation vor allem an binnenwissenschaftlichen Kriterien (z.B. Anzahl und Qualität von Publikationen, Anzahl von Zitierungen usw.) orientiert, hängt Prominenz von weiteren Faktoren ab.

Goodell, die in einer Reihe von Fallstudien die Bedingungen untersuchte, unter denen Wissenschaftler öffentliche Prominenz gewinnen, faßt das Ergebnis ihrer Ana-

---

3 Interessanterweise findet sich eine Bevorzugung negativer Informationen auch in der Personwahrnehmung (vgl. z.B. Fiske 1980).

lyse wie folgt zusammen: „Today's scientists become visible primarily not for disco-
veries, for popularizing, or for leading the scientific community, but for activities in
the tumultuous world of politics and controversy. ... To succeed, they must be knowled-
geable, articulate, dramatic, persistent, and sophisticated about press operations. Those
who do succeed become known to the public not for their science but for their public
involvement" (Goodell 1977: 4).

Engagement in der politischen und öffentlichen Arena, verbunden mit persönlichem
Charisma und einer Besetzung der „richtigen" Themen, ist für Goodell das entscheidende Kriterium, warum Wissenschaftler außerhalb ihrer scientific community prominent werden. Wissenschaftliche Reputation trägt ihrer Auffassung nach zur Erzeugung von Prominenz bei, indem sie Glaubwürdigkeit verleiht. Wissenschaftliche Reputation allein führt jedoch nicht zu öffentlicher Prominenz; hinzukommen muß ein
Engagement in außerwissenschaftlichen Bereichen. Prominent wird ein Wissenschaftler
letztlich aber durch seinen Status und seine Aktivitäten außerhalb der Wissenschaft;
eine wissenschaftliche Reputation hilft dabei – und zwar relativ unabhängig davon,
wodurch und in welchem Fachgebiet diese Reputation erworben wurde.

Wissenschaftliche Reputation muß sich allerdings in der Regel in auch außerhalb
der Wissenschaft wahrnehmbaren Indikatoren äußern, um für die öffentliche Kommunikation von Bedeutung zu sein. Solche Indikatoren können z.B. sein die Verleihung
von Nobelpreisen, hierarchisch herausgehobene Positionen in wissenschaftlichen Instituten, Verbänden oder Beratergremien oder die Zugehörigkeit zu renommierten
Organisationen.

Eine Reihe von Autoren hat auf den lange übersehenen Sachverhalt aufmerksam
gemacht, in welch hohem Umfang die Massenmedienberichterstattung von den Public
Relations-Bemühungen der Primärquellen abhängig ist (vgl. Baerns 1985; VanSlyke
Turk 1986). Dies gilt für die politische Berichterstattung, aber auch für die Berichterstattung über Umwelt (Sachsman 1976), Medizin (Göpfert 1990) und Wissenschaft
(Peters 1984; Baerns 1990). Bei einer Befragung von Pressestellenleitern von Hochschu-
len und anderen Forschungseinrichtungen schätzten diese den Anteil der unter ihrer
Mitwirkung entstandenen Veröffentlichungen über ihre Organisation auf zwischen 60
und 90 Prozent. Die inhaltsanalytische Überprüfung ergab, daß allein rund 13 Prozent
der Tageszeitungs-Artikel, in der eine Wissenschaftsorganisation erwähnt wurde, auf
meist gekürzte, aber ansonsten journalistisch kaum bearbeitete Pressemitteilungen
zurückzuführen waren (Peters 1984: 79). Nach einer Analyse der Wissenschaftsmeldungen von Nachrichtenagenturen sind rund ein Drittel aller und etwa die Hälfte der
inländischen Wissenschaftsmeldungen eindeutig auf Öffentlichkeitsarbeit zurückzuführen (Baerns 1990: 47). Die Intensität der Public Relations-Bemühungen – oder
allgemeiner formuliert – die Intensität, mit der potentielle wissenschaftliche Quellen
ihre Angebote gegenüber den Massenmedien vermarkten, dürfte entscheidenden Einfluß darauf nehmen, welche Experten in den Medien vertreten sind.

Aber nicht nur auf der organisatorischen Ebene, auch auf der Ebene des individuellen Wissenschaftlers und Experten spielt die Bereitschaft zu Medienkontakten eine
Rolle. Schriftliche Befragungen von Professoren an der Universität Mainz (Krüger
1985, 1987) und der wissenschaftlich-technischen Mitarbeiter des Forschungszentrums
Jülich (Peters/Krüger 1985) in den Jahren 1983/84 deuten darauf hin, daß zwar generell
eine große Bereitschaft zu Kontakten mit Massenmedien angegeben wird (eine Bring-

schuld der Wissenschaft räumen immerhin 89 Prozent der Mainzer und 93 Prozent der Jülicher Forscher ein), häufig auch ein Nutzen hinsichtlich der Förderung der eigenen Karriere und der Akquisition finanzieller Mittel vermutet wird, aber viele Wissenschaftler gleichzeitig Erwartungen damit verbinden, die inkompatibel mit den Anforderungen des politischen Journalismus sind. Solche Erwartungen betreffen etwa die Expertise und Orientierungen von Wissenschaftsjournalisten, die immerhin etwa ein Viertel der befragten Wissenschaftler als „Kollegen, die nicht forschen, dafür aber Wissenschaft vermitteln" ansehen. Ein noch höherer Anteil (50 Prozent der Mainzer und 43 Prozent der Jülicher Wissenschaftler) stimmten der Aussage zu, daß Wissenschaftler selbst in den Massenmedien veröffentlichen sollten. Und sogar 58 Prozent (Mainz) bzw. 64 Prozent (Jülich) der Befragten wollten eine direkte Beteiligung an der Programmgestaltung neuer Fernsehkanäle. Diese Antwortmuster sowie eine Reihe weiterer Ergebnisse legen den Schluß nahe, daß bei den Wissenschaftlern trotz verbaler Betonung der Verpflichtung und des Nutzens der Information der Öffentlichkeit eine Barriere vorhanden ist, sich auf die Regeln des Journalismus außerhalb des Bereichs der wissenschaftsnahen Popularisierung einzulassen. Viele Wissenschaftler wollen eine Berichterstattung, die von einer wissenschaftlichen Perspektive geprägt ist und ihnen ein hohes Ausmaß an Kontrolle über den Kommunikationsprozeß beläßt. Vermutlich werden die Normen binnenwissenschaftlicher Kommunikation unhinterfragt auf die Kommunikation mit der Öffentlichkeit übertragen. Die journalistische Verwertbarkeit von Experteninformationen hängt weiter ab von der Bereitschaft, klare Positionen zu beziehen (Sandman et al. 1987: 9-11) und bildhafte, drastische oder originelle Formulierungen zu verwenden. Entscheidend ist oft auch die Bereitschaft, sich zu den praktischen und nicht nur zu den wissenschaftlichen Aspekten eines Problems zu äußern, (politische) Bewertungen vorzunehmen, anzuklagen und Forderungen zu erheben – also die Grenze zwischen Fakten und Werten zu ignorieren und damit gegen das traditionelle Selbstverständnis der Wissenschaft zu verstoßen.

Die Bereitschaft, sich auf journalistische Regeln einzulassen, ist ein wichtiges Element der Verwendbarkeit wissenschaftlicher Experten als journalistische Informationsquellen. Der Aufwand, den Journalisten betreiben müssen, um eine bestimmte potentielle Expertenquelle zu nutzen, dürfte negativ mit der Wahrscheinlichkeit ihrer Nutzung korreliert sein. Langwierige Verhandlungen mit einem Experten über die Verwendung von Informationen, Ansprüche auf Vorlage des fertigen Artikels zum Gegenlesen, ein hoher Aufwand zur Übersetzung der Expertenäußerungen in die Alltagssprache usw. wirken abschreckend auf Journalisten, die unter Zeitdruck stehen und die Funktion des Wissenschaftlers auf die einer Informationsressource beschränken möchten. Die Bereitschaft, wissenschaftliche Skrupel zurückzustellen und sich den Regeln des Journalismus zu unterwerfen (bzw. diese für eigene Zwecke zu nutzen), vergrößert erheblich die Chancen des Zugangs zur Öffentlichkeit.

Verschiedene Studien deuten darauf hin, daß sich in wissenschaftlich-technischen Kontroversen die Bereitschaft von Experten beider Seiten unterscheidet, die Regeln öffentlicher Kommunikation zu akzeptieren. In ihrer Analyse der österreichischen Informationskampagne zur Kernenergie, die unter Einbeziehung von Pro- und Contra-Experten Ende der 70er Jahre durchgeführt wurde, beschreibt Nowotny (1980: 452-453) die unterschiedliche Bereitschaft von Gegnern und Befürwortern unter den Experten, sich zu ihrer Parteilichkeit und zur Überschreitung der Grenzen der Wissenschaftlichkeit zu bekennen: „Was die Befürworter mit großem emotionalen Abscheu als offene Parteilichkeit der Gegner und mit deutlichem Zynismus gegenüber deren 'wissenschaftlichen' Grundlagen ablehnten, erschien den Gegnern als ein Akt purer Ehrlichkeit, zu der sich die Befürworter in ihrer institutionellen Blindheit nicht bekennen konnten" (Nowotny 1980: 453). Eine Inhaltsanalyse von Expertenäußerungen in einer öffentlichen Anhörung über ein geplantes Holzkraftwerk in Michigan im Jahre 1978 ergab, daß sich die „Gegenexperten" häufiger als die etablierten Experten nicht nur auf „Fakten" sondern auf „Werte" bezogen, ihre Argumentation also in geringerem Maße der wissenschaftlich geforderten Trennung von Werten und Fakten entsprach (Frankena 1992: 188). Ähnliches stellte Steven L. Del Sesto (1983) fest, der in einer Inhaltsanalyse die Argumentation von befürwortenden und ablehnenden Experten analysierte, die 1973/74 bei der Anhörung „The Status of Nuclear Reactor Safety" eines amerikanischen Kongreßausschusses auftraten. Er unterschied verschiedene Typen von kognitiven und evaluativen Aussagen und stellte fest, daß die kernenergiekritischen Gutachter bei der Anhörung häufiger evaluative Aussagen machten als die Vertreter der Kernenergieindustrie, und diese wiederum häufiger als die Experten der „Nuclear Community" und der amerikanischen Atomenergiebehörde.

Den direktesten Nachweis einer unterschiedlichen Orientierung von kernenergiebefürwortenden und -ablehnenden Wissenschaftlern an traditionellen wissenschaftlichen Normen stellt eine Erhebung aus dem Jahr 1980 dar, bei der rund 900 amerikanische Wissenschaftler befragt wurden. Mittels zweier Statements, zu denen die Befragten auf einer vierstufigen Skala Zustimmung oder Ablehnung äußern konnten, wurde die Orientierung an traditionellen wissenschaftlichen Normen bestimmt. Das erste Statement betraf die Ansicht „Scientists should restrict public statements on science policy matters to areas of expertise", das zweite die Erwartung „Research findings should be accepted by professional journals before they are reported in the popular press". In beiden Fällen ergab sich ein deutlicher Unterschied im Antwortverhalten von kernenergiebefürwortenden und -ablehnenden Wissenschaftlern. Kernenergiekritische Wissenschaftler waren jeweils eher bereit, sich über den Bereich ihrer unmittelbaren Komptenz hinaus zu äußern und machten die öffentlichen Äußerungen weniger von einer vorherigen Kontrolle durch die Scientific Community abhängig. Entsprechend unterschied sich auch das Publikationsverhalten: Kernenergiebefürwortende Wissenschaftler veröffentlichten häufiger als kernenergiekritische Wissenschaftler in wissenschaftlichen Zeitschriften, aber seltener als diese in nichtwissenschaftlichen Publikationsorganen (Rothman/Lichter 1987: 391).

All dies deutet darauf hin, daß für die Experten des technikkritischen Lagers die traditionellen wissenschaftlichen Normen eine geringere Verbindlichkeit besitzen, und sie sich deshalb leichter tun, den rhetorischen Anforderungen und Relevanzansprüchen in der öffentlichen Arena zu entsprechen. Solche Differenzen sind allerdings auch entlang anderer Differenzierungskriterien zu erwarten. So wären plausible Hypothesen, daß sich Wissenschaftler in der Grundlagenforschung von solchen in angewandten Forschungsbereichen unterscheiden und Wissenschaftler mit regelmäßigem Kontakt zu Klienten sich leichter von binnenwissenschaftlichen Vorstellungen lösen als Wissenschaftler ohne Klientenkontakte.

c) Thematisierung. Obschon auch als Nachrichtenfaktor gehandelt, gehört „Thematisierung" eher zu den Faktoren, die die Sensibilität des Mediensystems für Primärinformationen beeinflussen. Unter Thematisierung wird hier die semantische Subsumierung eines Sachverhalts unter ein institutionalisiertes Thema der öffentlichen Meinung im Sinne Luhmanns (1970) verstanden. Ereignisse aller Art und Kommunikationsversuche seitens Primärkommunikatoren finden bei gleicher Signalstärke eher Beachtung, wenn sie sich einem institutionalisierten Thema zuordnen lassen. Dies konnte bei der Auswahl von Wissenschafts-Pressemitteilungen durch Zeitungsredaktionen auch empirisch belegt werden (vgl. Peters 1984: 135-143). Der Themenstruktur entspricht also eine Aufmerksamkeitsstruktur. Diesem Effekt kommt damit über eine positive Rückkoppelung eine themenstrukturerhaltende Wirkung zu: Je mehr Informationen zu einem Thema veröffentlicht werden, je höher also die Thematisierung, um so höher wird die Sensibilität und damit die Wahrscheinlichkeit, daß weitere Informationen zum Thema vermittelt werden. Allerdings gibt es vermutlich Sättigungseffekte, die diesen Prozeß begrenzen, und natürlich trocknet ein Thema aus, wenn das Angebot an neuen Informationen seitens der Primärkommunikatoren zurückgeht (z.B. weil ein Problem gelöst ist). Zudem konkurrieren die eingeführten Themen mit Informationen zu neuen Themen mit höherer Signalstärke. Diese Themen-Aufmerksamkeits-Spirale erzeugt einen Widerstand gegen thematische Innovationen und entspricht damit einer halbdurchlässigen Barriere, die die öffentliche Arena umgibt und damit eine Eigendynamik der öffentlichen Debatte ermöglicht (Peters 1984: 45-48).

Da sich die Themenstruktur vor allem um gesellschaftliche Probleme und Konflikte entwickelt, sind mit wissenschaftlich-technischen Kontroversen meist auch Themen verbunden. Damit werden insbesondere solche wissenschaftlichen Informationen öffentlich nachgefragt, die sich auf gesellschaftliche Kontroversen beziehen, während der Informationstransfer von Forschungsergebnissen, die möglicherweise (nach Ansicht der Wissenschaftler) für die Bevölkerung und Entscheidungsträger relevant sind, sich aber nicht auf einen Konflikt beziehen, eine wesentlich höhere Hürde zu überwinden hat.

d) Frames. Der Themenstruktur entspricht eine internalisierte Aufmerksamkeitsstruktur bei den am Prozeß der öffentlichen Kommunikation beteiligten Akteure und zusätzlich eine antizipierte Aufmerksamkeitsstruktur des Medienpublikums durch die Journalisten. Aber diese Aufmerksamkeitsstruktur ist relativ grob; sie differiert lediglich zwischen verschiedenen Problemenbereichen und Problemaspekten. Daneben gibt es jedoch erheblich differenziertere Aufmerksamkeitsstrukturen, die Informationen und solche Interpretationen der Informationen begünstigen, die bestimmten als kognitive Schemata oder „Frames" abgespeicherten Mustern entsprechen. Der Begriff „Frame" wird in verschiedensten Weisen definiert und angewandt. Dies mag man aus Gründen terminologischer Klarheit bedauern, ist aber andererseits ein Indikator für die Allgegenwart des Phänomens, daß kognitive und soziale Informationsverarbeitung nicht – wie bei heutigen Computern – Bit für Bit erfolgt, sondern durch eine Hierarchie von semantischen Strukturen gesteuert wird, in denen zahlreiche Einzelinformationen zu mit Sinn behafteten umfassenderen Einheiten organisiert sind. Nachdem einmal ein „Frame" durch einen bestimmten „Cue" aktiviert ist, besteht eine Tendenz, vor allem solche Informationen wahrzunehmen bzw. diese in einer Weise zu interpretieren, daß das erstellte Wirklichkeitskonstrukt als spezielle Realisierung des allgemeinen „Frame" erscheint. Frames sind also Vor-Urteile über die Struktur der Wirklichkeit und bewirken eine Organisation der Erfahrung in der Weise, daß die Wirklichkeit als Bestätigung der Vor-Urteile aufgefaßt werden kann.

Frames bestimmen aber nicht nur die Aufmerksamkeitsstruktur, sondern sind auch handlungsleitend. Insbesondere bestimmten sie als Konsequenz der Aufmerksamkeitsstruktur das Informationssuchverhalten, im Falle von Journalisten also das Rechercheverhalten (Quellenauswahl, Frageformulierung, Antwortinterpretation). Im Zusammenhang mit der öffentlichen Arena und dem journalistischen Handeln sind vor allem zwei Frame-Konzepte von Bedeutung und sollen hier kurz erläutert werden: die „Packages" von William A. Gamson und Andre Modigliani (1987, 1989) sowie die journalistischen Frames, die von Sharon Dunwoody (1992) zur Erklärung des journalistischen Umgangs mit Risikoinformationen herangezogen werden. In beiden Fällen beziehen sich die Autoren auf die Frame-Definition durch Todd Gitlin (1980: 6-7), wenden dessen Konzept jedoch in jeweils anderer Weise an.

Nach Gamson und Modigliani entwickelt sich um Issues (thematisierte Streitfragen) eine sog. Issue-Kultur, zu deren Bestandteilen eine Reihe von „Packages" gehören, die jeweils als eine Argumentationslinie verstanden werden können (Gamson/Modigliani 1987: 143-144). Als Kern eines „Package" wird jeweils ein Frame angenommen. U.a. haben Gamson und Modigliani (1989) die Packages untersucht, die in der öffentlichen Diskussion des Kernenergie-Issues in den USA verwandt worden sind. Sie diskutieren den Zusammenhang zwischen „Packages" und Medien in erster Linie im Hinblick darauf, welchen Einfluß die Massenmedien auf ihre Entwicklung und Durchsetzung nehmen. Sie postulieren, daß manche „Packages" besser mit journalistischen Produktionsroutinen (z.B. Orientierung an offiziellen Quellen) und Normen (z.B. Ausgewogenheitsnorm) kompatibel sind als andere und infolgedessen durch die Massenmedien stärker verbreitet würden (Gamson/Modigliani 1989: 7-9). Umgekehrt ließe sich aber auch vermuten, daß etablierte „Packages" die Aufmerksamkeit der Journalisten lenken und darüber hinaus ein Bewertungsmaßstab dafür sind, welche Argumente als akzeptabel gelten und damit zur Veröffentlichung geeignet sind. Die von Tibor Kliment (1993: 600-601) festgestellte selektive Übernahme von Argumenten der Anti-Kernenergie-Bewegung durch die bürgerlichen Massenmedien, bei der vor allem radikale und ideologische Argumente ausgefiltert wurden, mag teilweise auf den Einfluß der geltenden und akzeptierten „Packages" zurückzuführen sein. (Daneben spielt sicher auch eine Rolle, inwieweit sich für bestimmte Argumentationen legitime Quellen – vgl. weiter unten – finden lassen.)

Dunwoody unterstellt, daß Journalisten über ein gewisses Repertoire an akzeptierten professionellen Frames verfügen, die als Grundmuster der Berichterstattung zugrunde gelegt werden können. Die Funktion dieser journalistischen Frames sei die Reduzierung des kognitiven Aufwands bei der Erstellung von Medienbeiträgen unter Zeitdruck und bei konkurrierenden Ansprüchen (Dunwoody 1992: 78-81). Die inhaltliche Struktur dieser Frames bleibt bei Dunwoody relativ vage und interpretationsbedürftig. Am ehesten lassen sie sich als dramaturgische Grundstrukturen auffassen, die bei der Erstellung von journalistischen Beiträgen als eine Art auszufüllendes Formular dienen und mit denen jeweils bestimmte Rollen für Akteure und Quellen sowie Felder für bestimmte Arten von Informationen verbunden sind. Unterschiede zum Konzept der „Packages" von Gamson und Modigliani bestehen darin, daß es sich um Frames handelt, die in der professionellen journalistischen Kultur statt in der allgemeinen Kultur verankert sind und die issue-übergreifend gelten statt Bestandteile einer Issue-Kultur zu sein.

Ein empirisch gewonnenes Inventar journalistischer Frames für die Berichterstattung über Wissenschaft, Technik und Umwelt existiert derzeit noch nicht; allerdings lassen sich bereits aus einer oberflächlichen Analyse der entsprechenden Berichterstattung plausible Kandidaten für journalistische Frames identifizieren. Jeder der Frames hält unterschiedliche Rollen für Wissenschaftler bzw. wissenschaftliche Experten bereit, die von diesen – abhängig vom wissenschaftlichen Selbstverständnis – unterschiedlich gern übernommen werden. Vier solcher hypothetischer Frames werden im folgenden kurz skizziert:

1. Der *Popularisierungs-Frame* stellt ein wissenschaftliches Ergebnis in den Mittelpunkt und vermittelt typischerweise Informationen über den Inhalt der neuen Erkenntnis, über den Forschungsprozeß und über die (z.B. theoretischen oder technischen) Implikationen. Die Rolle des Wissenschaftlers in diesem Frame ist die des erfolgreichen Forschers.

2. Im *Orientierungs-Frame* werden wissenschaftliches Wissen bzw. wissenschaftlich

informierte Meinungen auf ein praktisches Problem, z.B. gesunde Ernährung, individueller Schutz vor Aids-Infektionen, Umweltschaden oder Naturkatastrophe, bezogen. Vermittelt werden vor allem Situationsanalysen (z.b. Ursachen, Einschätzung des Risikos, Wiederholungsgefahr) und Problemlösungsvorschläge (z.b. Verhaltensempfehlungen). Der Wissenschaftler erscheint hier als Experte, der zur Diagnose und Bewältigung praktischer Probleme beiträgt.

3. Grundstruktur des *Kontroverse-Frame* ist die Darstellung einer Kontroverse, die teilweise mit wissenschaftlichen Argumenten ausgetragen wird. Dargestellt werden die beiden Positionen sowie ihre Bezugnahme auf wissenschaftliche Expertise. Vermutlich gibt es hier mehrere Varianten, die sich z.b. in der (symmetrischen oder asymmetrischen) Struktur des Kontroverse-Konstrukts bzw. im Vorliegen eines David-Goliath-Musters (z.b. bei Establishment-Herausforderer-Konflikten) unterscheiden. Experten treten im Kontroverse-Frame als Repräsentanten bzw. Anwälte für die kontroversen Positionen auf.

4. Dem *Skandal-Frame* schließlich liegt eine Täter-Opfer-Struktur zugrunde. Im Mittelpunkt steht ein überraschend eingetretenes bzw. bekannt gewordenes negatives Ereignis. Die Berichterstattung konzentriert sich auf die Verantwortlichkeit für das Geschehen und seine Auswirkungen (auf die Opfer). Der Berichterstattung über technische Unfälle und über Umweltprobleme liegt häufig ein solcher Frame zugrunde. Experten kommen in diesem Frame in zwei verschiedenen (und unterschiedlich beliebten) Rollen vor: als Verteidiger der Täter (und damit als Verharmloser) und als Anwälte der Opfer bzw. – wenn diese nicht konkret benennbar sind – als Vertreter öffentlicher Interessen.

Die beiden ersten Frames korrespondieren zu den Kommunikationsformen Popularisierung bzw. Aufklärung, während der Kontroverse- und Skandalframe eher bei wissenschaftlich-technischen Kontroversen zu erwarten ist. Für an traditionellen wissenschaftlichen Normen orientierten Experten sind die Expertenrollen in den beiden ersten Frames weitgehend akzeptabel, obschon bereits beim Orientierungs-Frame häufig eine Tendenz seitens des Journalisten besteht, den Experten zu Äußerungen über Wert- und Bewertungsaspekte sowie zu spekulativen Äußerungen zu verleiten. Gänzlich unakzeptabel für traditionell orientierte Wissenschaftler sind dagegen die Expertenrollen der Kontroverse- und Skandalframes, die sie explizit oder implizit als parteiisch darstellen.

Falls Kontroverse- und Skandalframe empirisch so existieren wie hier vermutet und bei Vorliegen von Konflikten als dramaturgische Grundmuster dominieren, dann hält der Journalismus im Falle von Kontroversen über politische Entscheidungen bzw. bei Verursacher-Betroffenen-Konflikten kaum Rollen für „neutrale" Experten bereit. Soweit überhaupt Experteninformationen integriert werden, müssen diese in die vorgegebene Konfliktstruktur passen. Selbst wenn neutrale oder ambivalente Positionen innerhalb der Wissenschaft vorhanden sind, würden die entsprechenden Experten gegenüber den als klar pro oder contra einzuordnenden Experten im Hinblick auf den Zugang zur öffentlichen Arena benachteiligt sein. Als zweite Konsequenz ist eine Tendenz von Journalisten zu erwarten, differenzierte Äußerungen von Wissenschaftlern so zu interpretieren bzw. selektiv so zu nutzen, daß sie als kompatibel mit einer bestimmten Expertenrolle des Kontroverse- oder Skandalframes erscheinen. Verbreitete Vorwürfe von Wissenschaftlern, Journalisten würden ihre Äußerungen verzerren, aus dem Zusammenhang reißen und tendenziös interpretieren (vgl. Peters/Krüger 1985: 36-37), haben hier möglicherweise ihre Ursache.

Schließlich impliziert die Betrachtung von Experten als parteiisch, daß Verweise auf wissenschaftliche Erkenntnisse als rhetorische Manöver betrachtet werden. Widersprüchliche wissenschaftliche Auffassungen, wie sie in wissenschaftlich-technischen Kontroversen oft vorliegen, werden nicht als logische Inkompatibilitäten verstanden, die man durch intensive Wahrheitsprüfung zu beheben hat; sie werden vielmehr als „die zwei Seiten einer Medaille" betrachtet, die sich aus der vielleicht bedauerlichen, aber doch nachvollziehbaren Anwendung unterschiedlicher Perspektiven ergeben. Wissenschaftliche Behauptungen werden im Kontext einer Kontroverse damit nicht anders als politische Meinungen behandelt, die nach den Kriterien der Kompatibilität mit ideologischen Grundüberzeugungen und Interessen beurteilt werden. So überrascht es nicht, daß der Genauigkeit und Korrektheit der Wiedergabe wissenschaftlicher Aussagen aus journalistischer Sicht keine besonders hohe Präferenz zugemessen wird (vgl. Salomone et al. 1990). Inhaltsanalysen der Berichterstattung über Risiken zeigen dementsprechend, daß die vermittelten Informationen in der Regel zu unvollständig sind, um eine wirkliche Bewertung nach wissenschaftlichen Maßstäben zu ermöglichen (Friedman 1987: 65-66; Singer/Endreny 1987: 14-17), und außerdem eine hohe Fehlerrate aufweisen (z.B. Haller 1987; Singer 1990).

e) *Legitimität.* Neben den bereits behandelten angebotsbezogenen Faktoren – Public Relations Aktivitäten, Sichtbarkeit und Compliance mit den Regeln der massenmedialen Arena – ist die Legitimität eines Akteurs als potentielle Primärquelle für den Zugang zur Öffentlichkeit von Bedeutung. Nicht alle gesellschaftlichen Akteure gelten in Bezug auf ein Thema als gleichermaßen legitime Primärquellen. Zu den wichtigsten Faktoren, die Akteure zu legitimen Informationsquellen machen, gehören vermutlich 1. die akzeptierte institutionelle Zuständigkeit (z.B. einer Behörde, eines Verbandes oder einer Kommission), 2. ein akzeptierter Expertenstatus (als einer Art kognitiver Zuständigkeit), der allerdings nur lose mit binnenwissenschaftlicher Reputation verknüpft ist, sowie 3. die unmittelbare Betroffenheit von einem Ereignis, über das berichtet werden soll – als Handelnder, Augenzeuge oder Opfer.

Die Legitimität eines Akteurs als Informationsquelle bestimmt nicht nur ob, sondern auch welchen Zugang zur öffentlichen Arena er über Massenmedien erhält. Je unumstrittener die Legitimität einer Quelle ist, desto umfassendere Kontrolle über den Kommunikationsprozeß wird ihr gewährt. Entsprechend dem Ausmaß, in dem ein Akteur Einfluß auf die Veröffentlichung hat, läßt sich eine vierstufige Hierarchie von Zugängen zur Öffentlichkeit konstruieren: auf der ersten Stufe sind die Handlungen eines Akteurs Objekt der Berichterstattung, ohne daß seine subjektive Position Eingang in die Veröffentlichung findet. Die Berichterstattung über eine Demonstration allein unter dem Gesichtspunkt der Teilnehmerzahl und der gewalttätigen Auseinandersetzungen mit der Polizei ohne Erläuterung der Ziele und Motive der Veranstalter ist dafür ein Beispiel. Auf der zweiten Stufe werden die subjektiven Positionen und Argumente eines Akteurs journalistisch durch direkte oder indirekte Zitierung bzw. durch Referierung von Äußerungen vermittelt. Der Akteur hat Gelegenheit, seine Botschaft als Kommunikator an die Öffentlichkeit zu vermitteln, wenngleich erheblich kontrolliert und gefiltert durch die Journalisten. Ein wörtliches Interview repräsentiert die dritte Stufe. Über die Frageformulierung und ggf. Kürzungen hat der Journalist immer noch erhebliche Einflußmöglichkeiten, doch sind diese deutlich geringer. Auf der vierten Stufe schließlich erhält die Quelle als Autor ungefilterten Zugang zur Öffentlichkeit. Gastkommentare von Poltikern und Wissenschaftlern, Essays von Wissenschaftlern im Spiegel, von Wissenschaftlern selbst verfaßte Berichte auf der Wissenschaftsseite der FAZ sind hierfür Beispiele. Neue Kommunikatoren, etwa die Umweltbewegung, haben sich entlang dieser Hierarchie hochzuarbeiten. Sie können ihre Argumente allerdings bereits ohne eigenen direkten Zugang zur Öffentlichkeit verbreiten, wenn sie es schaffen, als legitim angesehene Quellen als Verbündete zu rekrutieren (vgl. Gamson/Modigliani 1989: 8; Kliment 1993: 147-150).

Anerkannte Experten gelten unmittelbar als legitime journalistische Informationsquellen und damit als legitime Kommunikatoren in der öffentlichen Arena. In wissenschaftlich-technischen Kontroversen begünstigt dieser Umstand zunächst die etablierte Seite, die häufig über die meisten und wissenschaftlich anerkanntesten Experten verfügt. Bei Kontroversen um Techniken und ihre Risiken ist die technikbefürwortende Seite meist erheblich im Vorteil, da die Expertise eng mit einer Beteiligung an der Technikentwicklung geknüpft ist und außerhalb des technikproduzierenden Systems nur schwer erworben werden kann.

Für die Seite der Herausforderer, die nicht auf institutionelle Zuständigkeit bauen kann, bleiben trotzdem letztlich nur der Weg über die Expertise bzw. über die Betroffenheit, um einen Status als legitime Informationsquelle zu erlangen. Beide Wege werden z.B. von Umweltschutzgruppen und Bürgerinitiativen begangen. Zumal bei lokalen Anlässen (z.B. Standortentscheidungen) können sie auf unmittelbare Betroffenheit zurückgreifen und damit Zugang zur Öffentlichkeit gewinnen. Allerdings ist dieser Weg allein auf die Dauer nicht effektiv, weil reine Betroffenenstandpunkte oft gegen die gesellschaftliche Rationalität verstoßen und damit argumentativ schwer zu verteidigen sind. Ein typisches – und häufig auch überzeugendes – Gegenargument gegen Betroffensichtweisen bezieht sich auf den „Not In My Backyard"-Frame, der Betroffenenpositionen als letztlich egoistische und gegen das Allgemeinwohl gerichtete Einwände diskreditiert. Auf die Dauer werden daher Quellen gebraucht, die Betroffenen-Standpunkte in gesellschaftlich rationaler Weise vertreten. Diese Funktion haben für wissenschaftlich-technische Kontroversen Gegenexperten und Umweltverbände übernommen. Diese transformieren Betroffenen-Standpunkte in Argumente, die den Konventionen öffentlicher Kommunikation genügen, d.h. beispielsweise auf das Allgemeinwohl statt auf Betroffenen-Partialinteressen bezogen sind und auf rationalen Argumenten statt auf Gefühlen beruhen.

Die Normen des heutigen Journalismus lassen hauptsächlich zwei Formen der Berichterstattung zu: beschreibende Darstellung von Ereignissen und Entwicklungen und Wiedergabe von Äußerungen von Primärkommunikatoren. Die journalistische Darstellung eines Konflikts erfordert daher die Berücksichtigung der verschiedenen Standpunkte durch jeweils legitime Quellen. In wissenschaftlich-technischen Kontroversen haben Journalisten häufig keine Probleme, legitime Quellen für die Darstellung der einen (etablierten) Seite des Konflikts zu finden. Schwieriger ist es dagegen für sie, die Herausforderer-Position – oft vorgebracht von mit unkonventionellen und umstrittenen politischen Mitteln agierenden Gruppen und Verbänden – durch akzeptable Quellen abzudecken. Ihr Problem ist es dann, respektable Quellen für die von ihnen für zumindest beachtenswert gehaltene Herausforderer-Positionen zu finden. Damit gibt es eine partielle Interessenübereinstimmung mit den Vertretern der Herausforderer-Position in wissenschaftlichen Kontroversen, die versuchen müssen, ihren Standpunkt durch Experten zur Geltung zu bringen.

Eine Strategie dabei ist, auf das Angebot an zunächst im Rahmen bewegungsinterner Gegenöffentlichkeit (vgl. Rucht 1988) profilierten Gegenexperten zurückzugreifen und diese als Experten auch der allgemeinen Öffentlichkeit zu präsentieren. Um deren Expertenstatus trotz häufig geringer wissenschaftlicher Reputationen zu unterstreichen, können sich die Herausforderer und Journalisten einer Reihe legitimierender Strategien bedienen wie etwa dem Verweis auf Experten-Klient-Verhältnisse (Auftreten bei Anhörungen, Tätigkeit als Gutachter für eine Bürgerinitiative usw.), formale akademische Abschlüsse, berufliche Tätigkeiten oder einschlägige (populäre) Buchpublikationen.

Eine weitere Strategie ist die Nutzung von Expertenquellen aus dem Bereich der etablierten Wissenschaft, die eine (anfänglich vielleicht nur leicht) von der Mainstream-Wissenschaft abweichende Ansicht vertreten. Über Akzentuierung dieser Abweichungen in der journalistischen Darstellung kann über die Zeit ein Wissenschaftler als wissenschaftlicher Kritiker seiner eigenen Scientific Community aufgebaut werden und möglicherweise mit der Zeit selbst immer stärker diese Rolle akzeptieren (vgl. Mazur 1981: 27-29). (Analog werden etablierte Experten auf diese Weise verführt, ihre Positionen immer undifferenzierter und rigider zu formulieren.)

Schließlich können Herausforderer wie Journalisten versuchen, bei einer Quelle auf deren Expertenstatus in einer anderen Domäne zu rekurrieren. Häufig wird einschlägige Kompetenz suggeriert durch Hinweise auf unstrittige Kompetenz in oberflächlich verwandt scheinenden Feldern: Dem Kernphysiker wird z.B. eine besondere Kompetenz für die Beurteilung der Reaktorsicherheit oder der biologischen Strahlenwirkungen zugeschrieben oder dem praktizierenden Arzt eine besondere Kompetenz für die Beurteilung der Auswirkung von Dioxin-Emissionen aus Müllverbrennungsanlagen.

f) Externe Einflüsse. Der Journalismus ist zahlreichen Einflußversuchen ausgesetzt, die über die im Abschnitt „Zugänglichkeit/Angebotsdruck" diskutierten Faktoren hinausgehen. Peters et al. (1993) haben als Fallstudie eine lokale Kontroverse um ein geplantes Müllverbrennungsprojekt analysiert und bei Gruppendiskussionen mit den Lokaljournalisten festgestellt, daß die Berichterstattung der Lokalzeitungen über dieses Projekt weitgehend von der örtlichen Bürgerinitiative kontrolliert wurde – bis in die Wahl der Terminologie hinein. Das journalistische Handeln ist im allgemeinen vom Bemühen um Konfliktminimierung in eigener Sache geprägt; wesentliches Ziel war im vorliegenden Fall das Vermeiden von Konflikten mit den Lesern, den beiden Seiten der Kontroverse, den lokalen Politikern und Verwaltungen und dem eigenen Verlag. In manchen Fällen sind die Unternehmen erfolgreich in der Beeinflussung der Journalisten; in wieder anderen Fällen Politiker, Behörden oder Rundfunkräte. Im analysierten Beispiel war es letztlich die Fähigkeit der über erheblichen Rückhalt in der betroffenen Bevölkerung verfügenden Bürgerinitiative, glaubhaft mit einem Rückgang der Abonnenten-Zahlen drohen zu können, die die Redaktionen unter Druck setzte. Daß die betroffenen Unternehmen nicht ihrerseits mit Einflußversuchen reagierten, lag an deren strategischer Entscheidung, die öffentliche Arena zu meiden, in der sie angesichts der massiven Bevölkerungsopposition schlechte Karten zu haben glaubten, und sich statt dessen auf die administrative Arena zu konzentrieren, in der die Unternehmen im betrachteten Fallbeispiel eine starke Stellung hatten.[4]

---

4 Nicht in jedem Fall ist aber die Bürgerinitiative erfolgreich. In den Gruppendiskussionen

Die relative Machtposition der Akteure sowie deren Kompetenz und Skrupellosigkeit im Einsatz dieser Machtmittel gegenüber den Redaktionen hat also vor allem in Kontroversen Einfluß auf den Zugang zur öffentlichen Arena. Das oben geschilderte Fallbeispiel einer lokalen Kontroverse stellt vermutlich ein extremes Beispiel des externen Einflusses auf Redaktionen dar, doch lassen sich entsprechende Tendenzen überall im Mediensystem nachweisen (vgl. Riehl-Heyse 1989).

Wessen Experten wie in den Massenmedien porträtiert werden, hängt daher nicht allein von der Attraktivität von Informationsangeboten und von journalistischen Kriterien und Arbeitsroutinen ab, sondern ebenso davon, in welchem Grad es öffentlichen Kontrahenten gelingt, ihre „Packages", ihr Vokabular und ihre Expertendefinition den Medien durch Einsatz von Machtmitteln aufzuzwingen. Das Ausmaß, in dem die Berichterstattung von der Eigendynamik des Journalismus, der redaktionellen Linie des Medienorgans, persönlichen Präferenzen bzw. externen Einflüssen bestimmt ist, variiert dabei erheblich von Medienorgan zu Medienorgan, von Redaktion zu Redaktion und von Situation zu Situation. Eine Kontrolle der öffentlichen Arena wie im beschriebenen Fallbeispiel gelingt jedoch vermutlich um so eher, je weniger Primärkommunikatoren und je weniger Akteure des Mediensystems in der öffentlichen Arena aktiv sind, d.h. vor allem in lokalen Bereichen mit einer wenig differenzierten Medienstruktur. Bei einer hohen Zahl involvierter Primärkommunikatoren ist der Einfluß einzelner Primärkommunikatoren auf die Berichterstattung geringer, und eine differenzierte Medienstruktur macht unwahrscheinlicher, daß alle Redaktionen ähnlich auf die Einflußversuche reagieren.

g) Redaktionelle Kompetenz und Arbeitsteilung. Experten vermitteln wissenschaftliches Sonderwissen in die Arena der massenmedialen Öffentlichkeit, aber die Arena-Manager sind insgesamt wenig kompetent, um mit diesem Wissen sinnvoll umzugehen. Zwar gibt es in den wichtigen Medien ausdifferenzierte Subsysteme für die redaktionelle Behandlung der Wissenschaft, aber diese werden häufig lediglich für die Wissenschaftsvermittlung nach dem Muster der Popularisierung herangezogen. Zudem ist die Ausstattung mit Wissenschaftsjournalisten in Redaktionen, die vornehmlich aktuelle Berichterstattung betreiben, eher dürftig. Fachredakteure für Wissenschaft gibt es nach einer Erhebung von Walter Hömberg (1990: 36-37) aus dem Jahr 1984 zum Beispiel bei Tageszeitungen nur in etwa 30 Prozent der Redaktionen; zwischen 1974 und 1984 ist dieser Prozentsatz nahezu unverändert geblieben. Nicht einmal alle Fernsehanstalten verfügen nach Hömbergs Erhebung über eine eigene Wissenschaftsredaktion (Hömberg 1990: 50-51), und unter den rund 500 Redakteuren der großen Nachrichtenagenturen sind lediglich zwei Wissenschaftsjournalisten (Hömberg 1990: 54-55). Die meisten dieser Wissenschaftsjournalisten werden zudem nicht für die aktuelle Berichterstattung herangezogen (Hömberg 1990: 32-34).

In den besonders prekären Feldern, in denen sich Wissenschaft und Politik begegnen, liegt die journalistische Bearbeitung daher in aller Regel in den Händen politisch

---

kam ein anderer Fall mit ähnlicher Konfliktstruktur – betroffene Bevölkerung versus Unternehmen – zur Sprache, bei dem es dem daran beteiligten Unternehmen gelang, trotz des Drucks durch opponierende Gruppen durch eine geschickte Kombination von Beschwerden beim Verlag und Pflege persönlicher Beziehungen zu den Journalisten eine neutrale bzw. positive Berichterstattung zu bewirken.

orientierter Journalisten. Die Konsequenz daraus dürfte sein, daß das wissenschaftliche Renommee der herangezogenen Experten kein wesentliches Kriterium für die Auswahl als Informationsquelle ist und die differenzierte Darstellung wissenschaftlicher Ansichten gegenüber der Darstellung ihrer politischen Funktionen und Implikationen sekundär ist.

3. Konflikte zwischen Experten und Arena-Managern

Die massenmediale Öffentlichkeit stellt eine Arena dar, deren Regeln in mancherlei Hinsicht mit der Kultur und dem Selbstverständnis traditionell orientierter Wissenschaftler inkompatibel sind. Die bereits erwähnten Wissenschaftler-Befragungen von Krüger (1985, 1987) sowie Peters und Krüger (1985) zeigen, daß Wissenschaftler beim Kontakt mit den „Managern" der massenmedialen Arena häufig enttäuschende Erfahrungen machen. 10 Prozent der Mainzer Professoren und 25 Prozent der Jülicher Wissenschaftler mit eigenen Medienerfahrungen gaben zum Beispiel an, daß ihre Erfahrungen beim Kontakt mit Journalisten „eher schlecht" gewesen seien. Der größte Teil der Befragten (53 bzw. 50 Prozent) verwies auf „teils gute, teils schlechte" Erfahrungen. Nur 37 Prozent (Mainz) bzw. 25 Prozent (Jülich) beurteilten ihre Kontakte als „eher gut". Aber nicht nur der Kontakt selbst, auch die Berichterstattung über die eigenen Arbeiten wird häufig kritisch bewertet: 49 Prozent der Mainzer und 63 Prozent der Jülicher Wissenschaftler meinten, daß die Berichterstattung nicht bzw. nur teilweise zutreffend gewesen sei.

Es gibt zahlreiche Konfliktanlässe und Meinungsverschiedenheiten über die angemessene Berichterstattung zwischen Wissenschaftlern und Journalisten, etwa unterschiedliche Ziele der Berichterstattung (z.B. Aufklärung der Bevölkerung oder Kritik der Eliten) sowie unterschiedliche Vorstellungen über die zu vermittelnden Inhalte (z.B. Risiken oder Nutzen) und über die Form der Vermittlung (z.B. sachlich oder „sensationalisiert"). Auch die Situationsdefinition und die Rollenstruktur bei der Interaktion kann zwischen dem Wissenschaftler und dem Journalisten umstritten sein, vor allem der relative Status von Wissenschaftler und Journalist und das Ausmaß der Kontrolle des Wissenschaftlers über den Kommunikationsprozeß (vgl. Peters 1993).

Die Analyse der Spannungen zwischen Wissenschaftler und Journalist auf dieser Ebene würde allerdings im Bereich der bloßen Beschreibung verbleiben. Gespeist werden die Meinungsunterschiede in den genannten Feldern vermutlich teilweise durch differierende Konzepte des Wissenschaftler-Laien-Verhältnisses und Auffassungen über die angemessenen „Rollen" von Experten in der Berichterstattung. Wissenschaftler betrachten sich im Grunde ihres Herzens oft als Volkserzieher (Markl 1992), d.h. ihr Verhältnis zum Medienpublikum beinhaltet eine von Fall zu Fall unterschiedlich starke paternalistische Komponente. Der Experte beansprucht oft, nicht nur zu wissen, was „wahr" ist, sondern auch, was richtig und gut ist. In Kommunikationssituationen vom Typ „Popularisierung" und „Aufklärung" mag ein solches „Gute-Hirte-Modell" akzeptiert werden; ganz sicher aber nicht in wissenschaftlich-technischen Kontroversen. Hier strukturiert der Journalist (als Vertreter der Interessen des Medienpublikums) das Verhältnis zu Experten nach einem Experte-Klient-Modell. Der Experte gilt als Berater, der sein Sonderwissen und die darauf beruhende Problemlösungskapazität als Dienstleistung anbietet. In diesem Modell bestimmt der Klient als „Auftraggeber" die Modalitäten der Zusammenarbeit: Er wählt den Experten nach seinen Ansprüchen aus, definiert die Probleme mit, stellt die Fragen, macht Einwände und entscheidet letztlich selbst darüber, ob er den Expertenrat akzeptiert oder ihn verwirft. Ein entscheidender Unterschied beider Modelle besteht im Recht, die Fragestellung zu definieren und die Kriterien zu bestimmen, denen eine Problemlösung genügen muß. Tiefgreifende Konflikte sind zu erwarten, wenn der Experte sich selbst im Rahmen des paternalistischen Modells definiert, der Journalist sich jedoch am Experte-Klient-Modell orientiert. Bereits hingewiesen wurde auf die mit den verschiedenen journalistischen Frames verbundenen Expertenrollen und deren teilweiser Inkompatibilität mit dem traditionellen wissenschaftlichen Selbstverständnis. Eine plausible Vermutung wäre daher, daß Spannungen im Verhältnis von Wissenschaftlern und Journalisten vor allem bei der Berichterstattung über wissenschaftlich-technische Kontroversen auftreten.

*VI. Konsequenzen für den gesellschaftlichen Umgang
mit wissenschaftlich-technischen Kontroversen*

In den öffentlichen Kontroversen um Wissenschaft und Technik werden Experten anders als bei der Popularisierung wissenschaftlicher Erkenntnisse oder bei der Aufklärung der Bevölkerung nicht als unbestrittene wissenschaftliche Autoritäten präsentiert. Weder gelten sie per se als neutral und unabhängig, noch wird der mit wissenschaftlichem Wissen verbundene Wahrheitsanspruch allzu ernst genommen. Dieser Glaubwürdigkeitsverlust bewirkt, daß die Legitimation von Entscheidungen allein unter Berufung auf wissenschaftliche Expertise schwieriger geworden ist. Die wissenschaftlich-technischen Kontroversen in der öffentlichen Arena wirken daher als Barriere gegen eine rein technokratische Entscheidungsfindung in den nicht-öffentlichen Arenen. Über die beschriebene Offenheit des Kommunikationsprozesses in der massenmedialen Arena werden die Felder der Technikentwicklung und der Anwendung von Wissenschaft für die Beteiligung von Nicht-Experten geöffnet. Der in der Einleitung beschriebenen Tendenz, Entscheidungen als Expertenproblem zu definieren und damit der demokratischen Willensbildung zu entziehen, wird so ein Riegel vorgeschoben.

Gerade wegen der starken legitimierenden Wirkung von Expertenwissen sind die Focussierung auf Expertenstreit und die soziale Relativität auch des wissenschaftlichen Wissens notwendige Voraussetzungen für eine Beteiligung nicht-wissenschaftlicher Akteure an der Entscheidungsfindung. Gegenexpertise öffnet somit die Möglichkeit, daß auch andere Entscheidungsgründe als wissenschaftliche „Fakten" geltend gemacht werden können, die ja vielfach als „Hidden Agenda" hinter den vordergründigen Debatten um Faktenfragen stehen.

Es besteht allerdings die Gefahr, daß durch die Entwertung von Expertise die Qualität der Entscheidungen sinkt. Gemessen an technokratischen Kriterien, wie z.B. technische und ökonomische Effizienz der Problemlösung, werden technokratische Lösungen in vielen Fällen demokratischen Entscheidungen überlegen sein. Und technokratische Werte sind fast immer auch unter praktischen Gesichtspunkten von Bedeutung. Sie berücksichtigen jedoch häufig viele Präferenzen von Betroffenen nicht, etwa den Wunsch nach individueller statt zentraler Kontrolle oder soziale Nebenfolgen. Öffentlich ausgetragene wissenschaftlich-technische Kontroversen stellen daher eine informelle Technikbewertung dar, in die ein wesentlich breiteres Spektrum an möglichen Nebenfolgen eingeht als üblicherweise von den Technologieproduzenten berücksichtigt werden (Mazur 1981: 126-131; Rip 1986). Nicht zuletzt reagieren Technologieproduzenten auf das Entstehen von Kontroversen durch Modifikationen ihrer ursprünglichen Projekte, die z.B. zu Risikoreduktionen oder Erhöhungen von Umweltschutzstandards führen. Die Paralyse von Experten und die damit verbundene Zurückweisung von vermeintlichen „Sachzwängen" in der öffentlichen Arena eröffnet also die Möglichkeit, die Problemstellung anderer Arenen zu beeinflussen, in denen Expertise dann aber doch eine wesentliche Rolle bei der Problemlösung spielt.

Wissenschaftlich-technische Kontroversen stellen auch eine Herausforderung für das wissenschaftliche Wissen und das wissenschaftliche Selbstverständnis dar. Sie demonstrieren, wie schwierig es letztlich ist, wissenschaftlich überzeugende Antworten auf praktische Fragen zu geben. In vielen Fällen wird deutlich, daß erforderliches Wissen fehlt, mit großen Unsicherheiten behaftet ist, kontroverse Interpretationen zuläßt und sich nicht nahtlos in praktische Entscheidungsprobleme einfügen läßt (vgl. Rip 1985: 100-104). Die Validität der wissenschaftlichen Entscheidungsgrundlage wird in wissenschaftlich-technischen Kontroversen durch Einwände aus konkurrierenden wissenschaftlichen sowie praktischen Perspektiven auf die Probe gestellt. Nicht selten stellt sich heraus, daß die impliziten wissenssoziologischen Annahmen der Laien, wie die der sozialen Relativität auch des wissenschaftlichen Wissens oder dessen praktische Irrelevanz, so unbegründet nicht sind.

Außerdem wird in den öffentlichen Kontroversen deutlich, daß wissenschaftlich begründete Realitätsbeschreibungen und Problemlösungsvorschlage in erheblichem Umfang wertbehaftet sind. Für die Bewertung der Umweltqualität und die zur Verbesserung vorgeschlagenen Maßnahmen macht es beispielsweise einen großen Unterschied, welche Umweltindikatoren herangezogen und öffentlich kommuniziert werden. Die bei Risikoabschätzungen üblicherweise verwendete Risikoformel impliziert beispielsweise, daß allein die Zahl der Todesfälle und nicht die Art des Todes oder die soziale Verteilung der Risiken berücksichtigt wird. Und schließlich ist die Entscheidung für die Kosten-Nutzen-Perspektive, aus der Experten üblicherweise argumentieren, eine Wertentscheidung mit durchaus diskutablen Alternativen (Mazur 1985).

Die öffentliche Arena führt letztlich zu einer Entfaltung von wissenschaftlich-technischen Kontroversen in sozialer wie semantischer Hinsicht: Sie öffnet die Kontroverse für neue Akteure, neue Sichtweisen, neue „Concerns" und neue Argumente, soweit diese bestimmten Anforderungen wie Legitimität, Allgemeinwohl-Bezug und Rationalität genügen. Expertise ist dabei ein wesentliches „Cue" sowohl zur Beurteilung der Legitimität von Kommunikationsteilnehmern als auch der Rationalität von Äußerungen. Auf diese Weise findet eine gewisse Vorfilterung von Kommunikationsteilnehmern und Standpunkten statt. Innerhalb des Bereichs der akzeptierten Akteure und Standpunkte gibt es jedoch starke Trends der Polarisierung von Standpunkten. Begünstigt sind solche Informationsquellen und Aussagen, die sich klar einem der beiden konkurrierenden Standpunkte zurechnen lassen.

Die Arena-Manager unternehmen kaum Versuche, die Wahrheit von Faktenbehauptungen zu überprüfen; ihr primäres Interesse gilt den mit den Faktenbehauptungen verknüpften Forderungen. Korrekte Berichterstattung heißt für Journalisten daher in aller Regel lediglich, daß Behauptungen von Akteuren korrekt darzustellen sind, mögen die Behauptungen selbst auch noch so falsch sein. Die Beurteilung der Wahrheit von Behauptungen wird dem öffentlichen Kommunikationsprozeß selbst überlassen; und die Existenz einer wissenschaftlich-technischen Kontroverse zeigt in der Regel an, daß dieser Prozeß nicht zu einem konsensualen Ergebnis geführt hat.

Die öffentliche Arena trägt daher wenig zur Beilegung von wissenschaftlich-technischen Kontroversen durch Konsens oder Kompromiß bei. Zum einen unterdrückt die polarisierte Kommunikation geradezu moderate Ansichten, die als potentielle Kompromißpositionen in Frage kämen. Zum andern werden die spezifisch wissenschaftlichen Wahrheitsansprüche weitgehend ignoriert, so daß Konsensbildung über die wissenschaftliche Klärung von strittigen Sachverhalten ebenfalls entmutigt wird. Daraus folgt, daß für die Konsensfindung und Kompromißbildung andere Arenen als die massenmediale Öffentlichkeit herangezogen werden müssen. Es ist eine ungeklärte Frage, auf welche Weise die Öffentlichkeit von Entscheidungsfindungsprozessen mit der Lösbarkeit von Kontroversen verknüpft werden kann. Ansatzpunkte zur Behandlung dieses Problems liegen vermutlich in einer Analyse der Interdependenzen zwischen den verschiedenen Arenen.

Literatur

Baerns, Barbara, 1985: Öffentlichkeitsarbeit oder Journalismus? Zum Einfluß im Mediensystem. Köln: Verlag Wissenschaft und Politik.

Baerns, Barbara, 1990: Wissenschaftsjournalismus und Öffentlichkeitsarbeit: Zur Informationsleistung der Pressedienste und Agenturen. S. 37-53 in: *Stephan Ruß-Mohl* (Hg.): Wissenschaftsjournalismus und Öffentlichkeitsarbeit. Tagungsbericht zum 3. Colloquium Wissenschaftsjournalismus vom 4./5. November 1988 in Berlin, Gerlingen: Bleicher.

Burdach, Konrad J., 1988: Reporting on Deaths: The Perspective Coverage of Accident News in a German Tabloid, European Journal of Communication 3: 81-89.

Cracknell, Jon, 1993: Issue Arenas, Pressure Groups and Environmental Agendas. S. 3-21 in: *Anders Hansen* (Hg.): The Mass Media and Environmental Issues. Leicester: Leicester University Press.

Davison, W. Phillips, 1983: The Third-Person Effect in Communication, Public Opinion Quarterly 47: 1-15.

Del Sesto, Steven L., 1983: Uses of Knowledge and Values in Technical Controversies: The Case of Nuclear Reactor Safety in the US, Social Studies of Science: 13: 395-416.

Dröge, Franz, und *Andreas Wilkens*, 1991: Populärer Fortschritt. 150 Jahre Technikberichterstattung in deutschen illustrierten Zeitschriften. Münster: Verlag Westfälisches Dampfboot.

Dunwoody, Sharon, 1992: The Media and Public Perceptions of Risk: How Journalists Frame Risk Stories. S. 75-100 in: *Daniel W. Bromley* und *Kathleen Segerson* (Hg.): The Social Response to Environmental Risk. Boston: Kluwer.

Edwards, Ward, und *Detlof von Winterfeldt*, 1985: Public Disputes About Risky Technologies: Stakeholders and Arenas. S. 877-915 in: *Vincent T. Covello, Jeryl L. Mumpower, Pieter J.M. Stallen* und *V.R.R. Uppuluri* (Hg.): Environmental Impact Assessment, Technology Assessment, and Risk Analysis. Contributions from the Psychological and Decision Sciences. Berlin u.a.: Springer-Verlag.

Eyerman, Ron, und *Adrew Jamison*, 1991: Social Movements. A Cognitive Approach. University Park, PA: Pennsylvania State University Press.

Femers, Susanne, 1993: Information über technische Risiken. Zur Rolle der fehlenden direkten Erfahrbarkeit von Risiken und den Effekten abstrakter und konkreter Informationen. Frankfurt a.M.: Peter Lang.

Fiske, Susan T., 1980: Attention and Weight in Person Perception: The Impact of Negative and Extreme Behavior, Journal of Personality and Social Psychology 38, 889-906.

Frankena, Frederick, 1992: Strategies of Expertise in Technical Controversies: A Study of Wood Energy Development. Lehigh: Lehigh University Press.

Friedman, Sharon M., Carole M. Gorney und *Brenda P. Egolf*, 1987: Reporting on Radiation: A Content Analysis of Chernobyl Coverage, Journal of Communication 37: 58-68.

Gamson, William, und *Andre Modigliani*, 1987: The Changing Culture of Affirmative Action. S. 137-177 in: *Richard G. Braungart* und *Margaret M. Braungart* (Hg.): Research in Political Sociology. Greenwich, CT: JAI Press.

Gamson, William A., und *Andre Modigliani*, 1989: Media Discourse and Public Opinion on Nuclear Power: A Constructionist Approach, American Journal of Sociology 95: 1-37.

Gerhards, Jürgen, 1993: Politische Veranstaltungen in der Bundesrepublik. Nachfrager und wahrgenommenes Angebot einer „kleinen" Form von Öffentlichkeit, Kölner Zeitschrift für Soziologie und Sozialpsychologie 45: 766-779.

Gitlin, Todd, 1980: The Whole World Is Watching. Mass Media in the Making & Unmaking of the New Left. Berkeley, CA: University of California Press.

Goodell, Rae, 1977: The Visible Scientists. Boston/Toronto: Little, Brown and Company.

Göpfert, Winfried, 1990: Wissenschaftsjournalismus – verlängerter Arm der Öffentlichkeitsarbeit? S. 23-34 in: *Stephan Ruß-Mohl* (Hg.): Wissenschaftsjournalismus und Öffentlichkeitsarbeit. Tagungsbericht zum 3. Colloquium Wissenschaftsjournalismus vom 4./5. November 1988 in Berlin. Gerlingen: Bleicher.

Haller, Michael, 1987: Wie wissenschaftlich ist der Wissenschaftsjournalismus, Publizistik 32: 305-319.

Hård, Mikael, 1993: Beyond Harmony and Consensus. A Social Conflict Approach to Technology, Science, Technology & Human Values 18: 408-432.

Hilgartner, Stephen, und *Charles L. Bosk*, 1988: The Rise and Fall of Social Problems: A Public Arenas Model, American Journal of Sociology 94: 53-78.

Hömberg, Walter, 1990: Das verspätete Ressort. Die Situation des Wissenschaftsjournalismus. Konstanz: Universitätsverlag Konstanz.

Jaufmann, Dieter, Ernst Kistler und *Günter Jänsch*, 1989: Jugend und Technik. Wandel der Einstellungen im internationalen Vergleich. Frankfurt a.M./New York: Campus.

Kepplinger, Hans Mathias, 1989: Künstliche Horizonte. Folge, Darstellung und Akzeptanz von Technik in der Bundesrepublik. Frankfurt a.M./New York: Campus.

Kitschelt, Herbert, 1980: Kernenergiepolitik. Arena eines gesellschaftlichen Konflikts. Frankfurt a.M./New York: Campus.

Kliment, Tibor, 1993: Kernkraftprotest und Medienreaktionen. Der Widerstand gegen atomare Wiederaufarbeitungsanlagen in der Bundesrepublik: Deutungsmuster und Risikowahrnehmung innerhalb der Protestbewegung und die Formen ihrer massenmedialen Verbreitung. Diss., Ruhr-Universität Bochum.

Krüger, Jens, 1985: Wissenschaftsberichterstattung in aktuellen Massenmedien aus der Sicht der Wissenschaftler. Ergebnisse einer Befragung der Professoren der Johannes Gutenberg-Universität. Unveröffentlichte Magisterarbeit, Mainz.

Krüger, Jens, 1987: Wissenschaftsberichterstattung in aktuellen Massenmedien aus der Sicht der Wissenschaftler. S. 39-51 in: *Rainer Flöhl* und *Jürgen Fricke* (Hg.): Moral und Verantwortung in der Wissenschaftsvermittlung. Die Aufgaben von Wissenschaftler und Journalist. Mainz: v. Hase & Koehler.

Luhmann, Niklas, 1970: Öffentliche Meinung, Politische Vierteljahresschrift 11: 2-28.

Markl, Hubert, 1992: Das verständliche Mißverständnis. Der Rollenkonflikt zwischen Wissenschaft und Journalismus, Frankfurter Allgemeine Zeitung, Nr. 302, Ausgabe vom 30. Dezember, S. N4.

Mazur, Allan, 1981: The Dynamics of Technical Controversy. Washington, D.C.: Communications Press.

Mazur, Allan, 1985: Bias in Risk-Benefit Analysis, Technology in Society 7: 25-30.

Merten, Klaus, 1973: Aktualität und Publizität. Zur Kritik der Publizistikwissenschaft, Publizistik 18: 216-235.

Merten, Klaus, 1977: Kommunikation. Eine Begriffs- und Prozeßanalyse. Opladen: Westdeutscher Verlag.

Nelkin, Dorothy (Hg.), 1992: Controversy. Politics of Technical Decisions. 3rd edition. Newbury Park: Sage.

Nowotny, Helga, 1979: Kernenergie – Gefahr oder Notwendigkeit? Frankfurt a.M.: Suhrkamp.

Nowotny, Helga, 1980: Experten in einem Partizipationsversuch. Die Österreichische Kernenergiedebatte, Soziale Welt 31: 442-458.

Nowotny, Helga, 1982: Experten und ihre Expertise. Zum Verhältnis der Experten zur Öffentlichkeit, Zeitschrift für Wissenschaftsforschung 2: 611-617.

Overhoff, Klaus, 1984: Die Politisierung des Themas Kernenergie. Regensburg: S. Roderer Verlag.

Peters, Hans Peter, 1984: Entstehung, Verarbeitung und Verbreitung von Wissenschaftsnachrichten am Beispiel von 20 Forschungseinrichtungen. Jülich: Kernforschungsanlage Jülich.

Peters, Hans Peter, 1993: Journalismus in der Risikogesellschaft. Die Medienberichterstattung über Wissenschaft, Technik und Umwelt, UniZürich. Informationsmagazin der Universität Zürich, Heft 2: 22-26.

Peters, Hans Peter, und *Jens Krüger*, 1985: Der Transfer wissenschaftlichen Wissens in die Öffentlichkeit aus der Sicht von Wissenschaftlern. Ergebnisse einer Befragung der wissenschaftlichen Mitarbeiter der Kernforschungsanlage Jülich. Jülich: Kernforschungsanlage Jülich.

Peters, Hans Peter, Holger Schütz und *Peter M. Wiedemann*, 1993: Kommunikations- und Meinungsbildungsprozesse in einer lokalen Risikokontroverse um Müllverbrennung, Entsorgungspraxis 11: 837-844.

Rager, Günther, Elisabeth Klaus und *Elmar Thyen*, 1987: Der Reaktorunfall in Tschernobyl und seine Folgen in den Medien. Eine inhaltsanalytische Untersuchung. Unveröffentlichter Bericht des Instituts für Journalistik der Universität Dortmund.

Riehl-Heyse, Herbert, 1989: Bestellte Wahrheiten. Anmerkungen zur Freiheit eines Journalistenmenschen. München: Kindler.

Rip, Arie, 1985: Experts in Public Arenas. S. 94-110 in: *Harry Otway* und *Malcolm Peltu* (Hg.): Regulating Industrial Risks. London u.a.: Butterworths.

Rip, Arie, 1986: Controversies as Informal Technology Assessment, Knowledge 8: 349-371.

Rosengren, Karl Erik, 1970: International News: Intra and Extra Media Data, Acta sociologica 13: 96-109.

Rothman, Stanley, und *S. Robert Lichter*, 1987: Elite Ideology and Risk Perception in Nuclear Energy Policy, American Political Science Review 81: 383-404.

Rucht, Dieter, 1988: Gegenöffentlichkeit und Gegenexperten: Zur Institutionalisierung des Widerspruchs in Politik und Recht, Zeitschrift für Rechtssoziologie 9: 44-49.

Sachsman, David B., 1976: Public Relations Influence on Coverage of the Environment in San Francisco Area, Journalism Quarterly 53: 54-60.

Salomone, Kandice L., Michael R. Greenberg, Peter M. Sandman und *David B. Sachsman*, 1990: A Question of Quality. How Journalists and News Sources Evaluate Coverage of Environmental Risk, Journal of Communication 40: 117-133.

Sandman, Peter M., David B. Sachsman und *Michael R. Greenberg*, 1987: The Environmental News Source: Informing the Media During an Environmental Crisis. Unpublished Report, Rutgers University.

Schanne, Michael, und *Werner A. Meier*, 1992: Risiko-Kommunikation. Ergebnisse aus kommunikationswissenschaftlichen Analysen journalistischer Umwelt- und Umwelt-Risiken-Berichterstattung, Rundfunk und Fernsehen 40: 264-290.

Schulz, Winfried, 1976: Die Konstruktion von Realität in den Nachrichtenmedien. Analyse der aktuellen Berichterstattung. Freiburg/München: Verlag Karl Alber.

Schütz, Alfred, 1946: The Well-Informed Citizen: An Essay on the Social Distribution of Knowledge, Social Research 13: 463-478.

Shanteau, James, und *Thomas R. Stewart*, 1992: Why Study Expert Decision Making? Some Historical Perspectives and Comments, Organizational Behavior and Human Decision Processes 63: 95-106.

Shepherd, Gordon R., 1981: Selectivity of Sources: Reporting the Marijuana Controversy, Journal of Communication 31: 129-137.

Singer, Eleanor, 1990: A Question of Accuracy. How Journalists and Scientists Report Research on Hazards, Journal of Communication 40: 102-116.

Singer, Eleanor, und *Phyllis M. Endreny*, 1987: Reporting Hazards: Their Benefits and Costs, Journal of Communication 37: 10-26.

Singer, Eleanor, und *Phyllis M. Endreny*, 1993: Reporting on Risk. How the Mass Media Portray Accidents, Diseases, Disasters, and Other Hazards. New York: Russell Sage Foundation.

Sprondel, Walter M., 1979: „Experte" und „Laie": Zur Entwicklung von Typenbegriffen in der Wissenssoziologie. S. 140-154 in: *Walter M. Sprondel* und *Richard Grathoff* (Hg.): Alfred Schütz und die Idee des Alltags in den Sozialwissenschaften. Stuttgart: Enke.

Stewart, Thomas R., 1991: Scientists' Uncertainty and Disagreement About Global Climatic Change: A Psychological Perspective, International Journal of Psychology 26: 565-573.

VanSlyke Turk, Judy, 1986: Information Subsidies and Media Content: A Study of Public Relations Influence on the News, Journalism Monographs, No. 100.

Weingart, Peter, 1979: Das „Harrisburg-Syndrom" oder die De-Professionalisierung der Experten. S. 9-17 (Vorwort) in: *Helga Nowotny*: Kernenergie: Gefahr oder Notwendigkeit. Frankfurt a.M.: Suhrkamp.

Weingart, Peter, 1983: Verwissenschaftlichung der Gesellschaft – Politisierung der Wissenschaft, Zeitschrift für Soziologie 12: 225-241.

„ÖFFENTLICHKEITSELITE" – BEDINGUNGEN UND BEDEUTUNGEN VON PROMINENZ

Birgit Peters

Zusammenfassung: Betrachtet man Öffentlichkeit als ein spezifisches Kommunikationssystem und berücksichtigt man ferner, daß dieses System potentiell so viele Kommunikatoren und Rezipienten hat wie die Gesellschaft Mitglieder, so stellt sich die Frage, nach welchen Selektionskriterien öffentliche Kommunikation funktioniert. Denn nicht jeder Rezipient kann jedem Kommunikator Gehör schenken, da Aufmerksamkeit nicht unbegrenzt vorhanden ist – es muß ein Selektionsprozeß stattfinden. In diesem Zusammenhang verdient Prominenz besonderes Interesse. Sie sichert Aufmerksamkeit, bringt Themen auf die öffentliche Agenda und geht eventuell mit Meinungsführerschaft einher. Treffen diese Vermutungen zu, so wäre Prominenz als Einflußschicht von erheblicher Bedeutung. In der bisherigen Forschung hat das Phänomen jedoch kaum Beachtung gefunden, so daß an keine gesicherten Befunde angeknüpft werden kann. Daher geht es in dem vorliegenden Artikel darum, theoretisch und empirisch zu klären, um was für ein Phänomen es sich bei Prominenz handelt, wer heute zu den Prominenten gezählt werden kann, wie sich der Entstehungsprozeß von Prominenz gestaltet und schließlich, was für Funktionen und Wirkungen mit Prominenz einhergehen.

„In the future everybody will be famous for fifteen minutes", prognostizierte Andy Warhol angesichts des anbrechenden Medienzeitalters und verweist damit auf die durch technische Neuerungen und wachsende Medienvielfalt stetig zunehmenden Chancen aller, sich in Wort, Schrift oder Bild einer mehr oder weniger großen Öffentlichkeit mitzuteilen. Trotz dieser Möglichkeiten sind wir Warhols Zukunftsvision nicht wirklich nähergekommen, würde doch die Einlösung dieser Prognose das Ende des Prominenzphänomens einläuten; denn die öffentliche Präsenz aller ließe niemanden mehr „herausragen", und das ist es, was der Prominenzbegriff seinem etymologischen Ursprung nach impliziert.

Vielmehr ist zu beobachten, daß die immer gleichen Protagonisten in noch mehr Sendern vertreten sind, daß die öffentliche Arena von einem überschaubaren Personenkreis dominiert wird: den Prominenten. Tagtäglich erreichen sie ein Millionenpublikum, lächeln sie dem Vorbeigehenden von Plakaten entgegen, dienen sie als Lockvogel für Veranstaltungen oder als Verkaufs„argumente". Ihre Allgegenwärtigkeit garantiert, daß sie nicht übersehen werden. Und ihr Einsatz in politischen wie kommerziellen Werbekampagnen – einem Bereich, der Gelder nur dort investiert, wo sie gewinnbringend erscheinen –, untermauert die Vermutung, daß Prominente in der Lage sind, das Publikum zu beeinflussen.

Wer aber sind diese Prominenten, die die „'agora' unter Scheinwerferbeleuchtung" (Köhne 1991) bestimmen, die mühelos Zugang zur massenmedialen Bühne finden? Wer oder welche Umstände reihen bestimmte Personen in den Kreis der Prominenten

ein? Und welche Wirkung erzielt ihre Dauerpräsenz? Diesen Fragen will sich der
vorliegende Beitrag annehmen.

Trotz ihrer Allgegenwärtigkeit fand Prominenz als Gegenstand sozialwissenschaftlicher Forschung bislang kaum Berücksichtigung. Theoretische Überlegungen hierzu
sind dünn gesät, empirische Anhaltspunkte fehlen gänzlich.[1] Dabei liegt eine wissenschaftliche Beschäftigung mit diesem – gemeinhin dem Klatsch vorbehaltenen – Thema
nicht allein nahe, weil es sich um eine Forschungslücke handelt. Eine Auseinandersetzung mit dem Prominenzphänomen bietet sich vor allem auch als ein Versuch an,
um etwas über Öffentlichkeit zu lernen, in der Prominenz „zu Hause" ist: Zum einen
agieren die Prominenten selbst als Öffentlichkeitsakteure, zum anderen bilden sie
(bisweilen) auch den Gegenstand öffentlicher Kommunikation. Da mit Öffentlichkeit
bereits das System bestimmt ist, das den Prominentenstatus selbst erzeugt, und es
gleichzeitig die Arena bildet, in der die Prominenten agieren, wird hier als konzep-
tioneller Zugang zum Thema eine öffentlichkeitstheoretische Perspektive gewählt, die
auch zur Ableitung weiterführender Forschungsfragen Impulse bietet.

I. Prominenz als „Öffentlichkeitselite"

In den wenigen Fällen, in denen der Prominenz die Aufmerksamkeit von Sozialwissenschaftlern bisher zuteil wurde, fand sie meist im Rahmen von Elitestudien Erwähnung. Prominenz als eine „Spielart" von Elite zu fassen, liegt insofern nahe, als mit
Ralf Determeyer (1975) – auf den Urspung des Prominenzbegriffs rekurrierend –
festgehalten werden kann: „Auf jeden Fall impliziert 'hervorragen' ein Distanzmerkmal
zu einer Mehrheit aufgrund von bestimmten Werten, die allgemeiner Anerkennung
bedürfen, um eben 'hervorragend' zu sein" (1975: 165). Gleichviel, worauf sich das
Herausragen gründet, kann strukturell unter Prominenz somit eine spezifische Form
von Elite oder „Oberschicht" verstanden werden.

Die in der Literatur auffindbaren definitorischen Bestimmungsversuche von Prominenz in Abgrenzung zur traditionellen Elite bleiben jedoch meist unbefriedigend.
Mit der Unterscheidung zwischen einer „neuen" und einer „alten" Elite (Traugott
1979) oder der Definition von Prominenz als „Spitze des kulturellen Sektors" (Linz
1965) im Unterschied zur Elite anderer Sektoren wird der Versuch unternommen, zwei
Personenkreise zu trennen, was zu Problemen führt, wenn es sich um zwei Größen
handelt, die personell große Überschneidungen aufweisen. Und davon muß ausgegangen werden, da der Prominentenstatus ebenso einem Unterhaltungsstar wie einem
Politiker verliehen werden kann. Eine Trennung nach 'celebrities' im Sinne von Un-
terhaltungsstars einerseits und Politikern andererseits – wie sie vor allem auch in der
amerikanischen Literatur (Mills 1956; Keller 1986;1983) vorgenommen wird – kann
daher nicht aufgehen. Der Unterschied zwischen Eliten und Prominenz läßt sich vielmehr an ihrer Entstehung verdeutlichen, nämlich am sozialen Umfeld, das den jewei-

---

1 Werner Faulstich und Ricarda Strobel (1989) haben eine bibliographische Übersicht zum
  verwandten Begriff „Star" zusammengestellt und kommen zu dem Schluß: „Von einer
  kontinuierlichen oder wenigstens doch aufeinander Bezug nehmenden Forschung kann
  hier noch nicht die Rede sein" (1989: 8). Dasselbe läßt sich bezogen auf das Prominenzphänomen formulieren.

ligen Status einer Person bestimmt, worauf vor allem Hans-Peter Dreitzel (1962) hin-
weist: Während Eliten von Fachkreisen oder Gremien ausgewählt werden, schreibt
den Prominentenstatus eine breite Laienöffentlichkeit zu.

Will man Prominenz als eine Spielart von Elite bestimmen, so stellt sich die Frage:
Elite wovon? Da es Prominenz jeglicher Provenienz gibt, der Status also theoretisch
von Vertretern aller gesellschaftlichen Bereiche erworben werden kann, ist eine inhaltliche oder personelle Definition problematisch. Vielmehr ist es plausibel, Prominenz
als Elite oder Oberschicht eines spezifischen Systems zu betrachten. Es muß sich dabei
um ein System handeln, das „quer" zu allen gesellschaftlichen Teilsystemen wie Politik,
Ökonomie, Kultur oder Religion liegt. Als solches kann Öffentlichkeit gelten.

In Anlehnung an Jürgen Gerhards (1993) und Jürgen Gerhards/Friedhelm Neidhardt (1990) wird Öffentlichkeit hier als offenes Kommunikationssystem verstanden,
das sich in verschiedener Hinsicht als geschichtet erweist.[2] Hier interessiert vor allem
die Schichtung im Hinblick auf die an öffentlicher Kommunikation beteiligten Protagonisten, also die Akteursperspektive. Da Öffentlichkeit heute in starkem Maße von
massenmedialer Öffentlichkeit geprägt wird, läßt sich hinsichtlich der Akteure zunächst unterscheiden zwischen Kommunikatoren und Rezipienten. Aus der dominanten Rolle, die die massenmediale Arena für öffentliche Kommunikation einnimmt,
ergibt sich zum einen die Frage, wer sich als Kommunikator Zugang zu den Medien
verschaffen kann, vor allem aber, welche dieser Personen dort im Rahmen öffentlicher
Darbietungen auch Aufmerksamkeit und Gehör im breiten Publikum finden.

Bereits bei der Frage nach den Zugangschancen zu den Medien erweist sich der
Prominentenstatus als von Vorteil. Da Prominenz ein wichtiger „Nachrichtenwertfaktor" ist (vgl. Staab 1990), werden die Träger dieses Status bevorzugt vermittelt bzw.
finden sie wiederholt Zugang zu den Medien. Prominente sichern sich darüber hinaus
allein aufgrund ihrer Bekanntheit Aufmerksamkeit in einem breiten Publikum. Aufgrund beider „Vorzüge" kann Prominenz als ein „Beziehungskapital" verstanden werden, das im Öffentlichkeitssystem von Belang ist: Denn erst wer die Aufmerksamkeit
eines großen Publikums findet, kann öffentliche Kommunikation aktiv mitgestalten.
In diesem Sinne erweist sich Öffentlichkeit daher als geschichtetes System, dessen
Elite die Träger des Prominentenstatus bilden – ein Status, der im System selbst erzeugt
wird.

Vor dem Hintergrund dieser Bestimmung ergeben sich relevante Fragen nach der
Funktion von Prominenz: Wie weit reicht der Prominentenstatus als „Beziehungskapital"? Läßt es sich allein einsetzen, um Aufmerksamkeit zu sichern? Oder erzielt
Prominenz darüber hinaus Wirkung im Sinne von meinungsbildender Funktion? Diese
– bislang empirisch offene – Frage ist für öffentliche Kommunikation von Bedeutung.
Denn in dem Maße, in dem die Prominenten selbst zum 'issue' werden und vorrangig
als Unterhaltungsgrößen dienen, sind sie vor allem für die Medien von Nutzen, die
ja nicht nur eine öffentliche Arena für Vermittlungsprozesse bieten, sondern als – unter
Konkurrenzbedingung arbeitende – Institutionen auch Eigeninteressen haben. Promi-

---

2 Vgl. Gerhards/Neidhardt (1990: 19ff.), die mit der Unterscheidung von drei Öffentlichkeitsebenen (Encounter-, Veranstaltungs- und massenmediale Ebene) eine geschichtete Binnenstruktur des Öffentlichkeitssystems entwerfen. Die massenmediale Ebene stellt dabei die
„höchste" oder anspruchsvollste Ebene dar, da sie eine technische Infrastruktur voraussetzt,
Leistungs- und Publikumsrollen festschreibt und die größte Reichweite aufweist.

nenz bedient diese allein durch ihren Aufmerksamkeitswert, der Einschaltquoten erhöht, Leser- und Hörerkreise erweitert.

Für das Kommunikationssystem Öffentlichkeit hingegen erweisen sich die Prominenten in dem Augenblick als nutzlos oder gar störend, in dem sie die – nicht unbegrenzt vorhandene – Aufmerksamkeit des Publikums nur auf ihre Person lenken, die
Person selbst zum Inhalt wird: „Da Prominenz im Öffentlichkeitssystem erzeugt wird,
beschäftigt sie [die Öffentlichkeit, Anm. d. A.] sich in diesem Falle in starkem Maße
mit sich selbst. Das erscheint, bewertet man Öffentlichkeit ... unter dem Gesichtspunkt
ihrer intermediären Leistungen, als dysfunktional" (Gerhards/Neidhardt 1990: 37).[3]
In diesem Fall bliebe öffentliche Kommunikation weitgehend folgenlos, d.h. weder
Themen noch Meinungen werden transportiert, ein Zustand von Öffentlichkeit, den
Gerhards/Neidhardt als „autistisch" charakterisieren.

Aus den skizzierten theoretischen Überlegungen lassen sich folgende Fragestellungen zu Erscheinungsbild und Wirkung von Prominenz ableiten, die einer empirischen Untersuchung zugänglich sind: 1. Wird Prominenz als „Öffentlichkeitselite"
bestimmt, so ist es interessant zu erfahren, wie sich Prominenz zusammensetzt bzw.
in welcher Weise sich die Gesellschaft in den öffentlichen Protagonisten repräsentiert.
2. Aufgrund welcher Mechanismen und unter Beteiligung welcher Instanzen entsteht
Prominenz? Da Entstehung und Verbreitung des Prominenzphänomens in jedem Fall
durch die Massenmedien forciert wird, ist vor allem deren Rolle für die Konstitution
von Prominenz zu diskutieren. 3. Der Prominentenstatus stellt ein „Beziehungskapital"
im Öffentlichkeitssystem dar, da er sowohl den Zugang zu den Medien erlaubt, sowie
Aufmerksamkeit im breiten Publikum sichert. Unklar ist, wie weit dieses Kapital reicht.
Kommt den Prominenten vorrangig Unterhaltungsfunktion zu und wenn ja, trifft dies
auf alle Arten von Prominenz zu? 4. Übernimmt Prominenz neben oder anstatt ihrer
unterhaltenden Qualitäten bereits aufgrund ihres Status auch meinungsbildende Funktion, oder müssen Zusatzqualifikationen hinzukommen, die die Meinungsbildner von
den Nicht-Meinungsbildnern innerhalb der Prominenz unterscheiden?

II. Prominenz im Spiegel der Öffentlichkeit: Anmerkungen zur Vorgehensweise

Wie lassen sich die aufgeworfenen Fragen empirisch überprüfen? Die entscheidende
Frage ist zunächst, wer oder was als adäquate Quelle zu bestimmen ist, um über
Prominenz Auskunft zu geben. Denn die definitorische Bestimmung dessen, was der
Prominenzbegriff bezeichnet, ist von den Personen abhängig, die diese Bestimmung
vornehmen.

Dies belegt ein Vergleich zweier Prominentenlexika: Den Vorworten des deutschen „Who is
Who" sowie des „Knaurs Prominentenlexikon" läßt sich entnehmen, daß die Auswahl durch
ein Gremium von sogenannten nicht näher ausgewiesenen „Experten" vorgenommen wurde.

---

3 Daß dem Öffentlichkeitssystem intermediäre Funktionen zukommen, ist eine Grundannah-
me des Modells von Gerhards/Neidhardt: „Wir gehen davon aus, daß Öffentlichkeit ein
intermediäres System darstellt, das zwischen dem politischen System einerseits und den
Bürgern und den Ansprüchen anderer Teilsysteme der Gesellschaft vermitteln soll" (1990:
12).

Wie unterschiedlich solche Experten urteilen, verdeutlichen die Ergebnisse eines von Peter Ludes (1989) durchgeführten Vergleichs dieser Lexika. Als Beispiel sei angeführt, daß sich im „Who is Who" (1979) Wissenschaftler mit einem Anteil von fast 40 Prozent als die stärkste Gruppe von Prominenten erweisen, während sie im „Knaurs Prominentenlexikon" (1981) nur mit 10 Prozent vertreten sind.

Diese Differenzen offenbaren die Problematik, Prominenz durch wenige „Experten" bestimmen zu lassen. Fraglich bleibt zudem, ob die Auswahl solcher Experten letztlich den Personenkreis beschreibt, den auch das Publikum und damit die eigentlichen Adressaten als prominent wahrnehmen. Insofern ist es zur Untersuchung von Prominenz als gesellschaftlichem Phänomen notwendig, das breite Publikum direkt zu befragen.

Im Herbst 1990 hat daher die Abteilung „Öffentlichkeit und Soziale Bewegung" des Wissenschaftszentrums Berlin für Sozialforschung (WZB) einen Fragenkatalog zum Thema Prominenz in eine repräsentative Mehrthemenumfrage, den sogenannten „Sozialwissenschaften-Bus" eingeschaltet. Befragt wurden 2029 Personen der westdeutschen Wohnbevölkerung von 18 Jahren an. Um zu erfahren, wie sich Prominenz in den Augen des Publikums zusammensetzt, wurde zur Generierung prominenter Namen folgende offene Frage gestellt: „Stellen Sie sich einmal vor, eine der großen Fernsehanstalten plant die bundesweite Sendung einer Talkshow mit prominenten Leuten. Wenn Sie nun die Möglichkeit hätten, sich an der Auswahl der Prominenten, die eingeladen werden sollen, zu beteiligen, welche prominenten Personen würden Sie dann gerne einladen?" Die Befragten konnten hier jeweils bis zu drei Personen vorschlagen. Auf diesen Angaben beruhen alle im folgenden präsentierten Ergebnisse.

Die Fragestellung entwirft eine hypothetische Szenerie, die es den Befragten erleichtern sollte, in diesem Kontext prominente Persönlichkeiten zu nennen. Die Szenerie einer Talkshow zu wählen, liegt nahe, da Talkshows ein „Tummelplatz" für prominente Namen sind oder wie James Monaco schreibt: „... the true home of the celebrity" (1978: 7). Die Hilfestellung der Talkshow-Situation stellt jedoch auch einen zusätzlichen Stimulus in der Frageformulierung dar, dessen möglicher Einfluß auf die Auswahl der Personen bei der Interpretation der Daten im Auge zu behalten ist. Denn zum einen wird hier die Konzentration auf das Fernsehen gelenkt, was insofern vertretbar ist, als das Fernsehen wohl für die „Produktion" von Prominenz das wichtigste Medium ist; zum anderen – folgenreicher – durch die Sendeform Talkshow auf solche Prominenz, die „etwas zu sagen" hat. Genaugenommen handelt es sich bei der so gewonnenen Stichprobe also um Talkshow-Prominenz.

III. Zum Erscheinungsbild von Prominenz

Was ist zu erwarten? Bereits eine kurze Begriffsgeschichte verdeutlicht, daß der Prominenzbegriff längst dem Filmmilieu entwachsen ist, dem er seinen in die 20er Jahre zu datierenden Ursprung verdankt.[4] Schon Karl Kraus – früher Zeuge der neuen

---

4 Bis dato wurde „prominent" (von lat. prominere = herausragen) vorrangig als Adjektiv verwendet und auch das selten: „Natürlich hat es das immer schon gegeben, es ist ein gutes Fremdwort, ... solange es Seltenheitswert hatte ... Aber es wurde eigentlich nie gebraucht,

Wortschöpfung – konstatiert: „Komödianten, Filmfritzen, Kabarettfatzken, Boxer, Fuß-
baller, Parlamentarier, Eintänzer, Damenfriseure, Literaturhistoriker, Persönlichkeiten
schlechtweg – alle können prominent sein" (1927/1961: 51). Und auch Max Graf Solms
(1956) schreibt Jahre später: „Prominenzen bilden sich de facto überall". Auch wenn
der Begriff schon früh aus den Filmkreisen herausdiffundierte, belegt bereits Ludes'
Lexikavergleich, daß er sich nicht gleichermaßen auf alle Berufszweige ausgedeht hat:
In beiden Lexika stammen über 95 Prozent der Prominenten aus den Bereichen Politik,
Wirtschaft, Wissenschaft, Kunst und Kultur, während beispielsweise die Kirche, der
Adel oder die Justiz eine untergeordnete Rolle spielen.

Während Kraus als vermittelndes Medium noch die Presse vor Augen hatte („Das Ekelwort
wuchert hauptsächlich in den Spalten der Presse"; 1961: 51), erlebte das Phänomen in der
Nachkriegszeit vor allem durch die Verbreitung des Fernsehens einen neuen Aufschwung, was
der Zeitzeuge Werner Höfer, der zunächst beim Radio, dann beim Fernsehen tätig war, aus
eigener Anschauung formuliert: „Es ist grotesk ..., daß Leute unserer Zunft erst dann zu
Ansehen kamen, wenn man sie sehen konnte" (nach Köhne 1992: 27).[5] Mit der Verbreitung des
Fernsehens wuchs demnach nicht nur die Zahl der Prominenten, sondern es entstand ein völlig
neuer Typus von Prominenz, Personen nämlich, die in und von den Medien leben: „Hella von
Sinnen, Gottschalk sind ja ... Medienprodukte, sind gleichsam dieselben Produkte, in welchen
sie arbeiten, und haben dadurch eine ganz andere Bedeutung und Rolle, ..., aber ihre einzige
Leistung besteht ja in der Medienleistung, sie bringen nichts in die Medien ein" (Oskar Negt,
nach Köhne 1992: 25).

Das Privileg auf den Prominentenstatus haben die Filmstars längst verloren. Ebenso
wie das Fernsehen dem Kino seinen Rang streitig macht, gesellen sich mit neuen
Medien auch neue Prominenzen zu den Filmstars. Zu bestimmen, wie weit dieser
Prozeß gediehen ist, welche Personen sich heute im Licht der Öffentlichkeit sonnen
bzw. die Aufmerksamkeit des breiten Publikums auf sich ziehen, war das erste Ziel
der von uns unternommenen Umfrage.

Welcher Prominenztypus heute überwiegt, läßt sich im Hinblick auf drei Bezugs-
größen fragen: 1. im Hinblick auf die Anzahl der namentlich genannten *Prominenten*
aus verschiedenen Gesellschaftsbereichen, 2. auf die Anzahl der *Nennungen*, die auf
Vertreter einzelner Bereiche entfallen und 3. im Hinblick auf den *Aufmerksamkeitswert*
der Prominenten, d.h. von wievielen Befragten einzelne Prominente genannt wurden.

In *Tabelle 1* finden sich die Prominenten zunächst ihrer Profession entsprechend
nach gesellschaftlichen Bereichen geordnet. Ein erster Blick auf die Tabelle verrät, daß
die genannten Prominenten längst nicht alle denkbaren Gesellschaftsbereiche repräsentieren. So fehlen beispielsweise – den Prominentenlexika entsprechend – Vertreter
dessen, was Ludes (1989) als „Bereich der Kontrolle physischer Gewalt" bestimmt.
Und für die aufgeführten Bereiche gilt, daß sie nicht alle in demselben Maße vertreten
sind: Bei 90 Prozent der prominenten Personen handelt es sich allein um Kulturprominenz, Politiker oder Sportler. Weit über die Hälfte der genannten Prominenten sind
dem Kulturbereich zuzuschreiben, wobei Kulturprominenz hier alle Kunst- und Me-

denn man begnügte sich, jemand verdientermaßen 'hervorragend' zu nennen" (Kraus
1927/1961: 50).

5 Das Zitat ist ein Interview von Werner Höfer und stammt aus einem Beitrag von Werner
Köhne, der am 30.1.1992 im Deutschlandfunk gesendet wurde. Da das mir vorliegende
Manuskript keine Quellennachweise enthält, kann die dort verwendete Literatur hier nicht
im Original zitiert werden.

Tabelle 1: Prominente und ihre Nennungshäufigkeiten nach gesellschaftlichen Bereichen

Gesellschaftsbereiche	Anzahl der Prominenten in Prozent	Anzahl der Nennungen in Prozent
Kultur	58,0	46,2
Kunst	*45,8*	*27,1*
Medien	*12,2*	*19,1*
Politik	21,7	43,1
Sport	9,8	7,3
Wirtschaft	2,6	0,8
Wissenschaft	2,2	0,7
Kirche	1,1	0,6
Adel	1,1	0,6
sonstige Prominente	3,3	0,8
nicht klassifizierbar	*1,8*	*0,5*
nicht identifizierbar	*1,5*	*0,3*
insgesamt	722	3693

dienprominenz umfaßt, der verwendete Kunstbegriff wiederum nicht nur „hohe Kunst".[6] Mit einem Anteil von 22 Prozent sind Politiker am zweitstärksten vertreten, gefolgt von Sportlern mit 10 Prozent. Bezogen auf die Anzahl der prominenten Personen überwiegt also die Kulturprominenz.

Betrachtet man nun die Anzahl der Nennungen, so ergibt sich ein anderes Bild: Beinahe gleichviele Nennungen – nämlich jeweils beinahe die Hälfte – entfallen auf kulturelle oder politische Prominenz. Erst aus dieser Perspektive, d.h. auf der Ebene der Nennungen, offenbart sich der Stellenwert, der Politikern in der gesellschaftlichen Öffentlichkeit zukommt: Denn betrachtet man den kulturellen Bereich nach Kunst und Medien getrennt, so werden Politiker am häufigsten als Prominente benannt. Das heißt, das Publikum denkt bei dem Begriff Prominenz (oder genaugenommen: Talkshow-Prominenz) in beinahe der Hälfte der Fälle an einen Politiker.

Neben der horizontalen Differenzierung von Prominenz im Hinblick auf die Profession der ihr zugehörigen Personen, ergibt sich eine vertikale Differenzierung im Hinblick auf den Aufmerksamkeitswert einer Person. Graphisch schlägt sich diese Rangfolge in einer steilen Pyramidenform nieder (*Schaubild 1*): Die 29 am häufigsten genannten Prominenten (das entspricht vier Prozent aller genannten Personen) erzielen allein die Hälfte aller abgegebenen Nennungen, während die andere Hälfte der Nennungen sich auf die übrigen 693 Prominenten verteilt.

Der bunte Namensstrauß der Spitzenprominenten bezeichnet wiederum nur Personen aus Politik, Kunst, Medien und Sport: Den ersten Platz nimmt (im Herbst 1990) Helmut Kohl mit 286 Nennungen ein, gefolgt von Thomas Gottschalk (199) und Oskar Lafontaine (166). Weitere

---

6 Um den „benachbarten" Bereichen Kunst und Medien, die auch Überschneidungen aufweisen, eindeutig Prominente zuordnen zu können, wird Medienprominenz hier eng bestimmt als solche Personen, die allein in und von den Medien leben, wie Entertainer, Moderatoren, Journalisten. Kunstprominenz bezeichnet die breitere Kategorie, die alle Personen umfaßt, die ihre Tätigkeit auch außerhalb des Mediensystems ausüben können, wie bildende Künstler, Musiker, Schauspieler bis hin zu Komikern, Kabarettisten usw.

Schaubild 1: Aufmerksamkeitswert der Prominenten

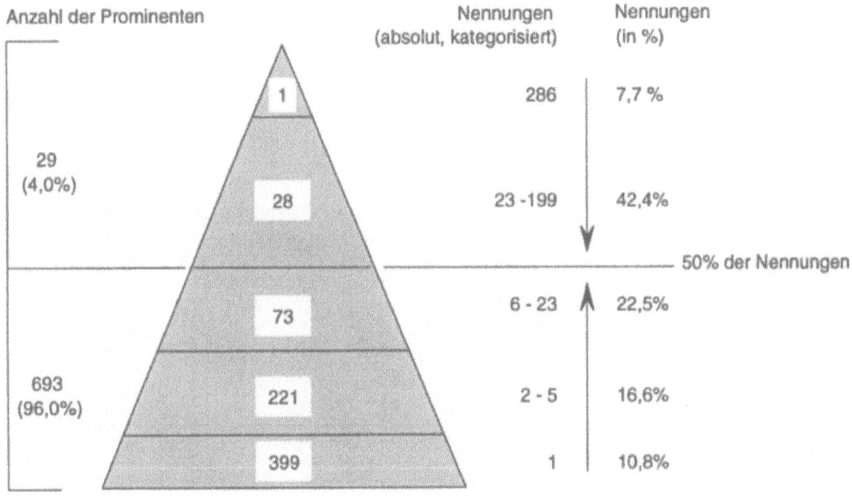

Anzahl der Prominenten		Nennungen (absolut, kategorisiert)	Nennungen (in %)
	1	286	7,7 %
29 (4,0%)	28	23 -199	42,4%
			50% der Nennungen
	73	6 - 23	22,5%
693 (96,0%)	221	2 - 5	16,6%
	399	1	10,8%

Anzahl der Prominenten: 722
Anzahl der Nennungen: 3693

Namen sind in der Reihenfolge ihrer Nennungshäufigkeit: Hans-Dietrich Genscher (113), Willy Brandt (101), Richard von Weizsäcker (81), Rudi Carrell (70), Norbert Blüm (67), Helmut Schmidt (67), Frank Elstner (56), Michail Gorbatschow (55), Boris Becker (51), Rita Süßmuth (50), Peter Alexander (45), Steffi Graf (42), Franz Beckenbauer (38), Günther Jauch (35), Hans-Joachim Kulenkampff (35), Otto Graf Lambsdorff (34), Karl Dall (29), Theo Waigel (28), Otto Waalkes (28), Wolfgang Schäuble (27), Gregor Gysi (27), Walter Momper (25), David Hasselhoff (24), Inge Meisel (24), Heinz Rühmann (24) und Wim Thoelke (23).

Was das Publikum unter dem Prominenzbegriff subsumiert, ist demnach ein Kreis von Personen verschiedener Herkunft, die zunächst allein ihre Bekanntheit gemeinsam haben, sich jedoch im Grad der Aufmerksamkeit, die sie beim Publikum erzielen, erheblich voneinander unterscheiden. Dabei wird Politikern von allen Prominenten die größte Aufmerksamkeit im Publikum zuteil: Allein von den 29 Spitzenprominenten stammen 14 Personen aus dem Politikbereich. Einzelne Spitzenpolitiker prägen demnach das Bild von Prominenz inzwischen mehr als beispielsweise Filmgrößen, in denen historisch gesehen die Wurzel des Prominenzphänomens zu suchen ist. Die starke Präsenz von Politikern unter den Prominenten läßt sich dahingehend deuten, daß Politiker zunehmend dieselben Wege beschreiten wie Schauspieler, daß sie also mit den anderen Prominenten um die Aufmerksamkeit des Publikums konkurrieren. Hierin ist auch ein empirisches Indiz für die vielbeschworene Personalisierung von Politik zu sehen, mit der die Inszenierung einzelner Personen einhergeht.

Wie erklärt sich die Diffundierung des Prominenzphänomens? Und warum macht sie halt vor Vertretern einzelner Bereiche? Worauf sind die unterschiedlichen Chancen auf den Erwerb des Prominententitels zurückzuführen? Lassen sich hier strukturelle Mechanismen bezeichnen oder hat Karl Kraus recht, wenn er Prominente als Personen

Tabelle 2: Prozentuale Verteilung der Prominenten in Altersklassen nach Geschlecht und Bereich

	Prominenz insgesamt		Prominenz nach Bereich							
			Politik		Kunst		Medien		Sport	
	M	W	M	W	M	W	M	W	M	W
bis 30 Jahre	6,9	17,8	0,8	4,2	5,8	19,8	3,4	7,1	31,0	83,3
31 – 40	14,9	22,9	3,3	29,2	18,8	23,1	13,6	21,4	31,0	–
41 – 50	28,8	32,5	30,8	29,2	34,3	30,8	23,7	50,0	19,0	16,7
51 – 60	30,6	17,2	45,8	16,7	24,2	17,6	35,6	14,3	13,8	–
61 – 70	14,5	7,0	12,5	16,7	13,0	6,6	22,0	–	3,4	–
älter als 70	4,3	2,5	6,7	4,2	3,9	2,2	1,7	7,1	1,7	–
N (Prominente)	490	157	120	24	207	91	59	14(!)	58	6(!)

charakterisiert, die „Zufall, Konjunktur oder Willkür der journalistischen Selbstherrscher ... aus der Fülle der Untalente hervorgehoben hat" (1927/1961: 50/51)?

Bevor diesen Fragen nachgegangen wird, sei noch ein kurzer Blick auf das demographische Profil geworfen, das Prominenz kennzeichnet (vgl. *Tabelle 2*). Die Chancen, sich einen Prominentenstatus zu erwerben, stehen offensichtlich auch mit demographischen Merkmalen der Personen in Zusammenhang: Der Prominentenstatus wird viel häufiger männlichen (77 Prozent) als weiblichen (23 Prozent) Personen zugeschrieben, wobei die Altersverteilung vermuten läßt, daß der Frauenanteil künftig zunimmt. Die meisten Prominenten sind mittleren Alters. Jedoch hängen Alter und Prominentenstatus nicht unmittelbar zusammen. Vielmehr drückt sich im Alter einer Person ihr möglicher bisheriger Karriereverlauf aus: Sportler erwerben sich daher eher in jungen Jahren Prominenz, Politiker erst, wenn sie ein mittleres Alter erreicht haben und damit auch eine gewisse Position auf nationaler Ebene.

IV. Wege der „Prominenzierung" oder die Macht der Medien

Über die Zuschreibung des Prominentenstatus und die Selektion der betreffenden Personen finden sich in der Literatur nur Andeutungen. Bei Friedrich Sieburg (1954) läßt sich die überspitzte Formulierung nachlesen, Prominenz entstehe „nicht durch Auslese", sondern „durch Beifall", womit unterstellt wird, daß die Bestimmung von Prominenz allein dem Publikum überlassen bleibt. Häufiger noch ist die schon von Karl Kraus formulierte Annahme, die Definitionsmacht liege allein bei den Medien, die mediale Dauerpräsenz stelle mithin das einzige „Hintergrundkapital" der Prominenten dar. Neben der Rolle des Publikums und der Medien findet sich eine dritte Perspektive bei Suzanne Keller (1983), die ein Forschungsprogramm entwirft, das der Prozedur der Bestimmung in anderen Elitestudien folgt: „one needs first to delineate the pool of eligibles, both by field and candidates" (1983: 13).

Um den Prozeß des Prominentwerdens adäquat zu beschreiben, müssen alle drei Instanzen berücksichtigt werden, die an der Selektion beteiligt sind, nämlich: die einzelnen Gesellschaftsbereiche selbst, denen die Personen angehören, die Massenmedien und das Publikum. Für die Bestimmung der Prominenten stellt sich das von Gertraud Linz bezeichnete Problem: „Auf irgendeine Weise muß der Konsens vieler hergestellt werden für die Wertschätzung einzelner" (1965: 27). Dieser Konsens ergibt sich aus der wechselseitigen Bezugnahme aller im folgenden illustrierten Selektionsschritte aufeinander. Die Leitthese zur Entstehung von Prominenz lautet demnach – Friedrich Sieburgs Formel modifizierend – nicht „Beifall *statt* Auslese" sondern „Beifall *nach* Auslese".

Darüber, wie sich der Selektionsprozeß gestaltet, seien folgende ausgewählte Thesen formuliert:

1. Die „Nominierung" von Prominenz„kandidaten" findet noch vor der massenmedialen Vermittlung in den einzelnen Funktionsbereichen statt, die eine je eigene Bereichselite ausbilden, die wiederum den „Pool" für die Prominenzkandidaten darstellt. Dies gilt für alle Personen, die ihrer Profession nach nicht dem Mediensystem zuzuschreiben sind. Dabei bieten die Bereiche unterschiedlich gute Chancen für ihre Mitglieder, den Prominentenstatus zu erwerben: Je sichtbarer sich eine Bereichselite abhebt, desto größer sind die Chancen für jedes „Elitemitglied", auch von den Medien wahrgenommen und vermittelt zu werden.

2. Die Chancen auf den Prominentenstatus steigen mit besserer materieller, finanzieller und personeller Ressourcenausstattung der Bereiche oder Akteure, die den Input in das Mediensystem leisten bzw. übernehmen können. Denn die Medien sind weitgehend angewiesen auf den Input, der ihnen geliefert wird, bzw. auf leicht erreichbare oder sichtbar werdende Informationen.

3. Prominenz entsteht vorrangig dann, wenn der „Kandidat" auf den Prominentenstatus angewiesen ist oder besonderen Nutzen daraus zieht. In diesem Augenblick ist er selbst bemüht, Kontakt zu den Medien aufzunehmen bzw. ist einem Medienkontakt gegenüber aufgeschlossen.

4. Erst wenn der Input an die Medien geleistet wurde oder zur Verfügung steht, selektieren die Medien die Informationen nach eigenen, bereichsimmanenten Selektionskriterien, zu denen vor allem die sogenannten „Nachrichtenwertfaktoren" zu zählen sind. Diese Faktoren spielen eine bedeutende Rolle für die Entstehung des Prominenzphänomens, für dessen Implementierung und für die Auswahl der Prominenten.

5. Die Bedeutung von visualisierten Informationen für die Entstehung von Prominenz, auf die bereits der Radiomann Werner Höfer hingewiesen hat, läßt sich mit Günther Anders (1984) auf die Formel bringen: „Die Hauptkategorie ... unseres heutigen Daseins heißt: Bild" (1984: 250). Da das Fernsehen das wichtigste Medium zur „Prominenzierung" von Personen darstellt, wird auch die Telegenität eines „Kandidaten" zum mitentscheidenden Selektionskriterium.

6. Obwohl die massenmediale Vermittlung eine notwendige Voraussetzung zur Prominenzzuschreibung darstellt, die wiederum durch die Vorstrukturierung der Informationen noch vor der massenmedialen Agenda abhängt, kann von Prominenz erst gesprochen werden, wenn das breite Publikum den Status zuschreibt bzw. akzeptiert.

Die aufgelisteten Thesen finden sich im vorliegenden Datenmaterial weitgehend bestätigt. Da sie in diesem Beitrag nicht ausführlich empirisch belegt werden können, beschränke ich mich darauf, sie vorwiegend am Beispiel der politischen Prominenz zu illustrieren[7], um die Thesen abschließend in einem graphischen Modell zu veranschaulichen.

1. Vorselektionen

Die erste These postuliert, daß die Medien auf sichtbare, leicht erreichbare Informationen angewiesen sind. Im Falle von Personen bedeutet dies eine Konzentration auf einen vorstrukturierten Personenkreis, nämlich die jeweiligen „Eliten" einzelner Gesellschaftsbereiche.

Der politische Bereich ist stark hierarchisch strukturiert, die Verortung von Personen in dieser Hierachie findet eindeutig nach immanenten Selektionsprozessen statt. Als Steuerungsmechanismus in diesem Bereich kann das Kriterium „Macht" angenommen werden (vgl. Parsons 1963), und einen Ausweis für Machtbefugnisse und Einflußmöglichkeiten einer Person im politischen System stellen die Positionen dar, die diese besetzt, da Macht – zumindest in demokratischen Gesellschaften – nicht personen- sondern positionsbezogen definiert ist. Wer im politischen System ein hohes Amt bekleidet, kann demnach zur politischen Elite gerechnet werden. Trifft die These von der Konzentration der Massenmedien auf Bereichseliten zu, so müßte es sich bei den uns genannten politischen Prominenten um Inhaber von hohen und höchsten Positionen handeln.

Betrachtet man die Umfragedaten allein im Hinblick auf Politikernamen, so finden sich 28 Politiker, die überdurchschnittlich häufig genannt wurden – gemessen an der durchschnittlichen Nennungshäufigkeit von 10,1 Nennungen im politischen Bereich. Dieser Personenkreis setzt sich zusammen aus vier Staatsoberhäuptern aus dem Ausland, dem Bundespräsidenten, dem Bundeskanzler, dem Kanzlerkandidaten der SPD zum Zeitpunkt der Umfrage, der Bundestagspräsidentin, sieben Bundesministern, vier Landesministern, fünf Bundestagsabgeordneten und vier Politikern mit hohen Parteiämtern.

Bei den sechs meistgenannten Personen aus der Politik, auf die allein 50 Prozent der (Politiker-) Nennungen entfallen, handelt es sich in absteigender Reihenfolge (die Zahlen in den Klammern weisen die Anzahl der Nennungen aus) um Helmut Kohl (286), Oskar Lafontaine (166), Hans-Dietrich Genscher (113), Willy Brandt (101), Richard von Weizsäcker (81) und Norbert Blüm (67).

Die genannten Namen bezeichnen ohne Ausnahme derzeitige oder ehemalige Inhaber hoher Positionen, die zu den Vertretern der politischen Elite gezählt werden können. Die prominenten Politiker spiegeln demnach ein Abbild der politischen Hierarchie wider: Allein 70,1 Prozent aller Nennungen für den politischen Bereich entfallen auf deutsche Bundespolitiker (einige wenige stammen aus den neuen Bundesländern), 20,4 Prozent auf Landespolitiker und nur 1,6 Prozent auf Kommunalpolitiker. Zieht man als Prozentuierungsbasis nicht die Anzahl der Nennungen, sondern die politischen Prominenten selbst heran, so sind 42,0 Prozent der Bundesebene, 28,0 Prozent der Landesebene und 12,7 Prozent der Kommunalebene zuzuordnen. Darüber hinaus läßt sich feststellen, daß auf Bundesebene – verglichen mit der Oppositionspartei – ein Überhang von Personen aus der Regierungspartei vertreten ist: die

---

7 Eine ausführliche Diskussion findet sich in Birgit Peters (1993): „Entstehung und Wirkung von Prominenz". Berlin, noch unveröffentlichte Diss.

CDU/CSU stellt hier 30 prominente Personen, aus den Reihen der SPD stammen dagegen nur 13 Prominente.

Findet sich eine so unterschiedliche Aufmerksamkeit seitens der Medien bereits bei Parteien, die in den Parlamenten vertreten sind, so läßt sich annehmen, daß kleine Splitterparteien oder andere politische Akteure des intermediären Systems wie soziale Bewegungen von den Medien eher stiefmütterlich behandelt werden. Diese Annahme wird durch unsere Umfrage insofern unterstützt, als solche Personen von den Befragten kaum als prominent ins Feld geführt wurden.

Die Medien vermitteln diejenigen Politiker, die bereits eine hohe Position bekleiden, sie bevorzugen Träger von Macht.[8] In diesem Sinne spiegeln der Reigen der politischen Prominenz und damit auch die Darstellung von Politik in den Medien weitgehend die Machtverhältnisse des politischen Systems wider. Für die politische Prominenz kann die oben formulierte These also als bestätigt gelten: Haben die Medien ausschließlich solchen Personen zu Prominenz verholfen, die hohe Positionen innehaben, so haben sie auf die vom politischen System nach immanenten Kriterien ausgewählte Bereichselite zurückgegriffen und keine Prominenz an dieser Elite vorbei „produziert". Die erlangte Prominenz haben Politiker – so läßt sich schließen – ihrem Amt zu verdanken.

Die deutliche Erkennbarkeit der politischen Bereichselite hat – vermittelt über die Medien – Folgen bis zur Publikumsselektion von Prominenz. Denn betrachtet man die unterschiedlichen Prominenzzuschreibungen durch verschiedene nach sozio-demographischen Merkmalen bestimmte Teilpublika, so erzielt gerade politische Prominenz über alle Rezipientenkreise die größte Aufmerksamkeitsreichweite, da bereits die systemimmanente Selektion einen relativ klar definierten Personenkreis bestimmt. Im Kunstbereich hingegen, der kaum eindeutige Selektionsmuster aufweist, ist die Streuung der Nennungen am größten. Dies läßt sich an folgendem Zahlenbeispiel verdeutlichen: Betrachtet man die Bestimmung der „Top-Ten" aus den Bereichen Politik, Kunst, Medien und Sport durch verschiedene Teilpublika, so fällt folgendes ins Auge: Über alle – durch Geschlecht, Alter, Bildung, politisches Interesse und ideologischen Standort bestimmten – Teilpublika hinweg finden sich unter den jeweils zehn politischen Spitzenprominenten nur 15 verschiedene Politiker, von denen fünf in den Listen aller Teilpublika vertreten sind. Auf den Top-Ten-Listen des Kunstbereichs hingegen stehen 21 verschiedene Namen, von denen nur ein einziger auf allen Listen vertreten ist.

Wo sich weitgehende Einigkeit der Teilpublika über die Bestimmung der bereichsspezifischen Spitzenprominenten konstatieren läßt, handelt es sich um Personen, die aufgrund eindeutiger systemimmanenter Kriterien als „Elite" bestimmbar sind. Aus diesen Bereichen erreicht die Medien ein klar vorstrukturierter Input, der weder den Medien noch dem Publikum viel Selektionsspielraum läßt – wenn man von den Rückkopplungsprozessen einmal absieht. Bei der politischen Prominenz wird dies besonders deutlich.

Die zweite These, die die Chancen auf massenmediale Vermittlung auf das Ausmaß der Ressourcenausstattung zurückführt, steht mit der erstgenannten These in Verbindung: Die Bevorzugung von Bereichseliten beinhaltet häufig auch die Bevorzugung

---

8 Dies findet sich auch im Wandel der Zugangschancen zu den Medien bestätigt, den die DDR-Oppositionellen erlebt haben: vgl. Lindgens/Mahle (1992); Knoche/Lindgens (1990).

jener Kreise, die die besten Chancen haben, Verbindungen mit den Massenmedien zu etablieren, sei es aufgrund materieller Ressourcen oder aufgrund von „Beziehungskapital". Vor allem Politiker in einflußreichen Positionen haben nicht nur Zugang zu, sondern auch Kontrollmöglichkeiten über die Medien, insbesondere über die öffentlich-rechtlichen Sendeanstalten: „Wie empirische Untersuchungen zeigen, sind die Aufsichtsgremien des Rundfunks überwiegend mit Entscheidungsträgern der Parteien, d.h. Spitzenpolitikern und ehemaligen Spitzenpolitikern sowie Entscheidungsträgern der kulturellen Institutionen besetzt, wobei die überwiegende Zahl der Vertreter in parteinahen Freundeskreisen organisiert ist (Kepplinger/Hartmann 1989: 98)" (Pfetsch 1991: 44). Hierin mag auch eine Ursache dafür liegen, daß die Regierungspartei unter der politischen Prominenz stärker vertreten ist als die Opposition.

Die dritte These geht davon aus, daß Prominenz gerade dort entsteht, wo sie für die Träger dieses Status von besonderer Relevanz ist. Dies findet sich bereits in dem Umstand bestätigt, daß der zweitgrößte Anteil der Prominenten (nach der Kunstprominenz) durch Politiker gestellt wird. Zwar ist das Funktionieren von Politik in der Regel nicht an die Bekanntheit der agierenden Personen geknüpft, jedoch stellt der Prominentenstatus der Protagonisten vor allem zu Wahlkampfzeiten ein wichtiges Gut dar. Denn das Laienpublikum umfaßt auch den Kreis der Wahlberechtigten, die neben einem Parteiprogramm einen Kandidaten wählen, weshalb die Spitzenkandidaten darauf angewiesen sind, daß der Wähler sie kennt bzw. zu kennen glaubt: „Tatsächlich bewähren sich im politischen Konkurrenzkampf fast keine Programme mehr, sondern nur noch Gesichter. Wichtiger als selbst die denkbar höchste Kompetenz ist der Bekanntheitsgrad; und schlimmer als jede Kritik wäre der Umfragevermerk: nicht bekannt" (Macho 1993: 766).

Ökonomie und Wissenschaft hingegen funktionieren ohne die Bekanntheit ihrer Vertreter in einem Laienpublikum. Für das Fortkommen der Einzelpersonen sind andere Kreise relevant. Die geringe Anzahl von Prominenten aus diesen Reihen ist demnach ebenfalls als Beleg für die These deutbar, daß Prominenz vor allem dann entsteht, wenn eine Abhängigkeit der Personen von der Wertschätzung durch ein großes Laienpublikum vorliegt oder wenn den Prominenten aus ihrem Status ein deutlicher Vorteil erwächst. Nur in diesen Fällen ist mit dem Wunsch oder der Suche nach Medienkontakt zu rechnen.

2. Die Rolle der Medien

Dreh- und Angelpunkt des Prominenzierungsprozesses stellen die Medien dar. Ihnen kommt in ihrer Rolle als selektierende und vermittelnde Instanz besondere Bedeutung zu: Sie erst ermöglichen ausgewählten Personen den Zugang zu einer breiten Öffentlichkeit und nehmen entscheidenden Einfluß auf das Erscheinungsbild von Prominenz. Denn Publizität erreichen die Personen erst durch massenmediale Vermittlung.

Die ihnen zukommende Informationsflut selektieren Medienakteure vor allem entlang von „Nachrichtenwertfaktoren". Diese spielen eine bedeutende Rolle für die Entstehung, den Erhalt und das Erscheinungsbild von Prominenz. Die Faktoren, die etwa Joachim F. Staab (1990) auflistet, wirken sich in folgender Weise aus: Der Faktor „Personalisierung", der den Umstand bezeichnet, daß die Medien personenzentrierte

Informationen abstrakten Sachverhalten vorziehen, begünstigt die Entstehung von Prominenz jedweder Art. Die so entstandene Prominenz wird selbst wieder bevorzugt vermittelt, da auch „Prominenz" einen Nachrichtenwertfaktor darstellt, woraus sich ein Kreislauf ergibt, der die Bekanntheit der betreffenden Personen im Verlauf dieses Prozesses erhöht.[9]

Während diese beiden Faktoren der Entstehung von Prominenz im allgemeinen Vorschub leisten, führen andere zur Bevorzugung bestimmter Personen, d.h. sie erklären das Erscheinungsbild von Prominenz, wie es sich in unseren Umfragedaten abbildet: Die Auswahl der (erstmals) zu vermittelnden Personen wird insbesondere bestimmt durch die Faktoren: persönlicher Einfluß, Reichweite und kulturelle Nähe. Die massenmediale Mehrbeachtung von Personen mit persönlichem Einfluß oder Elite-Status bestätigt die eingangs formulierte These, wonach vor allem Bereichseliten massenmediale Aufmerksamkeit finden. Die Auswahl nach „kultureller Nähe" findet sich im Erscheinungsbild von Prominenz darin bestätigt, daß der Grad an Internationalität insgesamt gering ist. Selbst wenn Personen aus dem Ausland genannt wurden, stammen diese vorwiegend aus dem kulturell verwandten westlichen Ausland. Die Gültigkeit des Faktors „Reichweite", also die Auswahl von Informationen, die für ein möglichst breites Publikum von Interesse sind, findet vor allem in der Zusammensetzung der kulturellen Prominenz Ausdruck, die überwiegend der leichten Muse verpflichtet ist.[10]
    Die Nachrichtenwertfaktoren, die als journalistische Hilfskonstruktion zur Bewältigung der Informationsfülle begriffen werden können, sind keine willkürlichen Kriterien des Mediensystems. Vielmehr läßt sich annehmen, daß sie Bezug nehmen auf die den Medien vorgegebenen Rahmenbedingungen und Aufgabenstellungen einerseits und den antizipierten Publikumsgeschmack andererseits. Ersteres wird von Barbara Pfetsch (1991) bestätigt, die feststellt, daß die öffentlich-rechtlichen Sendeanstalten, die vom politischen System in stärkerem Maße abhängen als die privaten, dem Faktor „persönlicher Einfluß" besonderen Vorrang einräumen, d.h. ihre Inhalte stärker an dem Kriterium „Eliterelevanz" ausrichten. Umgekehrt läßt sich zeigen, daß die privaten Sender, die weitgehend nach ökonomischen Gesichtspunkten handeln, ihr Programm stärker auf die angenommene Publikumsrelevanz ausrichten. Diese vorgegebenen Rahmenbedingungen sind mitverantwortlich für die Struktur der Medieninhalte. Für subjektive Willkür der Medienakteure – auch in bezug auf die Auswahl potentieller Prominenter – bleibt somit wenig Raum. Denn der Output der Medien ist – so läßt sich resümieren – von fünf Faktoren abhängig: von der Inputhypothese, der Nachrichtenwerthypothese, dem spezifischen Medienformat, der organisatorischen Struktur des jeweiligen Mediums und dem antizipierten Publikumsgeschmack.

Der im Modell (vgl. *Schaubild 2*) illustrierte Prozeß der Entstehung von Prominenz, der hier aus Platzgründen vorwiegend am Beispiel der politischen Prominenz nach-

---

9 Der Prozeß läßt sich vergleichen mit dem Phänomen, das Robert K.Merton (1985) im Wissenschaftssystem mit dem „Matthäus-Effekt" bezeichnet: Belohnungen werden vorwiegend solchen Personen zuteil, die bereits Reputation erworben haben.
10 Andere Nachrichtenwertfaktoren wie „Kontroverse", „Aggression", „Überraschung" und „tatsächlicher" wie „möglicher Schaden" dürften für eine Spielart von Prominenz von Relevanz sein, die hier nicht betrachtet wird, nämlich „relative Prominenz". Zwischen „relativer" und „absoluter" Prominenz läßt sich in Anlehnung an die juristische Unterscheidung von „relativen" und „absoluten Personen der Zeitgeschichte" differenzieren (Neumann-Duesberg 1960), wobei relative Prominenz Personen bezeichnen soll, die nur kurzfristig aufgrund eines bestimmten Ereignisses ins Licht der Öffentlichkeit rücken, während absolute Prominenz „zumindest für eine bestimmte Zeit kontinuierlich am öffentlichen Leben teilnehmen und dabei ... ein andauerndes Informationsinteresse der Öffentlichkeit begründen" (Ricker 1989: 105). Die Beschränkung der Betrachtung auf absolute Prominenz wird dadurch gerechtfertigt, daß in der Umfrage beinahe ausschließlich dieser Typus genannt wurde.

Schaubild 2: Wege der „Prominenzierung"

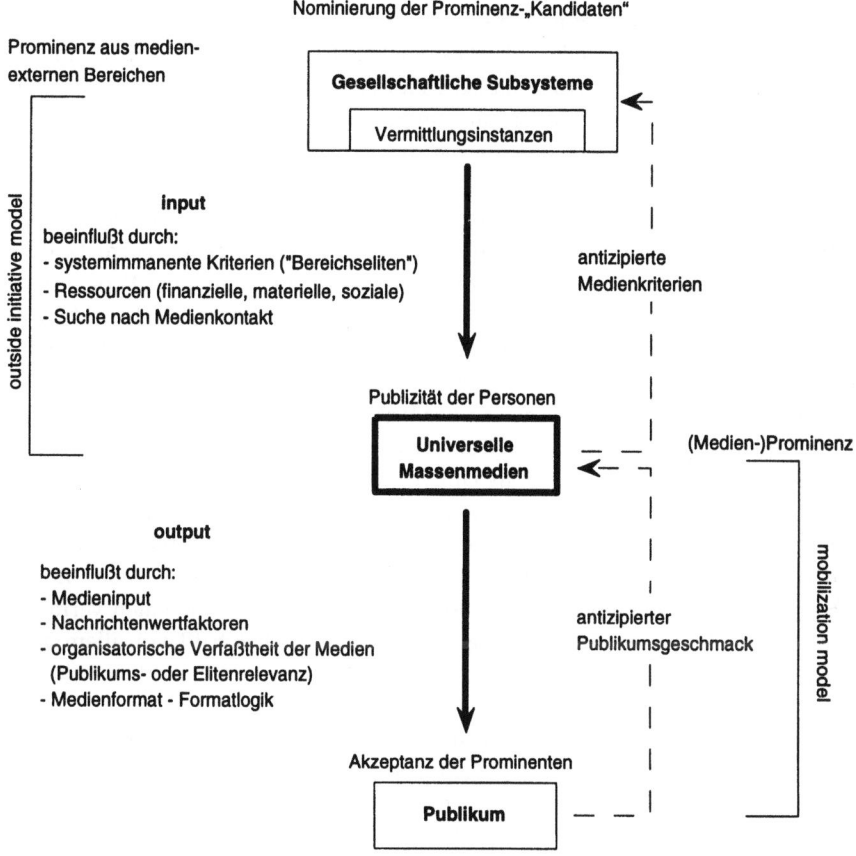

gezeichnet wurde, läßt sich als zugrundeliegendes Schema für Prominenz aller Professionsbereiche postulieren. Eine Sonderstellung nimmt allein die „reine Medienprominenz" ein, also Personen, die Franz Dröge dadurch charakterisiert, daß sie „nicht nur *in* der Öffentlichkeit leben, sondern auch *von* der Öffentlichkeit" (1967: 92). Hier finden „Nominierung" und „Publizität" in demselben System statt. Solche Medienprominenten stellen allerdings – wie unsere Umfrage belegt – mit einem Anteil von 12 Prozent (vgl. *Tabelle 1*) nur eine Minderheit dar.

Es müssen daher zwei Wege der Prominenzierung einer Person unterschieden werden, die hier in Anlehnung an Roger W. Cobb et al. (1976) als „outside-initiative model" und „mobilization model" bezeichnet werden. Die Fragen des ersteren sind allein relevant für die Entstehung von Prominenz, die aus medienexternen Zusammenhängen stammt. Hier muß der Schritt von der „Nominierung" zur „Publizität" vollzogen werden. Das Problem des „mobilization models", das im vorliegenden Kontext die Schnittstelle zwischen den Medien und dem Publikum thematisiert, stellt sich hingegen für beide Prominenztypen.

Das Schaubild weist nun neben den einzelnen Selektionsschritten auch Rückkopplungseffekte aus. Denn sobald die Mechanismen der Medien bekannt sind, kann der Input bereits im Vorfeld an deren Selektionskriterien ausgerichtet werden: „Für medienkundige Veranstalter von Ereignissen, denen die Aufmerksamkeit von Presse und Rundfunk üblicherweise zuteil wird, ist es möglich, durch geschickte Plazierung nachrichtenträchtiger Hergänge größtmögliche Aufmerksamkeit zu erlangen" (Emmerich 1984: 99f.). Wird der Prozeß in der Langzeitperspektive unter Berücksichtigung von Interdependenzen betrachtet, so ist der Medieneinfluß demnach als erheblich einzuschätzen.

Ein weiterer bedeutender Eingriff der Medien – vor allem des Fernsehens – in die anderen Subsysteme ergibt sich aus dem den Bildmedien eigenen Formatkriterium der Visualisierbarkeit. Damit gewinnt die optische Erscheinung einer Person von Bedeutung, die für die Printmedien eine untergeordnete Rolle spielt. Joshua Meyrowitz (1990) konstatiert: „Es ist wahrscheinlich, daß einige unserer größten Präsidenten heute eine schlechte Figur machen würden, aber umgekehrt kann nicht bezweifelt werden, daß viele potentiell große Menschen in der Vergangenheit niemals für die Präsidentschaft in Frage gekommen waren, weil sie nicht die physischen Eigenschaften besaßen, die sie für die *alte* Kommunikations-Umwelt geeignet erscheinen ließen" (1990, II: 168f.). Der Einfluß der Medien beschränkt sich demnach nicht auf die Selektion der Informationen, sondern setzt bereits bei der Rekrutierung der Bereichseliten ein. In jedem Bereich, in dem die Protagonisten auf die Bekanntheit ihrer Person in einem breiten Publikum angewiesen sind, müssen sie sich der massenmedialen Vermittlung bedienen und sich deren Anforderungen unterwerfen. Dies trifft vor allem auf die reine Medienprominenz zu, auf Teile der Kunstprominenz und in starkem Maße auch auf Politiker.

Eingangs wurde für das Zustandekommen von Prominenz – Sieburgs Formel „Beifall *statt* Auslese" modifizierend – die Leitthese „Beifall *nach* Auslese" formuliert. Der Prozeß der Prominenzierung gestaltet sich jedoch – dem entworfenen Modell entsprechend – komplexer. Denn berücksichtigt man die Interdependenzen aller drei Selektionsschritte, so muß die Formel noch um folgenden Aspekt ergänzt werden: Bereits die Auslese, die in den gesellschaftlichen Teilsystemen stattfindet, orientiert sich – vermittelt über die Anpassung an die Medienanforderungen – am potentiellen „Beifall" des Publikums. Dies ist zumindest in den Teilbereichen der Fall, für deren Vertreter der Prominentenstatus ein anzustrebendes, gar notwendiges Kapital darstellt.

V. Prominenz – eine konsumierbare Unterhaltungsware?

Die dritte eingangs aufgeworfene Frage betrifft den Unterhaltungswert von Prominenz. Steht die unterhaltende Funktion von Prominenz im Mittelpunkt, und trifft dies auf alle Prominente zu, oder werden ihnen noch weitere Qualitäten zugeschrieben?

Aufgrund der Funktionen, die vor allem dem Medium Fernsehen zukommen und den Anforderungen, die dieses Bildmedium stellt, lassen sich einige Thesen über das Image von Prominenz entwickeln: Wer mittels Bildschirm ein breites Publikum ansprechen will, muß sich den Erfordernissen der visuellen Medien anpassen, muß telegen sein. In dieser Hinsicht stellt das Medium an alle Protagonisten ähnliche Anforderungen, verpflichtet sie nämlich zu einer gewissen Inszenierung (vgl. Hitzler

1993; Soeffner 1992). Dieser Vermutung hat bereits Richard Sennett (1983) in seiner Untersuchung zum „Verfall und Ende des öffentlichen Lebens" Ausdruck verliehen. Er geht davon aus, daß das Star-System aus dem Kunstbereich längst auf die Politik übertragen wurde. Dies äußert sich – so der Autor – auch darin, daß zunehmend die persönlichen Eigenschaften eines Kandidaten beurteilt werden, anstelle seines Handelns (Sennett 1983: 43, 369). Da Politiker in denselben Medien – vor allem dem Fernsehen – präsent sind wie Showgrößen, geht Sennett davon aus, daß das Publikum an die verschiedenen Protagonisten dieselben Meßlatten anlegt. Trifft dies zu, so müßten alle Prominenten als kleinsten gemeinsamen Nenner Interessantheit und Unterhaltsamkeit garantieren. Mittlerweile tragen auch und vor allem die Politiker selbst diesen (antizipierten) Anforderungen Rechnung.[11]

Inwieweit tatsächlich an Prominenz aus allen Bereichen derselbe – letztlich aus der Filmbranche abgeleitete – Maßstab angelegt wird und sie damit vor allem den Anforderungen der Medien genügt, kann anhand der Beurteilung der prominenten Personen durch die Rezipienten untersucht werden. Um das Image der Prominenten beim Publikum zu erfassen, wurden die Befragten gebeten, die Prominenten bezüglich vorgegebener Eigenschaften zu beurteilen: „Man macht sich ja häufig ein Bild von anderen Menschen, auch wenn man sie nicht näher kennt. Im folgenden möchte ich Sie darum bitten, die von Ihnen genannten Prominenten nach Ihrem persönlichen Eindruck zu charakterisieren. Wir haben hierzu eine Reihe von Eigenschaften zusammengestellt. Bitte sagen Sie mir für jede Eigenschaft, inwieweit diese auf die jeweilige prominente Person zutrifft". Die zwölf zur Beurteilung vorgegebenen Eigenschaften decken dabei ein breites Spektrum ab, das von Sympathie und Faszination über Durchsetzungs- und Einflußvermögen bis hin zu Vertrauenswürdigkeit und Verantwortungsbewußtsein reicht.

Es ergibt sich folgender Befund: Über eine Faktorenanalyse lassen sich die vorgegebenen Eigenschaften in drei Dimensionen zusammenfassen, die den Dimensionen entsprechen, die Talcott Parsons (1951) als die drei möglichen Bewertungsmodi eines Objekts benennt: Die Eigenschaften „einflußreich" und „durchsetzungfähig" konstituieren eine instrumentelle Dimension, „gutes Vorbild" und „vertrauenswürdig" eine moralische Dimension, „unterhaltsam" und „interessant" schließlich eine Dimension, die hier als „expressiv" bezeichnet werden soll. Es zeigt sich, daß alle Prominenz im Hinblick auf alle drei Dimensionen überwiegend positiv beurteilt wird (*Tabelle 3*).[12]

Interessanter sind jedoch die sich abzeichnenden Unterschiede zwischen den drei Dimensionen: Insgesamt überwiegt deutlich die expressive Dimension und damit die Unterhaltungsfunktion von Prominenz. Zwar variiert die diesbezügliche Bewertung, wenn man die verschiedenen Typen von Prominenz getrennt betrachtet: Während bei

---

11 Damit einher geht, daß sie dem Vergleich im Erscheinungsbild standhalten müssen. Nicht umsonst werden inzwischen auch Politiker vor ihren Auftritten geschminkt, woraus Günther Anders (1984: 252) – auf einen Fernseh-Disput zwischen Kennedy und Nixon rückblickend – ableitet, „daß [sie] nicht nur vom Publikum als 'show' erwartet wurden, sondern daß sie sich selbst bereits als Schauspieler auffaßten, daß sie mit Fernseh-Stars in Konkurrenz traten, daß ihre effektive politische Chance von ihrer show-Qualität abhing".

12 Die Tabelle ist zeilenweise zu lesen, wobei sich die Prozentuierungen in den Zeilen jeweils auf die Basis von 3358 Nennungen beziehen. In dieser wie der folgenden Tabelle stellen weder die Befragten noch die genannten Prominenten die Prozentuierungsbasis dar, sondern die abgegebenen Nennungen: Jede Nennung jedes Befragten bildet einen Fall.

Tabelle 3: Perzipiertes Eigenschaftsprofil von Prominenz

Dimensionen	trifft nicht zu						trifft zu		
	1	2	3	4	5	6	7	Ø	s
moralisch	4,1	4,1	4,9	11,2	18,5	26,1	31,0	5,4	1,6
instrumentell	1,1	3,4	5,4	14,7	21,8	26,5	27,2	5,4	1,4
expressiv	0,9	2,7	3,7	7,5	14,7	28,8	41,6	5,9	1,4

N (Nennungen) = 3358

Medienprominenten, Künstlern und Sportlern die expressive Dimension stark dominiert, ist sie bei Politikern am wenigsten deutlich ausgeprägt. Jedoch werden die
Faktoren Unterhaltsamkeit und Interessantheit bei allen Typen von Prominenz in über
der Hälfte der Fälle als zutreffend charakterisiert. Dies bestätigt die eingangs formulierte Erwartung, daß dem unterhaltenden Aspekt ein hoher Stellenwert zukommt.

Erstaunlicher als die Unterhaltungsfunktion ist die generell hohe Zuweisung moralischer Kompetenzen, die bezüglich aller Prominenz den zweiten Platz einnehmen.
Selbst wenn auch hier aufgrund der Fragestellung eine Verzerrung der Ergebnisse ins
Positive nicht auszuschließen ist, war dies nicht zu erwarten. Vielmehr läßt sich vermuten, daß das Publikum mit Prominenz mehr verbindet oder von ihr mehr erwartet
als reinen Unterhaltungswert, nämlich Orientierungsfunktionen. Diesen Schluß legt
schon der Umstand nahe, daß die moralische Dimension mittels der Items „gutes
Vorbild" und „vertrauenswürdig" gemessen wurde.[13] Die diesbezüglich positive Einschätzung verweist konkret darauf, daß Prominente in den meisten Fällen auch als
Vorbilder oder Orientierungsfiguren in Betracht kommen. Inwieweit sich dies im Hinblick auf eine Einflußnahme der Prominenten auf die (politischen) Meinungsbildungsprozesse der Rezipienten nachweisen läßt, soll im folgenden untersucht werden.

VI. Prominenz als Meinungsbildner

Zur Erfassung von möglichem meinungsbildendem Einfluß diente folgende Fragestellung, die sich auf politische Meinungsbildung konzentriert: „Wenn man sich eine
eigene Meinung zu politischen Angelegenheiten bildet, können ja auch andere Leute
eine Rolle spielen. Sagen Sie mir bitte für jede der von Ihnen genannten prominenten

---

13 Die Umstände des Sturzes mancher Prominenter legen die Frage nahe, ob nicht in der
   möglichen Vorbildrolle der Prominenten bereits eine *Forderung* des Publikums an die
   Personen des öffentlichen Lebens gesehen werden kann. Darauf verweisen die derzeitigen
   Reaktionen der Bürger auf die sich häufenden, Rücktritte provozierenden Skandale in der
   Politik. So überschrieb die ZEIT (21.5.1993) die empörten Leserbriefe, die auf einen Bericht
   vom Fall Björn Engholm Bezug nehmen, mit der Zeile: „Die Sehnsucht des Bürgers nach
   Moral". In derselben Ausgabe reagierte Theo Sommer in seinem Leitartikel auf die als
   moralisch überzogen enttarnte Empörung: „Indessen darf niemand erwarten, daß in Demo-
   kratien Engel regieren. Politiker sind keine Heiligen, sowenig wir selber Heilige wären.
   Wir wählen Kanzler, nicht Päpste; Minister, nicht Kardinäle; Abgeordnete, nicht Prälaten.
   Politiker sind Menschen – fehlsam, anfällig, irrend wie wir alle". Das Publikum will seine
   Prominenten jedoch offenbar anders sehen. Und dies gilt nicht nur für Politiker.

Tabelle 4: Einflußnahme und Image politischer und nicht-politischer Prominenz

Politische Prominenz

Einfluß auf politische Meinungs- bildung	Bewertungsdimension								
	moralisch			instrumentell			expressiv		
	trifft nicht zu	teils/ teils	trifft zu	trifft nicht zu	teils/ teils	trifft zu	trifft nicht zu	teils/ teils	trifft zu
wahrscheinlich	10,2	20,2	71,1	–	36,6	59,9	12,0	42,0	63,6
unentschieden	3,4	19,2	14,7	7,4	19,0	13,4	6,0	15,5	15,0
unwahrscheinlich	86,4	60,6	14,2	92,6	44,4	26,7	82,0	42,6	21,5
N (Nennungen)	88	203	537	27	205	596	50	317	461
Korrelation	Pearsons r = .57 (p < .0001)			Pearsons r = .29 (p < .0001)			Pearsons r = .33 (p < .0001)		

Nicht-politische Prominenz

Einfluß auf politische Meinungs- bildung	Bewertungsdimension								
	moralisch			instrumentell			expressiv		
	trifft nicht zu	teils/ teils	trifft zu	trifft nicht zu	teils/ teils	trifft zu	trifft nicht zu	teils/ teils	trifft zu
wahrscheinlich	10,0	13,0	31,0	16,0	16,8	30,1	12,5	19,4	23,1
unentschieden	5,0	12,0	16,1	4,0	14,3	14,3	4,2	6,9	15,5
unwahrscheinlich	85,0	75,0	52,9	80,0	68,9	55,6	83,3	73,6	61,4
N (Nennungen)	60	324	416	50	428	322	24	144	632
Korrelation	Pearsons r = .25 (p < .0001)			Pearsons r = .16 (p < .0001)			Pearsons r = .10 (p < .005)		

Personen, für wie wahrscheinlich Sie es halten, daß diese Person Einfluß auf Ihre Meinungsbildung hat".

Da aus der „opinion-leader"-Forschung bekannt ist, daß vor allem persönliche Freunde und Bekannte die Meinung eines Individuums mitprägen, stellt sich zunächst die Frage, inwieweit Prominenz prinzipiell in Betracht kommt, in ihrer Rolle als massenmediale Kommunikatoren das Publikum im Hinblick auf seine Meinungsbildung zu beeinflussen. Diese Frage läßt sich zunächst (teilweise) positiv beantworten: Gut ein Drittel der Befragten hält einen Einfluß auf ihre politische Meinungsbildung durch mindestens eine der von ihnen genannten Personen für wahrscheinlich.

Es läßt sich schließen, daß der Prominentenstatus zunächst allein Aufmerksamkeit sichert, jedoch nicht auch in jedem Fall mit meinungsbildender Funktion einhergeht. Da hier allein Meinungsführerschaft in politischen Angelegenheiten gemessen wurde, heißt das zunächst nur, daß Prominente nicht schon aufgrund ihres Status als sogenannte „generalized opinion leader" fungieren, d.h. Meinungsbildner in allen Fragen. Es müssen vielmehr Zusatzqualifikationen hinzukommen. Als eine wichtige Zusatzbedingung kristallisiert sich unterstelltes Expertentum heraus: In den Fällen, in denen es sich um Politiker handelt, halten die Befragten eine Meinungsbeeinflussung zu 53 Prozent für wahrscheinlich, während der entsprechende Wert im Kultur- und Sportsektor nur bei 20 Prozent liegt. Prominente kommen demnach durchaus als Orientie-rungsgrößen für das Publikum in Betracht, jedoch nicht alle Prominenz zu jedem Thema.

Daß auch Expertentum keine hinreichende Bedingung darstellt, belegt die bedeu-tende Rolle, die das Image der Prominenten hier spielt. Den größten Einfluß üben die zugeschriebenen moralischen Qualitäten aus. Treten sie zum Expertentum hinzu, han-delt es sich also um moralisch integre politische Prominenz, so liegt die Wahrschein-lichkeit einer Meinungsbeeinflussung bei über 70 Prozent.

Instrumentelle und expressive Qualitäten begünstigen eine Einflußmöglichkeit ebenfalls, jedoch nicht in demselben Maße wie moralische Kompetenz. Umgekehrt ist ebenso eindeutig formulierbar: Alle drei Bewertungsdimensionen nehmen derart Ein-fluß, daß bei einer negativen Beurteilung Meinungsführerschaft einer Person in hohem Maße (jeweils in über 80 Prozent der Fälle) unwahrscheinlich wird. Und dies läßt sich unabhängig davon nachweisen, ob Expertentum unterstellt werden kann oder nicht (vgl. *Tabelle 4*).

VII. Resümee: Prominenz und Öffentlichkeit

Prominenz, so läßt sich auf der Grundlage unserer Umfrage resümieren, setzt sich hinsichtlich Profession, Alter und Geschlecht aus einem heterogenen Personenkreis zusammen. Dennoch dominieren bezogen auf die demographischen Merkmale männ-liche Prominente mittleren Alters, bezogen auf die Profession vor allem künstlerisch Tätige, Politiker, Medienfiguren und Sportler. Daraus läßt sich schließen: Das den Prominentenstatus selbst erzeugende Öffentlichkeitssystem bietet nicht allen Personen dieselbe Chance, den Prominentenstatus zu erwerben. Darüber hinaus erhalten nicht alle Personen in demselben Ausmaß Zuwendung durch das breite Publikum. Vielmehr unterscheiden sich die Prominenten hinsichtlich ihres Aufmerksamkeitswertes erheb-lich. Vor allem Politiker sind es, die heute das Bild von Prominenz entscheidend prägen. Schauspieler hingegen, in deren Kreisen der Prominententitel ursprünglich zu Hause war, sind zwar quantitativ gesehen stark vertreten, aber im Hinblick auf die Aufmerksamkeit, die eine einzelne Person auf sich zieht, bleiben sie weit hinter den (Spitzen-)Politikern zurück. Dies gilt zumindest dann, wenn es sich um talkshow-ähnliche Kommunikationssituationen handelt, so wie sich alle Ergebnisse aufgrund des gewählten Fragestimulus genaugenommen auf Talkshow-Prominenz beziehen.

Auf die Frage, wie die Zusammensetzung und Rangfolge von Prominenz zustande kommt, läßt sich mit dem Hinweis auf drei Selektionsinstanzen antworten: Es handelt sich um die einzelnen gesellschaftlichen Teilbereiche, die Massenmedien und das Publikum. Alle drei sind an der Bestimmung von Prominenz beteiligt. Zur Klärung der Rolle, die jede dieser Instanzen spielt, wurde ein Modell vorgeschlagen, das den Prozeß der Prominenzierung einer Person folgendermaßen illustriert: Die gesellschaft-lichen Teilbereiche bilden spezifische Eliten aus, wobei nur Teile dieser Eliten massen-mediale Vermittlung und Inszenierung finden. Um von Prominenz sprechen zu können, müssen die vermittelten Personen schließlich vom Publikum wahrgenommen und akzeptiert werden. Der Entstehungsprozeß vollzieht sich dabei nicht in einer sich nacheinander abspielenden Schrittfolge. Vielmehr nehmen die einzelnen Selektionsschritte auf die jeweils anderen Instanzen bereits Bezug, womit sich der Prozeß als ein Geflecht von sich gegenseitig bedingenden interdependenten Schritten darstellt.

Über die Wirkung von Prominenz läßt sich festhalten, daß ihr im allgemeinen vom Publikum ein positives Image zugeschrieben wird, oder genauer: Rezipienten schenken vorwiegend solchen Prominenten Aufmerksamkeit, denen sie positive Eigenschaften zuschreiben. Die positive Bewertung zeigt sich hinsichtlich aller drei untersuchten Dimensionen, also in bezug auf expressive, instrumentelle und moralische Kompetenzen. Als entscheidend erweist sich die expressive Dimension und damit die Unterhaltungsfunktion von Prominenz. Daß dies für alle Prominenz zutrifft, ist ein Indiz dafür, daß die (universellen) Massenmedien, die eine Plattform für Themen und Personen aller Art bilden, sämtliche Inhalte unterhaltungsgerecht aufbereiten und damit in ihren Anforderungen an die vermittelten Protagonisten und ihren Präsentationsformen kaum noch unterscheiden. So werden Differenzen zwischen Kommunikatoren mit unterschiedlichen Anliegen derart eingeebnet, daß auch das Publikum die gleichen Maßstäbe der Beurteilung anlegt.

Die relativ hohe moralische Integrität, die allen Prominenztypen im Durchschnitt zugeschrieben wird, verweist darauf, daß die Wirkung von Prominenz über ihren reinen Unterhaltungswert unter bestimmten Bedingungen hinausgeht. Prüft man dies für den Fall von politischer Meinungsführerschaft, so zeigt sich, daß der Prominentenstatus allein als Qualifikation für diese Rollenübernahme nicht ausreicht: Nicht alles, was verschiedene Prominente über politische Angelegenheiten äußern, nimmt Einfluß auf die Meinungsbildung des Publikums. Vielmehr müssen hier Zusatzbedingungen hinzutreten, die vor allem in (vom Publikum unterstelltem) Expertentum und moralischer Integrität (Vorbildhaftigkeit und Vertrauenswürdigkeit) bestehen. Während Expertentum allein für die Rolle als Meinungsführer nicht ausreicht, zeigen moralische Qualitäten auch ohne vorliegende Sachkenntnis Wirkung. Prominente kommen demnach als Orientierungsgrößen für das Publikum in Betracht, jedoch nicht alle Prominenz zu jedem Thema.

Bezugnehmend auf den öffentlichkeitstheoretischen Zugang, der die Möglichkeit bot, Prominenz in Öffentlichkeit zu verorten und an diese Verortung Fragen zum Erscheinungsbild, zur Entstehung und Wirkung von Prominenz zu knüpfen, läßt sich abschließend die Frage stellen: Was lernt man aus der Betrachtung von Prominenz über Öffentlichkeit? Läßt sich aus Erscheinungsbild und Wirkung dieser „Öffentlichkeitselite" auf den Zustand von Öffentlichkeit schließen?

Die massenmediale Öffentlichkeit, die Öffentlichkeit heute entscheidend prägt, erlaubt die von Status und Stand eines Bürgers unabhängige Zugangsmöglichkeit zum Öffentlichkeitssystem allein in der Publikumsrolle. Die Zugangschancen auf der Kommunikatorenseite hingegen sind restriktiv. Den Prominenten – mit ihrem in Öffentlichkeit selbst erzeugten Status – wird dieser Zugang in überdurchschnittlichem Maße gewährt, was sie in die Lage versetzt, öffentliche Kommunikation aktiv mitzugestalten. Dieser Personenkreis stellt nun aber keineswegs das dar, was Suzanne Keller (1983) als „mirror", Gertraud Linz (1965) als „Abbild" der Gesellschaft bezeichnet. Vielmehr handelt es sich bei der Öffentlichkeitselite um spezifische Personenkreise, wobei das „Spezifische" in zwei wesentlichen Merkmalen liegt: der Profession und dem Geschlecht der öffentlichen Protagonisten. Da fast 80 Prozent der Prominenten männlich sind und sie vorrangig aus dem Kunst-, Politik-, Medien- und Sportbereich stammen, präsentiert sich Öffentlichkeit in den öffentlichen Protagonisten keinesfalls als Abbild der Gesellschaftsmitglieder bzw. der Sozialstruktur. Prominenz bezeichnet demnach nicht allein den Umstand, daß nur Wenige die Aufmerksamkeit von Vielen finden, sondern auch, daß die Chancen, zu diesen Wenigen zu gehören, die den öffentlichen massenmedialen Diskurs entscheidend mitprägen (können), ungleich verteilt sind.

Hinsichtlich des Einflusses von Prominenz wurde eingangs die Frage aufgeworfen, inwieweit die Prominenten selbst zum 'issue' werden, weder Themen noch Meinungen transportieren und damit zum „Autismus" (Gerhards/Neidhardt 1990) des Öffentlichkeitssystems beitragen. In welchem Ausmaß die Prominenten selbst zum Inhalt der Kommunikation werden, kann ohne eine gründliche Medienanalyse nicht entschieden werden. Jedoch bestätigt die vorliegende Studie, daß Prominenz – sofern sie Stellung bezieht – nicht durchweg nur für die eigene Person Aufmerksamkeit findet, sondern unter bestimmten Bedingungen – vor allem bei Unterstellung von moralischen Qualitäten (Vorbildhaftigkeit und Vertrauenswürdigkeit) sowie Expertentum – auch meinungsbildende Funktionen übernehmen kann, weshalb die „Autismus-These" – zumindest im Hinblick auf „Talkshow-Prominenz" – nur bedingt aufrecht zu erhalten ist.

Literatur

Anders, Günther, 1984: Die Antiquiertheit des Menschen (Bd. 2). Über die Zerstörung des Lebens im Zeitalter der dritten industriellen Revolution. München: Beck.

Cobb, Roger W., Jennie-Keith Ross und *Marc H.Ross*, 1976: Agenda Building as a Comparative Political Process, American Political Science Review 70: 126-138.

Determeyer, Ralf, 1975: Personale Publizitätsdynamik. Massenmediale Modifikationen der bewußten und unbewußten Vermittlung des Menschen. Münster: Regensberg in Komm.

Dreitzel, Hans Peter, 1962: Elitebegriff und Sozialstruktur. Eine soziologische Begriffsanalyse. Stuttgart: Enke.

Dröge, Franz W., 1967: Publizistik und Vorurteil. Münster: Verlag Regensberg.

Emmerich, Andreas, 1984: Nachrichtenwertfaktoren. Die Bausteine der Sensationen. Eine empirische Studie zur Nachrichtenauswahl in den Rundfunk- und Zeitungsredaktionen. Saarbrücken: Universität des Saarlandes, Fachbereich 6.

Faulstich, Werner, und *Ricarda Strobel*, 1989: Das Phänomen 'Star' – ein bibliographischer Überblick zum Stand der Forschung. S. 7-19 in: *Christian W. Thomsen* und *Werner Faulstich* (Hg.): Seller, Stars und Serien. Medien im Produktverbund. Heidelberg: Carl Winter Universitätsverlag.

Gerhards, Jürgen, 1993: Neue Konfliktlinien in der Mobilisierung öffentlicher Meinung. Opladen: Westdeutscher Verlag.

Gerhards, Jürgen, und *Friedhelm Neidhardt*, 1990: Strukturen und Funktionen moderner Öffentlichkeit. Discussion Paper FS III 90-101. Wissenschaftszentrum Berlin.

Habermas, Jürgen, 1990 (1961): Strukturwandel der Öffentlichkeit. Frankfurt a.M.: Suhrkamp.

Hitzler, Ronald, 1993: (Vorläufiges) Ende einer Medienkarriere, Zeitschrift für Politische Psychologie 1: 65-71.

Keller, Suzanne, 1986: Celebrities and Politics: A New Alliance, Research in Political Sociology 2: 145-169.

Keller, Suzanne, 1983: Celebrities as a National Elite. S. 3-14 in: *Moshe M.Czudnowski* (Hg.): Political Elites and Social Change. Dekalb: Northern Illinois U. Press.

Knoche, Manfred, und *Monika Lindgens*, 1990: Fünf-Prozent-Hürde und Medienbarriere. S. 569-618 in: *Max Kaase* und *Hans-Dieter Klingemann* (Hg.): Wahlen und Wähler. Opladen: Westdeutscher Verlag.

Köhne, Werner, 1992: VIP-Schaukeleien. Zur Dauerpräsenz der Prominenten in der Mediengesellschaft. Manuskript einer Sendung in der Reihe „Studiozeit", Deutschlandfunk 30.1.1992 um 22.15 Uhr.

Kraus, Karl, 1961 (1927): Unsterblicher Witz. München: Kösel.

Lindgens, Monika, und *Susanne Mahle*, 1992: Vom Medienboom zur Medienbarriere. S. 95-112 in: *Rainer Bohn, Knut Hickethier* und *Eggo Müller* (Hg.): Mauer-Show. Berlin: Sigma.

Linz, Gertraud, 1965: Literarische Prominenz in der Bundesrepublik. Olten/Freiburg: Walter-Verlag.

Ludes, Peter, 1989: Stars in soziologischer Perspektive. S. 20-34 in: *Christian W.Thomsen* und *Werner Faulstich* (Hg.): Seller, Stars und Serien. Medien im Produktverbund. Heidelberg: Carl Winter Universitätsverlag.

Macho, Thomas H., 1993: Von der Elite zur Prominenz. Zum Strukturwandel politischer Herrschaft, Merkur 47: 762-769.

Merton, Robert K., 1985: Der Matthäus-Effekt in der Wissenschaft. In: *Ders.* (Hg.): Entwicklung und Wandel von Forschungsinteressen. Aufsätze zur Wissenschaftssoziologie. Frankfurt a.M.: Suhrkamp.

Meyrowitz, Joshua, 1990: Überall und nirgends dabei. Die Fernsehgesellschaft I. Weinheim/Basel: Beltz.

Meyrowitz, Joshua, 1990: Wie die Medien unsere Welt verändern. Die Fernsehgesellschaft II. Weinheim/Basel: Beltz.

Mills, Charles Wright, 1956: The Power Elite. New York: Oxford U.Press.

Monaco, James, 1978: Celebrity. The Media as Image Makers. New York: Delta.

Neumann-Duesberg, Horst, 1960: Bildberichterstattung über absolute und relative Personen der Zeitgeschichte, Juristenzeitung 4: 114-118.

Parsons, Talcott, 1963: On the Concept of Influence, Public Opinion Quarterly 27: 37-62.

Parsons, Talcott, 1991 (1951): The Social System. London: Routledge.

Peters, Birgit, 1993: Entstehung und Wirkung von Prominenz. Berlin, noch unveröff. Diss.

Pfetsch, Barbara, 1991: Politische Folgen der Dualisierung des Rundfunksystems in der Bundesrepublik Deutschland. Baden-Baden: Nomos.

Ricker, Reinhart, 1989: Unternehmensschutz und Pressefreiheit. Heidelberg: Recht und Wirtschaft.

Sennett, Richard, 1983: Verfall und Ende des öffentlichen Lebens. Die Tyrannei der Intimität. Frankfurt a.M.: Fischer.

Sieburg, Friedrich, 1954: Von der Elite zur Prominenz, Die ZEIT 24.6.1954.

Soeffner, Hans-Georg, 1992: Geborgtes Charisma – Populistische Inszenierungen. S. 177-202 in: *Hans-Georg Soeffner*: Die Ordnung der Rituale. Frankfurt a.M.: Suhrkamp.

Solms, Max Graf, 1956: Analytische Gesellungslehre. Tübingen: Mohr.

Staab, Joachim Friedrich, 1990: Nachrichtenwert-Theorie. Formale Struktur und empirischer Gehalt. Freiburg/München: Verlag Karl Alber.

Traugott, Edgar, 1979: Die Prominenz ist keine Elite. In: *Gerd-Klaus Kaltenbrunner* (Hg.): Rechtfertigung der Elite. Wider die Anmaßungen der Prominenz. München: Herder.

IV. Prozesse und Wirkungen öffentlicher Meinungsbildung

PUBLIZISTISCHE KONFLIKTE

Begriffe, Ansätze, Ergebnisse

Hans Mathias Kepplinger

Zusammenfassung: Ausgehend von der Unterscheidung zwischen privaten und öffentlichen Konflikten werden publizistische Konflikte als Unterfall öffentlicher Konflikte betrachtet. Sie werden als Kontroversen zwischen mindestens zwei Kontrahenten mit Informationen über einen Konfliktgegenstand via Massenmedien definiert. Die Struktur der Kommunikationsbeziehungen der Konfliktteilnehmer, die Struktur der Kommunikationsinhalte, die Funktion der Kommunikation, die Kriterien rationalen Handelns und die Dynamik publizistischer Konflikte werden anhand von Beispielen aus mehreren Untersuchungen dargestellt. Es wird gezeigt, daß sich die Erfolgsbedingungen in einem privaten oder öffentlichen Konflikt (ohne Medienbeteiligung) von den Erfolgsbedingungen in publizistischen Konflikten unterscheiden.

I. Begriffe

Publizistische Konflikte sind Auseinandersetzungen zwischen mindestens zwei Kontrahenten, die mit Hilfe der Massenmedien vor Publikum ausgetragen werden. Beispiele hierfür sind die Diskussionen um die Nachrüstung, die Kernenergie und die Abtreibung. Hier gibt es mindestens zwei Lager, die mit ähnlichem Gewicht diskussionswürdige Positionen vertreten. *Öffentliche Krisen* sind Auseinandersetzungen anläßlich schwerer Bedrohungen und Schäden. Beispiele hierfür sind die Diskussionen nach der Ermordung Sadats, dem Reaktorunfall von Tschernobyl und der Entdeckung des AIDS-Virus. Hier gibt es nur eine legitime Position, deren Sichtweise nicht ernsthaft bestritten wird. Strittig ist nicht die Sache selbst. Strittig sind die Konsequenzen, die daraus abgeleitet werden sollen. *Skandale* sind Mißstände, die publizistisch angeprangert, skandalisiert werden. Auch hier gibt es relativ schnell nur noch eine legitime Position. Dabei sind auch die Konsequenzen klar. Sie bestehen in der Verurteilung der Schuldigen.

Publizistische Konflikte, öffentliche Krisen und Skandale besitzen meistens einen empirischen Kern, irgendeinen realen Anlaß. In diesem Sinne sind sie nicht substanzlos. In vielen Fällen erscheint dem Beobachter jedoch das Ausmaß der Vorwürfe und Verdächtigungen in keinem angemessenen Verhältnis zu den tatsächlichen Mißständen. Der Eindruck besonders gravierender Verfehlungen stellt sich dann als Folge der Vermischung von berechtigten mit unberechtigten Vorwürfen dar, der unzulässigen

Tabelle 1: Tendenz der Berichterstattung im Fall Späth vom 28. Dezember 1990 bis zum 12. Februar 1991 und im Fall Stolpe vom 18. Januar 1992 bis zum 23. August 1992
(Anzahl der Beiträge, die für oder gegen die Politiker bzw. weder für noch gegen sie sprachen)

	Späth			Stolpe		
	pro	weder noch	contra	pro	weder noch	contra
	n	n	n	n	n	n
Qualitätszeitungen:*						
tageszeitung	–	5	7	39	27	48
Frankfurter Rundschau	3	5	12	66	36	27
Süddeutsche Zeitung	2	10	12	57	54	27
Frankfurter Allgemeine Zeitung	6	9	8	66	72	108
Die Welt	2	4	8	39	54	75
Summe	13	33	47	267	243	285
Regionalzeitungen:*						
Südwest Presse Ulm	5	7	10	**	**	**
Stuttgarter Nachrichten	12	12	9	**	**	**
Der Tagesspiegel	**	**	**	72	63	24
Märkische Allgemeine	**	**	**	54	36	15
Summe	17	19	19	126	99	39
Wochenblätter:						
Der Spiegel	–	1	10	8	10	17
Stern	–	–	1	3	3	2
Die Zeit	–	–	5	11	5	1
Summe	–	1	16	22	18	20
Alle Blätter	30	53	82	415	360	344

* Die Angaben für die Tageszeitungen beruhen im Fall Späth auf einer Vollerhebung, im Fall Stolpe auf einer Stichprobe, die ein Drittel der publizierten Beiträge umfaßt. Die ausgewiesenen Werte für die Tageszeitungen sind im Fall Stolpe gewichtet.
** Nicht erfaßt.

Quelle: Kepplinger et al. 1993: 174.

Verkürzung von Problemen, der einseitigen Darstellung von Motiven, Ereignissen und Folgen sowie der Moralisierung von Entscheidungen in Konfliktlagen usw.

Den Unterschied zwischen einem publizistischen Konflikt und einem Skandal kann die Berichterstattung über den Fall Späth und den Fall Stolpe illustrieren. Über Stolpe erschienen in einem Zeitraum von acht Monaten nach den ersten massiven Angriffen in zehn Zeitungen und Zeitschriften hochgerechnet 1.119 Beiträge, von denen ca. 37 Prozent für ihn und ca. 31 Prozent gegen ihn Stellung nahmen, wobei besonders am Anfang die positiven Stellungnahmen überwogen. Hier standen sich – typisch für einen publizistischen Konflikt ohne erfolgreiche Skandalisierung – zwei annähernd gleich starke Lager mit unterschiedlichen Sichtweisen gegenüber. Über Späth erschienen in einem Zeitraum von nur sechs Wochen in der gleichen Zahl von Blättern 165 Beiträge, von denen ca. 50 Prozent gegen ihn und nur ca. 18 Prozent für ihn sprachen,

Schaubild 1: Struktur der Kommunikation in einem publizistischen Konflikt

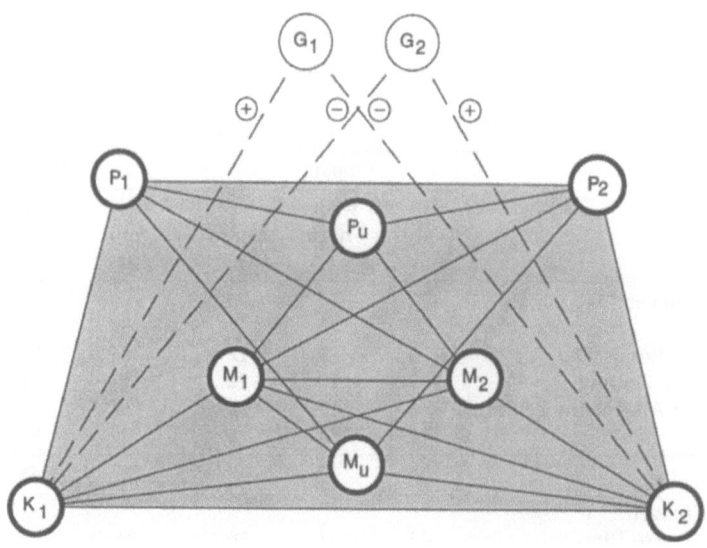

Erläuterung: K = Kontrahenten, M = Massenmedien, P = Publikum, G = instrumentelle Gegebenheiten, — — — = Informationsfluß, +,– = Richtung der Instrumentalität.

Quelle: Kepplinger et al. (1989).

wobei von Beginn an die ablehnenden Stimmen eindeutig überwogen. Hier herrschte
– typisch für einen publizistischen Konflikt mit erfolgreicher Skandalisierung – eine
Sichtweise vor. Stolpe war umstritten, Späth wurde angeprangert (Kepplinger et al.
1993) (*Tabelle 1*).

II. Die Struktur der Kommunikation

Der zentrale Gegenstand eines Konflikts ist in der Regel mit instrumentellen Gegebenheiten verbunden, die man in zwei Klassen einteilen kann, weil sie die Position
und Sichtweise des einen bzw. des anderen Kontrahenten stützen. In liberalen Gesellschaften gibt es in der Regel bei publizistischen Konflikten drei Kategorien von Massenmedien: Anhänger des einen Kontrahenten, Anhänger des anderen Kontrahenten
und Unentschiedene oder Uninteressierte. In liberalen Gesellschaften findet man in
der Regel bei publizistischen Konflikten auch drei Teilpublika: Anhänger des einen
Kontrahenten, Anhänger des anderen Kontrahenten und Unentschiedene oder Uninteressierte. Die Anhänger der einen Seite sind dabei in der Regel mit den Gegnern der
anderen Seite identisch. In einem publizistischen Konflikt bilden die Beziehungen
zwischen den Kontrahenten, von den Kontrahenten zu den Massenmedien sowie von
den Kontrahenten zum Publikum ein komplexes Geflecht. *Schaubild 1* zeigt diese
Beziehungen im Modell. Dabei sind die involvierten Personen und Organisationen als
dicke Kreise auf einer gepunkteten Handlungsebene gezeichnet. Über diese Handlungsebene sind als dünne Kreise zwei instrumentelle Gegebenheiten dargestellt, die

die Sichtweisen bzw. Interessen des einen sowie des anderen der beiden Kontrahenten symbolisieren. Die Kontrahenten sind durch gestrichelte Linien mit den instrumentellen Gegebenheiten verbunden, die ihre Seite stärken bzw. schwächen.

III. Die Struktur der Ereignisse und Themen

Jeder publizistische Konflikt besitzt einen zentralen Konfliktgegenstand, an dem sich die Geister scheiden. Er bildet sozusagen den Kern des Problems. Ein Beispiel hierfür ist die Einführung der 35-Stunden-Woche im Streikjahr 1984. Der zentrale Gegenstand eines Konflikts stellt in der Regel keine isolierte Gegebenheit dar. Er ist vielmehr auf vielfache Weise mit anderen Gegebenheiten verbunden. Solche Verbindungen bestehen unter anderem durch Kausalbeziehungen (der zentrale Konfliktgegenstand ist Ursache oder Folge anderer Gegebenheiten), durch Finalbeziehungen (der zentrale Konfliktgegenstand ist Mittel oder Zweck im Verhältnis zu anderen Gegebenheiten), durch Ähnlichkeiten (der zentrale Konfliktgegenstand und andere Geschehnisse gleichen sich), durch Koinzidenzen (der zentrale Konfliktgegenstand und andere Ereignisse geschehen zeit- oder ortsgleich) sowie durch Personenidentitäten (der zentrale Konfliktgegenstand ist durch eine oder mehrere Personen mit anderen Geschehnissen verbunden).

Jeder publizistische Konflikt ist normalerweise Teil einer allgemeineren Auseinandersetzung, die eine Superstruktur darstellt und den Rahmen für die Interpretation der spezifischen Auseinandersetzung bildet. Dies trifft analog auch auf öffentliche Krisen und Skandale zu. Besonders deutlich werden die Wechselwirkungen zwischen Superstrukturen und einzelnen publizistischen Konflikten in der Umweltdiskussion. Der zentrale Gegenstand des übergeordneten Konflikts bildet die Güterabwägung zwischen Umweltschutz und anderen Werten (Wohlstand, Freiheit usw.). Jedes Umweltproblem erscheint als instrumentelle Gegebenheit, die die Sichtweise der Umweltschützer bestätigt, wobei es im Prinzip relativ unwichtig ist, ob die Vorwürfe richtig oder falsch, angemessen oder übertrieben sind (Nematoden, Birkel, Sandoz, Tschernobyl usw.). Zugleich besteht jedes einzelne Umweltproblem aus zahlreichen instrumentellen Gegebenheiten, für die das gleiche gilt. Dadurch entsteht ein tiefgestaffeltes System von tatsächlichen oder scheinbaren Beweisen, die der Außenstehende nur als diffuse Bedrohung erkennen kann (Kepplinger et al. 1989; auch van Cuilenburg et al. 1986).

Ein Beispiel für die hierarchische Struktur der Themen in einem Skandal liefern die öffentlichen Vorwürfe gegen die Firma Müller-Milch im Jahr 1991. Aus kritischer Distanz betrachtet kann man sechs große Themen unterscheiden: erstens den Wasserverbrauch des Unternehmens, zweitens die Bautätigkeit des Unternehmens, drittens die Lärm- und Geruchsbelästigung der Anwohner am Unternehmensstandort, viertens die Verpackung von Produkten des Unternehmens, fünftens die Investitionen in den neuen Bundesländern und sechstens die Reaktionen der Firma Müller auf Angriffe, Gerichtsurteile und Behördenbescheide. Diese Themen bildeten die Gegenstände einzelner Affären. Jede dieser Affären bestand aus Teilthemen, die Gegenstand spezifischerer Affären wurden. *Schaubild 2* zeigt die Struktur der Themen, die die Diskussion beherrschten, in einem vereinfachten Modell (Kepplinger/Hartung 1993).

Schaubild 2: Struktur der Themen

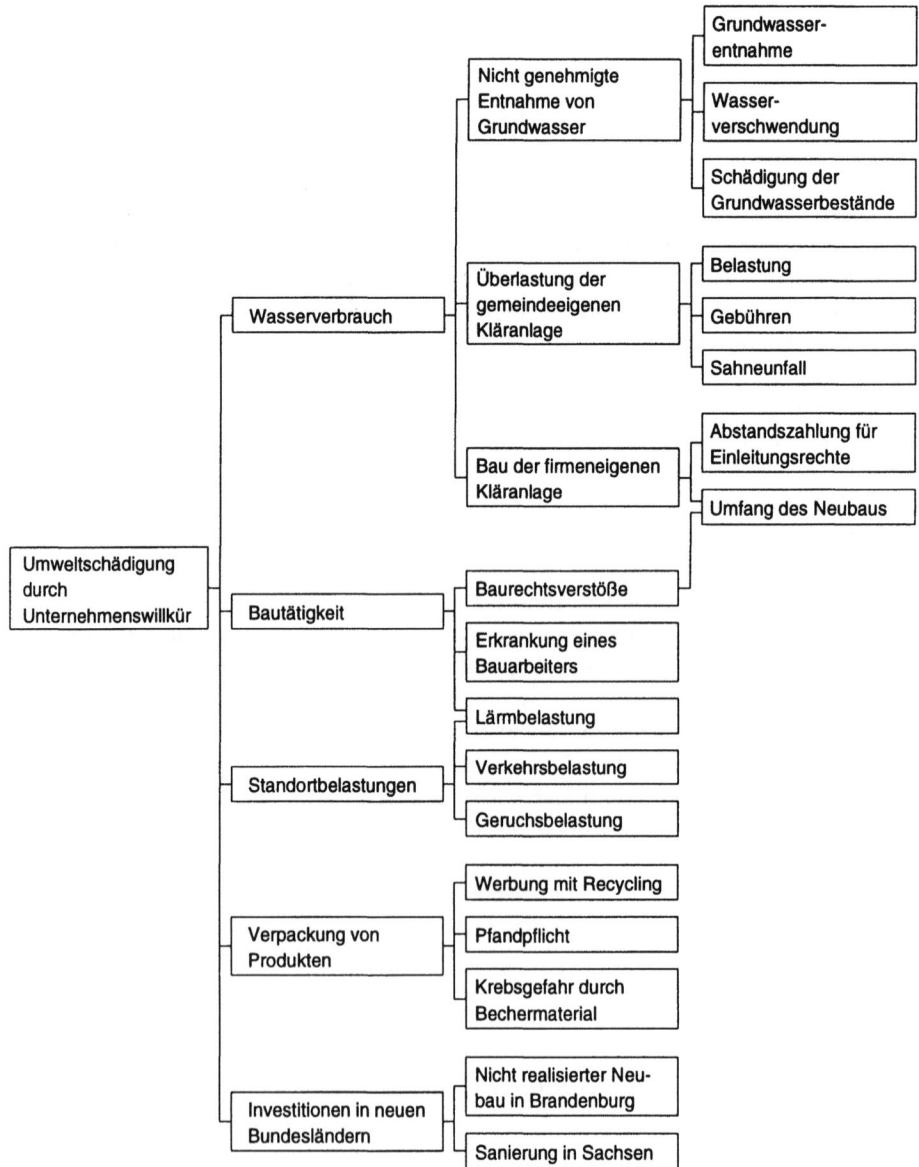

Quelle: Kepplinger/Hartung (1993: 20).

Die vereinfachte Darstellung der Gesamtthematik dürfte deutlich machen, daß kein normaler Zeitungs- oder Zeitschriftenleser in der Lage war, die einzelnen Themen, Vorwürfe und Fakten auseinanderzuhalten. Noch viel weniger dürfte dies auf die Hörer und Zuschauer von Radio- und Fernsehbeiträgen zugetroffen haben, da hier die Informationen ohne Einflußmöglichkeiten der Hörer oder Zuschauer vorüberrauschen, wobei die Aufmerksamkeit zum Teil noch durch Bilder und Geräusche abgelenkt wird. Man muß daher davon ausgehen, daß die verschiedenen Themen, die hier analytisch auseinandergenommen wurden, in den Köpfen der Leser, Hörer und Zuschauer einen Skandal mit unterschiedlichen Facetten darstellten. Die Vielfalt der Themen, Vorwürfe und Fakten macht zugleich deutlich, daß im Verlauf der Auseinandersetzungen ein nahezu unerschöpflicher Fundus an Tatsachen, Meinungen und Vermutungen angesammelt worden war, der in vielfacher Weise immer neu gruppiert werden konnte. Dieser Sachverhalt gab den Akteuren und Journalisten die Möglichkeit, durch die neue Zusammenstellung alter Informationen den Eindruck wesentlicher Entwicklungen zu erzeugen, auch wenn tatsächlich nichts oder nur wenig Neues geschehen war.

IV. Die Funktionen der Kommunikation

In einem *privaten Konflikt* zielt die Kommunikation immer dann, wenn – und das ist hier relativ häufig der Fall – „Dritte" nicht anwesend sind, ausschließlich auf den Kontrahenten. Die Kontrahenten sind sowohl Urheber als auch Adressaten der Kommunikation. Den Kontrahenten sind alle Argumente bekannt, die vorgebracht werden. Sie können mehr oder weniger erfolgreich darauf drängen, daß sich der jeweils andere zu einem bestimmten Punkt äußert. Die Kommunikation besitzt hier eine eindeutige Funktion: die Beeinflussung des jeweiligen Kontrahenten. Sie muß sich deshalb ausschließlich an ihm orientieren. Ein Beispiel hierfür ist ein Wortwechsel zwischen zwei gegnerischen Politikern über Tempo 100 ohne Publikum. Hier sind die Kontrahenten und die Adressaten der Kommunikation identisch. Beide kennen alle Argumente, die vorgebracht werden. Keiner kann sich ohne weiteres der Aufforderung entziehen, zu einem bestimmten Argument, etwa dem Einfluß der Geschwindigkeit auf die Zahl der Verkehrsunfälle, Stellung zu nehmen. Hier ist es daher notwendig, die Argumente des Gegners zu entkräften.

In einem *öffentlichen Konflikt* ohne Medien, also z.B. in öffentlichen Veranstaltungen, zielt die Kommunikation auf den Kontrahenten und das Publikum. Die Kontrahenten sind hier immer noch die Urheber der Kommunikation, jedoch nicht mehr ihre einzigen, möglicherweise nicht einmal mehr ihre vorrangigen Adressaten. Allerdings sind auch hier noch den Kontrahenten und dem Publikum alle Argumente bekannt, die von den Kontrahenten vorgebracht werden. Auch können beide Seiten in einem öffentlichen Konflikt dieser Art erfolgreich darauf drängen, daß der Kontrahent zu einem bestimmten Aspekt Stellung bezieht. Die Kontrahenten besitzen zwar noch in hohem Maße die Kontrolle über den Inhalt der Auseinandersetzungen. Die Kommunikation hat hier jedoch eine neue Funktion: neben der Beeinflussung des Kontrahenten die Beeinflussung des Publikums, das durch seine Reaktionen mit darüber entscheidet, wer in dem Konflikt die Oberhand behält. Ein Beispiel hierfür ist eine Podiumsdiskussion zwischen zwei Politikern über Tempo 100 vor mehreren hundert Zuhörern. Hier sind die Kontrahenten und die Adressaten der Kommunikation nicht mehr identisch. Die Kontrahenten können sich möglicherweise zwar der Aufforderung entziehen, zu einem bestimmten Argument Stellung zu nehmen. Allerdings kennen auch hier noch alle Adressaten alle Argumente, die vorgebracht werden. Insofern existiert ein gewisser

Druck, die Argumente des Gegners zu entkräften; dies ist jedoch nicht unbedingt notwendig.

In einem *publizistischen Konflikt* zielt die Kommunikation auf den Kontrahenten, das Publikum und die Massenmedien. Publizistische Konflikte sind Spezialfälle öffentlicher Konflikte, in denen die Massenmedien eine Schlüsselstellung besitzen, denn sie entscheiden darüber, ob die Kontrahenten das Publikum erreichen und mit welchen Argumenten sie durchdringen. Die Kontrahenten sind hier nicht mehr unbedingt die wichtigsten Urheber der Kommunikation, weil die Massenmedien selbst Informationen und Argumente beisteuern. Sie können auch kaum noch mit Erfolg durchsetzen, daß sich der Gegner zu einem bestimmten Punkt äußert. Damit besitzen sie nur noch eine beschränkte Kontrolle über die Themen der Kontroverse. Zwar sind den Kontrahenten möglicherweise noch alle Argumente bekannt, die vorgebracht wurden. Dies trifft jedoch mit hoher Wahrscheinlichkeit auf den größten Teil des Publikums nicht mehr zu. Vielmehr kennen verschiedene Segmente des Publikums – je nach Mediennutzung sowie Interesse am Thema und Vorlieben für einen der Kontrahenten – nur noch Ausschnitte aus dem gesamten Tableau der Aspekte und Argumente. Die Kommunikation besitzt deshalb eine andere Funktion als in den vorangegangenen Fällen. Die Beeinflussung des Kontrahenten durch eigene Argumente ist sekundär. Dagegen hat die Beeindruckung der Massenmedien als Voraussetzung für die Beeinflussung des Publikums eine überragende Bedeutung, da die Reaktionen des Publikums unter Umständen einen entscheidenden Einfluß auf den Ausgang des Konflikts besitzen. Ein Beispiel hierfür ist ein Interviewkrieg zwischen gegnerischen Politikern über Tempo 100 in Zeitungen, die für bzw. gegen eine Geschwindigkeitsbegrenzung eintreten und sich dabei an Leser wenden, die überwiegend entsprechende Ansichten vertreten. Hier können sich die Kontrahenten sehr einfach der Aufforderung entziehen, zu einem bestimmten Argument Stellung zu nehmen. Zudem kennen die Leser, an die sie sich wenden, keineswegs alle Argumente, die vorgebracht werden. In der Regel sind ihnen vielmehr vor allem jene Argumente vertraut, die ihre eigene Sichtweise stützen. Hier kann es sinnvoll sein, auf die Argumente des Gegners nicht einzugehen und statt dessen nur die bekannten Ansichten zu stärken (Kepplinger et al. 1977: 18; hier auch Molotch et al. 1987).

In einem publizistischen Konflikt müssen die Kontrahenten, um beim Publikum Erfolg zu haben, bei den Medien erfolgreich sein. Ihr Erfolg in einem publizistischen Konflikt beruht deshalb unter Umständen mehr darauf, daß ihr Verhalten mediengerecht als daß es sachgerecht ist, wobei sich der Begriff „sachgerecht" auf das Verhalten gegenüber dem zentralen Konfliktgegenstand bezieht. Ein negatives Beispiel hierfür ist das Verhalten der Firma Audi nach Anschuldigungen von CBS in den USA, der Audi 200 mit Automatik beschleunige willkürlich, was zu schweren Unfällen geführt habe. Die Firma verwies sachlich durchaus zu Recht auf Fehler amerikanischer Fahrer, verschärfte aber durch den nationalen Beigeschmack dieser Argumentation die publizistischen Attacken (Levin 1989).

Als Folge des Einflusses medienspezifischer Faktoren stehen die Kontrahenten unter Umständen vor der Entscheidung, ihr Verhalten eher mediengerecht oder eher sachgerecht auszurichten, was Rückwirkungen auf die Lösung der Sachfragen besitzen kann. So werden gelegentlich die publizistischen Konflikte auf Kosten der Konfliktgegenstände entschieden, die weiter ungelöst bleiben. Es handelt sich mit anderen

Worten um Scheinlösungen, die zwar die Öffentlichkeit beruhigen, jedoch die Probleme bestehen lassen.

V. Strategien und Taktiken

Die Kontrahenten in einem publizistischen Konflikt können theoretisch zwei verschiedene Strategien anwenden und zwei verschiedene Taktiken verfolgen. Selbstverständlich ist es auch möglich, verschiedene Strategien und Taktiken miteinander zu kombinieren und mehrgleisig zu fahren. Die erwähnten Strategien kann man als offensives und defensives Verhalten bezeichnen. Bei *defensivem* Vorgehen versucht der Kontrahent, sein eigenes Erscheinungsbild zu verbessern, indem er zum Beispiel seine Leistungen herausstellt, negativen Urteilen widerspricht und falsche Behauptungen richtigstellt. Bei *offensivem* Vorgehen versucht der Kontrahent, das Erscheinungsbild seines Widersachers zu verschlechtern, indem er zum Beispiel seine Kompetenz in Frage stellt oder seine Glaubwürdigkeit erschüttert. Beide Strategien, das offensive wie das defensive Vorgehen, besitzen Vor- und Nachteile. Der Vorteil des offensiven Vorgehens besteht unter anderem darin, daß es glaubhafter wirkt, weil positive Selbstdarstellungen in Konfliktfällen immer den Beigeschmack von fragwürdigen Rechtfertigungsversuchen haben. Der Nachteil des offensiven Vorgehens besteht unter anderem darin, daß es, rechtzeitig eingesetzt, den Konflikt möglicherweise verschärft und unter Umständen zum eigenen Schaden verlängert. Verspätet eingesetzt, ändert es nichts mehr am Ausgang des Konflikts und findet zudem vergleichsweise geringe Beachtung.

Beide Strategien lassen sich mit Taktiken verknüpfen, die man als *Instrumentelle Aktualisierung* und als *Umbewertung* bezeichnen kann (Kepplinger et al. 1989). Bei der Instrumentellen Aktualisierung versucht der Kontrahent, instrumentelle Gegebenheiten in den Vordergrund zu rücken, die seine Position stützen bzw. die Position seines Widersachers schwächen. Ein Beispiel hierfür ist der Hinweis von Anhängern der Kernenergie auf die negativen Auswirkungen der Kohle- und Gasverbrennung auf das Weltklima (Treibhauseffekt). Bei der Umbewertung versucht der Kontrahent, die Bewertung von instrumentellen Gegebenheiten in der Öffentlichkeit zu verändern. Ein Beispiel hierfür ist die Diskussion um die Frage, ob das Restrisiko eines westeuropäischen Kernkraftwerkes als groß oder klein, akzeptabel oder nicht akzeptabel anzusehen ist. Die Instrumentelle Aktualisierung zielt darauf, bestehende Sichtweisen für die eigene Seite zu nutzen. Die Umbewertung zielt darauf, die vorhandenen Sichtweisen im Interesse der eigenen Seite zu verändern. Da die Massenmedien einen relativ großen Einfluß auf die Kenntnisse, jedoch nur einen vergleichsweise geringen Einfluß auf die Meinungen der Bevölkerung besitzen (Klapper 1960: 43ff.), ist es generell erfolgversprechender, instrumentelle Gegebenheiten zu aktualisieren, die für die eigene bzw. gegen die andere Seite sprechen, als den Versuch zu machen, die Meinungen zu bestimmten Sachverhalten zu verändern. So ist zum Beispiel in dem publizistischen Konflikt um den Schwangerschaftsabbruch die Feststellung, Embryonen im Alter von drei Monaten seien schmerzempfindlich, erheblich wirkungsvoller als die Behauptung, Abtreibung im dritten Monat sei Mord.

Die Kontrahenten in einem publizistischen Konflikt können sich an drei unterschiedliche Zielgruppen wenden: an die Anhänger der eigenen Seite, an die Anhänger der Gegenseite und an die Neutralen bzw. Unentschiedenen in den Massenmedien und in der breiten Öffentlichkeit. Die drei potentiellen Zielgruppen haben nicht nur unterschiedliche Ansichten über den zentralen Konfliktgegenstand, sie verfügen in der Regel auch über unterschiedliche Informationen. Die Anhänger der beiden Kontrahenten kennen normalerweise insgesamt mehr Einzelheiten als die Unentschiedenen und vor allem als die Uninteressierten. Zugleich unterscheiden sich jedoch ihre Kenntnisse erheblich, weil beide Lager vornehmlich die Argumente wahrnehmen und behalten, die ihre jeweilige Sichtweise stützen (Donsbach 1991). Darüber hinaus sind die verschiedenen Zielgruppen unterschiedlich beeinflußbar. So kann ein Kontrahent die Unentschiedenen in der Regel viel eher überzeugen als die Anhänger der Gegenseite. Da die unterschiedlichen Zielgruppen verschiedene Meinungen besitzen und unterschiedliche Sachverhalte kennen, ist es in einem publizistischen Konflikt nicht unbedingt erforderlich, auf alle Argumente der Gegenseite einzugehen, weil sie der Zielgruppe, die erreicht werden soll, sowieso unbekannt sind. Die Kommunikation in einem publizistischen Konflikt folgt deshalb meist nicht der Logik der Dialektik (These – Antithese), sondern den Regeln der Rhetorik (Kepplinger et al. 1989).

VI. Kriterien rationalen Verhaltens

Publizistische Konflikte stellen rückgekoppelte Systeme dar, in denen die öffentlichen Aktionen der Beteiligten zum Anlaß für öffentliche Aktionen anderer Beteiligter werden können. Das gilt analog auch für öffentliche Krisen und für Skandale. Ein Beispiel für diesen Sachverhalt liefert die Auseinandersetzung um Heinrich Bölls Artikel „Will Ulrike Gnade oder freies Geleit?", der am 10. Januar 1972 im *Spiegel* erschien und eine heftige Diskussion auslöste (Kepplinger et al. 1977). Die Auseinandersetzung bestand aus mehreren Teilkonflikten – einer Kontroverse zwischen Böll und Gerhard Löwenthal, einer Kontroverse zwischen Böll und Hans Habe, einer Kontroverse zwischen Böll und Ulrich Frank-Planitz usw., in die sich jeweils dritte Parteien einschalteten. Dabei ging es um sehr verschiedene Sachverhalte – rechtliche Aspekte von Gnadenerlassen, die Rolle des Deutschen PEN-Zentrums, die Bedeutung der Sympathisanten für den Erfolg der Baader-Meinhof-Gruppe usw. Auch hier wurden die einzelnen Themen durch eine Superstruktur zusammengehalten – die Frage, welche Rolle die Intelligenz in der Auseinandersetzung mit den Terroristen spielt bzw. spielen sollte. Böll ergriff in zwei Teilkonflikten zweimal die Aktivität, in einem Teilkonflikt dreimal und in einem weiteren Teilkonflikt sogar viermal. Dadurch heizte Böll die Auseinandersetzung immer wieder neu an, wobei sich die Diskussion zunehmend von ihrem Ausgangspunkt entfernte. *Schaubild 3* illustriert die Grundkonstellation des rückgekoppelten Systems, das bei der Auseinandersetzung um Bölls Artikel mehrfach aktiviert wurde.

Die Teilnehmer an publizistischen Konflikten stehen aus dem genannten Grund vor der Entscheidung, ob sie ihre Sichtweise durchsetzen und dabei unter Umständen eine Verlängerung der Auseinandersetzung in Kauf nehmen wollen – oder ob sie die Auseinandersetzung möglichst schnell beenden und dafür auf die Durchsetzung ihrer Sichtweise verzichten wollen. Die Antwort auf diese Frage stellt – aus der Sicht der Betroffenen – eine Güterabwägung zwischen Wahrheitsfindung und Schadensbegrenzung dar, deren Ausgang davon abhängt, welche Publizitätschancen die Kontrahenten

Schaubild 3: Modell der Konfliktdynamik

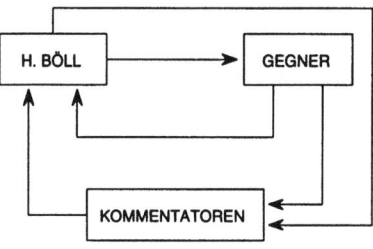

Quelle: Kepplinger et al. (1977: 23).

besitzen und mit welchen Schäden zu rechnen ist. Je mehr Publizitätschancen die Kontrahenten besitzen, desto besser sind ihre Möglichkeiten, einen langfristigen publizistischen Konflikt erfolgreich durchzustehen. Bölls Verhalten im Jahr 1972 ist hierfür ein Beispiel. Je größer der potentielle Schaden bei einer Fortführung des publizistischen Konfliktes ist, desto sinnvoller ist – aus der Sicht der Betroffenen – die möglichst schnelle Beendigung der Auseinandersetzung. Ein Beispiel hierfür ist die Entscheidung des Bundesumweltministers zur aufwendigen Entsorgung der Molke, die durch den Reaktorunfall bei Tschernobyl nur schwach radioaktiv belastet worden war, in den Medien jedoch als Gefahr für die Bevölkerung dargestellt und auch so empfunden wurde.

VII. Die Rolle der einzelnen Medien

Die einzelnen Zeitungen, Zeitschriften, Hörfunkprogramme und Fernsehsendungen stellen keine isolierten Einrichtungen dar. Sie bilden vielmehr ein eng vernetztes System, in dem sich – mehr oder weniger – alle an allen orientieren. Innerhalb dieses Systems kann man typologisch zwei Kategorien von Medien unterscheiden, *Prestige-Medien* und *Populär-Medien*. Die Prestige-Medien haben im Unterschied zu den Populär-Medien drei statt einen Adressaten: die politischen und wirtschaftlichen Eliten, die Journalisten im In- und Ausland sowie die Masse ihrer Leser, die keiner der beiden Kategorien angehören. Der Einfluß der Prestige-Medien auf die Masse der Bevölkerung beruht vor allem auf ihrer Position innerhalb des Mediensystems. Indem sie Themen und Gesichtspunkte der Berichterstattung bestimmen, erreichen sie ein Publikum, das weit über den Kreis ihrer eigenen Leser hinausreicht. Dadurch vergrößert sich die Reichweite ihrer Berichterstattung, was ihre rein quantitative Bedeutung verstärkt. Und sie erreichen dadurch auch ein Publikum, das aus politischen Gründen oder anderen Motiven die Blätter selbst meidet, was ihre qualitative Bedeutung erhöht (Kepplinger 1985).

Einen Beleg für die Schlüsselstellung einiger Medien innerhalb des Mediensystems liefert eine persönliche Befragung von 214 Redakteuren aus den Ressorts Politik, Wirtschaft und Lokales, die wir im Juni 1984 durchgeführt haben. Auf die Frage, an welchen „anderen Medien" sie sich orientieren, erwähnten die meisten Journalisten die *Frankfurter Allgemeine Zeitung* und die *Süddeutsche Zeitung* sowie die *Tagesthemen*

Tabelle 2: Referenz-Medien deutscher Journalisten (Anteil der Journalisten, für die eine Zeitung/Zeitschrift/Fernsehsendung jeweils „sehr wichtig" ist)

Frage: „Als Journalist orientiert man sich bei der Berichterstattung ja auch an anderen Medien als an denen, für die man selbst arbeitet. Man bekommt Anregungen für eigene Beiträge und lernt andere Argumente und Meinungen kennen. Hier auf diesen Karten stehen einige Zeitungen und Zeitschriften (Fernsehsendungen). Wenn Sie die Karten bitte auf diese Liste hier verteilen, je nachdem, ob diese Zeitung oder Zeitschrift (Fernsehsendung) für ihre eigene Berichterstattung sehr wichtig, auch noch wichtig oder nicht so wichtig ist."

	Journalisten bei ...				
	Zeitung (n=89) %	Zeitschrift (n=15) %	Hörfunk (n=49) %	Fernsehen (n=61) %	Gesamt (n=214) %
Zeitungen:					
Frankfurter Rundschau	45	64	45	42	46
Süddeutsche Zeitung	53	86	85	77	69
Frankfurter Allgemeine Zeitung	78	57	79	58	71
Die Welt	25	21	35	33	29
Die Zeit	39	31	71	63	53
Rheinischer Merkur/Christ u. Welt	2	–	4	9	4
Regionale Zeitung(en)	35	7	16	39	30
Zeitschriften:					
Der Spiegel	52	71	63	56	56
Stern	11	27	13	17	14
Fernsehsendungen:					
Tagesthemen	61	67	77	74	69
heute journal	56	73	71	69	64
Report	27	7	35	38	31
Monitor	21	27	28	38	28
Panorama	22	33	28	31	27
ZDF Magazin	14	7	6	9	10
Auslandsjournal	17	–	25	40	24

Quelle: Kepplinger 1984 (Persönliche Befragung im Mai/Juni 1984).

und das *heute journal* als „sehr wichtige" Quellen. Dabei zeigten die Mitarbeiter von Zeitungen und Zeitschriften, von Hörfunk und Fernsehen unterschiedliche Präferenzen. So bevorzugten zum Beispiel die Zeitungsredakteure eher die *Frankfurter Allgemeine Zeitung*, die Fernsehredakteure dagegen eher die *Süddeutsche Zeitung*. Der *Spiegel* fand vor allem bei den Mitarbeitern der Zeitschriften und des Hörfunks große Aufmerksamkeit, die *Zeit* hatte vor allem bei den Hörfunk- und Fernsehjournalisten große Resonanz (*Tabelle 2*).

Publizistische Konflikte werden allerdings häufig auch durch Initiativen von einzelnen oder wenigen Journalisten initiiert, die für *Regionalzeitungen* schreiben. Dies trifft analog auch auf Skandale, weniger jedoch auf öffentliche Krisen zu, da sie meist durch allgemein beachtete Ereignisse ausgelöst werden. Die Publikationen der angesprochenen Journalisten bleiben in der Regel so lange folgenlos, wie sie nicht von überregionalen Medien aufgegriffen werden. Die Berichterstattung der überregionalen

Medien besitzt zwei Folgen. Zum einen macht sie den regionalen Sachverhalt bundesweit bekannt, weil die Medien bundesweit genutzt werden und weil aufgrund ihrer Berichterstattung auch andere Regionalmedien die Sachverhalte aufgreifen. Zum anderen verleiht sie einem regionalen Geschehen bei den politischen und ökonomischen Eliten erst jene Bedeutung, die Handlungs-Konsequenzen verlangt.

Die bundesweite Beachtung regionaler Geschehnisse kann mindestens drei Ursachen besitzen. In einigen Fällen benutzen die Mitarbeiter überregionaler Medien die Publikationen von regional arbeitenden Kollegen als Informationsquelle. Ein Beispiel hierfür ist die Berichterstattung über das Grubenunglück in Borken (Mathes et al. 1991). In einigen Fällen gelingt es Journalisten aus den Regionen, ihre Beiträge in überregionalen Medien zu plazieren. Ein Beispiel hierfür sind die Vorwürfe gegen die Firma Müller-Milch, die im wesentlichen durch das überregionale Auftreten von zwei regional arbeitenden Journalisten etabliert wurden (Kepplinger/Hartung 1993). In einigen Fällen gibt es strategische Absprachen zwischen Journalisten in der Region und den Mitarbeitern überregionaler Medien. Ein Beispiel hierfür liefern die Angriffe auf den damaligen Ministerpräsidenten Lothar Späth, wo es unter anderem einen Austausch von relevanten Informationen sowie Terminabsprachen zwischen den Mitarbeitern verschiedener Medien gab (Kepplinger et al. 1993).

VIII. Rolle der Journalisten

Die Journalisten spielen in publizistischen Konflikten, öffentlichen Krisen und Skandalen eine Doppelrolle: Zum einen berichten sie über das Geschehen, zum anderen treiben sie das Geschehen durch ihre Berichterstattung voran. Dies geschieht in Kommentaren vor allem durch explizite Wertungen, in Berichten vor allem durch die Instrumentelle Aktualisierung von Informationen, die die eine oder andere Sichtweise stützen. Wir haben die Ansichten von Journalisten über die Zulässigkeit des bewußten Hochspielens und des bewußten Herunterspielens von Informationen, die die eigene Sichtweise stärken bzw. schwächen, in der bereits erwähnten Befragung von Redakteuren der Ressorts Politik, Wirtschaft und Regionales ermittelt (Kepplinger et al. 1989). Obwohl die beiden Fragen direkt aufeinander folgten und das eine kaum ohne das andere möglich ist, zeigten sich erhebliche Unterschiede: Von den 207 Redakteuren, die die Fragen beantworteten, hielten 45 Prozent das bewußte Hochspielen von Informationen, die die Sichtweise des Berichterstatters stützen, für zulässig. Dagegen waren nur 17 Prozent der Meinung, daß das bewußte Herunterspielen von Informationen, die den Ansichten des Berichterstatters widersprechen, vertretbar ist. Der Unterschied in der weit verbreiteten Billigung des bewußten Hochspielens und der weit weniger verbreiteten Billigung des bewußten Herunterspielens von Informationen dürfte darauf zurückzuführen sein, daß ersteres im Unterschied zu letzterem mit dem Informationsauftrag der Massenmedien vereinbar ist und letztlich auch damit gerechtfertigt werden kann. Zwischen den Mitarbeitern verschiedener Mediengattungen bestanden vor allem in den Meinungen über die Zulässigkeit des bewußten Hochspielens von Informationen erhebliche Unterschiede, die trotz der geringen Fallzahlen beachtenswert erscheinen (*Tabelle 3*).

Den Einfluß der individuellen Sichtweisen von Journalisten auf die Auswahl von

Tabelle 3: Ansichten von Journalisten über die Zulässigkeit des bewußten Hochspielens und Herunterspielens von Informationen, die die eigene Konfliktsicht bestätigen bzw. ihr widersprechen

Fragen: „Stellen Sie sich bitte folgende Situation vor: Ein Journalist ist davon überzeugt, daß die Arbeitslosigkeit vor allem durch die 35-Stunden-Woche verringert werden kann. In einem Hintergrundbericht rückt er Informationen, die für die 35-Stunden-Woche sprechen, bewußt in den Vordergrund. Würden Sie sagen, das ist vollkommen einwandfrei, durchaus zu vertreten, eher fragwürdig oder völlig unzulässig?"
„Und wie ist es, wenn er Informationen, die gegen die Einführung der 35-Stunden-Woche sprechen, bewußt in den Hintergrund treten läßt?"

	Redakteure von ...					
	Überregionalen Zeitungen (n=38) %	Regionalen Zeitungen (n=29) %	Wochenzeitungen (n=29) %	Hörfunk (n=52) %	Fernsehen (n=59) %	Alle Befragten (n=207) %
Hochspielen ist ...						
„völlig unzulässig"	24	24	3	19	32	22
„eher fragwürdig"	26	35	21	40	39	34
„durchaus zu vertreten"	34	38	52	35	25	35
„vollkommen einwandfrei"	16	3	24	6	5	10
Summe	100	100	100	100	101	101
Herunterspielen ist ...						
„völlig unzulässig"	37	38	14	34	43	35
„eher fragwürdig"	37	52	71	53	38	48
„durchaus zu vertreten"	18	7	11	13	17	14
„vollkommen einwandfrei"	8	3	4	–	2	3
Summe	100	100	100	101	100	100

Quelle: Kepplinger et al. 1989 (Persönliche Befragung im Mai/Juni 1984).

Nachrichten in publizistischen Konflikten haben wir in der gleichen Befragung mit einem Fragebogen-Experiment gemessen. Hierzu haben wir die individuellen Ansichten der Journalisten zu drei Konflikten ermittelt, der Mittelamerikapolitik der USA, der Ausländerpolitik der Bundesregierung und der Einführung der 35-Stunden-Woche. Die Frage zur 35-Stunden-Woche lautete z.B.: „Sind Sie alles in allem dafür oder dagegen, daß die 35-Stunden-Woche bei vollem Lohnausgleich eingeführt wird?". Vorgegeben waren die Antwortmöglichkeiten „entschieden dafür", „eher dafür", „eher dagegen" und „entschieden dagegen". Zuvor hatten wir die subjektive Instrumentalität der Meldungen ermittelt. Die Frage lautete: „Ich habe hier noch einmal die Karten mit den Meldungen zur 35-Stunden-Woche, die Sie ja schon kennen. Bitte verteilen Sie die Karten diesmal auf dieses Blatt hier, je nachdem, ob die jeweilige Meldung Ihrer Meinung nach für oder gegen die Einführung der 35-Stunden-Woche spricht." Ganz am Anfang der Interviews hatten wir die Ansichten der Journalisten über den Nachrichtenwert von jeweils acht Meldungen zu den drei Konflikten erhoben. Die Frage lautete: „Könnten Sie bitte diese Karten einmal danach untereinander legen, wie

Tabelle 4: Zusammenhang zwischen Konfliktsichten und der Plazierung von Meldungen, die – nach Einschätzung der Befragten – der eigenen Sichtweise entsprechen, neutral sind oder ihr widersprechen (Subjektive Instrumentalität)

| | Eigene Meinung zu ... | | | | | | | | |
| bevorzugt | 35-Stunden-Woche | | | Mittelamerika-politik der USA | | | Ausländerpolitik der Bundesregierung | | |
	contra (n=131) %	unent-schie-den (n=9) %	pro (n=64) %	contra (n=141) %	unent-schie-den (n=21) %	pro (n=42) %	contra (n=99) %	unent-schie-den (n=26) %	pro (n=79) %
Contra-Meldungen	27	11	6	26	–	10	22	8	11
weder noch	47	44	38	66	81	57	69	92	72
Pro-Meldungen	27	44	56	8	19	33	9	–	17
Summe	101	99	100	100	100	100	100	100	100
	$Chi^2 = 20,69$ $p < 0,001$ Cramers V = 0,23			$Chi^2 = 25,70$ $p < 0,001$ Cramers V = 0,29			$Chi^2 = 11,52$ $p < 0,05$ Cramers V = 0,17		

Quelle: Kepplinger 1989a (Persönliche Befragung im Mai/Juni 1984).

wichtig es Ihnen ist, daß diese Meldungen veröffentlicht werden. Das geht so: Obenhin legen Sie die Meldung, die Ihnen ganz besonders wichtig ist, ganz untenhin diejenige, die Ihnen am unwichtigsten ist. Die anderen Meldungen ordnen Sie bitte nach ihrer Wichtigkeit einfach dazwischen ein." Die Meinungen der Journalisten zu den Konflikten, verbunden mit ihren Vorstellungen, welche Konfliktsicht die Meldungen unterstützten, besaßen in allen drei Fällen einen signifikanten Einfluß auf die Auswahl der Meldungen: Von den Journalisten, die z.B. für die 35-Stunden-Woche waren, bevorzugten mehr als die Hälfte per saldo Meldungen, die nach ihrer eigenen Ansicht dafür sprachen. Von den Journalisten, die gegen die 35-Stunden-Woche waren, entschied sich gerade ein Viertel so (*Tabelle 4*).

Den praktischen Einfluß der Sichtweise von Journalisten auf die aktuelle Berichterstattung über die drei Konflikte haben wir mit Hilfe von quantitativen Inhaltsanalysen untersucht. Dabei haben wir unter anderem die Valenz von Ereignissen ermittelt und festgestellt, wie umfangreich diese Ereignisse berichtet wurden. Als Valenz wird hier die Werthaltigkeit von Ereignissen verstanden, ihr positiver oder negativer Charakter. Grundlage für die Ermittlung der Valenz der Ereignisse bildeten differenzierte Analysen einzelner wertender Aussagen über die Ereignisse in den Artikeln. In die weitere Analyse einbezogen wurden nur Ereignisse, die von mindestens drei der vier überregionalen Qualitätszeitungen – *Frankfurter Allgemeine Zeitung, Süddeutsche Zeitung, Frankfurter Rundschau* und *Welt* – positiv oder negativ charakterisiert wurden. Im Falle der Berichterstattung über den Konflikt in Mittelamerika traf dies z.B. auf 26 Ereignisse oder allgemeinere Zustände zu (Kepplinger et al. 1989). Zwischen der Valenz der Ereignisse und dem Umfang der Berichterstattung darüber bestand ein eindeutiger Zusammenhang: Die *Süddeutsche Zeitung* und die *Frankfurter Rundschau,* die hier, um die Darstellung zu vereinfachen, zusammen betrachtet werden, berichteten entspre-

Schaubild 4: Zusammenhang zwischen der Valenz einzelner Ereignisse im Konflikt
um die Mittelamerikapolitik der USA 1984 und dem Umfang, der ihnen
in zwei konservativen (FAZ/Welt) und zwei liberalen (FR/SZ) Qualitätszeitungen gewidmet wurde

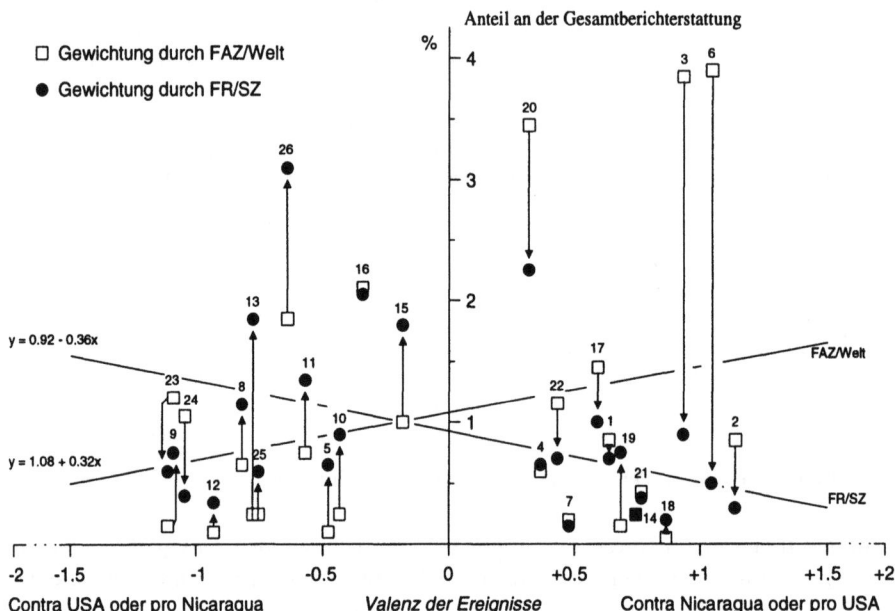

Lesebeispiel: Ereignis Nr. 3 (Konflikt zwischen Amtskirche und Sandinisten) sprach nach Dar-
stellung von mindestens drei der vier erfaßten Blätter gegen die Sandinisten (Skalenwert +0,9).
Es spielte in der Berichterstattung der FAZ/WELT eine wesentlich größere Rolle als in der
Berichterstattung der FR/SZ. Umgekehrt war die Gewichtung von Ereignis 26 (Kritik Reagans
an der Politik der USA). Das Ereignis sprach gegen die Haltung der USA (-0,6) und wurde von
FR/SZ mehr beachtet als von FAZ/Welt.

Quelle: Kepplinger et al. (1989: 216).

chend ihrer Kommentarlinie umfangreicher über Ereignisse, die gegen die Mittelamerikapolitik der USA sprachen, die *Frankfurter Allgemeine Zeitung* und die *Welt*, die aus
dem gleichen Grund zusammen betrachtet werden, befaßten sich entsprechend ihrer
Kommentarlinie vorwiegend mit Ereignissen, die die Mittelamerikapolitik der USA
gerechtfertigt erscheinen ließen. Durch die unterschiedliche Gewichtung der berichteten Ereignisse schien das aktuelle Geschehen die redaktionelle Linie der konservativen und liberalen Blätter zu bestätigen, obwohl sie nahezu gegensätzlich war (*Schaubild 4*; die Ziffern verweisen auf einzelne Ereignisse, die in der Erstveröffentlichung
ausgewiesen sind).

Die Instrumentelle Aktualisierung spielt vor allem bei der Beachtung von Exper-
ten-Aussagen in öffentlichen Kontroversen eine wesentliche Rolle: Generell tendieren
Journalisten dazu, Experten zu zitieren, deren Sichtweisen die jeweilige redaktionelle
Linie bestätigen. Da verschiedene Redaktionen mit unterschiedlichen Linien selektiv
verschiedene Experten zitieren, entsteht der Eindruck, die Experten seien zerstritten,

obwohl dies häufig keineswegs der Fall ist (Kepplinger 1989b: 32ff.; Kepplinger et al. 1991: 131ff.; Rothman/Snyderman 1988; Hagen 1992).

IX. Konfliktverlauf

Publizistische Konflikte, öffentliche Krisen und Skandale entstehen in der Regel scheinbar plötzlich. Tatsächlich besitzen sie jedoch meist einen langen Vorlauf. Im Verlauf publizistischer Konflikte kann man deshalb meist drei Phasen unterscheiden, erstens eine Latenzphase, in der die Thematik schon öffentlich behandelt wird und die unter Umständen mehrere Jahre dauert, zweitens eine Etablierungsphase, in der die Thematik auch außerhalb kleiner Zirkel oder Regionen allgemein beachtet wird, und drittens eine Kulminierungsphase, in der die Berichterstattung und öffentliche Beachtung dramatisch zunimmt. Danach verschwinden die Themen meist schnell und oft folgenlos aus der Berichterstattung und der öffentlichen Aufmerksamkeit. Dabei spielt es keine entscheidende Rolle, ob die thematisierten Probleme gelöst bzw. die erhobenen Vorwürfe bewiesen oder widerlegt sind (Luhmann 1971). Beispiele hierfür sind unter anderem die Vorwürfe gegen Werner Höfer (Eps 1992), Lothar Späth (Kepplinger et al. 1993) und die Firma Müller-Milch (Kepplinger/Hartung 1993), die Diskussion um die „Mietenlüge" (Dahlem/Mathes 1989) sowie um die Volkszählung (Pfetsch 1986).

Die dramatische Zunahme der Berichterstattung und des öffentlichen Interesses in der dritten Phase besitzt vor allem vier Gründe. Erstens befassen sich immer mehr Journalisten mit der Thematik, weil sie sich wechselseitig an der Berichterstattung anderer Medien orientieren und mit ihren Beiträgen das bereits geweckte Interesse der Bevölkerung befriedigen. Zweitens kann jede Handlung der involvierten Personen – Interessenvertreter, Beschuldigte, Politiker usw. – aus den oben skizzierten Gründen zum Gegenstand der Berichterstattung und zum Anlaß von Reaktionen werden, die ihrerseits wieder berichtet werden. Drittens werden aufgrund von Indiskretionen sowie aufgrund von journalistischen Recherchen immer mehr Informationen publiziert, die zuvor nur Eingeweihten bekannt waren. Hierbei gewinnen die Presse-Datenbanken eine zunehmende Bedeutung, da sie die schnelle Verknüpfung verschiedener Sachverhalte ermöglichen. Viertens tauchen im Verlauf derartiger Auseinandersetzungen immer mehr Trittbrettfahrer auf, die sich und ihren Anliegen parasitäre Publizität verschaffen wollen. Publizistische Konflikte stimulieren auf diese Weise gesellschaftliche Aktivitäten, die selbst wieder zum Gegenstand der Berichterstattung werden. Dabei verschaffen sie auch Personen und Organisationen Gehör, die sich zuvor mit ihren Anliegen vergeblich an die Öffentlichkeit gewandt haben (Fishman 1978, 1980).

Im Verlauf der Karriere eines konflikthaltigen Themas ändern sich – soweit man dies anhand der bisher vorliegenden Daten erkennen kann (Kepplinger et al. 1993) – die dominierenden Motive der beteiligten Journalisten. In der ersten Phase engagieren sich vor allem Journalisten, die die Thematik als ein persönliches Anliegen betrachten. Die Grundlage liefern unter anderem individuelle Überzeugungen, eigene Erfahrungen, persönliche Fehden. In der zweiten Phase werden die Themen häufig durch gezielte Absprachen mit gesellschaftlichen Akteuren und zwischen verschiedenen Journalisten politisch instrumentalisiert. Dies geschieht unter anderem mit dem Ziel, politische Entscheidungen, wirtschaftliche Entwicklungen, technologische Programme zu beeinflussen. Eine wachsende Bedeutung besitzt hierbei die Beeinflussung von Wahlen sowie der Karriere von Politikern. In der dritten Phase spielen professionelle Motive die Hauptrolle. Die Journalisten berichten, weil andere berichten und ein Wettlauf um neue Informationen und Aspekte besteht. Hierbei spielen politische oder andere ideologische Motive keine oder nur eine untergeordnete Rolle. Deshalb schalten sich jetzt auch solche Medien zum Nachteil von Personen und Organisationen ein, die deren Zielen nahestehen.

Die Berichterstattung in publizistischen Konflikten stellt aus den genannten Gründen einen Resonanzboden dar, der in Eigenschwingungen gerät, die durch äußere Einflüsse überlagert und verstärkt werden können. Die Berichterstattung kann dadurch ein so starkes Eigenleben entfalten, daß sie sich von dem realen Geschehen mehr oder weniger lösen kann. Die jeweils folgenden Beiträge sind dann eher das Echo der vorangegangenen Berichterstattung als ein Spiegel der Ereignisse. Ein Beispiel für die Eigendynamik publizistischer Konflikte bildet die Auseinandersetzung um die Zukunft der Kernenergie in Deutschland nach dem Reaktorunfall bei Tschernobyl am 26. April 1986, bei der immer neue Akteure auftraten und immer neue Teilkonflikte entstanden, deren Gemeinsamkeit darin bestand, daß sie etwas mit Kernenergie zu tun hatten und folglich als Teil des gleichen Problems erschienen, obwohl sie zum Teil weder politisch noch moralisch oder technisch zwingend etwas mit dem Unfall in der UdSSR zu tun hatten. Dabei kann man folgende Teilkonflikte unterscheiden:

1. Die Auseinandersetzungen um die Festlegung von Grenzwerten in der Bundesrepublik Deutschland.
2. Die Kontroverse um den Störfall im Hochtemperatur-Reaktor bei Hamm-Uentrop zwischen dem Bund und dem Land Nordrhein-Westfalen.
3. Die Auseinandersetzungen um den Schnellen Brüter bei Kalkar.
4. Die Auseinandersetzungen um die Wiederaufbereitungsanlage bei Wackersdorf, die ihrerseits zu einer deutsch-österreichischen Kontroverse um grenznahe kerntechnische Anlagen führte.
5. Die Auseinandersetzungen um die Betriebsgenehmigung für den französischen Reaktor bei Cattenom.
6. Die Auseinandersetzungen zwischen den Bundestagsparteien über die Zukunft der Kernenergie (FDP-, SPD- und CSU-Parteitage).
7. Die Auseinandersetzungen im Bundestag über die zukünftige Energiepolitik (Bundestagsdebatte, Aktuelle Stunde), auf die letztlich die verschiedenen Teilkonflikte zielten, weil der Bund für die grundlegenden Entscheidungen über die zukünftige Energiepolitik zuständig ist.

Aufgrund der Eigendynamik des publizistischen Konflikts um die Zukunft der Kernenergie in Deutschland, die sich an dem Reaktorunfall bei Tschernobyl entzündet hatte, entfernte sich die gesamte Auseinandersetzung schnell von ihrem Ursprung. Dies läßt sich anhand der Berichterstattung der *Frankfurter Allgemeinen Zeitung*, der *Süddeutschen Zeitung* und des *Spiegel* belegen, wobei anzumerken ist, daß die *Frankfurter Allgemeine Zeitung* und die *Süddeutsche Zeitung* nicht zu den Blättern gehörten, die die Diskussion entfacht haben. Die drei Blätter veröffentlichten in den 20 Wochen nach dem Reaktorunfall bei Tschernobyl nahezu genauso viele Aussagen über die Kernenergie in der Bundesrepublik Deutschland wie über den Unfall in der Ukraine (39 versus 40 Prozent). Bereits vier Wochen nach dem Unfall befaßten sie sich – bei insgesamt zurückgehender Berichterstattung – intensiver mit der hiesigen Situation

Schaubild 5: Thematisierung der Kernenergie in deutschen Blättern vor und nach dem Reaktorunfall bei Tschernobyl (Anzahl der publizierten Aussagen)

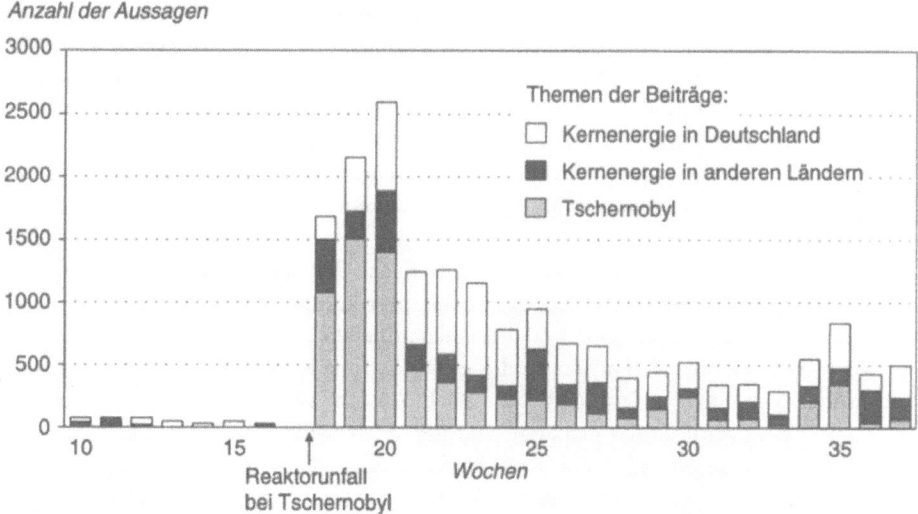

Quelle: Muller (1989: 115).

als mit den dortigen Problemen. Die Konzentration auf die deutsche Kernenergie bestimmte auch in den folgenden Wochen die Darstellung, wobei der eigentliche Auslöser des publizistischen Konflikts weitgehend aus dem Blickfeld geriet (Muller 1988).

Bei dieser Entwicklung handelte es sich um ein typisches Muster, das sich sehr ähnlich auch bei publizistischen Konflikten um ganz andere Themen zeigt, wie zum Beispiel die Auseinandersetzung um Heinrich Bölls Artikel über die Baader-Meinhof-Gruppe (Kepplinger et al. 1977), die Auseinandersetzung um Verbrechen gegen alte Menschen (Fishman 1978) und die Auseinandersetzung um das Moderationsverbot für Franz Alt (Mathes 1987). *Schaubild 5* zeigt die Entwicklung der Kernenergiediskussion nach Tschernobyl.

X. Konsequenzen der Berichterstattung

Entscheidend für den Ausgang eines publizistischen Konfliktes und eines Skandals ist nicht die Massivität der Angriffe aus dem gegnerischen Lager. Entscheidend ist das Verhalten der eigenen Seite. Solange die Weggefährten zu dem Angegriffenen stehen, hat er gute Chancen, die Angriffe abzuwehren – unabhängig davon, wie heftig sie sind. Ein Beispiel hierfür sind die Auseinandersetzungen um die Publikationen Hans Magnus Enzensbergers in den sechziger Jahren, die er unbeschadet überstanden hatte, solange er verteidigt wurde. Als dies nicht mehr der Fall war, weil er sich Themen zuwandte, zu denen seine alten Weggefährten nichts sagen konnten oder wollten, verlor er insgesamt an Rückhalt (Kepplinger 1981). Ein weiteres Beispiel ist die Karriere Kohls als Bundeskanzler, an dem alle Angriffe der Medien abprallten, weil er seine Partei im Griff hatte (Kepplinger et al. 1986). Sobald die eigenen Weggefährten freiwillig oder gezwungen auf Distanz gehen, ist die Sache für den Angegriffenen verloren. Die Kunst des erfolgreichen Argumentierens besteht daher darin, die Anhänger des Angegriffenen zur Distanzierung zu zwingen. Das Mittel hierfür sind Anschuldigungen, die keine Verteidigung zulassen, weil sie den Verteidiger nicht zuletzt vor jenem Teil des Publikums diskreditieren würden, der zwischen den Lagern steht. Über die Vor- und Nachteile der Freiflüge Späths konnte man z.B. geteilter Meinung sein, über die Bewertung einer firmenfinanzierten Lustreise nach Asien nicht. Späth mußte die Konsequenz ziehen, weil die Angriffe seinen Weggefährten keine andere Wahl ließen, als sich von ihm zu distanzieren.

Späth ist nicht über den politischen Kern der Vorwürfe seiner Gegner gestürzt, sondern über eine Marginalie ohne große politische Substanz, jedoch mit unzweifelhafter Wertigkeit. Stolpe hat sich dagegen behaupten können, weil es eine so eindeutige Marginalie (bislang) nicht gibt und die substantiellen politischen Vorwürfe seinen Rücktritt nicht zwingend machen. In dieser Diskrepanz zwischen der Folgenlosigkeit substantieller politischer Vorwürfe, die nach Ansicht aller beteiligten Journalisten Späths Rücktritt erforderlich machten, und den Auswirkungen politisch bedeutungsloser Anschuldigungen, die nach Ansicht der meisten beteiligten Journalisten nicht zulässig waren (Kepplinger et al. 1993), wird die eigentliche Problematik der Meinungs- und Willensbildung deutlich: Falls das politische Argument erfolglos bleibt, wird – im Widerspruch zur normativen Theorie politischer Kommunikation – in der Praxis das persönliche Argument gelegentlich zum funktionalen Äquivalent.

Literatur

Cuilenburg, Jan J. van, Jan Kleinniejenhuis und *Jan A. de Ridder*, 1986: A Theory of Evaluative Discourse: Towards a Graph Theory of Journalistic Texts, European Journal of Communication 1: 65-96.

Dahlem, Stefan, und *Rainer Mathes*, 1989: Der Konflikt um die „Mietenlüge". Kommunikationsstrategien und Presseberichterstattung im Bundestagswahlkampf 1982/83, Politische Vierteljahresschrift 30: 655-673.

Donsbach, Wolfgang, 1991: Medienwirkung trotz Selektion. Einflußfaktoren auf die Zuwendung zu Medieninhalten. Köln u.a.: Böhlau.

Eps, Peter, 1992: Der Fall Werner Höfer – Struktur, Tendenz und Verlauf eines publizistischen Konfliktes. Magisterarbeit. Mainz: Fachbereich Sozialwissenschaften der Johannes Gutenberg-Universität.

Fishman, Mark, 1978: Crime Waves as Ideology, Social Problems 25: 531-543.

Fishman, Mark, 1980: Manufacturing the News. Austin u.a.: University of Texas Press.

Hagen, Lutz M., 1992: Die opportunen Zeugen. Konstruktionsmechanismen von Bias in der Zeitungsberichterstattung über die Volkszählungsdiskussion, Publizistik 37: 444-460.

Kepplinger, Hans Mathias, 1981: Der Schriftsteller in der Öffentlichkeit (am Beispiel Hans Magnus Enzensbergers). Ein Vorschlag zur Anlage repräsentativer Untersuchungen der Presseberichterstattung. S. 74-95 in: *Helmut Kreuzer* und *Reinhold Viehoff* (Hg.): Literaturwissenschaft und empirische Methoden. Eine Einführung in aktuelle Projekte, Beiheft 12 der Zeitschrift für Literaturwissenschaft und Linguistik. Göttingen: Vandenhoeck & Ruprecht.

Kepplinger, Hans Mathias, 1984: Instrumentelle Aktualisierung. Manuskript. Mainz: Institut für Publizistik.

Kepplinger, Hans Mathias, 1985: Systemtheoretische Aspekte politischer Kommunikation, Publizistik 30: 247-264.

Kepplinger, Hans Mathias, 1989a: Voluntaristische Grundlagen der Politikberichterstattung. S. 59-83 in: *Frank E. Böckelmann* (Hg.): Medienmacht und Politik. Mediatisierte Politik und politischer Wertewandel. Berlin: Spiess.

Kepplinger, Hans Mathias, 1989b: Künstliche Horizonte. Folgen, Darstellung und Akzeptanz von Technik in der Bundesrepublik. Frankfurt a.M. u.a.: Campus.

Kepplinger, Hans Mathias, und *Uwe Hartung,* 1993: Am Pranger. Eine Fallstudie zur Rationalität öffentlicher Kommunikation. Stuttgart: Reinhard Fischer.

Kepplinger, Hans Mathias, Michael Hachenberg und *Werner Frühauf,* 1977: Struktur und Funktion eines publizistischen Konflikts. Die Auseinandersetzung um Heinrich Bölls Artikel „Will Ulrike Gnade oder freies Geleit?", Publizistik 22: 14-34.

Kepplinger, Hans Mathias, Wolfgang Donsbach, Hans-Bernd Brosius und *Joachim Friedrich Staab,* 1986: Medientenor und Bevölkerungsmeinung. Eine empirische Studie zum Image Helmut Kohls, Kölner Zeitschrift für Soziologie und Sozialpsychologie 38: 247-279.

Kepplinger, Hans Mathias, Hans-Bernd Brosius, Joachim Friedrich Staab und *Günter Linke,* 1989: Instrumentelle Aktualisierung. Grundlagen einer Theorie publizistischer Konflikte. S. 199-220 in: *Max Kaase* und *Winfried Schulz* (Hg.): Massenkommunkation. Theorien, Methoden, Befunde, Sonderheft 30 der Kölner Zeitschrift für Soziologie und Sozialpsychologie. Opladen: Westdeutscher Verlag.

Kepplinger, Hans Mathias, Simone Christine Ehmig und *Christine Ahlheim,* 1991: Gentechnik im Widerstreit. Zum Verhältnis von Wissenschaft und Journalismus. Frankfurt a.M. u.a.: Campus.

Kepplinger, Hans Mathias, in Zusammenarbeit mit *Peter Eps, Frank Esser* und *Dietmar Gattwinkel,* 1993: Am Pranger: Der Fall Späth und der Fall Stolpe. S. 159-220 in: *Wolfgang Donsbach, Otfried Jarren, Hans Mathias Kepplinger* und *Barbara Pfetsch* (Hg.): Beziehungsspiele – Medien und Politik in der öffentlichen Diskussion. Gütersloh: Bertelsmann.

Klapper, Joseph T., 1960: The Effects of Mass Communication. New York: The Free Press.

Levin, Doron P., 1989: Audi Gets a Lift From Safety Study, New York Times 11.03.89, 20-21.

Luhmann, Niklas, 1971: Öffentliche Meinung. S. 9-34 in: Ders. (Hg.): Politische Planung. Aufsätze zur Soziologie von Politik und Verwaltung. Opladen: Westdeutscher Verlag.

Mathes, Rainer, 1987: Der publizistische Konflikt um das Moderationsverbot für Franz Alt. Eine empirische Studie zur öffentlichen Konfliktkommunikation, Publizistik 32: 166-179.

Mathes, Rainer, Hans-Dieter Gärtner und *Andreas Czaplicki,* 1991: Kommunikation in der Krise. Autopsie eines Medienereignisses. Das Grubenunglück in Borken. Frankfurt a.M.: Institut für Medienentwicklung und Kommunikation.

Molotch, Harvey L., David L. Protess und *Margaret T. Gordon,* 1987: The Media-Policy Connection: Ecologies of News. S. 26-48 in: *David L. Paletz* (Hg.): Political Communication Research: Approaches, Studies, Assessments. Norwood, N.J.: Ablex.

Muller, Claude, 1989: Der Einfluß des Reaktorunfalls von Tschernobyl auf die Darstellung der Kernenergie in der Presse der Bundesrepublik Deutschland und Frankreichs. Magisterarbeit. Mainz: Fachbereich Sozialwissenschaften der Johannes Gutenberg-Universität.

Pfetsch, Barbara, 1986: Volkszählung '83: Ein Beispiel für die Thematisierung eines politischen Issues in den Massenmedien. S. 201-231 in: *Hans-Dieter Klingemann* und *Max Kaase* (Hg.): Wahlen und politischer Prozeß. Analysen aus Anlaß der Bundestagswahl 1983. Opladen: Westdeutscher Verlag.

Rothman, Stanley, und *Mark Snyderman,* 1988: The IQ Controversy, the Media and Public Policy. New Brunswick u.a.: Transaction.

Die Herausforderung direkter Demokratie
durch die Transformation der Öffentlichkeit

Hanspeter Kriesi

Zusammenfassung: Ausgehend vom Modell der deliberativen Demokratie wird in diesem Beitrag die Beratschlagung der Bürger und Bürgerinnen im Rahmen direkt-demokratischer Volksabstimmungen in der Schweiz näher analysiert. Auf der Basis von repräsentativen Umfragen, welche in der Schweiz regelmäßig nach Abstimmungsterminen durchgeführt werden, wird untersucht, inwiefern die Medien die Qualität der politischen Beratschlagung der Bürger im Vorfeld der Volksabstimmungen beeinflussen. Zum einen zeigt sich dabei, daß die Bürger keineswegs ein für allemal feststehende Meinungen haben, die einer öffentlichen Debatte nicht mehr zugänglich wären. Es besteht somit ein erheblicher Spielraum für die Meinungsbildung im Vorfeld von Abstimmungen. Zum anderen ergibt sich aus dieser Analyse aber auch, daß der Meinungsbildungsprozeß im Vorfeld von Abstimmungen offener und weniger manipulierbar ist als es die pessimistischen Thesen über die Transformation der Öffentlichkeit und deren Konsequenzen vermuten ließen.

I. Einleitung

Mein Ausgangspunkt ist das Modell der deliberativen Demokratie. Im Gegensatz zur liberalen Demokratietheorie geht dieses Modell davon aus, daß ein demokratisches Verfahren nicht einfach vorgegebene Präferenzen aggregiert (Miller 1992). Damit befindet sich dieses Modell auch im Gegensatz zu Rousseaus Vorstellung von der Demokratie. Gemäß dem deliberativen Modell ist eine Entscheidung nicht dann legitim, wenn sie den vorgegebenen Allgemeinwillen („volonté générale") repräsentiert, sondern sie ist vielmehr in dem Maße legitim, als sie das Resultat von argumentativen Beratungen darstellt, an denen alle Bürgerinnen und Bürger frei von internen und externen Zwängen teilnehmen (Manin 1987; Habermas 1992). Gemäß dem deliberativen Modell hat der demokratische Prozeß die Eigenschaft, daß seine Resultate prinzipiell offen und ungewiß sind. Das Ergebnis des demokratischen Prozesses hängt vom Gang dieses Prozesses selbst ab. Mit anderen Worten: Der deliberative Prozeß, welcher der demokratischen Entscheidung vorausgeht, bildet einen integralen Bestandteil der Entscheidungsprozedur. Im Idealfall resultiert die demokratische Entscheidung aus einer kollektiven Beratschlagung, an der alle Bürgerinnen und Bürger teilnehmen. Dabei handelt es sich gleichzeitig um einen individuellen wie einen kollektiven Prozeß. Jeder überlegt für sich selbst, welche Entscheidung zu treffen ist, und gleichzeitig werden die Überlegungen jedes einzelnen beeinflußt durch seine nächste Umgebung, seine Kollegen, seine Freunde sowie durch kollektive Akteure, welche ihn von der Begründetheit ihres jeweiligen Standpunkts zu überzeugen versuchen. Der deliberative Prozeß ist ausschlaggebend für die Entscheidung, die schließlich gefällt wird, weil die Interessen und Präferenzen der Bürger in bezug auf eine politische Entscheidung nicht von allem Anfang an prädeterminiert sind und weil sie in aller Regel kein kohärentes Ganzes bilden. Oft wissen die Akteure nicht genau, was sie wollen, was in ihrem ureigensten Interesse liegt. Ihre Meinungen bilden sich erst im Laufe der Deliberation, welche der demokratischen Entscheidung vorausgeht. Der deliberative Prozeß erlaubt mit anderen Worten den vielen Beteiligten erst, ihren eigenen Standpunkt zu klären und sich eine Meinung zu bilden in bezug auf das, was bei der Entscheidung auf dem Spiele steht. Dabei spielen im Idealfall bei diesem Klärungsprozeß nur sachliche Informationen und begründete Argumente eine Rolle. Im Idealfall ist jeder Teilnehmer am Klärungsprozeß souverän und hat Zugang zu allen Informationen, die er zur Klärung seines Standpunkts benötigt (Dahl 1985: 59).

In diesem Beitrag möchte ich die Frage der Beratschlagung der Bürger im Rahmen von direkt-demokratischen Volksabstimmungen in der Schweiz näher untersuchen. Das Modell der deliberativen Demokratie eignet sich besonders gut für die Analyse der Funktionsweise der direkten Demokratie. Die direkte Demokratie erlaubt es Gruppen von Bürgern, konkrete Sachfragen auf die politische und öffentliche Agenda zu setzen. In der direkten Demokratie muß sich nicht nur die politische Elite, sondern schließlich die gesamte Bürgerschaft mit der entsprechenden Sachfrage auseinandersetzen. Konfrontiert mit einer konkreten Sachfrage sind alle Bürger zur Klärung ihrer eigenen Präferenzen und zu einem individuellen Entscheid aufgerufen. Bei direkt-demokratischen Verfahren handelt es sich somit um institutionelle Verfahren, welche informelle Meinungsbildungsprozesse, die sich in der Öffentlichkeit abspielen, systematisch fördern und verstärken.

Die Qualität des kollektiven deliberativen Verfahrens im Vorfeld einer Volksabstimmung hängt wesentlich von der Organisation und der Funktionsweise der Öffentlichkeit ab, welche das Kommunikationssystem (Gerhards und Neidhardt 1990) bzw. das Netzwerk von Kommunikationsprozessen (Habermas 1992: 436) bildet, in denen sich die öffentliche Meinung konstituiert. Der normative Gehalt des Konzepts der Demokratie bezieht sich mit anderen Worten nicht nur auf die formellen Institutionen des Rechtsstaates, sondern ebenso auf die Kommunikations- und Entscheidungsprozesse, die nicht formell institutionalisiert sind. Es ist im weiteren selbstverständlich, daß sich die öffentliche Kommunikation heute vor allem als Massenkommunikation vollzieht. Die Bedeutung politischer Versammlungen hängt heute in erster Linie von der Multiplikation ihrer Botschaft in den Massenmedien ab, und, was die Kommunikation durch persönliche Interaktion („encounters") betrifft, so ist auch sie im wesentlichen abhängig von der durch Medien verbreiteten Information. Die entscheidende Frage ist somit, inwiefern die Medien die Qualität der politischen Beratschlagung der Bürgerschaft beeinflussen. In diesem Kontext erhält Habermas' (1962) These von der Transformation der Öffentlichkeit ihre volle Bedeutung. Gemäß seiner damals sehr pessimistischen Auffassung hat sich das einstmals politisch aktive Publikum in die Privatsphäre zurückgezogen. Anstatt zu argumentieren wie früher hat das Publikum gemäß seiner in den 60er Jahren formulierten These nur noch eine passive Konsumentenrolle gegenüber Politik und Kultur. Die Öffentlichkeit erweist sich aus dieser Sicht als kolonisiert durch mächtige kollektive Akteure und die Rolle der öffentlichen Debatte für die kollektive Meinungsbildung im Rahmen der demokratischen Institutionen als entsprechend drastisch reduziert. Für die direkte Demokratie stellt sich infolgedessen die Frage, in welchem Maße die öffentliche Beratschlagung im Vorfeld von Volksabstimmungen autonomen Charakter behalten hat bzw. in welchem Maße sie durch die Medien und insbesondere durch gezielte Kampagnen von gewissen mächtigen politischen Akteuren beeinflußt werden kann. Gemäß der Hypothese von Hertig (1982), welche die allgemeinere Hypothese von Habermas gewissermaßen auf den speziellen Fall der direkten Demokratie anwendet, widerspiegeln die Entscheidungen der Bürger im wesentlichen die Propagandaanstrengungen während der Kampagnen, die den Abstimmungen jeweils vorausgehen. Hertig legt sogar nahe, Abstimmungserfolge seien heute käuflich. Aufgrund einer Analyse der Inserate in drei Zeitungen während der Abstimmungskampagnen hat er eine hohe Korrelation zwischen der Dominanz einer gewissen Propaganda und dem Abstimmungsresultat festgestellt. In rund 20 Fällen, bei denen es entweder eine starke Dominanz der Propaganda für oder eine massive Propaganda gegen das vorgeschlagene Projekt gab, sind die Bürger mit einer Ausnahme – der Finanzreform von 1979 – den Empfehlungen der dominanten Propaganda gefolgt. Auf der Basis dieser Analyse legt Hertig (1984: 270) nahe, daß in vielen, wenn nicht den meisten Fällen der Volksentscheidungen in der direkten Demokratie nicht die Qualität der Argumente, sondern eher die Höhe des Werbebudgets den Ausschlag für den Abstimmungsausgang gibt.

Ist diese pessimistische Diagnose korrekt? Ist der politische Beratschlagungsprozeß tatsächlich von den Systemimperativen kolonisiert? Kann man wirklich eine Volksentscheidung auf dem Markt der direkten Demokratie kaufen? Eine Antwort auf diese Frage sollte eine Anzahl von Elementen berücksichtigen, die einerseits das Medienangebot und andererseits die Empfänger der Medienbotschaft, d.h. das Publikum, betreffen.

II. Die Rolle der Medien

Der Zugang zu den Medien ist nicht gleich offen für alle Argumente, die im Zusammenhang mit einer Volksabstimmung vorgebracht werden. Zunächst hat einmal die Regierung die Möglichkeit, ihren Standpunkt in einer offiziellen Broschüre darzulegen, die in alle Schweizer Haushalte verschickt wird. Zwar wird auch der Standpunkt der Gegner des Regierungsstandpunkts in dieser Broschüre präsentiert, aber in viel knapperer Form als dies beim offiziellen Standpunkt der Fall ist. Die Regierung hat zudem die Möglichkeit, ihre Position in einer Ansprache zur besten Sendezeit – unmittelbar nach den Abendnachrichten – vor versammeltem Fernsehpublikum zu vertreten. Im weiteren sind die finanziellen Ressourcen für die politische Werbung im Abstimmungskampf, wie die Analysen von Hertig (1982) und anderen (vgl. Longchamp 1991, 1993) gezeigt haben, sehr unterschiedlich verteilt zwischen Vertretern und Gegnern der jeweiligen Vorlagen. Der ungleiche Zugang zu einzelnen Medien wird insofern relativiert, als es eine Vielzahl von Medien gibt, über die zum Teil sehr unterschiedliche Botschaften verbreitet werden. Zwar besteht beim Fernsehen ein öffentliches Monopol, beim Radio aber haben die öffentlichen Anstalten seit einigen Jahren Konkurrenz durch private Lokalradios erhalten. Auch in bezug auf die Presse besteht in zahlreichen Regionen ein faktisches Monopol einer einzigen Tageszeitung, und selbst wenn in einer Region verschiedene Zeitungen verfügbar sind, liest die übergroße Mehrheit der Schweizer nur eine Tageszeitung. Neben den Tageszeitungen gibt es aber auch wöchentlich erscheinende Magazine von unterschiedlicher politischer Prägung. Zudem wird die Botschaft des redaktionellen Teils der Tageszeitungen zum Teil durch die Inseraten- bzw. Leserbriefspalten relativiert. Weitere Informationsträger im Abstimmungskampf sind Plakate und Standaktionen auf öffentlichen Plätzen, Drucksachen, die breit gestreut werden, sowie, neuerdings vermehrt, „Direct Mailing".

Die Funktionsbedingungen der Medien sind gegenüber dem Inhalt der von ihnen verbreiteten Botschaft nicht indifferent. Wie Marshall McLuhan es formuliert hat, prägen die Medien ihre Botschaft zu einem großen Teil selbst („The medium is the message"). So handelt es sich beim Fernsehen und den öffentlichen Radiosendern in der Schweiz um Anstalten, die zu einer ausgewogenen Berichterstattung angehalten sind. In der Schweiz riskiert jegliche „unausgewogene" Berichterstattung in den elektronischen Medien, daß bei den Aufsichtsbehörden, welche über die Anwendung der Regeln korrekter Berichterstattung wachen, eine Beschwerde gegen sie eingereicht wird. Praktisch bedeutet dies, daß öffentliches Radio und Fernsehen in der Schweiz sehr zurückhaltend sind in bezug auf Kritik am System und seinen Repräsentanten. Im Falle der geschriebenen Presse und der privaten lokalen Radiostationen besteht eine starke Abhängigkeit von der Werbung, welche diesen Medien Restriktionen in bezug auf den Inhalt ihrer Botschaft auferlegt. In der Schweiz gibt es notorische Beispiele von Großinserenten, welche ihre Inseratenaufträge dazu benutzt haben, um Druck auf die redaktionelle Linie der entsprechenden Zeitungen auszuüben (vgl. Tschäni 1983). Die Presse betreibt dementsprechend eine gewisse Selbstzensur, die ihr von ihrem wirtschaftlichen Unternehmerinteresse vorgeschrieben wird (Michel-Alder 1983). Zu den politischen und wirtschaftlichen Restriktionen kommen die technischen hinzu: die Informationsverarbeitungskapazität der Medien ist begrenzt, was sie zur Selektion zwingt (Hilgartner und Bosk 1988). Es sind schließlich die Praktiken und Normen der Journalisten, die bestimmen, welche Informationen ausgewählt und auf welche Weise sie präsentiert werden.

Was die journalistischen *Praktiken* betrifft, so sei zunächst auf die Gewohnheit vor allem des Fernsehens, aber auch der populären Presse hingewiesen, die Nachrichten auf „episodische" Weise zu präsentieren. Indem sie die Nachrichten in Form von diskreten Ereignissen, die kaum oder gar nicht miteinander verknüpft sind, präsentieren, tragen diese Medien dazu bei, daß es an Verständnis für den politischen Prozeß fehlt und daß die Urheberschaft der Ereignisse nicht den eigentlichen politisch Verantwortlichen zugeschrieben wird. Wie die sozialpsychologischen Experimente von Iyengar (1991) nahelegen, führt die episodische Berichterstattung im Gegensatz zur „thematischen" Berichterstattung, welche ein Ereignis in seinen politischen, sozialen, wirtschaftlichen und kulturellen Kontext einbettet, zu der Tendenz, daß die Rezipienten sich die Verantwortung für soziale, wirtschaftliche oder politische Probleme selbst zuschreiben, anstatt die Behörden dafür verantwortlich zu machen. Im weiteren haben die Journalisten die Tendenz, im Zweifelsfalle den Standpunkt der Behörden einzunehmen. Diese Obrigkeitsfreundlichkeit hat nicht zuletzt damit zu tun, daß sie täglich mit den Behörden zu tun haben und sie damit „verstehen" lernen. Zudem sind sie auch vom Zugang zu den offiziellen und weniger offiziellen Informationen der Behörden abhängig. Neben den Behörden gibt es eine ganze Reihe von Sponsoren –

politische Organisationen und deren Repräsentanten –, die regelmäßig Kontakt mit Journalisten haben und deshalb deren Selektionstätigkeit beeinflussen (Gans 1979; Tuchman 1978).

Allerdings bestehen auch Normen und Praktiken der Journalisten, welche nicht ausschließlich den offiziellen Standpunkt privilegieren. So impliziert die Norm der „ausgewogenen Berichterstattung", daß unterschiedliche Gesichtspunkte in bezug auf einen strittigen Punkt präsentiert werden. Dementsprechend kommen im Vorfeld einer Volksabstimmung in der Schweiz in der Regel sowohl Befürworter wie Gegner einer Vorlage mindestens im redaktionellen Teil der Presse zu Wort. Obwohl die Ausgewogenheitsnorm nur selten so interpretiert wird, daß auch die Ansichten jener zu berücksichtigen sind, die vom politischen System ausgeschlossen werden, öffnet sie doch selbst den Ausgeschlossenen manchmal auf indirekte Weise Zugang zu den Medien: So kann zum Beispiel die Herausforderung durch eine soziale Bewegung die Bedingungen schaffen, daß etablierte Kritiker einer bestimmten Politik Gehör finden (Gamson und Modigliani 1989). Schließlich profitieren alternative Gesichtspunkte auch vom großen Wert, welche die Medien spektakulären Ereignissen beimessen. Indem sie eine große Zahl von Anhängern mobilisieren oder anderweitig spektakuläre Ereignisse organisieren, gelingt es den Außenseitern oft, das Interesse der Medien für ihre Anliegen zu wecken. Davon machen soziale Bewegungen in der Schweiz zum Teil auch im Vorfeld von Volksabstimmungen Gebrauch. Die große Aufmerksamkeit der Medien für spektakuläre Ereignisse ist allerdings für die Außenseiter nicht immer unproblematisch. So berichten die Medien beispielsweise gerne über Gewalt, weil sie besonders spektakulär ist und weil sie sich für die dramatische Präsentation, auf welche sie oft aus sind, besonders gut eignet. Das Bild eines vermummten, Steine werfenden Demonstranten gibt aber in der Regel keinen adäquaten Eindruck von der Konfrontation zwischen der Polizei und den radikalen Demonstrationsteilnehmern, ganz zu schweigen von der friedlichen Demonstration, welche dieser Konfrontation vorausging (CILIP 1981: 123).

Wenn es somit zahlreiche Indikatoren für eine Kolonisation der Medien durch mächtige Akteure gibt, so erlaubt die bisherige Diskussion dennoch nicht den Schluß, daß manipulative Praktiken deliberative Verfahren im Vorfeld von Volksabstimmungen verunmöglichen. Die Zahl der Informationskanäle ist zu groß und die Normen und Praktiken der Journalisten sind zu ambivalent, als daß es einzelnen mächtigen Akteuren möglich wäre, das Medienangebot völlig zu beherrschen. Es ist im übrigen bemerkenswert, daß Habermas (1990) in seinem Vorwort zur Neuauflage seiner Untersuchung über die Transformation der Öffentlichkeit, wie auch in seiner neuesten Diskussion der Rolle der Öffentlichkeit (Habermas 1992, Kapitel 8) seine Vision eines linearen Zerfalls der Bedingungen politischer Deliberation beträchtlich nuanciert und zugesteht, daß die Konsequenzen der Transformation der Öffentlichkeit mindestens ambivalent sind. Habermas' Ausgangshypothese ist um so mehr zu relativieren, als ihr auch ein Bürgerbild zugrundeliegt, das nicht ganz der Realität entspricht.

III. Die Rolle des Publikums

Habermas ging aus vom Bild eines passiven Empfängers der Medienbotschaft, der sich ihr völlig unterordnet. In Wirklichkeit konstituiert die Botschaft der Medien ein Instrument, welches das Publikum bei der Konstruktion des Sinns, den es dem politischen Geschehen gibt, auf aktive Weise benutzt. Auch wenn die individuellen Präferenzen in bezug auf ein konkretes Projekt oft nicht von Anfang an feststehen, haben doch alle Bürger und Bürgerinnen im Moment, wo die Regierung ihnen ein neues Projekt zur Abstimmung unterbreitet, aufgrund ihrer primären politischen Sozialisation und ihrer kumulierten Erfahrungen mit dem direkt-demokratischen Prozeß bereits bestimmte politische Werte und Einstellungen, die nicht zur Disposition stehen. Die Botschaft der Medien wird im Lichte dieser vorbestimmten Ideen interpretiert werden. So haben etwa Gamson und Modigliani (1989) auf die Bedeutung *kultureller Resonanzen* hingewiesen: Gewisse Botschaften verfügen über einen Startvorteil im Mediendiskurs, weil ihre Ideen und ihre Sprache direkt bei traditionellen kulturellen Themen, bei den Mythen und den Symbolen des kulturellen Erbes anschließen. Andere Botschaften haben demgegenüber keine Chance, weil sie festverwurzelten Überzeugungen widersprechen. So hatten die Gegner des Beitritts der Schweiz zum Europäischen Wirtschaftsraum (EWR) bei der Abstimmung vom 6. Dezember 1992 beispielsweise ein leichteres Spiel als dessen Anhänger, weil ihre Argumente direkt bei den tief verwurzelten Mythen des Schweizertums anzusetzen vermochten (Kriesi et al. 1993). Zwar tappen die Medien und ihre Sponsoren hinsichtlich der kulturellen Resonanz ihrer Argumente nicht völlig im Dunkeln. Sie erhalten via Meinungsumfragen direkte Rückmeldungen über die Wirksamkeit unterschiedlicher Argumentationen. Je nach Resultat haben sie allenfalls die Möglichkeit, ihre Botschaft den kulturellen Restriktionen anzupassen. Wie die schweizerische Regierung im Falle des EWR-Vertrages auf schmerzliche Weise feststellen mußte, sind derartigen Maßnahmen aber oft enge Grenzen gesetzt. Mythen bilden eine schwer zu beeinflussende politische Gegebenheit, auch oder gerade wenn sie der aktuellen Realität in keiner Weise mehr entsprechen.

Im weiteren gilt es zu berücksichtigen, daß sich jeder Bürger und jede Bürgerin in einem sozialen Kontext befindet, der es ihnen erlaubt, die Medienbotschaft zu diskutieren und zu interpretieren. Gemäß der berühmten Hypothese des zweistufigen Kommunikationsflußes (Lazarsfeld 1948) gelangt die Medienbotschaft nicht ungefiltert zu ihren Empfängern, sondern erreicht die Mehrheit des Publikums über eine Minderheit von gut informierten Meinungsführern. In der modifizierten Version dieser Hypothese (Merten 1988) sind alle Bürger, ob gut oder schlecht informiert, gleichermaßen Empfänger der Medienbotschaft. Die Bewertung dieser Informationen wird jedoch von den Meinungsführern an die Mehrheit ihrer Mitbürger weitergegeben. In dieser Version aktualisieren die Meinungsführer die Information, indem sie ihr eine Metainformation beigeben, die aus ihrer eigenen Beurteilung der Information besteht. Die Meinungsführer übernehmen somit die Funktion der Diffusion von Bewertungen.

Unabhängig vom Medienangebot unterliegt der Meinungsbildungsprozeß der Bürger und Bürgerinnen seinerseits aber auch gewissen Beschränkungen. Ich möchte besonders zwei Arten von Restriktionen des individuellen Meinungsbildungsprozesses hervorheben: Zunächst leiden die Rezipienten an einem Informationsdefizit. Da die Zeit, die ihnen zur Klärung ihrer Präferenzen zur Verfügung steht, begrenzt ist, müssen sie sich in aller Regel mit einem Minimum an Informationen zufrieden geben. Zweitens leiden sie auch an einem Bewertungsnotstand. Selbst wenn sie über eine gewisse Zahl von Informationen über die Konsequenzen ihrer Entscheidung verfügen, sind die einzelnen mit zahlreichen Bewertungsproblemen konfrontiert: Zunächst betreffen die Effekte der kollektiven Entscheidungen sie zum Teil nicht persönlich, was zur Folge hat, daß sie dazu neigen, diese Effekte zu vernachlässigen, selbst wenn sie für die Gemeinschaft von großer Bedeutung sind. Hinzu kommt, daß die kollektiven Entscheidungen oft mit „abstrakten Systemen" (Giddens 1990) zu tun haben, die sie nicht verstehen und die ihnen durch Experten erläutert werden müssen. Diese Entscheidungen haben darüber hinaus oft langfristige Effekte, die selbst von den Experten nicht mit Sicherheit vorausgesagt werden können. Schließlich sind die Expertenmeinungen zu den Wirkungen kollektiver Entscheidungen oft widersprüchlich. Angesichts ihres Informationsmangels und ihrer Bewertungsprobleme sind die Empfänger von Informationen auf die Entscheidungshilfen – Fakten und Interpretationen – angewiesen, die ihnen unter anderem die Medien vermitteln.

Der Einfluß, den die Medien dabei auf die individuellen Entscheidungen auszuüben vermögen, hängt in starkem Maße von der individuellen *staatsbürgerlichen Kompetenz* ab, die ihrerseits wiederum eine Funktion des jeweiligen sozialen Umfelds des einzelnen ist. Die Hypothese von Hertig beruht vor allem auf der Unterstellung, daß die Bürgerkompetenz generell schwach ausgebildet ist und daß die Bürger und Bürgerinnen infolgedessen anfällig für simplifizierende und emotionelle Parolen werden. Neuere schweizer Ergebnisse (Wälti 1993) ebenso wie Erfahrungen aus den Vereinigten Staaten (Cronin 1989; Page and Shapiro 1992) stimmen in dieser Hinsicht aber um einiges weniger pessimistisch. Dennoch ist es selbstverständlich so, daß selbst die bestinformierten und gebildetsten Bürger angesichts der Komplexität der zu entscheidenden Probleme prinzipiell überfordert sind. Sie sind wie ihre Repräsentanten im Parlament darauf angewiesen, gewissen Experten, Wortführern, Politikern, Parteien, Interessenverbänden, sozialen Bewegungen, Behörden und Medien zu vertrauen. Das *Vertrauen* wird zum unabdingbaren Mechanismus, der es erlaubt, zu einer individuellen und kollektiven Entscheidung zu kommen.

Wem ein Bürger vertraut, hängt unter anderem von seiner *politischen Identität* ab (Pizzorno 1986). Je eindeutiger seine politische Identität, desto leichter wird es ihm fallen, die Informationen zu einem spezifischen Projekt zu bewerten und desto eher wird er fähig sein, in angemessener Frist zu einem Entscheid zu kommen. Er braucht im Prinzip nur die Stellungnahme der Partei, welcher er nahesteht, zu konsultieren, um zu wissen, was er zu tun hat. Eine ausgeprägte politische Identität, die gestützt wird durch eine kohärente Ideologie, gibt dem Bürger eine Orientierung auf dem unbekannten Gelände der neuen Abstimmungsvorlage (vgl. dazu Price 1988). Sie erlaubt ihm die Klärung seiner vorlagespezifischen Interessen. Gleichzeitig nimmt ein Bürger, der über eine kohärente politische Identität verfügt, neue Informationen, welche seinen Überzeugungen widersprechen, kaum zur Kenntnis. Er ist deshalb nur begrenzt zu beeinflussen durch Manipulationsversuche über die Medien. Je mehr Bürger eine kohärente politische Identität besitzen, desto geringer ist mit aller Wahrscheinlichkeit die Möglichkeit der Einflußnahme der Medien auf die Meinungsbildung in der direkten Demokratie. Demgegenüber ist zu vermuten, daß Bürger ohne politische Identität in bezug auf konkrete Sachfragen entweder widersprüchliche, fragmentarische oder gar keine Auffassungen haben. Solche „ambivalenten", partiell oder völlig „ignoranten" Teilnehmer sind vermutlich besonders beeinflußbar durch die Medien. Die Tatsache, daß sie keine fix fertigen Meinungen in bezug auf die zur Diskussion stehenden Sachfragen haben, bedeutet allerdings noch nicht, daß sie den Medien ausgeliefert sind.

Die Abhängigkeit vom Urteil Dritter und damit von den Medien ist nicht in allen Sachfragen gleich groß. Bekanntlich variiert die Bürgerkompetenz erheblich in Abhängigkeit von der Sachfrage, über die abgestimmt werden soll (Wälti 1993; Bütschi 1993). Infolgedessen variieren die Möglichkeiten des „politischen Marketing" mit Hilfe der Medien je nach Sachfrage sehr ausgeprägt. Die Aspekte der Sachfrage, die in diesem Zusammenhang eine besondere Rolle spielen, betreffen ihre Komplexität und die Art des Gutes, das auf dem Spiele steht. Was die *Komplexität* anbelangt, so können wir annehmen, daß die Meinungen um so labiler sind, je komplexer eine Sachfrage ist. Die Komplexität einer Sachfrage ergibt sich dabei oft aus ihrem technischen Charakter oder aus ihrer Alltagsferne – der Einfluß der Medien auf die individuelle Meinungsbildung ist um so bedeutender, je weniger Primärerfahrung die Rezipienten mit der Thematik haben (Pfetsch 1986). Die Komplexität kann sich aber auch aus einer moralischen Schwierigkeit ergeben. So betrifft etwa die Frage der Abtreibung jedermann mehr oder weniger direkt, aber sie ist dennoch ziemlich komplex, weil sie schwierige moralische Probleme aufwirft.

Was den *Typ des Gutes* betrifft, so können wir mit Warren (1992) unterscheiden zwischen materiellen Gütern, die direkt dem Individuum zukommen (zum Beispiel eine Altersrente) einerseits und nicht materiellen Gütern (zum Beispiel eine soziale Identität), „positionalen" Gütern (zum Beispiel ein hohes Bildungsniveau, dessen materieller Wert sinkt, wenn es einem zunehmenden Anteil der Bevölkerung zugänglich wird) oder öffentlichen Gütern (zum Beispiel ein öffentlicher Park, dessen Benützung allen offensteht) andererseits. Je mehr eine Sachfrage Güter betrifft, die materiellen-individuellen Gütern ähnlich sind, desto eher lassen sich die Bürger vermutlich von ihren persönlichen Interessen leiten und desto geringer ist damit wahrscheinlich die Rolle öffentlicher Deliberationen. Je mehr es sich umgekehrt um immaterielle, positionale oder öffentliche Güter handelt, desto größer ist demgegenüber wahrscheinlich die Rolle der öffentlichen Debatte. Man sollte noch hinzufügen, daß nicht von vornherein feststeht, welcher Art von Gut eine spezifische Sachfrage entspricht. Auch dieser Aspekt der Sachfrage ist Gegenstand der Interpretation, zu der die durch die Medien angeleitete öffentliche Debatte einmal mehr wesentlich beiträgt.

Longchamp (1991) hat die aktuellen Grenzen der Möglichkeiten des politischen Marketing in der Schweiz vorläufig wie folgt zusammengefaßt: Auf keinen Fall sind alle Abstimmungsergebnisse käuflich, und es ist nur teilweise (im Falle von Personen) oder kaum (im Falle von Parteien) möglich, Wahlentscheidungen zu beeinflussen. Man sollte aber nicht aus den Augen verlieren, daß sich das politische Marketing im Umbruch befindet: Es professionalisiert sich vermehrt, ist Gegenstand von Zentralisierungsprozessen und organisiert immer gezieltere und immer langfristiger geplante Kampagnen, die sich mehr denn je auf die Medien stützen.

IV. Empirische Resultate

Die folgenden empirischen Analysen haben explorativen Charakter. Die „Vox"-Umfragen, die in der Schweiz regelmäßig nach eidgenössischen Volksabstimmungen auf der Basis von repräsentativen Stichproben der Schweizer Stimmbürgerschaft durchgeführt werden, erlauben es, gewisse Aspekte der theoretischen Diskussion zum deliberativen Prozeß im Rahmen der direkten Demokratie zu klären. Seit 1990 wird in diesen Umfragen eine Frage betreffend die Information durch Medien gestellt.[1] Seit 1991 gibt es auch eine Frage zum Entscheidungszeitpunkt.[2] Im weiteren besteht eine Datenbank von 24 Umfragen, die im Zeitraum 1981-1991 durchgeführt worden sind, welche die Analyse von Zusammenhängen zwischen Merkmalen der einzelnen Vorlagen und Aspekten der staatsbürgerlichen Kompetenz ermöglicht (Kriesi 1993). Schließlich gibt es insbesondere für die historische Abstimmung vom 6. Dezember 1992 über den Beitritt der Schweiz zum EWR-Abkommen etwas detailliertere Daten zur Meinungsbildung im Vorfeld der Abstimmung (Longchamp 1993).

1. Der Spielraum und die Grenzen der Deliberation

Das Modell der deliberativen Demokratie setzt, wie eingangs erwähnt, voraus, daß die Meinungen im allgemeinen nicht bereits feststehen. Gemäß diesem Modell sind die individuellen Präferenzen vielmehr modifizierbar im Laufe des Beratschlagungsprozesses. Die Frage zum Entscheidungszeitpunkt erlaubt uns, jene Bürger, für welche die Entscheidung schon seit langem feststand, von jenen anderen Teilnehmern an der Entscheidung zu unterscheiden, die sich in einer frühen Phase des Abstimmungskampfs (mehrere Wochen vor der Abstimmung) oder erst in der Endphase des Abstimmungskampfs (höchstens zwei Wochen vor der Abstimmung) entschieden haben. Der Anteil jener, die sich im Laufe des Abstimmungskampfes oder gar erst in dessen Endphase entschieden haben, gibt uns einen Eindruck vom Ausmaß, in welchem die öffentliche Debatte zur Meinungsbildung beitragen kann. Dieser Anteil gibt uns eine Idee vom maximal möglichen Einfluß der Debatte, die im Zusammenhang mit der zur Entscheidung anstehenden Sachfrage stattgefunden hat. Frühere Debatten zu verwandten Fragen haben wahrscheinlich zur Meinungsbildung derjenigen beigetragen, deren Entscheidung im aktuellen Fall schon seit langem feststand, aber davon wollen wir hier absehen. *Tabelle 1* faßt die relevanten Informationen zusammen.

Die Tabelle bezieht sich auf die sechs eidgenössischen Abstimmungen der Jahre 1991/92, bei denen über insgesamt 20 Vorlagen abgestimmt worden ist. Sie enthält

---

1 „Wie haben sie sich während des Abstimmungskampfes zu den 7 Vorlagen orientiert? Durch welche Medien haben Sie die Standpunkte Pro und Contra vernommen? Nennen Sie mir bitte alle Möglichkeiten, die bei den letzten Vorlagen zutreffen." Es folgt eine Liste mit 9 (später 10 oder gar 11) Typen von Informationskanälen.

2 „Wann ungefähr vor der Abstimmung haben Sie sich entschieden, was Sie stimmen wollen? War das beim ... (Titel des Projekts) ... a) unmittelbar vor dem Urnengang, b) wenige Tage vorher, c) ein/zwei Wochen vorher, d) mehrere Wochen vorher, e) gar keine Frage, f) weiß es nicht (mehr), kann sich nicht entscheiden."

Tabelle 1: Zeitpunkt der Stimmentscheidung nach Vorlagen (nur Stimmende) (Prozentwerte)

Zeitpunkt	Stimm- recht 18 3.3.91	öffent- licher Verkehr 3.3.91	Bun- des- finan- zen 2.6.91	Mili- tär- straf- recht 2.6.91	Kran- kenver- siche- rung 16.2.92	Tier- schutz 16.2.92	IWF/ Welt- bank 17.5.92	Gewäs- sersch. Gesetz 17.5.92
kurz vor Urnengang	32	41	48	42	42	33	52	50
vor mehreren Wochen	13	15	18	18	21	21	20	20
gar keine Frage	54	42	31	38	35	45	27	28
weiß nicht/unentsch.	1	2	3	3	2	1	2	2
Total	100%	100%	100%	100%	100%	100%	100%	100%
n	(436)	(429)	(475)	(479)	(563)	(558)	(527)	(524)

Zeitpunkt	Gewäs- sersch. Initiat. 17.5.92	NEAT[1] 27.9.92	Parla- ment- reform 27.9.92	Stem- pel- steuer 27.9.92	bäuerl. Boden- recht 27.9.92	EWR[2] ganze Schweiz 6.12.92	EWR nur Deutsch- schweiz
kurz vor Urnengang	51	40	49	46	46	28	31
vor mehreren Wochen	19	17	15	16	16	28	27
gar keine Frage	29	42	33	35	33	43	42
weiß nicht/unentsch.	2	1	3	3	5	1	0
Total	100%	100%	100%	100%	100%	100%	100%
n	(521)	(625)	(616)	(616)	(609)	(871)	(679)

1 NEAT = „Neue Alpentransversalen", d.h. neue Eisenbahntunnels durch die Alpen.
2 EWR = „Europäischer Wirtschaftsraum". Fragestellung für die französischsprachige Schweiz nicht exakt vergleichbar mit den übrigen Vorlagen.

Angaben zu 14 der 20 Vorlagen.[3] Die Tabelle bezieht sich lediglich auf die Stimmberechtigten, die an den jeweiligen Abstimmungen teilgenommen haben. Für die Nicht-Teilnehmer hat die Frage nach dem Entscheidzeitpunkt zum Teil kaum einen Sinn, da viele von ihnen sich nicht mit der Materie auseinandergesetzt und sich dazu gar keine Meinung gebildet haben (vgl. weiter unten). Aus der Tabelle geht zunächst hervor, daß sich je nach Vorlage zwischen rund einem Drittel und rund der Hälfte der Teilnehmer erst kurz vor der Abstimmung für ein Ja oder ein Nein zur jeweiligen Vorlage entschieden haben. Mit einer Ausnahme – Einführung des Stimm- und Wahlrechts ab 18 Jahren (anstatt ab 20 wie früher) – hat sich stets eine Mehrheit der Wähler erst im Laufe des Abstimmungskampfes entschieden. Dieses Resultat deutet an, daß der Spielraum für die Deliberation im Vorfeld der Abstimmungen sehr groß ist. Die Präferenzen eines großen Teils der Stimmbürger werden erst im Laufe des Beratschlagungsprozes-

---

3 Am 17.5.1992 wurde den Stimmberechtigten eine Rekordzahl von 7 Vorlagen unterbreitet. Die Vox-Analyse enthält nur Fragen über den Entscheidzeitpunkt von drei Vorlagen (wobei zwei Vorlagen zu einer einzigen zusammengefaßt worden sind: IWF- und Weltbankbeitritt). Am 27.9.1992 wurde erneut über insgesamt 6 Vorlagen abgestimmt: In der Vox-Analyse wurden drei davon, die alle die Parlamentsreform betreffen, in bezug auf den Entscheidzeitpunkt zu einem einzigen Objekt zusammengefaßt.

ses, welcher der Abstimmung vorausgeht, geklärt. Der Entscheidzeitpunkt hängt dabei wesentlich von der Komplexität der Vorlage ab. Je komplexer eine Vorlage ist, desto später steht im allgemeinen die individuelle Entscheidung fest.[4]

Eine Ausnahme bildet allerdings die EWR-Vorlage vom 6. Dezember 1992. Obwohl die Vorlage relativ komplex war, haben sich die Abstimmungsteilnehmer schon relativ früh entschieden, d.h. schon vor dem Anlaufen des Abstimmungskampfes oder in seiner frühen Phase. Läßt man die EWR-Abstimmung außer Betracht, so korrelieren die Komplexität und der Anteil der kurzfristigen Entscheide für die verbleibenden 13 Vorlagen relativ stark (r=.74).

Die EWR-Abstimmung, die weitaus wichtigste Abstimmung der betrachteten Periode, ist insofern ein Spezialfall, als die individuellen Entscheide in diesem Fall schon relativ früh gefallen sind. Dies hat nicht nur mit der besonderen Bedeutung dieser Abstimmung, sondern vermutlich auch damit zu tun, daß der Abstimmungskampf zu dieser Vorlage schon sehr früh eingesetzt hat. Während Abstimmungskämpfe normalerweise kaum länger als drei bis vier Wochen dauern, setzte der Kampf in diesem Fall spätestens im Sommer mit der Mobilisierung der Gegner des Vertrages ein. Zu diesem speziellen Fall können wir auf zusätzliche Informationen über die Entwicklung der Präferenzen der Stimmbürgerschaft im Vorfeld der Abstimmung zurückgreifen. Von Mai 1992 bis kurz vor der Abstimmung wurden laufend die Stimmabsichten der Bürger mit Teilnahmeabsicht erhoben. Dabei stellte sich heraus, daß der Anteil der Unentschiedenen während der ganzen Periode nie höher als bei 22 Prozent lag (Longchamp 1993). Gemäß diesem Ergebnis überschätzt die Vox-Nachbefragung den Anteil der spät Entschlossenen gar noch ganz erheblich. Der Unterschied zwischen den beiden Ergebnissen ist unter Umständen darauf zurückzuführen, daß ein beträchtlicher Teil der Stimmbürger ihre Stimmentscheidung im Laufe der öffentlichen Debatte zum EWR in der einen oder anderen Richtung revidiert haben. Eine andere Möglichkeit ist, daß in der Endphase des in diesem Fall besonders intensiven Abstimmungskampfes immer mehr Leute, die ursprünglich keine Teilnahmeabsicht hatten, sich eine Meinung zum EWR gebildet haben und sich doch noch zur Teilnahme entschlossen. Bemerkenswert ist schließlich, daß selbst in diesem sehr langen und intensiv geführten Abstimmungskampf immer noch 12 Prozent der Teilnehmer sich erst wenige Tage oder direkt vor dem Urnengang für oder gegen den EWR entschieden haben.

Die Tatsache, daß jemand keine deutliche Position in einer Sachfrage hat, ist entweder eine Folge seiner Ambivalenz in bezug die zur Debatte stehende Frage, oder eine Folge seiner Ignoranz. Die ambivalente Person kann sich nicht entscheiden, weil ein Entscheid unweigerlich auf Kosten eines Teils ihrer Einstellungen und Werthaltungen geht. Im Gegensatz dazu kann sich eine ignorante Person nicht entscheiden, weil sie nicht genügend Informationen zur Verfügung hat. Die Analyse der Stimmabsichten bezüglich des EWR-Vertrags zeigt, daß die Unentschiedenheit zumindest in diesem Fall viel mit ungenügender Informiertheit zu tun hatte (vgl. *Tabelle 2*). So waren im Oktober nur 4 Prozent derjenigen, die sich sehr gut informiert fühlten, noch unentschieden, während der Anteil der Unentschiedenen unter den schlecht Informierten noch rund ein Drittel betrug.

Die Personen, die sich – sei es aus Gründen der Ambivalenz, sei es aus Gründen ungenügender Informiertheit – bis zum Urnengang nicht entscheiden können, nehmen in der Regel nicht an Abstimmungen teil. Dies läßt sich anhand der Vox-Datenbank zur Periode 1981-91 belegen (Di Giacomo 1993). Der Anteil der Unentschiedenen, der in der betrachteten Periode bei 18 Prozent lag, gibt uns eine Idee von den Grenzen des deliberativen Prozesses. Er deutet an, wieviele Stimmbürger vom deliberativen

---

4 Der Indikator für die „Komplexität" der Vox-Datenbank basiert auf den aggregierten Urteilen einer Gruppe von Experten.

Tabelle 2: Unsicherheit der Stimmabsicht im Vorfeld der Abstimmung zum EWR-Vertrag als Funktion des subjektiven Informationsstandes[1] (Prozentwerte)

	sehr gut informiert	gut informiert	weniger informiert	gar nicht informiert	zusammen
sicher ja/nein	74	54	38	33	47
wahrscheinlich ja/nein	23	30	36	35	32
unentschieden	4	17	26	32	23
Total	100%	100%	100%	100%	100%
n	(57)	(336)	(476)	(129)	(999)

1 *Quelle:* Europa-Barometer, GfS, Bureau Bern (Situation: Oktober 1992).

Tabelle 3: Anteil der Unentschiedenen in Abhängigkeit vom Informationsstand der Bürger und von der Komplexität der Sachfrage[1] (Prozentwerte)

Komplexität der Sachfrage	Individueller Informationsstand					Zusammen
	sehr tief	tief	eher tief	mittel	hoch	
sehr wenig komplex	51	27	20	6	3	6
wenig komplex	74	53	24	10	4	12
mittelkomplex	75	59	32	13	5	20
komplex	79	55	30	14	5	21
sehr komplex	85	68	42	20	7	30
alle	77	57	31	14	6	18

1 *Quelle:* Vox-Datenbank: 61 Projekte der Periode 1981-91. Für jede Kombination der beiden Faktoren „Komplexität der Sachfrage" und „individueller Informationsstand" präsentiert die Tabelle den Prozentsatz der BürgerInnen, welche sich bis zur Abstimmung über die Sachfrage nicht entscheiden konnten.

Prozeß nicht erreicht werden bzw. für wieviele von ihnen dieser Prozeß zur Klärung ihrer Position nicht ausreicht. Das Ausmaß des Scheiterns des deliberativen Prozesses hängt, wie *Tabelle 3* zeigt, vor allem vom individuellen Informationsstand und von der Komplexität der Abstimmungsvorlage ab.[5] Wenn das Informationsniveau der Bürgerschaft zu Beginn des deliberativen Prozesses niedrig und die Komplexität der Vorlage hoch ist, bleibt zwar viel Spielraum für Informationstätigkeit und Interpretation im Rahmen des deliberativen Prozesses. Gleichzeitig ist aber auch die Chance des Scheiterns dieses Prozesses besonders hoch. So können sich bei sehr einfachen Vorlagen generell nur 6 Prozent der Stimmberechtigten keine Meinung bilden, während bei hoch komplexen Projekten beinahe ein Drittel dazu nicht in der Lage ist. Was den Informationsstand betrifft, so können sich, unabhängig von der Komplexität der Vorlagen, im allgemeinen nur 6 Prozent der am besten informierten Bürger nicht entscheiden; in der Gruppe der sehr schlecht informierten Personen sind es dagegen nicht weniger als 77 Prozent, die sich nicht entscheiden können. Bei hochkomplexen Vorlagen steigt

5 In den Vox-Nachbefragungen wird der Informations- oder Kenntnisstand ganz grob durch einen Indikator gemessen, der vier Elemente umfaßt: die Kenntnis des Titels der Vorlage, eine oberflächliche Kenntnis ihres Inhalts, die Kenntnis des Abstimmungsausgangs und die Kenntnis der Abstimmungsparole der Regierung (vgl. Wälti 1993).

Tabelle 4: Anteile der Unentschiedenen und der Leute mit Schwierigkeiten bei der Meinungsbildung bei fünf Verkehrsvorlagen unterschiedlichen Typs (alle Angaben in Prozent)

	„Vignette" (materiell-indiv.)	„Schwer-verkehrs-abgabe" (materiell-indiv.)	„Geschw.-begren-zung" (positional)	„Stopp dem Beton" (öffentlich)	„koord. Verkehrs-politik" (öffentlich)
Prozent unentschieden	7	9	19	13	18
Prozent mit Schwierigkeiten	23	27	10	28	46

dieser Prozensatz bis auf 85 Prozent an. Bei sehr einfachen Vorlagen sinkt er auf rund die Hälfte ab, bleibt aber damit immer noch sehr hoch.

In diesem Zusammenhang spielt schließlich auch der Typ des Gutes, um das es bei der Vorlage geht, eine nicht zu unterschätzende Rolle. Um diesen Aspekt näher zu betrachten, habe ich fünf Vorlagen aus dem Bereich der Verkehrspolitik gewählt, über welche die Schweizer in den 80er Jahren abzustimmen hatten. Zwei Vorlagen betreffen individuell-materielle Güter – die Einführung einer Autobahnvignette, welche die Benutzer der Schweizer Autobahnen jedes Jahr bezahlen müssen, und die Einführung einer Schwerverkehrsabgabe. Die beiden Abgaben betreffen nicht alle Bürger im selben Maß: wer kein Auto oder keinen Lastwagen besitzt, ist davon nicht betroffen. Beide Abgaben betreffen aber die materiellen Interessen von Personen. Eine dritte Vorlage hat den Charakter eines „positionalen" Gutes, d.h. eines Gutes, dessen Wert erheblich sinkt, wenn es einem größeren Kreise zugänglich ist (Hirsch 1980). Es handelt sich um die Initiative, welche die Geschwindigkeitsgrenzen auf Haupt- und National-straßen anzuheben versuchte. Die Anhebung der Geschwindigkeitsgrenzen würde es zwar jedem Autofahrer erlauben, schneller an sein Ziel zu kommen. Wenn alle aber schneller fahren, hat gleichzeitig ein jeder nicht nur ein höheres Unfallrisiko zu tragen, sondern die Umweltbelastung steigt ebenfalls zu Lasten aller an. Der individuelle Vorteil würde in diesem Fall unter Umständen durch die kumulierten Nachteile des Handelns aller Individuen mehr als wettgemacht. Die zwei letzten Vorlagen betreffen öffentliche Güter: eine Initiative, welche einen Baustopp für Autobahnen forderte sowie eine Vorlage zur koordinierten Verkehrspolitik. Diese beiden Projekte unter-scheiden sich besonders hinsichtlich ihrer Komplexität: während die Initiative „Stopp dem Beton" wenig komplex war, handelte es sich bei der koordinierten Verkehrspolitik um eine relativ komplexe Frage. *Tabelle 4* präsentiert für jede dieser fünf Vorlagen den Anteil der Personen, welche sich nicht entscheiden konnten, sowie den Anteil jener, die Schwierigkeiten hatten, sich ein Bild von den Auswirkungen der Vorlage auf ihre eigene Person zu machen.

Die Resultate entsprechen im großen und ganzen unseren Erwartungen, auch wenn die Unterschiede nicht immer sehr ausgeprägt sind. Zunächst ist der Anteil der Un-entschiedenen bei den positionalen und öffentlichen Gütern höher als bei den mate-riell-individuellen, was der Erwartung entspricht, daß in den erstgenannten Fällen der Spielraum für die Deliberation größer sei. Von den zwei öffentlichen Gütern hat das komplexere wie erwartet einen etwas höheren Unentschiedenenanteil. In bezug auf den zweiten Indikator – d.h. den Anteil der Leute, die Schwierigkeiten haben, sich ein Bild von den individuellen Folgen des kollektiven Entscheids zu machen – ist der entsprechende Unterschied zwischen den zwei öffentlichen Gütern wie erwartet noch ausgeprägter. Im Gegensatz dazu scheint die Vorlage zur Geschwindigkeitsbegrenzung keine besonderen Schwierigkeiten hervorgerufen zu haben. Es handelt sich um ein sehr wenig komplexes Problem, bei dem praktisch jedermann die Konsequenzen begriffen hat. Warum konnten sich trotzdem rund ein Fünftel in diesem Fall nicht entscheiden? Die Tatsache, daß es sich hier um ein positionales Gut handelt, könnte dieses scheinbare Paradox klären: Die Schwierigkeit ergibt sich bei diesem Gütertyp nicht so sehr aus der Identifikation der Folgen der Vorlage, sondern aus der Bewertung widersprüchlicher Folgen. Diese Schwierigkeit ist eher moralischer als kognitiver Art. Bei beiden individuell-materiellen Gütern ist der Anteil der Bürger mit Schwierigkeiten schließlich überraschend hoch. Man müßte sich hier im einzelnen die während der Kampagne vorgebrachten Argumente näher anschauen, um dieses unerwartete Ergebnis interpretieren zu können.

2. Die Medien

Wir haben also festgestellt, daß es jeweils ein großes Potential von Bürgern gibt, deren Entscheid durch den deliberativen Prozeß, welcher den Abstimmungen vorausgeht, beeinflußt werden kann. Wir haben im weiteren festgestellt, daß dieser Prozeß bei weitem nicht das ganze Potential erfaßt, da ein beachtlicher Teil der Bürger sich auch nach Ablauf des Abstimmungskampfs keine definitive Meinung gebildet hat und sich deshalb nicht für oder gegen die Vorlage entscheiden kann. Es gilt nun zu untersuchen, in welchem Maße die Medien zum Meinungsbildungsprozeß beitragen. Dazu steht uns vor allem die Frage der individuellen Mediennutzung zur Verfügung (vgl. auch Fußnote 1). *Tabelle 5* zeigt uns zunächst, in welchem Ausmaß sich die Rezipienten der verschiedenen Medien zu ihrer Information an sechs verschiedenen Abstimmungsterminen bedient haben. Drei Aspekte dieser Tabelle verdienen vor allem unsere Aufmerksamkeit.

Zunächst gibt es eine Art Hitparade der Medien, die sich, abgesehen von einzelnen Ausnahmen, bei allen Abstimmungen gleich bleibt: Diese Hitparade wird erstaunlicherweise vom redaktionellen Teil der Presse (und nicht etwa vom Fernsehen) angeführt: rund zwei Drittel der Schweizer Bürger oder mehr bedienen sich dieses Informationskanals, um sich über die Abstimmungsvorlagen zu orientieren. Es folgen die elektronischen Medien: das Fernsehen dicht auf, das Radio etwas weiter zurück. An vierter Stelle treffen wir dann die offizielle Broschüre an, in welcher die Regierung jeweils ihren Standpunkt darlegt. Je nach Vorlage wird diese Broschüre von rund einem Drittel bis zu rund der Hälfte der Stimmberechtigten zur Kenntnis genommen. Der Inseratenteil der Presse findet ebenfalls noch ein beachtliches Echo. Dennoch wird er nur etwa halb so oft zur Orientierung zu Rate gezogen wie der redaktionelle Teil der Presse. Drucksachen und Leserbriefe in der Presse werden noch von rund einem Viertel konsultiert, öffentliche Plakate erreichen noch ein Fünftel. Standaktionen schließlich haben nur ein höchst punktuelles Publikum (3-6 Prozent). Zu diesen traditionellen Informationskanälen gesellt sich neuerdings auch das Direct Mailing, das

Tabelle 5: Benutzung der Medien: Prozentwerte der Bürger, die von einem Medium zu ihrer Orientierung im Abstimmungskampf Gebrauch gemacht haben (Angaben in Prozent)

	Abstimmungsdatum						
Medium	23.9.90	3.3.91	2.6.91	16.2.92	17.5.92	27.9.92	6.12.92
1 Presse, redaktionell	62	60	64	66	69	72	86
2 Fernsehen	64	57	58	66	67	72	84
3 Radio	51	44	43	45	50	54	64
4 Bundesrat	40	35	38	38	49	51	49
5 Presse, Inserate	36	25	25	45	31	35	52
6 Drucksachen	27	17	22	25	24	23	32
7 Leserbriefe	25	15	20	23	26	25	44
8 Straßenplakate	24	14	14	23	19	19	21
9 Standaktionen	5	3	3	4	4	4	6
10 Direct Mailing	.	.	.	9	13	7	11
11 Arbeitsplatz	.	.	.	.	.	.	19
Mittlere Anzahl benutzter Medien[1]	3.33	2.70	2.86	3.35	3.39	3.55	4.38
n	(1005)	(1034)	(1006)	(984)	(988)	(1016)	(985)
Abstimmungsbeteiligung	39,2	30,8	32,6	43,8	38,6	45,7	78,3

1 Nur jeweils die ersten neun Medien wurden bei dieser Berechnung berücksichtigt.

bereits eine nicht zu vernachlässigende Reichweite hat, vor allem wenn man berücksichtigt, daß es vor allem Meinungsführer erreicht: Rund 10 Prozent der Stimmbürger haben davon zu ihrer Orientierung in den Abstimmungen des Jahres 1992 Gebrauch gemacht. An letzter Stelle sei schließlich noch die Orientierung am Arbeitsplatz erwähnt. Auf diese Form der Meinungsbildung ging der Vox-Fragebogen lediglich bei der Abstimmung zum EWR-Abkommen ein, wie es sich zeigt zu Recht: Rund ein Fünftel der Befragten gab an, sich auf diesem Weg über den EWR-Vertrag informiert zu haben. Die ganz besondere Bedeutung dieser Abstimmung für die Schweizer Wirtschaft erklärt, weshalb die „Mitteilungen am Arbeitsplatz" bei dieser Vorlage eine besonders große Rolle gespielt haben: viele Betriebe haben den Arbeitnehmern im Laufe der Kampagne ihren Pro-EWR Standpunkt deutlich mitgeteilt.

Der zweite bemerkenswerte Aspekt dieser Tabelle betrifft die Variationen zwischen den Abstimmungen. Wie die mittlere Anzahl der benutzten Medien zeigt, gibt es Abstimmungen, bei denen die verschiedenen Informationskanäle häufiger genutzt werden als dies üblicherweise der Fall ist. Dies trifft auf die letzten beiden Abstimmungen des Jahres 1992, vor allem aber auf die EWR-Abstimmung zu. Die Intensität der Mediennutzung bei dieser Abstimmung widerspiegelt die Intensität der Abstimmungskampagne und der Mobilisierung, welche bei dieser Vorlage, wie die offizielle Stimmbeteiligung zeigt, ein seltenes Ausmaß erreicht hat. Auch die Septemberabstimmung 1992 zeichnete sich durch eine überdurchschnittlich intensive Kampagne aus, die zu diesem Zeitpunkt vor allem durch die Banken geführt wurde, welche sich für die Abschaffung der Stempelsteuer einsetzten. Es gibt auch Abstimmungen, bei denen die übliche Rangliste der Medien zum Teil modifiziert wird. So spielten die Inserate in der Presse offenbar bei der EWR-Abstimmung und bei der Februar-Abstimmung

1992 eine außergewöhnlich große Rolle. Bei der Februar-Abstimmung war es vor allem die Initiative gegen die Tierversuche, welche die chemische und pharmazeutische Industrie sowie die Ärzteschaft einerseits, individuelle Tierschützer und Tierschutzverbände andererseits zu gewaltigen Werbeanstrengungen in der Presse veranlaßt hat. Beim EWR überwogen die gegnerischen Inserate im Verhältnis zwei zu eins, was ihre Anzahl und Auflage betrifft. Hinsichtlich der Fläche waren sich beide Seiten etwa ebenbürtig (Longchamp 1993). Der EWR-Abstimmungskampf ist in noch einer Hinsicht untypisch: stärker als in anderen Fällen wurden hier die Leserbriefspalten zur Kenntnis genommen. Da die überwiegende Mehrheit der Zeitungsredaktionen für den Vertrag eintraten, kamen die Gegner neben den Anzeigenseiten vor allem in den offensichtlich viel beachteten Leserbriefspalten zu Wort.

Drittens ergibt sich aus der durchschnittlich genutzten Zahl der Medien auch, daß die Stimmbürger im allgemeinen nicht von einem einzigen Medium abhängig sind. Sie orientieren sich auf vielfältige Weise. Selbst im Falle der Abstimmung vom März 1991, die in der betrachteten Periode am wenigsten mobilisiert hat, haben die Stimmberechtigten im Mittel noch mehr als zwei Medien zur Orientierung verwendet. Im Fall des EWR-Vertrags waren es im Mittel mehr als vier.

Orientierung und Kenntnisnahme sind nicht gleichbedeutend mit Einfluß. Ich habe den Einfluß der Medien auf zwei Arten zu eruieren versucht. Zunächst habe ich mich gefragt, in welchem Maße die verschiedenen Medien zum individuellen Informationsstand der BürgerInnen beitragen. Anhand einer multiplen Regressionsanalyse läßt sich pro Vorlage der Beitrag jedes einzelnen Mediums zum individuellen Informationsstand ermitteln.[6] Für jedes Medium wurde dazu eine Indikatorvariable gebildet, die den Wert „1" annimmt, wenn das entsprechende Medium zur Orientierung benutzt wurde, und den Wert „0", falls dies nicht zutrifft. Zusätzlich zu diesen Indikatorvariablen wurde noch eine unabhängige Variable für das Bildungsniveau in die Analyse aufgenommen, da bekannt ist, daß der individuelle Informationsstand eng mit dem Bildungsniveau zusammenhängt (Wälti 1993). *Tabelle 6* faßt die Resultate dieser Regressionsanalyse zusammen. Sie präsentiert die standardisierten Regressionskoeffizienten und die R^2-Werte.

Der direkte Einfluß des Bildungsniveaus auf den Informationsstand wird auch durch diese Analyse bestätigt. Bei praktisch allen Vorlagen ist er sehr signifikant.[7] Was uns hier aber besonders interessiert, ist der Beitrag, den die Nutzung einzelner Medien, unabhängig vom individuellen Bildungsniveau zur Informiertheit des Publikums leistet. Wie die *Tabelle 6* zeigt, sind es vor allem zwei Medien, die in praktisch allen Fällen eine erhebliche Bedeutung für die individuelle Informiertheit haben: der redaktionelle Teil der Presse und die Broschüre des Bundesrates. Der redaktionelle Teil der Presse wird nicht nur am häufigsten genutzt, er hat im allgemeinen auch den stärksten Effekt auf die Informiertheit. Was die Broschüre des Bundesrates betrifft, so wird sie zwar im allgemeinen nur von einer Minderheit benutzt, aber ihr Informationseffekt steht nicht weit hinter jenem der Presse zurück.[8] Bei nicht weniger als sieben der 18 be-

---

6 Für dessen Operationalisierung vgl. Fußnote 5.
7 Das Bildungsniveau trägt selbstverständlich auch indirekt – via die Mediennutzung – zum Informationsstand bei, aber darauf möchte ich hier nicht weiter eingehen.
8 Man könnte eventuell vermuten, daß es sich dabei um ein Artefakt handelt, weil die Kenntnis der Parole des Bundesrates eines der vier Elemente bildet, die zur Konstruktion

Tabelle 6: Einfluß der Medien auf den Informationsstand bezüglich der Vorlage: standardisierte Regressionskoeffizienten und modifiziertes R²

Medium	Initiative Ausstieg aus Atomenergie 23.9.90	Initiative Moratorium Atomenergie 23.9.90	obl. Ref. Energieartikel 23.9.90	fak. Ref. Straßenverkehrsgesetz 23.9.90	obl. Ref. Stimmrechtalter 18 3.3.91	Initiative öffentlicher Verkehr 3.3.91
Bildungsniveau	.17***	.20***	.18***	.08**	.07*	.16***
Presse, redaktionell	.20***	.17***	.18***	.14***	.20***	.22***
Fernsehen	.09**	.11***	.10***	.09**	.09**	.06
Radio	.08*	.09**	.05	.05	.04	.06*
Bundesrat	.17***	.17***	.12***	.13***	.16**	.21***
Presse, Inserate	.05	.07*	.02	.06	.08**	.10***
Drucksachen	.09**	.06*	.10***	.08**	.06*	.07*
Leserbriefe	.04	.08**	.08 *	.10**	.01	.03
Straßenplakate	.00	−.05	.09**	−.04	−.02	−.03
Standaktionen	.02	.03	.05	.03	−.09**	−.07*
Direct Mailing	.	.	.	.	.	.
Arbeitsplatz	.	.	.	.	.	.
R² modifiziert	.24	.26	.19	.15	.15	.23
n	(996)	(996)	(996)	(996)	(1020)	(1020)

Medium	obl. Ref. Bundesfinanzen 2.6.91	fak. Ref. Militärstrafrecht 2.6.91	Initiative Krankenversicherung 16.2.92	Initiative gegen Tierversuche 16.2.92	fak. Ref. Beitritt zu IWF/ Weltbank 17.5.92	fak. Ref. Gewässerschutzgesetz 17.5.92
Bildungsniveau	.09***	.11***	.18***	.18***	.23***	.13***
Presse, redaktionell	.29***	.23***	.08*	.08*	.16***	.19***
Fernsehen	.07*	.07*	.14***	.10***	.09*	.12***
Radio	.03	.07*	.07*	.05	.05	.11***
Bundesrat	.16***	.17***	.26***	.22***	.28***	.15***
Presse, Inserate	.10***	.06	.14***	.09**	.03	.08*
Drucksachen	.01	.01	.0	.01	.08**	.05
Leserbriefe	.04	.05	.06	.06	.07*	.06*
Straßenplakate	−.02	.01	−.04	−.01	−.05	−.06
Standaktionen	.0	.0	−.06*	−.03	.0	.03
Direct Mailing	.	.	.04	.01	.03	.04
Arbeitsplatz	.	.	.	.	.	.
R² modifiziert	.24	.21	.22	.16	.30	.24
n	(993)	(993)	(964)	(964)	(974)	(974)

des Indikators für den Informationsstand verwendet worden sind (vgl. Fußnote 5). Dies ist jedoch nicht der Fall. Wenn man dieses Element nicht zur Konstruktion des Indikators benutzt, schwächt sich zwar der Effekt der Broschüre des Bundesrates leicht ab, aber er bleibt noch stets sehr wichtig.

Fortsetzung *Tabelle 6:*

Medium	Initiative Gewässerschutz 1.7.5.92	fak. Ref. Alpentransit (NEAT) 27.9.92	fak. Ref. Parlamentsreform 27.9.92	fak. Ref. Abschaffung der Stempelsteuer 27.9.92	fak. Ref. bäuerliches Bodenrecht 27.9.92	obl. Ref. EWR (europ. Wirtsch.-raum) 6.12.92
Bildungsniveau	.16***	.14***	.14***	.12***	.07*	.19***
Presse, redaktionell	.16***	.19***	.18***	.15***	.13***	.07*
Fernsehen	.12***	.15***	.10***	.10**	.06	.05
Radio	.08**	.09**	.06*	.07*	.07*	−.02
Bundesrat	.24***	.14***	.27***	.22***	.23***	.04
Presse, Inserate	.02	−.02	.03	−.03	.01	.03
Drucksachen	.0	−.03	−.05	.0	−.02	.02
Leserbriefe	.07*	.04	.14***	.11***	.09**	.08*
Straßenplakate	.0	−.02	−.05	−.03	−.10**	.04
Standaktionen	.03	−.01	−.02	−.03	−.02	.01
Direct Mailing	.06*	.05	.06	.06*	.06*	−.01
Arbeitsplatz	.	.	.	.	.	.04
R^2 modifiziert	.27	.17	.26	.18	.14	.06
n	(974)	(1001)	(1016)	(1001)	(1001)	(965)

* $p \leq 0{,}05$; ** $p \leq 0{,}01$; *** $p \leq 0{,}001$.

trachteten Vorlagen war ihr Effekt sogar am wichtigsten. Drittens hat auch das Fernsehen regelmäßig einen nicht zu vernachlässigenden Effekt auf den Informiertheitsgrad der BürgerInnen. Den übrigen Medien kommt dagegen in der Regel kein oder nur ein geringer Effekt zu. Es gibt aber einzelne Fälle, wo ein ansonsten unbedeutendes Medium einen gewissen Effekt erzielt. Dies trifft insbesondere auf die Leserbriefe zu, die bei nicht weniger als zehn Vorlagen zur Informiertheit einen gewissen Beitrag geleistet haben. Schließlich gibt es ein Medium, daß eher zur Desinformation als zur Informiertheit beiträgt: die Straßenplakate. In zwei Fällen erweist sich ihr negativer Effekt als signifikant: beim Energieartikel von 1990 und beim bäuerlichen Bodenrecht. Straßenplakate werden nur von einer Minderheit zur Orientierung benutzt. Diese Minderheit wird zudem, wie sich jetzt zeigt, durch die Plakate eher in die Irre geführt. Dieses Ergebnis ist nicht so erstaunlich: wer schon einmal den Plakatsalat vor Abstimmungen entlang den Schweizer Straßen gesehen hat, kann sich nicht darüber wundern, daß diese Form von Kommunikation mehr zur Verwirrung als zur Klärung individueller Standpunkte beiträgt.

Ganz allgemein sind die erzielten Effekte relativ gering, und der Erklärungswert aller Indikatoren zusammengenommen liegt denn auch, wie der Wert des R^2 illustriert, eher tief. Dies hat unter anderem damit zu tun, daß die Indikatoren für die Mediennutzung wie für die individuelle Informiertheit relativ oberflächlich waren. Dieses Ergebnis ist aber auch ein Hinweis darauf, daß die Wirkung der Medien im Hinblick auf die Informiertheit der BürgerInnen nicht so weit geht, wie manche es von ihnen erwarten oder befürchten. Aus *Tabelle 6* geht schließlich auch hervor, daß die Medien im Fall des EWR-Abkommens besonders wenig zur Erklärung des Informiertheitsgra-

Tabelle 7: Einfluß der Medien auf die Entscheidung (für die Vorlage): R-koeffizienten logistischer Regressionen[1]

Medium	Initiative Ausstieg aus Atomenergie 23.9.90	Initiative Moratorium Atomenergie 23.9.90	obl. Ref. Energieartikel 23.9.90	fak. Ref. Straßenverkehrsgesetz 23.9.90	obl. Ref. Stimmrechtalter 18 3.3.91	Initiative öffentlicher Verkehr 3.3.91	obl. Ref. Bundesfinanzen 2.6.91
Presse, redaktionell	.02	.09***	.17***	.06**	.09***	.0	.11***
Fernsehen	.0	.0	.0	.0	.0	.0	.0
Radio	.0	.0	.0	.02	.0	.06**	.11***
Bundesrat	.0	.0	.03	.07**	.04	.0	.11***
Presse, Inserate	.0	.0	.0	.04	−.01	−.03	.0
Drucksachen	.0	.0	.05*	.0	.0	.0	.0
Leserbriefe	.0	.0	.0	.0	.01	.02	.0
Straßenplakate	.0	.0	.01	.0	.0	.0	.0
Standaktionen	.04*	.02	.03	−.05*	.02	.0	.0
Direct Mailing	.	.	.	.	.	.	.
Arbeitsplatz	.	.	.	.	.	.	.
n	(983)	(984)	(980)	(983)	(1025)	(1020)	(980)

Medium	fak. Ref. Militärstrafrecht 2.6.91	Initiative Krankenversicherung 16.2.92	Initiative gegen Tierversuche 16.2.92	fak. Ref. Beitritt zu IWF/Weltbank 17.5.92	fak. Ref. Gewässerschutzgesetz 17.5.92	Initiative Gewässerschutz 1.7.5.92	obl. Ref. Gentechnologie 17.5.92
Presse, redaktionell	.0	.0	.0	.11***	.11***	.09***	.08***
Fernsehen	.12***	.0	.0	.07**	.0	−.03	.05*
Radio	.0	.0	.01	.0	.05	.0	.03
Bundesrat	.0	.0	−.06	.16***	.09***	.0	.17***
Presse, Inserate	.0	.01	.0	.0	.0	.0	.0
Drucksachen	.0	.0	.0	.0	.0	.04	.0
Leserbriefe	−.03	.0	.0	.0	.0	.0	.0
Straßenplakate	−.03	.0	.01	−.02	.0	.0	−.01
Standaktionen	.0	.0	.0	.0	.05*	.03	.0
Direct Mailing	.	.03	.0	.0	.02	−.03	.0
Arbeitsplatz	.	.	.	.	.	.	.
n	(986)	(984)	(984)	(963)	(971)	(967)	(967)

des beitragen. Der Grund liegt hier darin, daß in diesem Fall das (gemessene) individuelle Informationsniveau generell so hoch war, daß es kaum mehr eine Variation in der zu erklärenden Variablen gab.

Entscheidend für die Beurteilung des Medieneinflusses ist aber zweifellos nicht ihr Einfluß auf den Informationsstand, sondern ihr Einfluß auf die Entscheidung der Bürger an der Urne. Auch dazu habe ich eine Reihe von Regressionsanalysen durchgeführt. Da es sich bei der Entscheidung um eine dichotome Variable handelt – entweder man unterstützt die Vorlage, oder man lehnt sie ab –, wurde hier das Verfahren

Fortsetzung *Tabelle 7:*

Medium	obl. Ref Einfüh- rung Zivil- dienst 17.5.92	fak. Ref. Reform Sexual- straf- recht 17.5.92	fak. Ref. Alpen- transit (NEAT) 27.9.92	fak. Ref. Parla- ments- reform 27.9.92	fak. Ref. Abschaf- fung der Stempel- steuer 27.9.92	fak. Ref. bäuerli- ches Boden- recht 27.9.92	obl. Ref. EWR (europ. Wirtsch.- raum) 6.12.92
Presse, redaktionell	.09**	−.03	.05*	.11***	.08**	.0	.0
Fernsehen	.0	.0	.07**	.0	.05*	.0	.11***
Radio	.08**	.0	.0	.0	.0	.0	.0
Bundesrat	.15***	−.10***	.06*	.13***	.12***	.14***	.0
Presse, Inserate	.0	.0	.0	.0	.0	.0	−.05*
Drucksachen	.0	−.01	.0	.0	−.01	.0	.0
Leserbriefe	.0	.0	.0	−.07*	.0	.0	−.10***
Straßenplakate	−.01	.02	−.08**	.0	.0	−.03	.08**
Standaktionen	.05*	.0	.0	.08**	.0	.03	.0
Direct Mailing	−.03	.0	.0	.0	.05*	.04*	−.05*
Arbeitsplatz	.	.	.	.	.	.	.09***
n	(970)	(967)	(980)	(975)	(989)	(985)	(985)

1 Die R-koeffizienten geben die partielle Korrelation der unabhängigen Variablen mit der abhängigen Variablen an, unter Kontrolle aller übrigen unabhängigen Variablen. Sie entsprechen in etwa standardisierten Regressionskoeffizienten in üblichen multiplen Regressionen (SPSS Advanced Statistics User's Guide 1980: 48).

* $p \leq 0{,}05$; ** $p \leq 0{,}01$; *** $p \leq 0{,}001$.

der logistischen Regression verwendet. Konkret wurde versucht, die Annahme der verschiedenen Vorlagen aufgrund der Indikatoren der Mediennutzung zu prognostizieren. Die entsprechenden Resultate finden sich in *Tabelle 7,* welche Koeffizienten enthält, die vergleichbar, wenn auch nicht identisch sind mit konventionellen, standardisierten Regressionskoeffizienten. Hat ein Koeffizient ein positives Vorzeichen, so bedeutet dies, daß das entsprechende Medium zur Annahme der Vorlage beigetragen hat. Ein negatives Vorzeichen dagegen impliziert einen Beitrag zur Ablehnung der Vorlage. Bei der Interpretation der Vorzeichen ist zu beachten, daß die Regierung bei fakultativen und obligatorischen Referenden immer für Annahme der Vorlage eintritt, während sie bei Initiativen in der betrachteten Periode immer für Verwerfung war.

Zunächst können wir in bezug auf die Größenordnung der Effekte feststellen, daß sie ganz allgemein sehr begrenzt sind. Kein einziges Medium übt zudem unabhängig von der Vorlage, um die es geht, stets einen signifikanten Effekt auf den Ausgang einer Abstimmung aus. Am häufigsten haben jene beiden Medien einen Effekt, die auch in bezug auf die Informiertheit am wirksamsten waren: der redaktionelle Teil der Presse und die offizielle Broschüre des Bundesrates. Die Presse hatte in 13 der 18 Fälle einen signifikanten, wenn auch begrenzten Einfluß, wobei sie elfmal die Regierungsposition, und zweimal – bei der Initiative, welche ein Moratorium (nicht aber den Ausstieg!) in bezug auf die Atomenergie forderte, und bei der Initiative „zur Rettung unserer Gewässer" – die Reformpositionen der Außenseiter verstärkte. Die Regierungsbroschüre hatte elfmal einen signifikanten Einfluß auf den Ausgang des

Entscheids. Erstaunlich ist dabei, daß dieser Einfluß in einem Falle – bei der Reform des Sexualstrafrechts – zuungunsten der Regierungsposition ausfiel.

Wie immer hatte die Broschüre auch die Argumente des Komitees enthalten, das gegen das neue Strafrecht ein Referendum zustandegebracht hatte. Offenbar haben diese Argumente die Leser der Broschüre in diesem Fall stärker überzeugt als die Argumente der Regierung. Anders ist dieser Ausnahmefall nicht zu erklären. Auffällig ist im übrigen, daß die Regierungsbroschüre außschließlich bei obligatorischen oder fakultativen Referenden einen signifikaten Effekt ausübt. Bei Initiativen hat sie, zumindest in der betrachteten Periode, nie einen signifikanten Einfluß gehabt. Angesichts dieses Ergebnisses kann man somit nicht behaupten, die Regierungspropaganda hätte die Initiativen der Außenseiter zu Fall gebracht.

Bei einzelnen Vorlagen spielen auch andere Medien eine nicht zu vernachlässigende Rolle. Besonders interessant ist dabei der Fall des EWR-Abkommens, da hier weder der redaktionelle Teil der Presse noch die Broschüre der Regierung einen sichtbaren Effekt in die eine oder andere Richtung ausübten. Signifikante Effekte in Richtung der Annahme des Abkommens lassen sich dagegen für das Fernsehen, Straßenplakate und für Mitteilungen am Arbeitsplatz feststellen. Signifikante Effekte in Richtung Verwerfung des Abkommens ergeben sich für die Leserbriefe, das Direct Mailing und den Inseratenteil der Presse. Im Vorfeld der EWR-Abstimmung fanden am Fernsehen vielbeachtete Debatten zwischen Gegnern und Anhängern der Vorlage statt, bei denen sich insbesondere die Mitglieder der Landesregierung in allen drei Sprachregionen für das Abkommen engagiert haben. Diese Sendungen haben offensichtlich die Zahl der Stimmen für die Vorlage erhöht. Die Mitteilungen am Arbeitsplatz, in denen die Arbeitgeber in der Regel in drastischen Farben die negativen Auswirkungen eines schweizerischen Alleingangs ausmalten, haben offensichtlich die Vorlage ebenfalls gestärkt. Andererseits hat sich das Übergewicht der Gegner in den Inseratenspalten und im Direct Mailing ausbezahlt. Vor allem aber haben die Leserbriefe negative Wirkung erzielt.

Wie ich an anderer Stelle ausgeführt habe (Kriesi 1993a), kann man in der Schweiz nicht von einer gesamtschweizerischen Medienöffentlichkeit sprechen. Es gibt verschiedene Teilöffentlichkeiten, die vor allem sprachlich voneinander abgegrenzt sind. Es stellt sich deshalb die Frage, ob die einzelnen Medien in den verschiedenen Sprachregionen unterschiedliche Effekte erzielen. Ich habe diese Frage für drei spezielle Vorlagen untersucht, in denen die deutschsprachige Schweiz anders entschieden hat als die französischsprachige Schweiz. Die drei Vorlagen betreffen die Revision des Straßenverkehrsgesetzes von 1990, die in den Kantonen der französischen Schweiz mit starken Mehrheiten angenommen, in den deutschschweizer Kantonen dagegen abgelehnt oder nur sehr knapp angenommen wurde; die Revision des Militärstrafrechts, die in der französischen Schweiz abgelehnt, in der deutschen Schweiz aber angenommen worden ist, sowie den EWR-Vertrag, wo die Mehrheiten gerade umgekehrt lagen. Die Vermutung ist, daß die unterschiedlichen Mehrheiten auf unterschiedlichen Meinungsbildungsprozessen beruhen, die u.a. auf unterschiedliche Medieneffekten zurückzuführen sind. *Tabelle 8* gibt darüber Auskunft.

Es gibt in der Tat Anzeichen dafür, daß in jedem der drei betrachteten Fälle die Auswirkungen der Medienlandschaft in den beiden hauptsächlichen Schweizer Sprachregionen unterschiedlich waren. Allerdings trugen die Medien nur in einem der drei Fälle, beim Straßenverkehrsgesetz, zur Erklärung des unterschiedlichen Abstimmungsausgangs bei. Beim Straßenverkehrsgesetz haben die Broschüre des Bundesrates, die Presse und das Radio in der deutschen, nicht aber in der französischen Schweiz die Vorlage gestützt. In der letzteren wurde die Vorlage durch kein einziges Medium gestützt, wohl aber durch Standaktionen geschwächt. Bei den übrigen beiden Vorlagen gibt es zwar unterschiedliche Effekte, aber sie zielen nicht eindeutig in entgegengesetzte Richtungen. Die Revision des Militärstrafrechts hat in der deutschen Schweiz vom Fernsehen, in der französischen Schweiz von der Broschüre des Bundesrates profitiert. Beim EWR-Vertrag hatten das Fernsehen und die Mitteilungen am Arbeitsplatz in beiden Landesteilen denselben stützenden Effekt. Dagegen untergruben die Inserate die Vorlage nur in der deutschen Schweiz, die Leserbriefe nur in der französischen Schweiz. Zur Interpretation dieser Unterschiede sollte man über mehr Detailkenntnisse zu den

Tabelle 8: Einfluß der Medien auf die Entscheidung (für die Vorlage) nach Landesregionen: R-koeffizienten logistischer Regressionen[1]

Medium	Straßenverkehr		Militärstrafrecht		EWR-Vertrag	
	deutsch	franz.	deutsch	franz.	deutsch	franz.
Presse, redaktionell	.05*	.0	.0	.0	.03	.0
Radio	.08**	.0	.0	.0	.0	.0
Fernsehen	.0	.0	.14***	.0	.09**	.09*
Bundesrat	.09**	.0	.0	.13**	.0	.0
Presse, Inserate	.0	.06	.0	.0	-.08**	.0
Drucksachen	.0	.0	.0	.0	-.01	.0
Leserbriefe	.0	.0	-.01	-.01	-.03	-.09*
Straßenplakate	.0	.0	.0	.0	.07**	.0
Standaktionen	-.03	-.09*	.0	.0	.0	.0
Direct Mailing	.	.	.	.	.0	.0
Arbeitsplatz	.	.	.	.	.09**	.09*
n	(769)	(214)	(788)	(195)	(774)	(211)

1 Die R-koeffizienten geben die partielle Korrelation der unabhängigen Variablen mit der abhängigen Variablen an, unter Kontrolle aller übrigen unabhängigen Variablen. Sie entsprechen in etwa standardisierten Regressionskoeffizienten in üblichen multiplen Regressionen (SPSS Advanced Statistics User's Guide 1990: 48).

* $p \le 0,05$; ** $p \le 0,01$; *** $p \le 0,001$.

einzelnen Kampagnen verfügen. Es ist dabei auch zu berücksichtigen, daß die unterschiedlichen Effekte in allen Fällen zwar signifikant, aber dennoch sehr schwach sind.

Wenn somit der Einfluß der Medien im allgemeinen stark relativiert werden muß, dann stellt sich die Frage, auf welchem Wege die Entscheidungsfindung der Wähler letztendlich beeinflußt wird. Eine Umfrage, die unmittelbar nach der Abstimmung vom 6. Dezember 1992 zum EWR-Abkommen durchgeführt worden ist, gibt eine erste Antwort auf diese Frage. Gemäß dieser Umfrage bilden die Medien nur für rund einen Fünftel der BürgerInnen (22 Prozent) die hauptsächliche Einflußquelle.[9] Bekannte und Freunde waren noch öfter als die Medien am einflußreichsten (für 24 Prozent der Befragten), gefolgt vom Bundesrat (17 Prozent), den Interessenverbänden (14 Prozent) und, weit abgeschlagen, den Parteien (3 Prozent). Diese Ergebnisse bestätigen die zentrale Rolle des unmittelbaren sozialen Kontextes bei der Meinungsbildung. Allerdings sind diese Ergebnisse ihrerseits wiederum zu relativieren. Indem sie Medien und Akteure, die sich der Medien bedienen, in derselben Frage vermischt, unterschätzt diese Umfrage notwendigerweise die Rolle der Medien im Meinungsbildungsprozeß. Alle organisationellen Akteure, die an der öffentlichen Debatte teilnehmen, äußern sich über die Medien, und die Bekannten und Freunde, die einen so starken Einfluß auf die Entscheidungsfindung des einzelnen haben, beziehen ihre Informationen und Interpretationen ebenfalls über die Medien. Es ist in der Tat sehr schwierig, zwischen

9 L'Hebdo, Ed. spéciale du 7 décembre 1992. Diese Umfrage ist allerdings nicht repräsentativ für die ganze Schweiz, da sie nur Personen umfaßt, die am 6. Dezember gestimmt haben, und da die Zahl der Befragten in den drei Sprachregionen nicht dem Bevölkerungsumfang der drei Regionen entspricht.

der Wirkung der Medien und der Wirkung der Akteure, welche sie nutzen, zu unterscheiden. So verfaßt der Bundesrat nicht nur seine eigene Broschüre, um seinen Standpunkt bekannt zu machen, sondern er äußert sich auch am Fernsehen, an öffentlichen
Versammlungen, in der Presse usw. Darüber hinaus wird sein Standpunkt in den
Nachrichten und Kommentaren im Radio, im Fernsehen und in der Tagespresse diskutiert. Aufgrund der verfügbaren Indikatoren wissen wir nicht, worauf sich jemand
bezieht, der angibt, er sei in erster Linie von den Medien, zum Beispiel vom Fernsehen,
beeinflußt worden. Meint er damit eine spezifische Intervention des Bundesrates im
Fernsehen, eine Nachrichtensendung, eine spezifische Abstimmungssendung, das Informationsangebot des Fernsehens ganz allgemein oder noch etwas anderes?

Unsere Daten zum Medienverhalten der Bürger sind zu unspezifisch, um auf
derartige Fragen Antwort zu geben. So verfügen wir auch nicht über hinreichende
Informationen zu den konkreten Akteuren, welche die individuelle Entscheidungsfindung über die verschiedenen Medien beeinflußt haben. Solche Informationen sind
aber wesentlich für die Untersuchung der Meinungsbildung. Wie ich in der theoretischen Diskussion angedeutet habe, spielt das Vertrauen in spezifische kollektive Akteure und deren Repräsentanten für die individuelle Einscheidungsfindung eine enorme Rolle. In zwei Fällen ist es abschließend möglich, anhand der Vox-Datenbank die
Rolle der kollektiven Akteure etwas näher zu umreißen. Im einen Fall handelt es sich
um den Bundesrat, d.h.die Schweizer Regierung, im anderen Fall um die politischen
Parteien.[10]

Was den *Bundesrat* betrifft, so entspricht sein Einfluß im allgemeinen in etwa dem
Niveau, das wir beim EWR-Abkommen gefunden haben. Bei der Gesamtheit der
Vorlagen der Periode 1981-91 war der Standpunkt des Bundesrates für die Meinungsbildung von 15 Prozent der Stimmbürger ausschlaggebend. Wie erwartet trifft es
zudem zu, daß der Einfluß der Landesregierung auf die individuelle Meinungsbildung
größer ist bei Leuten, die ihr Vertrauen entgegenbringen: 20 Prozent der Bürger, welche
der Regierung vertrauen, aber nur 11 Prozent derjenigen, die kein Vertrauen zur
Regierung haben, geben an, der Regierungsstandpunkt sei für ihre Meinungsbildung
am wichtigsten gewesen.

Erstaunen mag, daß dieser Zusammenhang nicht noch stärker ist, daß es überhaupt noch so
viele gibt, die sich trotz mangelndem Vertrauen am Regierungsstandpunkt orientieren. Möglicherweise benutzen viele Personen, die der Regierung nicht vertrauen, den offiziellen Regierungsstandpunkt als Negativfolie, d.h. sie orientieren sich zwar am Regierungsstandpunkt,
aber nur insofern, als sie explizit gegen diesen Standpunkt stimmen. Ein derartiges Verhalten
würde der in der Schweizer Diskussion immer wieder zitierten Figur des „Neinsagers" ent-

---

10 Die entsprechende Frage in den Vox-Umfragen folgt einer generellen Frage zur Bedeutung
   der Abstimmungsempfehlung einzelner kollektiver Akteure: „Vor jeder eidgenössischen
   Abstimmung lesen oder hören Sie eine große Zahl von Empfehlungen zum Abstimmungsentscheid. Auf dieser Karte stehen Gruppen, Stellen und Personen, die sich vor Abstimmungen meist vernehmen lassen. Auf wen hören Sie am meisten, wessen Ansicht ist für Sie in
   der Regel die wichtigste?". Anschließend wird gezielt zu einzelnen Vorlagen gefragt: „Wie
   war das bei der letzten Abstimmung, also beim ... (Titel der Vorlage) ...?" Da die Zusammensetzung der Liste der aufgeführten kollektiven Akteure von Umfrage zu Umfrage je
   nach den zur Diskussion stehenden Vorlagen änderte, können allgemeinere Aussagen nur
   für den Bundesrat und die politischen Parteien gemacht werden, die als einzige Akteure bei
   allen Umfragen in der Liste figurierten.

Schaubild 1: Einfluß der Parteiparolen (Prozentwerte)

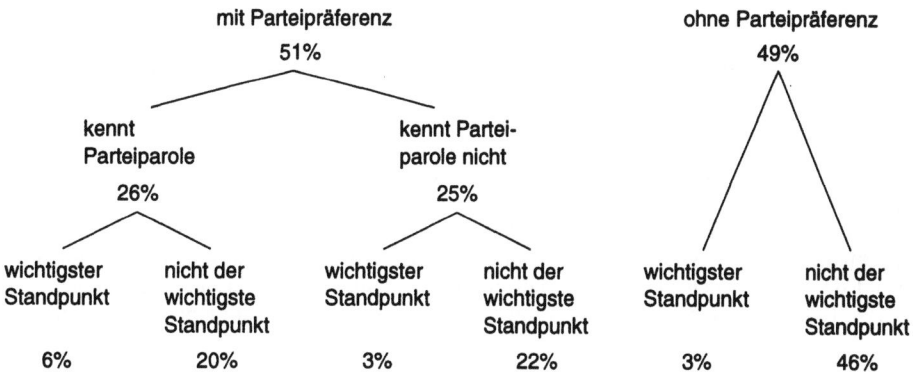

Quelle: Vox-Datenbank für die Periode 1981/1991)

sprechen, der zu allem, was auch immer von der Regierung kommt, ein Nein einlegt. Es ist auch möglich, daß einige trotz mangelnden Vertrauens dem Regierungsstandpunkt folgt, weil sie über keine alternativen Anhaltspunkte für ihre Meinungsbildung verfügen. Merkwürdig ist schließlich, daß ein Fünftel der Befragten, die angaben, der Regierungsstandpunkt sei für sie ausschlaggebend gewesen (d.h. 3 Prozent der Befragten insgesamt), diesen Standpunkt in Tat und Wahrheit nicht kennen.[11] Es ist naheliegend zu vermuten, daß diese Leute die Regierung falsch verstanden haben oder daß sie den Standpunkt der Regierung aufgrund indirekter Anhaltspunkte zu erraten versuchten und sich dabei irrten.

In bezug auf die politischen Parteien können wir feststellen, daß ihr Einfluß im allgemeinen größer ist als beim EWR-Vertrag, wenn er auch insgesamt recht beschränkt bleibt. Nimmt man alle Abstimmungen der Periode 1981-91 zusammen, so war der Standpunkt der Parteien für 12 Prozent der Bürger ausschlaggebend. Wie *Schaubild 1* zeigt, wird der Einfluß der Parteiparolen in der Schweiz zunächst dadurch begrenzt, daß nur rund die Hälfte der Schweizer überhaupt eine Parteipräferenz hat. Darüber hinaus kennt nur rund die Hälfte der Schweizer und Schweizerinnen mit Parteipräferenz die Parteiparole ihrer eigenen Bundespartei. Schließlich bildet die Parteiparole nur für rund einen Viertel des verbleibenden Viertels, d.h. für nur 6 Prozent der Bürger insgesamt, den entscheidenden Bezugspunkt bei der Abstimmung.

Es gibt nun allerdings auch Personen, die einer Partei nahestehen, aber die Parole ihrer Bundespartei nicht kennen und die sich doch angeblich vor allem an der Parole von Parteien orientieren (3 Prozent insgesamt). Dies ist nicht ganz unplausibel angesichts des notorischen Sektionalismus der Schweizer Parteien, der dazu führt, daß kantonale Parteien des öfteren Parteiparolen ausgeben, die von den Parolen ihrer Bundespartei abweichen. Eine detaillierte Analyse ergibt jedoch, daß die abweichenden Parolen kantonaler Parteien dieses Ergebnis höchstens zum Teil erklären, weil sich nur 38 Prozent der fraglichen Personen in einer Situation befunden haben, wo es überhaupt abweichende Parolen von kantonalen Sektionen ihrer Partei

---

11 Die Befragten wurden direkt gefragt, was der Standpunkt der Regierung in bezug auf die entsprechende Vorlage war. Ihre Antworten wurden dann später bei der Datenanalyse mit dem offiziellen Standpunkt der Regierung verglichen.

gab.[12] Möglicherweise haben die fraglichen Personen auch die Parteiparolen anderer Parteien zu Rate gezogen. Es ist auch möglich, daß sie sich an der von ihnen bloß vermuteten Parole der von ihnen bevorzugten Partei orientierten. Obwohl es plausible Interpretationen des Stimmverhaltens dieser Gruppe von Bürgern gibt, bleibt doch, wie bei der entsprechenden am Bundesrat orientierten Gruppe, ein Zweifel in bezug auf die Rationalität ihres Verhaltens bestehen.

Wie *Schaubild 1* zeigt, gibt es schließlich auch Leute (3 Prozent der gesamten Bürgerschaft), die sich an Parteiparolen orientieren, ohne selbst einer bestimmten Partei nahezustehen. Dieser Fall ist durchaus plausibel. Man stelle sich nur eine Bürgerin vor, die sich allgemein auf der politischen Linken ansiedelt, ohne dabei eine bestimmte Parteipräferenz zu haben. Eine solche Stimmbürgerin wird sich u.U. an den Parolen der linken Parteien, die im übrigen meist gleichlautend sind, orientieren, auch wenn sie keiner spezifischen Partei nahesteht. Entsprechend der allgemeinen Vermutung, daß politische Identitäten die Orientierung erleichtern, spielen Parteiparolen aber für Bürger mit Parteipräferenzen insgesamt eine größere Rolle als für solche ohne derartige Präferenzen.

V. Schluß

Diese explorativen Analysen erlauben uns nicht, die eingangs aufgeworfenen fundamentalen Fragen definitiv zu entscheiden. Sie bestätigen die Komplexität der Problematik und die Notwendigkeit detaillierterer Analysen. Vorläufig können wir aber immerhin zweierlei festhalten. Zum einen hat sich gezeigt, daß ein erheblicher Spielraum für den deliberativen Prozeß im Rahmen des direkt-demokratischen Abstimmungsverfahrens besteht. Die Bürger und Bürgerinnen haben in der Regel keineswegs ein für allemal feststehende Meinungen, die einer öffentlichen Debatte nicht mehr zugänglich wären. Dieser Spielraum wird aber, dies wurde ebenfalls deutlich, bei weitem nicht vollständig ausgenützt. Es existiert eine beachtliche Minderheit von Personen, die sich keine Meinung bilden können und die deshalb am Abstimmungsprozeß nicht teilnehmen. Diese Grenzen werden vor allem bei komplexen Abstimmungsgegenständen sichtbar. Zum anderen können wir mindestens festhalten, daß die pessimistischen Thesen von Habermas aus den 60er und von Hertig aus den 80er Jahren nicht bestätigt werden konnten. Die Tatsache, daß im allgemeinen mehrere Informationskanäle benutzt werden; daß unterschiedliche Medien den Informationsstand beeinflußen; daß alle Medien zusammen nur in begrenztem Maße zur Informiertheit beitragen; daß kein einziges Medium einen entscheidenden Einfluß auf den Abstimmungsentscheid auszuüben in der Lage ist; sowie die Tatsache, daß die Regierung und die Gesamtheit der Parteien nur kleine Minderheiten von Stimmbürgern entscheidend zu beeinflussen vermögen, deuten an, daß der Meinungsbildungsprozeß im Vorfeld von Abstimmungen offener und weniger manipulierbar ist, als es die pessimistischen Thesen vermuten ließen. Allerdings hat unsere abschließende Diskussion der Regierungs- und Parteiparolen auch Ergebnisse zutage gefördert, die Zweifel an der Rationalität zahlreicher individueller Entscheidungen aufkommen lassen.

---

12 Bei der Mehrzahl der Fälle, wo es kantonale Abweichungen gab, handelte es sich zudem um Einzelfälle, was bedeutet, daß die kantonale Sektion der Partei der fraglichen Person sehr wahrscheinlich nicht davon betroffen war.

Literatur

Bütschi, Danielle, 1993: Compétence pratique. S. 99-119 in: *Hanspeter Kriesi* (Hg.): Citoyenneté et démocratie directe. Zürich: Seismo.

CILIP, 1981: Bürgerrechte und Polizei. Eine vergleichende Untersuchung, Berlin-Zürich-Amsterdam. CILIP Nr. 9/10, Berlin.

Cronin, Thomas E., 1989: Direct Democracy. The Politics of Initiative, Referendum and Recall. Cambridge: Harvard University Press.

Dahl, Robert A., 1985: A Preface to Economic Democracy. Cambridge: Polity Press.

Di Giacomo, Fabio, 1993: La décision des abstentionnistes. S. 261-274 in: *Hanspeter Kriesi* (Hg.): Citoyenneté et démocratie directe. Zürich: Seismo.

Gamson, William A., und *André Modigliani* 1989: Media Discourse and Public Opinion on Nuclear Power: A Constructionist Approach, American Journal of Sociology 95: 1-38.

Gans, Herbert J., 1979: Deciding What's News. New York: Pantheon.

Gerhards, Jürgen, und *Friedhelm Neidhardt*, 1990: Strukturen und Funktionen moderner Öffentlichkeit. Fragestellungen und Ansätze. FS II 90-101. Berlin: WZB.

Giddens, Anthony, 1990: The Consequences of Modernity. Cambridge: Polity Press.

Habermas, Jürgen, 1992: Faktizität und Geltung. Frankfurt a.M.: Suhrkamp.

Habermas, Jürgen, 1962 (zuerst 1990): Strukturwandel der Öffentlichkeit. Frankfurt a.M.: Suhrkamp.

Hertig, Hanspeter, 1982: Sind Abstimmungserfolge käuflich? Elemente der Meinungsbildung bei eidgenössischen Abstimmungen, Annuaire suisse de science politique 22: 35-57.

Hilgartner, Stephen, und *Charles L. Bosk*, 1988: The Rise and Fall of Social Problems: A Public Arenas Model, American Journal of Sociology 94: 53-78.

Hirsch, Fred, 1980: Die sozialen Grenzen des Wachstums. Eine ökonomische Analyse der Wachstumskrise. Hamburg: Rowohlt.

Iyengar, Shanto, 1991: Is Anyone Responsible? How Television Frames Political Issues. Chicago: The University of Chicago Press.

Kriesi, Hanspeter, 1993a: Öffentlichkeit und soziale Bewegungen in der Schweiz – ein Musterfall? S. 576-85 in: *Bernhard Schäfers* (Hg.): Lebensverhältnisse und soziale Konflikte im neuen Europa, Verhandlungen des 26. Deutschen Soziologentages in Düsseldorf 1992. Frankfurt a.M.: Campus.

Kriesi, Hanspeter (Hg.) 1993: Citoyenneté et démocratie directe. Compétence, participation et décision des citoyen/nes suisses. Zürich: Seismo.

Kriesi, Hanspeter, Claude Longchamp, Florence Passy und *Pascal Sciarini*, 1993: Analyse de la votation fédérale du 6 décembre 1992. Vox No. 47. Berne: GfS Institut de recherche/Genève: Département de science politique.

Lazarsfeld, Paul F., Bernard Berelson und *Hazel Gaudet*, 1948: The People's Choice. New York: Duell, Sloan and Pearce.

Longchamp, Claude, 1993: Die EWR-Entscheidung – eine Prozessbetrachtung. S. 6-21 in: *Hanspeter Kriesi* et al. (Hg.): Analyse de la votation fédérale du 6 décembre 1992. Berne: GFS-Institut de recherche/Genève: Département de science politique.

Longchamp, Claude, 1991: Herausgeforderte demokratische Öffentlichkeit. Zu den Möglichkeiten und Grenzen des politischen Marketing bei Abstimmungen und Wahlen in der Schweiz, Annuaire suisse de science politique 31: 303-26.

Manin, Bernard, 1987: On Legitimacy and Political Deliberation, Political Theory 15: 338-368.

Merten, Klaus, 1988: Aufstieg und Fall des 'Two-Step-Flow of Communication'. Kritik einer sozialwissenschaftlichen Hypothese, Politische Vierteljahresschrift 29: 610-635.

Michel-Alder, Elisabeth, 1983: Freiwillig und unfreiwillig angelegte Fesseln, Bulletin pnr 6, 4: 24-29.

Miller, David, 1992: Deliberative Democracy and Social Choice, Political Studies, XL, Special Issue: 54-67.

Page, Benjamin I., und *Robert Y. Shapiro*, 1992: The Rational Public: Fifty Years of Trends in Americans' Policy Preferences. Chicago: The University of Chicago Press.

Pfetsch, Barbara, 1986: Volkszählung '83: Ein Beispiel für die Thematisierung eines politischen Issues in den Massenmedien. S. 204ff. in: *Hans-Dieter Klingemann* und *Max Kaase* (Hg.): Wahlen und politischer Prozeß. Analysen aus Anlaß der Bundestagswahl 1983. Opladen: Westdeutscher Verlag.

Pizzorno, Alessandro, 1986: La rationalité du choix démocratique. S. 330-70 in: *Pierre Birnbaum* und *Jean Leca* (Hg.): Sur l'individualisme. Paris: Presses de la fondation nationale des sciences politiques.

Price, Vincent, 1988: On the Public Aspects of Opinion. Linking Levels of Analysis in Public Opinion Research, Communication Research 15: 659-79.

Tschäni, Hans, 1984: Qui dirige la Suisse? Les groupes de pression contre la démocratie. Lausanne: Ed. 24 Heures.

Tuchman, Gay, 1978: Making News. A Study in the Construction of Reality. New York: Free Press.

Wälti, Sonja, 1992: La connaissance de l'enjeu. S. 25-50 in: *Hanspeter Kriesi* (Hg.): Citoyenneté et démocratie directe. Zürich: Seismo.

Warren, Mark, 1992: Democratic Theory and Self-Transformation, American Political Science Review 86: 8-23.

DAS UNTERSCHÄTZTE PUBLIKUM

Wie Themenbewußtsein und politische Meinungsbildung im Alltag von Massenmedien und interpersonaler Kommunikation beeinflußt werden*

Michael Schenk und Patrick Rössler

Zusammenfassung: In modernen Gesellschaften wird der Einfluß der Massenmedien auf die politische Meinungsbildung zunehmend als hoch veranschlagt. Die Schutzschildfunktion, die homogene soziale Gruppen und Netzwerke im Massenkommunikationsprozeß übernehmen, steht angesichts wachsender Mobilität der Bevölkerung und veränderter Kontaktstrukturen in Frage. Auch in vielen Medienwirkungsstudien scheint die persönliche Kommunikation zu einer vernachlässigbaren Größe zu werden. Mit Hilfe eines Mehrmethoden-Designs auf individueller Analyseebene wird in der vorliegenden Untersuchung der Zusammenhang von Massen- und interpersonaler Kommunikation neu bestimmt. Für eher kognitive Wirkungen wie die Thematisierung politischer Probleme zeigt sich ebenso wie für die Vermittlung von Einstellungen, daß die Inhalte der Medienberichterstattung nur einen geringen direkten Einfluß auf das Individuum ausüben. Dagegen erweist sich die persönliche Gesprächsaktivität über die politischen Probleme als zentrale Determinante sowohl für die Bedeutung eines Themas (Agenda-Setting) als auch die Einstellungen zum Thema (Persuasion). Die interpersonale Umgebung wird mit dem Konzept egozentrierter Netzwerke beschrieben, wobei sich die Kongruenz des einzelnen mit den Themenpräferenzen bzw. Meinungen in seinem Netzwerk als zentraler Einflußfaktor erweist. Ferner sind Projektionseffekte der persönlichen Einstellungen auf die Wahrnehmung des Meinungsklimas („looking glass"-Effekt) festzustellen. Die Untersuchung belegt, daß interpersonale Kommunikation in bisherigen Medienwirkungsstudien unterschätzt worden ist.

I. Massenkommunikation und interpersonale Kommunikation als Quellen der Politikvermittlung

In unserer modernen, funktional differenzierten Gesellschaft stellen die Massenmedien in vielen Bereichen den Kontakt zur Umwelt erst her. Gewissermaßen aus zweiter Hand vermittelt *Massenkommunikation* Informationen und Meinungen zu Ereignissen, Themen und Sachverhalten von gesellschaftlicher Relevanz (Lippmann 1922). Politische Informationen über nationale und internationale Ereignisse werden fast ausschließlich über die Massenmedien in die Öffentlichkeit gebracht. Die ständige Präsenz

---

* Die Untersuchung wurde von der Deutschen Forschungsgemeinschaft unter dem Aktenzeichen Sche 256/2-1-4 gefördert. Die Verfasser danken Astrid Gelzleichter, M.A., die erheblich zum Gelingen der Analysen beigetragen hat. Ferner möchten wir uns bei den zahlreichen wissenschaftlichen Hilfskräften bedanken, die an der Untersuchung mitgewirkt haben. Besonders hervorzuheben ist die Hilfe von Frau Renate Ell in der EDV. Dem Zentrum für Umfragen, Methoden und Analysen (ZUMA), Mannheim, und seinem Leiter Prof. Dr. Peter Mohler, sei für die Betreuung gedankt.

der tagesaktuellen Medien Presse, Hörfunk und Fernsehen sorgt für ein Informationsangebot, das Millionen von Menschen nahezu gleichzeitig erreicht. In immer stärkerem Maße – so wird daher vermutet – prägen die Medien die Vorstellungen von politischen Themen und Ereignissen in der Bevölkerung. Ist es da noch verwunderlich, daß die Massenmedien gar als die zentrale Instanz der Politikvermittlung zwischen politischen Eliten und Bürgern angesehen werden, ihr Einfluß auf die politische Meinungsbildung als hoch veranschlagt wird?

Neben den Massenmedien als einem wesentlichen Kommunikationskanal wird allerdings schon seit den klassischen Columbia-Studien zum politischen Entscheidungsverhalten (z.B. Lazarsfeld/Berelson/Gaudet 1944) einem weiteren Faktor erhebliche Relevanz für das politische Verhalten zugesprochen: dem *Netzwerk interpersonaler Kommunikation,* welches den einzelnen Bürger mit Verwandten, Freunden, Bekannten usw. verbindet, und in dem nicht unwesentlich auch politische Themen Gegenstand von Kommunikationsprozessen sind. Gegenüber dem vermittelten einseitigen Transfer von Informationen, den die Medien leisten, kann interpersonale Kommunikation dabei aufgrund der Wechselseitigkeit und Direktheit ihrer Prozesse ein erhebliches Potential darstellen. Persönliche Kontakte können sich als „druckvoller" und „nachhaltiger" als die anonymen Massenmedien erweisen. Mehr noch: Persönliche Beziehungen und Gruppenbindungen wirken *homogenisierend* und können sogar den Medieneinfluß begrenzen. Gegenüber den allzu mächtigen Massenmedien kann interpersonale Kommunikation eine Schutzschildfunktion übernehmen (Klapper 1960; Müller 1970).

Interpersonale Kommunikation und persönliche Einflüsse innerhalb kleiner, homogener Gruppen und Netzwerke gaben in den erwähnten Columbia-Studien dabei nicht nur im politischen Bereich den Ausschlag für die Meinungsbildung und das Verhalten, sondern auch in so unterschiedlichen Bereichen wie Mode oder Konsumentenverhalten (Katz/Lazarsfeld 1955, 1965[2]).

Ohne Frage werden die von den Massenmedien transportierten Inhalte somit auch im Rahmen der interpersonalen Kommunikation diskutiert: Während das System der Massenkommunikation durch die ihm eigenen *Auswahlmechanismen* vor allem spezifische Wissensstrukturen erzeugt, erhöht interpersonale Kommunikation die *Selektivität* dadurch weiter, daß in ihr die massenmedial vermittelten Themen weiterverarbeitet werden, indem als Interpretationshilfen akzeptable Selektionsentwürfe in Form von Meinungen (Bewertungen) beigesteuert werden (Merten 1982: 38). Massenkommunikation und interpersonale Kommunikation sind keine sich gegenseitig ausschließenden Quellen, sondern ergänzen einander. Zwischen beiden Quellen besteht, wie Chaffee (1986) meint, eine *dynamische Wechselbeziehung.* Das traditionelle Konzept des Zweistufenflusses erfasse den zyklischen und reziproken Charakter dieses Kommunikationsprozesses nicht, der wahrscheinlichste Effekt von Kommunikation sei weitere Kommunikation.

Wenngleich einerseits auch die Dominanz der Massenmedien als Lieferant von Themen, Ereignissen und Sachverhalten belegt zu sein scheint, bilden andererseits häufig diese Themen, die auch im Rahmen interpersonaler Kommunikation diskutiert werden, Anlaß für eine weitere Informationsaufnahme aus den Massenmedien (Chaffee 1986; Kepplinger/Martin 1986; Ball-Rokeach 1985).

Das *Agenda-Setting-Modell* stellt daher einen besonders interessanten Ansatzpunkt für die Untersuchung des Zusammenhanges von Massen- und interpersonaler Kommunikation dar (vgl. auch Shaw 1977). Aber auch in der Theorie der *öffentlichen Meinung* von Noelle-Neumann (1989, 1991) stehen diese beiden Kommunikationsquellen im Vordergrund. Ausgerüstet mit einem quasi-statistischen Wahrnehmungsorgan würden nach Ansicht von Noelle-Neumann Individuen sorgsam ihre Umwelt beobachten, um einer möglichen sozialen Isolationsfurcht vorzubeugen. Dazu dienten ihnen sowohl Massenkommunikation als auch interpersonale Kommunikation als Quellen der Wahrnehmung: Direkte Umweltbeobachtung im sozialen Kontext vermittele dabei einen Eindruck, mit welchen Meinungen man sich in der Öffentlichkeit isolieren könne. Indirekte Umweltbeobachtung durch die Medien zeige vor allem, wie die Mehrheit denkt. „Menschen versuchen ständig, durch die Umweltbeobachtung herauszufinden, welche Fragen (Verhaltensweisen) umstritten sind und wie sich die Stärkeverhältnisse der gegnerischen Lager entwickeln. Die wichtigste Quelle ihrer Umweltbeobachtung, nach der sie sich ihre Ansicht über das Meinungsklima bilden, sind die Medien" (Noelle-Neumann 1989: 420). Vor allem die über die Medien gewonnene Einschätzung der Mehrheitsverhältnisse leite schließlich die persönliche Kommunikationsbereitschaft im Alltag: „Wer feststellt, daß sich seine Meinung ausbreitet, fühlt sich dadurch gestärkt und äußert seine Meinung sorglos, redet, ohne Isolation zu fürchten. Wer feststellt, daß seine Meinung Boden verliert, wird verunsichert, verfällt in Schweigen" (ebd.: 419). In anderen Studien (z.B. Fuchs/Gerhards/Neidhardt 1992) war freilich die individuelle Übereinstimmung mit den Meinungen in konkreten (Bezugs-)Gruppen und Netzwerken ausschlaggebender für die Kommunikationsbereitschaft als eine Kongruenz mit der veröffentlichten Massenmedienmeinung.

Der „soziale Druck", ausgeübt in den kleinen homogenen Gruppen und Netzwerken, stellt auch nach Ergebnissen der neueren Wahlforschung (z.B. Feist/Liepelt 1983; Sheingold 1973; Knoke 1990) weithin die zentrale Einflußgröße auf die politischen Meinungen und das politische Verhalten dar. Das Fernsehen, so z.B. Feist und Liepelt (1983: 290) kann zwar die Leitfunktion in der politischen Kommunikation übernehmen, es kann diese Funktion im eigentlichen Wahlkampf aber nicht behaupten, da dann interpersonale Kommunikationsnetze („primäres Umfeld") verstärkt in Aktion treten: „Sie sind es, die die politische Kommunikation auf eine bestimmte Linie ausrichten und dabei Nachrichteninhalte der Medien entsprechend der parteipolitischen Bindung filtern und deuten". Sollten allerdings im Zuge der gesellschaftlichen Modernisierung die Primärgruppenbindungen – wie man durchaus annehmen könnte – durch lose und offenere Netzwerke ersetzt werden, könnte die den Medieneinfluß absorbierende Kraft primärer Gruppen verloren gehen. Die Medien würden dann die Agenda des Publikums und auch die politische Meinungsbildung weithin steuern können.

Ziel der vorliegenden Untersuchung ist es daher, das Zusammenwirken von Massen- und interpersonaler Kommunikation am Beispiel des Agenda-Setting und der politischen Meinungsbildung aufzuzeigen und dabei der Bedeutung von veränderten Strukturen interpersonaler Netzwerke Rechnung zu tragen.

1. Agenda Setting

In den 70er Jahren löste die Einführung des Agenda-Setting-Modells in die Medienwirkungsforschung durch McCombs und Shaw (1972) eine verstärkte Untersuchung kognitiver Effekte aus. Die Presse, so konstatierte bereits Cohen (1963: 13), „may not be successful much of the time in telling the people what to think, but it is stunningly successful to tell its readers what to think about". Im Zuge der redaktionellen Auswahl und Aufbereitung stellen die Massenmedien die wesentlichen politischen Informationen über Themen zur Verfügung. Die Empfänger lernen dabei nicht nur etwas über die Ereignisse und Themen selbst, sondern auch darüber, welche Bedeutung und Relevanz einem Thema zukommt. Die Massenmedien lenken somit die Aufmerksamkeit („awareness") auf Themen, machen deren Dringlichkeit bzw. Wichtigkeit („salience") transparent und bestimmen so die Struktur der Agenda („priorities") für die öffentliche und interpersonale Kommunikation (Gormley 1975).

Agenda-Setting setzt voraus, daß die Medien – zumindest über einen gewissen Zeitraum hinweg – ein klares, einheitliches Nachrichtenbild vermitteln. Die Homogenisierung verschiedener Nachrichten in ein Themenset, das dem Publikum als Tagesordnung offeriert wird, kommt vor allem durch das Selektionsverhalten der Journalisten nach Kriterien für Nachrichtenwerte zustande: Aufgrund von Inhaltsanalysen konnte z.B. Schulz (1976) zeigen, daß in allen Medien die Inlandsnachrichten bevorzugt werden, es dominiert die Politik auf Bundesebene, erst dann folgen die Themen der internationalen Politik (Ethnozentrismus). Aufgrund der großen Abhängigkeit (Dependenz) des Publikums von der aktuellen Berichterstattung schlagen sich im Sinne des Agenda-Setting-Modells die fest strukturierten Inhalte im Bewußtsein des Publikums nieder, es entstehen mehr oder minder stereotype Vorstellungen von dem, was wichtig ist, was als gesellschaftliches oder politisches Problem zur Zeit Vorrang hat.

Seit seiner Einführung in die Kommunikationsforschung steht das Agenda-Setting-Modell vor dem bekannten Ursache-Wirkungs-Problem: Kommt eine Übereinstimmung zwischen dem politischen Problembewußtsein der Bevölkerung mit dem Inhalt der Medienberichterstattung durch den Einfluß der Medienagenda auf die Publikumsagenda zustande, oder orientiert sich umgekehrt die Medienberichterstattung am Problembewußtsein der Bevölkerung? Iyengar (1993: 124) stellt in einer Bilanz der Agenda-Setting-Forschung fest, daß mit wenigen Ausnahmen Thematisierungseffekte der Massenmedien zu verzeichnen seien – die Medienberichterstattung wirke sich eher auf das öffentliche Interesse an einem Thema aus als umgekehrt. Durchgängig habe die Forschung gezeigt, daß Individuen sich bei der Beurteilung aktueller gesellschaftlicher und politischer Probleme auf Themen und Ereignisse beziehen, die zuvor in den Nachrichten behandelt wurden. Auf der anderen Seite weist die Agenda-Setting-Forschung aber auch auf eine Vielzahl von Randbedingungen hin, die den Effekt überlagern bzw. beeinflussen. Hierbei werden sowohl Stimulusattribute als auch Publikumsmerkmale ins Spiel gebracht, die medienzentrierte Perspektive des Agenda-Setting-Modells wird sogar um ein publikums- oder nutzergesteuertes Modell („audience effect model") ergänzt. In diesem finden die individuellen Orientierungen und Bedürfnisse der Mediennutzer ebenso Berücksichtigung wie *interpersonale Kontextfaktoren*, z.B. das Ausmaß interpersonaler Kommunikation (Erbring et al. 1980; Hügel et al. 1992). Neben Präsentationsmerkmalen der Medienberichterstattung ist vor allem der Grad der Themenaufdringlichkeit („obtrusiveness") zu nennen. Je mehr die Nutzer bereits direkte Erfahrungen mit einem Thema einbringen können (= hohe Themenaufdringlichkeit), um so schwächer fällt der Medieneffekt aus, da unabhängig vom Medienkontakt Vorstellungen über ein Thema bereits vorhanden sind. Die Hypothese ist, daß der Agenda-Setting-Effekt bevorzugt bei den direkt nicht erfahrbaren Themen, also solchen mit geringer Aufdringlichkeit auftritt. Wir finden deshalb Agenda-Setting-Mechanismen bei internationalen Problemen eher als bei lokalen Themen.

Ferner wurde das generelle Orientierungsbedürfnis des Respondenten zu politischen Fragen („need for orientation", Shaw/McCombs 1977: 107ff.) in den Forschungsansatz integriert. Themen, für die ein starkes Orientierungsbedürfnis besteht, lösen eine intensive Mediennutzung und verstärkte interpersonale Kommunikation aus, so daß Thematisierungseffekte entstehen. Ähnlich regt auch hohes Themeninvolvement an, sich mit dem Thema zu befassen. Bei der Ausbreitung der Problemerkennung in der Bevölkerung spielt interpersonale Kommunikation neben Massenkommunikation eine wichtige Rolle, können doch gerade persönliche Quellen und Mund-zu-Mund-Kommunikation zu einem raschen Anstieg des Themenbewußtseins in der Bevölkerung beitragen, wenn bestimmte Schwellen der Wahrnehmung erst einmal überschritten sind.

Die Massenmedien üben somit nicht die einzigen Einflüsse auf die Publikumsagenda aus: *Soziale Prozesse* beeinflussen ebenso die Beurteilung eines „issues". Personen sprechen mit anderen über Themen und „issues", diese Konversationen können schließlich einen wichtigen Part in der Beurteilung, welches Thema bzw. was wichtig ist, übernehmen. Folgt man Rogers und Dearing (1988: 568), dann können die Massenmedien Themen bekannt machen, während interpersonale Kommunikation der Prioritätensetzung und Meinungsbildung dient.

Über die Wirkungsweise des interpersonalen Faktors besteht dabei keine Klarheit. Nach Auffassung von Shaw und McCombs (1977) stehe allenfalls fest, daß beide – Presse und andere Personen – unsere Vorstellungen prägen. Interpersonale Kommunikation wird zum einen als förderlich für das Auftreten von Agenda-Setting-Effekten angesehen: Je häufiger und aktiver jemand an interpersonalen Netzwerken partizipiert, desto enger ist die Übereinstimmung zwischen der persönlichen Agenda und der Agenda der Medien. Andere Studien belegen in ihren Ergebnissen die Gegenthese der mit Medieneinflüssen konkurrierenden Funktion persönlicher Gespräche bei der Entwicklung politischer Themenvorstellungen. Politisch Aktive werden z.B. durch die Medienagenda weniger beeinflußt als politische Inaktive. Partizipation am interpersonalen Netzwerk kann der Modellbildung der Medien sogar entgegenwirken (Tardy et al. 1981; Erbring et al. 1980). Hügel et al. (1992) weisen schließlich auf eine vermittelnde Funktion interpersonaler Kommunikation beim Agenda-Setting hin: Interpersonale Kommunikation beeinflusse die Mediennutzung und damit indirekt auch das relative Wirkungspotential von Presse und Fernsehen. Fehlt ein ausgeprägtes soziales Netzwerk, dann wachse die Medienabhängigkeit, was wiederum die Wahrscheinlichkeit von Medienwirkungen erhöhe. Den Schlüssel für das Agenda-Setting sehen die Autoren eigentlich im Orientierungsbedürfnis: Auffallend sei ein starker Effekt des Orientierungsbedürfnisses auf das Ausmaß interpersonaler Kommunikation über politische Themen, die wiederum die Zeitungslektüre und Fernsehnutzung beeinflußt.

Interpersonale Kommunikation wurde in den meisten Studien nur ungenügend operationalisiert, auch fehlt bisher eine Ausarbeitung des Konzeptes des interpersonalen Netzwerkes, welches eher als Metapher verwendet wird. Das Ausmaß interpersonaler Diskussionen wurde meist nur global und nicht personenbezogen ermittelt, und regelrechte Netzwerkdaten wurden in keiner Agenda-Setting-Studie erhoben. Folgt man dem Ansatz eines publikumsgesteuerten Agenda-Setting (Erbring et al. 1980), dann erweist es sich als sinnvoll, die Medienumgebung des einzelnen Mediennutzers mit seiner sozialen Umgebung (Mikrowelt), seinem Netzwerk, zu verzahnen, um die Wirkungen von Massen- und interpersonaler Kommunikation im Agenda-Setting-Prozeß zu erklären.

2. Konsequenzen des Agenda-Setting: Persuasion

Während sich der Agenda-Setting-Ansatz ursprünglich gerade in Abgrenzung von Einstellungen und Meinungen, bzw. dem Persuasionsmodell, entwickelt hat (Schenk 1987), finden wir in jüngster Zeit eine verstärkte Verknüpfung beider Modelle. Agenda-Setting hat weitere Konsequenzen für die politische Meinungsbildung und auf das politische Verhalten: „What people think may not be as easily separable from what they think about" (Lang/Lang 1981: 449). Indem die Massenmedien nahelegen, worüber wir nachzudenken haben, und damit den Agenda-Setting-Effekt auslösen, kann daraus ein weiterer Einfluß auf die Meinungs- und Einstellungsbildung erwachsen, aus dem „what to think about" resultiert die alte „what to think"-Frage (Katz 1980). Die Prioritätensetzung im Publikum rege die Meinungsbildung an, vor allem, wenn es sich um involvierende Themen oder „issues" handele. So fanden beispielsweise Iyengar und Kinder (1987) und Iyengar et al. (1993), daß die Medienagenda die Standards veränderte, nach denen die Bevölkerung den Präsidenten bewertete und nannten diesen psychologischen Prozeß „priming". Weaver (1991: 57) kommt in einer Analyse von mehreren Agenda-Setting-Studien zum Ergebnis, daß die Themenwichtigkeit („issue salience") häufig mit der Ausprägung von Meinungen einhergeht, wenngleich es schwierig sei, die Richtung (positiv/negativ) vorherzusagen. Weaver selbst fand in einer Studie einen klaren Zusammenhang zwischen der Themenwichtigkeit, dem Wissen über dieses Problem und der Festigkeit und Richtung der politischen Einstellungen, die wahrgenommene Themenwichtigkeit führte auch zu verstärkter politischer Partizipation. Mit anderen Worten, als wichtig befundene Themen evozieren themenrelevante Meinungen und Einstellungen, welche auch im Rahmen interpersonaler Kommunikation abgesichert bzw. ausgetauscht werden.

In der Schweigespirale-Theorie der öffentlichen Meinung (Noelle-Neumann 1989) werden Themen hoher Aktualität und Brisanz (moralische Ladung, Umstrittenheit) als Ausgangspunkte für den öffentlichen Meinungsbildungsprozeß genommen. Themen, über die im Alltag viel gesprochen wird oder die in der Bevölkerung als wichtig eingestuft werden, sind auch für die Untersuchung der öffentlichen Meinung besonders prädestiniert (ebd.: 427). Zu den wichtigen, prioritären Themen werden in der persönlichen Umgebung und vor allem in den Medien Meinungen und Einstellungen geäußert, so daß der individuelle Meinungsbildungsprozeß nicht nur durch die Meinungen anderer Personen in der interpersonalen Umgebung, sondern auch durch veröffentlichte Massenmedienmeinungen angeregt wird. Individuen werden Vorstellungen über Mehrheitsmeinungen im Sinne von Meinungsklimata („wie die meisten denken") gewinnen. Von den individuellen Meinungen sind daher sowohl Bezugsgruppenmeinungen als auch Mehrheitsmeinungen zu unterscheiden, die mit den als wichtig eingestuften Themen im Zusammenhang stehen. Nach Annahmen des Schweigespiralmodells werden die individuellen Meinungen erheblich durch das Meinungsklima geprägt. Auf die Klimaschätzung des einzelnen wirkt dabei die durch die Massenmedien vorgenommene Kommentierung und Bewertung der Themen ein. Dieser als *Konformitätshypothese* bekannt gewordenen Annahme steht die gegenteilige Auffassung gegenüber, wonach Individuen ihre individuelle Meinung auf das Meinungsklima projizieren. Diese *„looking glass"-Hypothese* fand zuletzt Bestätigung in einer Panelanalyse zum Thema Volkszählung (Scherer 1990).

In der vorliegenden Studie gilt es zu überprüfen, ob die individuellen Meinungen mit den in den Gruppen und Netzwerken vorhandenen Meinungen übereinstimmen bzw. hier zusätzlich gestützt werden. Bestehen in der interpersonalen Umgebung übereinstimmende Ansichten zu wichtigen Themen, oder treten auch widerstreitende Auffassungen auf? Die interpersonale Kommunikationsaktivität sollte dabei nach Annahmen des Agenda-Setting-Modells mit der Wichtigkeit der Themen bzw. dem ausgelösten Themeninvolvement zunehmen. Nach Annahmen des Schweigespiralmodells wird dagegen die Kommunikationsaktivität des einzelnen davon abhängig gemacht, ob er glaubt, mit der vermuteten Mehrheitsmeinung übereinzustimmen, also eingeschränkt. Andere Untersuchungen verweisen in diesem Zusammenhang darauf, daß die Übereinstimmung mit den Bezugsgruppenmeinungen die Kommunikation eher determiniere als die Übereinstimmung mit dem Meinungsklima.

3. Kommunikation und Meinungsbildung in sozialen Netzwerken

Das interpersonale Kommunikationsnetz der Empfänger stellt einen wesentlichen Faktor im Medienwirkungsprozeß dar. Die empirische Forschung belegte schon früh, daß die Vorstellungen von einem bindungslosen, anonymen Massenpublikum, das den Massenmedien relativ willkürlich ausgesetzt ist, nicht zutrifft. In der bereits erwähnten Columbia-Studie stießen Lazarsfeld und seine Mitarbeiter auf den sozialen Faktor: Für die meisten Menschen stellte Wählen eine „Gruppenerfahrung" dar, wurde doch geradezu in Gruppen abgestimmt: „Personen, die zusammen arbeiten oder leben oder spielen, wählen in hohem Maße dieselben Kandidaten" (Lazarsfeld et al. 1944: 146). Das homogene Stimmverhalten zeigte sich nicht nur in der Primärgruppe der Familie, sondern auch in anderen sozialen Bezugssystemen, wie z.B. unter Freunden, Bekannten oder Kollegen. Obwohl die Columbia-Forscher den Begriff des Kommunikationsnetzwerkes wiederholt verwendeten, blieben sie in ihren Untersuchungen doch eng dem Kleingruppenkonzept verbunden.

Die Gruppe wird als „fester Anker" angesehen, an dem die individuellen Einstellungen und Meinungen hängen. Die Medien können daher ihren Einfluß nicht gegen, sondern allenfalls mit dem Gruppeneinfluß zusammen entfalten. Die Verwendung des Begriffes Netzwerk diente dabei nur als Metapher (Eulau 1980). Obwohl die interpersonale Umgebung bzw. die interpersonalen Netzwerke der Empfänger erstmals akzentuiert wurden, blieb die empirische Umsetzung hinter der bahnbrechenden Entdeckung zurück. Es fehlte in dieser Zeit noch an entsprechenden Methoden, die moderne „network analysis" entwickelte sich erst wesentlich später. Katz (1957) selbst hatte dabei das grundsätzliche methodische Problem erkannt, indem er sagte, das zentrale Problem sei, wie man den interpersonalen Beziehungen Rechnung tragen und trotzdem die Anforderungen, die üblicherweise an repräsentative Random-Samples gestellt werden, erfüllen könne. Er schlägt darum vor, „größere oder kleinere soziale Moleküle um jedes individuelle Atom herum im Sample zu bilden" (Katz 1957: 77). Dieser Vorschlag läßt sich inzwischen mit dem Instrument des egozentrierten Netzwerks („egocentric network") einlösen. Das Konzept egozentrierter Netzwerke hat den Vorteil, daß es sich leicht im Rahmen der üblichen repräsentativen Bevölkerungsumfragen einsetzen läßt: „Ein Befragter kann als einziger Informant über 'sein' Netzwerk verwendet werden. Es ist deshalb möglich, Daten über solche egozentrierten Netzwerke in normalen Bevölkerungsumfragen zu erfassen" (Pappi 1987: 20).

Diese Vorgehensweise entspricht somit relativ genau dem Vorschlag von Katz und besitzt den wesentlichen Vorteil, daß neben den „starken" Beziehungen („strong ties") auch die „schwachen" („weak ties") erfaßt werden können (Granovetter 1973). Im Vergleich zu starken Beziehungen, die innerhalb kleiner Gruppen dominieren und z.B. als intensiv, reziprok, dauerhaft etc. beschrieben werden, kennzeichnen schwache Beziehungen unser Verhältnis zu Bekannten, Kollegen und sonstigen Personen, die wir eher flüchtig kennen. Diese Beziehungen sind naturgemäß weniger intensiv. Paradoxerweise liegt in dieser „Schwäche" gerade deren „Stärke", denn schwache Beziehungen führen in der Regel über die engeren Grenzen kleiner Gruppen hinaus, schaffen mehr *externe Kommunikations- und Kontaktmöglichkeiten*. Im Vergleich zu den starken und dichten Primärgruppenbeziehungen sind schwache Beziehungen auch weniger empfänglich für „Gruppendruck", ermöglichen dem Individuum mehr Spielraum. Daher, so wird vermutet, könnten vermehrte schwache Verbindungen innerhalb der sozialen Netzwerke einer Person das Entstehen *heterogener* Kontexte, Präferenzen und Meinungen begünstigen. Die bisher weithin angenommene Homogenität der interpersonalen Umgebung könnte durchbrochen werden, ihre Schutzschild- bzw. Ankerfunktion verloren gehen (Liu/Duff 1972).

Dies würde den Medieneinfluß erheblich begünstigen, Einflußmöglichkeiten der Medien wären demnach unterschätzt, die Wirkung primärkommunikativer Einflüsse überschätzt worden. (Reimann 1968: 145). Wenn Homogenität der Netzwerke sich in Heterogenität wandelt, dann begünstigt dies den Medieneinfluß, gilt doch schon seit Klapper (1960) die „cross-pressure"-Situation als derjenige Ausnahmefall, bei dem mit starkem Einfluß der Massenmedien auf Einstellungen und Meinungen der Empfänger zu rechnen ist.

In einer explorativen Studie (Beinstein 1977) zeigte sich, daß die Massenmedien sowohl bei der Definition von nationalen Problemen für die Öffentlichkeit als auch in der Kristallisation von Meinungen über Ursachen und Lösungen recht wirksam sind, somit Agenda-Setting-Effekte hervorrufen. Die Massenmedien wurden im Vergleich zur interpersonalen Kommunikation jedoch von Personen, die über lose („loose-knit") Netzwerke verfügten, häufiger als Informationsquellen und Einflußträger im Hinblick auf die Meinungsbildung eingestuft als von Personen mit dichten („close-knit") Netzwerken. Hier diente interpersonale Kommunikation eher als stabiler Anker.

Personen, die über große und offene Netzwerke verfügen, in denen heterogene und schwache Beziehungen enthalten sind, dürften in ihrem Umfeld auch auf kontroverse Ansichten und neue Ideen stoßen, die im Rahmen interpersonaler Kommunikation ausgetauscht werden. Demgegenüber wird bei Personen mit kleinen, dichten und homogenen Netzwerken eher mit einmütigen Urteilen über politische Themen zu rechnen sein. Schon früh konnte z.B. John French (1956) mit Hilfe eines graphentheoretischen Modells nachweisen, daß die in zahlreichen sozialpsychologischen Untersuchungen der Kleingruppenforschung festgestellten sozialen Mechanismen, die auf Uniformität und Konformität der Meinungen drängen, dann an Bedeutung verlieren, wenn sich die Gruppenstrukturen öffnen: Nur in dichten kohäsiven Gruppen fand er den üblichen Beleg, daß die individuellen Meinungen konvergieren (vgl. auch oben Katz/Lazarsfeld 1955, 1965), während bei aufgelockerter, weniger dichter Netzstruktur die Mitglieder keineswegs automatisch einen gemeinsamen Standpunkt erreichen.

In der vorliegenden Untersuchung soll daher die interpersonale Umgebung der Empfänger netzwerkanalytisch erfaßt werden. Auf der Ebene des einzelnen Mediennutzers soll dessen tatsächliche Medienumgebung mit der interpersonalen Umgebung in Beziehung gesetzt werden. So läßt sich schließlich feststellen, ob und in welchem Ausmaß die Themen und Meinungen, die die Medien vermitteln (Inhalts- und Nutzungswirkungen), sich auch in der interpersonalen Umgebung durchsetzen, oder ob diese eine Eigendynamik bei der Kristallisation von Themen und Standpunkten besitzt.

II. Untersuchungsmethode

1. Das Thema: Deutschland im Umbruch – eine Medienwirkungsstudie Anfang 1990

Die vorliegende Untersuchung fiel in eine Zeit, in der mit der deutschen Wiedervereinigung ein Thema bzw. „issue" besonderer Art Gegenstand der Diskussionen war. Der Zusammenbruch des wirtschaftlich und politisch bankrotten DDR-Regimes manifestierte sich im Fall der Berliner Mauer am 9. November 1989. In beiden Teilen Deutschlands wurde bis zum Jahreswechsel die neue politische Konstellation euphorisch gefeiert. Dem deutschen Volk eröffnete sich die Chance, die jahrelange Teilung zu überwinden. Im Spiegel früherer Umfragen hatte sich immer wieder gezeigt, daß in der Bundesrepublik ein starker Wunsch nach der Wiedervereinigung vorhanden war, über 80 Prozent der Bürger wünschten sie (Infratest 1988). So entstand beim Fall der Mauer große Euphorie, die aber dann einer Ernüchterung wich, die sich in Westdeutschland als Reaktion auf die mit dem Übersiedlerstrom und der sich abzeichnenden Wiedervereinigung einsetzenden wirtschaftlichen und sozialen Probleme ergab. In der Zeit von Januar bis Februar 1990, dem Interviewzeitraum, sank der Wunsch nach Wiedervereinigung von zunächst 80 Prozent deutlich ab, wie z.B. das Meinungsforschungsinstitut *infas* ermittelte. Erst im Juni erreichte die deutsche Einheit wieder das ursprüngliche Zustimmungsniveau in der Bundesrepublik. „Wiedervereinigung ja, aber bitte im Schongang", so könnte die Schlagzeile in der Presse von Januar bis April gelautet haben.

Der politische Umbruch wirkte sich bis in das tägliche Leben der meisten Bundesbürger aus und verdrängte dabei andere bedeutende Ereignisse im In- und Ausland an den Rand des öffentlichen Interesses. Schließlich handelte es sich bei dem deutsch-deutschen Thema um eines von hoher Themenaufdringlichkeit, das mit Sicherheit eine große Beteiligung und ein vermehrtes Orientierungsbedürfnis nach sich zog. Wiederum vom Meinungsforschungsinstitut infas durchgeführte Bevölkerungsumfragen, in denen nach den wichtigsten Ereignissen der letzten Tage gefragt wurde, belegen durchgängig eine hohe Resonanz der deutsch-deutschen Themen von September 1989 bis hin zum Juli 1990. Erst mit dem im August 1990 beginnenden Irak-Konflikt zeichnet sich eine neue Thematik ab, die das Deutschlandthema sogar an Relevanz zu übertreffen vermag.

Aus der Perspektive der Bevölkerung reduzierte sich das Weltgeschehen in der

Zeit 1989/1990 somit stark auf den Umbruch in Deutschland. Andere (z.T. spektakuläre) Ereignisse mußten demgegenüber auf einen Teil jener Beachtung verzichten, die
sie in „normalen" Nachrichtenzeiten zweifellos erfahren hätten. Die überragende Bedeutung bzw. Dominanz des deutsch-deutschen Themas drückt daher andere Themen
sowohl aus der Medien- als auch Publikumsagenda heraus, setzt sie in der Bedeu-
tungshierarchie des Publikums herab (Brosius/Kepplinger 1992). Im Mittelpunkt der
Untersuchung, über die im folgenden berichtet wird, steht das innerdeutsche Thema,
sicherlich ein Thema besonderer Art, welches auch eine entsprechend hohe moralische
Ladung besitzt.

2. Methodenbeschreibung

Die vorliegende Studie zielt auf die Analyse der Zusammenhänge zwischen der Medienberichterstattung einerseits und der persönlichen Kommunikation des Individuums mit seinen Bezugspersonen andererseits ab und versucht, beider Einfluß auf die
Themenvorstellungen und Attitüden des einzelnen zu gewichten. Dies stellt erhebliche
Anforderungen an das zu verwendende Datenmaterial, das gleichzeitig Aufschluß
über 1. die Inhalte der Massenmedien, 2. die Einstellungen und Themenpräferenzen
von Publikumsmitgliedern und 3. über ihr Kommunikationsverhalten im jeweiligen
persönlichen Netzwerk geben muß. Die Datenerhebung erfordert somit ein *Mehrme-
thodendesign*, in dessen Zentrum eine mündliche Befragung steht. Die von den Respondenten abgefragten Themengewichtungen und Einstellungen repräsentieren die Zielvariablen der Analyse. Zur Erklärung dieser Zielvariablen werden die Befunde einer
Inhaltsanalyse aufgrund der persönlichen Mediennutzungsmuster der Befragten diesen als quasi-individuelle Daten zugespielt. Das persönliche Netzwerk jedes Befragten
wurde im mündlichen Interview erfaßt; jede von der Zielperson genannte Netzperson
bekam dann einen schriftlichen Fragebogen zugesandt, so daß das mündliche Interview
um Schneeballinterviews ergänzt werden konnte. Auch diese Angaben wurden den
Erstbefragten als quasi-individuelle Daten zugeordnet. Um einen Einfluß des Instruments bzw. der zeitlichen Verzögerung auszuschließen, wurden ferner alle Zielpersonen der mündlichen Umfrage in einem Recall schriftlich nachbefragt (vgl. *Schaubild 1*).

Vom 29.1. bis zum 16.2.1990 wurden 899 Personen im Raum Mittlerer Neckar mündlich befragt.
Da einerseits die Ausprägungen persönlicher Netzwerke regionalen und lokalen Effekten
unterliegen kann, und sich zum anderen der inhaltsanalytische Aufwand durch die regionale
Eingrenzung der Respondenten verringert, stellte ein flächenbezogenes Stichprobenverfahren
die der inhaltlichen Konzeption angemessene Vorgehensweise dar. Aus forschungspraktischen
Erwägungen bot sich die Bundesraumordnungsregion 49 (Mittlerer Neckar) zur Durchführung
der Studie an. In einem gemeindetypologischen Auswahlverfahren wurden mit Stuttgart,
Geislingen a.d.St. und Wäschenbeuren drei Gemeindepopulationen ermittelt, in denen eine
repräsentative Befragung auf Basis einer Adressenstichprobe aus dem behördlichen Melde-
register erfolgte.[1] Eine Kontrolle der strukturellen Repräsentativität geschah durch einen Vergleich der soziodemographischen Angaben der Befragten mit den offiziellen Angaben des
statistischen Landesamts Baden-Württemberg und weist eine akzeptable Anpassungsgüte

---

[1] Die Forschungsgruppe bedankt sich bei den zuständigen Meldeämtern für ihr Entgegenkommen. Weitere Angaben zur Stichprobenziehung und Quotierung der Studie sind bei den
Autoren erhältlich.

Schaubild 1: Methodisches Design der Studie

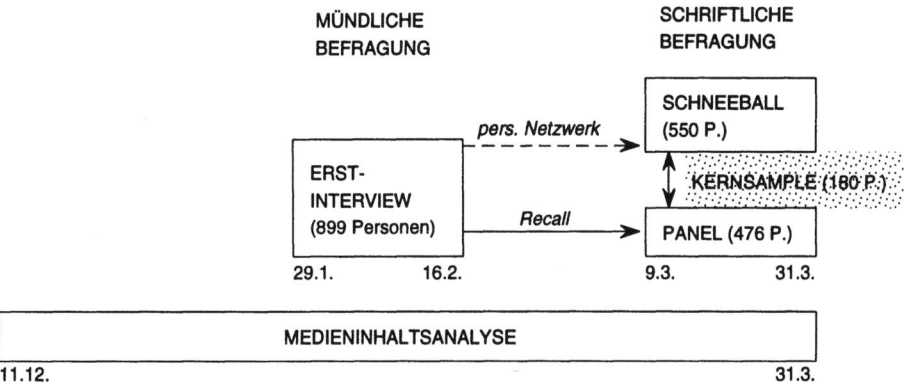

aus.[2] Die mündliche Befragung kann daher als auf lokaler und regionaler Ebene repräsentativ gelten.

Am 9.3.1990 wurde in einer schriftlichen Folgeerhebung allen 899 mündlich Befragten ein Fragebogen per Post zugesandt (Recallbefragung). Ferner waren in den Erstinterviews 406 Befragte bereit gewesen, die Adressen ihrer Netzpersonen (insgesamt 922) zur Verfügung zu stellen. Auch diese Personen erhielten einen schriftlichen Fragebogen zugestellt (Schneeballbefragung). Nach zwei Erinnerungsaktionen gingen 476 verwertbare Recall- und 550 Schneeball-Interviews ein, was einem Rücklauf von rund 55 Prozent entspricht. Aus den zurückerhaltenen Recall- und Schneeballinterviews ergibt sich eine Schnittmenge von 180 mündlich Befragten, die nicht nur an der Recall-Erhebung teilgenommen haben, sondern für die auch Antworten der von ihnen genannten Netzpersonen vorliegen (Kernsample). Die in diesem Beitrag vorgestellten Analysen beruhen – sofern nicht ausdrücklich anders erwähnt – auf dem Grundsample der 899 mündlich Erstbefragten. Lediglich jene Detailanalysen, in denen die Konstrukte der Themen- bzw. Einstellungskongruenz des Individuums berücksichtigt werden, greifen auf das Kernsample der 180 Recall-Antworten mit Netzinformationen zurück.

Die Inhaltsanalyse der Medienberichterstattung umfaßt den Zeitraum vom 11.12.1989 (7 Wochen Vorlauf zur mündlichen Befragung) bis zum 31.3.1990 (Ende der schriftlichen Befragung). In einem ersten Schritt wurden alle in der Region erhältlichen regionalen Abonnementszeitungen, die vier überregionalen Tageszeitungen, die einzige Boulevardzeitung, die Wochenmagazine mit politischer Berichterstattung, täglich zwei Nachrichtensendungen (7 und 18 Uhr) der beiden öffentlich-rechtlichen Hörfunksender und der zwei sendestärksten privaten Anbieter und schließlich die Hauptnachrichtensendungen der vier meistgesehenen Fernsehstationen archiviert. Da die Befunde der Inhaltsanalyse auf die Bevölkerungsstichprobe bezogen werden sollten, wurden letztlich nur jene Medien untersucht, die von mindestens 5 Prozent der Befragten „von Zeit zu Zeit" oder häufiger genutzt wurden. Es verblieben fünf regionale Tageszeitungen, zwei Wochenmagazine, ein Hörfunksender und fünf Fernseh-Nachrichtensendungen für eine formale Themen- und Bewertungscodierung.[3] Für insgesamt 16358 Artikel bzw. Beiträge des politischen Bereichs wurden zunächst Thema und formale Gestaltungsmerk-

---

2 Berücksichtigt wurden die Merkmale Geschlecht, Alter, Bildung und Familienstand. Die Verteilung dieser Merkmale in der Stichprobe weicht nur gering von der jeweiligen Meldestatistik ab; lediglich der Frauenanteil der Studie ist in Stuttgart und Geislingen a.d.St. überproportional hoch.

3 Im einzelnen sind dies: Stuttgarter Zeitung, Stuttgarter Nachrichten, Geislinger Zeitung (NWZ), NWZ Göppingen, BILD (Ausg. Stuttgart); Stern, Spiegel; SDR-Nachrichten (7 und 18 Uhr); Tagesschau (ARD 20 Uhr), Tagesthemen (ARD), Heute (ZDF 19 Uhr), Heute-Journal, RTL aktuell.

male festgehalten. Zu den drei Schwerpunktthemen wurden anschließend auch die enthaltenen inhaltlichen Bewertungen zentraler Aspekte erfaßt, woraus 3515 wertende Aussagen in 827 Artikeln resultierten.[4] Die Codierung erfolgte anhand eines detaillierten Codebuchs durch acht ausführlich geschulte Codierer. Die Testverfahren zur Inter- bzw. Intracodiererreliabilität ergaben bei der Themencodierung mit .90 bzw. .93 sehr zufriedenstellende Koeffizienten; auch die interne Validität der Analyse ist mit .94 sehr hoch. Für die Bewertungsanalyse werden mit .67 (Intercodiererreliabilität) und .58 (interne Validität) zwar geringere, aber angesichts der Komplexität des deutsch-deutschen Themas und der konservativen Testkriterien akzeptable Koeffizienten erreicht.

3. Untersuchungsinstrumente

Die drei beschriebenen Datenquellen wurden für die Analyse zu einem einzigen Datensatz zusammengeführt, der auf den 899 mündlichen Interviews beruht. Für jeden dieser Respondenten existieren folglich Variablen von unterschiedlicher methodischer Qualität, und zwar zum einen die *unmittelbaren Variablen*, die in der Befragung direkt erhoben wurden, und zum anderen die *Kopplungsvariablen*, die aus der Umsetzung von Inhaltsanalyse- und Schneeballbefragungsdaten in quasi-individuelle Daten dieser Respondenten resultieren.

a) *Unmittelbare Variablen.* Unter den *unmittelbaren Variablen*[5] kommt zunächst den Operationalisierungen der Zielvariablen (Themenwahrnehmung bzw. Einstellungen zu deutsch-deutschen Fragen) besondere Bedeutung zu. Die Themenwahrnehmung des Befragten wird anhand von vier Indikatoren erfaßt. Für insgesamt neun aktuelle Themen der politischen Diskussion[6] schätzt der Befragte auf einer fünfstufigen Skala ein, 1. für wie wichtig er das Thema persönlich hält; 2. wie wichtig dieses Thema seiner Einschätzung nach für die Bevölkerungsmehrheit ist; 3. ob er sich zu dem Thema eine feste Meinung gebildet hat; und 4. ob er von dem Thema persönlich betroffen ist.[7] Diese Relevanzitems werden nur für jene Themen abgefragt, die dem Respondenten auch tatsächlich bekannt sind.[8] Die politischen Einstellungen der Befragten ergeben

---

4 Diese Bewertungscodierung beschränkt sich aus technischen und finanziellen Gründen auf die beiden wichtigsten Zeitungen der Region, die Stuttgarter Zeitung und die NWZ Göppingen/Geislingen. Verschlüsselt wurde die Tendenz der einzelnen Aussage auf einer Skala von −2 bis +2.

5 Aus Platzgründen können die Operationalisierungen der zahlreichen unmittelbar erhobenen Variablen nicht im Wortlaut wiedergegeben werden. Bei Interesse können die genauen Fragestellungen von den Autoren angefordert werden.

6 Die vorgelegte Themenliste umfaßte die *Einführung des neuen Bußgeldkataloges, Wahlen in der DDR, Hinrichtung Ceaucescus, Vorruhestand des Flottenadmirals Schmähling, Wiedervereinigungsdiskussion, Streikpläne der Gewerkschaft, DDR-Übersiedler, US-Invasion in Panama* und den *Bürgerkrieg in Aserbaidschan.* Die Validität dieser Themenliste für die Wahrnehmungen der Befragten wurde durch eine vorgeschaltete offene Fragestellung ermittelt, die die wichtigsten politischen Probleme der Zeit erfragte. In der schriftlichen Umfrage konnten die vier noch aktuellen Themen *Wahlen in der DDR, Wiedervereinigungsdiskussion, Streikpläne der Gewerkschaft* und *DDR-Übersiedler* beibehalten werden. Die Themenliste wurde dann durch die Diskussion um die *Anerkennung der polnischen Westgrenze,* den *Jäger 90,* die *Freilassung Nelson Mandelas,* die *Einführung des Präsidentenamts in der UdSSR,* die *Wahlen in Nicaragua* und die *Folgen der Sturmkatastrophe in der Bundesrepublik* komplettiert.

7 Für eine ähnliche Vorgehensweise vgl. Iyengar und Kinder (1987).

8 Die einzelnen Themen verfügen hier über einen durchaus unterschiedlichen Bekanntheits-

sich aus ihrer Zustimmung zu oder Ablehnung von elf Aussagen, die sich auf 1. grundsätzliche Wertvorstellungen, 2. explizite Positionen zur deutsch-deutschen Entwicklung und 3. die Asylproblematik beziehen. Wiederum schätzt der Respondent anhand einer fünfstufigen Skala ein, wie sehr er persönlich jeder Aussage zustimmt, und wie seiner Ansicht nach die Bevölkerungsmehrheit zu diesen Aussagen steht.[9]

Die interpersonale Kommunikation des Befragten über politische Themen wird durch einen Indexwert ausgedrückt, in den einfließt, 1. wie viele Personen der Befragte als politische Kommunikationspartner in seinem Netzwerk nennt; 2. für wie viele Themen der Befragte angibt, mit anderen darüber gesprochen zu haben; und 3. für wie viele dieser Themen persönliche Gespräche die wichtigste Informationsquelle darstellen.[10] Schließlich wurde jedem Befragten eine Batterie von sechs Fragen zum aktuellen politischen Geschehen nebst zwei Antwortalternativen vorgelegt. Der Grad politischer Informiertheit des Respondenten ergibt sich aus der Zahl richtiger Antworten, die dieser identifizieren konnte.[11] Über diese zentralen Konstrukte der Analyse hinaus wurde eine ganze Reihe möglicher Einflußvariablen erhoben, die im wesentlichen die individuelle Bedeutung von Massenmedien bzw. der interpersonalen Umgebung präzisieren.

b) *Mediennutzung*. Besonders sorgfältig sind die Mediennutzungsmuster der Befragten dokumentiert. Hier liegt zunächst eine Selbsteinschätzung der täglichen Seh-, Hör- und Lesedauer der verschiedenen Medien vor, ferner die generelle Nutzungshäufigkeit verschiedener Printmedien oder Sender, und schließlich ist für jede der archivierten Quellen festgehalten, ob der einzelne Respondent sie nutzt, wie regelmäßig und wie oft dies in den letzten 14 Tagen der Fall war.[12] Im Schnitt lesen die Befragten täglich 37 Minuten Zeitung, schauen 133 Minuten fern und hören 144 Minuten Radio.

---

grad: während von den DDR-Themen nahezu jeder Befragte schon etwas gehört hat, ist die Schmähling-Affäre nur knapp der Hälfte der Respondenten bekannt (vgl. *Tabelle 1*).

9 Die vorgegebenen *grundsätzlichen Werteitems* lauten 1. Die Aufrechterhaltung von Ruhe und Ordnung ist wichtig für unser Land; 2. Mehr Freizeit zu haben ist heute wichtiger als ein höherer Verdienst; 3. Das Mitspracherecht der Bevölkerung bei wichtigen Entscheidungen sollte verstärkt werden. Die Aussagen zur *deutschen Frage* sind: 4. Die Wiedervereinigung des deutschen Volkes zu einer nationalen Einheit sollte mit allen politischen Mitteln angestrebt werden; 5. Die Übersiedler aus der DDR gefährden die Arbeitsplätze der Bundesbürger; 6. Viele DDR-Bürger nutzen den Wohlstand aus, den wir uns erarbeitet haben; 7. Der weitere Zuzug von Bürgern aus der DDR schadet beiden deutschen Staaten; 8. Die Übersiedler aus der DDR helfen uns, die Rentenprobleme zu lösen; 9. An der gegenwärtigen Wohnungsnot sind hauptsächlich die vielen Übersiedler aus der DDR schuld. Zur *Asylproblematik* ist vorgegeben: 1. Asylanten aus anderen Ländern bringen unserem gesellschaftlichen Leben eine anregende Vielfalt; und 2. Abgelehnte Asylbewerber sollten sofort wieder in ihre Heimat abgeschoben werden.

10 Zu den Indikatoren (2) und (3) vgl. auch *Tabelle 1*. Da jeweils maximal 10 Nennungen möglich waren, kann der Index die Werte von 0-30 annehmen; der Mittelwert der Gesamtstichprobe liegt bei 8,3 Punkten. Jüngere Personen, Männer, SPD- und Grüne-Wähler sowie Befragte mit Zugang zum Kabelfernsehen weisen eine signifikant höhere politische Kommunikationsaktivität auf ($p < .05$).

11 Die sechs Fragen bezogen sich auf (1) Zahl der fehlenden Wohnungen in der Bundesrepublik; (2) Schäden durch Waldsterben; (3) Zahl der DDR-Übersiedler 1989; (4) Mitgliedschaft der REPUBLIKANER im Berliner Senat; (5) Ausländeranteil an der Bevölkerung der Bundesrepublik; (6) Aktuelle Arbeitslosenzahl. Mittlere Zahl richtiger Antworten = 3,1; Befragte mit höherem Bildungsniveau und Nutzer der Tageszeitung erzielen signifikant höhere Werte ($p < .05$).

12 Diese ausführliche Erhebung ist auch für die Kopplung der Inhaltsanalysedaten mit dem Befragtendatensatz (s.u.) unerläßlich.

In den Stichprobengemeinden werden die lokalen Tageszeitungen bevorzugt rezipiert: in Stuttgart die Stuttgarter Zeitung (von 55 Prozent der dort Befragten), die Stuttgarter Nachrichten (31 Prozent) und die BILD-Zeitung (20 Prozent); in Geislingen und Wäschenbeuren die jeweilige Ausgabe der NWZ (98 bzw. 99 Prozent). Diese Zeitungen werden sehr regelmäßig genutzt. Nach Auskunft der Befragten werden im Schnitt 11 von 12 Ausgaben gelesen. Die politische Berichterstattung erfreut sich einer besonderen Beliebtheit, denn mehr als zwei Drittel der Leser geben an, den politischen Teil immer zu rezipieren. Nur jeder dreißigste Respondent nutzt dagegen eine der überregionalen Tageszeitungen. Von den wöchentlich erscheinenden Periodika mit politischem Inhalt werden besonders Stern, Spiegel und Bild am Sonntag gelesen.

Unter den abgefragten politischen Fernsehsendungen hält die 20-Uhr-Ausgabe der Tagesschau eindeutig die Spitzenposition in der Gunst der Zuschauer. 70 Prozent der Befragten sehen jede Sendung oder zumindest mehrere pro Woche. Es folgen Heute (19 Uhr) mit 55 Prozent, sowie Tagesthemen und das Heute-Journal (25 bzw. 22 Prozent). Trotz der beachtlichen Verkabelungsdichte in den Stichprobengemeinden spielen die Hauptnachrichtensendungen der populärsten privaten Anbieter so gut wie keine Rolle: RTL-aktuell und SAT 1-Blick erreichen in dieser Befragung von 1990 gerade 12 Prozent respektive 4 Prozent der Respondenten. Im Schnitt werden zusätzlich noch ein bis zwei weitere politische Fernsehmagazine gesehen, wobei ebenfalls die Angebote der Privaten von den Zuschauern weitgehend vernachlässigt werden.

Bei den Hörfunkangeboten war erstaunlicherweise ein Drittel der Befragten nicht in der Lage, den von ihnen am meisten gehörten Sender eindeutig zu spezifizieren. Auch hier werden bevorzugt die Angebote des öffentlich-rechtlichen Haussenders SDR genutzt (1. Programm: 54 Prozent der Befragten; 3. Programm: 25 Prozent), aber private Sender können in den jeweiligen Gemeinden teilweise beachtliche Reichweiten vorweisen. Von den Befragten in Stuttgart hören 21 Prozent Antenne 1, in Geislingen 33 Prozent Radio 7 und 14 Prozent die Filstalwelle sowie in Wäschenbeuren 10 bzw. 14 Prozent. Fast zwei Drittel der 899 interviewten Personen hört mindestens einmal täglich Nachrichten im Radio, knapp die Hälfte sogar mehrmals. Von den Nachrichtenhörern verfolgen 71 Prozent die Sendungen mit großem Interesse. Eine Faktorenanalyse, in die alle Mediennutzungsvariablen einfließen, ergibt eine Drei-Faktoren-Lösung, deren Variablen auf die jeweiligen Faktoren hoch und eindeutig laden.[13] Jeder der Faktoren versammelt die Indikatoren zu jeweils einem Medientyp; für die weitere Analyse werden daher die resultierenden Faktorvariablen zur Nutzung von 1. Zeitungen, 2. Fernsehen und 3. Hörfunk verwendet.[14]

c) *Egozentrierte Netzwerke.* Die Erhebung der egozentrierten Netzwerke orientierte sich an dem Namensgenerator von Burt (1984), verwendet im amerikanischen GSS und den von Fischer (1982) entwickelten Instrumenten. Auf vier verschiedene Netzwerkstimuli konnte der Befragte bis zu zehn Personen nennen, die er in verschiedenen Zusammenhängen als Interaktionspartner besitzt.[15]

Die Ermittlung der Netzwerkdichte erfolgte über eine Matrix-Abfrage, wobei jede

---

13 Varimax-Hauptkomponentenextraktion, Eigenwertkriterium > 1, insgesamt durch die drei Faktoren erklärte Varianz von 54 Prozent.

14 Zeitungsleser sind zumeist männlich, zeichnen sich durch eine im Schnitt höhere Bildung aus und gehören bevorzugt den Berufsgruppen der Beamten, Selbständigen und leitenden Angestellten an. Die Fernsehnutzung steigt mit zunehmendem Alter, sinkender Bildung sowie der Verfügbarkeit eines Kabelanschlusses; und erwartungsgemäß verfolgen eher jüngere Menschen, d.h. Studenten und Auszubildende, aber auch Hausfrauen die Hörfunksendungen.

15 Die Stimuli erfragten jene Menschen, mit denen der einzelne 1. wichtige Angelegenheiten bespricht, 2. sich über politische Angelegenheiten unterhält, 3. gemeinsam Dinge in der Freizeit unternimmt, und von denen er 4. glaubt, sie wüßten Bescheid, was in der Welt passiert. Die mittlere Zahl genannter Personen liegt bei 3,1, SD = 2,0.

Relation zwischen den von Ego benannten Netzpersonen darauf geprüft wurde, ob sich die Netzpersonen untereinander kennen. Dies ermöglicht die Anwendung des graphentheoretischen Indexes für Dichte. Die Homogenität bzw. Heterogenität der persönlichen Netzwerke wurde anhand der soziodemographischen Merkmale Bildung und Alter der Netzpersonen festgestellt. Die Bestimmung von Homogenität bzw. Heterogenität erfolgt mittels des Variationskoeffizienten Pearsons V, der die Streuung der Merkmale im Netz ausdrückt und dabei Werte zwischen 1.00 (hohe Streuung, Heterogenität) und 0.00 (keine Streuung, Homogenität) annehmen kann. Die Stärke der sozialen Beziehungen zwischen Ego und Alter wurde schließlich durch einen Index operationalisiert, der sich aus Bekanntheitsdauer, Kontakthäufigkeit und emotionaler Nähe zusammensetzt.[16]

Die egozentrierten Netzwerke der Befragten umfassen im Durchschnitt drei Netzpersonen. In den persönlichen Netzwerken wird allgemein rege über Politik gesprochen. 56 Prozent der Befragten diskutieren mit allen Netzpersonen über Politik, nur eine Minderheit von 9 Prozent dagegen mit keiner, der Rest diskutiert zumindest mit einem Teil seiner Netzpersonen über Politik. Politische Diskussionen werden vor allem mit der erst-, zweit- und drittgenannten Netzperson geführt, so daß politische Kommunikation in der interpersonalen Umgebung auf den Kernbereich kleiner bis mittelgroßer Netzwerke beschränkt ist. Die Diskussionen werden in erster Linie mit Verwandten/Familienmitgliedern (27 %), dem Partner (23 %), Freunden (22 %), Kollegen (13 %) und schließlich Bekannten (8 %) und Nachbarn (7 %) geführt.

Die Netzwerke der Befragten sind überwiegend als dicht bzw. geschlossen zu bezeichnen. Fast 70 Prozent der Netzwerke weisen eine vollkommene Dichte von 1.00 auf, nur 1.4 Prozent der Netze eine Dichte von 0.00. Die Netzwerke sind hinsichtlich der Merkmale Alter und Bildung weitgehend homogen zusammengesetzt, vor allem für die Bildung zeigt sich eine geringe Streuung – d.h. Homogenität – bei rund 70 Prozent der Netzwerke (Mittelwert = .27). Die Bildungsheterogenität ist von der Netzgröße abhängig, sie nimmt mit dieser leicht zu. Ferner fällt auf, daß die Stärke sozialer Beziehungen in der interpersonalen Umgebung mit einem Mittelwert von .89 besonders ausgeprägt ist, schwache soziale Beziehungen stellen eine nahezu vernachlässigbare Größe dar.

Zusammenfassend lassen sich die Kommunikationsnetzwerke der Befragten als kleine, dichte und homogene Umwelten (bzw. Kerndiskussions-Netze) beschreiben. Nur an den Rändern der Netzwerke finden wir – vor allem bei jüngeren Personen, die auch über größere Netze verfügen – einige schwache und heterogene Kontakte. Meist jedoch sind die Netzwerke homogen zusammengesetzt, wobei die Bildung von Ego in hohem Maße auch die Netzzusammensetzung determiniert: Personen tendieren dazu, am ehesten mit Personen zu kommunizieren, die ihnen hinsichtlich sozialer oder politischer Merkmale ähnlich sind. Die Homophilie ist damit ausgeprägt.

d) *Kopplungsvariablen*. Die *Kopplungsvariablen* resultieren aus einer Verknüpfung der Zielpersonen der mündlichen Befragung mit den Daten der Medieninhaltsanalyse sowie den Ergebnissen der schriftlichen Nachbefragung ihrer Netzpersonen. Ver-

---

16 Es wurden jeweils Punkte von 1 bis 3 vergeben. Maximal waren pro Relation 9 Punkte möglich. Gemessen an allen von Ego benannten Beziehungen (Maximalwert) wurden dann die tatsächlich erreichten Punkte als Proportionsgröße berechnet.

gleichsweise einfach gestaltet sich dies im letzteren Fall: Da jedem mündlich Befragten ein Satz von Netzpersonen eindeutig zugeschrieben werden kann, beruhen die resultierenden Kopplungsvariablen auf mehreren Kongruenzberechnungen. Im Bereich politischer Themen läßt sich eine Kongruenz zwischen der Themengewichtung des Befragten und der seines Netzwerks berechnen, indem für jedes Thema die Differenz zwischen seinem persönlichen Wert und dem Mittelwert aus den Nennungen der genannten Netzpersonen ermittelt wird. Eine geringe Abweichung bedeutet dann eine hohe Kongruenz zwischen der Person und ihrem Netzwerk, was die dem jeweiligen Thema zugemessene Relevanz angeht. Analog wird bei der Berechnung der Bewertungskongruenz verfahren, wenn die Einstufungen des einzelnen von der mittleren Zustimmung oder Ablehnung in seinem Netzwerk abgezogen werden.

Wesentlich komplexerer Natur ist dagegen die Umwandlung der Inhaltsanalysedaten in quasi-individuelle Daten der Respondenten. Als Ziel dieser Kopplung soll die Gewichtung, die ein Thema in den Medien erfährt, in die subjektive Mediengewichtung überführt werden, die der einzelne aufgrund seiner individuellen Mediennutzung wahrgenommen hat. Die Medienberichterstattung muß demnach auf die Nutzungsparameter des Respondenten bezogen werden, wobei auch diese Kopplung letztlich nichts über die *tatsächlich* aufgenommene Mediengewichtung aussagen kann, sondern als *potentielle* Größe diese bestmöglich anzunähern versucht.[17]

Die hierzu nötige Kopplung erfolgt in drei Schritten: 1. Zunächst muß die Berichterstattung der einzelnen Medien zu einem Kennwert für das jeweilige Thema zusammengefaßt werden. Da der einzelne Artikel oder Beitrag die Analyseeinheit darstellt, erhält jeder Artikel oder Beitrag einen *Indexwert* zugeordnet, der seine Prominenz innerhalb der Berichterstattung ausdrückt (Beachtungsgrad).[18] Die Addition der Einzelwerte der entsprechenden Medienitems ergibt die gesamte Beachtung dieses Themas in einem Medium. 2. Zur Individualisierung dieser aggregierten Medienkenndaten wird der Beachtungsgrad in einheitlichen Zeitspannen (14, 28, 42 Tage) rückwirkend von jedem möglichen *Befragungsdatum* berechnet. Jeder Befragte erhält anschließend die aggregierten Kennwerte zugespielt, die seinem persönlichen Interviewdatum entsprechen. 3. Der entscheidende Schritt der Medienkopplung ist allerdings die Verrechnung dieser aggregierten Werte mit dem vom Befragten angegebenen *Mediennutzungsmuster*. So erhält jeder Befragte für jedes Medium einen Gewichtungsfaktor, der zwischen 0 (Medium nicht genutzt) und 1 (Medium lückenlos genutzt) schwankt. Die Multiplikation dieses individuellen Gewichtungsfaktors mit dem aggregierten Wert ergibt dann die potentielle, vom Befragten subjektiv wahrgenommene Relevanz des Themas im jeweiligen Medium (= persönliche Medienwichtigkeit).[19] Für die Daten der Bewertungscodierung wurde analog

---

17 Die tatsächlich aufgenommene Mediengewichtung zu den einzelnen Themen könnte nur durch einen Copy-Test erfaßt werden, der allerdings bei der Vielzahl der Medien und der Länge des Untersuchungszeitraums nicht durchführbar ist.

18 In diesen Wert für den Beachtungsgrad fließen als Gestaltungsmerkmale ein 1. bei Printmedien: die Länge des Artikels, Größe der Überschrift und Layout, Plazierung innerhalb des Mediums sowie die Aufbereitung durch Bilder, Karikaturen usw.; 2. bei Funkmedien die Länge des Beitrags, dessen Plazierung in der Sendung sowie zusätzliche Aufbereitung durch O-Töne oder Filmberichte. Die von den Artikeln und Beiträgen erzielten Punktwerte variieren zwischen 10 und 98.

19 Aufgrund der Vielfalt der untersuchten Medien und Themen und der drei verschiedenen Aggregationszeiträume erhält jeder Befragte so zunächst 297 neue Variablen zugeordnet. Dieser für Analysen zu sperrige Apparat wird durch die Zusammenfassung der Print-, Hörfunk- und Fernsehmedien und die Berechnung eines Gesamtwerts für alle Medien auf acht Variablen pro Thema reduziert. Die beschriebene Vorgehensweise wird für den Zeitraum der mündlichen wie der schriftlichen Befragung durchgeführt.

verfahren; anstelle des Beachtungsgrads wurden hier allerdings die Punktwerte für die positive bzw. negative Tendenz einer Aussage addiert.

III. Ergebnisse zum Agenda-Setting

1. Medienthemen und Publikumsrelevanz

Die Befunde der *Inhaltsanalyse* bestätigen den bisherigen Eindruck, daß sich die Medienberichterstattung im Untersuchungszeitraum stark auf die Bundesrepublik, die ehemalige DDR und die deutsch-deutschen Beziehungen konzentrierte; zwei von drei veröffentlichten Artikeln oder Beiträgen beschäftigen sich mit einem Thema aus diesem Bereich. Welchen Stellenwert allein die deutsche Frage einnimmt, läßt sich aus der Tatsache ermessen, daß ein knappes Viertel der gesamten politischen Medienberichterstattung davon handelt. Im Sog der deutschen Frage messen die Medien auch den Ereignissen in der DDR erhebliche Bedeutung zu. Der Umbruch in Osteuropa, der in einer engen Beziehung mit den Ereignissen in der DDR steht, muß demgegenüber deutlich zurückstecken. In „normalen" Nachrichtenzeiten hochrelevante Themen, wie etwa die militärische Invasion der USA in Panama, werden durch die massiv auf Deutschland konvergierende Berichterstattung marginalisiert.

Für jeden der beiden Befragungszeitpunkte läßt sich jeweils eine Medienagenda formieren. In beiden Agenden stehen die Wiedervereinigung, die Wahlen in der DDR und die Übersiedler aus der DDR an der Spitze.[20] Die Streikdrohung der Gewerkschaft wird in der ersten Welle vom Bürgerkrieg in Aserbaidschan und in der zweiten Welle von der Sturmkatastrophe überflügelt. Insgesamt aber dominieren die deutsch-deutschen Themen in der Medienberichterstattung, sie repräsentieren Belange von überragendem Medieninteresse.

Die dargestellte Medienresonanz, die die verschiedenen Themen in der öffentlichen Diskussion finden, spiegelt sich auch in der Bedeutung wider, die das *Publikum* diesen Themen zumißt. Hier erweisen sich die vier Relevanzitems der persönlichen Wichtigkeit eines Themas, der wahrgenommenen Wichtigkeit dieses Themas in der Öffentlichkeit, der persönlichen Betroffenheit vom und der festen Meinung zum Thema als eng miteinander verknüpft (vgl. *Tabelle 1*).

Die *intrapersonale Agenda* der Befragten wird von den drei DDR-Themen angeführt, die mit erheblichem Abstand die persönlich wichtigsten Themen darstellen. Die Wiedervereinigungsdiskussion wird hier noch etwas bedeutender eingestuft als die Probleme mit den DDR-Übersiedlern und die Wahlen in der DDR. Einsames Schlußlicht der intrapersonalen Agenda stellt die Schmähling-Affäre dar, von der nicht nur die wenigsten Leute gehört haben; auch für jene Menschen, denen die entsprechenden Ereignisse geläufig sind, besitzen sie nur untergeordnete Bedeutung. Die restlichen fünf Themen liegen im Mittelfeld der Skala recht eng beisammen, mit den spektakulären Vorgängen um die Hinrichtung Ceaucescus und den Bürgerkrieg in Aserbaidschan vorneweg. Ein Vergleich dieser Rangfolge mit der Themenagenda, wie sie sich aus

---

20 Auf diese drei Themen entfallen jeweils 90 Prozent aller Medienbeiträge, die überhaupt zu den Befragungsthemen veröffentlicht wurden.

Tabelle 1: Vorgelegte Themen und deren Einstufung anhand verschiedener Stimuli (Mittelwerte auf einer Skala von 1 = *völlig unwichtig* bis 5 = *sehr wichtig;* bzw. Prozentangaben)

Thema	gehört (n=899)	Ø persönl. wichtig	Ø Mehrheit wichtig	Ø feste Meinung	Ø pers. betroffen	geredet (in %)	Informationsquelle (in %)			
							TV	Zeitung	pers. Gespr.	keine Ang.
Wieder-vereinigung	98,8% (888)	4,2	4,5	4,4	3,9	88,5	81,9	14,2	3,8	0,1
DDR-Übersiedler	98,6% (886)	4,1	4,4	4,4	4,0	87,0	80,9	14,9	3,8	0,3
Wahlen DDR	97,0% (872)	3,8	4,1	4,1	3,3	78,6	82,7	14,3	2,8	0,2
Hinrichtung Ceaucescus	96,2% (865)	3,2	3,4	3,9	3,7	75,0	80,7	16,1	2,7	0,6
Aser-baidschan	84,0% (775)	3,0	2,9	3,5	3,3	60,3	80,9	15,8	1,6	1,7
Bußgeld-katalog	72,4% (651)	2,9	3,6	3,8	2,4	64,4	54,5	35,1	10,1	0,3
Gewerk-schaftsstreik	68,6% (617)	2,8	3,6	3,9	2,6	60,5	63,2	26,1	8,1	2,6
Invasion Panama	68,5% (616)	2,7	2,5	3,5	2,8	52,8	77,1	20,3	1,6	1,0
Schmähling-Affäre	46,3% (416)	2,0	1,9	3,4	2,1	44,7	60,8	32,9	1,9	4,3
Ø		3,2	3,4	3,8	3,0	66,0	72,8	23,3	3,9	

Die Anzahl der „gehört"-Angaben aus Spalte 1 ist die Bezugsgröße für die Prozentangaben und Mittelwerte in den folgenden Spalten.

der offenen Erhebung der derzeit wichtigsten politischen Themen ergibt,[21] läßt die in der Studie verwendete Liste als angemessene Vorgabe erscheinen: Zum einen konnte die Dynamik der Publikumsagenda erhalten werden, da mit der Wiedervereinigung und den DDR-Übersiedlern nicht nur die auf die offene Frage genannten Top-Themen enthalten sind, sondern mit dem Bußgeldkatalog und der Schmähling-Affäre auch untere Positionen der Agenda, die nur zwei bzw. gar keiner der 899 Befragten von selbst als wichtiges Thema nennen. Andererseits gelingt es mit der Themenliste, 96 Prozent der Befragten mindestens ein Thema bereitzustellen, das auch auf eine offene Frage genannt worden wäre. Nur bei einem von zwanzig Respondenten ist also keines der drei Themen, die er frei heraus als wichtigste Probleme der Zeit angibt, auf der Themenliste vertreten.

Tabelle 1 zeigt aber auch, daß die Massenmedien und insbesondere das Fernsehen die Hauptinformationsquelle für politische Information darstellen. Interpersonale Kommunikation dient dagegen eher der Anschlußkommunikation über die als relevant empfundenen Ereignisse, nicht der Erstinformation.

Untersucht man die getroffenen individuellen Relevanzeinstufungen hinsichtlich

---

21 Die Befragten nannten ungestützt im Schnitt 2,3 wichtige Themen. Auch nach Zusammenfassung verwandter Ereignisse bleiben noch 159 Themennennungen übrig, von denen allerdings über 100 nur einmal auftreten. Durch die 10 Top-Themen (darunter die drei DDR-Themen der geschlossenen Liste) lassen sich über zwei Drittel aller Nennungen abdecken.

ihrer Beziehungen zum Medienkonsum, so müssen zwei Befunde hervorgehoben werden: Zunächst übt die generelle tägliche Nutzungsdauer der Medien Zeitung, Fernsehen und Radio keinen nennenswerten Einfluß auf die Zuschreibung von Wichtigkeit aus. Unterscheidet man jedoch die Respondenten nach ihrer Einschätzung der persönlichen Bedeutung eines Themas, so ergibt sich für sechs Themen ein Zusammenhang mit der Zahl der gesehenen Nachrichtensendungen im Fernsehen und für fünf Themen mit der Anzahl gelesener Tageszeitungsausgaben (politischer Teil). Für die drei DDR-Themen und die Hinrichtung Ceaucescus – sowie den Gewerkschaftsstreik und den Panama-Konflikt beim Fernsehen, den Bürgerkrieg in Aserbaidschan bei der Zeitung – gilt, je größer die Zuwendung zu politischen Medieninhalten ist, um so persönlich wichtiger werden diese Themen von den Respondenten genommen.[22] Auch ein erster Eindruck vom Zusammenhang zwischen der interpersonalen Kommunikation und der Themenrelevanz läßt sich *Tabelle 1* entnehmen. Ein hoher Grad an interpersonaler Kommunikation über ein Thema korrespondiert mit der Einschätzung dieses Themas als persönlich wichtig, als für die Mehrheit wichtig, mit der Herausbildung einer festen Meinung und mit der persönlichen Betroffenheit vom Thema. Ein Mittelwertvergleich zeigt, daß die Gruppe der Personen, die über das jeweilige Thema bereits einmal gesprochen hat, bei diesen Items durchweg signifikant höhere Einschätzungen gibt als die Gruppe der Personen, die über dieses Thema noch nicht gesprochen haben.[23] Dieser Sachverhalt bestätigt sich für alle Themen, so daß festgestellt werden kann, daß die interpersonale Kommunikation über politische Themen einhergeht mit einer höheren Zuschreibung von Relevanz, größerer Betroffenheit und intensiverer Meinungsbildung des einzelnen. Das, worüber man spricht, ist wichtig; was wichtig ist, darüber wird gesprochen. Themen, die persönlich als wichtig empfunden werden, sind auch diejenigen, über die am meisten gesprochen wird. In den Netzwerken der Befragten wird mit nahezu allen Netzpersonen über wichtige Probleme wie die deutsch-deutschen Themen Übersiedler, Wiedervereinigung und Wahlen in der DDR diskutiert. Politische Diskussionen finden häufig im homogenen Milieu bzw. in einer homogenen Umgebung statt, politische Gespräche im heterogenen Milieu und im Rahmen schwacher Beziehungen sind vergleichsweise rar.

Die als persönlich wichtig eingestuften Themen werden auch als wichtig für die Öffentlichkeit empfunden. Die geschilderte intrapersonale Themenrangfolge bleibt in ihren wesentlichen Zügen erhalten, wenn der Respondent einschätzen soll, wie wichtig die einzelnen Themen für die Bevölkerungsmehrheit sind. Diese *wahrgenommene Mehrheitsagenda* unterscheidet sich jedoch in zwei Punkten systematisch von der intrapersonalen Agenda: Zunächst glauben die Respondenten, daß die meisten Deutschen den DDR-Themen und besonders dem Bußgeldkatalog und dem Gewerkschaftsstreik mehr Bedeutung zumessen, als sie es selbst tun, während die außenpolitischen Themen

---

22 Einfaktorielle Varianzanalysen auf der Basis von Mittelwertvergleichen der generellen Sehdauer bzw. der Anzahl gesehener Nachrichtensendungen und gelesener Tageszeitungsausgaben für die einzelnen Relevanzzuweisungen pro Thema, signifikante F-Werte für $p <$ .05.

23 T-Test für Diskutierer vs. Nicht-Diskutierer jedes Themas, Mittelwertvergleich für die vier Relevanzitems. Von den 36 ermittelten Unterschieden erweisen sich 31 als hochsignifikant ($p <$ .001), 5 als signifikant ($p <$ .05; alle für Item „Mehrheit wichtig"). Diskutierer stimmen den Relevanzitems durchweg stärker zu als Nicht-Diskutierer.

Aserbaidschan und Panama nach Einschätzung des einzelnen der Mehrheit weniger wichtig sind als ihm selbst. Die Befragten neigen demnach dazu, dem 'anonymen anderen' eine Fokussierung auf Mainstream-Themen und Ereignisse der näheren Erfahrungswelt zuzuschreiben, stellen sich selbst dagegen als weltläufiger und als aufgeschlossen für kosmopolitische Belange dar.

Für die feste *Meinungsbildung* zu bzw. die *persönliche Betroffenheit* von den politischen Problemen ergeben sich ähnliche Antwortmuster. Dies legt nahe, die vier Relevanzitems – persönliche und Mehrheitswichtigkeit, feste Meinung, Betroffenheit – zu einem gemeinsamen *Agenda-Setting-Index* zusammenzufassen. Entsprechend wird die individuelle Bedeutung eines Themas für den Befragten forthin aufgrund der Addition seiner Ratings zu den vier Indikatoren bestimmt.[24] Die resultierenden Index-Mittelwerte jedes Themas reflektieren die generellen Antwortmuster, wie sie zu den einzelnen Items bereits detailliert dargestellt wurden: die *Wiedervereinigung* (17,0) und die *DDR-Übersiedler* (16,8) führen die Rangliste der Themen an; es folgen die *Wahlen in der DDR* (15,3) vor der *Hinrichtung Ceaucescus* (14,2) und den restlichen Themen dichtauf mit Werten zwischen 11 und 13 Punkten. Am Ende dieser Themenagenda steht die *Schmähling-Affäre* (9,3) mit der geringsten Bedeutung für die Befragten.

2. Einfluß von Medien oder interpersonaler Kommunikation?

Obwohl die erste Informationsaufnahme zu den aktuellen Themen im wesentlichen durch die Berichterstattung in Fernsehen, Hörfunk und Zeitung erfolgt, hängt – wie im folgenden gezeigt wird – die eigentliche Prioritätensetzung, welches Thema wichtig ist, nur bedingt von der Mediennutzung ab. Mit Hilfe des Kopplungsvorganges kann der Effekt der persönlichen Medienwichtigkeit (Relevanz individuell genutzter Berichte über Themen nach Kriterien journalistischer Nachrichtenwerte) auf die individuelle Agenda genauer untersucht werden. Insbesondere geben Regressionsanalysen Aufschluß, die als abhängige Variable den Agenda-Setting-Index der neun abgefragten Themen verwenden. Als unabhängige Variablen fließen neben der Medienwichtigkeit die interpersonale Kommunikationsaktivität des Befragten, sein auf die drei Nutzungstypen reduzierter Medienkonsum und sein politisches Wissen ein. Die Aufnahme der individuellen Medienwichtigkeit in die Regressionsgleichung wird erzwungen und erst wieder entfernt, wenn die Variable keinen signifikanten Beta-Wert aufweisen kann, also keine Erklärungskraft hinsichtlich der Zielvariablen besitzt.

---

24 Jedem Befragten wird so für jedes Thema ein Punktwert zwischen 4 (geringe individuelle Bedeutung) und 20 (hohe individuelle Bedeutung) zugewiesen. Dieser Index wurde durch die Berechnung einer Item-Gesamtwert-Korrelation für alle Themen überprüft. Die entsprechenden Werte für Cronbachs Alpha lauten: Bußgeldkatalog .72 / Wahlen in der DDR .69 / Hinrichtung Ceaucescus .72 / Schmähling Vorruhestand .73 / Wiedervereinigungsdiskussion .71 / Bürgerkrieg Aserbeidschan .76 / Gewerkschaftsstreik .69 / DDR-Übersiedler .73 / US-Invasion Panama .80. Mittelwert über alle Themen .73. Die individuelle Bedeutung eines Themas läßt sich also durch die persönliche Wichtigkeit, die zugeschriebene Wichtigkeit für die Mehrheit, die persönliche Betroffenheit und die Meinungsstabilität adäquat ausdrücken.

Tabelle 2: Erklärung der Themenwichtigkeit (Agenda-Setting-Index) durch die persönliche Medienwichtigkeit (erzwungener Einschluß), Kommunikation, Medientyp und politisches Wissen (multiple Regression; nur signifikante ß-Koeffizienten)

Thema	persönliche Medienwichtigkeit+	Kommunikation (persönl. Gespräche)	Medientyp			Wissen	R	F
			Zeitung	Fernsehen	Radio			
Wiedervereinigung	(entfernt)	.21**			-.10*		.21	19.2**
DDR-Übersiedler	.22**	.18**	-.10*		-.14**		.26	15.0**
Wahlen DDR	.14**	.25**		-.10*	-.10*		.28	18.1**
Ceaucescu	.10*	.10*		-.19**	-.19**		.29	18.7**
Aserbaidschan	.18**	.18**		-.28**	-.15**		.32	20.1**
Bußgeldkatalog	(entfernt)	.20**			.09*		.24	18.6**
Gewerkschaftsstreik	(entfernt)	.24**				.12*	.28	24.7**
Invasion Panama	(entfernt)	.18**	.12*	-.18**			.30	18.5**
Schmähling-Affäre	.09*						.09	3.0

** signifikant für p < .05;* signifikant für p > .001; + die journalistische Wichtigkeit der Themen in den vom Befragten konsumierten Medien.

Wie aus *Tabelle 2* ersichtlich wird, sind folgende Befunde zentral:

1. Die vermittelte und individuell wahrgenommene Wichtigkeit eines Themas in der Medienberichterstattung (persönliche Medienwichtigkeit) hat nur bedingt Einfluß auf die Publikumsagenda (Agenda-Setting-Index). Bei vier Themen mußte die Variable aus der Gleichung sogar wieder ausgeschlossen werden, weil sie keine Erklärungskraft aufweisen konnte. Bei den Themen Ceaucescu und Schmähling-Affäre hat die Medienberichterstattung nur mäßigen Einfluß. Für die Themenbereiche DDR-Wahl, Aserbaidschan und DDR-Übersiedler kann demgegenüber ein positiver Einfluß konstatiert werden, d.h. je mehr Wichtigkeit einem Thema in den Medien beigemessen wird und dies vom Rezipienten zudem tatsächlich wahrgenommen wird, um so wichtiger schätzt er das Thema persönlich ein.

2. Eher bedeutungslos für die Einschätzung der Themenwichtigkeit ist jedoch, welchem Mediennutzungstyp der Befragte angehört. Die errechneten Werte müssen sogar dahingehend interpretiert werden, daß die ausgeprägte Nutzung von Hörfunknachrichten die Wahrnehmung der Themenwichtigkeit hinsichtlich der Themen DDR-Wahl, Ceaucescu, Wiedervereinigung, Aserbaidschan und DDR-Übersiedler negativ beeinflußt, also die Aufmerksamkeit gegenüber diesen Bereichen senkt. Noch deutlicher gilt dies für den Einfluß des Fernsehens auf die Themenwichtigkeit der DDR-Wahl, der Hinrichtung Ceaucescus, des Bürgerkriegs in Aserbaidschan und des Panamakonflikts: Nutzt jemand intensiv und ausschließlich die politische Berichterstattung des Fernsehens, dann hält er diese Themen für weniger wichtig.

3. Entscheidend für die Erklärung der Themenwichtigkeit (Agenda-Setting) ist aber das Ausmaß, in dem der einzelne persönliche Gespräche führt. Von allen im Glei-

Tabelle 3: Einfluß von Themenwichtigkeit (Agenda-Setting-Index) und Kommunikation auf die zukünftig wahrgenommene Medienberichterstattung (multiple Regression, signifikante ß-Werte)

Thema	Themenwichtigkeit (Agenda-Setting-Index)	Kommunikation (persönliche Gespräche)	R	F
Wiedervereinigung	.09*	.24**	.27	35.1**
DDR-Übersiedler	.10*	.25**	.28	36.8**
Wahlen DDR	X	.18**	.18	28.6**
Ceaucescu	–.14**	.07*	.15	9.6**
Aserbaidschan	X	–	–	–
Bußgeldkatalog	X	–	–	–
Gewerkschaftsstreik	X	.14**	.14	11.7**
Panama	X	–	–	–

* = signifikant für p < .05; ** = signifikant für p < .001
X = erzwungener Einschluß, aber im schrittweisen Verfahren wieder aus Gleichung entfernt.
Für das Thema „Rücktritt Schmähling" ist keine Regressionsberechnung möglich, da überhaupt keine zukünftige Berichterstattung hierzu vorliegt.

chungssystem vertretenen erklärenden Variablen hat die interpersonale Kommunikation für nahezu alle Themen – Ausnahmen sind allein die Hinrichtung Ceaucescus und die Schmähling-Affäre – die mit Abstand größte und entscheidendste Bedeutung für die Themenwichtigkeit. Je mehr jemand kommunikativ tätig ist, d.h. mit anderen in seinem persönlichen Netzwerk über politische Themen spricht, für um so wichtiger hält er die politischen Themen. Inaktivität und geringe politische Diskussionen im Alltag führen dazu, politische Geschehnisse für unwichtig zu halten. Bezogen auf die Medienwirkungen heißt dies, daß der Effekt der Berichterstattung auf den Bereich der Informationssuche und -beschaffung zu begrenzen ist. Der Einfluß massenmedial vermittelter Themenwichtigkeit ist allenfalls gleichrangig zu den Wirkungen interpersonaler Kommunikation zu sehen, wenn der Einfluß der Medien auf die Relevanzzuweisung nicht sogar von den Eindrücken aus persönlichen Gesprächen übertrumpft wird.

So weit die Sichtweise unter dem Aspekt, welchen Einfluß die Medien auf die Menschen haben. Schaut man in die umgekehrte Richtung, nämlich welchen Einfluß die Menschen auf die Medien haben, muß nicht mehr die Medienberichterstattung vor der Messung der Themenwichtigkeit untersucht werden. Zur Zielvariablen wird dann vielmehr die zukünftige Medienbeachtung, die zeitlich nach dem Meßzeitpunkt der Themenwichtigkeit erfolgt (vgl. *Tabelle 3*). Hierbei ergeben sich bloß für die Themen Wiedervereinigung und DDR-Übersiedler brauchbare Ergebnisse. Bei den DDR-Wahlen und dem Gewerkschaftsstreik liegt lediglich der Korrelationskoeffizient des Themas mit der Kommunikation des Befragten vor, so daß kein Zusammenhang mit der Themenwichtigkeit errechenbar ist. Das Regressionsergebnis zum Thema Ceaucescu ist mit einem multiplen R von .15 eher mager, besonders wenn man im Vergleich dazu die Ergebnisse zur Wiedervereinigung und zu den DDR-Übersiedlern betrachtet. Für diese beiden Komplexe läßt sich wieder ein großer Einfluß der persönlichen Kommunikation feststellen: Je mehr der Befragte sich im persönlichen Netzwerk politisch kommunikativ betätigt, desto intensiver ist auch die Wahrnehmung der Medieninhalte dazu. Wir finden damit den bereits erwarteten *zyklischen* Zusammenhang von Massen- und interpersonaler Kommunikation: Massenmedien dienen der themenspezifischen Erstinformation und leiten interpersonale Kommunikation ein, die zur Themengewichtung (Agenda-Setting) beiträgt. Interpersonale Kommunikation über die „wichtigen" Themen führt dann zu weiterer Aufnahme von Informationen aus den Medien. Interpersonale Kommunikation stellt somit ein entscheidendes *Scharnier* im Medienwirkungsprozeß dar, indem sie die Themenwichtigkeit und die fortgesetzte Medienwahrnehmung stützt. Auf diese Weise bleibt die Themenwichtigkeit zumindest bei den aufdringlichen DDR-Themen („obtrusive issues") erhalten. Die Frage, ob die Medien die Themenwichtigkeit der Menschen beeinflussen oder umgekehrt, läßt sich somit nicht auf einfache Weise beantworten. Vielmehr ist es so, daß im zyklischen Kommunikationsprozeß, der Massen- und interpersonale Kommunikation einschließt, die Themenwichtigkeit hervorgebracht und stabilisiert wird.

Für die drei deutschen Umbruchthemen, nämlich Wiedervereinigung, Übersiedler und Wahlen in der DDR, ergibt sich zusammenfassend ein herausragender Einfluß der interpersonalen Kommunikation auf die Publikumsagenda im Sinne von Themenwichtigkeit („issue salience"), obwohl diese Themen ursprünglich vor allem über die Berichterstattung bekannt gemacht wurden. Die interpersonale Kommunikation bleibt im Zeitablauf dann stabil, d.h. die Gespräche zu den Themen werden relativ kontinuierlich geführt. Die Gespräche im Rahmen interpersonaler Netzwerke regen, wie gezeigt wurde, eine weitere Aufnahme von Medieninformationen an; die zukünftig wahrgenommene Medienberichterstattung wird ebenso durch die interpersonale Kommunikation erheblich beeinflußt: Interpersonale Kommunikation und Massenkommunikation ergänzen sich!

3. Themenkongruenz im sozialen Netzwerk

Ein vertiefender Blick in die sozialen Netzwerke ist nun durch Einbeziehung des Schneeballsamples der Netzpersonen möglich. Bei denjenigen Zielpersonen, die auch in der zweiten Welle geantwortet haben und von deren Netzpersonen ebenso Antworten zur Themenwichtigkeit vorliegen (Kernsample), finden wir, wie *Tabelle 4* zeigt, eine hohe Übereinstimmung in den jeweiligen intrapersonalen Agenden.

Vor allem bei den drei deutsch-deutschen Themen ist eine auffallend hohe Übereinstimmung der Themenwichtigkeit zu erkennen. Für diese Themen ergibt sich im sozialen Netzwerk eine weitgehend homogene interpersonale Agenda, so daß wir festhalten können: Kongruenz der Gesprächsthemen und Koorientierung sind die wesentlichen Merkmale der interpersonalen Kommunikation im sozialen Netzwerk.

Tabelle 4: Mittlere Abweichung zwischen der Themenwichtigkeit von Ego und der seiner Netzpersonen (2. Befragungswelle; Panelteilnehmer mit Netzwerk-Rücklauf; dreistufige Skala; Prozentwerte)

Thema	N	absolut	Kongruenz hoch	mittel	gering	Mittelwert
Wiedervereinigung	180	46	17	30	7	0,4
DDR-Übersiedler	180	34	18	38	9	0,6
Wahlen DDR	180	42	16	33	9	0,6
Gewerkschaften	157	31	5	47	17	0,8
Poln. Westgrenze	178	34	17	35	14	0,7
Präsidentenwahl SU	149	33	14	36	17	0,7
Nelson Mandela	170	34	12	39	15	0,7
Wahl Nicaragua	144	46	17	27	10	0,5

absolute Kongruenz:	keine Abweichung zwischen Ego und seiner Netzpersonen
hohe Kongruenz:	mittlere Abweichung bis 0.5 Skalenpunkte
mittlere Kongruenz:	mittlere Abweichung > 0.5 und < 1.5 Skalenpunkte
geringe Kongruenz:	mittlere Abweichung mehr als 1.5 Skalenpunkte.

IV. Politische Meinungsbildung

1. Medienbewertungen

Für die im untersuchten Kommunikationsraum ansässigen, von der Bevölkerung am meisten gelesenen Tageszeitungen (*Stuttgarter Zeitung* und *NWZ Göppingen*) wurde eine Bewertungsanalyse der Berichterstattung durchgeführt. Die Resultate belegen, daß die Wiedervereinigung insgesamt von beiden Zeitungen positiv dargestellt wird, allerdings die verschiedenen Wege zur Wiedervereinigung von beiden Zeitungen negativ bewertet werden.

Die *Medienberichterstattung* zur Übersiedlerproblematik, zur Diskussion um die Wiedervereinigung und zur Schaffung einer Wirtschafts- und Währungsunion enthält zahlreiche bewertende Aussagen, was angesichts der überragenden Bedeutung dieses Themenkomplexes in der öffentlichen und der veröffentlichten Meinung nicht weiter erstaunt. In den analysierten Tageszeitungsausgaben werden die zuziehenden *DDR-Bürger* von den Zeitungen eher negativ beschrieben, Sonderleistungen für diese Personen kritisiert und Maßnahmen zur Senkung der Übersiedlerzahlen eindeutig befürwortet. Die möglichen Folgen des Übersiedlerstroms werden hingegen weitaus weniger thematisiert, dann allerdings ebenfalls negativ bewertet. Das Ziel der *Wiedervereinigung* wird in den veröffentlichten pauschalen Willensbekundungen und Absichtserklärungen der Politiker wie in redaktionellen Beiträgen und Kommentaren ausnahmslos unterstützt. Über den Weg dahin besteht jedoch wenig Klarheit: hier lassen sich die Positionen der unterschiedlichen politischen Lager ebenso deutlich unterscheiden wie die Vorstellungen des westlichen Auslands und der Sowjetunion. Staatliche Kooperationsmaßnahmen werden von Politikern deutlich positiver beurteilt als von Wirtschaftsfachleuten. Die Presseberichte zur *Wirtschafts- und Währungsunion* als Kernelement der Wiedervereinigung spiegeln den Wunsch nach einer schnellen Vorgehens-

Tabelle 5: Persönliche Einstellungen und wahrgenommene Mehrheitseinstellungen
(Mittelwerte auf einer fünfstufigen Skala; 5 = Zustimmung, 1 = Ablehnung)

Einstellungsitems[1]	tatsächliche persönliche Einstellungen		individuell wahrgen. Mehrheitsmeinung / Klima	
	n	Ø	n	Ø
Ruhe und Ordnung	875	4,5	829	4,6
mehr Mitspracherecht	807	4,2	766	4,0*
Freizeit vs. Verdienst	818	3,3	767	3,4
Wiedervereinigung	873	3,8	822	4,0*
ÜS gefährden Arbeitsplatz	842	2,9	808	3,7*
ÜS nutzen Wohlstand aus	836	2,9	795	3,5*
ÜS lösen Rentenprobleme	802	3,0	744	2,8
ÜS forcieren Wohnungsnot	856	2,7	806	3,5*
ÜS-Zuzug schadet	837	4,2	792	4,0*
Asylbewerber abschieben	854	4,2	820	4,4*
Asylanten bringen Vielfalt	809	2,7	758	2,2*

* Mittelwertunterschied zwischen persönlicher Einstellung und wahrgenommener Mehrheitseinstellung signifikant für p < .001.
1 Für die expliziten Formulierungen der Einstellungsitems vgl. oben Fußnote 9.

ÜS = Übersiedler.

weise wider; die befürchteten negativen und die erwarteten positiven Folgen des
Prozesses werden jedoch kaum thematisiert. Unter den *Urhebern* der wertenden Aussagen sind Journalisten selbst nur mit jeder zwanzigsten Mitteilung vertreten. Die
restlichen Bewertungen sind eindeutig einem politischen oder sozialen Akteur zuzuschreiben. Mitglieder der Regierungsparteien äußern sich fast ausschließlich allgemein
zur Wiedervereinigung und vernachlässigen die Übersiedlerproblematik, während
Politiker der Opposition diese besonders häufig ansprechen. In fast allen Punkten
unterscheidet sich die jeweilige Bewertung des Sachverhalts durch die einzelnen Akteure erheblich. Während die Regierungsparteien generell ein positives Bild von der
bevorstehenden Entwicklung zeichnen, sind negative Aussagen besonders aus den
Reihen der DDR-Parteien und der Opposition zu beobachten.

2. Publikumseinstellungen

Die Bewertung der deutsch-deutschen Problematik wurde in der *Publikumsbefragung*
durch eine Reihe von Einstellungsitems erfaßt, für die sowohl die persönlichen Einschätzungen als auch die wahrgenommenen Einschätzungen der Bevölkerungsmehrheit bzw. des Meinungsklimas vorliegen (vgl. *Tabelle 5).* Von den drei abgefragten
Grundwerten erhalten besonders die Sicherung von Ruhe und Ordnung und die
Verstärkung des Mitspracherechts eine hohe Zustimmung in der Umfragepopulation.
Ähnlich hohe Werte erreichen nur zwei der acht aktuellen politischen Items, nämlich
die Ansicht, daß ein weiterer Zuzug von DDR-Bürgern für beide Staaten schädlich
sei, und abgelehnte Asylbewerber sofort abgeschoben gehörten. Obwohl also der Über-

Tabelle 6: Persönliche Einstellungen und Einstellungen der wahrgenommenen Mehrheit (individuelle Analyseebene; Korrelationsmatrix mit Pearsons Produkt-Moment-Koeffizienten)

Einstellungsitems[1]	zum ersten Befragungszeitpunkt	zum zweiten Befragungszeitpunkt
Wiedervereinigung	.39**	.47**
ÜS gefährden Arbeitsplatz	.42**	.23**
ÜS nutzen Wohlstand aus	.46**	.39**
ÜS lösen Rentenprobleme	.44**	.55**
ÜS forcieren Wohnungsnot	.44**	.31**
ÜS-Zuzug schadet	.52**	.35**

** signifikant für p < .01
1 Für die expliziten Formulierungen der Einstellungsitems vgl. oben Fußnote 9.

ÜS = Übersiedler.

siedlerstrom deutlich negativ bewertet wird, halten sich die Befragten bei der Konkretisierung der Gründe für die Ablehnung eher bedeckt; weder die Gefährdung von Arbeitsplätzen noch die Forcierung der Wohnungsnot oder ein möglicher Einbruch des eigenen Wohlstands wird persönlich befürchtet. Diese Aussagen werden dafür wesentlich stärker der allgemeinen Bevölkerungsmehrheit zugeschrieben. Generell bezeichnen die Befragten die öffentliche Meinung radikaler und Übersiedlern bzw. Asylanten gegenüber wesentlich ablehnender eingestellt, als sie tatsächlich ist. Diese Diskrepanz kann einerseits auf einer Fehleinschätzung der Bevölkerungsmeinung beruhen, möglicherweise hervorgerufen durch die eher negative Medienberichterstattung. Zum anderen ist ebenfalls denkbar, daß die Respondenten sich aus Gründen sozialer Wünschbarkeit liberaler beschreiben, als sie selbst eigentlich sind, und dafür ihre eigenen Einstellungen auf die Mehrheit projizieren.

Hier stellt sich natürlich die Frage nach dem Zusammenhang zwischen den persönlichen Einstellungen des Befragten und denen, die er der Bevölkerungsmehrheit zuschreibt. Die Korrelationsberechnungen für beide Befragungszeitpunkte zeigen eine große Zahl signifikanter und teilweise sehr hoher Koeffizienten (vgl. *Tabelle 6*). Die statische Korrelation zwischen eigener Meinung und individuell wahrgenommenem Meinungsklima ist erheblich, besonders für die sechs aktuellen Items zur deutsch-deutschen Fragestellung. Die Frage ist daher, ob die Klimaschätzung die individuellen Einstellungen determiniert, oder umgekehrt, die individuellen Einstellungen auf das Meinungsklima projiziert werden.

3. Konformität oder Projektion?

Da die Einstellungsitems zum deutschen Thema in beiden Befragungswellen vorgelegt wurden (Paneldesign), lassen sich Aussagen über den Zusammenhang zwischen individuellen Meinungen und dem Meinungsklima treffen. Zunächst verdeutlicht *Tabelle 7*, daß sich die individuellen Einstellungen von der ersten zur zweiten Befragungswelle in der Tendenz verschärfen, z.T. aber auch erhalten bleiben. Das zeigt sich am Beispiel

Tabelle 7: Individuelle Einstellungen und wahrgenommene Mehrheitseinstellungen zum ersten und zweiten Befragungszeitpunkt (Mittelwerte auf der fünfstufigen Skala; 5 = Zustimmung, 1 = Ablehnung)[1]

	individuelle Einstellung			Mehrheitseinstellung		
	x	Standard-abw.	n	x	Standard-abw.	n
Wiedervereinigung						
Welle 1	3.8	1.2	457	3.9	1.0	430
Welle 2	3.4	1.5	439	3.5	1.2	412
Arbeitsplätze						
Welle 1	2.8	1.4	450	3.7	1.2	425
Welle 2	2.8	1.3	431	3.8	1.1	414
Wohlstand						
Welle 1	2.8	1.4	441	3.5	1.2	422
Welle 2	3.3	1.4	441	4.0	1.0	417
Rentenproblem						
Welle 1	3.0	1.4	422	2.9	1.4	390
Welle 2	2.4	1.3	420	2.1	1.1	383
Wohnungsnot						
Welle 1	2.6	1.4	450	3.4	1.3	427
Welle 2	2.8	1.4	452	3.6	1.2	424
Zuzug schadet						
Welle 1	4.2	1.1	451	4.0	1.1	421
Welle 2	4.5	1.0	454	4.4	1.0	425

1   In die Auswertungen fließen nur jene Befragten ein, die an beiden Zeitpunken Auskunft zu den jeweiligen Einstellungsfragen gegeben haben, also maximal 476.

der Wiedervereinigung, die zum zweiten Zeitpunkt weniger gewünscht wird, während die Befragten zur Arbeitsplatzbedrohung durch Übersiedler eine konstante Meinung besitzen. Gegenüber dem weiteren Zuzug der Übersiedler werden die Befragten skeptischer und glauben nun häufiger, daß diese den Wohlstand ausnutzen. Derselbe Trend, nur mit höheren Werten, zeigt sich ebenfalls für die Klimaeinschätzung.

Obwohl die Mittelwerte für die Zustimmung zum jeweiligen Einstellungsitem zwischen beiden Zeitpunkten variieren, bestehen eine Reihe systematischer Zusammenhänge, wie insbesondere die visualisierte Darstellung der signifikanten Korrelationen zu den individuellen Einstellungen und der Klimaeinschätzung zum deutschdeutschen Themenkomplex verdeutlicht *(Schaubild 2)*. So fallen zunächst die bereits erwähnten hohen statischen Verknüpfungen zwischen den beiden Variablen, den individuellen Einstellungen und dem Meinungsklima, auf. Ferner erweisen sich die individuellen Einstellungen zwischen beiden Befragungswellen als durchweg stabil, gravierende Meinungsverschiebungen sind im Verlauf der Untersuchung nicht festzustellen. Die bereits vorhandenen Tendenzen prägen sich nur stärker aus.

Dagegen variiert das Meinungsklima zwischen den Panelwellen erheblich. Eine gewisse Konstanz ist lediglich für die Einstellung zur Wiedervereinigung und die Mitschuld der DDR-Übersiedler an der Wohnungsnot zu verzeichnen. Für die weiteren Items weist die Baseline-Statistik keine oder nur schwach signifikante Werte aus. Von

Schaubild 2: Persönliche Einstellungen und Meinungsklima im Zeitverlauf

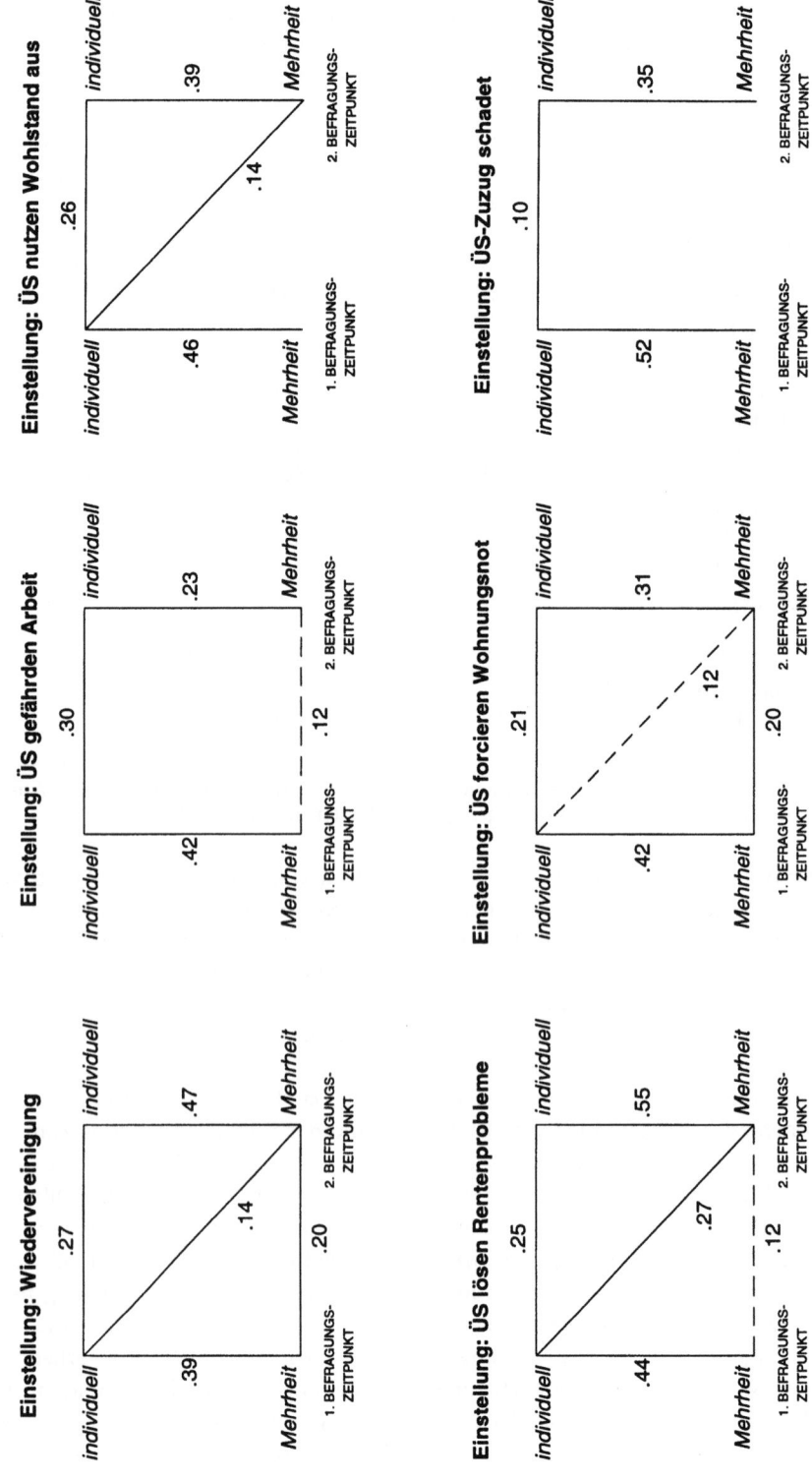

besonderem Interesse sind an dieser Stelle die Überkreuzkorrelationen zwischen persönlicher und wahrgenommener Mehrheitseinstellung, die die Grundlage für Kausalaussagen bilden. Dem liegt die Annahme zugrunde, daß auf Basis von Korrelationsberechnungen dann von einem kausalen Einfluß einer Variablen gesprochen werden kann, wenn sie mit einer anderen Variablen, die zu einem späteren Zeitpunkt gemessen wird, korreliert (zeitliche Antezedenz). Demnach läßt sich für das vorliegende Datenmaterial feststellen, daß für vier Einstellungsitems ein wenngleich nicht sehr starker, aber signifikanter Zusammenhang zwischen individueller Einstellung zum ersten Zeitpunkt und wahrgenommener Mehrheitseinschätzung zum zweiten Zeitpunkt besteht. Dies weist auf Projektionseffekte der eigenen Einstellung auf die Einstellung der Bevölkerungsmehrheit hin.

Umgekehrte Effekte, daß nämlich die wahrgenommene Mehrheitsmeinung die eigene Meinung im Sinne von Konformität beeinflußt und der einzelne sich an ihr ausrichtet, also seine Einstellung in Richtung der vorgeblich herrschenden Meinung verändert, sind in der vorliegenden Studie nicht nachweisbar. Die persönliche Meinung scheint zumindest kurzfristig von der eingeschätzten Mehrheitsmeinung unabhängig. Wir können daher eher die „looking-glass"-Hypothese der öffentlichen Meinung bestätigen als die Konformitätshypothese nach der Theorie der Schweigespirale.

In den vorgestellten Analysen stellt sich die individuelle Einstellung des Respondenten also als die zentrale Größe dar, die im Zeitablauf 1. stabil ist und 2. die Wahrnehmung der Mehrheitseinstellung beeinflußt (*dynamischer Projektionseffekt*). Da die individuelle Einstellung zum jeweiligen Befragungszeitpunkt hoch mit der Wahrnehmung der Mehrheitseinstellung korreliert, kann aus 2. abgeleitet werden, daß es sich 3. hierbei um *statische Projektionseffekte* handelt.

4. Einfluß der Medien

Schließlich ist zu prüfen, ob die in der Befragung erhobenen individuellen Einstellungen der Respondenten zu den Themen Wiedervereinigung und Übersiedler mit den aus den Massenmedien aufgenommenen Bewertungen dieser Themen korrespondieren.[25] *Tabelle 8* dokumentiert die entsprechenden Korrelationskoeffizienten, welche den Zusammenhang zwischen den aus der Presse aufgenommenen Bewertungen und den individuellen Einstellungen für die erste Welle beschreiben. Sie fallen eher gering aus und erreichen auch nur ausnahmsweise statistische Signifikanz. Vor allem die Einstellungen zur Arbeitsplatzgefährdung und zu den Rentenproblemen werden leicht beeinflußt, während beispielsweise die Einstellung zur Wiedervereinigung unverändert bleibt. Somit besteht eine weitgehende statistische Unabhängigkeit zwischen den Tendenzen in der Berichterstattung von NWZ bzw. der Stuttgarter Zeitung und den persönlichen Einstellungen bzw. Einstellungsänderungen ihrer Leser – wir können kein durchgängiges Muster zwischen Medienbewertungen und Einstellungen entdekken. Mit anderen Worten: die Medienberichterstattung hat zwar Einfluß auf die Wahrnehmung eines Themas, nicht aber oder nur kaum darauf, wie das Thema bewertet

---

25 Die in *Tabelle 5* dargestellten Bewertungsdimensionen werden hierzu, sofern passend, entsprechend den abgefragten Einstellungsitems zusammengefaßt.

Tabelle 8: Persönliche Einstellungen und aufgenommene Medienbewertungen in der ersten Befragungswelle (individuelle Analyseebene; Korrelationsmatrix mit Pearsons Produkt-Moment-Koeffizienten; Fallzahlen entsprechend Tabelle 6)

	persönliche Einstellung	wahrgenommene Mehrheits-Einstellung
Wiedervereinigung	-.00	.19*
Übersiedler: Arbeitsplätze	.11*	.11*
– Wohlstand	.06	.05
– Rentenprobleme	.10*	.02
– Wohnungsnot	.04	.02
– Zuzug schadet	.02	.11*

* signifikant für p < .05

wird. Der Einfluß der Presse auf die Wahrnehmung des Meinungsklimas ist etwas stärker. Für drei der Einstellungsitems ergeben sich signifikante Zusammenhänge zwischen den Medienbewertungen und den von den Respondenten wahrgenommenen Einstellungen der Bevölkerungsmehrheit. Dies gilt vor allem für die Wiedervereinigung, ferner – abgeschwächt – für den Schaden, der durch weiteren Zuzug von Übersiedlern vermutet wird, und für deren negative Auswirkungen auf den Arbeitsmarkt. Hier gehen Medienbewertungen und eingeschätzte Mehrheitseinstellungen miteinander einher, allerdings ebenfalls auf moderatem statistischem Niveau.

Zum Teil dienen damit die Medien als Quelle für die Wahrnehmung von Mehrheitsmeinungen. Einschränkend ist darauf hinzuweisen, daß die in den elektronischen Medien enthaltenen Bewertungen nicht erfaßt werden konnten. Ergänzend wurde deshalb sowohl für Presse als auch für Fernsehen untersucht, ob sich die Leser bzw. Zuschauer in ihren persönlichen Einstellungen von der Gruppe der Nicht-Leser bzw. Nicht-Zuschauer unterscheiden – ob also überhaupt Unterschiede bestehen, die durch einen Medieneinfluß hervorgerufen sein könnten. Trotz deutlicher Tendenzen in der Presseberichterstattung weisen Zeitungsleser und Nicht-Zeitungsleser zu aktuellen politischen Themen wie der Wiedervereinigung und der Übersiedlerproblematik dieselben Einstellungen auf.[26] Auch der Einfluß des Fernsehens hält sich in Grenzen, denn wir fanden zwischen den Sehern von Fernsehnachrichten und Zuschauern, die keine Fernsehnachrichten ansehen, hinsichtlich der gehaltenen Einstellungen zu den untersuchten Themen ebenfalls keine Unterschiede.[27]

---

26 Allenfalls bestehen zwischen Lesern und Nichtlesern Unterschiede hinsichtlich allgemeiner Grundeinstellungen. So sind z.B. die Nichtleser im Vergleich zu den Lesern der Stuttgarter Zeitung für mehr Freizeit als höheren Verdienst und für mehr Mitspracherecht sowie mehr für Ruhe und Ordnung. Ähnliches gilt für den Vergleich von Nichtlesern und Lesern der NWZ, mit Ausnahme der Einstellung zu Ruhe und Ordnung, wo kein Unterschied vorhanden ist.

27 Angemerkt sei, daß die Kontrollgruppe der Nicht-Seher von Fernsehnachrichten mit 72 Personen oder 8 Prozent der Stichprobe sehr klein ist.

Tabelle 9: Mittlere Abweichung zwischen den Einstellungen von Ego und denen seiner Netzpersonen (2. Befragungswelle; Panelteilnehmer mit Netzwerk-Rücklauf; Prozentwerte)

| Einstellungsitem | N | Kongruenz | | | | Mittelwert |
		absolut	hoch	mittel	gering	
persönliche Meinung:						
Wiedervereinigung	183	32	31	30	7	1,1
ÜS gefährden Arbeitsplatz	180	19	45	28	8	1,2
ÜS nutzen Wohlstand aus	183	21	46	28	5	1,0
ÜS lösen Rentenprobleme	166	22	38	33	7	1,2
ÜS forcieren Wohnungsnot	184	21	37	36	6	1,2
ÜS-Zuzug schadet	189	41	36	17	6	0,8
wahrgenommene Mehrheitsmeinung:						
Wiedervereinigung	168	20	49	28	3	1,0
ÜS gefährden Arbeitsplatz	170	26	44	23	7	1,0
ÜS nutzen Wohlstand aus	167	25	50	22	3	0,9
ÜS lösen Rentenprobleme	147	22	45	26	7	1,1
ÜS forcieren Wohnungsnot	174	29	35	22	13	1,3
ÜS-Zuzug schadet	178	35	42	17	6	0,8

Kongruenzberechnung auf Basis der Differenz zwischen den Werten auf der fünfstufigen Skala –

absolute Kongruenz:	keine Abweichung zwischen Ego und seinen Netzpersonen
hohe Kongruenz:	mittlere Abweichung bis 1 Skalenpunkt
mittlere Kongruenz:	mittlere Abweichung > 1 und < 3 Skalenpunkte
geringe Kongruenz:	mittlere Abweichung mehr als 3 Skalenpunkte.

5. Meinungskongruenz im Netzwerk

Die Stabilität individueller persönlicher Einstellungen, die auch im Zeitablauf (Recall) festgestellt wurde, verwundert. Deshalb interessiert, welche Rolle die primäre Umwelt bzw. das persönliche Netzwerk für die persönlichen Einstellungen spielt. Hier stellt sich die Frage, ob und in welchem Ausmaß Kongruenz oder Divergenz in der interpersonalen Umgebung vorhanden sind. Da offensichtlich kein Medieneinfluß erkennbar ist, liegt es nahe, daß die interpersonale Umgebung die Einstellungen der Rezipienten stützt.

Die Untersuchungsergebnisse belegen tatsächlich, daß die individuellen Einstellungen in der interpersonalen Umgebung, im Netzwerk, erheblich abgesichert werden. Am Beispiel der beiden Themen Wiedervereinigung und Übersiedler können wir zeigen, daß die politischen Diskussionen in den egozentrierten Netzwerken von beträchtlicher Meinungskongruenz begleitet sind. Nach Einschätzung von Ego trifft die vollkommene Übereinstimmung mit allen Netzpersonen auf 60 Prozent aller Befragten-Netzwerke zu, mittlere bis hohe Übereinstimmung weisen immerhin weitere 16 Prozent der Netze auf, und geringe Übereinstimmung finden wir nur in 8 Prozent der Netze. Somit ist die Meinungskongruenz im Netzwerk der Befragten insgesamt sehr hoch. Dies bedeutet, daß in der interpersonalen Umgebung der Befragten weitgehend

Konsens über die Beurteilung der aktuellen Themen der deutsch-deutschen Wiedervereinigung herrscht, Divergenzen sind trotz der Brisanz der Thematik rar. Während die Kongruenz der Meinungen aus der Sicht von Ego somit dominiert, steht in Frage, ob auch objektive Übereinstimmung der Meinungen in der interpersonalen Umgebung vorhanden ist. Um dies festzustellen, dient uns wieder die Kopplung mit der Netzbefragung.

Der Test auf Kongruenz der politischen Meinungen von Zielpersonen und Netzpersonen verläuft positiv. Wie *Tabelle 9* verdeutlicht, ist die Kongruenz der Meinungen von Ziel- und Netzpersonen ausgeprägt. Die Ergebnisse bestätigen somit die These einer Homophilie politischer Einstellungen zu Themen, die als wichtig empfunden werden und Priorität besitzen. Kongruenz der Meinungen ist somit wesentliches Merkmal interpersonaler Kommunikation in egozentrierten Netzwerken.[28] Darüber hinaus ergeben sich auch für die Einschätzung der Mehrheitsmeinung vergleichbar hohe Kongruenzwerte, woraus sich entnehmen läßt, daß sowohl Zielpersonen als auch Netzpersonen in der Einschätzung des Meinungsklimas übereinstimmen.

Zusammenfassend bleibt die Uniformitätsthese von Katz und Lazarsfeld beim Übergang von der Gruppen- zur Netzwerkperspektive bestehen. Die abgefragten Agenda-Setting-Themen werden im sozialen Feld einheitlich beurteilt, so daß von Kongruenz der interpersonalen Umgebung hinsichtlich der Meinungen ausgegangen werden kann. Die Stabilität, die die persönlichen politischen Einstellungen gegenüber dem Medieneinfluß bewahrten, dürfte daher nicht zuletzt auch ihre Ursache in den unterstützend wirkenden sozialen Kontextfaktoren besitzen.

V. Resümee: Massenkommunikation und Interpersonale Kommunikation im Alltag

Die interpersonale Kommunikation erweist sich in der vorliegenden Untersuchung am Beispiel überragender nationaler Agenda-Setting-Themen als ein Faktor, der sowohl auf die Themenbildung als auch auf den politischen Meinungsbildungsprozeß erheblichen Einfluß hat. Der Umbruch in Deutschland, über den die Massenmedien intensiv und umfänglich berichten, wird auch zum Gegenstand der politischen Gespräche und Diskussionen im Alltag. Der Austausch von Informationen und Meinungen in den interpersonalen, persönlichen Netzwerken führt dabei zu erheblicher Kongruenz der Themengewichtung und der politischen Meinungen. Interpersonale Kommunikation kann nach Ergebnissen der vorliegenden Studie daher in der politischen Kommunikationsforschung nicht überschätzt worden sein, sondern wurde vermutlich angesichts der hohen Medienpenetration in der modernen Gesellschaft und der damit einhergehenden Rückkehr zu „medienzentrierten" Wirkungsmodellen sogar unterschätzt. Interpersonale Kommunikation stellt ein zentrales Scharnier dar, das nicht nur komplementäre Funktionen besitzt, sondern auch zyklische Kommunikationsprozesse auszulösen vermag.

Wodurch nun – so wird man fragen – läßt sich abschließend die persönliche Kom-

---

28 Auch eine etwas andere Berechnung auf Basis von Pearsons Korrelationen zwischen den Einstellungen von Ego und seinen Netzpersonen führt zum selben Ergebnis: Die statistisch signifikanten Korrelationen liegen bei .30 bis .40 für die Items.

munikationsbereitschaft, die individuelle Kommunikationsaktivität, erklären? Während Noelle-Neumann (1989) annimmt, daß die Redebereitschaft von der quasi-statistischen Wahrnehmung des öffentlichen Meinungsklimas abhängt und die Gespräche bei einer wahrgenommenen Minderheitsposition aus Isolationsfurcht zum Versiegen kommen, führt das Agenda-Setting-Modell zu der Sichtweise, daß über prioritäre Themen von hoher Relevanz durchgängig innerhalb der interpersonalen Netzwerke gesprochen wird. Themen, die ein großes Themeninvolvement auslösen (wie in unserem Falle „Deutschland im Umbruch"), veranlassen Individuen, in der persönlichen Umgebung Informationen und Meinungen zu suchen und auszutauschen.

Die individuelle Themenwichtigkeit („issue salience"), die Betroffenheit, und die Vermutung, daß das Thema auch in der Öffentlichkeit für wichtig gehalten wird („community salience") determinieren auch nach den Ergebnissen unserer Studie die Kommunikationsaktivität von Individuen. Diese haben zu den als wichtig empfundenen Themen stabile Einstellungen und Meinungen, die durch die in den Medien publizierten Bewertungen kaum beeinflußt werden. Die Meinungen des Publikums werden allerdings in der unmittelbaren persönlichen Umgebung erheblich gestützt: Die Kongruenz der politischen Meinungen im sozialen Netzwerk ist bemerkenswert, so daß Bezugsgruppeneinflüsse auf die Redebereitschaft – vergleichbar den Ergebnissen der Studie von Fuchs et al. (1992) – nicht von der Hand zu weisen sind. In der primären Umgebung braucht das Individuum keine Isolation zu fürchten, kann somit folgenlos reden.

Für die individuelle Kommunikationsaktivität ist darüber hinaus allerdings auch der jeweilige soziale Rahmen kennzeichnend: Personen mit großen und gleichwohl dichten Netzwerken finden leichter Gesprächspartner als Personen mit nur kleinen Netzwerken. Mit der Netzwerkgröße nimmt daher die kommunikative Aktivität generell zu.

Zusammenfassend können wir festhalten, daß sich interpersonale Kommunikation in der persönlichen Umgebung als ein nach wie vor wichtiger Faktor im Kommunikationsprozeß erweist. Interpersonale Umwelten bzw. persönliche Netzwerke stellen bilanzierend wesentliche Quellen für Themengewichtung und politische Meinungsbildung im Alltag dar. Das Schutzschild „Interpersonale Kommunikation" ist weiterhin intakt.

Der in letzter Zeit bei vielen politischen Themen und gesellschaftlichen Problemen gewonnene Eindruck, wonach sowohl Politiker als auch Journalisten zu wenig die Meinungen und Ansichten der Bürger „treffen", ja geradezu „an den tatsächlichen Problemen vorbeireden", mag verursacht sein durch eine mangelhafte Berücksichtigung der interpersonalen Meinungsbildung, wie sie sich in den Netzwerken des Alltags vollzieht. Der Blick auf die „Medienbühne", auf der Politiker, Eliten und Journalisten gesellschaftliche Probleme medienwirksam behandeln, ja instrumentalisieren (Kepplinger 1992), verdeckt, daß Menschen in ihrer persönlichen Umgebung durchaus ihre eigenen Ansichten und Meinungen zu den relevanten Dingen besitzen und äußern, sich nicht von der Mediendarstellung „blenden" lassen. Die Ergebnisse der prominenten Columbia-Studien sind somit auch heute noch aktuell!

Literatur

Ball-Rokeach, Sandra J., 1985: The Origins of Individual Media-System Dependency. A Sociological Framework, Communication Research 12: 485-510.

Beinstein, Judith, 1977: Friends, the Media, and Opinion Formation, Journal of Communication 27: 30-39.

Best, Heinrich, 1990: Nationale Verbundenheit und Entfremdung im zweistaatlichen Deutschland. Theoretische Überlegungen und empirische Befunde, Kölner Zeitschrift für Soziologie und Sozialpsychologie 42: 1-19.

Brosius, Hans Bernd, und *Hans Mathias Kepplinger*, 1992: Linear and Nonlinear Models of Agenda-Setting in Television, Journal of Broadcasting and Electronic Media 36: 5-23.

Burt, Ronald S., 1984: Network Items and the General Social Survey, Social Networks 6: 293-339.

Chaffee, Steven A., 1986: Mass Media and Interpersonal Channels: Competitive, Convergent, or Complementary? S. 62-80 in: *Gary Gumpert* und *Robert Cathcart* (Hg.): Inter/Media. Interpersonal Communication in a Media World. New York/Oxford. 3rd ed.

Cohen, Bernhard C., 1963: The Press, the Public and Foreign Policy. Princeton: Princeton University Press.

Deutschmann, Paul J., und *Wayne A. Danielson*, 1960: Diffusion of Knowledge of a Major News Story, Journalism Quarterly 37: 345-355.

Erbring, Lutz, Edie N. Goldenberg und *Arthur H. Miller*, 1980: Front-Page News and Real-World Cues: A New Look at Agenda-Setting by the Media, American Journal of Political Science 24: 16-49.

Eulau Heinz, 1980: The Columbia Studies of Personal Influence, Social Science History 4: 207-228.

Feist, Ursula, und *Klaus Liepelt*, 1983: Massenmedien und Wählerverhalten in der Bundesrepublik, Rundfunk und Fernsehen 31: 290-306.

Fischer, Claude S., 1982: To Dwell Among Friends. Personal Networks in Town and City. Chicago: University of Chicago Press.

French, John R. P., 1956: A Formal Theory of Power, The Psychological Review 63: 181-194.

Fuchs, Dieter, Jürgen Gerhards und *Friedhelm Neidhardt*, 1992: Öffentliche Kommunikationsbereitschaft. Ein Test zentraler Bestandteile der Theorie der Schweigespirale, Zeitschrift für Soziologie 21: 284-295.

Gerhardt, Uta, und *Ekkehard Mochmann* (Hg.), 1992: Gesellschaftlicher Umbruch 1945-1990. München: R. Oldenbourg.

Gormley, Jr., William Thomas, 1975: Newspaper Agendas and Political Elites, Journalism Quarterly 52: 304-308.

Granovetter, Mark S., 1973: The Strength of Weak Ties, American Journal of Sociology 78: 1360-1380.

Hügel, Rolf, Werner Degenhardt und *Hans-Jürgen Weiss*, 1992: Strukturgleichungsmodelle für die Analyse des Agenda-Setting-Prozesses. S. 143-159 in: *Winfried Schulz* (Hg.): Medienwirkungen. Einflüsse von Presse, Radio und Fernsehen auf Individuum und Gesellschaft. Weinheim: VCH.

Infratest, 1988: Die Deutschen und ihr Vaterland. Bonn: Springer.

Iyengar, Shanto, 1993: Wie Fernsehnachrichten die Wähler beeinflussen. Von der Themensetzung zur Herausbildung von Bewertungsmaßstäben. S. 123-142 in: *J. Wilke* (Hg.): Öffentliche Meinung. Theorie, Methoden, Befunde. Freiburg/München: Alber.

Iyengar, Shanto, und *Donald R. Kinder*, 1987: News That Matters. Television and American Opinion. Chicago: University of Chicago Press.

Iyengar, Shanto, Mark D. Peters und *Donald R. Kinder*, 1982: Experimental Demonstrations of the „Not-So-Minimal" Consequences of Television News Programs, American Political Science Review 76: 848-858.

Katz, Elihu, 1957: The Two-Step-Flow of Communication. An Up-To-Date Report on a Hypothesis, Public Opinion Quarterly 21: 61-78.

Katz, Elihu, 1980: On Conceptualizing Media Effects, Studies in Communication 1: 119-141.

Katz, Elihu, und *Paul F. Lazarsfeld*, 1965: Personal Influence. The Part Played by People in the Flow of Mass Communications. Glencoe 1955, 2nd ed. New York: The Free Press.

Kepplinger, Hans Mathias, 1992: Ereignismanagement. Wirklichkeit und Massenmedien. Zürich: Edition Fromm.

Kepplinger, Hans Mathias, und *Verena Martin,* 1986: Die Funktionen der Massenmedien in der Alltagskommunikation, Publizistik 31: 118-128.

Knoke, David, 1990: Political Networks. The Structural Perspective. Cambridge: Cambridge University Press.

Klapper, Joseph T., 1960: The Effects of Mass Communication. New York/Glencoe: The Free Press.

Lang, Gladys E., und *Kurt Lang,* 1981: Watergate: An Exploration of the Agenda-Building Process. S. 447-468 in: G. *Cleveland Wilhoit* und *Harold de Bock* (Hg.): Mass Communication Review Yearbook 2. Beverly Hills: Sage.

Lazarsfeld, Paul F., Bernhard Berelson und *Hazel Gaudet,* 1944: The People's Choice. How the Voter Makes Up His Mind in a Presidential Campaign. New York, (2. Aufl. 1948).

Lippmann, Walter, 1922: Public Opinion. New York: McMillan.

Liu, William T., und *Robert W. Duff,* 1972: The Strength in Weak Ties, Public Opinion Quarterly 36: 361-366.

McCombs, Maxwell, und *Donald L. Shaw,* 1972: The Agenda-Setting-Function of Mass Media, Public Opinion Quarterly 36: 176-187.

Merten, Klaus, 1982: Wirkungen der Massenkommunikation. Ein theoretisch-methodischer Problemaufriß, Publizistik 27: 26-48.

Mueller, Peter, 1970: Die soziale Gruppe im Prozeß der Massenkommunikation. Stuttgart: Enke.

Noelle-Neumann, Elisabeth, 1989: Die Theorie der Schweigespirale als Instrument der Medienwirkungsforschung. S. 418-440 in: *Max Kaase* und *Winfried Schulz* (Hg.): Massenkommunikation. Sonderheft 20 der Kölner Zeitschrift für Soziologie und Sozialpsychologie. Opladen: Westdeutscher Verlag.

Noelle-Neumann, Elisabeth, 1991: The Theory of Public Opinion: The Concept of the Spiral of Silence. S. 256-287 in: *James A. Anderson* (Hg.): Communication Yearbook 14. Newbury Park: Sage.

Pappi, Franz Urban (Hg.), 1987: Methoden der Netzwerkanalyse. (Techniken der empirischen Sozialforschung. Bd. 1, hrsg. von *Jürgen van Koolwijk* und *Maria Wieken-Mayser).* München: Oldenbourg.

Reimann, Horst, 1968: Kommunikationssysteme. Umrisse einer Soziologie der Vermittlungs- und Mitteilungsprozesse. Tübingen: J.C.B. Mohr (2. Aufl. 1974).

Rogers, Everett M., und *James W. Dearing,* 1988: Agenda-Setting Research: Where Has It Been, Where Is It Going? S. 555-594 in: *James A. Anderson* (Hg.): Communication Yearbook 11. Newbury Park: Sage.

Schenk, Michael, 1987: Medienwirkungsforschung. Tübingen: J.C.B.Mohr.

Scherer, Helmut, 1990: Massenmedien, Meinungsklima und Einstellung. Eine Untersuchung zur Theorie der Schweigespirale. Opladen: Westdeutscher Verlag.

Schulz, Winfried, 1976: Die Konstruktion von Realität in den Nachrichtenmedien. Freiburg/München: Alber.

Schweigler, Gebhard, 1973: Nationalbewußtsein in der BRD und der DDR. Düsseldorf.

Shaw, Eugene F., 1977: The Agenda-Setting Hypothesis Reconsidered: Interpersonal Factors, Gazette 23: 230-240.

Shaw, Donald L., und *Maxwell E. McCombs,* 1977: The Emergence of American Political Issues. The Agenda-Setting Function of the Press. St. Paul u.a.: West Publications.

Sheingold, Earl A., 1973: Social Networks and Voting: The Resurrection of a Research Agenda, American Sociological Review 38: 712-720.

Tardy, Charles H., Billie J. Gaughan, Michael R. Hemphill und *Nan Crockett,* 1981: Media Agenda and Political Participation, Journalism Quarterly 58: 624-627.

Weaver, David H., 1991: Issue Salience and Public Opinion: Are there Consequences of Agenda-Setting? International Journal of Public Opinion Research 3: 53-68.

EFFEKTE ÖFFENTLICHER MEINUNG AUF DIE BEVÖLKERUNGSMEINUNG

Der Rückgang antisemitischer Einstellungen als kollektiver Lernprozeß

Werner Bergmann

Zusammenfassung: Meinungsumfragen zeigen seit den 50er Jahren einen Rückgang antisemitischer Einstellungen in der Bundesrepublik, der im wesentlichen auf eine veränderte Einstellung der nachwachsenden Generationen zurückzuführen ist. Diese Entwicklung wird als ein kollektiver Lernprozeß rekonstruiert, der durch eine konsonante, hoch moralisierte und weitgehend „geschlossene" öffentliche Meinung ausgelöst wurde. Die in Phasen erfolgte öffentliche Thematisierung des Antisemitismus bzw. der Judenverfolgung (Skandale, NS-Prozesse, Gedenktage) führte sowohl direkt als auch vermittelt über Programmänderungen in Institutionen (Schule, Kirche, Justiz) zu einem Einstellungswandel in der Bevölkerung. Diese Veränderung ist nicht nur quantitativer Natur, sondern es lassen sich auch Änderungen im „framing" des Themas (Zentralität des Holocaust) und im Schwellenwert der Skandalisierung nachweisen, wodurch die These des kollektiven Lerneffekts gestützt wird.

I. Zum Begriff der öffentlichen Meinung

Als Herbert Blumer 1948 auf dem Annual Meeting der American Sociological Society kritisierte, daß die Umfrageforschung zur öffentlichen Meinung ihren Gegenstand verfehle, da sie ein statistisches Aggregat von Einzelmeinungen erfasse und gerade nicht die Öffentlichkeit als „function of society in operation" (1948: 544), die die sozialen Strukturen und Machtverhältnisse widerspiegele, wurde er von seinen Kollegen nicht verstanden, die auf einem Aggregatkonzept der öffentlichen Meinung beharrten. Bis heute ist eine „Soziologie der Öffentlichkeit" ausgeblieben (Gerhards/Neidhardt 1991: 33), die einen begrifflichen Konsens herbeigeführt hätte (zur Ideengeschichte Beniger 1987). Mit Susan Herbst kann man die in der Wissenschaft debattierten Definitionen von öffentlicher Meinung vier Kategorien zuordnen: „aggregation, majoritarian, discursive/consensual, and reification" (1993: 439). Es dominieren Konzepte, die die öffentliche Meinung als Summe oder die Mehrheit individueller Meinungen verstehen, die mittels Meinungsumfragen, Wahlen oder Referenden erfaßt werden können. Andere Forscher, wie Bourdieu (1979), kritisieren die so bestimmte öffentliche Meinung als Reifikation, als fiktionale Entität, die den Eliten als rhetorisches Mittel diene, ihre politischen Ziele zu erreichen (Herbst 1993: 440). Sie verfehlen damit jedoch den durchaus herrschaftskritischen Charakter der Öffentlichkeit, wie er sich in Skandalisierungen oder in ihrer Unterdrückung in totalitären Systemen zeigt.

Die Aggregatkonzepte und das Fiktionskonzept treffen nicht die spezifische Struktur und Funktion von Öffentlichkeit in modernen funktional differenzierten Gesellschaften, nämlich als ein intermediäres Diskussions- oder Kommunikationssystem ein bestimmtes Wissen bzw. bestimmte Einstellungen (öffentliche Meinungen) zu produzieren und so zwischen dem politischen System und den Bürgern sowie den Ansprüchen anderer gesellschaftlicher Teilsysteme zu vermitteln (Gerhards/Neidhardt 1991: 41f.). Die Öffentlichkeit besitzt für das politische System, das über Öffentlichkeit die Themen und Meinungen der Gesellschaft beobachten kann, eine ähnliche Funktion wie der Markt für das Wirtschaftssystem (Luhmann 1988: 107). Daraus folgt, daß nicht alle Personen, Gruppen und Organisationen den gleichen Zugang oder das gleiche Gewicht auf diesem Meinungsmarkt haben und daß sich bestimmte Meinungen auf dem „Markt" durchsetzen und andere nicht. Nicht jede Meinung, die öffentlich diskutiert wird, kann somit als „öffentliche Meinung" im spezifischen Sinne gelten. Es zeichnet sich bei denen, die Öffentlichkeit als ein spezifisches Diskussionssystem sehen, ein Konsens dahingehend ab, mit „öffentlicher Meinung" die „herrschende Meinung" zu bezeichnen, die sich als eine kollektive Größe im Meinungskampf durchgesetzt hat und eine soziale Kontrollfunktion ausübt (Gerhards/Neidhardt 1991: 42; Noelle-Neumann 1989: 84ff.; Lang/Lang 1983: 17).[1]

Diese Meinungsbildung findet auf mehreren Öffentlichkeitsebenen statt (Gerhards/Neidhardt 1991: 49ff.), die unterschiedlich offen und kontrolliert sind: 1. alltägliche, temporäre Interaktionssysteme von einander nicht bekannten Personen im öffentlichen Raum, die für jeden zugänglich und damit umweltsensibel, jedoch andererseits zu instabil sind, um Informationen und Meinungen zu bündeln und anzuwenden; 2. öffentliche Veranstaltungen, die thematisch konzentriert und organisiert sind und zumindest im Ansatz zwischen Leistungsrollen und Publikumsrolle differenzieren, so daß hier auch unter Ausschluß abweichender Meinungen bereits ein konzentrierterer Prozeß der Meinungsbildung stattfinden kann; und 3. die Massenmedien, in denen die professionalierte Akteursrolle und die Publikumsrolle klar ausdifferenziert sind, so daß das System in der Makroperspektive, verglichen mit der Vielzahl segmentär parallel operierender kleiner Öffentlichkeiten, weniger offen und selektiver ist und über die technische Infrastruktur kontinuierlich und weit gestreut kommunizieren kann. Die von der Politik wahrgenommene herrschende öffentliche Meinung wird heute im wesentlichen durch die Massenmedien konstituiert.

Die Zugangskontrolle ist für diese drei Ebenen verschieden streng, so daß Diskrepanzen zwischen den in den Interaktionsöffentlichkeiten und in Versammlungen oder den Massenmedien möglichen Themen und Beiträgen zu erwarten sind. Ausschlußmöglichkeiten über rechtliche Bestimmungen, professionalisierte Gatekeeper, Organisationen der Selbstkontrolle (Presserat) lassen in den Medien weniger Themen/Meinungen zu als im Gesamtbereich der kleineren Öffentlichkeitsformen. Mit der Konzentration auf die Medien, auf die sich unsere folgende Analyse vor allem bezieht,

---

1 Lang/Lang geben folgende Begriffsbestimmung: „If not all opinions carry the same weight, then public opinion as a form of social control is not the same as the numerical aggregate of individual opinions that polls present. Public opinion is a collective representation, a shared image of the likely response that elite actors see themselves forced to take into account. It is, in essence, the dominant opinion. Quite often this is indeed the opinion of the majority, but it can be less if the minority view has sufficient logic, prestige, resources, or commitment to carry the day" (1983: 17). Zahlreiche kommunikationssoziologische Konzepte, wie das der „Schweigespirale" (Noelle-Neumann 1989), der „pluralistic ignorance" (O'Gorman 1975; Bergmann 1988) oder der „Kommunikationslatenz" (Bergmann/Erb 1986) knüpfen an diese Begriffsbestimmung an.

werden damit möglicherweise in unserem Fall eine Striktheit der Grenzkontrolle, die für die anderen Ebenen nicht durchgängig gilt, und ein Tempo des Meinungswandels unterstellt, das auf den anderen Ebenen nach 1945 langsamer gewesen ist. Es ist zu vermuten, daß in den Interaktionsöffentlichkeiten der Ausschluß des Antisemitismus anders als in der von uns untersuchten Medienöffentlichkeit bis heute nicht voll gelungen ist, doch dazu fehlen systematisch erhobene Daten.

II. Öffentliche Meinung und Bevölkerungsmeinung

In der Publizistik und in der Soziologie sind in den letzten zwanzig Jahren Theorien entwickelt worden, um die Wirkungen zu erklären, die sich aus der Beobachtung der herrschenden Meinung durch die Individuen für deren öffentliche Kommunikationsbereitschaft (Theorie der Schweigespirale, vgl. Noelle-Neumann 1989; Kommunikationslatenz, vgl. Bergmann/Erb 1986) bzw. für deren Annahmen über die Meinungsverteilungen in der Bevölkerung ergeben („pluralistic ignorance", vgl. O'Gorman 1975; Fields/Schuman 1976; „third-person effect", vgl. Davison 1983; „false consensus"-Konzept, vgl. Ross et al. 1977; Mullen/Hu 1988). In diesem Aufsatz soll über diese Wirkungen der öffentlichen Meinung auf die *Kommunikation* (-sbereitschaft) hinaus untersucht werden, wieweit sie nicht auch – unter näher zu bestimmenden Bedingungen – zu *Einstellungs*änderungen in der Bevölkerung führt, also Lernprozesse auslöst. Mit J. Zvi Namenwirth et al. gehe ich davon aus, daß Organisationen Meinungen haben und daß diese für die öffentliche Meinung von größerer Bedeutung sein können als die Individualmeinungen und einen großen Einfluß auf letztere ausüben, sofern keine Interessenkonflikte bestehen (1981: 473).[2] Der kollektive Lernprozeß verläuft in Teilen zweistufig: Zunächst hat ein Meinungswandel in Institutionen und Organisationen stattgefunden (Kirchen, Schulen usw.), die dann direkt und wiederum vermittelt über die öffentliche Meinung auf ihre Klientel einwirken.

Hinsichtlich der Wirkung der Medien auf die Einstellung der Rezipienten ist diese Beziehung ja seit langem Gegenstand der Medienwirkungsforschung (vgl. Schenk 1993; Kleinnijenhuis 1987). Insgesamt ist der Effekt auf die Einstellungen, etwa die Erzeugung von Einstellungsänderungen, skeptisch beurteilt worden (dazu klassisch: Klapper 1960). Kleinijenhuis bezweifelt ebenfalls, daß die Rezeption einer Zeitung zu einer Änderung einer festgefügten politischen Einstellung beim Rezipienten führt,

---

2 Namenwirth et al. begründen den größeren Einfluß der Organisationsmeinungen in dreierlei Weise: 1. Organisationen haben mehr Ressourcen und Informationen als Individuen und sind einflußreiche Referenzgruppen. 2. Die Meinungen von Organisationen wirken auf die anderer Organisationen einschließlich der besonders bedeutsamen von Regierung und Medien. 3. Organisationen sind eher in der Lage als Individuen, ihre Einstellungen in wirksames kollektives Handeln zu überführen (1981: 473). Die Prävalenz der Organisationsmeinung über die davon abweichenden Einstellungen ihrer Mitglieder hat in unserem Fall dafür gesorgt, daß ehemalige Nationalsozialisten ihre antisemitischen Anschauungen in den Schulen, Gerichten, Behörden und Kirchen nicht offen ausdrücken konnten, und daß diese Institutionen als Institutionen Antisemitismus bekämpft haben, obwohl das Personal ihm z.T. durchaus noch anhing. Ein Direktor des Instituts für Zeitgeschichte und ein Leiter der Zentralen Stelle zur Verfolgung von NS-Verbrechen leisteten hervorragende Arbeit, obwohl sie selber als NSDAP-Mitglieder Teil des nun bekämpften Systems gewesen waren.

doch sieht er bei hoher Medienkonsonanz Einflüsse auf das Weltbild des Rezipienten, die groß genug sind, „to change the climate of opinion in a country quite dramatically in the long run" (Kleinnijenhuis 1987: 334; ebenfalls deutliche Medieneinflüsse auf politische Präferenzen findet neuerdings Jordan 1993). Genau dieser Aspekt der Langfristigkeit bei hoher Medienkonsonanz, der sozialisatorische Effekte und institutionelle Lernprozesse miteinzubeziehen erlaubt, steht zusammen mit den spezifischen Bedingungen, die in der Öffentlichkeit gegeben sein müssen, um Einstellungsänderungen wahrscheinlich zu machen, im Mittelpunkt der folgenden Analyse.

III. Thema und Datenbasis

Der Antisemitismus stellt einen historisch sehr spezifischen Testfall dar, an dem sich über einen Zeitraum von bald 50 Jahren der Zusammenhang von öffentlicher Meinung und Bevölkerungsmeinung studieren läßt. Er weist eine Reihe von Besonderheiten auf:

- das Thema ist angesichts des Holocausts hoch moralisiert, d.h. es genießt im (wahrscheinlichen) Konfliktfall hohe Aufmerksamkeit;
- es herrscht eine fast totale Medienkonsonanz in der Berichterstattung vor (Marginalisierung der Gegenmeinung in „low-power media");
- das Objekt des Vorurteils, die Juden, sind in Deutschland zu einer kaum noch sichtbaren Minderheit geworden, so daß das Thema „Juden" zu einem „unobtrusive issue" geworden ist, was den Massenmedien eine größere Wirkung ermöglicht (vgl. Zucker 1978);
- die Deutschen werden auf den „issue" hin von der Öffentlichkeit anderer Staaten aufmerksam beobachtet.

Die Datenbasis für die Ermittlung von Einstellungsänderungen bilden Umfragedaten, die seit 1946 zum Thema Antisemitismus teils in spezifischen Studien, teils mitlaufend in Umfragen zu anderen Themen wie Nationalsozialismus, Nahost-Konflikt usw. erhoben worden sind, sowie historische Forschungen zu den Lernprozessen in gesellschaftlichen Teilsystemen, die als Reaktion auf öffentliche Debatten in Gang gekommen sind (z.B. Lehrplanrevisionen, neue Gesetze, literarische Konjunkturen usw.). Die öffentliche Meinung wird über die Analyse der westdeutschen Prestigepresse (FAZ, FR, WELT, SZ, ZEIT, SPIEGEL, u.a.)[3] zu diesem Themenkomplex erfaßt. Da Paneldaten und spezifische Studien zur Wahrnehmung der öffentlichen Meinung, z.B. in Form von Medienwirkungsstudien zum Thema Antisemitismus fehlen, können Aussagen über einen kausalen Effekt der öffentlichen Meinung auf die Einstellung der Bevölkerung zu Juden nicht „bewiesen" werden. Die in unterscheidbaren Phasen der bundesdeutschen Geschichte erfolgte öffentliche Thematisierung des Antisemitismus bzw. der Judenverfolgung bietet jedoch die Möglichkeit, zeitversetzt nach Wirkungen sowohl in den Meinungsbildungsprozessen zentraler Teilsysteme (Erziehung, Wissenschaft, Politik) wie auch auf der Ebene der Bevölkerungsmeinung zu suchen, wobei

---

3 Diese Presseanalysen sind durchgeführt worden im Rahmen meines laufenden Habilitationsvorhabens: Der Antisemitismus als Thema der öffentlichen Meinung von 1945-1989.

hier vor allem der „Generationeneffekt" zu beachten ist; d.h. es soll versucht werden, einen „kollektiven Lernprozeß" in der Bevölkerung plausibel zu machen.

IV. Umpolung der öffentlichen Meinung vs. Einstellungskonstanz

Ausgangspunkt der Analyse ist die nach 1945 zu beobachtende Differenz zwischen einer radikal umgestellten öffentlichen Meinung, zumindest was die Ebene der politischen und massenmedialen Kommunikation anbelangte, und der Bevölkerungsmeinung hinsichtlich der Einstellungen zum Nationalsozialismus, insbesondere der Haltung gegenüber den Juden. Im besetzten Deutschland hatten die Alliierten mit eigenen oder lizensierten deutschen Zeitungen und Rundfunksendern die Massenkommunikation unter ihrer Kontrolle. Damit waren negative Darstellungen von Juden ausgeschlossen. Die Wendung gegen den Antisemitismus war jedoch keineswegs nur eine von den Alliierten oktroyierte Maßnahme, sondern die neue politische und publizistische Elite, die sich vorrangig aus Gegnern des Nationalsozialismus rekrutierte, nahm auch von sich aus die gleiche Position ein. Die 1945 neugegründeten Parteien (SPD, KPD, CDU, FDP bzw. LDPD) forderten in ihren Gründungsmanifesten die Ablehnung und Bekämpfung des „Rassenhasses" (vgl. die Dokumente in Kleßmann 1986: 411 ff.), und in einige Landesverfassungen wurde ein Verbot von „Rassenhetze" aufgenommen. Hinzu kam die öffentliche Wirkung des Nürnberger Prozesses, der Folgeprozesse gegen die Partei- und Funktionseliten des Dritten Reiches, die Internierung von als politisch gefährlich angesehenen Personen und die Entlassung belasteter Personen aus dem öffentlichen Dienst. Die Entnazifizierungsmaßnahmen sowie das Programm der Reeducation sollten eine Entwicklung der Demokratisierung und Denazifizierung in Gang setzen.

Die Bevölkerung hatte aufgrund der strikten Zugangskontrolle zu den Medien und der Genehmigungspflicht für politische Veranstaltungen nur in den Formen der kleinen Öffentlichkeit in Interaktionssystemen die Möglichkeit, abweichende Meinungen zu Nationalsozialismus und Antisemitismus zu Gehör zu bringen, doch war auch dies nicht ohne Risiko.[4]

Der Zugang zum öffentlichen Meinungsmarkt war also für pronazistische und antisemitische Äußerungen blockiert. Um dennoch über die Bevölkerungsmeinung informiert zu sein, bedienten sich die Alliierten von Anfang an der Demoskopie (vgl. Merritt/Merritt 1970, 1980). Auch wenn ein genauer Vergleich zu den Jahren vor 1945 mangels Daten nicht möglich ist, so zeigen die Umfrageergebnisse, unterstützt von gleichlautenden Aussagen zeitgenössischer Beobachter, daß der Antisemitismus auf der Ebene persönlicher Einstellungen weit verbreitet blieb und in den ersten Jahren nach Kriegsende auch nicht zurückging, sondern sich sogar von 1948 bis 1952 weiter ausbreitete, auch wenn öffentlich von vielen ein betonter Philosemitismus zu Schau getragen wurde (vgl. Stern 1991).

Kurzfristig ist also mit der Schließung des Meinungsmarktes und konsonanter Implantation einer entgegengesetzten Meinung keine Veränderung tiefsitzender und

---

4 Es gab eine ganze Reihe von Fällen, in denen antisemitische Äußerungen in Gaststätten zu einer Anzeige und zu Prozessen führten. Vgl. den Fall Zind (1957), den Fall Köppern (1958).

historisch tradierter Vorurteile zu erreichen, vor allem dann nicht, wenn die Glaubwürdigkeit der Medien und der staatlichen Institutionen gering ist.[5] Die neue herrschende Meinung hatte sich nicht im „freien Spiel des Marktes" gebildet, sondern wurde als Besatzungsdiktat empfunden und abgelehnt.[6] Hinzu kam, daß in dieser Phase die „Judenfrage" durchaus noch ein „obtrusive issue" war, da über die Restitution jüdischen Eigentums in lokalen Konflikten gestritten wurde und da das Auftreten der jüdischen Displaced Persons in den Nachkriegsjahren (Stichwort: Schwarzmarkt) antijüdische Ressentiments bestätigen konnte.[7]

Von grundlegender Bedeutung war der nach 1945 gewählte Interpretationsrahmen (frame) zur Einordnung des Nationalsozialismus: Es dominierte der frame „Diktatur", so daß die Deutschen primär sich selbst als Opfer eines Regimes sehen konnten, in dem es keine Meinungsfreiheit gegeben hatte, staatliche Willkür, Terror und Unterdrückung geherrscht hatten. Damit rückten die Opfer, die der Holocaust gefordert hatte, in den Schatten. Erst in den 70er Jahren wechselte der frame hin zum Holocaust als dem Spezifikum nationalsozialistischer Verbrechen.

V. Der Kampf um die herrschende Meinung

Der Ausschluß des Antisemitismus aus der Öffentlichkeit verlief nicht gradlinig. Mit der Gründung der Bundesrepublik und der damit verbundenen Aufhebung des Lizenzzwanges für rechtsextreme Parteien und Zeitungen, die zwischen 1948 und 1950 zu einer Auffächerung und Zersplitterung des Parteiengefüges führte, einerseits, des Abschlusses der Entnazifizierung, der Amnestierung verurteilter Kriegsverbrecher, der Wiedereinstellung belasteter Personen in den öffentlichen Dienst (131er Gesetz) andererseits, schien für die Bevölkerung das Dritte Reich bewältigt zu sein, zumal die

---

5 Umfragedaten zeigen, daß zu Beginn der 50er Jahre das Vertrauen in politische Institutionen in der Bundesrepublik gering war. 1951 glaubten nur ein Viertel der Befragten, daß die Abgeordneten in Bonn die Interessen der Bevölkerung vertreten; 1956 waren es bereits 38 Prozent, 1964 51 Prozent (IfD 1993: 657). OMGUS-Umfragen zeigen, daß das Vertrauen der Bevölkerung in den Nachkriegsjahren zwar gegenüber der Kriegszeit gestiegen war, dennoch aber eine deutliche Skepsis vorherrschte (Bentele 1988: 413). „Glaubwürdigkeit" ist für die Akzeptanz der „öffentlichen Meinung" unabdingbar. In geschlossenen Öffentlichkeiten, wie etwa in totalitären Staaten, findet die „herrschende Meinung" in der Bevölkerung kaum Resonanz, d.h. unter diesen Bedingungen sind starke Einstellungsänderungen wohl nicht zu erwarten.

6 Diese historische Ausgangslage wird bis heute von den Rechtsradikalen dazu benutzt, die Verbannung positiver Äußerungen über das Dritte Reich sowie des Antisemitismus aus dem öffentlichen Diskurs als den Deutschen aufgezwungen zu interpretieren. Begriffe wie „Lizenzpresse" und „Kartellmedien" sollen die deutschen Medien auch heute noch als außengelenkt hinstellen, obwohl sie inzwischen auch hinsichtlich der genannten Themen die Mehrheit der Deutschen vertreten (z.B. Junge Freiheit, Sept.1993). Es ist zu vermuten, daß Meinungslager, die sich in der Öffentlichkeit nicht oder nur negativ repräsentiert sehen, häufig zu Verschwörungstheorien greifen werden („das Kapital", „die Rotationssynagoge", die „linke Meinungsmafia").

7 Es gibt auch in anderen Studien Hinweise, daß selbst eine konsonant positive Thematisierung eines „issue" nicht zu einer entsprechenden Einstellung in der Bevölkerung führt, wenn bestehende negative Einstellungen sich in den Alltagserfahrungen zu bestätigen scheinen, d.h. wenn es um „obtrusive issues" geht (Seymour-Ure 1974: 99-138).

Bundesrepublik auch außenpolitisch vom Besiegten zum teilsouveränen Verbündeten avancierte. Viele zeitgenössische Beobachter sahen in den 50er Jahren eine Phase der Renazifierung der Bundesrepublik (Pross 1956).

Der Antisemitismus erreichte in dieser Zeit eine größere, allerdings begrenzt bleibende Öffentlichkeit einmal über zahlreiche neugegründete Zeitungen und Zeitschriften,[8] zum anderen über Veranstaltungen der rechtsradikalen Parteien sowie in den vielen kleinen Interaktionsöffentlichkeiten. Die Skandale über offen geäußerten Antisemitismus in den Jahren 1948-1952 belegen, daß dieser auf den Ebenen der Versammlungen und öffentlichen Interaktionen noch keineswegs aus der Öffentlichkeit verdrängt war. Der Prozeß gegen den Regisseur des antisemitischen Films „Jud Süß", Veit Harlan, wurde von antisemitischen Kundgebungen begleitet, und bei der Durchsetzung des Boykotts neuer Harlan-Filme Anfang der 50er Jahre kam es auf der Straße zu antisemitischen Schmähungen der Boykotteure und zu Schlägereien. Ein Bundestagsabgeordneter der im Bund mitregierenden Deutschen Partei, Wolfgang Hedler, äußerte sich auf einer Parteiversammlung gegen die Juden, was von einem anwesenden SPD-Mitglied publik gemacht und zur Affäre wurde. Mehrere Parallelfälle wurden danach bekannt („Neuer Fall Hedler", FR 19.1.1950). Der „Fall Auerbach", in dem der einflußreiche jüdische Leiter des bayerischen Entschädigungsamtes, Dr. Auerbach, wegen Unregelmäßigkeiten in seinem Amt angeklagt wurde, machte durch die Verwicklung fast aller führenden bayerischen Politiker großes Aufsehen und war nicht frei von antijüdischen Untertönen (z.B. in der Süddeutschen Zeitung). Das Thema „Wiedergutmachung", das parallel in den Verhandlungen mit Israel auf der politischen Tagesordnung stand und bei zahlreichen Politikern und der Bevölkerung auf Ablehnung stieß, geriet auf diese Weise negativ in die Schlagzeilen.

Meinungsumfragen spiegeln diese negative Entwicklung des öffentlichen Klimas wider (vgl. *Tabelle 1*). Die Zunahme antisemitischer Einstellungen zwischen 1949 und 1952 deutet auf zweierlei hin: einmal darauf, daß in den Umfragen während der Besatzungszeit möglicherweise der Anteil sozial erwünschter Antworten höher war, da die Befragten Sanktionen fürchteten, zum anderen auf die Wirkung des aus den oben genannten Gründen seit 1949 gewandelten Meinungsklimas. Die Serie der Landtagswahlen von 1949 bis 1952 zeigt mit ihren Stimmengewinnen für die rechtsextremen und rechtskonservativen Parteien diesen Wandel des politischen Klimas im Vergleich zu der Zeit davor und danach an.[9]

Hervorzuheben ist, daß die Medien in ihrer großen Mehrheit Antisemitismus keinen Raum gaben, daß aber die institutionellen Lernprozesse noch ganz in den Anfängen steckten und ein Vermeidungsverhalten vorherrschte, da Schulen, Universitäten, Justiz

---

8 Z.B. die bis heute größte rechtsradikale Zeitung „Die Nationalzeitung" besteht seit 1950;
   „Nation Europa" (1951); „Restitution. Die Zeitschrift zur Rückerstattungsfrage" (Mai 1950
   bis 1954); „Das Ziel", Zeitschrift der Deutschen Reichspartei; dann die Zeitungen, die mit
   der 1949 gegründeten „Sozialistischen Reichspartei" (SRP) verbunden waren: „Deutsche
   Opposition" (1951), „Deutsche Reichszeitung" (1950), „Deutsche Wacht", „Die Information" u.a.

9 Falter spricht davon, daß sich in diesen Landtagswahlen in Erinnerung an die Weimarer
   Republik die schlimmsten Befürchtungen über eine politische Zersplitterung und Instabilität ausbreiteten. Die Bundestagswahl 1953 brachte dann mit dem Aufstieg der Unionsparteien plötzlich ein ganz anderes Bild, was zeitgenössische Interpreten von einem „deutschen
   Wahlwunder" sprechen ließ (Falter 1981: 240).

Tabelle 1: Frage: „Wie ist überhaupt Ihre Einstellung zu den Juden?"

	Demonstrativ antisemitisch	Gefühlsmäßig antisemitisch	Reserviert	Tolerant	Demonstr. freundlich	kein Urteil
1949	10 %	13 %	15 %	41 %	6 %	15 %
1952		34 %	18 %	23 %	7 %	18%

(*Quelle:* Institut für Demoskopie 1949, 1956)

überwiegend mit dem alten Personal weitermachten.[10] So waren z.B. die Lehrpläne zwar von rassistischem Gedankengut gesäubert worden, enthielten jedoch noch kaum adäquate Darstellungen der Judenverfolgung oder der jüdischen Geschichte (vgl. Bergmann 1992).

Die Regierung Adenauer hatte 1949 in ihrer ersten Regierungserklärung nicht zur Verfolgung der Juden im Dritten Reich und zum Antisemitismus der Gegenwart Stellung genommen, was von der oppositionellen SPD heftig kritisiert wurde. Als Adenauer 1951 auf äußeren und inneren Druck eine Regierungserklärung zu diesem Themenkomplex abgab, spiegelte diese das Dilemma der deutschen Politik wider: kontrafaktisch zu den Ergebnissen der Meinungsumfragen, die zum Teil im Auftrag des Innenministeriums durchgeführt worden waren, sprach er die große Mehrheit der Bevölkerung von Antisemitismus frei, um den ausländischen Beobachtern das Bild eines gewandelten Deutschlands zu präsentieren, denn die „Judenfrage" war zum „Prüfstein der deutschen Demokratie" (so der US-Hochkommissar John McCloy) erklärt worden. Gleichzeitig wurden die noch verbliebenen Antisemiten von Adenauer als politische Extremisten marginalisiert und unter Verfolgungsdruck gestellt. Die Politik gab damit eine (noch) nicht bestehende Kongruenz von öffentlicher Meinung und Bevölkerungsmeinung vor und schuf so die öffentliche Erwartung, die Bevölkerungsmeinung werde sich in die gewünschte Richtung entwickeln, was dann in großem Umfang über vierzig Jahre auch geschehen ist.

Die für alle gesellschaftlichen Teilsysteme geltende „Windstille" Mitte der 50er Jahre setzte die antisemitischen Einstellungen in der Bevölkerung zwar nicht offensiv unter Änderungsdruck, doch war jedem klar, daß eine Verteidigung des Antisemitismus oder Nationalsozialismus niemandem zugebilligt wurde. Das Verbot der rechtsradikalen SRP durch das Bundesverfassungsgericht im Jahre 1952 und die Verbote neonazistischer Vereinigungen in einigen Bundesländern 1952/53 demonstrierten den politischen Willen, eine Renazifizierung nicht hinzunehmen. Seit der Bundestagswahl 1953 konsolidierte sich das Parteiensystem, indem die Zahl der Parteien im Bundestag zurückging und die CDU/CSU, SPD und FDP bereits 72 Prozent aller Stimmen auf

---

10 In Schleswig-Holstein, das seit 1950 als erstes Bundesland von einem ehemaligen NSDAP-Mitglied regiert wurde, begann von da an im öffentlichen Dienst auf breiter Front eine Wiedereinstellung ehemaliger Pg, so daß bis Mitte der 50er Jahre in vielen Behörden mehr ehemalige Nationalsozialisten beschäftigt waren als im Dritten Reich (Bästlein 1992: 32). Wichtiger ist jedoch, daß auch die Institutionen wie Kirchen, die Schule, die Wissenschaft noch keine durchgreifende Revision ihrer Anschauungen geleistet hatten bzw. öffentliche Stellungnahmen vermieden. Der Lernprozeß in der Evangelischen Kirche läßt sich gut anhand der Schuldbekenntnisse (ab 1945) sowie der Schritte zur Revision des Verhältnisses zum Judentum rekonstruieren (Bergmann 1992).

Tabelle 2: „Würden Sie sagen, es wäre besser (ist für Deutschland besser), keine Juden
im Land zu haben?"

	1952	1956	1958	1963	1965	1983	1987
besser	37%	26%	22%	18%	19%	9%	13%
nein	19%	24%	38%	40%	34%	43%	67%
unentschieden/egal	44%	50%	40%	42%	47%	48%	20%

(*Quelle:* IfD 1986: Tab. 13; 1957: 126)

sich vereinigen konnten (Falter 1981: 246). Das „Wirtschaftswunder" und die politische
Integration in den Westen taten ein Übriges, um die verklärende Erinnerung an die
Zeit von 1933-38 zurückzudrängen und sich mit dem neuen demokratischen Staat zu
arrangieren. G.R. Boynton und Gerhard Loewenberg haben anhand von Umfragedaten
zur Einschätzung Hitlers[11] den kontinuierlichen Rückgang positiver Einschätzungen
in den 50er Jahren gezeigt und kommen zu dem Schluß: „Positive attitudes toward
the... Hitler dictatorship were apparently undermined by the policy success of the
Adenauer Government" (1974: 480; ebenso Davison 1957: 299f.).[12] Die einzige Frage,
die seit den 50er Jahren in Meinungsumfragen in einer gewissen Dichte immer wiederholt worden ist, läßt für die 50er Jahre einen deutlichen Rückgang der antijüdischen
Einstellungen erkennen; es dominierte ein Desinteresse bzw. eine unentschiedene Haltung gegenüber dem Verbleib von Juden im Lande, wobei der Einstellungswandel
offenbar bei vielen in den 50er Jahren in zwei Schritten verlaufen ist: von einer negativen
Einstellung über eine unentschiedene zur Akzeptanz der Juden im Lande (vgl. *Tabelle 2*).

Dieser Einstellungswandel wurde durch die herrschende öffentliche Meinung begünstigt, wobei vor allem die Publikation des „Tagebuchs der Anne Frank" zu einem
der späteren TV-Serie „Holocaust" vergleichbaren Schock führte.[13] Es waren aber auch
die konkreten deutsch-jüdischen Konfliktpunkte verschwunden: Die Auswanderung
der jüdischen Displaced Persons war abgeschlossen, so daß im Lande nur eine ver-
schwindend kleine Zahl von Juden verblieben war. Wiedergutmachung und Restitution
bildeten nach 1953 kein öffentliches Thema mehr, sondern wurden zum Problem der
dafür geschaffenen Bürokratie. Zudem begann sich in den Umfragedaten das Heran-

---

11 Die vom IfD wiederholt gestellte Frage lautete: „Alles, was zwischen 1933 und 1939
   aufgebaut worden war, und noch viel mehr, wurde durch den Krieg vernichtet. Würden Sie
   sagen, daß Hitler ohne den Krieg einer der größten deutschen Staatsmänner gewesen
   wäre?" Anteil der Ja-Antworten: 1955: 47,7 %; 1956: 42,6 %; 1959: 41,2 %; 1960: 34,1 %; 1961:
   29,7 %; 1962: 37,3 %; 1963: 35,3 %; 1967: 32,3 % (Boynton/Loewenberg 1974: Tab.1); zum
   Vergleich: 1990: 26 % (IfD 1993).
12 Dabei war es für den Ausschluß des Nationalsozialismus und seiner Ideologie von großer
   Bedeutung, daß die NSDAP-Wähler und -Anhänger politisch auseinanderstrebten und ihre
   Stimmen nicht bei einer rechten Partei konzentrierten, die als ihr öffentliches Sprachrohr
   hätte fungieren können. Vgl. zum Wahlverhalten der vormaligen NSDAP-Wähler (Falter
   1981: 245).
13 Vgl. Graml (1990: 177), der die Wirkung dieses zwischen 1950 und 1958 mehr als 700 000
   mal verkauften Buches sehr hoch veranschlagt, und zudem auf die vielen anderen literarischen und biographischen Auseinandersetzungen der frühen 50er Jahre verweist. Mit Recht
   weist er daraufhin, daß mit der Gründung des „Instituts für Zeitgeschichte" (zuerst: Institut
   für die Erforschung der nationalsozialistischen Zeit) 1949/50 der Grundstein für eine
   wissenschaftlich-öffentliche Auseinandersetzung gelegt worden war (179).

wachsen einer neuen politischen Generation niederzuschlagen, nämlich der Jahrgänge ab 1935, die von der NS-Erziehung kaum noch geprägt worden waren und sich nach dem Krieg kritisch gegen ihre Eltern wandten (Boynton/Loewenberg 1974: 485).

VI. *Kathartische Krise und institutionelle Lernprozesse*

Zum Ende der 50er Jahre begannen sich antisemitische Skandale, in die vor allem Lehrer, Ärzte und Juristen verstrickt waren, derart zu häufen, daß eine besorgte öffentliche Diskussion in den Medien und in der Folge auch in der Politik einsetzte. Die Fälle, die mit den Namen der Lehrer Zind, Stielau, Krumsiek, des KZ-Arztes Eisele und anderer Euthanasie-Ärzte sowie des antisemitischen Pamphletisten Nieland verbunden sind, wurden zu „Fällen", weil die Schul- oder Justizbehörden versäumten, ein Verfahren zu eröffnen, weil sie die Täter freisprachen oder aber ins Ausland entkommen ließen.[14] Die Presse, so der „Spiegel" im „Fall Zind", deckte dieses Fehlverhalten auf und skandalisierte es, so daß es zu Untersuchungen und Entlassungen bzw. Versetzungen der Antisemiten kam. Regierung und Parlament diskutierten in einer großen Justizdebatte (22.1.1959) über diese bedenklichen Erscheinungen in der Justiz (die SPD forderte eine zweite Entnazifizierung) und berieten über ein „Volksverhetzungsgesetz" zum Schutz vor allem der jüdischen Minderheit vor Beleidigungen. In diese „Reformüberlegungen" hinein platzte die antisemitische Schmierwelle des Winters 1959/60, die im In- und Ausland ein riesiges Medienecho und hektische politische Aktivitäten auslöste (dazu Bergmann 1990). Das politische System geriet unter starken außenpolitischen Druck, da die Westmächte und Israel politische Maßnahmen forderten, die Länder des Ostblocks, vor allem die DDR, die Vorfälle als Munition im Ost/Westkonflikt nutzten.[15] Die Schmierereien lösten jedoch auch eine gesellschaftsweite Protestwelle in der Bevölkerung aus, die von Studentenverbänden über die Kirchen bis hin zum Hausfrauenverband reichte, ja sogar rechtsradikale und antisemitische Parteien und Bünde zur Distanzierung zwang, und viele tausend Demonstranten auf die Straße brachte.

Neben der harten Bestrafung von gefaßten Schmierern und dem Verbot der rechtsextremen Deutschen Reichspartei (DRP) in zwei Bundesländern verstärkte die Schmierwelle in der Öffentlichkeit die bereits in Gang gekommene generelle Diskussion über den Stand der Bewältigung des Nationalsozialismus, die zu einer ganzen Reihe politischer Konsequenzen[16] und zu institutionellen Lernprozessen vor allem in der Schule

---

14 Wie sehr diese Fälle als symptomatisch für die politische Kultur in der Bundesrepublik gesehen wurden, zeigt der Film „Rosen für den Staatsanwalt" (1959) von Wolfgang Staudte, der an den „Fall Zind" anknüpfend die Tätigkeit von überzeugten NS-Juristen auf's Korn nahm.

15 Diese Einmischung ausländischer Regierungen, Organisationen und Massenmedien übte starken Druck auf die Deutschen aus. Nach Ansicht des Generalsekretärs des Zentralrats der Juden, van Dam, hatte das Ausland nur auf ein derartiges Alarmzeichen gewartet, um seinem „Antigermanismus" freien Lauf zu lassen (Die Zeit vom 8.1.1960).

16 Um nur einige zu nennen: Entlassung des belasteten Ministers Heinrich Oberländer im Mai 1960, Verabschiedung des „Volksverhetzungsparagraphen" (130 StGB) im Mai 1960, Gesetz zur Frühpensionierung bzw. Entlassung belasteter Staatsanwälte und Richter. Bereits 1958 war die Ludwigsburger „Zentrale Stelle der Landesjustizverwaltungen" gebildet worden,

(Lehrplanänderungen, Einführung des Faches Gemeinschaftskunde), der Universität (VDS-Tagungen), der Kirche (Gründung des Arbeitskreises „Juden und Christen" auf dem Evangelischen Kirchentag 1961) und der Justiz führte (freiwillige Frühpensionierung belasteter NS-Richter bis zum 30.6.1962 durch Änderung des Richtergesetzes 1961, vgl. FR 11. und 13.7.63).[17] Mit dem Eichmann- und dem späteren Auschwitz-Prozeß (1961 bzw. 1963-65) und ihrer großen Resonanz in den Medien und in der Theaterliteratur[18] blieben Antisemitismus und Judenverfolgung während der ersten Hälfte der 60er Jahre in der öffentlichen Diskussion,[19] und es wurden in Umfragen in dieser Zeit häufig Fragen zur weiteren Verfolgung von NS-Verbrechern, zur Einstellung zu Juden usw. eingeschaltet (vgl. die Jahrbücher des Instituts für Demoskopie (IfD) und die Emnid-Informationen).[20]

Die Langzeitwirkungen dieser öffentlichen Debatten und institutionellen Veränderungen auf die Einstellung der Bevölkerung werden in den Antisemitismus-Studien der 80er Jahre greifbar (s.u.), doch wie stand es mit den direkten Wirkungen in den frühen 60er Jahren?

Natürlich gab es zunächst die kurzfristigen Meinungsausschläge, die typischerweise auf politisch bedeutsame Ereignisse folgen. Dies zeigte sich z.B. an der im Vergleich zu 1958 stark angestiegenen Sanktionsforderung gegenüber antisemitischen Aktionen unter dem Eindruck der Schmierwelle (vgl. *Tabelle 3*).

Bei dem Meinungsumschwung von 1958 auf 1960 dürfte es sich um einen „Ausreißer" gehandelt haben, der Trend verläuft, wie die Entwicklung von 1949 auf 1958 belegt, sehr viel langsamer. So zeigt die *Tabelle 2* für den fraglichen Zeitraum von 1958-1965 keine signifikante Einstellungsänderung gegenüber Juden, und auch die

---

die die Ermittlungsarbeiten für NS-Verbrechen durchführen und koordinieren sollte, was zu einem enormen Anstieg der Zahl der Strafverfahren ab 1959 führte (Rückerl 1984).

17 Nachdem nicht alle vorbelasteten Richter gegangen waren, beantragten die Länder Hamburg und Hessen im Bundesrat im Juli 1963 eine Grundgesetzänderung, damit durch einen Zusatz zur Verfassungsgarantie über die Unabsetzbarkeit des Richters der Weg frei würde, um auch die letzten „Hartnäckigen", die dem Angebot der Frühpensionierung bis 30.6.1962 nicht gefolgt waren, in den Ruhestand schicken zu können (FR 11.7.63: „Es geht um die Glaubwürdigkeit der Justiz" und FR 13.7.1963).

18 Neben „Der Ermittlung" (1965) von Peter Weiss sind hier die Theaterstücke von Max Frisch („Andorra", 1961), Siegfried Lenz („Zeit der Schuldlosen", 1961; „Das Gesicht", 1964), Martin Walser („Eiche und Angora", „Der schwarze Schwan" – beide 1964), Rolf Hochhuth („Der Stellvertreter", 1963) und Heinar Kipphardt („Joel Brandt", 1964/65) zu nennen.

19 Ich würde es zu den 68er-Mythen zählen, daß die Auseinandersetzung mit den Nazi-Eltern erst mit der Studentenbewegung begonnen habe. Der Beginn liegt m.E. in den frühen 60er Jahren, während demgegenüber die Studentenbewegung mit ihrem marxistisch inspirierten Faschismus-Begriff zwar die Bundesrepublik generell als kapitalistischen und damit potentiell faschistischen Staat angegriffen hat, aber an einer konkreten Auseinandersetzung mit der alltäglichen Verstrickung in den Nationalsozialismus gerade nicht interessiert war. Die Veränderung des politischen Meinungsklimas liegt bereits in den frühen 60er Jahren, in denen die Diskussion über den Nationalsozialismus eine große Breitenwirkung entfaltet hat.

20 In dieser Phase setzte auch ein Wandel des Urteils der Jugendlichen über den Nationalsozialismus und Hitler ein. An erster Stelle der negativen Merkmale wurden 1961 nicht mehr Diktatur/Unfreiheit genannt, sondern „Judenprobleme, Rassenwahn" (vgl.Jaide 1963: 102). Hier ist mit Zinnecker (1984: 347) ein Agenda-Setting-Effekt der öffentlichen Antisemitismusdebatten im Anschluß an die Schmierwelle und den Eichmann-Prozeß zu vermuten, der eine Veränderung der thematischen Schwerpunkte in der persönlichen Einstellung zur Folge hatte. Allerdings läßt sich über deren Stabilität nichts aussagen.

Tabelle 3: „Sollten Personen, die sich judenfeindlich betätigen, von den Gerichten bestraft werden oder nicht?"

	1949	1958	1960	1987
Ja, bestimmt bzw. ja in schweren Fällen	41 %	50 %	82 %	82 %
Nein, prinzipiell nicht bzw. wäre undemokratisch	43 %	20 %	8 %	10 %
Unentschieden	16 %	30 %	10 %	8 %
	100 %	100 %	100 %	100 %

(*Quelle*: IfD 1949; Bergmann/Erb 1991: 165)

Datenreihen von Boynton/Loewenberg lassen sehr gut erkennen, wie nach dem Meinungsknick in den Jahren 1960 und 1961 die Ergebnisse ab 1962 wieder pronazistischer werden, dem Gesamttrend folgend jedoch auf niedrigerem Niveau als vor der Schmierwelle (1974: 457, vgl. auch Anm. 11). Dies ist ein oft beobachtetes Phänomen: Skandale oder sonstige Mobilisierungen der öffentlichen Meinung führen zu kurzfristigen, in Umfragen faßbaren Meinungsänderungen, die jedoch nicht stabil sind. Allerdings bleibt immer ein gewisser Teil der Befragten bei der geänderten Meinung, so daß sich nicht die ursprüngliche Meinungsverteilung wiederherstellt (vgl. unten: TV-Serie „Holocaust").

Sowohl der langfristige Meinungstrend gegen rechtsextreme und antisemitische Einstellungen wie seine Beschleunigung schlagen sich auch im konkreten Verhalten nieder, z.B. im Mitgliederrückgang des organisierten Rechtsradikalismus von 1954 bis 1964, der sich in dem kurzen Zeitraum von 1959 auf 1961 sehr verstärkt hat. Das Bundesministerium des Inneren konstatierte für die Jahre nach 1960 eine für das „nationale Lager" entmutigende Entwicklung (Wahlergebnisse), die es außer auf die politische und wirtschaftliche Konsolidierung auch auf „die aufklärende Arbeit von Presse, Funk- und Fernsehen, Bildungsträgern und Behörden, die sich verstärkt dieses Themas annahmen", zurückführte. Die wachsende öffentliche Auseinandersetzung mit der rechtsextremen Publizistik in den Medien zeige hier ihre Wirkung (BMI 1965: 4).[21] Diese Entwicklung basierte natürlich nicht allein auf der Reaktion auf die Schmierwelle, sondern wurde in den folgenden Jahren vor allem durch die breit in den Medien behandelten NS-Prozesse (Eichmann-Prozeß und Auschwitz-Prozeß) und die öffentliche und parlamentarische Debatte über die Frage der Verjährung von NS-Verbrechen im Jahre 1965, die mit einer Verlängerung der Frist endete, gestützt. Dabei war wichtig, daß bei allem Streit über die juristischen Fragen einer Verjährung der politische Konsens über die Schwere der NS-Verbrechen deutlich wurde.

---

21 Der Verfassungsschutz berichtete 1964 von antisemitischen Äußerungen in Versammlungen der extremen Rechten, also in einer halb geschlossenen Form von Öffentlichkeit, wohingegen die rechtsextreme Inlandspresse aus taktischen Erwägungen auf unverhüllten Antisemitismus verzichte (Bundesministerium des Inneren 1965: 10f.).

VII. Themenkonkurrenz: Verdrängung des Themas „Antisemitismus"
von der öffentlichen Agenda (1967-1979)

Mit der Studentenbewegung geriet die Universität unter Reformdruck, eingeschlossen die Professoren, die nach ihrer Rolle im Nationalsozialismus befragt wurden. Doch besaß die studentische Faschismuskritik eher antikapitalistische Züge, während der Antisemitismus ein Randthema blieb.[22] Die Durchsicht der Presse der späten 60er und der 70er Jahre zeigt die Dominanz der öffentlichen Auseinandersetzung mit der neuen marxistischen Linken, zunächst der Studentenbewegung, dann des Terrorismus der Baader-Meinhoff-Gruppe und der RAF. Rechtsextreme und antisemitische Vorfälle wurden registriert, konnten sich aber in der „public arena" nur selten gegen die „linken Themen" behaupten.[23] Zwar verfolgten Bundespräsident Gustav Heinemann und Kanzler Willy Brandt, z.B. durch seinen Kniefall im Warschauer Ghetto, eine symbolische Politik der Schuldanerkennung Deutschlands gegenüber den Juden, doch zeigen die Meinungsumfragen für den Zeitraum von 1964 bis 1977 nur eine schwach positive Entwicklung. Erst die Ausstrahlung der amerikanischen TV-Serie „Holocaust" brachte im Februar 1979 einen deutlichen Veränderungsschub, über dessen Langzeitwirkung die Umfrage-Daten einander widersprechende Schlußfolgerungen zulassen (siehe Kap. VIII.; vgl. *Tabelle 4*).

Tabelle 4: „Wenn jemand sagt, der nationalsozialistische Staat war ein Unrechtsstaat, ein Verbrecherregime: Nach dem, was Sie heute über die Hitler-Zeit wissen oder persönlich erlebt haben, würden Sie sagen":

	1964	1977	1979	1990
War ein Unrechtsstaat	54	60	71	85
Kann man nicht sagen	28	31	20	11
Anderes/weiß nicht	18	9	9	4

(*Quelle*: IfD 1993: 381)

In anderer Weise ist jedoch die Zeit von 1967 bis Ende der 70er Jahre für einen Einstellungswandel gegenüber den Juden von großer Bedeutung gewesen. In dieser Zeit änderte sich durch die Bedrohung Israels in den Kriegen seit 1967 die vorher stark proarabische und anti-israelische Einstellung der Bevölkerung zugunsten Israels

---

22 Die Demoskopie ist für die Aktualität von Themen ein guter Indikator. Abgesehen von der Silbermann-Studie zum Antisemitismus von 1974, die wissenschaftsintern motiviert war, zeigen unsere *Tabellen 2, 3* und *4*, daß zwischen 1965 und 1977 keine Daten dazu erhoben worden sind. Auch für andere Fragen ist eine Lücke zwischen 1969 und 1979 zu erkennen (Bergmann/Erb 1991).

23 Die erste „Faßbinder-Affäre" 1976 über sein Theaterstück „Die Stadt, der Müll und der Tod", wurde zwar durch die antijüdisch gezeichnete Figur des „reichen Juden" ausgelöst, doch wurde in dem in den Feuilletons ausgetragenen Streit der damals dominierende „frame" benutzt: die konservativen Kritiker Faßbinders (z.B. Joachim Fest) warfen ihm und der Linken „Linksfaschismus" vor, um so deren Faschismus-Vorwurf kontern zu können, während die Linken in der Schonung der „reichen Juden" einen Versuch sahen, den Kapitalismus, in diesem Fall die Bodenspekulation in Frankfurt, gegen Kritik zu immunisieren. Vgl. generell zum Modell der öffentlichen Arena: Hilgartner/Bosk (1988).

(vgl. Bergmann/Erb 1991: 182). Die militärischen Erfolge und die landwirtschaftlichen Aufbauleistungen Israels hatten Rückwirkungen auf die Stereotype des „feigen", „schwachen", „häßlichen", „zur Handarbeit untauglichen" Juden, die heute im Judenbild eine Randerscheinung geworden sind. Israel wurde als Teil des Westens gesehen und gewann als Opfer arabischer Aggression (man erinnere sich an das Attentat auf die israelischen Sportler während der olympischen Spiele 1972 in München) große Sympathien. Da antisemitische und antiisraelische Einstellungen recht hoch miteinander korrelieren (Bergmann/Erb 1991: 193), sind Rückwirkungen der positiven Einstellungsentwicklung gegenüber Israel auf die Einstellung zu Juden generell zu erwarten.

VIII. Die TV-Serie „Holocaust" als öffentliches Ereignis

Die in der Fernsehkritik umstrittene Ausstrahlung der Serie „Holocaust" wurde im Januar-Februar 1979 zu einem unerwarteten Medienereignis, dessen Resonanz beim Publikum alle Erwartungen übertraf. Die „Bundeszentrale für politische Bildung", die in der Ausstrahlung eine „wertvolle Chance pädagogischer Breitenwirkung" gesehen hatte (Ernst 1979: 230), initiierte eine Begleitforschung, die auch Repräsentativbefragungen einschloß. Der „agenda setting"-Effekt der Sendungen (Diskussionen im Familien- und Bekanntenkreis, Leserbriefe, Anrufe, Stellungnahmen von Politikern, 450.000 Anfragen nach Begleitmaterial, Begleitpublizistik; vgl. Gast 1982, Siedler 1984 für die Presse und Broszat 1980 für den Sachbuchmarkt), begleitet von hoher emotionaler Betroffenheit, war sehr ausgeprägt. Auch ein Wissenszuwachs wurde von den befragten Zuschauern mehrheitlich bestätigt (51 Prozent).[24] Inwiefern haben die Umfragen Hinweise auf einen langfristigen Einstellungswandel durch die Rezeption und Diskussion des Films erbracht?

Eine kurzfristige Meinungsänderung war unmittelbar nach der Ausstrahlung im Februar 1979 (wie 1959/60) sowohl hinsichtlich der spezifischen Fragen nach der weiteren Verfolgung von NS-Verbrechen und antijüdischen Stereotypen wie auch bei der generellen Einschätzung des Nationalsozialismus und der moralischen Verpflichtung zu verzeichnen (Ernst 1979: 236ff.), und zwar nicht nur bei den „Holocaust"-Sehern, sondern auch bei den Nicht-Sehern, wenn auch bei letzteren weniger ausgeprägt. Hier kann von einer eigenständigen Agenda Setting-Wirkung gesprochen werden, da für die Meinungsänderungen andere Faktoren (z.B. reale Vorkommnisse) ausscheiden.[25] Der Meinungswandel bzw. die Ausbildung einer NS-kritischen Meinung waren bei den Jugendlichen (14-19 Jahre) am ausgeprägtesten, d.h. bei den Gruppen, in denen

---

24 Der Wissenszuwachs bzw. eine Schwerpunktverlagerung durch neues Wissen dürfte nicht ohne Einfluß auf die Einstellung zum Nationalsozialismus bzw. zu Juden geblieben sein. War zuvor von vielen Befragten der Nationalsozialismus mit Autobahnbau, Ruhe und Ordnung usw. verbunden worden, so traten an deren Stelle nach der Rezeption des Films die „Schattenseiten" dieser Zeit, wie Judenverfolgung, Tötung von Geisteskranken, Gestapo und KZ (Ernst 1979: 235). Wichtig war dabei, daß die Sendung als „glaubwürdig" beurteilt wurde (86 Prozent).

25 Zucker sieht die Tatsache der Wirkung auch auf Nicht-Seher darin begründet, daß der direkte Medieneinfluß nicht als „injecting of ideas into each individual mind" zu verstehen ist, sondern als „creation of a media world", der alle ausgesetzt sind (1978: 239).

der Meinungsbildungsprozeß noch im Fluß war, die keine eigenen Erfahrungen aus dieser Zeit besaßen bzw. bei vorher Unentschiedenen. Dieses Ergebnis der Meinungsumfragen wird durch eine Leserbriefanalyse bestätigt (Gast 1982: 360). Ob es sich hier um einen stabilen Einstellungswandel handelt, ist anhand der verfügbaren Daten nicht eindeutig zu klären. Die Umfragedaten des Sample-Instituts sprechen für einen kurzlebigen Effekt: Auf die identisch gestellte Frage nach der Verjährung von NS-Verbrechen sprachen sich im November 1978, im Februar 1979 und im Januar 1980 jeweils 53, 45 und 57 Prozent dafür und 31, 51 und 34 Prozent dagegen aus (Januar 1980). Spricht dies gegen eine Wirkung auf die Bevölkerungsmeinung, so legen andere Daten einen Effekt nahe: Das Verhältnis von ca. zwei Dritteln für einen Schlußstrich und einem Drittel für eine Weiterverfolgung, das konstant von 1969 bis 1978 gemessen wurde, wurde ab Februar 1979 zu einem Verhältnis von 50 zu 50 Prozent (IfD 1984; Emnid-Informationen 4/1988; siehe oben *Tabelle 4*). Die Beobachtung einer altersspezifisch gestuften Wirkung findet sich in den späteren Umfragen wieder, die zeigen, daß die jüngeren Jahrgänge eine weitere Strafverfolgung von NS-Verbrechen seltener ablehnen.

IX. Die langfristigen Wirkungen: Die Antisemitismusstudien der späten 80er Jahre

Die direkten Wirkungen der Fernsehserie sind natürlich sehr schwer von langfristigeren Sozialisationswirkungen zu isolieren, die sich etwa in den Antisemitismus- und Jugendstudien der 80er Jahre erkennen lassen (Bergmann/Erb 1991; Zinnecker 1985). Dabei wird sichtbar, daß die oben angesprochenen institutionellen Lernprozesse (Schule, Kirchen, Wissenschaft) und die Massenmedien bei den Jugendlichen Wirkung zeigen.

1. Antisemitismus und politische Generation

Ein Vergleich der Umfragedaten von 1949 bis heute belegt nicht nur den Rückgang antisemitischer Einstellungen in der Bevölkerung insgesamt, sondern läßt generationsspezifische Unterschiede erkennen. Die frühen Studien von 1949 und 1950/51 (IfD 1949; Pollock 1955) zeigen, daß eine antisemitische Einstellung am weitesten in den jüngeren Kohorten (unter 35 Jahre) verbreitet war, während die über 65jährigen wesentlich seltener so eingestellt waren. Nimmt man hinzu, daß in dieser Zeit auch Bildung positiv mit Antisemitismus korrelierte, dann wird der sozialisierende Effekt der herrschenden NS-Doktrin erkennbar. Einstellungsänderungen sind über die letzten vierzig Jahre hinweg auch in diesen Generationen zu verzeichnen; vor allem die sogenannte HJ-Generation (1949 unter 30 Jahre) hat der Umbruch von 1945 häufig zur Aufgabe antijüdischer Einstellungen geführt, doch bleibt eine generationelle Zäsur um die Jahrgänge 1935 herum bis heute erkennbar (vgl. *Schaubild 1*). Die nach 1945 sozialisierten Personen haben deutlich seltener antijüdische Einstellungen übernommen, sich also zumeist der herrschenden öffentlichen Meinung und nicht etwa familiär vermittelten Meinungen angeschlossen. Bildung korreliert wiederum positiv mit dem „mainstream" der öffentlichen Meinung.

Schaubild 1: Antisemitische Einstellungen – Generationenvergleich 1949 und 1987

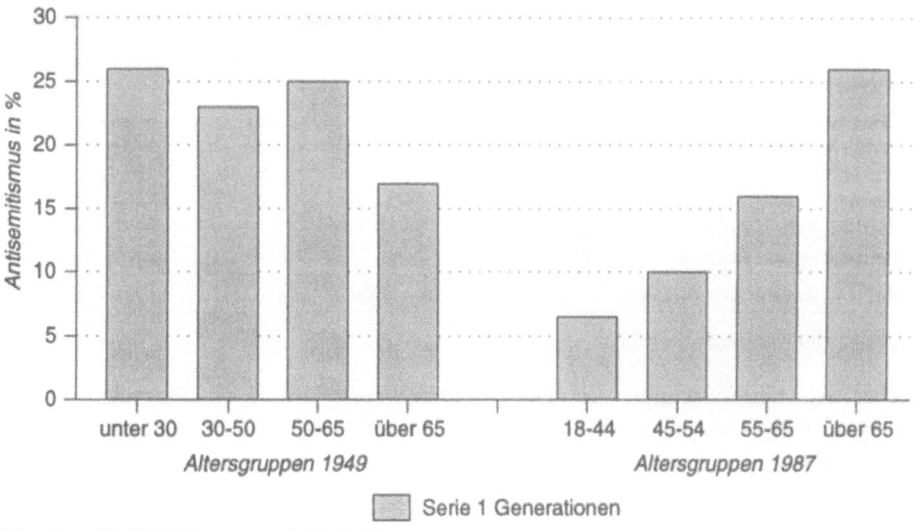

(*Quellen:* IfD 1949; Bergmann/Erb 1987)

2. Wandel in den Informationsquellen und im „Framing"

Waren 1984 bei den Erwachsenen der Jahrgänge 1929-33 die eigenen Erfahrungen Hauptquelle der Informationen über den Nationalsozialismus (62 Prozent) und nur selten die Medien (24 Prozent) oder die Schule (24 Prozent), so nannten die Jahrgänge 1937-39 die Erzählungen und Gespräche der Älteren an erster Stelle (59 Prozent), während bei den Jugendlichen der Jahrgänge 1960-1969 von 93 Prozent die Schule als Informationsquelle am häufigsten angegeben wurde, gefolgt von den Erzählungen der Älteren (44 Prozent) und den Medien (39 Prozent; Zinnecker 1985: 338). Nachdem der Nationalsozialismus in den 50er Jahren im Schulunterricht als Thema gemieden worden war, bildete sich in Reaktion auf die Ausschreitungen von 1959/60 in der Öffentlichkeit und in der Bevölkerung die Meinung heraus, daß die Kinder in den Schulen über die Ereignisse unter Hitler zuwenig erfahren. Seitdem spielen Nationalsozialismus und Judenverfolgung im Geschichtsunterricht und in anderen Fächern eine zunehmend größere Rolle, was fast bei allen Jugendlichen zu einem negativen Bild des Nationalsozialismus geführt hat (87 Prozent der 15-25jährigen nannten 1984 nur negative Merkmale des Systems, jeweils 6 Prozent positive oder neutrale/ambivalente (Zinnecker 1985: 343).

Neben dem quantitativen Aspekt gibt es in der Einstellung zum Nationalsozialismus auch eine Akzentverschiebung, was seine konstitutiven Merkmale betrifft. In den 50er Jahren dominierte die Totalitarismustheorie, so daß vor allem die Abrechnung mit der diktatorischen Staatsform im Vordergrund stand: 1955 nannten die Jugendlichen an erster Stelle Diktatur/Unfreiheit, gefolgt von Krieg/Militarismus, während Rassenhaß/Judenverfolgung und Terror/Vernichtung/KZ eine untergeordnete Rolle spielten (vgl. *Tabelle 5*). Hier hat durch die Schule, aber auch durch die Medien (Zinn-

312   Werner Bergmann

Tabelle 5: Wesentliche Merkmale des Nationalsozialismus (in Prozent)

	Jugend 1955 15-24 J.	Jugend 1984 15-24 J.	Erwachsene 1984 45-54 J.
Negative Kennzeichen:			
Diktatur/Unfreiheit	39	64	48
Krieg/Militarismus	11	27	34
Rassenhaß/Judenverfolgung	9	74	41
Terror/Vernichtung/KZ	7	27	12
Gottlosigkeit/Glaubensverfolgung	4	–	–
Nationalismus/Fanatismus/Überheblichkeit	9	9	7
Mehrfachnennungen möglich	(n = 630)	(n = 234)	(n = 215)

(*Quelle:* Zinnecker 1985: 346)

ecker sieht hier Wirkungen der TV-Serie „Holocaust") ein neues „Framing" stattgefunden. In der fest etablierten deutschen Demokratie stehen für die Jugendlichen nun nicht mehr Aspekte des Antidemokratischen an erster Stelle, sondern das prägende Kennzeichen des Nationalsozialismus wird der Holocaust, eine Verschiebung, die sich in abgeschwächter Form auch bei den Erwachsenen zeigt (vgl. *Tabelle 5*).[26]

Die Analyse der Wortfelder, die sich hinter den Kategorien der *Tabelle 5* verbergen, zeigt einen grundlegenden Perspektivenwandel seit den 50er Jahren an, in den auch der allgemeine Wertwandel hin zu neuen Erziehungs-, Persönlichkeits- und Gesellschaftswerten (Toleranz, Freiheit des Einzelnen, Individualität, demokratische Entscheidungsstile statt eines mehr formalen Demokratieverständnisses und autoritär geprägten Einstellungen) eingegangen ist.[27]

Mit der Anerkennung der Verbrechen des Nationalsozialismus ist eine rechtsextreme und antisemitische Einstellung konsonant auf Dauer nur schwer zu verknüpfen, so daß der rechtsextreme Revisionismus zwangsläufig den Holocaust öffentlich leugnen muß, was der Staat mit dem Gesetz gegen die „Auschwitz-Lüge" seit 1985 unter Strafe gestellt hat.[28] Dies zeigt, daß sich über die letzten 40 Jahre ein Form- und

26 Im Vergleich zu den 50er Jahren wird heute die Faktizität des Holocaust nur noch von einer Minderheit bestritten oder relativiert (1987: 13,3, Prozent halten „vieles für übertrieben dargestellt"). 1951 war die Meinungsverteilung noch nahezu umgekehrt: nur 29 Prozent hielten die Behauptung, „daß während der Hitler-Zeit mehr als 5 Millionen Juden getötet wurden" für ungefähr richtig bzw. für zu niedrig, 26 Prozent hielten sie für etwas und 37 Prozent für stark übertrieben (Emnid 1954: 40). Man kann also sagen, daß die von der historischen Forschung ermittelten Fakten und ihre Vermittlung durch Medien und Schule heute weitgehend akzeptiert werden. Für den Erfolg dieser Aufklärung der Bevölkerung sprechen vor allem die Alters- und Bildungsstruktur. Befragte unter 45 Jahren: 85 Prozent halten Berichte über die Judenvernichtung für wahr; über 60 Jahre: 67 Prozent; Volksschulabsolventen: 74 Prozent, höhere Schulabschlüsse: 87 Prozent (Bergmann/Erb 1991: 256).

27 Die Autoritarismusforschung kann von 1945 über 1963 bis 1979 ebenfalls einen kontinuierlichen deutlichen Rückgang autoritärer Einstellungen bei westdeutschen Jugendlichen nachweisen (Lederer 1983). Dieser Einstellungs- und Wertwandel, der mit einer Akzeptanz von Modernität verbunden ist, entzieht den typischen antijüdischen Stereotypen den Boden: Flexibilität, wirtschaftlicher Erfolg, Konkurrenz sind zu zentralen Werten geworden.

28 Dieses nicht unproblematische Gesetz, das eine bestimmte Sicht der Vergangenheit mit juristischen Mitteln aus der Öffentlichkeit verbannt, demonstriert eine für demokratische Öffentlichkeiten ungewöhnliche Restriktivität.

Motivwandel des Antisemitismus ereignet hat, in dem heute die Auseinandersetzung über die NS-Verbrechen und ihre adäquate Erinnerung und Bewältigung im Zentrum stehen, während die alten Elemente des Gruppenantagonismus verblaßt sind. Die öffentlichen Konflikte der 80er Jahre, der Streit um die Bemerkung Kohls von der „Gnade der späten Geburt" auf seiner Israel-Reise 1982, die „Bitburg-Affäre", die Faßbinder-Affäre, der Historikerstreit und der Sturz des Bundestagspräsidenten Jenninger über seine Rede zum Jahrestag der „Reichskristallnacht" 1988, spiegeln die Dominanz dieses neuen Interpretationsrahmens: Es geht nicht mehr um antijüdische Beleidigungen oder Aktionen, sondern um den adäquaten öffentlichen Umgang mit der Erinnerung an den Nationalsozialismus und den Holocaust durch die politische und kulturelle Elite. Der anti-antisemitische Konsens ist öffentlich nicht mehr strittig, die Konflikte verschieben sich deshalb auf Fragen des Stils, der Glaubwürdigkeit, des richtigen Umgangs mit dem Anti- oder Philosemitismus.[29] Man kann dies als eine Anhebung der Zugangsschwelle zur Öffentlichkeit interpretieren, die heute sehr sensibel auf antisemitische Töne reagiert und diese entweder von vornherein ausschließt oder aber sehr schnell skandalisiert.[30] In der Bundesrepublik hat der Latenzdruck sogar Auswirkungen bis in die private Kommunikation unter Freunden hinein. Nur 40 Prozent der Befragten konnten sich 1986 vorstellen, mit einem Bekannten weiter befreundet zu sein, der für eine Ausweisung der Juden plädierte, 26 Prozent hielten dies für „kaum möglich" (IfD 1986, zum Vergleich: in Frankreich und den USA konnten sich eine Fortsetzung der Freundschaft 54 bzw 68 Prozent vorstellen). Dies spricht dafür, daß antisemitische Äußerungen auch in den kleineren Formen der Öffentlichkeit riskant sind.

X. Journalisten als Gatekeeper

Für die Durchsetzung eines öffentlichen Kommunikationsverbots ist neben der Einstellung der Eliten vor allem die der journalistischen Gatekeeper von besonderer Bedeutung.

Eine Studie über den Umgang von (bayerischen) Journalisten mit dem Judentum, deren selbstselektive Stichprobe und geringe Rücklaufquote bei der brieflichen Befragung allerdings die Repräsentativität und Validität der Ergebnisse beeinträchtigt,

---

29 Das American Jewish Committee hat in seiner Antisemitismus-Umfrage 1990 jeweils auch 50 ost- und westdeutsche Politiker, und zwar Parlamentarier und Parteifunktionäre, befragt (vgl. Jodice 1991), die auf Fragen nach dem kritischen Umgang mit der NS-Zeit, also ihre Behandlung im Unterricht (100 Prozent Zustimmung), die Verfolgung von NS-Verbrechern (86 Prozent West; 90 Prozent Ost), die Erinnerung an den Holocaust, die Verantwortung für Israel etc., sehr hohe Zustimmungsquoten zeigen. Der herrschende öffentliche Konsens wird demnach von seiten der Politiker voll geteilt und gestützt.

30 Die stillose Frage eines Rostocker Stadtrates an den Zentralratsvorsitzenden der Juden, Ignatz Bubis: „Sie sind ein deutscher Staatsbürger jüdischen Glaubens. Ihre Heimat ist Israel. Ist das richtig", genügte, um den Stadtrat zum Rücktritt zu zwingen (Nov. 1992); eine derartige Bemerkung wäre in den 50er Jahren noch nicht als antisemitisch aufgefaßt worden. Im Jahre 1986 wurden judenfeindliche Äußerungen von Politikern von einer großen Mehrheit der Bevölkerung als „sehr schlimm" (55 Prozent) und „schlimm" (28 Prozent) abgelehnt, nur für 16 Prozent waren sie „nicht der Rede wert" (Emnid 1986: Tab. 5; ähnlich IfD 1986: Tab. 32).

scheint zu belegen, daß diese Berufsgruppe noch weniger antijüdisch eingestellt ist als der Bevölkerungsdurchschnitt (Zehnder 1993). Ähnlich wie die Politiker akzeptieren die Journalisten eine besondere Verpflichtung aus der Vergangenheit heraus, indem sie nur zu 18 Prozent einen Schlußstrich unter die Vergangenheit forderten (gegenüber 2/3 der Bevölkerung) und eine besondere Verantwortung gegenüber den Juden bejahten (90 Prozent, nur 4 Prozent lehnten sie ab). Gefragt, „wem Sie eine scharfe öffentliche Kritik an Juden oder Israel am wenigsten verübeln würden", nannten die Journalisten durchgängig Angehörige der Opfergruppen (Juden, Überlebende des Holocaust, aber auch arabische Journalisten), während deutschen Journalisten ein Recht dazu überwiegend nicht zugestanden wurde. D.h. auch unabhängig von der eignen Haltung zu Juden räumen die Journalisten den Deutschen generell, aber vor allem deutschen Journalisten kein Recht zu offener Kritik an Juden ein (ebd.: 120), fast zwei Drittel sahen „bezüglich der Juden in Deutschland und des Staates Israel" eine besondere Verpflichtung für einen deutschen Journalisten, 19 Prozent sahen diese nicht.[31]

Besonders interessant in diesem Zusammenhang ist eine Vorgabe, in der sich die journalistischen Berufsnormen der Objektivität und Kritik und eine Verpflichtung auf eine Aussöhnung zwischen Juden und Deutschen gegenüberstehen. Die in der Axel Springer A.G. tätigen Journalisten müssen per Berufsvertrag den politischen Grundsatz anerkennen: „Das Herbeiführen einer Aussöhnung zwischen Juden und Deutschen; hierzu gehört auch die Unterstützung der Lebensrechte des israelischen Volkes" zu fördern. Dieser publizistische Grundsatz stieß bei den befragten Journalisten auf allgemeine Akzeptanz (69 Prozent hielten ihn für eine Selbstverständlichkeit, 42 Prozent wollten ihn jederzeit unterschreiben – Mehrfachnennungen möglich)[32] und nur 12 Prozent sahen in ihm eine Einschränkung der journalistischen Objektivität oder Freiheit. 27 Prozent akzeptierten den Grundsatz nur als eine unverbindliche Leitidee. D.h. ein projüdischer publizistischer Grundsatz ist für die Mehrheit durchaus akzeptabel und wird von der Hälfte der befragten Journalisten auch als effektiv für den Abbau antisemitischer Einstellungen in der Bevölkerung angesehen (Zehnder 1993: 135).

Die öffentliche Norm, antisemitische Äußerungen in den Medien nicht zuzulassen, steht bei der großen Mehrheit der befragten Journalisten im Einklang mit ihrer persönlichen Einstellung. Interessanter aber ist, daß auch der vom Autor der Studie auf

---

31 Eine besondere Verpflichtung für deutsche Journalisten wurde mit 63 Prozent seltener anerkannt als die generelle Verantwortung aller Deutschen gegenüber den Juden (92 Prozent) und Israel (86 Prozent). Dies weist auf einen Konflikt mit Berufsnormen der Objektivität und Kritik hin. Dafür spricht, daß die Journalisten überwiegend für eine Gleichbehandlung der Juden „in Anerkennung und Kritik" mit anderen gesellschaftlichen Gruppen stimmen (74 Prozent) und generell für eine Gleichbehandlung von Juden und Nichtjuden plädieren (80 Prozent; vgl. Zehnder 1993: 123).

32 Dies ging allerdings nicht bis zu einer bewußten Nachrichtenmanipulation, etwa dem Nichtveröffentlichen einer spektakulären Agenturmeldung über die Unterschlagung von größeren Geldbeträgen durch einige prominente Juden in Deutschland. Nur 8 Prozent hielten dies für vertretbar, 73 Prozent für nicht vertretbar und 12 Prozent stimmten für eine Kompromißlösung (nachrangige Plazierung der Meldung; Zehnder 1993: 126ff.). Der „Fall Nachmann" zeigte vor einigen Jahren, daß die deutsche Presse den Fall zwar nicht verschwieg, ihn aber deutlich nachrangig behandelte und auf jede Dramatisierung verzichtete, obwohl von den Nachrichtenfaktoren her (Involvierung von Elitepersonen, Verbrechen, moralische Problematik der Veruntreuung von Wiedergutmachungsgeldern etc.) durchaus eine Skandalisierung nahegelegen hätte.

5-10 Prozent geschätzte Anteil mit offenen Antipathien gegen Juden sich in seiner Berufsrolle faktisch an die Norm des Anti-Antisemitismus hält und seiner abweichenden Einstellung keinen Ausdruck verleiht. Zehnder schätzt, daß jeder sechste Befragte sich nicht traut, seine (negative) Meinung über Juden und Israel öffentlich zu artikulieren (1993: 138). Damit ist der Tradierungsweg des Antisemitismus über die massenmediale Öffentlichkeit weitgehend versperrt bzw. auf eine rechtsextreme subkulturelle Presse begrenzt.

XI. Kommunikationslatenz: Die Wirkung des Meinungsdrucks

Die Geltung der öffentlichen Kommunikationsnorm des Anti-Antisemitismus führt wohl selten kurzfristig und direkt zu einer persönlichen Einstellungsänderung. Die Wirkung der Kommunikationslatenz läuft über die politische Sozialisation. Die Übernahme antisemitischer oder rechtsextremer Einstellungen generell setzt eine bewußte Abweichung von den geltenden Normen der politischen Kultur voraus, der Abweichler wählt eine Minderheitenposition mit ihren sozialen Kosten. Die Mehrheit der Kinder und Jugendlichen wird über Schule, Massenmedien, heute überwiegend auch durch das Elternhaus konsonant in Richtung einer Ablehnung antijüdischer Einstellungen sozialisiert. Die Häufigkeitsverteilung antisemitischer Einstellungen über die Generationen hinweg macht diesen Effekt der veränderten politischen Kultur seit den 60er Jahren sichtbar. Die Tatsache, daß inzwischen ein wohl nicht weiter abschmelzender Sockel von ca. 5 Prozent mit klar antijüdischer Einstellung auch in den jüngeren Generationen bestehen bleibt, deutet darauf hin, daß offenbar immer ein kleiner Teil den Antisemitismus als Ausdruck von politischem Protest, als Tabubruch oder als Fortsetzung einer ausgeprägten Familientradition (zur Wirkung der familiären Tradierung Bergmann/Erb 1991: 74) übernimmt.[33] Negative Einstellungen gegenüber anderen ethnischen Gruppen (Ausländerfeindlichkeit), die nicht in gleicher Weise dem öffentlichen Kommunikationsverbot unterliegen, sind auch unter Jugendlichen wesentlich weiter verbreitet, werden aber häufig explizit nicht mit antijüdischen Einstellungen verbunden, wie es nach der Ethnozentrismusthese zu erwarten wäre. Vielmehr wird der Antisemitismus aufgrund der historischen Erfahrungen und Kenntnisse als abzulehnendes und gefährliches „Vorurteil" betrachtet.

---

33 Die Resonanz rechtsradikaler Parteien und die ausländerfeindliche Welle seit der „Wende" könnten den Eindruck eines Tendenzbruchs auch hinsichtlich des Antisemitismus erwecken. Dies gilt zweifellos für den manifesten Antisemitismus, doch folgt dieser einer spezifischen Eskalationslogik und muß nicht mit Einstellungsänderungen einhergehen. Auf der Ebene der Bevölkerungsmeinung läßt sich bisher keine Veränderung feststellen. Eine sehr negative Entwicklung ist seit 1990 bei den ostdeutschen Jugendlichen zu beobachten, während bei den westdeutschen Jugendlichen bisher kein klarer Trendwechsel zu verzeichnen ist. Zur Erklärung dieses Phänomens muß sowohl auf die DDR-spezifische Sozialisation wie auf die Umbruchbelastungen rekurriert werden, es zwingt m.E. nicht zur Überprüfung der Erklärung der westdeutschen Entwicklung.

XII. Schluß

Seit spätestens Mitte der 50er Jahre läßt sich in der Bundesrepublik empirisch ein
stetiger Rückgang antisemitischer Einstellungen nachweisen. Dieser basiert erwartungsgemäß weniger auf Einstellungsänderungen in den älteren, vom Kaiserreich bis
zum Nationalsozialismus antisemitisch geprägten Generationen, sondern auf den veränderten Sozialisationsbedingungen in der demokratischen politischen Kultur West-
deutschlands. Durch das Ausdünnen bzw. Abbrechen zentraler Tradierungslinien (Parteien, Schule, Kirchen), man kann hier dem „Hegemonie-Modell" der Kultur folgend
von einem „significant break in hegemony" sprechen (Gamson et al. 1992: 381ff.), und
durch eine bewußte Bekämpfung von antijüdischen Vorurteilen setzte ein Prozeß des
Vergessens des antijüdischen Alltagswissens und des Umlernens ein. Dieser generationelle Einstellungswandel wurde dadurch unterstützt, daß nach 1945 durch den
Wechsel der politischen Elite und der Kontrolle der Massenmedien eine abrupte Umstellung der herrschenden öffentlichen Meinung von „verordnetem Antisemitismus"
auf die Norm des Anti-Antisemitismus erfolgt war, was von der Bevölkerung als
Meinungsdruck wahrgenommen wurde. Die Tatsache, daß diese Umstellung von außen
kam und jede Form von öffentlichem Antisemitismus bis heute von den aus- und
inländischen Medien kritisch beobachtet wird, verstärkt diesen Meinungsdruck und
zwingt auch die Politiker, auf jede politische Instrumentalisierung antijüdischer Ressentiments zu verzichten.

Diese externe Dauerbeobachtung ist jedoch nur ein Kontrollfaktor. Im Innern waren
sich alle Träger des öffentlichen Meinungsbildungsprozesses, Parteien, Kirchen, Justiz,
Schule, Presse, Kunst, in der Bekämpfung des Antisemitismus einig, so daß damit eine
konsonante herrschende Meinung entstand, gegen die man nur mit dem Risiko eines
Skandals antreten konnte. Die Wirkung der öffentlichen Meinung auf die Bevölkerungsmeinung verlief teils direkt, teils vermittelt über gesellschaftliche Institutionen,
die ihrerseits unter der Wirkung der herrschenden Meinung einen Lernprozeß vollzogen haben.

Grundlegend für diese Wirkung und die Einmütigkeit ist natürlich die Tatsache,
daß mit dem Massenmord an den Juden ein Ereignis gegeben ist, das selbst von den
Antisemiten abgelehnt werden muß und das leicht moralisierbar ist. Die Geschichte
der Bundesrepublik ist von einer Kette von Skandalen geprägt worden, in denen der
Antisemitismus immer wieder moralisch verurteilt wurde. Dies hat zu einer immer
größeren Sensibilisierung für dieses Thema in der Öffentlichkeit geführt und damit
zugleich die Schwelle der Skandalisierbarkeit immer weiter abgesenkt.

Die Wirkung der Medienöffentlichkeit auf den Einstellungswandel hat sich auch
dadurch erhöht, daß persönliche Erfahrungen mit dem Gegenstand des Antisemitismus, die zu Dissonanzen mit der Kommunikationsnorm führen könnten, kaum gemacht werden konnten, da Kontakte zu Juden in Deutschland aufgrund ihrer geringen
Zahl selten sind. Die Juden wurden für die nachwachsenden Generationen immer
mehr zu einem „unobtrusive issue", über den Informationen nur noch medial oder
institutionell vermittelt bezogen werden können (Zucker 1978) und nur selten durch
eigene Erfahrung oder durch persönliche Erzählungen der Älteren. Die Verlagerung
der Informationsquellen von eigenen oder familiären Erfahrungen hin zur Schule und
zu den Medien dürfte die emotionalen und kognitiven Dissonanzen für die nachwach-

senden Generationen immer stärker in Richtung auf die Akzeptanz der herrschenden Meinung vermindern.

Literatur

Bästlein, Klaus, 1992: Eine andere Heimatgeschichte: Schleswig-Holstein im 20. Jahrhundert. S. 19-46 in: *Stadt Flensburg* (Hg.): Rechtsradikalität und Gewalt bei Jugendlichen. Flensburg.

Beniger, James R., 1987: Toward an Old New Paradigm, Public Opinion Quarterly 51: 46-66.

Bentele, Günter, 1988: Der Faktor Glaubwürdigkeit. Forschungsergebnisse und Fragen für die Sozialisationsperspektive, Publizistik 33: 406-426.

Bergmann, Werner, 1988: Public Beliefs about Anti-Jewish Attitudes in West Germany: A Case of 'Pluralistic Ignorance', Patterns of Prejudice 22: 15-21.

Bergmann, Werner, 1990: Antisemitismus als politisches Ereignis. Die antisemitische Welle im Winter 1959/1960. S. 253-275 in: *Werner Bergmann* und *Rainer Erb* (Hg.): Antisemitismus in der politischen Kultur nach 1945. Opladen: Westdeutscher Verlag.

Bergmann, Werner, 1992: Die Reaktion auf den Holocaust in Westdeutschland von 1945 bis 1989, Geschichte in Wissenschaft und Unterricht 43: 327-350.

Bergmann, Werner, und *Rainer Erb,* 1986: Kommunikationslatenz, Moral und öffentliche Meinung. Theoretische Überlegungen zum Antisemitismus in der Bundesrepublik Deutschland, Kölner Zeitschrift für Soziologie und Sozialpsychologie 38: 223-246.

Bergmann, Werner, und *Rainer Erb,* 1991: Antisemitismus in der Bundesrepublik Deutschland. Ergebnisse der empirischen Forschung von 1946 bis 1989. Opladen: Leske + Budrich.

Blumer, Herbert, 1948: Public Opinion and Public Opinion Polling, American Sociological Review 13: 542-554.

Boynton, G.R., und *Gerhard Loewenberg,* 1974: The Decay of Support for Monarchy and the Hitler Regime in the Federal Republic of Germany, British Journal of Political Science 4: 453-488.

Bourdieu, Pierre, 1979: Public Opinion Does Not Exist. S. 123-130 in: *A. Mattelhart* und *S. Siegelaub* (Hg.): Communication and Class Struggle. New York: International General.

Broszat, Martin, 1980: Holocaust-Literatur im Kielwasser des Fernsehfilms, Geschichte in Wissenschaft und Unterricht 31: 21-29.

Bundesministerium des Inneren, 1965: Erfahrungen aus der Beobachtung und Abwehr rechtsradikaler und antisemitischer Tendenzen, Aus Politik und Zeitgeschichte B 11/17.3.1965: 3-23.

Davison, W. Phillips, 1957: Trends in West German Public Opinion, 1946-1956. S. 282-305 in: *Hans Speier* und *W. Phillips Davison* (Hg.): West German Leadership and Foreign Policy. Evanston, Ill.

Davison, W.Phillips, 1983: The Third-Person Effect in Communication, Public Opinion Quarterly 47: 1-15.

Emnid-Institut, 1954: Zum Problem des Antisemitismus im Bundesgebiet. Eine Spezial-Erhebung im Auftrage der Bundeszentrale für Heimatdienst Bonn. Bielefeld.

Emnid-Institut, 1986: Antisemitismus. Repräsentativbefragung im Auftrag des WDR. Bielefeld.

Emnid-Institut, 1988: Emnid-Informationen 4.

Ernst, Tilman, 1979: „Holocaust" und politische Bildung, Media Perspektiven: 230-240.

Falter, Jürgen W., 1981: Kontinuität und Neubeginn. Die Bundestagswahl 1949 zwischen Weimar und Bonn, Politische Vierteljahresschrift 22: 236-265.

Fields, James M., und *Howard Schuman,* 1976: Public Beliefs About the Beliefs of the Public, Public Opinion Quarterly 40: 427-448.

Gamson, William A., David Croteau, William Hoynes, und *Theodore Sasson,* 1992: Media Images and the Social Construction of Reality, Annual Review of Sociology 18: 373-393.

Gast, Wolfgang, 1982: „Holocaust" und die Presse, Rundfunk und Fernsehen 30: 355-362.

Gerhards, Jürgen, und *Friedhelm Neidhardt,* 1991: Strukturen und Funktionen moderner Öffentlichkeit. S. 31-89 in: *Stefan Müller-Dohm* und *Klaus Neumann-Braun* (Hg.): Öffentlichkeit, Kultur, Massenkommunikation. Oldenburg: Bibliotheks- und Informationssystem der Universität Oldenburg (BIS-)Verlag.

Graml, Hermann, 1990: Die verdrängte Auseinandersetzung mit dem Nationalsozialismus. S. 169-183 in: *Martin Broszat* (Hg.): Zäsuren nach 1945. Essays zur Periodisierung der deutschen Nachkriegsgeschichte. München: Oldenbourg.

Herbst, Susan, 1993: The Meaning of Public Opinion: Citizens' Constructions of Political Reality, Media, Culture and Society 15: 437-454.

Hilgartner, Stephen, und *Charles L. Bosk*, 1988: The Rise and Fall of Social Problems: A Public Arenas Model, American Journal of Sociology 94: 53-78.

Institut für Demoskopie, 1949: Ist Deutschland antisemitisch? Allensbach.

Institut für Demoskopie, 1956: Jahrbuch der öffentlichen Meinung 1947-1955. Hrsg. von *Elisabeth Noelle-Neumann* und *Erich P.Neumann*. Allensbach.

Institut für Demoskopie, 1957: Jahrbuch der öffentlichen Meinung, Bd. 2, Allensbach.

Institut für Demoskopie, 1974: Jahrbuch der öffentlichen Meinung, Bd. 5. 1968-1973. Allensbach: Verlag für Demoskopie.

Institut für Demoskopie, 1984: Allensbacher Jahrbuch für Demoskopie, Bd.8, 1978-1983. Allensbach: Verlag für Demoskopie.

Institut für Demoskopie, 1986: Deutsche und Juden vier Jahrzehnte danach. Repräsentativbefragung im Auftrag des „Stern" von Renate Köcher. Allensbach.

Institut für Demoskopie, 1993: Allensbacher Jahrbuch für Demoskopie 1984-1992, Bd. 9, *Elisabeth Noelle-Neumann* und *Renate Köcher* (Hg.). München: Saur Verlag und Allensbach: Verlag für Demoskopie.

Jaide, Walter, 1963: Das Verhältnis der Jugend zur Politik. Darmstadt.

Jodice, David A., 1991: United Germany and Jewish Concerns. Attitudes Toward Jews, Israel, and the Holocaust. New York: American Jewish Committee.

Jordan, Donald L., 1993: Newspaper Effects on Policy Preferences, Public Opinion Quarterly 57: 191-204.

Klapper, Joseph. T., 1960: The Effects of Mass Communication. New York: Free Press.

Kleinnijenhuis, Jan, 1987: Images of the Cold War: Effects of Press Opinion on Public Opinion in the Netherlands, European Journal of Communication 2: 311-336.

Kleßmann, Christoph, 1986: Die doppelte Staatsgründung. Deutsche Geschichte 1945-1955. Göttingen: Vandenhoeck und Ruprecht.

Lederer, Gerda, 1983: Jugend und Autorität. Über den Einstellungswandel zum Autoritarismus in der Bundesrepublik Deutschland und den USA. Opladen: Westdeutscher Verlag.

Lang, Gladys E., und *Kurt Lang*, 1983: The Battle for Public Opinion. The President, the Press, and the Polls During Watergate. New York: Columbia University Press.

Luhmann, Niklas, 1988: Die Wirtschaft der Gesellschaft. Frankfurt a.M.: Suhrkamp Verlag.

Merritt, Anna J., und *Richard L. Merritt* (Hg.), 1970: Public Opinion in Occupied Germany: The OMGUS Surveys, 1945-1949. Urbana/Chicago, Ill.: University of Illinois Press.

Merritt, Anna J., und *Richard L. Merritt* (Hg.), 1980: Public Opinion in Semisovereign Germany: The HICOG Surveys, 1949-1955. Urbana/Chicago: University of Illinois Press.

Mullen, Brian, und *Li-tze Hu*, 1988: Social Projection as a Function of Cognitive Mechanisms: Two Meta-Analytic Integrations, British Journal of Social Psychology 27: 333-356.

Namenwirth, J.Zvi, Randi Lynn Miller und *Robert Philip Weber*, 1981: Organizations Have Opinions: A Redefinition of Publics, Public Opinion Quarterly 45: 463-476.

Noelle-Neumann, Elisabeth, 1989, Öffentliche Meinung: Die Entdeckung der Schweigespirale. Frankfurt a.M./Berlin: Ullstein.

O'Gorman, Hubert J, 1975: Pluralistic Ignorance and White Estimates of White Support for Racial Segregation, Public Opinion Quarterly 39: 311-330.

Pollock, Friedrich, 1955: Das Gruppenexperiment. Frankfurt a.M.

Pross, Harry, 1956: Gegen den Antisemitismus, Deutsche Rundschau 82: 1069-1076.

Ross, L., D. Greene und *P. House*, 1977: The 'False Consensus Effect': An Egocentric Bias in Social Perception and Attribution Processes, Journal of Experimental Social Psychology 13: 279-301.

Rückerl, Adalbert, 1984: NS-Verbrechen vor Gericht. Heidelberg (2. Aufl.).

Sample-Institut, 1978: Sollten NS-Verbrechen verjähren? Repräsentativerhebung, Hamburg.

Sample-Institut, 1979: Verjährung von NS-Verbrechen: nach „Holocaust" ist jeder zweite dagegen. Repräsentativerhebung, Hamburg.

Sample-Institut, 1980: Umfrage zum Thema NS-Verbrechen: Kurzlebiger „Holocaust-Effekt". Repräsentativerhebung, Hamburg.

Schenk, Michael, 1993, Die ego-zentrierten Netzwerke von Meinungsbildnern („Opinion Leaders"), Kölner Zeitschrift für Soziologie und Sozialpsychologie 45: 254-269.

Seymour-Ure, Colin, 1974: The Political Impact of Mass Media. London.

Siedler, Joachim, 1984: „Holocaust". Die Fernsehserie in der deutschen Presse. Münster: Lit.

Silbermann, Alphons, 1982: Sind wir alle Antisemiten? Ausmaß und Wirkung eines sozialen Vorurteils in der Bundesrepublik Deutschland. Köln: Politik und Wissenschaft.

Stern, Frank, 1991: Im Anfang war Auschwitz. Antisemitismus und Philosemitismus im deutschen Nachkrieg. Gerlingen: Bleicher.

Zehnder, Adalbert, 1993: Antisemitismus, Philosemitismus, Journalismus. Journalisten und ihr Umgang mit dem Judentum, MA-Arbeit, Universität München.

Zinnecker, Jürgen, 1985: Politik. Parteien. Nationalsozialismus. S. 321-408 in: *Arthur Fischer* (Hg.): Jugendliche und Erwachsene '85. Generationen im Vergleich, Bd. 3: Jugend der fünfziger Jahre – Heute. Opladen: Leske + Budrich.

DIE MASSENMEDIEN UND DIE POLITISCHE AGENDA
DES PARLAMENTARISCHEN SYSTEMS

Klaus von Beyme

Zusammenfassung: Der Einfluß der Medien wird in der wissenschaftlichen Literatur vielfach übertrieben, weil er vorwiegend im Bereich der symbolischen Politik und bei der Entlarvung von Skadalen untersucht wird. Im Bereich der Entscheidungspolitik hingegen ist die Funktion des Agenda-Setting vielfach eher bei den neuen sozialen Bewegungen, den Parteien und der Regierung zu finden. Aber die Medien haben dabei eine gewichtige Verstärkerfunktion. Je nach den hier unterschiedenen sechs Typen der Entscheidungspolitik ist der Einfluß der Medien höchst unterschiedlich ausgeprägt.

Das Verhältnis von Medien und Politik ist überwiegend auf Aspekte der *symbolischen Politik* konzentriert worden. Die Forschung untersuchte vor allem den Einfluß der Medien bei Wahlen. In der internationalen Politik hat die Außendarstellung von Ländern im Zusammenwirken von Propaganda und Medienberichterstattung schon immer eine Rolle gespielt. Harold Lasswell, einer der Pioniere der Politikwissenschaft wie der Kommunikationsforschung, hat Politik auf die Kurzformel gebracht: *„Politics – who gets what, when, how."* Von analoger Einfachheit war seine Definition der Massenkommunikation: *„Who says what, in which channel, to whom, with what effect"* (zit. Schenk 1987: 4). Die Kommunikation wurde weitgehend als Einbahnstraße konzipiert.

Zu kurz kam bei den älteren Studien die *Entscheidungspolitik* (Jarren u.a. 1993: 27). Wo Entscheidungsaspekte berücksichtigt wurden, hat man sich auf die Ebene der *politics*, des politischen Konflikts, beschränkt. Die *Policy-Dimension*, das Politikergebnis der Entscheidung, wurde nur selten mit dem Einfluß der Medien konfrontiert. Manche übertriebene These über die Macht der Medien wäre nicht aufgestellt worden, hätte sie sich an der Überprüfung an einem Politikfeld bewähren müssen. Die folgenden Überlegungen versuchen diesen Einfluß auf zwei Ebenen zu resümieren:

- Auf der Ebene der *symbolischen Politik*: die Initiativfähigkeit der Medien im Hinblick auf die politische Themenfindung.
- Auf der *Entscheidungsebene*: der unterschiedliche Zeithorizont von Medien und Politik im Hinblick auf die politische Agenda.

Für wen ist die Agenda – wörtlich das zu Tuende – zu untersuchen?
- Die frühe Medienforschung hat sich vor allem auf die *Mikroebene* des Individuums konzentriert. Die Wahrnehmung politischer Themen durch die Bürger wurde von den Medien vielfach beeinflußt (McCombs/Shaw 1972). Als Faustregel galt, daß Medien determinieren, *worüber* Bürger nachdenken und diskutieren. *Was* die Bürger denken und was sie zum politischen Handeln anleitet hingegen, kann nur sehr langfristig von den Medien beeinflußt werden. „Agenda" in diesem Sinne erscheint

als irreführende Bezeichnung in doppelter Hinsicht: Einmal agiert das Individuum nach der Medienbeeinflussung nicht notwendigerweise; zum anderen kann es kaum agieren ohne andere intermediäre Instanzen. Die Einflußbeziehungen müssen also auf einer Makroebene der Großaggregate untersucht werden. Auf der Mikroebene ging es vor allem um die Frage, welche Medien den stärksten Einfluß auf ihre Rezipienten entwickeln. Generell wurde den *Printmedien* eine größere Fähigkeit zugeschrieben, die Problemwahrnehmung zu beeinflussen (McClure/Patterson 1976). Andererseits konnte bei einigen Themen, wie dem Gewalt-Issue, das *Fernsehen* im Agenda-Setting den *investigativen Zeitungsjournalismus* im Einfluß klar überflügeln (Protess u.a. 1985). Auch in neueren deutschen Studien zeigte sich, daß spektakuläre Issues – wie Terrorismus – wirksamer durch das Fernsehen, und andere Issues – wie Umweltbelastungen – besser durch andere Medien den Rezipienten nahe gebracht werden (Neuber 1993: 174).

– Der Einfluß der Medien auf die Politik kann letztlich nur auf der *Makroebene* des Entscheidungssystems auch handlungsrelevant studiert werden. Diese Dimension wurde jedoch angesichts der spektakulären Erscheinungsformen symbolischer Politik auch von der Forschung meist vernachlässigt.

I. Die Initiativfunktion im Informationsbereich

Die Einschätzung der politischen Wirksamkeit der Massenmedien unterliegt immer wieder wissenschaftlichen Übertreibungszyklen. Der Pendelausschlag tendiert einmal in Richtung *„vierte Gewalt"*: Medien als *selbständiger politischer Akteur* und effektiver Kontrolleur der politischen Elite. Ein anderer Pendelausschlag läßt die Medien *als Akteur* in einer allgemeinen systemaren Restriktionsanalyse eher zurücktreten (vgl. Schmitt-Beck/Pfetsch 1994). Die These der symbolischen Politik als *Souveränitätsfiktion* und *Simulierung von Handlungskompetenz* (Meyer 1992: 149) verharmlost die Rolle der Medien vollends, befindet sich jedoch in einem Dilemma: Einerseits ist – nach dieser These – die politische Elite angesichts wachsender Komplexität der Gesellschaft und Verworrenheit der sozialen Problemlagen *kaum* noch *handlungsfähig*. Andererseits wird diese Elite zum *Super-Akteur* der Inszenierungen in der Scheinwelt symbolischer Politik hochstilisiert, welche die Entscheidungspolitik weitgehend verdrängt. Die Medien sind dabei in einem Handlungsverbund – manchmal schon zur politischen Elite oder politischen Klasse gezählt – um eigene Spielräume geprellt gedacht.

Je nach Fokus, den man für eine Analyse wählt, lassen sich die jeweiligen wissenschaftlichen Übertreibungen auch empirisch belegen. Die Inszenierungsthese gewinnt beim Fokus *Wahlkampf* hohe Plausibilität, vor allem, wenn sich die Forschung auf Fernsehduelle kapriziert. Im Wahlkampf 1986 taten die zwei Hauptbewerber, Kohl und Rau, den Forschern den Gefallen, sich auch optisch nach Images zu inszenieren, die mit „Django" und „Jesus" etikettiert werden konnten (Merten 1991). 1990 war die Stereotypenbildung nicht ganz so leicht: Lafontaine war nicht „Jesus", hatte aber am Anfang höhere Sympathiewerte. Sie wurden in der zweiten Phase des Wahlkampfs durch Erfolge des „Einheitskanzlers" überdeckt (Schulz/Kindelmann 1993). Eine Fernsehanalyse im Wahlkampf ergab, daß Charaktereigenschaften, die man aufgrund verbaler und visueller Informationen den Kandidaten zuschrieb, entscheidender waren als Kompetenzvermutungen (Kepplinger u.a. 1993: 179).

Nach Wahlkampfabläufen läßt sich allenfalls symbolische Politik studieren. Auch der gutgläubigste Forscher kann im Stadium des Wahlkampfes nur Versprechungen analysieren. Dabei werden Wechsel auf künftige Entscheidungspolitik gezogen. Der Medienbeobachter des Geschehens und der Wähler, der Entscheidungshilfe durch Information sucht, kann solche Versprechungen der inszenierten Politik meist nur nach der Einschätzung vergangener Leistungen von Regierungsequipen beurteilen. *„Retrospektives Wählen"* (Fiorina) ist daher weit verbreitet. Der Wähler erweist sich als kritischer Komparatist, der nicht einfach auf jede Inszenierung symbolischer Politik hereinfällt. Aber an der Oberfläche läßt sich das Geschehen so interpretieren, als hätte die politische Elite die Fäden in der Hand.

Genau umgekehrt sieht das Bild aus, wenn die Forschung von *Skandalen* ausgeht. Kein Rücktritt, der nicht auch noch inszeniert wird. Manchmal wird er, wie bei Gauweiler im Februar 1994, ein Gemisch aus Unschuldsbeteuerungen, Kollegen- und Medienbeschimpfung plus Drohungen mit politischer Wiederkehr. In vielen Fällen werden die Medien als der Hauptakteur dargestellt, der den Sturz arrangiert hat. In dieser Sicht ist die politische Elite als Akteur nur noch insoweit präsent, als sie sich zu Teilen in die Schlammschlacht der Medien einspannen läßt.

In Deutschland ist die Eigeninitiative eines investigativen Journalismus weit geringer entwickelt als in den USA (Donsbach u.a. 1993: 283ff.). Aber selbst dort werden politische Skandale, wie hier, meist nicht in der politischen Elite allein aufgedeckt. Interessierte Konkurrenten geben in der Regel Material gezielt weiter, wie im Fall Pfeiffer in der Barschelaffaire (Matthies 1993: 143). Dennoch pflegen die Medieneliten gern das Image eines eigenständigen kritischen investigativen Akteurs.

Es gibt viele Bereiche, die zwischen solchen Extremen liegen; wie Wahlkampfinszenierungen, die ganz von den Politikern ausgehen, oder Skandalenthüllungen, die anscheinend überwiegend von den Medien ausgehen.

Darstellung 1: Skala der Initiative in der Interaktion von Medien und Politik

Politiker ⟵					⟶ Medien
Wahlkampf-inszenie-rung	Auslandsrei-sen mit der Regierung	Pressekon-ferenzen der Regierung	tägliche informelle Kontakte	kritischer Journalis-mus	skandalenthüllen-der Investigativ-Journalismus

Das Maß der *Verflechtung* der politischen Elite und der Medieneliten ist schwer generalisierbar. Ein großes Blatt kann sich leisten, seinen Korrespondenten auf eigene Kosten hinter dem Kanzlerflugzeug herzuschicken. Wenn es gleichwohl unkritisch berichtet, kann es dies auf seine eigene Meinung zurückführen, die zufällig mit dem Standpunkt der Regierung harmoniert. Hingegen kann ein staatssubventionierter Medienreisender eventuell wesentlich aufmüpfiger berichten. Jede demokratische Regierung toleriert da gewisse Spielräume. Irreführende Theorien, wie die der Schweigespirale, konnten ja nur entstehen, weil selbst die „Nahesteher" der Regierungsparteien in den Medien kritischer waren als der Durchschnittsbürger. Sie waren dies nicht, weil sie generell „links" gewesen sind. Die Mannheimer Elitenstudien bis zum Anfang der

80er Jahre zeigten, daß nicht nur die Printmedien, sondern auch die Fernseh- und Rundfunkjournalisten der öffentlich-rechtlichen Anstalten nicht überwiegend sozial-demokratische „Nahesteher" waren. Die Medieneliten wirkten *kritisch*, weil dies Teil ihres Berufes ist. „Medienlieblinge" entstehen meist unabhängig von der politischen Neigung der Medieneliten, Geissler oder Blüm gehörten zu ihnen. Sie konzentrieren sich auf Politiker, die wenig geheimniskrämerisch frei von der Leber reden. Nüchterne Geheimniskrämer können hochgeachtet sein, aber die Berichterstattung über sie bleibt distanziert.

Andererseits bleibt es den Medieneliten schmerzhaft bewußt, daß sie in vielen Bereichen zunehmend auf Einladung und Initiative der Politiker angewiesen ist. Die latente Frustration über diese Verflechtung kann dann bei Skandalenthüllungen durch-aus zur Überreaktion führen: „was da fällt, das soll man auch noch stoßen" scheint als Nietzscheanische Haltung tief internalisiert. Auch einstige Medienlieblinge, wie Lothar Späth, konnten von ihrem Beliebtheitskapital nicht lange zehren, als sie in öffentliche Schwierigkeiten gerieten. Es zeigte sich freilich gerade beim Fall Späth, daß es zunächst eine kleine Zahl von Journalisten war, die das Thema hartnäckig wachhielten. Im ersten Stadium haben wichtige Publizisten die Problematik nicht für ernst genug gehalten, um sie aufzugreifen (Kepplinger u.a. 1993: 211). Aber nicht nur die erste Initiative, sondern auch die letzte erfolgskrönende Handlung geht bei Skan-dalen vom politischen System aus. Die Opposition greift jeden Vorwurf begierig auf, und stellt die Lage so dar, als ob sie „es ja schon immer gewußt" habe. Entscheidend für den Ausgang einer Medienkampagne ist aber das Verhalten der eigenen Partei. Möllemann wurde unwesentlich mehr vorgeworfen als Irmgard Schwaetzer. Aber er hatte sich beim Gerangel um die Genscher-Nachfolge bei allen relevanten Gruppen in der Partei unbeliebt gemacht – und mußte gehen. Das Verhältnis der Medien zur Person des Politikers ist durchaus ambivalent. Der Politiker, der die Nähe der Medien stark sucht, kann als Typ des „*Staatsschauspielers*" (Hitzler 1992: 209) – wie im Fall Möllemann – mangels vermuteter Kompetenz und politischer Substanz rasch von den Medien fallen gelassen werden. Medienlieblinge hingegen – zu denen auch Späth einmal gehörte – können am Ende nicht auf Dankbarkeit zählen, die es in der Politik ohnehin nicht gibt. Aber gegen sie läuft die Kampagne zögerlicher an, wenn ihr politischer Stern im Sinken ist.

Zur Beseitigung etablierter Dauerherrscher kommt der eigenen Partei der Skandal nicht immer ungelegen, wie sich im Fall Späth oder Streibl zeigte. In einer Minderheit der Fälle geben die Nerven des Betroffenen den Ausschlag. Die Rücktritte von Brandt, Engholm, Seiters sind nicht notwendig gewesen. Eine gewisse Regierungsmüdigkeit hat die Betroffenen motiviert zurück-zutreten, obwohl der Druck aus dem eigenen Lager nicht sehr groß war. Stolpe wäre das Gegenbeispiel eines Politikers mit guten Nerven, der eine lange Kampagne durchstand. Aber seine Partei hatte nach so kurzer Amtszeit kein Interesse, ihn fallen zu lassen. Zudem erweisen sich Vorwürfe über Taten im vorigen Regime meist als weniger gravierend – es sei denn, ausgesprochene Untaten würden entdeckt, wie im Fall Filbinger. Die Beispiele zeigen jeden-falls, daß die Wirkungen der Medien auf die Politik nicht pauschal unterstellt werden können. Fragte man die Politiker, mit deren demokratischem Bild es nicht zu vereinbaren wäre, daß die Politik die Medien beeinflußt, dann gibt es nur umgekehrte Einflüsse: Abgeordnete empfinden nach einer Umfrage, daß ihre Gruppe zu 34 Prozent von den überregionalen Medien und zu 28 Prozent von Lokalzeitungen ihres Wahlkreises beeinflußt werden (Puhe/Würzberg 1989: 12). Aber diese Asymmetrie ist eine Verzerrung aus der Sicht des einzelnen Abgeordneten als

Hinterbänkler. Die Penetration der öffentlich-rechtlichen Medien durch die Parteien wird bei solchen Antworten völlig ausgeblendet.

Obige Skala zeigt (vgl. *Darstellung 1*), daß die Gewichte im Verhältnis von politischen und Medieneliten je nach Arena und Issue nicht immer gleich verteilt sind. Die *Asymmetrie* kann sich je nach Anlaß zugunsten des einen oder anderen Pols verschieben. Für Amerika schien sich eine stärkere Symmetrie nachweisen zu lassen. Die Beziehungen von Medien und Politikern sind gleichsam als *Tauschverhältnis* klassifiziert worden: Information wird gegen Publizität getauscht (Blumer/Gurevitch 1981). Keine Seite kann der anderen eine systembestandswichtige Leistung verweigern. Politiker brauchen die Medien, je mehr die symbolische Politik die Entscheidungsschwäche kompensieren muß. Medieneliten können nicht in einen Informationsstreik treten, ohne sich selbst zu schädigen.

Man könnte das Verhältnis von Politik und Medien als *generalisierten politischen Tausch* verstehen. Dieses Konzept (vgl. Marin 1990: 39) hätte den Vorteil, daß man das *do ut des* nicht allzu vordergründig in Form eines Naturaltausches konzipiert. Politischer Tausch ist auf lange Fristen angelegt. Analogien zum Markt, die in den USA seit Schumpeter und Downs selbst für das politische System im Schwange sind, erwiesen sich in diesem Modell als falsch. Politik ist kein Markt, sondern eher eine Art *Versicherungsmodell auf der Basis der Gegenseitigkeit*. Der generalisierte Tausch im Verhältnis von Politik und Medien entbindet die Sozialwissenschaften, die sich mit den Medien befassen, nicht von der Verpflichtung, die jeweils konkreten Asymmetrien in nichtgeneralisierten Tauschsituationen zu erforschen. Das Modell eines generalisierten langfristigen Tauschs schließt ja nicht aus, daß sich empirisch Spezi-Verhältnisse mit manipulierter Hofberichterstattung nachweisen lassen, oder die gegenteilige Asymmetrie herrscht, wo ein dominantes Medium den mächtigsten Mann in seinem Einflußbereich mit seinem Haß verfolgt und schließlich auch zur Strecke bringt. Der generalisierte Tausch schließt auch nicht aus, daß die öffentlich rechtlichen Medien stark von der politischen Elite penetriert sind. Sie werden als *Postenreservoir* in Rundfunkräten und als *Einflußreservoir* durch konkrete Einflüsse auf die Programmgestaltung benutzt (vgl. von Beyme 1993: 75ff.). Diese Asymmetrie verstärkt das Übergewicht der politischen Elite.

Ad hoc kommt es vielfach zu *symbiotischen Beziehungen*, aber sie verfestigen sich nicht einseitig. Politiker haben mehr Sanktionsmöglichkeiten gegenüber Journalisten in den öffentlich-rechtlichen Medien als umgekehrt. Angesichts von Hierarchien in diesen Medien kann ein investigativer Einzeljournalist seine Kampagne kaum je, wie in Amerika, durchpauken, ohne auf die Dauer dem Verbund von Politiker-Lobbyismus und Vorgesetzten in den Medien zu erliegen. Andererseits haben Journalisten nicht, wie Politiker, einen Rechtfertigungs- und Verantwortungszwang. Vor allem bei den Printmedien gibt es kaum Korrekturmöglichkeiten gegen eine negative veröffentlichte Meinung, wenn nicht gerade presserechtliche Verstöße vorliegen. Leserbriefe verschlimmbessern die Lage eines kritisierten Politikers häufig. Selbst Berichtigungen aufgrund presserechtlicher Vorschriften werden oft mit so süffisanten Kommentaren versehen, daß sie ihren Rechtfertigungszweck verfehlen.

Die Normalbeziehung zwischen Medien und Politik ist jedoch keineswegs so konfliktiv, wie die metaphorische Redeweise von der „vierten Gewalt" vermuten läßt.

Ähnlich wie in der Wissenschaft, herrscht im professionellen Journalismus ein gewisser *Positivismus zugunsten des Bestehenden*. Aber im Gegensatz zu den Politikern besteht auch mehr Offenheit für das Noch-nicht-bestehende. Damit wird manches, was die politische Elite als übertriebene Kritik wertet, nur Ausfluß eines Mediums, das auf interessante Stories angewiesen ist. Ironie, zugespitzte Pointen und ein flapsiger Berichtston, der in immer neuen Wortspielen und Kalauern eine normative Standpunktslosigkeit der Medien suggeriert, verleiten die Politiker zur Vermutung einer Grundopposition, die gar nicht vorliegt. Gereiztheiten zwischen Politik und Medien lassen auf eine Grundstimmung schließen, die nur selten existiert. Helmut Schmidt sprach einst von den „Indiskretins". Die „Arroganz der Macht", die ihm nicht völlig fremd war, bedeutete aber keine grundsätzliche Medienfeinschaft, sonst wäre er nicht selbst im Ruhestand journalistisch tätig geworden (Weischenberg 1990: 101). Die *politische Streitkultur* in Deutschland ist nicht besonders konfliktfreudig. Es wäre ein Wunder, wenn dies im Verhältnis von Medien und Politik anders wäre.

Bei aller Notwendigkeit zu differenzieren läßt sich insgesamt aber auch feststellen, daß das Gleichgewicht zwischen Medieneliten und politischer Klasse sich langfrsitig verschoben hat:
- Die Parteien verloren ihre eigenen Medien und sind stärker auf Medieneliten angewiesen.
- Regierung und Parteien bauten ihre eigenen Informationssysteme aus und trugen zur Verflechtung von Macht und Medium bei.
- Die Medifizierung der Politik schreitet fort. Der mediengerechte Politikertyp wird verlangt.

Autonomie, Interdependenz oder Symbiose (Jarren 1988) sind als Kommunikationsmodelle gegenübergestellt worden. Sie erweisen sich im Verhältnis von Politik und Medien immer weniger als alternativ. Sie wirken eher komplementär.
- Die *Autonomie* im öffentlich-rechtlichen Sektor sinkt. Sie wächst im privaten Sektor. Nach Anpassung an die privaten Anbieter könnte sie auch bei den öffentlich-rechtlichen Anstalten wieder zunehmen.
- Die *Interdependanz* der Elitensektoren wächst mit der Geschwindigkeit der Ausdifferenzierung und Professionalisierung der beiden Subsysteme Politik und Medien.
- Eine *Symbiose* ist allenfalls bei den Spitzenkommunikatoren der politischen Berichterstattung in Sicht. Journalisten in weniger bedeutsamen Positionen sind allenfalls auf lokaler Ebene stark mit dem Entscheidungssystem verflochten.

Die Eigenarten eines entideologisierten politischen Marktes führten zu immer größerer Annäherung des politischen Systems an den Sektor der Medien, obwohl die Eliten beider Sektoren andererseits weiter auseinanderrückten, weil die Professionalisierung in allen Bereichen zunahm. Das zeigt sich am Kernbereich von Politikerinteressen im Wahlkampf. Wahlkämpfe wurden daher zunehmend kommerzialisiert. Was Panebianco einmal „Stabsprofessionelle" nannte, sind *Agenten des Kommerzialisierungsprozesses*. In den USA, wo die Parteien kaum strukturiert sind und die Wahlkämpfer kaum Hilfe von der Parteizentrale zu erwarten haben, ist die Bedeutung der professionellen Wahlkampfmanager noch größer als in Europa. In europäischen Massenparteien kommen die semi-professionellen Experten eher aus der Parteiorganisation.

Selbst wenn sie aus kommerziellen Instituten rekrutiert wurden, wie Wolfgang Gibowski vom Mannheimer Forschungsinstitut „Wahlen", der als stellvertretender Leiter im Bundespresseamt für die Imagepflege des Bundeskanzlers arbeitet, handelte es sich nicht um einen völligen Außenseiter in der Partei. Die Konsultation der Demoskopen war in den Unionsparteien eine alte Gewohnheit der politischen Klasse, vor allem, so lange Elisabeth Noelle-Neumann noch das Ohr des Kanzlers hatte (Hofmann 1991: 2). Aber daß die „pollsters" so nahe an das Machtzentrum heranrückten, ist ein neuer Trend. Wahlkampfmanager waren vorher auch schon Professionelle, wie Radunski. Da die Organisation in der Parteiendemokratie Europas wichtig ist, können sie auch nicht Außenseiter sein. Sie kommen entweder aus dem Stab der Partei oder aus einer Agentur, die von der Partei gegründet wurde oder ihr nahestand (Radunski 1980: 24). Der Trend der Kommerzialisierung ist noch weitgehend auf die Parteizentrale beschränkt und hat noch nicht die einzelnen Abgeordneten in ihren Wahlkreisen im amerikanischen Ausmaß erreicht (Landfried 1990: 24).

Da die meisten europäischen Systeme noch ein Staatsfernsehen kennen, hat die staatliche Unterstützung der Parteien auch vermieden, daß Sendezeit für Fernsehspot-Wahlpropaganda gekauft werden kann oder muß. Dennoch ist die politische Klasse für die Erarbeitung der Kampagne und die Imagepflege ihrer Kandidaten heute fast in amerikanischem Ausmaß auf Konsultanten gegen Bezahlung angewiesen. Immer weniger zählt der Einsatzeifer der Mitglieder. Ein Wahlkampf, der unter Kontrolle bleiben soll, und den Kandidaten nicht auf Kosten des Kollektivs in den Hintergrund rückt, zwingt auch den partizipationsfreudigen Abgeordneten zur Minimisierung des Einsatzes freiwilliger Helfer. Kleine Teams von Vertrauten sind daher die Regel. Nicht wenige haben den dolus eventualis, ebenfalls eine politische Karriere zu machen, wie Lokalwahlstudien ergaben.

Diese Trends stärken langfristig die Position von Medieneliten in der politischen Elite, aber sie stärken nicht die gesamte potentielle Gruppe der Medienarbeiter, sondern jenen Teil, der im Schnittbereich von Politik und Medien in beiden Subsystemen gut sozialisiert erscheint und Verbindungsfunktionen wahrnehmen kann. Politik wird zunehmend medialisiert, aber die Medien können sich gerade deshalb nicht dem Sog der Politik entziehen.

II. Der Zeithorizont von Medien: Medien und Entscheidungspolitik

Medien entscheiden nichts. Selbst in der Wahlberichterstattung ist der Einfluß der Medien begrenzt. Die Persuasionsforschung geht von einer *Hierarchie der Stabilitäten* aus: *Vorstellungen* können relativ leicht beeinflußt werden. *Einstellungen* oder gar *Verhalten* sind nur sehr langfristig zu ändern (Matthes 1989: 456).

Erwies sich der Einfluß im Bereich der symbolischen Politik noch als relativ gewichtig, wird in der Entscheidungspolitik den Medien meist nur die Funktion des Agenda-Setting zugebilligt. Aus der Wahlforschung gelangte das Wort „*Issue*" (Problem, Diskussionsgegenstand, Konfliktthema – es fehlt ein griffiges deutsches Wort noch immer) in die Medienforschung (Weiß 1989: 475). *Issue* wurde nicht selten einem *Ereignis* gegenübergestellt (McCombs 1977: 12). Gerade für die Medien ist diese Unterscheidung nicht einleuchtend, weil sie – vor allem beim Fernsehen – eine Tendenz entwickeln, ein Problem in ein gut darstellbares Ereignis umzudefinieren und umzufotografieren. Probleme und Issues machen Karrieren durch. Sie werden nicht nur von den Medieneliten, sondern auch von den Politikern vielfach umgedeutet.

Ein *Issue* ist für die Medien komplizierter und diffuser als für die Politiker. Politiker müssen den Regelungsbedarf ihren Wählern nahebringen. Sie stehen aber nur selten in gleicher Weise im Zweifrontenkrieg wie die Medieneliten. Diese müssen ein Problem, das geregelt werden soll, vor allem ihren Rezipienten verständlich darstellen. Zugleich sind die Eliten der öffentlich-rechtlichen Medien der Kritik der Politiker ausgesetzt, die sich selten durch die Berichterstattung richtig interpretiert fühlen. Für die Medien aber bleibt die „Einschaltquote" im Zweifel ein höherer professioneller Wert als die Zahl der Dankesschreiben von Politikern.

Eine interaktionistische Sicht hat ältere hierarchische Vorstellungen abgelöst. Medien, Rezipienten und Politiker stehen in einer Demokratie relativ gleichberechtigt einander gegenüber. Jede Analyse der Beziehung zwischen Politikern und Medien bleibt ohne Hinweis auf das Publikum einseitig. Medien haben einen privilegierten Zugang zu ihren Rezipienten. Aber auch Politiker haben mit ihnen Kontakt. Durch Mobilisierung der politischen Bürger kann in Konfliktfällen ein Konsens entstehen, der die Kritik der Medien ins Leere laufen läßt.

Der Einfluß der Politik auf die Medien wird verkannt, wenn man sich unter Einfluß direkte Anweisungen der politischen Eliten an die Medien vorstellt. Politik handelt in einem verfassungsmäßig privilegierten Raum und kann damit Ort und Zeit der Handlung diktieren. Politiker zwingen den Journalisten einen *Terminjournalismus* auf, der sie zum Statisten auf politischer Bühne zu degradieren droht. Medienprofessionalismus wird vom Ethos der Autonomie geleitet, die sich die Themen nicht von der politischen Elite aufzwingen läßt. Aber ein gewisser Anteil von *Verlautbarungsjournalismus* ist auch für kritische Medieneliten unumgänglich, um Zeit für wichtige Recherchen zu sparen (Jarren u.a. 1993: 21). Angesichts eines kürzeren Zeithorizonts der Medien – der weit unter den 4-Jahreszyklen des Politikers liegt – haben die Medien vor allem als *Frühwarnsystem* gewirkt.

Zeithorizont und Darstellungsmedium sind bei Politikern und Massenkommunikationsmitteln höchst unterschiedlich. Eine völlige Konvergenz der Initiativbereitschaft der beiden eng aufeinander bezogenen Elitensektoren, wie sie Politiker und Medieneliten darstellen, ist nicht zu befürchten. Zu verschieden bleibt der Zeithorizont der beiden Elitensektoren. Der Journalist ist – auch ohne es zu wissen – methodisch den Vorstellungen der *Ereignisgeschichte* verpflichtet. Diese fühlt sich in ihrer narrativen Eingängigkeit realitätsnäher als viele theoretische Vorstellungen über Zusammenhänge in einer komplexen Welt. Ereignisgeschichte und Journalismus müssen Kausalketten bilden, die nach dem Grundsatz behandelt werden, das etwas auf ein früheres Ereignis folgendes als von ihm bedingt angesehen werden kann (*post hoc – propter hoc*). Zum zweiten muß diese geheime kausale Konversion von Ereignis zu Ereignis sich möglichst einem personalen Akteur zurechnen lassen.

Der *politische Kode*, der Regierungslager und Opposition sondert, zwingt zu einigen Vereinfachungen in der medialen Wahrnehmung. Demgegenüber denken Politiker komplexer. In der konkreten Entscheidungssituation können sie nicht nach einem Freund-Feind-Schema personalisieren. In den Ausschüssen gibt es zu viel *parlamentarische Mitregierung der Opposition*. Die großen Entscheidungen der Sozialgesetzgebung sind von den Experten der Unionsparteien und der SPD schon in der Adenauerzeit vielfach gemeinsam konzipiert worden (von Beyme 1988: 350ff.). Politische Probleme werden in Koalitions- und im parlamentarischen Gerangel mit der Opposition klein gekocht, um sie entscheidbar zu machen. Es werden *log rolling*-Arrangements getroffen, um die Zustimmung dissentierender Parteien zu erlangen. Manchmal liegen sie nicht einmal auf dem gleichen Politikfeld (z.B. Mitbestimmungsrechte unter Adenauer für die Zustimmung der SPD zur Europa- und Verteidigungspolitik des Kanzlers).

Diese Komplexität pluralistischer *Mehrebenenentscheidung* – durch *Politikverflechtung* von drei Ebenen Europa, Nationalstaat, Länder noch komplizierter gemacht – kann von den Medien kaum dargestellt werden. Die Resource Zeit ist knapp in beiden Subsystemen. Aber in der Politik kann sie durch Arbeitsteilung spezialisierter Experten ausgeglichen werden. Politische Journalisten können nicht in der Menge in der Hauptstadt leben, daß sie komplementär zu allen wichtigen Ressorts, Bundestagsausschüssen und Politikarenen auftreten. Journalisten müssen stärker *Generalisten* sein als die Politiker. Im Fernsehen zwingt die „Diktatur der 1.3 Minuten" zu weiteren Vereinfachungen. Der Kode von Regierung und Opposition kann vielfach nur durch jeweils vorfahrende Limousinen visualisiert werden, aus denen sich ein mehr oder weniger gesprächiger Politiker wälzt. Wo wirklich Entscheidungspolitik gemacht wird, ist die Presse meist ausgeschlossen. Wo sie zahlreich präsent ist, spricht die Vermutung günstigstenfalls für die symbolische Politikbegleitung von effektiver Entscheidungspolitik.

Im Hinblick darauf mußte sich die Theorie der öffentlichen Meinung wandeln (Luhmann 1971). Begriffe wie „*Einfluß*" und „*Kontrolle*" erschienen als archaisch und wurden mit klassischen Steuerungskonzepten verbunden. In einer immer stärker ausdifferenzierten Gesellschaft mit wachsender Autonomie der Subsysteme verliert die öffentliche Meinung – so die systemtheoretische Position – die Funktion der Kontrolle und der Beeinflussung politischer Entscheidungen. Die Medien könnten allenfalls durch Hinlenkung der öffentlichen Aufmerksamkeit auf vernachlässigte Themen kompensatorische Steuerungsfunktionen wahrnehmen. Diese *kompensatorische Funktion* auszubauen wurde vorgeschlagen. Für die Rundfunkgremien wurde ein „Umkehrproporz" vorgeschlagen zugunsten unterpriviligierter Interessen. Illusionen über die Politisierbarkeit der Medien wurden aufgegeben. Die Linke war froh, wenn die Einflüsse der stärksten Interesseneinflüsse abgebaut werden konnten. Der altliberale Traum von der vierten Gewalt ist zerronnen.

Gibt es eine kompensatorische Steuerungsfunktion durch *Problemdefinition* und *Agenda-Setting*? Dies ist aus mehreren Gründen zu bezweifeln bzw. einzuschränken. Viele Institutionen reklamieren für sich eine Priorität beim Agenda-Setting. Den *Parteien* ist sie gleichsam verfassungspolitisch zugesprochen worden. Das schmale Einfallstor des Artikels 21 GG, das von „Mitwirkung bei der Willensbildung" spricht, ist kräftig erweitert worden. Ihre Priorität gegenüber den Medienkonkurrenten wurde im Parteiengesetz durch die Bestimmung des 1.2 Parteiengesetz gesichert, wo die Bildung des politischen Willens auf allen Gebieten des öffentlichen Lebens festgeschrieben wird. Das hieß im Klartext als erstes „auf die Gestaltung der öffentlichen Meinung Einfluß" zu nehmen. Die Ziele, die sie erarbeiteten, sollten in den Prozeß der staatlichen Willensbildung eingeführt werden, was zusätzlich die Vermutung zugunsten der Parteien beim Agenda-Setting verstärkt. Der hegemoniale Anspruch der Parteien, die Problemdefinition zu steuern und das Agenda-Setting zu dirigieren, wird durch Programme und Wahlplattformen auch im Zeitalter abnehmender Ideologisierung wahrgenommen. Empirische Forschung hat gezeigt, daß Wahlplattformen sowohl für das Wahlverhalten der Bürger als auch für die spätere Politik einer siegreichen Parteienkoalition von Bedeutung ist (Budge/Farlie 1983).

Der hegemoniale Anspruch der Parteien ließ sich ausbauen, weil sich die Interessengruppen auf eine sehr begrenzte Agenda beschränkten, in der sie versuchten, die Probleme zu definieren. Im Zuge eines Wertewandels zeigten sich die Parteien jedoch in der Problemerkennung nicht auf der Höhe der Zeit. Sie bekamen beim Agenda-Setting Konkurrenz von den *neuen sozialen Bewegungen*. Da diese in der Regel wenig organisatorische Macht aufweisen, steht ihr Anspruch, die öffentliche Meinung für sich zu mobilisieren, auf schwachen Füßen. So mancher Bürokrat hätte eine Bewegung schwerlich angehört, wenn er sich nicht über die Mobilisierungskraft seiner Gesprächspartner geirrt hätte. Neue soziale Bewegungen müssen (vgl. Gerhards 1992: 308): a) *Ein Thema als soziales Problem interpretieren*. Darin sind sie tendenziell in keiner schlechteren Lage als die Parteien und Verbände. Aber sie sind mehr als diese auf *„parasitäre Publizität"* in den Medien angewiesen, um sich auch nur Gehör zu verschaffen. b) Sie müssen ferner *Ursachen und Verursacher ausfindig machen*. Hierbei sind sie in einer besseren Lage als die etablierten Organisationen. Sie können weit schonungsloser Schuldige brandmarken. Etablierte Gruppierungen können das immer nur unter partieller „Nestbeschmutzung", denn entweder sind sie an der Macht oder waren an der Macht und müssen sich vergangene Fehlentscheidungen vorwerfen lassen. c) Sie müssen *Adressaten für ihren Protest finden*. Hierin sind sie wiederum benachteiligt gegenüber den etablierten Organisationen. In der amerikanischen Rezeptionsforschung wurden *obtrusive* und *non-obtrusive Issues* unterschieden (Schenk 1987: 437). Die Aufdringlichkeit eines Problembereichs schafft Betroffenheit. Nur über Betroffenheit können Adressaten für einen Protest gefunden werden. d) Die neuen sozialen Bewegungen müssen sich selbst Erfolgschancen zuschreiben und *sich als Akteur legitimieren*. Dabei muß jeweils nachgewiesen werden, daß die etablierten Parteien und Verbände auch durch Druck nicht dazu gebracht werden können, ihre Funktion beim Agenda-Setting wahrzunehmen. Stellvertretende Erlösungshandlungen selbsternannter Advokaten können über charismatische organisatorische Unternehmer relativ rasch zum Erfolg führen. Die *Nähe* eines Problems (Issue) *zur eigenen Lebenswelt* ist entscheidend für die Mobilisierungskraft. Eine Mülldeponie vor Ort ist leichter auf die Agenda zu bringen als das Ozonloch.

Neue soziale Bewegungen sind nicht zuletzt durch die Versuche der etablierten Organisationen stark geworden, bestimmte Probleme von der politischen Agenda fernzuhalten. Marxisten haben vor allem die *Dethematisierung nicht-produktivistischer Interessen* für den Einzug der neuen Bewegungen in die politische Arena verantwortlich gemacht (Hirsch/Roth 1986: 99). Solche Thesen können immer nur für einen kurzen Augenblick richtig sein. Im ganzen hat sich das etablierte System der Interessenartikulation (Verbände) und Interessenaggregation (Parteien) relativ schnell um die neuen Probleme bemüht (Wessels 1993: 111). „Neue Politik" fand rasch in die „alten Parteien" Eingang. In unerwarteter Weise fand bei den neuen Politikern der Grünen rasch ein Issue-Wandel statt, der nicht die Ökologie, mit der man ursprünglich angetreten war, sondern die Friedenspolitik oder die Frauenpolitik in den Vordergrund parlamentarischer und öffentlicher Aufmerksamkeit rückte. Umweltpolitik schien ein zündender „Issue", solange man „tutto e subito" (alles und sofort) verlangte. Wenn man jedoch in den täglichen Grabenkampf der Implementationsphase kam, wo es um 3 oder 5 Prozent weniger

Immissionen geht, ermüdete das Interesse manches Exponenten der neuen Bewegungen rasch. Ein „entfremdetes Interesse der Organisation an sich selbst" (C. Offe), das man häufig den Etablierten nachgesagt hatte, erfaßte auch die neuen Bewegungen rasch. Mit Frauenrepräsentation und der Beschäftigung mit internen Fragen, wie Rotation und Verdienst der eigenen Teile der politischen Klasse, ließ sich rascher ein Erfolg und mehr öffentliche Aufmerksamkeit erzielen.

Es hatte anfangs gereizt, Stadienschemen zu entwerfen. Danach wurde das Stadium der *korporatistischen Blockade* neuer Interessen durch die *Bewegungsgesellschaft* der Nachmoderne abgelöst. Aber eine Bewegungsgesellschaft als dominanter Typ ist nicht in Sicht. Die Entscheidungsfindung ist traditionell parlamentarisch geblieben und wird von den etablierten Organisationen beherrscht. Nur beim Agenda-Setting haben die neuen Bewegungen ernsthafte Durchbrüche erzielen können (Neidhardt/Rucht 1993).

Aber auch beim Agenda-Setting haben die neuen sozialen Bewegungen kein Monopol, sondern nur eine wichtige Anregungsfunktion in Bereichen der „neuen Politik". Einerseits verzetteln sie sich auch in der alten Politik. Bei Rentenkürzungen sind die Grünen am kompromißlosesten die Verteidiger des status quo. Andererseits haben die etablierten Organisationen sich vom ersten Schock erholt, und den ökologischen Bewegungen vielfach die Schau gestohlen, selbst wenn inszenierte Politik, wie die Durchschwimmung des Rheins durch Umweltminister Töpfer, eher Schmunzeln als Bewunderung hervorgerufen hat. Die unbestreitbaren Erfolge, die im Agenda-Setting den neuen Bewegungen und Parteien gutgeschrieben werden müssen, waren aber nicht ohne die etablierte Institution der Massenmedien möglich. Schon die *proletarische Gegenöffentlichkeit*, von der Negt/Kluge geträumt hatten, war nicht entstanden. Die *alternative Gegenöffentlichkeit* kam ebenfalls kaum über subkulturelle Strukturen hinaus. Erfolge in der Problemdefinition ließen sich aber nur beim Überschreiten der Grenzen der eigenen Subkultur erzielen.

Je nachdem, welchen Issue man herausgreift, kann man Parteien, neue soziale Bewegungen, Interessengruppen oder die Europäische Union als Motor der Problemdefinition ansehen. Aber es fällt schwer, die Medien als Allein-Initiator im Agenda-Setting zu bewerten, so wichtig sie als intervenierende Kraft auch sind. In Amerika war der Unterschied zwischen alten *pressure groups* und *neuen Bewegungen* nie so scharf zu unterscheiden, weil die *promotional groups* unter den alten pressure groups schon viele Züge moderner und nachmoderner sozialer Bewegungen aufwiesen. Daher ließ sich hier der Markt der *Ideen, Probleme* und *Policy-Alternativen* als ein natürlicher Ausleseprozeß beschreiben, der ähnlich wie in der biologischen Evolution funktioniert (Kingdon 1984: 209). „Issues" können nicht von einzelnen Führungskräften ohne Rücksicht auf den bestehenden institutionellen Rahmen und auf Publikumsresonanz geschaffen werden. Dennoch haben gelegentlich – vor allem in Amerika – einzelne Persönlichkeiten eine Rolle gespielt, wie Martin Luther Kings Kampagne für die Rechte der Schwarzen (siehe McAdam in diesem Band) oder Ralph Naders Kreuzzug für sichere Autos (Reich 1990: 80). Gelegentlich konnten *politische Unternehmer* auf *soziale Normen* rekurrieren, die unter der Oberfläche einer modernen Gesellschaft stark geblieben waren, wie die Bewegung „der moralischen Mehrheit" in Amerika, „Gott in das Klassenzimmer zurückzubringen". Aber mit Ausnahme des Beispiels Naders, dessen „Issue" alle Amerikaner potentiell betraf („unsafe at any speed"), mußten die Unternehmer ein *„window of opportunity"* finden. Mächtige andere Interessen mußten den „Issue" aufgreifen, der in einer laizistischen oder mehrheitlich nicht schwarzen Welt eher marginal zu sein schien. Gerade bei solchen Issues, die das „Fenster ihrer Gelegenheit" suchen, um auf die politische Agenda zu kommen, ist die Hilfsfunktion der Massenmedien entscheidend. Materielle Interessen können ihr Fenster notfalls durch das Schlüsselloch eines Ausschußberatungszimmers finden, um die gewagte räumliche Metapher weiter auszuschmüken. Moralische Issues bedürfen nicht nur einer breiten subkulturellen Öffentlichkeit, wie sie amerikanische Tele-Evangelisten reichlich bereitstellten, sondern auch der Unterstützung der allgemeinen veröffentlichten Meinung.

Die Frage, welche Gruppe die Agenda beherrscht, und welche Rolle die Massenmedien bei der Durchsetzung eines Problems auf der politischen Agenda spielt, läßt sich weder für jedes Land noch für jedes Problem in gleicher Weise entscheiden.

Die Agendasetting-Funktion der Medien ist nicht unbeeinflußt vom *Institutionensystem des jeweiligen Landes*. Im *präsidentiellen System* der USA wird die Agenda von jedem neuen Präsidenten neu definiert. Dies geschieht auch, wenn der Präsident aus der gleichen Partei wie sein Vorgänger kommt, etwa in der Entwicklung von Reagan zu Bush. Im amerikanischen Kongreß sind nicht erledigte Gesetze mit Ende der Legislaturperiode „vom Tisch". Im *parlamentarischen System* herrscht größere Kontinuität, auch wenn ein Entwurf formal in einem neuen Parlament erneut eingebracht werden muß. Die Medien können im präsidentiellen System wesentlich mehr über „neue Agenden" berichten als im parlamentarischen System. Vor allem in kontinentaleuropäischen parlamentarischen Systemen besteht, gerade wegen eines fragmentierten Entscheidungsprozesses, eine große Kontinuität der politischen Themen. Diese Kontinuität wird jedoch weit stärker von Parteien und Interessengruppen als von Medien aufrechterhalten.

Die Institutionen des Entscheidungssystems haben Einfluß auf die Möglichkeiten der Medien, an der Bildung einer politischen Agenda mitzuwirken. Wo diese Institutionen ähnlich sind, wie in parlamentarischen Regierungssystemen, hat die Policy-Forschung gezeigt, daß das Entscheidungssystem seinerseits von der Problemlage und der Organisation des Politikfeldes durch interessierte Gruppen und Bewegungen beeinflußt wird.

„*Policy determines politics*" stellte Lowi einst übertreibend fest. Er hat manches davon später modifiziert. Aber auf das Problem der Agendasetting übertragen, ließe sich die Hypothese halten: *der Problembereich determiniert die Möglichkeit der konkurrierenden Akteure, die Agenda zu beeinflussen*. Obige Enischränkungen zeigten schon, daß man heute schwerlich davon ausgehen kann, daß Umweltpolitik vor allem durch die Grünen und die neuen sozialen Bewegungen auf die Agenda gebracht wird. Innerhalb der umweltpolitischen „Issues" kommt es wiederum vor allem auf die Nähe des Problems zur Lebenswelt der Betroffenen an. Zudem sind die Massenmedien in bezug auf ihre Durchsetzungskraft bei der Agenda-Absteckung keine Einheit: Highbrow-Printmedien können sich ausführlich mit dem Ozonloch befassen und beträchtliche Anstöße für jene Politiker bereitstellen, die ex officio gehalten sind, sich mit dem Thema zu befassen. Das Fernsehen hingegen wird leichter für inszenierte Pseudoereignisse einzuspannen sein, weil sie am leichtesten in 1.3 Minuten und in personalisierter Simplizität darzustellen sind. Niveauvolle Printmedien werden über diese hingegen vielleicht nur eine Glosse abdrucken.

Der Einfluß der Massenmedien auf die Politik entscheidet sich aber nicht an der *inszenierten symbolischen Politik*. Letztlich kann er sich nur an der *effektiven Entscheidungspolitik* bewähren. Wenn man die neo-populistischen Kampagnen gegen die Verselbständigungstendenzen der politischen Klasse verfolgt (vgl. von Beyme 1993: 195ff.), könnte man denken, eine effektive Entscheidungspolitik gebe es gar nicht mehr. Wählt

man jedoch den grauen Alltag der Politik, wie er sich vor allem im Parlament widerspiegelt, so zeigt sich, daß hunderte von Politikern schwere Kärrnerarbeit in der
Detailarbeit politischer Entscheidungsfindung folgenreich leisten.

Die Entscheidungspolitik ist wenig medienwirksam. Bei großen *Innovationen* spielen
die Medien eine gewisse Rolle. In der *Routinepolitik* des Alltags zeigen sie sich desin-
teressiert. Bei Spitzengesprächen, Koalitionsrunden und Verhandlungen mit der Opposition sind die Medien nicht zugegen. Diese Arrangements sind umso erfolgreicher,
je weniger davon in die Medien dringt. Dort wo die Medien dabei sein können, zeigen
sie wenig Interesse. Die Berichterstattung über Plenarsitzungen des Deutschen Bun-
destages ist unterentwickelt. Öffentlich tagende Ausschüsse sind medienwirksam nur,
wenn ein spannender Issue behandelt wird, wie einst das „Pornohearing" oder die
Anhörungen zum Paragraphen 218.

Haben die Medien im Vorfeld dieser Entscheidungen nennenswerten Anteil genommen, die Entscheidung zur Entscheidungsreife zu bringen? Die Antwort auf diese
Frage kann nur differenziert nach Typen der Entscheidung fallen. Gängige Klassifi-
kationen der Entscheidungsformen gehen von einer Dreiteilung aus: regulativ, distri-
butiv, redistributiv. Es scheint mir sinnvoll, diese Typologie zu erweitern (vgl. *Darstellung 2*):

Darstellung 2: Typen der Entscheidung in der Entscheidungspolitik

Ebene der Regelsetzung	prohibitiv (Einschränkung von bisherigen Rechten)	regulativ (Regulierung mit gerin- gen Eingriffen in die bis- herige Rechtslage)	extensiv (Ausdehnung von bisherigen Rechten)
Ebene von Leistungen	protektiv (involviert geringe Kosten, schützt durch Normsetzung)	distributiv (Normalfall von Leistungsgesetzen)	redistributiv (Umverteilung von Einkommen und Leistungen)

Der Normalfall von Entscheidungen im politischen System sind regulative und dis-
tributive Gesetze. Die regulativen, vor allem, wenn sie Institutionen schaffen, sind für
die Medien in der Regel wenig interessant. Konservative Maßnahmen hingegen, vor
allem, wenn sie prohibitiv und „repressiv" bestehende Rechte einschränken, pflegen
eine öffentliche Reaktion herauszufordern, die gelegentlich weit über ihre mögliche
Bedeutung hinausgeht (Notstandsgesetze, Terrorismusgesetze, Volkszählung, Asylge-
setze, Lauschangriff). Das Agendasetting in diesen Fällen kommt schwerlich von den
Medien. Deren Engagement entzündet sich am *Widerstand der Gegenbewegung*, die
verhindern will, daß ein definiertes Problem im Sinne der etablierten Parteien gelöst
wird.

Die Maßnahmen, die zu einer sozialistischen Umverteilungspolitik tendieren, die
Redistribution und rechtserweiternde Maßnahmen, werden meist, aber nicht immer,
von linken Parteien auf die Agenda gesetzt. Die Medien mögen diese Pläne inhaltlich
stärker billigen als die restriktiven, oder bei Einschränkungen von Rechten, die die
Medien selbst betreffen, besonders feindlich reagieren (Lauschangriff, Einschränkungen des Verkehrs mit seinem Anwalt usw.). Aber sie sind selbst nicht in der Lage, sich

politisch so eindeutig zu engagieren, daß sie diese Maßnahmen auf die Agenda bringen oder wieder absetzen können. Die Funktion der Medien besteht darin, die innovatorischen Politiker gegen ihre Widersacher abzuschirmen. Aber auch in einem solchen Fall gibt es immer eine konservative Medienlandschaft, die aus allen Rohren schießt, um einen Issue wieder von der Agenda herunterzukippen (Ausdehnung von Mitbestimmung, Betriebsverfassungsgesetz, Hochschulrahmengesetz, mit exklusiven und restriktiven Zügen in interessanter Weise vermischt). Redistributive Gesetze sind selten (Lastenausgleich, Lohnfortzahlung, Transferzahlungen an Ostdeutschland). Sie pflegen eine starke Polarisierung im Rahmen einer *Klassenpolitik* zu bewirken, die über die differenzierten Standpunkte bei *statuspolitischen Fragen* in einer pluralistischen Entscheidungssituation hinausgeht.

Nur die prohibitiven und extensiven Entscheidungen einerseits und die redistributiven andererseits fordern die Medien zu intensiverer Beeinflussung der Öffentlichkeit heraus. Dies wird auch dadurch erreicht, daß bei umstrittenen Maßnahmen die Medien auf mehreren Stufen immer wieder an den Konfliktgehalt einer Entscheidung gemahnt werden. Bei dieser Art Maßnahmen kumulieren sich die Polarisierungsstrategien der Politiker. Dies führt zu einer mehrstufigen Konfrontation:

- *Druck von der Straße* auf die Entscheidungsträger (Notstandsgesetze, Wiederbewaffnung, Volkszählung, Abtreibung, Mitbestimmung).
- Einbringung *konkurrierender Gesetzentwürfe*, die den Medien jeweils „verkauft" werden.
- Öffentlichkeitswirksamkeit der Ausschußsitzungen mit spannenden Schlagabtauschen in *Hearings.*
- *Demonstrationen* vor der Bannmeile des Parlaments.
- *Medienwirksam inszenierte 2. und 3. Lesung,* in der die Spitzen der Eliten selbst in die Arena gehen.
- *Namentliche Abstimmung* bei der Entscheidung.
- *Proteste gegen die Implementation* der Maßnahme.
- *Anrufung des Bundesverfassungsgerichts* durch die unterlegene Minderheit.

Die Medienpräsenz ist also in solchen Fällen nicht nur durch die Bedeutung eines Entscheidungsgegenstandes konstituiert, sondern extrinsisch durch Konfliktformen symbolpolitisch motiviert. Es kann „Jahrhundertentscheidungen" geben, die vergleichsweise mit geringen Konflikten über die parlamentarische Bühne gehen, und daher auch die Medien nicht in Aufregung versetzen. Ein Beispiel ist das Bundesimmissionsschutzgesetz (1974). Die Kapitalseite hat in der Problemdefinitions- und Entscheidungszeit wenig mobilisiert, weil sie die Auswirkungen des Gesetzes kaum übersah. Erst in der Implementationsphase, als man weitere Ausführungsgesetze nachschob, wurde der vor allem betroffenen Industrie klar, was das Gesetz bedeutete. Der Widerstand wurde nun aber weniger über Medien organisiert, als durch stille Obstruktionen bei der Durchführung des Gesetzes. Diese ist umso wirksamer, je weniger die Medien und die Öffentlichkeit davon erfahren. Greenpeace und andere Organisationen müssen dann mühsam versuchen, diese Dethematisierung des Geschehens wieder rückgängig zu machen.

III. Resümee

Angesichts der Komplexität des politischen Prozesses und der differenzierten Arbeitsteilung der politischen Akteure, sind die Medien bei Knappheit der Resource Aufmerksamkeit meist überfordert. Verletzung bestehender Werte, Ereignisse von großem Neuigkeitswert, Krisen und Folgen einer diskutierten Maßnahme für breite Kreise der Bevölkerung (Luhmann 1971) entscheiden mit über die Selektion, welches Problem die Aufmerksamkeit der Medien erringt. Kein Problem kann die Aufmerksamkeit dauerhaft binden. Neuigkeit und ein verkürzter Zeithorizont sind kennzeichnend für die Medien. Obwohl die Medien mit die besten zeitgeschichtlichen Archive haben, ist ihr Gedächtnis vielfach kurz, weil es an Zeit zur Recherche fehlt. Ein altes Problem kann nur durch neue Konfliktlagen und spektakuläre Formen des Austrags der Konflikte wiederbelebt werden. Das Pauschalurteil Luhmanns (1971), daß ein *vergangenes Thema* schwerer wiederzubeleben ist als *ein neues*, ist nicht ganz richtig. Es müssen nur neue dramatische Akzente hinzutreten. Die Ermüdungserscheinungen bei der Bekämpfung des Linksradikalismus waren im Nu verflogen, als man die einst gegen links geschaffenen Regeln nun für die extreme Rechte anwenden sollte.

In einem Punkt haben die Medien trotz ihrer begrenzten Verarbeitungskapazität mehr Interesse an neuen Issues auf der Agenda als die Politiker: Sie sind auf Neuigkeiten angewiesen. Politiker hingegen werden neue Themen nur auf die Agenda setzen, wenn sie dazu gezwungen werden (Schatz 1979). Jedes neue Problem erhöht die Arbeitsbelastung und verschiebt das Gleichgewicht der Aufmerksamkeitsschwellen und Arbeitsverteilung zwischen Ausschüssen und Ebenen in der Fraktionshierarchie. Insofern fällt den Medien im politischen System eine subsidiäre Funktion zu, die „Abtreibung" von Issues durch die politische Elite zu verhindern.

Der Einfluß der Medien in Bereichen der symbolischen Politik erscheint groß. In der Sphäre effektiver Entscheidungspolitik, die durch die Begleitmusik von Medien eher behindert als befördert wird, ist der Einfluß der Medien auf die Politik – je nach Entscheidungsarena zu differenzieren – eher bescheiden.

Viele Medienstudien haben mit ihren Befunden für ihren jeweiligen Ausschnitt aus der Politik recht. Bei *Innovationspolitik* läßt sich ein beträchtlicher Anteil des Agendasetting auf die Medien und die neuen sozialen Bewegungen zurückführen. Bei *Routinepolitik* überwiegt die Bestimmung der Agenda durch Parteien und Interessengruppen. Medienwissenschaftler betonen die Höhepunkte der *Ereignisgeschichte*. Politikwissenschaftler müssen sich auch um das Einerlei der Routinepolitik mit Ansätzen einer Strukturgeschichte „*de longue durée*" kümmern, bei denen die Medien nur in den Vordergrund treten, wenn beträchtliche Konflikte aufkommen. *Regelungsdichte* und *Regelungstiefe* der Entscheidungen, die aus der Routinepolitik hervorgehen, sind oft bedeutsamer als die Veränderungen der Ereignisgeschichte, über welche die Medien bevorzugt berichten.

Literatur

Bechthold, W.E.J., et al., 1977: Agenda Control in the 1976 Debates: A Content Analysis, Journalism Quarterly: 674-681.

Beyme, Klaus von, 1993: Die politische Klasse im Parteienstaat. Frankfurt a.M.: Suhrkamp.

Beyme, Klaus von, 1988: Wirtschafts- und Sozialpolitik im Deutschen Bundestag. S. 342-365 in: *Uwe Thaysen* et al. (Hg.): US-Kongreß und Deutscher Bundestag. Opladen: Westdeutscher Verlag.

Blumler, Jay G., und *Michael Gurevitch,* 1981: Politicians and the Press. An Essay on Role Relationship. S. 467-493 in: *Dan D. Nimmo* und *Keith R. Sanders* (Hg.): Handbook of Political Communication. Beverly Hills: Sage.

Budge, Ian, und *Dennis J. Farlie,* 1983: Explaining and Predicting Elections. Issue Effects and Party Strategies in Twenty-Three Democracies. London: Allen & Unwin.

Donsbach, Wolfgang, et al., 1993: Beziehungsspiele – Medien und Politik in der öffentlichen Diskussion. Gütersloh: Bertelsmann Stiftung.

Gadziola, S.M., und *L.B. Becker,* 1976: A New Look at Agenda-Setting in the 1976 Election Debates, Journalism Quarterly: 122-126.

Gerhards, Jürgen, 1992: Dimensionen und Strategien öffentlicher Diskurse, Journal für Sozialforschung: 307-318.

Grewenig, Adi (Hg.), 1993: Inszenierte Information. Opladen: Westdeutscher Verlag.

Herzog, Dietrich, et al. (Hg.), 1993: Parlament und Gesellschaft. Opladen: Westdeutscher Verlag.

Hirsch, Joachim, und *Roland Roth,* 1986: Das neue Gesicht des Kapitalismus: Vom Fordismus zum Post-Fordismus. Hamburg: VSA.

Hitzler, Ronald, 1992: Die mediale Selbstinszenierung von Politikern. S. 205-221 in: *J.D. Gauger* und *J. Stiegl.*: Staatsrepräsentation. Berlin: Reimer.

Hofmann, Gunther, 1991: Vom Wahlforscher zum Politikberater, Die Zeit; 30.2.1991.

Holtz-Bacha, Christina, und *Lynda Lee Kaid* (Hg.), 1993: Die Massenmedien im Wahlkampf. Opladen: Westdeutscher Verlag.

Jarren, Otfried, 1988: Politik und Medien im Wandel, Publizistik: 619-632.

Jarren, Otfried, et al., 1993: Medien und Politik. Eine Problemskizze. S. 11-44 in: *Wolfgang Donsbach* et al., 1993: Beziehungsspiele – Medien und Politik in der öffentlichen Diskussion. Gütersloh: Bertelsmann Stiftung.

Kaase, Max, und *Winfried Schulz* (Hg.), 1989: Massenkommunikation. Opladen: Westdeutscher Verlag (Sonderheft 30, KZfSS).

Kepplinger, Hans Mathias, et al., 1993: Helmut Kohl und Oskar Lafontaine im Fernsehen. S. 144-184 in: *Christina Holtz-Bacha* und *L. Lee Kaid* (Hg.), 1993: Die Massenmedien im Wahlkampf. Opladen: Westdeutscher Verlag.

Kingdon, John W., 1984: Agendas, Alternatives and Public Policies. New York: HarperCollins.

Landfried, Christine, 1990: Parteifinanzen und politische Macht. Baden-Baden: Nomos.

Landfried, Christine, 1991: Die Macht des Fernsehens. Inszenierung statt Kontrolle von Politik. S. 193-214 in: *Hans-Hermann Hartwich* und *Göttrik Wewer* (Hg.): Systemsteuerung und Staatskunst. Opladen: Leske.

Langenbucher, Wolfgang R. (Hg.), 1979: Politik und Kommunikation. München: Piper.

Luhmann, Niklas, 1971: Öffentliche Meinung. S. 9-34 in: *Ders.*: Politische Planung. Opladen: Westdeutscher Verlag.

McClure, R.D., und *Th. E. Patterson,* 1976: Setting the Political Agenda. Print vs. Network News, Journal of Communication: 23-28.

McCombs, Maxwell E., und *Donald L. Shaw,* 1972: The Agenda-Setting Function of Mass Media, Public Opinion Quarterly: 176-187.

McCombs, Maxwell E. (Hg.), 1977: The Emergence of the American Public Issue. The Agenda-Setting Function of the Press. St. Paul: University of Minnesota Press.

Marin, Bernd (Hg.), 1990: Generalized Political Exchange. Frankfurt a.M.: Campus/Boulder: Westview.

Matthes, Rainer, 1989: Medienwirkungen und Konfliktdynamik in der Auseinandersetzung um die Entlassung von General Kiessling. S. 441-458 in: *Max Kaase* und *Winfried Schulz* (Hg.): Massenkommunikation. Opladen: Westdeutscher Verlag (Sonderheft 30, KZfSS).

Matthies, Volker, 1993: Die Kieler Affaire. Zur thematischen Inszenierung eines politischen Skandals im Fernsehen. S. 441-458 in: *Adi Grewenig* (Hg.): Inszenierte Information. Opladen: Westdeutscher Verlag.

Merten, Klaus, 1991: „Django und Jesus". Verbal-nonverbales Verhalten der Kanzlerkandidaten Kohl und Rau im Bundestagswahlkampf 1987. S. 188-210in: *Manfred Opp de Hipt* und *Erich Latniak* (Hg.): Sprache statt Politik. Opladen: Westdeutscher Verlag.

Meyer, Thomas, 1992: Die Inszenierung des Scheins. Essay-Montage. Frankfurt a.M.: Suhrkamp.

Neidhardt, Friedhelm, und *Dieter Rucht,* 1993: Auf dem Weg in die Bewegungsgesellschaft?, Soziale Welt: 305-326.

Neuber, Wolfgang, 1993: Verbreitung von Meinungen durch Massenmedien. Opladen: Leske.

Puhe, Henry, und *H. Gerd Würzberg,* 1989: Lust und Frust. Das Informationsverhalten des deutschen Abgeordneten. Köln: Informedia.

Protess, D.L., et al., 1985: Uncovering Rape. The Watchdog Press and the Limits of Agenda-Setting, Public Opinion Quarterly: 19-37.

Reich, Robert B., (Hg.), 1990: The Power of Public Ideas. Cambridge/Mass.: Harvard UP.

Schatz, Heribert, 1979: Ein theoretischer Bezugsrahmen für das Verhältnis von Politik und Massenkommunikation. S. 81-92 in: *Wolfgang R. Langenbucher* (Hg.): Politik und Kommunikation. München: Piper.

Schenk, Michael, 1987: Medienwirkungsforschung. Tübingen: Mohr.

Schmitt-Beck, Rüdiger, und *Barbara Pfetsch,* 1994: Politische Akteure und die Medien der Massenkommunikation. In: *Friedhelm Neidhardt* (Hg.): Öffentlichkeit, öffentliche Meinung, soziale Bewegungen. Opladen: Westdeutscher Verlag (Sonderheft 35, KZfSS).

Shaw, Eugene F., 1977: The Agenda-Setting Hypothesis Reconsidered, Gazette: 230-240.

Weischenberg, Siegfried, 1990: Gladiatoren und Propagandisten? Die Akteure politischer Kommunikation in einer medialen Streitkultur. S. 101-120 in: *Ulrich Sarcinelli* (Hg.): 1990: Demokratische Streikultur. Bonn: Bundeszentrale für politische Bildung.

Weiß, Hans-Jürgen, 1989: Öffentliche Streitfragen und massenmediale Argumentationsstrukturen. S. 473-489 in: *Max Kaase* und *Winfried Schulz* (Hg.): Massenkommunikation. Opladen: Westdeutscher Verlag (Sonderheft 30, KZfSS).

Weßels, Bernhard, 1993: Politische Repräsentation als Prozeß gesellschaftlich-parlamentarischer Kommunikation. S. 99-137 in: *Dietrich Herzog* (Hg.): Parlament und Gesellschaft. Opladen: Westdeutscher Verlag.

V. Die Mobilisierung des Publikums: Protestbewegungen

ÖFFENTLICHKEIT ALS MOBILISIERUNGSFAKTOR FÜR SOZIALE BEWEGUNGEN

Dieter Rucht

Zusammenfassung: Die Bedeutung des Faktors Öffentlichkeit für Mobilisierungsprozesse sozialer Bewegungen wurde in der Literatur verschiedentlich hervorgehoben. Allerdings hat die bisherige Bewegungsforschung daraus kaum theoretische und forschungspraktische Folgerungen gezogen. Konzepte des Framing und der Opportunity Structure tragen der Öffentlichkeit indirekt Rechnung. Erst im Rahmen von Interaktionstheorien werden Massenmedien und Publikum als Referenzpunkte sozialer Bewegungen systematisch einbezogen. Auch wenn Bewegungen auf Öffentlichkeit angewiesen sind, um letztlich politische Entscheidungen und sozialen Wandel beeinflussen zu können, so werden sie – abhängig von Bewegungstypus, Bewegungsphase, Zielgruppen, Eigenschaften des Gegners und strategischen Präferenzen – in höchst unterschiedlicher Weise auf Öffentlichkeit Bezug nehmen. Diese Unterschiede werden an den Kontrastfällen von alten und neuen, macht- und kulturorientierten sowie linken und rechten Bewegungen in Hypothesenform postuliert.

I. Eigendynamik massenmedial vermittelter Öffentlichkeit

Die einschlägige Forschung hält ein breites Angebot an Theorien und empirischen Befunden zu der Frage bereit, unter welchen Bedingungen Bewegungen entstehen und sich stabilisieren. Gleichwohl sind Bewegungen immer wieder für Überraschungen gut, welche die Bewegungsforschung irritieren. Manchmal kommen Bewegungen völlig unvorhergesehen auf; in bestimmten Fällen erlangen sie eine frappierende Stärke und Beharrungskraft; zuweilen erstaunt aber auch das Ausbleiben bzw. die Schwäche von Bewegungen in Problembereichen, in denen man „mehr Bewegung" hätte erwarten können.

Ein wichtiger Grund für die unerwartete Stärke oder Schwäche mancher Bewegungen liegt darin, daß in den vorhandenen Erklärungsversuchen ein Faktor zu geringe Beachtung gefunden hat: die schwer berechenbare Eigendynamik massenmedial vermittelter Öffentlichkeit. Wie zentral massenmediale Reaktion für Bewegungen ist, verdeutlicht das Diktum von Joachim Raschke (1985: 343): „Eine Bewegung, über die nicht berichtet wird, findet nicht statt." Abhängig von Ausmaß und Art öffentlicher Reaktionen auf die Thematisierungen und Mobilisierungen sozialer Bewegungen bleiben diese entweder ohne Resonanz und führen dann ein Schattendasein oder aber finden Aufmerksamkeit und Unterstützung und kommen deshalb in Fahrt.

Analytisch lassen sich zwei Situationen der Entfaltung einer sozialen Bewegung unterscheiden. Zum einen kann eine in Ansätzen bereits vorhandene, aber marginale und der breiten Bevölkerung unbekannte Bewegung über zunehmende medienver-mittelte Aufmerksamkeit ein bislang weithin ignoriertes Problem auf die öffentliche Agenda bringen (und sich damit möglicherweise selbst verbreitern). Zum anderen kann öffentliche Thematisierung und Meinungsbildung zu einem Problemfeld, zu dem keine Bewegung existiert, unter bestimmten Bedingungen zur Aktivierung von Teilen des Publikums führen, welche sich dann als eine Bewegung herauskristallisieren. Im ersten Fall wachsen Bewegungen, die ja entschieden handlungsorientiert sind, gleich-sam in Öffentlichkeit als eines primär auf Vermittlung von Nachrichten und Meinungen angelegten Systems hinein. Im zweiten Fall werden Teile von Öffentlichkeit gleichsam aktivistisch „aufgeladen" und differenzieren sich dann als Bewegungen aus. Beide Möglichkeiten sind vor allem dann wahrscheinlich, wenn bestimmte Probleme vom politischen System nicht hinreichend wahr- und ernstgenommen werden. Dies gilt insbesondere, wenn sich Parteien, Verbände und Staat gegenüber als drängend emp-fundenen Problemen indifferent zeigen, diese bloß rhetorisch aufgreifen oder mit zu wenig Nachdruck bzw. zu geringer Wirkung verfolgen. Dann ist es möglich, daß sich von „unten" her, vorbereitet über kleinere Formen von Öffentlichkeit (z.B. Veranstal-tungen und einzelne Protestaktionen), oder aber von „oben" her, angestoßen durch die Thematisierung in den Massenmedien, Bewegungen formieren – sofern zusätzliche Entstehungsbedingungen vorliegen.

Verschiedene theoretische Deutungsangebote rücken unterschiedliche Erklärungen für das Entstehen und den Mobilisierungsumfang sozialer Bewegungen in den Mit-telpunkt. Nur ein Teil dieser Erklärungen bezieht sich zumindest implizit auch auf die Resonanz von Bewegungen in ihrem weiteren gesellschaftlichen Umfeld – und damit auch in der breiten Öffentlichkeit. Dieses Erklärungsangebot wird im ersten Teil dieses Beitrags unter einem systematischen Aspekt, nämlich der jeweils hervor-gehobenen Erklärungsebenen und Erklärungsfaktoren, gesichtet. Hierbei wird auch auf Anschlüsse zum „Mobilisierungsfaktor Öffentlichkeit" zu achten sein. Herange-zogen werden Deprivationstheorien, Theorien der Ressourcenmobilisierung, „Fra-ming"-Theorien, Theorien der Gelegenheitsstruktur („opportunity structure") und In-teraktionstheorien. Namentlich letztere können für die Theoretisierung der Beziehung von sozialen Bewegungen und Öffentlichkeit genutzt werden. Im zweiten Teil geht es um die in bisherigen Ansätzen unzureichend geklärte Beziehung von sozialen Bewe-gungen auf Öffentlichkeit. Im Mittelpunkt steht die Frage, warum soziale Bewegungen Öffentlichkeit brauchen und in welchem Ausmaß und mit welchen Kalkülen sie sich an Öffentlichkeit orientieren.

II. Theoretische Erklärungen von Bewegungsmobilisierung

Abhängig von den jeweiligen theoretischen Präferenzen sind sehr unterschiedliche Definitionen sozialer Bewegung vertreten worden. Allerdings zeichnet sich neuerdings eine gewisse Konvergenz des Begriffsverständnisses ab (Diani 1992). Im weiteren wird folgende Definition zugrundegelegt: Eine *soziale Bewegung* ist ein auf gewisse Dauer gestelltes und durch kollektive Identität abgestütztes Handlungssystem mobilisierter Netzwerke von Gruppen und Organisationen, welche sozialen Wandel mittels öffentlicher Proteste herbeiführen, verhindern oder rückgängig machen wollen (vgl. auch Neidhardt/Rucht 1991: 450). Ein besonderer Akzent dieser Definition liegt auf dem Aspekt der Protestmobilisierung. Wenngleich Proteste nicht exklusiv Bewegungen vorbehalten bleiben, so ist Protestorientierung doch ein konstitutives Merkmal sowohl für das Selbstverständnis von Bewegungen als auch ihre Wahrnehmung durch Öffentlichkeit und Publikum. Die Mobilisierung von Bewegungsanhängern sowie die Erlangung öffentlicher Aufmerksamkeit und Zustimmung sind mangels anderer Mittel die zentralen Ressourcen, die Bewegungen unter günstigen Bedingungen aufbieten können. Erst damit kann es ihnen gelingen, über eine Randerscheinung hinauszuwachsen und letztlich auch ihren Zielen näherzukommen.

Theorien zu den Entstehungs- und Entwicklungsbedingungen sozialer Bewegungen haben ganz unterschiedliche Faktorengruppen in Rechnung gestellt und in manchen Fällen auch den Mobilisierungsaspekt in den Mittelpunkt gerückt (z.B. Ahlemeier 1989). Jedoch wurden nur selten Konsequenzen aus der Einsicht gezogen, die bereits vor Jahrzehnten von Lewis Killian (1964: 450) formuliert wurde: „Whatever the influence of other variables, the influence of the opposition and of the public reaction to a movement cannot be over-emphasized."

1. Deprivationstheorien

Naive Deprivationstheorien, die einen direkten Zusammenhang zwischen Umfang bzw. Intensität von objektiven Belastungen und manifester Bewegungsmobilisierung behaupten, werden heute kaum mehr vertreten. Die schon von Marx mit Blick auf Bauern und industrielles Proletariat getroffene Feststellung, daß nicht die Gruppen revoltieren, die am meisten unter Ausbeutung zu leiden haben, wird durch neuere Forschungen bestätigt. Es zeigt sich, daß neben anderen Faktoren Art und Bedingungen der Wahrnehmung von Deprivationen eine Rolle spielen. Hinsichtlich des ersten Gesichtspunkts bestand ein entscheidender theoretischer Fortschritt in der Entwicklung des Konzepts *relativer* Deprivation. Demnach sind Belastungen vor allem dann (potentiell) protestgenerierend, wenn sie im Verhältnis zur Lage anderer Bezugsgruppen als unzumutbar bzw. ungerecht empfunden werden. Insofern kommen Maßstäbe von Gerechtigkeit und Gleichheit ins Spiel.[1] Die Diskrepanz zwischen der Wahrnehmung der eigenen Lage einerseits und der Situation vergleichbarer Bezugsgruppen und legitimierbaren Ansprüchen andererseits bildet die zentrale soziale Quelle von Unzufriedenheit. Diese ist besonders handlungsmotivierend, wenn der erstrebte Zustand unmittelbar vor Augen steht, als realisierbar angesehen wird und somit keineswegs dem Reich der Utopie angehört. Theorien relativer Deprivation wurden vor allem von Runciman (1966) und Gurr (1970) ausgearbeitet. Ein praktisches Anwendungsfeld fanden diese Konzepte unter anderem in Untersuchungen zu Ghettoaufständen und Rassenunruhen in den USA (Finkel/Rule 1986).

---

1 Ralph Turner spitzt diese Position mit der These zu, „any social movement depends upon and promotes some normative revision. In case of movements having the greatest significance for social change this normative innovation takes the form of a new sense of what is *just* and what is *unjust* in society" (Turner 1969: 390). In ähnlicher Weise betont auch Gamson (1992: 111ff.) „injustice frames" als ein zentrales Movens für soziale Bewegungen.

Eine gewisse, freilich nicht dem Ansatz prinzipiell immanente Selbstbeschränkung von Theorien relativer Deprivation liegt darin, daß sie sich allein auf die Handlungs- und Protestbereitschaft der Deprivierten selbst konzentrieren und darin das Mobilisierungs- bzw. Bewegungspotential sehen. Weder wird jedoch eine Erklärung geboten für die Möglichkeit eines advokatorischen Engagements, d.h. den Einsatz von unmittelbar nicht betroffenen Akteuren für schwache, unterprivilegierte und kaum artikulationsfähige Gruppen, noch werden größere Anstrengungen zur Klärung der Frage verwandt, über welche konkreten Prozesse deprivierte Gruppen eine Deutung ihrer eigenen Lage gewinnen und welche Rolle dabei der Öffentlichkeit zukommen könnte. Genau an dieser Stelle setzen Framing-Konzepte an (siehe unten).

In der jüngsten Bewegungsdiskussion sind Theorien relativer Deprivation an den Rand gedrängt worden. Das liegt vermutlich daran, daß ihre Vertreter eine direkte Kausalverbindung zwischen relativer Deprivation und Handlungsbeteiligung nahegelegt und dabei die Rolle intervenierender Variablen, etwa die Verfügbarkeit von Handlungsressourcen und politischen Parametern, vernachlässigt haben (Gurney/Tierney 1982; Jenkins/Schock 1992). Der Blick auf intervenierende Variablen sollte jedoch nicht dazu führen, die Bedeutung relativer Deprivation zu vernachlässigen oder gar zu leugnen, wie dies bei manchen Vertretern des Resourcenmobilisierungs-Ansatzes anklingt.[2] Protestbewegungen können nicht an bloß erfundenen Problemen anknüpfen. Sie setzen Unzufriedenheiten voraus. Problemdeutungen müssen eine gewisse Entsprechung in individuellen Erfahrungslagen und Wertbindungen finden, um glaubwürdig zu sein und nicht als Hirngespinste zu erscheinen oder auf Gleichgültigkeit zu stoßen. Vorausgesetzt ist somit eine „sensitizing experience" (Jeffries/Turner/Morris 1971: 450; vgl. auch Snow/Benford 1988: 208f.).

Theorien relativer Deprivation, die auf vorhandene Frustrationsbestände und deren sozialstrukturelle Bezüge verweisen, sind ein notwendiger Bestandteil einer komplexen Erklärung der Möglichkeit sozialer Bewegungen. Sie enthalten zumindest ein plausibles Erklärungsangebot für die Entstehung von Handlungs*potentialen*, wenngleich keine zureichende Erklärung für das tatsächliche Zustandekommen von Protest.

2. Theorien der Ressourcenmobilisierung

Neuere Mobilisierungstheorien, wie sie insbesondere im Rahmen des Konzepts der Ressourcenmobilisierung entwickelt wurden, sind als eine Reaktion auf die älteren *Collective Behavior*-Theorien zu verstehen. Während diese noch immer von massenpsychologischen Annahmen durchsetzt waren, eine Trennung von institutionellem und kollektivem Verhalten postulierten und Bewegungen tendenziell als unstrukturierte und irrationale Phänomene betrachteten, betonte der Ressourcenmobilisierungs-Ansatz die organisierten, rationalen und strategischen Momente von Bewegungen (für einen Überblick vgl. Jenkins 1983).

Der Ansatz ist stark von ökonomischen Vorstellungen der Konkurrenz um knappe Güter bestimmt – in diesem Falle die für Bewegungs„organisationen" wichtigen Res-

---

2 Vgl. McCarthy/Zald (1977: 1215). Als vorschnell bezeichnen dagegen Snow/Oliver (1993) die Kritik an Theorien relativer Deprivation.

sourcen in Form materieller und immaterieller Leistungen von Bewegungsanhängern und Unterstützern. Breton/Breton (1969: 201) gingen sogar so weit, eine „strikte Analogie" herzustellen zwischen der Nachfrage auf Gütermärkten, wo kommerzielle Unternehmer ihre Chancen wahrnehmen, und der Nachfrage nach sozialem Wandel, auf die „soziale Unternehmer" im Rahmen von Bewegungen reagieren.[3] Gegenüber Theorien kollektiven Verhaltens, die Protest und Aufruhr als direkte Reaktion auf eine Diskrepanz zwischen Normen oder ein hohes Maß an absoluter bzw. relativer Deprivation zurückführen, betont dieser Ansatz die Rolle von Variablen, die für Zeitpunkt, Art, Breite und Intensität von Protesten ausschlaggebend seien. Der simple Kurzschluß von Reiz (bzw. Spannung, Unterdrückung, Unrecht, Elend) auf Reaktion (bzw. Protest, Revolte, Revolution) wird definitiv aufgegeben.[4] Die Aktivitäten von Protestgruppen gelten nicht als unvermittelte, spontane Reaktionen, sondern vor allem als Ergebnis organisierter Bemühungen und rationaler Kalküle. Damit rücken Faktoren, mit denen Bewegungsaktivisten von jeher konfrontiert waren, in das Blickfeld von Sozialwissenschaftlern: organisatorische Möglichkeiten, Zielkonflikte und Strategien von Bewegungsorganisationen, Bündnisse, Bedingungen und Strategien der Gegenseite usw. So entstanden mehrere Studien, die sich vorrangig den strategischen Problemen sozialer Bewegungen widmen (Gamson 1975; Piven/Cloward 1977; Freeman 1983), wenngleich sie nicht durchweg dem Ressourcenmobilisierungs-Ansatz zurechenbar sind.

Am prägnantesten wurde der Ansatz – auch unter Beanspruchung des Etiketts Ressourcenmobilisierung – in verschiedenen Veröffentlichungen von Mayer Zald und seinen Kollegen formuliert (McCarthy/Zald 1973, 1977; Zald/McCarthy 1979, 1980). Allerdings ist damit keine systematische Theorie intendiert. Die eigene Perspektive wird folgendermaßen umrissen: „The resource mobilization approach emphasises both societal support and constraint of social movement phenomena. It examines the variety of resources that must be mobilized, the linkages of social movements to other groups, the dependence of social movements upon external support for success, and the tactics used by authorities to control or incorporate social movements ... The new approach depends more upon political, sociological and economic theories than upon social psychology of collective behavior" (McCarthy/Zald 1977: 1213).

Dem Ansatz liegt eine sehr weite Definition von sozialer Bewegung zugrunde. Faktisch konzentriert sich das Interesse auf Bewegungsorganisationen (*„social movement organizations"* – SMOs), die intern nach verschiedenen Strukturmustern differenziert und zu verschiedenen Formen der Anhängerschaft bzw. Unterstützung in Beziehung gesetzt werden. Hierfür wird eine Fülle kategorialer Unterscheidungen und Hypothesen vorgeschlagen, die stark von organisationssoziologischen und ökonomischen Prämissen bestimmt sind. Ein besonderer Akzent liegt zudem auf den Beziehungen der Organisationen innerhalb und zwischen verschiedenen Bewegungen. Die Gesamtheit

---

3 Ihre ökonomische Hypothese, so die Autoren, „appears to be consistent, at least at large, with what is known of the history of social movements in Canada, in the United States, and in Europe during the first part of the twentieth century" (Breton/Breton 1969: 205). Als Literaturbeleg für die kühne Behauptung dient allerdings nur ein kleiner Artikel zur kanadischen Entwicklung in der Zeitschrift *Cité Libre*.

4 Diese Sichtweise spiegelt sich auch in reflektierteren Erklärungen der studentischen Revolten und Rassenunruhen der 1960er Jahre bis hinein in die Berichte von offiziösen Untersuchungskommissionen (z.B. Skolnick 1969).

dieser Organisationen wird als *„social movement industry"*, die Konfiguration der kooperierenden und konkurrierenden Bewegungen als *„social movement sector"* bezeichnet. Der ökonomische bias spiegelt sich auch in der später nicht mehr verwendeten Selbstetikettierung als *„entrepreneurial theory"*.

Insgesamt wird damit ein sehr komplexer Ansatz formuliert, der innerhalb seiner selbstgesetzten Schwerpunkte erhebliche Fortschritte mit sich bringt. Er trägt erstmals einem relevantem Teil der Bewegungsrealität speziell in den USA Rechung, wo Bewegungen auf nationaler Ebene häufig Interessenverbände einschließen oder zu solchen mutieren. Allerdings sind durch neuere Kritiken auch die Schwächen des Ansatzes deutlich zutage getreten (Lapeyronnie 1988; Kitschelt 1991; Mayer 1991; Buechler 1993). So ist erstens die häufig als konstitutiv angesehene Annahme fragwürdig, objektive Belastungen und Deprivationen seien in etwa gleichbleibendem Maß in heutigen Gesellschaften präsent und könnten deshalb nichts zur Erklärung der unterschiedlichen Art und Stärke von Protesten beitragen. Zweitens wurden in einer Überreaktion gegenüber früheren Theorien, welche die Bedeutung von Organisation unterschätzten, die gleichwohl vorhandenen spontanen, expressiven und identitätsbezogenen Momente von Bewegungen (Killian 1984; Turner 1981) zugunsten einer einseitigen Perspektive von mehr oder weniger formalisierten Bewegungsorganisationen vernachlässigt (Piven/Cloward 1991; 1992; Ferree 1992). Drittens drohen aufgrund der faktischen, wenngleich nicht definitorisch angelegten Zentrierung auf stärker formalisierte und professionelle Bewegungsorganisationen die Grenzen gegenüber Parteien und konventionellen Interessengruppen zu verschwimmen. Schließlich kommt es viertens zur Ausblendung makrosoziologischer Fragen, etwa nach den strukturellen Entstehungsursachen sozialer Bewegungen oder dem Verhältnis von sozialen Bewegungen zu gesamtgesellschaftlichem Wandel.[5] Im Zusammenhang damit bleibt auch die Rolle von Öffentlichkeit und speziell von Massenmedien unterbelichtet, zumal der Mobilisierungsprozeß überwiegend entlang bereits bestehender organisatorischer Bindungen von Bewegungsanhängern untersucht wird bzw. das Augenmerk vor allem auf direkte Mobilisierungsbemühungen gerichtet ist, etwa Formen des *„direct mailing"* und *„canvassing"* (Überzeugungsbemühungen im Rahmen von Hausbesuchen).

In neueren Erklärungsversuchen wird die organisationszentrierte Perspektive des Ressourcenmobilisierungs-Ansatzes mit sozialpsychologischen Überlegungen angereichert (Klandermans 1984, 1988) und schließlich um genuin soziologische Theoreme erweitert (McAdam/McCarthy/Zald 1988). Besonderes Augenmerk gilt hier dem Prozeß der „Mikromobilisierung" im Rahmen bestehender Gruppen und Netzwerke. Zudem wird neben einer Unterscheidung der Ebenen von Mikro- und Mesomobilisierung auch das nachstehend beschriebene Framing-Konzept in einem weiter gefaßten Mobilisierungsbegriff zu integrieren versucht (Gerhards/Rucht 1992). Während hierbei Öffentlichkeit noch nicht als zentrale Bezugsgröße erscheint, analysiert Gerhards (1993) in einer Fallstudie den Niederschlag von Mobilisierungsbemühungen nicht nur auf der Ebene der Protestakteure, sondern auch in den Massenmedien und im politisch-administrativen System.

Theorien der Ressourcenmobilisierung stellen gegenüber der älteren *Collective Be-*

---

5 Ausnahmen bilden die Beiträge von Garner/Zald (1985) und McCarthy/Britt/Wolfson (1991).

havior-Forschung einen erheblichen Fortschritt dar, weil sie dem Aspekt der Organisiertheit von Bewegungen hinsichtlich ihres infrastrukturellen Unterbaus und der Protestmobilisierung systematisch Rechnung tragen. Ohne solche organisatorischen Bemühungen würden Deprivationen als bloße Unzufriedenheiten fortbestehen oder sich allenfalls kleinräumig artikulieren, aber nicht die Form von dauerhaften und/oder massenhaften Bewegungsmobilisierungen annehmen. Bewegungen sind keine Organisationen, aber sie müssen organisiert werden. Im Hinblick darauf sind in der Regel Bewegungs„unternehmer", Koordinationsstäbe, Strategiediskussion etc. nachweisbar.

3. Framing-Konzepte

Unter den zeitgenössischen Bewegungssoziologen hat vor allem Ralph Turner die Tradition des symbolischen Interaktionismus weitergeführt. Er geht der Frage nach, warum und wie Individuen zu gemeinsamen Verhaltensweisen in Form kollektiver Aktionen kommen. Bereits in einer frühen Veröffentlichung (1957, zusammen mit Killian) hatte er kollektives Verhalten, insbesondere das von „Massen", von institutionellem Verhalten abgegrenzt und dabei unter anderem den Stellenwert der dominanten Normbildung auf der Grundlage situationsspezifischer Interaktionen hervorgehoben. Kollektives Verhalten, verstanden als unkonventionelles, aber normgeleitetes Handeln von sozialen Gruppen bzw. Massen, kann sich nur dann entfalten, wenn bisher geltende konventionelle Normen und die damit verbundenen Sanktionen abgeschwächt oder neutralisiert sind. Dann werden neue Situationsdeutungen und Normen nicht nur möglich, sondern wahrscheinlich. Ihre Konstitution vollzieht sich Turner zufolge unter dem Einfluß abgeschwächter bzw. nur noch von bestimmten Gruppen anerkannter konventioneller Normen, öffentlicher Situationsdeutungen (vor allem mittels der Massenmedien; Turner 1969a) und schließlich von Konventionalisierungs- und Routinierungsprozessen, die kollektives Verhalten von Anfang an begleiten. Damit, und unterstützt durch äußere Zugeständnisse sowie Anpassungstendenzen der abweichenden Gruppen, kann das aus etablierter Sicht als bedrohlich wahrgenommene kollektive Verhalten institutionell integriert und manchmal auch legalisiert werden (z.B. im Form des Streikrechts).

In Weiterführung der Tradition des symbolischen Interaktionismus fand gerade in den vergangenen Jahren – namentlich in Anknüpfung an Arbeiten von Goffman (1977) – der Aspekt der Konstruktion sozialer Problembearbeitung im Rahmen von Protestbewegungen starke Beachtung. Dieser inzwischen als *Framing*-Konzept bezeichnete Ansatz betont die Rolle von Deutungsstrategien, mit Hilfe derer eine Frage überhaupt als Problem bestimmbar, mit ihren Ursachen und Verursachern näher bezeichnet und mit Angeboten einer Abhilfe oder Linderung versehen wird (vgl. McAdam in diesem Band). Insbesondere Snow und seine Kollegen haben einen differenzierten begrifflichen Apparat bereitgestellt und Hypothesen formuliert, unter welchen Bedingungen und in welcher Form Framing mehr oder weniger wirksam wird. Hierbei haben sie drei elementare Framing-Strategien unterschieden: a) *Diagnostic framing* „involves identification of a problem and the attribution of blame or causality"; b) *prognostic framing* „is not only to suggest solutions to the problem but also to identify strategies, tactics, and targets"; c) *motivational framing* beinhaltet „the elaboration of a call to arms or rationale for action that goes beyond the diagnosis and prognosis" (Snow/Benford 1988: 200ff.). Darüber hinaus identifizieren die Autoren verschiedene Modi der Verbreitung bzw. Wirkung von Frames – *frame extension, amplification, bridging* – (Snow et al. 1986; Snow/Benford 1988; Hunt/Benford/Snow 1994). In ähnlicher Weise hat William Gamson auf die Bedeutung von Frames für soziale Bewegungen hingewiesen und sie in verschiedenen Konfliktfeldern empirisch untersucht (Gamson 1988; Gamson/Modigliani 1989; Gamson 1992). Er typisierte *injustice frames, agency frames* und *identity frames*. In diesem Zusammenhang betonte er die Schlüsselrolle der modernen Massenmedien für „frame resonance" als einer entscheidenden Bedingung dafür, ob und in welchem Ausmaß Bewegungen mit Aufmerksamkeit und Zustimmung rechnen können.

Festzuhalten bleibt, daß *Framing*-Konzepte zu Recht auf die Bedeutung von Bewegungs„ideologien" hinweisen, mit denen subjektive Erfahrungen kollektiv „gerahmt", „Wir-Gefühle" gestützt sowie Ziele und Strategien programmiert werden.

4. Opportunity Structure-Ansätze

Teils in Erweiterung, teils in kritischer Reaktion auf einige Defizite des Ressourcenmobilisierungs-Ansatzes hat sich zunächst in der amerikanischen und dann auch in der europäischen Bewegungsforschung das Konzept politischer Gelegenheitsstrukturen herauskristallisiert und die analytische Aufmerksamkeit auf die Umweltbedingungen sozialer Bewegungen gelenkt.

In der *„political opportunity structure"* sehen Vertreter dieses Ansatzes das entscheidende Variablenbündel, das Mobilisierungsfähigkeit, Strategien und/oder Wirkungen von sozialen Bewegungen beeinflußt. Das Konzept geht auf Peter Eisinger (1973) zurück, der in einer vergleichenden Studie zu städtischen Protesten in den USA die Bedeutung von politischen Gelegenheitsstrukturen hervorgehoben hatte. Es ist in den 1980er Jahren insbesondere von Sidney Tarrow (1983, 1989, 1991) aufgegriffen und weiterentwickelt worden. In seinen neueren Veröffentlichungen stellt er im Anschluß an verschiedene Autoren vier Variablengruppen in den Mittelpunkt: 1. access to the political system, 2. stability of alignments, 3. coalition with allies und 4. political conflicts within and among elites (1989: 34f.). Erweiterungen bzw. Verfeinerungen des Konzepts beziehen sich unter anderem auf die Einführung neuer Strukturdimensionen (Brand 1985), die Trennung von politischen Input- und Output-Variablen (Kitschelt 1986), die Unterscheidung von langfristig stabilen und mittel- bzw. kurzfristig veränderbaren Faktoren (Rucht 1990; della Porta/Rucht 1991) und die Einbeziehung informeller Strukturen (Kriesi 1991).

Schwächen des Konzeptes bilden die unscharfe Fassung des Strukturbegriffs und ein überbordendes Angebot von erklärenden Variablen, die theoretisch kaum integriert sind. Erstaunlicherweise wurde hierbei der Rolle von Öffentlichkeit und speziell von Massenmedien keine größere Aufmerksamkeit zuteil. Erst in jüngster Zeit werden sie zumindest durch die Einbeziehung des Konzepts von Frame-Resonanz (Gamson) als einer für zentral erachteten Mobilisierungs- und Erfolgsbedingung indirekt (Rucht 1994) und direkt (McAdam in diesem Band) ins Spiel gebracht.

Unabhängig von ihren derzeitigen Schwächen bieten *Political Opportunity*-Konzepte die Möglichkeit, bestimmte Verengungen der *Collective Behavior*- und Ressourcenmobilisierungs-Ansätze zu kompensieren. Sie betonen die Umweltbedingungen von sozialen Bewegungen als intervenierendem Bedingungskomplex zwischen objektiven Belastungen und manifestem Protest; sie wenden sich den lange vernachlässigten Fragen von Interessen und Macht zu; schließlich bieten sie ein analytisches Raster, das eine stärkere Kontrolle bewegungsexterner Variablen erlaubt und sich damit in besonderer Weise eignet, Varianzen der Entstehung und des Mobilisierungsumfangs vergleichbarer sozialer Bewegungen in verschiedenen raum-zeitlichen Kontexten zu erklären.

5. Interaktionstheorien

Interaktionstheorien der Bewegungsforschung, die nicht mit mikrosoziologischen Theorien des symbolischen Interaktionismus gleichzusetzen sind, wurden bislang nur in Ansätzen entwickelt. Ein Vorstoß in diese Richtung erfolgte im Rahmen von *Political Process*-Konzepten, zu deren prominentesten Vertretern Charles Tilly (1978) und Doug McAdam (1982) zählen. Im Mittelpunkt steht die Analyse sozialer Bewegungen als einer konflikthaften Auseinandersetzung mit (staatlichen) Autoritäten. Dieser Aspekt wird bei Tilly sogar zum Definitionskriterium sozialer Bewegungen erhoben.[6] In zahlreichen historischen Arbeiten hat der Autor den Zusammenhang von makrostrukturellen Prozessen (Staatenbildung, Industrialisierung, Urbanisierung) und der Dynamik von Protest und Reaktion bzw. Repression untersucht. Eine methodische Besonderheit dieses Ansatzes besteht darin, daß viele Aussagen auf eine quantitative Grundlage, nämlich Zeitreihendaten von Protestereignissen, gestellt werden und damit die Prüfung unterschiedlicher Theorien erlauben.

Eine Schwäche von Political Process-Konzepten liegt darin, daß sie – entgegen ihres Anspruchs – kaum von strukturellen Faktoren zu konkreteren Prozessen vorgedrungen sind. Auch Tilly korreliert lediglich „huge processes" wie Staatenbildung, Verstädterung und Industrialisierung einerseits und gewaltförmige Proteste andererseits. Ein weiteres Defizit bisheriger Konzepte besteht darin, daß sie sich praktisch ausschließlich auf die Beziehung von Bewegung und Staat beschränken. Zwar wird damit eine empirisch häufige und in vielen Fällen auch dominante Konfliktachse bezeichnet, doch muß das Akteursfeld angesichts der Multidimensionalität vieler Auseinandersetzungen differenzierter gefaßt und um andere relevante Referenzgruppen erweitert werden. In diese Richtung weisen a) das Prozeßmodell von Michael Lipsky (1968), das speziell für die Mobilisierung von relativ machtlosen Protestgruppen konzipiert wurde, b) die bereits 1973 eingeführte Vorstellung von Bewegungsakteuren innerhalb eines „multiorganizational field" (Curtis/Zurcher 1973) sowie c) das Konzept von „alliance and conflict system", das in jüngster Zeit auch in empirischen Analysen zur Anwendung kam (Klandermans 1990; della Porta/Rucht 1991).

Ein Vorschlag zur Systematisierung des Akteursfeldes, der in seinen Grundzügen

---

6 Er bestimmt soziale Bewegung als „sustained series of interaction between powerholders and persons successfully claiming to speak on behalf of a constituency lacking formal representation" (Tilly 1984: 306).

Schaubild 1: Referenzgruppen sozialer Bewegungen

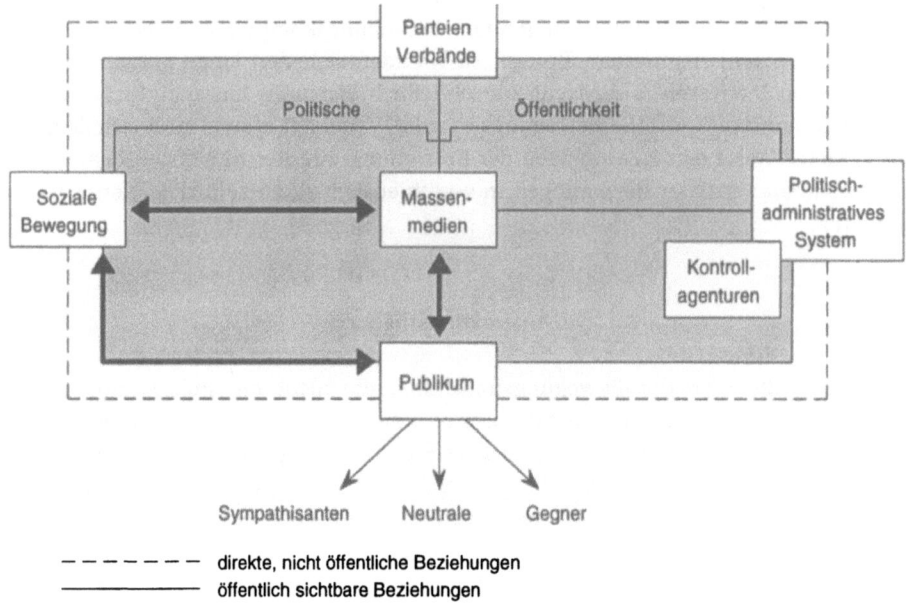

bereits an anderer Stelle skizziert wurde (Neidhardt/Rucht 1991: 456), soll hier aufgegriffen und etwas modifiziert werden. Es geht dabei um den Versuch der Dynami-
sierung bezugsgruppentheoretisch systematisierter *Opportunity-Structure*-Modelle, die
bislang nur selektiv – etwa durch Tarrows Hinweise auf die Faktoren „coalition with
allies" und „political conflicts within and among elites" – die Interaktionen von Bewegungen und relevanten Bezugsgruppen bedacht haben.

Ausgangspunkt dieser Überlegungen ist ein Interaktionsfeld, in dem neben einer
sozialen Bewegung und dem politisch-administrativem System, das einen eigenen
Bereich von mehr oder weniger autonomen Kontrollagenturen ausdifferenziert hat,
weitere Akteure ins Spiel kommen: dies sind organisierte Träger von Interessen (vor
allem Parteien und Verbände) sowie das „Publikum", das sich seinerseits in Teilseg-
mente wie Sympathisanten der Bewegung, neutrale Beobachter und Gegner aufglie-
dern kann. (Letztere können als organisierte Akteure bzw. Bewegungen auch aus ihrer
Publikumsrolle heraustreten.) Die Beziehungen zwischen diesen Akteuren können
direkter Natur sein (etwa bei der physischen Repression von Protesten, Verhandlungen
zwischen Bewegungseliten und Repräsentanten von Parteien und Verbänden, dem
Aufeinandertreffen von Protestgruppen und Passanten) oder auch in vermittelter Form
bestehen. Der wichtigste vermittelnde Mechanismus sind die Massenmedien als Teil
der umfassenderen Öffentlichkeit. Massenmedien bilden nicht nur das Forum, in dem
sich Akteure darstellen und wechselseitig, etwa in Form von verbaler Kritik, aufeinander beziehen. Auch die direkten Interaktionen zwischen Bewegungen und anderen
Akteuren werden, sofern sie nicht erfolgreich im Arkanbereich der Politik verbleiben,
in aller Regel erst durch die Massenmedien den nicht beteiligten Akteuren sichtbar
gemacht und erlangen damit den Status einer für einen großen Kreis bedeutsamen
„sozialen Tatsache".

Entwicklung, Stabilisierung und auch Verschwinden sozialer Bewegungen werden in interaktionstheoretischen Ansätzen somit als Folge komplexer Interaktionen mit relevanten Bezugsgruppen begriffen. Diese Interaktionen vollziehen sich in Abhängigkeit von bestimmten strukturellen Eigenschaften des Interaktionsfeldes, werden durch diese aber aufgrund nicht konventioneller Orientierungen von Bewegungsakteuren insbesondere aufgrund nicht institutionalisierter Konfliktverläufe relativ wenig determiniert. Umso stärker wirken Handlungsstrategien der Akteure, die nur bedingt kalkulierbar sind und deshalb überraschende Konfliktverläufe zur Folge haben können. Beispielsweise entzünden sich Proteste zuweilen an vermeintlich nichtigen Anlässen oder es kommt zu einer Konflikteskalation, die nicht aus den grundsätzlichen Motiven und Haltungen der Akteure, sondern nur aus der Dynamik konkreter Interaktionen erklärbar ist.[7] Umgekehrt kann aber auch durch Veränderungen des taktisches Verhaltens einer Konfliktpartei oder durch den Einsatz Dritter selbst in leidenschaftlich geführten Auseinandersetzungen eine Entspannung eintreten.

Im folgenden wird nur ein Ausschnitt dieses Beziehungsgefüges, nämlich das im *Schaubild 1* durch dicke Pfeile hervorgehobene Beziehungsdreieck zwischen sozialen Bewegungen, Massenmedien und Publikum, in hypothesengenerierender Absicht betrachtet.

III. Zur Beziehung von sozialen Bewegungen, Massenmedien und Publikum

Auch wenn im weiteren die genannte Dreiecksbeziehung in den Mittelpunkt gestellt wird, so bleibt doch zu betonen, daß soziale Bewegungen zumeist nicht in letzter Instanz auf Massenmedien und Publikum abzielen. Lipsky (1968: 1146) spricht deshalb von Protest als eines „highly indirect process in which communications media and the reference publics of protest targets play critical roles". Protest ist also eine Ressource, die im Hinblick auf intermediäre Gruppen eingesetzt wird, um am Ende politische Entscheidungen zu beeinflussen. In modernen Gesellschaften, in denen soziale Ordnung einer politisch-rechtlichen Kodifikation und deren autoritativer Umsetzung kraft des staatlichen Gewaltmonopols bedarf, geht fast nichts am Staat vorbei (Tilly 1984; Birnbaum 1988). Es ist nur konsequent, wenn politische Öffentlichkeit und soziale Bewegungen im Staat ihren wichtigsten Adressaten sehen. Um Gesellschaft zu verändern, müssen staatliche Entscheidungsträger unter Druck gesetzt werden. Selbst wenn staatliche Entscheidungsträger in direkter Konfrontation beeinflußt werden sollen, so kann kaum erhofft werden, daß die Konfrontation als solche Eindruck erzeugt, sondern erst die Resonanz, die die Spiegelung der Konfrontation in den Massenmedien auslöst.

1. Warum brauchen soziale Bewegungen Öffentlichkeit?

Wie schon betont, stehen sozialen Bewegungen nicht die Mittel anderer kollektiver Akteure zur Verfügung, um ihren Interessen Geltung zu verschaffen. Während erfolg-

---

7 Vgl. dazu zum Beispiel die von Gary Marx (1979) beschriebenen Möglichkeiten, Mobilisierungen von sozialen Bewegungen zu verhindern bzw. zu erleichtern.

reiche Parteien über Wählerstimmen und die Besetzung von Ämtern an politischen Entscheidungsprozessen beteiligt sind und ein Teil der Verbände durch Lobbying und Pressionen, etwa die Verweigerung von Kooperation, auf politische Entscheidungen einwirken kann, sind Bewegungen „'Herausforderer' ohne institutionalisierten Zugang zu den politischen Entscheidungsprozessen" (Schmitt-Beck 1990: 657; vgl. auch Useem/Zald 1987). Bewegungen bleibt im wesentlichen nur die Protestmobilisierung einer hinreichend großen Zahl von Menschen – und dies durch an Aktionen gekoppelte Zielformulierungen, Begründungen und Lösungsangebote, die geeignet sind, bei einem möglichst großen Publikum Aufmerksamkeit und positive Resonanz zu finden.[8] Eine solche Resonanz stellt insofern ein Bewegungs„kapital" dar, als sie sich zumindest potentiell in Wählerverhalten umsetzen läßt. Dies wiederum ist ein Faktor, dem Parteien und speziell amtierende Politiker nur um den Preis ihres Machtverlusts gleichgültig gegenüberstehen können. Über diese indirekte Wirkungskette werden Öffentlichkeit und speziell die Massenmedien zum entscheidenden strategischen Ansatzpunkt von Bewegungen. Verfehlt eine Bewegung öffentliche Aufmerksamkeit und Zustimmung, so setzt in aller Regel eine Spirale der Demobilisierung ein. Die Bewegung versandet, verwandelt sich in eine Sekte oder versucht ihre quantitative Bedeutungslosigkeit durch eine Radikalisierung der Protestformen – mit oft kontraproduktiven Folgen für die Protestierenden – aufzufangen. Auf jeden Fall sinken die Chancen politischer Einflußnahme.

Soziale Bewegungen, die nicht die Zustimmung von zumindest Teilen der massenmedial präsenten Öffentlichkeit finden, können auch kaum mit der Zustimmung von größeren Teilen des Publikums rechnen, das durch öffentliche Meinung beeinflußt wird. Fehlt aber dieser Druck öffentlicher Meinung und der – über Umfragen und Wahlverhalten – sich artikulierende Druck der Bevölkerungsmeinung, so ist auch von politischen Entscheidungsträgern keine Beachtung der Forderungen sozialer Bewegungen zu erwarten.[9] Bewegungen müssen also Öffentlichkeit suchen, wollen sie auf politische Entscheidungsträger einwirken. Sie haben demnach ihr Handeln im Hinblick auf Öffentlichkeit (speziell Massenmedien) und das daran angeschlossene Publikum zu kalkulieren (dazu Molotch 1979; Kielbowicz-Scherer 1986; Schmitt-Beck 1990).

2. Öffentlichkeitsstrategien und -effekte sozialer Bewegungen

Die erste Hürde, um über Öffentlichkeit auf politische Entscheidungsträger einzuwirken, ist die Erlangung von Aufmerksamkeit. Hierbei stehen Protestbewegungen vor dem Dilemma, daß nachrichtenwertträchtige Aktionen und insbesondere spektakuläre Regelverletzungen zwar starke Beachtung sichern, aber zugleich auch scharfe Ablehnung wahrscheinlich machen. Unter diesen Bedingungen besteht ein hohes Risiko, daß nicht Motive und Gründe des Protests, sondern die Verwerflichkeit der Protestformen zum Gegenstand öffentlicher Aufmerksamkeit werden. Deshalb müssen Pro-

---

8 Vgl. dazu Altheide/Gilmore (1972) und die Fallstudie von Jürgen Friedrichs in diesem Band.
9 So konnte Bundeskanzler Helmut Kohl noch in den Anfängen der Mobilisierung gegen den NATO-Doppelbeschluß selbstbewußt konstatieren: „Die demonstrieren, wir dislozieren."

testbewegungen darauf bedacht sein, ihre Aktionsformen und ihr Framing so abzustimmen, daß die Balance zwischen „appeal and threat" gewahrt bleibt (Turner 1969a:
820ff.). Allzu harmlose Proteste drohen im vielstimmigen und mit mächtigen Konkurrenten besetzten Feld politischer Interessenverfolgung unterzugehen; allzu aggressive
Proteste drohen die Mehrheit des Publikums zu verschrecken und die Protestierenden
anstelle ihrer Gegner auf die Anklagebank zu bringen.

In Abhängigkeit von ihren spezifischen Forderungen, Zielgruppen, strategischen
Präferenzen und situativen Bedingungen[10] entwickeln Bewegungen unterschiedliche
Optimierungsvorstellungen von „appeal and threat". Dies schon deshalb, weil sich
ständig angewandte Protestformen abnutzen und veralltäglichen, weil Rücksicht auf
die eigene Anhängerschaft zu nehmen ist, weil die spezifische Lage und die Mittel
des Gegners in Rechnung zu stellen sind und schließlich Massenmedien und Publikum
keine einheitlichen Gebilde darstellen, sondern in sich geschichtet und segmentiert
sind. Von Bewegung zu Bewegung, von Phase zu Phase, von Zielgruppe zu Zielgruppe
können so ganz unterschiedliche Mittel zum Einsatz kommen: die in moderatem Ton
vorgetragene Werbung um die Zustimmung möglichst Vieler, die Radikalisierung des
Protests nach erfolgloser Ausschöpfung gemäßigter Formen des Widerspruchs, die
gezielte Bemühung um die Zustimmung bestimmter sozialer Gruppen, die Provokation
des politischen Gegners, die rituelle Selbstvergewisserung der eigenen Entschlossen-
heit, die demonstrativ zur Schau gestellte Opferbereitschaft usw. Die spezifischen
Kriterien und Randbedingungen dieser Orientierungen an Öffentlichkeit und Publikum sowie die darauf ausgerichteten Strategien und Taktiken sind in der Bewegungsforschung noch weitgehend ungeklärt. Es scheint so, als gäbe es innerhalb der Bewegungen ein Erfahrungswissen und ein Reflexionsniveau im Umgang mit Öffentlichkeit,
dem die Wissenschaft hinterherhinkt.

Die grundsätzlich möglichen Varianten der Beziehung zwischen Bewegungen und
Öffentlichkeit kommen am ehesten dann in den Blick, wenn nicht relativ beliebig
gewählte empirische Beispiele assoziiert, sondern kontrastierende Vergleiche entlang
unterschiedlicher Dimensionen herangezogen werden. Hierbei werden im folgenden
alte und neue, linke und rechte sowie macht- und kulturorientierte Bewegungen betrachtet. Es bleibt jedoch zu betonen, daß die nachstehenden Ausführungen lediglich
den Status von Behauptungen besitzen, deren gründliche empirische Überprüfung
noch aussteht.

a) Alte und neue soziale Bewegungen. Die Arbeiterbewegung in der zweiten Hälfte des
19. Jahrhunderts als prototypische „alte" Bewegung bezog sich im Grunde auf die
Doppelstruktur einer jeweils klassengebundenen bürgerlichen und proletarischen Öffentlichkeit (Negt/Kluge 1972). Erstere war als Öffentlichkeit der Herrschenden zugleich „herrschende" Öffentlichkeit, welche im Prinzip als eine fremde, unzugängliche,
ja feindliche Welt wahrgenommen wurde. Umgekehrt erlebte und präsentierte bürgerliche Öffentlichkeit, von ihren entschieden liberalen Segmenten einmal abgesehen,
die Arbeiterbewegung als Bedrohung und denunzierte deren Proteste als „Pöbelex-
zesse". Entsprechend verbreitet waren Mechanismen der Ausgrenzung, Verzerrung
und Zensur im Hinblick auf die systemverändernden Bestrebungen der Arbeiterschaft.

---

10 Vgl. dazu Ingrid Gilcher-Holteys Hinweise auf die Bedeutung von „kritischen Ereignissen"
    (in diesem Band).

Unter diesen Bedingungen lag es nahe, eine über lebensweltliche Kommunikation hinausgehende Gegenöffentlichkeit in Form eigener Kongresse, Publikationsorgane und Verlage auszuformen. Diese Öffentlichkeit war ihrem Selbstverständnis nach vor allem bewegungsaffiner Resonanzboden für das proletarische Milieu und weniger kritische Instanz, deren Aufmerksamkeit und Zustimmung es erst zu gewinnen galt. Sie erlangte freilich nie die Bedeutung ihres bürgerlichen Pendants.

Die neuen sozialen Bewegungen sind mit einer grundlegend anderen Situation konfrontiert. Die proletarische Öffentlichkeit ist in ihrer organisierten, massenmedial verankerten Form praktisch bedeutungslos geworden; zugleich hat die bürgerliche Öffentlichkeit ihre Klassenbindung weitgehend abgestreift und ist allgemeine, demokratische, wenngleich durchaus „vermachtete massenmedial beherrschte Öffentlichkeit" geworden (Habermas 1992: 451). Diese bildet die relevante Vermittlungsinstanz zwischen neuen sozialen Bewegungen und politischen Entscheidungsträgern. Dagegen ist absehbar geworden, daß die vor allem von der Studentenbewegung und den neuen Bewegungen der Anfangszeit propagierte „Gegenöffentlichkeit" weder in ihrer Bedeutung noch in ihrer Qualität zu einem wirklichen Gegenpol etablierter Öffentlichkeit avancieren konnte. Immerhin hat sich eine bescheidener ansetzende „alternative Öffentlichkeit" (Stamm 1988) als kritisches Komplement zum etablierten Medienbetrieb herausgebildet und dort Spuren hinterlassen. Die Übernahme von Themen und Personen aus dem „alternativen" Bereich durch die etablierten Medien (Stamm 1991), die Institutionalisierung des Widerspruchs in Politik und Recht (Rucht 1988a), aber auch Kommerzialisierungs- und Professionalisierungstendenzen auf seiten vieler „alternativer" Medien haben die ursprünglichen Grenzziehungen zwischen beiden Öffentlichkeitssphären weitgehend verwischt.

Die auf Bewegungen gerichtete Funktion „alternativer Öffentlichkeit" beschränkt sich im wesentlichen auf die dauerhafte Binnenkommunikation und die unterstützende Rolle für größere Protestkampagnen. Das galt gleichermaßen für die Organe der Neuen Linken der 60er Jahre, die Volkszeitungen und Alternativblätter der 70er Jahre sowie die seit 1979 bestehende „tageszeitung", welcher beispielsweise bei der Propagierung des Volkszählungsboykotts 1983 (Pfetsch 1989) und den Protesten gegen die Tagung des Internationalen Währungsfonds 1987 in Berlin (Gerhards 1993) eine große Bedeutung zukam.

Im Unterschied zur revolutionären Bewegung der sozialistischen Arbeiterschaft, die nicht erwarten konnte, soziale Veränderungen auf diskursivem Wege herbeizuführen, wollen und müssen die reformorientierten neuen sozialen Bewegungen die Aufmerksamkeit und Zustimmung der großen Öffentlichkeit gewinnen. Ihre Hinwendung zu den Massenmedien ist zugleich eine Hinwendung zu einem breiten, nicht a priori schon der eigenen oder gegnerischen Seite zuzurechnenden politischen Publikum. In der Bedeutung dieses Publikums als eines sich letztlich in Wahlen artikulierenden Souveräns und seiner offenen, nicht schon durch seine soziale Lage präformierten Haltung gegenüber der Sache der Bewegung liegt die entscheidende Erklärung dafür, warum etwa Framing-Strategien sozialer Bewegungen heute ein solches Gewicht zukommt.

b) Macht- und kulturorientierte Bewegungen. Verschiedentlich wurde eine elementare Typologie vorgeschlagen, die auf der Unterscheidung von machtorientierten (bzw.

instrumentellen) und kulturorientierten (bzw. expressiven) Bewegungen beruht (Cohen 1985; Raschke 1985). Mit dieser Unterscheidung verwandt ist die zwischen außen- und innengerichteten Bewegungen. Beide Typen tendieren zu jeweils unterschiedlichen organisatorischen Strukturen und Strategien (Rucht 1988). Nicht bedacht wurde jedoch ihr je spezifisches Verhältnis zur heutigen Form von Öffentlichkeit.

Machtorientierte Bewegungen zielen in erster Linie auf die Beeinflussung politischer Entscheidungen und Institutionen. Wenn ihr wesentliches Merkmal darin besteht, daß sie von instrumentellen Kalkülen ausgehen und diesen im Zweifelsfall andere Gesichtspunkte (etwa ideologische Prinzipien, spontaneistische Regungen) nachordnen,[11] so ist von solchen Bewegungen auch ein entsprechender Umgang mit Öffentlichkeit zu erwarten. Die von strategischen Überlegungen gesteuerte Einwirkung auf massenmediale Öffentlichkeit wird zum zentralen Hebel, um eigenen Anliegen zur Durchsetzung zu verhelfen. Während es für antidemokratische Bewegungen wie z.B. den Nationalsozialismus nur konsequent war, direkte Verfügungsgewalt über die Massenmedien anzustreben und diese manipulativ in den Dienst der eigenen Sache zu stellen, sind machtorientierte Bewegungen unter den Rahmenbedingungen moderner repräsentativer Demokratien mit einem weitgehend autonomen und pluralistischen Mediensystem konfrontiert, das sie akzeptieren wollen oder müssen. Dieses Mediensystem läßt sich kaum in Regie nehmen, sondern allenfalls unter bestimmten Bedingungen beeinflussen. Dazu bedarf es einer Kenntnis der Zugangsmöglichkeiten und Funktionsmechanismen des Medienbetriebs. Machtorientierte Bewegungen neigen dazu, sich diese Kenntnis anzueignen und sie systematisch zu nutzen. Konkret bedeutet das, professionelles Know how zu erwerben, eigene Rollen für den Umgang mit Medien auszudifferenzieren und Aktionen auf Medienresonanz zu kalkulieren.[12] Insbesondere in den USA gibt es bereits eine Reihe von Handbüchern und stärker wissenschaftlich orientierten Abhandlungen (z.B. Ryan 1991), die solches Wissen in den Dienst von Bewegungen stellen.

Kulturorientierte Bewegungen, wie sie vor allem um die Jahrhundertwende in Gestalt von Lebensreform- und Jugendbewegungen blühten, neigen stärker zu expressiven und spontaneistischen Protestformen, die nicht dominant hinsichtlich ihrer Aussenwirkung bedacht werden. Mittel und Ziele, Form und Inhalt bleiben eng verbunden. Im Vordergrund steht die lebensweltliche, oft subkulturelle Praxis in kleinen Gruppen und Gemeinschaften, die in authentischer Weise den Motiven und Interessen ihrer Mitglieder Rechnung tragen soll. Nicht die schiere Zahl, sondern die Hingabe der Gruppenmitglieder gilt als Maßstab „guter" Praxis. Anstatt einen politischen Gegner ins Visier zu nehmen und niederringen zu wollen, setzen kulturorientierte Bewegungen auf die Überzeugungskraft ihrer Praxisformen, welche über persönliche Netzwerke auf andere abstrahlen sollen. Demnach bleibt die große Öffentlichkeit eine solchen Bewegungen äußerliche Sphäre, deren Themen und Resonanzfähigkeit keinen primären Orientierungspunkt des Bewegungshandelns darstellen. Umgekehrt sind solche Bewegungen auch kaum ein Thema der Massenmedien, sondern finden allenfalls in

---

11 Robert Michels (1911/1989) sah in dieser zur Oligarchie führenden Tendenz bereits den Anfang vom Ende einer sozialen Bewegung und illustrierte diesen Prozeß am Schicksal der deutschen Sozialdemokratie.

12 Eine in dieser Hinsicht äußerst konsequente Bewegungsorganisation ist beispielsweise Greenpeace, die Medienresonanz zur obersten Maxime ihres Handelns macht (Kunz 1989).

ihren exotischen und skurrilen Facetten Erwähnung. Die Idee der „Herstellung" von Gegenöffentlichkeit ist kulturorientierten Bewegungen fremd. Selbst in ihrer internen Kommunikation genießt die direkte Begegnung den Vorrang gegenüber (massen-) medialer Vermittlung.

c) Linke und rechte Bewegungen. Fragen wir schließlich danach, inwieweit sich heutige linke und rechte Bewegungen in ihrer Bezugnahme auf Öffentlichkeit unterscheiden. In der Annahme, daß es sich in beiden Fällen überwiegend um machtorientierte Bewegungen in dem oben beschriebenen Sinne handelt, dürfte die entscheidende Differenz nicht in der Intensität ihrer Ausrichtung, sondern der Art und Selektivität ihrer Einflußnahme auf Öffentlichkeit liegen.

Linke Bewegungen sind in heutigen westlichen Demokratien stark von Intellektuellen geprägt und haben demzufolge eine überwiegend rationalistische Prägung. Mehr als rechte Bewegungen neigen sie zu anspruchsvoller Theoriebildung und – aufgrund ihrer egalitär-emanzipatorischen Postulate – zu Formen diskursiver Auseinandersetzung sowie ausführlichen Rechtfertigungen ihrer Ziele und Handlungen. Das gilt gleichermaßen für ihren internen Verkehr wie für die Auseinandersetzung mit dem politischen Gegner. Insofern haben linke Bewegungen auch eine starke Affinität zu den intellektuellen Segmenten der Massenöffentlichkeit, die sich ihrerseits wiederum gegenüber linken und linksliberalen Bewegungsforderungen als relativ aufgeschlossen zeigen. Die Kommunikation zwischen linken Bewegungen und korrespondierenden Teilen massenmedialer Öffentlichkeit basiert, um den Terminus des Sozialisationsforschers Basil Bernstein (1959) aufzugreifen, auf einem elaborierten Sprachcode, der auch nur bei einem Teil des Publikums entsprechende Resonanz findet.

Rechte Bewegungen, obgleich nicht ganz ohne intellektuelle Unterstützung, pochen stärker auf die „Natürlichkeit" bestimmter Ansprüche und Sichtweisen, die demnach keiner aufwendigen Rechtfertigung bedürfen.[13] Sie neigen zu populistischen Positionen und Begründungen, bei denen häufig Affekte und diffuse Ängste mobilisiert werden. Die interne Kommunikation wird überwiegend durch hierarchische Beziehungen, im Extremfall durch das Verhältnis von Führer und Gefolgschaft, bestimmt. Differenzen in und zwischen Gruppen werden eher durch demonstrative Parteinahme als in diskursiver Form ausgetragen. Radikale Gruppierungen beschränken sich teilweise sogar auf eine sprachlose „Propaganda der Tat".

Mit der Schlichtheit und Sparsamkeit ihrer Begründungen wenden sich rechte Bewegungen primär an solche Segmente von Öffentlichkeit, die einfache Weltsichten verkörpern und bestätigen. Die Sprachführung orientiert sich stärker am Muster des restringierten Codes. Damit ist es wahrscheinlich, daß rechte Bewegungen stärkere Resonanz in der populistischen Massenpresse finden und über diesen Weg wiederum solche Publikumssegmente erreichen, die durchschnittlich einen geringeren Bildungsgrad aufweisen und einen eher restringierten Sprachstil pflegen. Soweit es sich um radikale und vor allem gewaltbereite rechte Bewegungen handelt, wird ihnen zwar in allen Segmenten der Massenmedien große Aufmerksamkeit zuteil.[14] Allerdings

---

13 Diese Differenz zu linken Bewegungen zeigt sich auch beim Vergleich des rechten und linken Terrorismus (Neidhardt 1982).
14 Zur massenmedialen Aufmerksamkeit für rechte Gruppierungen kann auch ungewollt die Gegenmobilisierung von seiten „antifaschistischer" Gruppen beitragen (vgl. Blattert/Ohlemacher 1991).

drohen solche Bewegungen die Balance zwischen „appeal and threat" zu verpassen. Sie riskieren, daß nicht ihre Forderungen, sondern die Problematik ihrer Aktionen zum Thema werden, und daß damit die Bewegungen selbst in der populistischen Presse auf negative Resonanz stoßen.

IV. Zusammenfassung

Die im zweiten Abschnitt dieses Beitrags vorgestellten Bewegungstheorien betonen unterschiedliche Bedingungen für Mobilisierungsprozesse. Damit stehen sie jedoch eher in einem komplementären als sich wechselseitig ausschließenden Verhältnis; sie können durchaus in ein umfassenderes, hier nicht vorgestelltes Modell der Mobilisierungs- und Stabilisierungsbedingungen sozialer Bewegungen integriert werden (dazu Neidhardt/Rucht 1993). Für die Bedeutung des Faktors Öffentlichkeit, auf den bereits früh hingewiesen wurde, liefern die Konzepte des *Framing* und der *Opportunity Structure* Anschlußmöglichkeiten. Am systematischsten wird jedoch dem Faktor Öffentlichkeit und des darin eingeschlossenen politischen Publikums durch Interaktionstheorien Rechnung getragen, welche Massenmedien und Publikum als Referenzpunkte sozialer Bewegungen ausdrücklich einbeziehen. Sofern solche Interaktionstheorien auch die Rahmenbedingungen des Handlungsfeldes sowie die sprachlichen und symbolischen Kommunikationsformen der Handlungsträger in Rechnung stellen, lassen sie sich zwanglos mit *Opportunity Structure*- und *Framing*-Theorien verbinden.

Es gibt gute Gründe für die Annahme, daß zumindest der Typus „machtorientierter" Bewegungen ganz zentral auf Öffentlichkeit angewiesen ist, um ein breites Publikum zu erreichen und letztlich Druck auf politische Entscheidungsträger auszuüben. Erweist sich dieser Weg als erfolglos, finden Bewegungen keine Aufmerksamkeit und/oder keine nennenswerte Unterstützung durch wenigstens Teile der Öffentlichkeit, so sinken ihre Mobilisierungs- und Erfolgschancen, sofern es ihnen nicht gelingt, sich über den Aufbau von Gegenöffentlichkeiten nachhaltig bemerkbar zu machen. Dies ist jedoch ein voraussetzungsvoller und empirisch eher unwahrscheinlicher Fall.

Auch wenn Bewegungen auf Öffentlichkeit angewiesen sind, so werden sie – abhängig von Bewegungstypus, Bewegungsphase, Zielgruppen, Eigenschaften des Gegners und strategischen Präferenzen – in höchst verschiedener Weise auf Öffentlichkeit Bezug nehmen. Diese Unterschiede wurden an den Kontrastfällen von alten und neuen, macht- und kulturorientierten sowie linken und rechten Bewegungen in Hypothesenform postuliert.

Damit sind auch mögliche Einsatzstellen für künftige Forschungsarbeiten bezeichnet. Kann als gesichert gelten, daß machtorientierte Bewegungen ohne öffentliche Resonanz zur Bedeutungs- und Erfolglosigkeit verdammt sind, so ist unser theoretisches und empirisches Wissen über die Bedingungen und Varianten des Zusammenspiels von sozialen Bewegungen und Öffentlichkeit als dürftig zu bezeichnen. Sieht man einmal von instruktiven bereichsspezifischen Untersuchungen ab (z.B. Morris 1973; Gitlin 1980; van Zoonen 1991), so wird dieses Zusammenspiel nur auf Grundlage systematisch erhobener Daten zu klären sein, welche Themen- und Zeitvergleiche erlauben. Es bedarf somit komplementärer Messungen von a) Bewegungsmobilisierungen (durch Protestereignisdaten bzw. Daten von Bewegungsinfrastrukturen), b) öffentlicher Resonanz auf Bewegungen und Bewegungsforderungen (durch Inhalts-analysen von Massenmedien) und c) Publikumsmeinungen zu Bewegungen und Bewegungsthemen (durch Umfragen). Gehören die beiden letztgenannten Ebenen bereits zu den klassischen Feldern empirischer Sozialforschung, so wurden jenseits der historischen Sozialforschung erst in den vergangenen Jahren größere Anstrengungen zur Messung von Bewegungsmobilisierungen unternommen (z.B. Tarrow 1989a; Kriesi et al. 1992). Um jedoch alle drei Ebenen zueinander in Beziehung setzen zu können, sollten entsprechende Messungen nicht isoliert voneinander und in der Hoffnung auf mehr oder zufällige thematische und zeitliche Passungen unternommen werden.[15]

Literatur

Ahlemeier, Heinrich W., 1989: Was ist eine soziale Bewegung? Zur Distinktion und Einheit eines sozialen Phänomens, Zeitschrift für Soziologie 18: 175-191.
Altheide, David, und *Robert P. Gilmore,* 1972: The Credibility of Protest, American Sociological Review 37: 99-108.
Bernstein, Basil, 1959: The Public Language: Some Sociological Implications of Linguistic Forms, British Journal of Sociology 10: 311-326.
Birnbaum, Pierre, 1988: States and Collective Action. Cambridge: Cambridge University Press.
Blattert, Barbara, und *Thomas Ohlemacher,* 1991: Zum Verhältnis von Republikanern und antifaschistischen Gruppen in West-Berlin – Dynamik, wechselseitige Wahrnehmungen und Medienresonanz, Forschungsjournal Neue Soziale Bewegungen 4: 63-74.
Brand, Karl-Werner, 1985: Vergleichendes Resümee. S. 306-334 in: *Ders.* (Hg.): Neue soziale Bewegungen in Westeuropa und den USA. Ein internationaler Vergleich. Frankfurt a.M./ New York: Campus.
Breton, Albert, und *Raymond Breton,* 1969: An Economic Theory of Social Movements, American Economic Review 59: 198-205.
Buechler, Steven M., 1993: Beyond Resource Mobilization? Emerging Trends in Social Movement Theory, The Sociological Quarterly 34: 217-235.
Cohen, Jean L., 1985: Strategy or Identity: New Theoretical Paradigms and Contemporary Social Movements, Social Research 52: 663-716.
Curtis, Russell L., und *Louis A. Zurcher,* 1973: Stable Resources of Protest Movements: The Multiorganizational Field, Social Forces 52: 53-61.
della Porta, Donatella, und *Dieter Rucht,* 1991: Left-Libertarian Movements in Context: A Comparison of Italy and West Germany, 1965-1990. Discussion Paper FS III 91-102, Wissenschaftszentrum Berlin.
Diani, Mario, 1992: The Concept of Social Movement, The Sociological Review 40: 1-25.
Eisinger, Peter K., 1973: The Conditions of Protest Behavior in American Cities, American Political Science Review 67: 11-28.
Ferree, Myra Marx, 1992: The Political Context of Rationality: Rational Choice Theory and Resource Mobilization. S. 29-52 in: *Aldon D. Morris* und *Carol McClurg Mueller* (Hg.): Frontiers in Social Movement Theory. New Haven/London: Yale University Press.
Finkel, Steven E., und *James B. Rule,* 1986: Relative Deprivation and Related Psychological Theories of Civil Violence: A Critical Review. S. 47-69 in: *Kurt Lang* und *Gladys Engel Lang* (Hg.): Research in Social Movements, Conflicts and Change 9. Greenwich, Conn.: JAI Press.

---

15 Daran leiden beispielsweise Studien wie die von Kepplinger (1988), in der nahegelegt wird, der antinukleare Protest sei im wesentlichen durch atomkritische Berichterstattung in den Massenmedien induziert worden, aber auch Untersuchungen, die klären wollen, in welchem Maß der massenmediale Diskurs zur jüngsten Welle des Rechtsradikalismus beigetragen hat. Fehlen im ersten Fall Daten zur Mobilisierung der Anti-Atomkraftbewegung, so im zweiten Fall inhaltsanalytische Längsschnitte und auf den neuen Rechtsradikalismus abgestimmte Umfragen auf Zeitreihenbasis.

Freeman, Jo, 1983: A Model for Analyzing the Strategic Options of Social Movement Organizations. S. 193-210 in: *Ders.* (Hg.): Social Movements in the Sixties and Seventies. New York: Longman.

Gamson, William A., 1975: The Strategy of Social Protest. Homewood, Ill.: Dorsey.

Gamson, William A., 1988: Political Discourse and Collective Action. S. 219-244 in: *Bert Klandermans, Hanspeter Kriesi* und *Sidney Tarrow* (Hg.): 1988. From Structure to Action: Comparing Social Movement Research Across Cultures. Greenwich, Conn.: JAI Press.

Gamson, William A., 1992. Talking Politics. Cambridge: Cambridge University Press.

Gamson, William A., und *Andre Modigliani,* 1989: Media Discourse and Public Opinion on Nuclear Power: A Constructionist Approach, American Journal of Sociology 95: 1-37.

Garner, Roberta, und *Mayer N. Zald,* 1985: The Political Economy of Social Movement Sectors. S. 119-145 in: *Gerald D. Suttles* und *Mayer N. Zald* (Hg.): The Challenge of Social Control. Norwood: Ablex.

Gerhards, Jürgen, und *Dieter Rucht,* 1992: Mesomobilization: Organizing and Framing in Two Protest Campaigns in West Germany, American Journal of Sociology 98: 555-595.

Gerhards, Jürgen, 1993: Neue Konfliktlinien in der Mobilisierung öffentlicher Meinung. Eine Fallanalyse. Opladen: Westdeutscher Verlag.

Gitlin, Todd, 1980: The Whole World is Watching: Mass Media and the Making and Unmaking of the New Left. Berkeley: University of California Press.

Goffman, Erving, 1977: Rahmen-Analyse. Ein Versuch über die Organisation von Alltagserfahrungen. Frankfurt a.M.: Suhrkamp.

Gurney, Joan N., und *Kathleen J. Tierney,* 1982: Relative Deprivation and Social Movements: A Critical Look at Twenty Years of Theory and Research, The Sociological Quarterly 23: 33-47.

Gurr, Ted, 1970: Why Men Rebel. Princeton, N.J.: Princeton University Press.

Habermas, Jürgen, 1992: Faktizität und Geltung. Beiträge zur Diskurstheorie des Rechts und des demokratischen Rechtsstaats. Frankfurt a.M./New York: Campus.

Hunt, Scott A., Robert A. Benford, Robert A. Snow und *David A. Snow,* 1994: Framing Processes and Identity Construction in Collective Action. In: *Enrique Larana, Joe Gusfield* und *Hank Johnston* (Hg.): New Social Movements: From Ideology to Identity. Philadelphia: Temple Press (in Vorbereitung).

Jenkins, Craig J., 1983: Resource Mobilization Theory and the Study of Social Movements, Annual Review of Sociology 9: 527-553.

Jenkins, Craig J., und *Kurt Schock,* 1992: Global Structures and Political Processes in the Study of Domestic Political Conflict, Annual Review of Sociology 18: 161-185.

Jeffries, Vincent, Ralph H. Turner und *Richard T. Morris,* 1971: The Public Perception of the Watts Riot as Social Protest, American Sociological Review 36: 443-451.

Kepplinger, Hans Mathias, 1988: Die Kernenergie in der Presse. Eine Analyse zum Einfluß subjektiver Faktoren auf die Konstruktion von Realität, Kölner Zeitschrift für Soziologie und Sozialpsychologie 40: 659-683.

Kielbowicz, Richard B., und *Clifford Scherer,* 1986: The Role of the Press in the Dynamics of Social Movements. S. 71-96 in: *Kurt Lang* und *Gladys Engel Lang* (Hg.): Research in Social Movements, Conflicts and Change 9. Greenwich/London: JAI Press.

Killian, Louis, 1964: Social Movements. S. 426-455 in: *Robert E. Faris* (Hg.): Handbook of Modern Sociology. Chicago: Rand McNally.

Killian, Louis, 1984: Organization, Rationality and Spontaneity in the Civil Rights Movement, American Sociological Review 49: 770-783.

Kitschelt, Herbert, 1986: Political Opportunity Structures and Protest: Anti-Nuclear Movements in Four Democracies, British Journal of Political Science 16: 57-85.

Kitschelt, Herbert, 1991: Resource Mobilization Theory: A Critique. S. 323-347 in: *Dieter Rucht* (Hg.): Research on Social Movements: The State of the Art in Western Europe and the USA. Frankfurt a.M. und Boulder, CO: Campus und Westview Press.

Kriesi, Hanspeter, 1991: The Political Opportunity Structure of New Social Movements: Its Impact on Their Mobilization. Discussion Paper FS III 91-103. Wissenschaftszentrum Berlin.

Kriesi, Hanspeter, Ruud Koopmans, Jan Duyvendak und *Marco G. Guigni,* 1992: New Social Movements and Political Opportunities in Western Europe, European Journal of Political Research 22: 219-244.

Klandermans, Bert, 1984: Mobilization and Participation: Social Psychological Expansions of the Resource Mobilization Theory, American Sociological Review 49: 583-600.

Klandermans, Bert, 1988: The Formation and Mobilization of Consensus. S. 173-196 in: *Bert Klandermans, Hanspeter Kriesi* und *Sidney Tarrow* (Hg.): 1988. From Structure to Action: Comparing Social Movement Research Across Cultures. Greenwich, Conn.: JAI Press.

Klandermans, Bert, 1990: Linking the „Old" and „New": Movement Networks in the Netherlands. S. 122-136 in: *Russell J. Dalton* und *Manfred Kuechler* (Hg.): Challenging the Political Order: New Social Movements in Western Democracies. Cambridge: Polity Press.

Kunz, Hildegard, 1989: Die Öffentlichkeitsarbeit der Umweltorganisation Greenpeace, Forschungsjournal Neue Soziale Bewegungen 2: 27-37.

Lapeyronnie, Didier, 1988: Mouvements sociaux et action politique. Existe-t-il une théorie de la mobilisation des resources? Revue française de sociologie 29: 593-619.

Lipsky, Michael, 1968: Protest as a Political Resource, American Sociological Review 62: 1144-1158.

Marx, Gary, 1979: External Efforts to Damage or Falicitate Social Movements: Some Patterns, Explanations, Outcomes, and Complications. S. 94-125 in: *Mayer N. Zald* und *John D. McCarthy* (Hg.): The Dynamics of Social Movements. Cambridge, Mass.: Winthrop.

Mayer, Margit, 1991: Social Movement Research and Social Movement Practice: The U.S. Pattern. S. 47-120 in: *Dieter Rucht* (Hg.): Research on Social Movements: The State of the Art in Western Europe and the USA. Frankfurt a.M. und Boulder, CO: Campus und Westview Press.

McAdam, Doug, 1982: Political Process and the Development of Black Insurgency, 1930-1970. Chicago/London: The University of Chicago Press.

McAdam, Doug, John D. McCarthy und *Mayer N. Zald,* 1988: Social Movements. S. 695-737 in: *Neil J. Smelser* (Hg.): Handbook of Sociology. Newbury Park: Sage.

McCarthy, John, und *Mayer N. Zald,* 1973: The Trend of Social Movements in America: Professionalization and Resource Mobilization. Morristown, N.J.: General Learning Press.

McCarthy, John D., und *Mayer N. Zald,* 1977: Resource Mobilization and Social Movements: A Partial Theory. American Journal of Sociology 82: 1212-1241.

McCarthy, John D., David Britt und *Mark Wolfson,* 1991: The Institutional Channeling of Social Movements by the State in the United States. Research in Social Movements, Conflicts and Change 13: 45-76.

Michels, Robert, 1989: Zur Soziologie des Parteiwesens in der modernen Demokratie (zuerst 1911). Stuttgart: Kröner.

Molotch, Harvey, 1979: Media and Movements. S. 71-93 in: *Mayer N. Zald* und *John D. McCarty* (Hg.): The Dynamics of Social Movements. Cambridge, Mass.: Winthrop.

Morris, Monica B., 1973: The Public Definition of a Social Movement: Women's Liberation, Sociology and Social Research 57: 526-543.

Neidhardt, Friedhelm, 1982: Erscheinungsformen und Handlungspotentiale des Terrorismus. Empirische Ansätze zu einem Vergleich linker und rechter terroristischer Gruppierungen. S. 434-477 in: *Dieter Claessens* et al. (Hg.): Gruppenprozesse. Bd. 3 der Reihe „Analysen zum Terrorismus". Opladen: Westdeutscher Verlag.

Neidhardt, Friedhelm, und *Dieter Rucht,* 1991: The Analysis of Social Movements: The State of the Art and Some Perspectives for Further Research. S. 421-464 in: *Dieter Rucht* (Hg.): Research on Social Movements: The State of the Art in Western Europe and the USA. Frankfurt a.M. und Boulder, CO: Campus und Westview Press.

Neidhardt, Friedhelm, und *Dieter Rucht,* 1993: Auf dem Weg in die „Bewegungsgesellschaft"? Über die Stabilisierbarkeit sozialer Bewegungen, Soziale Welt 44: 305-326.

Negt, Oskar, und *Alexander Kluge,* 1972: Öffentlichkeit und Erfahrung. Zur Organisationsanalyse bürgerlicher und proletarischer Öffentlichkeit. Frankfurt a.M.: Suhrkamp.

Pfetsch, Barbara, 1986: Volkszählung '83: Ein Beispiel für die Thematisierung eines politischen Issues in den Massenmedien. S. 201-231 in: *Hans-Dieter Klingemann* und *Max Kaase* (Hg.): Wahlen und politischer Prozeß. Analysen aus Anlaß der Bundestagswahl 1982. Opladen: Westdeutscher Verlag.

Piven, Francis F., und *Richard A. Cloward,* 1977: Poor People's Movements: Why They Succeed, How They Fail. New York: Pantheon.

Piven, Francis F., und *Richard A. Cloward,* 1991: Collective Protest: A Critique of Resource Mobilization Theory, International Journal of Politics, Culture and Society 4: 435-458.

Piven, Francis F., und *Richard A. Cloward,* 1992: Normalizing Collective Protest. S. 301-325 in: *Aldon D. Morris* und *Carol McClurg Mueller* (Hg.): Frontiers in Social Movement Theory. New Haven/London: Yale University Press.

Raschke, Joachim, 1985: Soziale Bewegungen. Ein historisch-systematischer Grundriß. Frankfurt a.m./New York: Campus.

Rucht, Dieter, 1988: Themes, Logics and Arenas of Social Movements: A Structural Approach. S. 305-328 in: *Bert Klandermans, Hanspeter Kriesi* und *Sidney Tarrow* (Hg.): From Structure to Action: Comparing Social Movement Research Across Cultures. Greenwich, Conn.: JAI Press.

Rucht, Dieter, 1988a: Gegenöffentlichkeit und Gegenexperten: Zur Institutionalisierung des Widerspruchs in Politik und Recht, Zeitschrift für Rechtssoziologie 9: 290-305.

Rucht, Dieter, 1989: Vorschläge zur Konzeptualisierung von Kontextstrukturen sozialer Bewegungen. Beitrag zum Workshop „Vergleichende Analysen sozialer Bewegungen", Wissenschaftszentrum Berlin für Sozialforschung, 21.-22. Oktober.

Rucht, Dieter, 1990: Campaigns, Skirmishes and Battles: Antinuclear Movements in the USA, France and West Germany, Industrial Crisis 4: 193-222.

Rucht, Dieter, 1994: Modernisierung und neue soziale Bewegungen. Deutschland, Frankreich und USA im Vergleich. Frankfurt a.M./New York: Campus (im Erscheinen).

Runciman, Walter G., 1966: Relative Deprivation and Social Justice: A Study of Attitudes to Social Inequality in Twentieth-Century England. London: Routledge & Kegan Pane.

Ryan, Charlotte, 1991: Prime Time Activism: Media Strategies for Grassroots Activism: Boston: South End Press.

Schmitt-Beck, Rüdiger, 1990: Über die Bedeutung der Massenmedien für soziale Bewegungen, Kölner Zeitschrift für Soziologie und Sozialpsychologie 42: 642-662.

Skolnick, Jerome H. (Hg.), 1969: The Politics of Protest: A Task Force Report Submitted to the National Commission on the Causes and Prevention of Violence. New York: Simon and Schuster.

Snow, David A., Bourke E. Rochford, Steven K. Worden und *Robert D. Benford,* 1986: Frame Alignment Processes, Micromobilization, and Movement Participation, American Sociological Review 51: 464-481.

Snow, David A., und *Robert D. Benford,* 1988: Ideology, Frame Resonance, and Participant Mobilization. S. 137-196 in: *Bert Klandermans, Hanspeter Kriesi* und *Sidney Tarrow* (Hg.): From Structure to Action: Comparing Social Movement Research Across Cultures. Greenwich, Conn.: JAI Press.

Snow, David A., und *Pamela E. Oliver,* 1993: Social Movements and Collective Behavior: Social Psychological Dimensions and Considerations. In: *Karen Cook, Gary Fine* und *James House* (Hg.): Sociological Perspectives on Social Psychology. Needham Heights, MA: Allyn and Bacon (im Erscheinen).

Stamm, Karl-Heinz, 1988: Alternative Öffentlichkeit. Die Erfahrungsproduktion neuer sozialer Bewegungen. Frankfurt a.M./New York: Campus.

Stamm, Karl-Heinz, 1991: Diffusionseffekte der alternativen in die massenmediale Öffentlichkeit. S. 359-376 in: *Roland Roth* und *Dieter Rucht* (Hg.): Neue soziale Bewegungen in der Bundesrepublik Deutschland. Bonn: Bundeszentrale für politische Bildung.

Tarrow, Sidney, 1983: Struggling to Reform: Social Movement and Policy Change during Cycles of Protest. Western Societies Program. Occasional Paper No. 15. Cornell University.

Tarrow, Sidney, 1989: Struggle, Politics and Reform: Collective Action. Social Movements, and Cycles of Protest. Western Societies Program. Occasional Paper No. 21. Cornell University.

Tarrow, Sidney, 1989a: Democracy and Disorder: Protest and Politics in Italy, 1965-1975. Oxford: Clarendon Press.

Tarrow, Sidney, 1991: Kollektives Handeln und politische Gelegenheitssstruktur in Mobilisierungswellen: Theoretische Perspektiven, Kölner Zeitschrift für Soziologie und Sozialpsychologie 43: 647-670.

Tilly, Charles, 1978: From Mobilization to Revolution. New York: Random House.

Tilly, Charles, 1984: Social Movements and National Politics. S. 297-317 in: *Charles Bright* und *Susan Harding* (Hg.): Statemaking and Social Movements: Essays in History and Theory. Ann Arbor: University of Michigan Press.

Turner, Ralph H., 1969: The Theme of Contemporary Social Movements, British Journal of Sociology 20: 390-405.

Turner, Ralph H., 1969a: The Public Perception of Protest; American Sociological Review 34: 815-831.

Turner, Ralph H., 1981: Collective Behavior and Resource Mobilization as Approaches to Social Movements: Issues and Continuities, Research in Social Movements, Conflicts and Change 4: 1-24.

Turner, Ralph H., und *Louis M. Killian*, 1957: Collective Behavior (3. aktualisierte Auflage 1987). Englewood Cliffs, N.J.: Prentice-Hall.

Useem, Bert, und *Mayer N. Zald*, 1987. From Pressure Group to Social Movements: Efforts to Promote the Use of Nuclear Power. S. 273-288 in: *Mayer N. Zald* und *John D. McCarthy* (Hg.): Social Movements in an Organizational Society. New Brunswicck, NJ: Transaction.

Zald, Mayer N., und *John D. McCarthy* (Hg.), 1979: The Dynamics of Social Movements. Cambridge, Mass.: Winthrop Publishers.

Zald, Mayer N., und *John D. McCarthy*, 1980: Social Movement Industries: Competition and Cooperation Among Movement Organizations. S. 1-20 in: *Louis Kriesberg* (Hg.): Research in Social Movement, Conflicts and Change 3. Greenwich, Conn.: JAI Press.

Zoonen, Liesbet van, 1991: Feminist Perspectives on the Media. S. 33-54 in: *James Curran* und *Michael Gurevitch* (Hg.): Mass Media and Society. London u.a.: Edward Arnold.

STRESEMANNSTRASSE

Eine Fallstudie zur Dynamik sozialen Protests

Jürgen Friedrichs

Zusammenfassung: Am Beispiel einer mehrwöchigen Blockade einer Hauptverkehrsstraße in Hamburg wird der Verlauf dieses sozialen Protestes untersucht. Der Verlauf wird beschrieben, und der Erfolg der Bewegung durch Hypothesen aus der Literatur zu sozialen Bewegungen erklärt. Hierzu gehören Modelle der Produktionsfunktion und Hypothesen der Rational Choice Theorie zur Erklärung der Partizipation. Auch werden Effekte der Mobilisierung der Medien auf die politisch Verantwortlichen dargestellt. Ferner werden Hypothesen über Schwellenwerte formuliert, die zu einem öffentlichen Protest führen. Es wird schließlich an diesem Beispiel gezeigt, wie sich die Mikro- und Makroebene bei der Analyse sozialer Bewegungen verknüpfen läßt.

In der Literatur über soziale Bewegungen sind zahlreiche Elemente von Bewegungen herausgearbeitet worden, so z.B. die Ursachen für das Entstehen, der Zusammenhang mit sozialen Konflikten (Neidhardt und Rucht 1993; Oberschall 1973), die Ausbreitung der Bewegungen, ihre Ressourcen, der „externe Handlungsdruck" (Neidhardt 1983: 21), der ihre interne Teilung der Arbeit fördert oder gar erzwingt, ferner die Bedeutung der Massenmedien. Ein weiteres zentrales Thema, auf das besonders McAdam, McCarthy und Zald (1988) hingewiesen haben, ist die Verbindung von Makro- und Mikroebene: Kontexthypothesen und Aggregationsregeln (Individualeffekte) zu spezifizieren.

Ungeachtet des Reichtums soziologischer Erklärungen einzelner Sachverhalte sozialer Bewegungen erscheint es sinnvoll, den Versuch zu unternehmen, an einem Beispiel zu prüfen, inwieweit sich einzelne Theoriestücke zusammenfügen lassen. Dabei geht es zugleich darum, den zeitlichen Verlauf, also die Dynamik des Prozesses, zu berücksichtigen. Dies soll im folgenden am Fall einer kleinen Bewegung geschehen, die nur kurze Zeit bestand und im Hinblick auf ihre Ziele erfolgreich war. Es ist ein überschaubares und doch hinreichend komplexes Beispiel, um den Verlauf eines Prozesses beschreiben und erklären zu können.

Ich stelle zunächst den Fall und die Chronologie der Bewegung dar. Im Anschluß daran werden zentrale Sachverhalte ausgewählt und durch Hypothesen aus der Theorie sozialer Bewegungen erklärt. Das methodologische Ziel kann allerdings nicht sein, einen umfangreichen Test der Hypothesen vorzunehmen, sondern vielmehr die Theoriestücke miteinander zu verknüpfen. In einem abschließenden Teil werden die Ergebnisse im Hinblick auf die Theorie sozialer Bewegungen diskutiert.

I. Der Verlauf der Ereignisse

Die Stresemannstraße ist eine vierspurigen Straße mit hoher Verkehrsbelastung im Westen Hamburgs. Sie verbindet Teile der Innenstadt und des Hafenbereichs mit der westlichen Umgebung; sie ist zudem Teil der Bundesstraße 431. Es ist eine stark von PKW und LKW befahrene Straße. Sie liegt in einem Mischgebiet von Wohnungen und Gewerbebetrieben. Dem sozialen Status nach sind die Bewohner der Mittelschicht und der unteren Mittelschicht zuzurechnen.

Aufgrund des dichten Verkehrs haben sich dort in den Jahren 1984 bis 1991 zahlreiche Unfälle ereignet, darunter fünf tödliche. Bereits nach dem letzten dieser Unfälle hatten die Anwohner dieses Teils der Stresemannstraße protestiert und eine Geschwindigkeitsbegrenzung noch unter 50 km gefordert. Am 27. 8. 1991 ereignete sich dann ein weiterer tödlicher Unfall. Dieser neuerliche Todesfall löste eine Kette von Protesten aus, die letztendlich dazu führten, in einem Abschnitt von 1.000 Metern (zwischen Schulterblatt und Holstenplatz) ein Tempolimit von 30 km und Verengungen der Fahrspur einzuführen.

Zwischen beiden Ereignissen, dem tödlichen Unfall und dem neuen Tempolimit, liegen zahlreiche Aktivitäten der Bewohner und anderer Gruppen. Sie stellen Beispiele für das Entstehen sozialer Bewegungen, die Nutzung bereits etablierter sozialer Bewegungen, den Einfluß der Öffentlichkeit, die politischen Reaktionen und nicht zuletzt auch für „moralische Unternehmer" dar. Es ist auch insofern ein wichtiger Fall, als sich an ihm die Dynamik des Protestes zeigen läßt. Schließlich ist zu fragen, warum hier eine Bewegung Erfolg hatte, während Proteste aufgrund ähnlicher tödlicher Unfälle in anderen Orten erfolglos blieben.

Im folgenden sei der Verlauf des Protestes anhand der wichtigsten Ereignisse chronologisch nachgezeichnet.

Vorgeschichte

1.11.90
Erste Blockade der Stresemannstraße, nach wenigen Minuten von der Polizei geräumt.

14.12.90
BILD: Stresemannstraße ist die gefährlichste Straße Hamburgs.

17.4. 91
Gründung der Anwohnerinitiative „Stresemannstraße".

17.5.91
Briefe an Politiker mit Forderungen zur Verringerung der Verkehrsbelastung.

13.8.91
Brief der Initiative „Stresemannstraße" an Bürgermeister Henning Voscherau: Welche Maßnahmen sind geplant?

20.8. 91
Schadstoffmessungen ergeben, daß die EG-Grenzwerte für Stickstoffdioxid in der Stresemannstraße weit überschritten werden.
Hamburger Morgenpost: Stresemannstraße ist die dreckigste Straße Deutschlands.

Hauptgeschichte

Dienstag, 27.8.91
- Um 15.40 Uhr überquert die neunjährige Nicola S. auf dem Fahrrad die Kreuzung Stresemannstraße/Bernstorffstraße bei Grün. Sie wird von einem 40-Tonnen-LKW überfahren; der 26jährige Fahrer hatte die rote Ampel übersehen.
- Es entsteht eine spontane Mahnwache von bis zu 200 Menschen; an der Unfallstelle legen Kinder Blumen nieder und stellen Kerzen auf. Insgesamt zeigen rund 1000 Menschen ihre Betroffenheit, indem sie sich kurz darauf an der Unfallstelle einfinden. Die Stresemannstraße ist durch die Menschenmassen blockiert. Es werden Blockaden aus Müllcontainern und Einkaufswagen errichtet.
- Ex GAL- (Grün Alternative Liste) Abgeordneter M. Herrmann fordert über Megaphon das Ende der Raserei auf der Stresemannstraße. Die Anwohner fordern eine Verengung der Straße, ein Tempolimit und Radarkontrollen.
- Die Anwohner fordern, der Innensenator solle kommen. Statt seiner erscheint um 23.00 Uhr Senatorin Traute Müller und verspricht einen „Runden Tisch".

Mittwoch, 28.8.91

Vorgänge „auf der Straße":
- Die Barrikaden werden um 4.30 Uhr morgens geräumt.
- 16 Uhr Blockade der Stresemannstraße. Barrikaden werden wieder aufgebaut.
- Bis 9.9.91 erfolgt jeden Tag um 16 Uhr eine Blockade des Verkehrs an der Unfallstelle.
- Die Umweltschutzorganisation „Robin Wood" schließt sich dem Protest an.
- Die Demonstranten: „Der Innensenator soll kommen". Er kommt nicht, für ihn erscheint der Polizeipräsident.
- Später erscheint auch Senatorin Traute Müller (SPD) und teilt den Demonstranten mit, daß in einer Woche das erste Treffen eines „Runden Tisches" stattfinden soll.

Erste Stellungnahmen:
- P. Kelch, Sprecher der Innenbehörde, erklärt, daß Hauptstraßen für eine Temporeduzierung nicht in Frage kämen. Es soll statt dessen durch die Polizei stärker kontrolliert werden.
- Da sich künftig die Senatorin Traute Müller um die Verkehrspolitik kümmern wird (Stadtentwicklungsbehörde ist noch im Aufbau), organisiert sie einen „Runden Tisch". Teilnehmer: Stadtentwicklungs-, Bau- und Innenbehörde, Verkehrsexperten, ein (!) Sprecher der Anwohner.
- Schilder werden in der Stresemannstraße aufgestellt, die zur Rücksichtnahme mahnen.
- Senatorin Müller fordert die Begrenzung des motorisierten Verkehrs und die Förderung des Öffentlichen Personen-Nahverkehrs (ÖPNV).
- GRÜNE fordern Tempo 30 für die Stresemannstraße.
- CDU fordert Umgehungsstraße.
- Verkehrsexperte (SPD) fordert stationäre Radarfallen.
- Fraktionschef der SPD in der Altonaer Bezirksversammlung: Tempo 30 ist nicht möglich. Man muß nach anderen Lösungen suchen.

- Bezirksamtsleiter Altona, H.-P. Strenge, fordert die Schaltung einer grünen Welle auf 30 Km/h und eine bessere Markierung der Fußgängerüberwege.

Zeitungen:
- Täglich fahren 50.000 Autos durch die Stresemannstraße.
- Grünphasen für Fußgänger zu kurz.
- Fußgängerwege werden zu 2/3 von parkenden Autos belegt.
- Radwege hören unvermittelt auf.
- Stresemannstraße ist Deutschlands schmutzigster Verkehrsweg.

Freitag, 30.8.91
- Von 16.00 Uhr bis zum frühen Morgen blockieren ca. 200 Menschen die Stresemannstraße.
- Treffen des Runden Tisches bei Senatorin Traute Müller. Anwesend sind Anwohner der Stresemannstraße, der Leiter des Bezirkamtes Altona, Vertreter der Innen-, Gesundheits-, Wirtschafts- und Umweltbehörde sowie der Handelskammer. Die Ergebnisse sind „Austausch der Standpunkte" und u.a. eine geplante Grüne Welle bei 30 bis 40 km/h, eine zusätzliche Ampel für Autos auf den Mittelinseln, sowie Überlegungen, den Lkw-Verkehr umzuleiten.

Dienstag, 3.9.91
- Debatte im Senat der Freien und Hansestadt Hamburg über die Stresemannstraße. Kein Konsens über eine durchgängige Tempo-30-Zone. Vorschlag Traute Müller: Verlagerung des Lkw-Verkehrs. Antrag der GAL/GRÜNEN: u.a. Rückbau der Stresemannstraße auf zwei Spuren, Tempo 30, ständige Radarüberwachung.

Donnerstag, 5.9.91

Vorgänge „auf der Straße"
- Ca. 600 Demonstranten blockieren am Vormittag, dem Zeitpunkt der Beerdigung von Nicola S., die Stresemannstraße.
- „Robin Wood" erscheint und man blockiert die Straße mit Betonkübeln. Man fordert nur eine Fahrspur je Richtung.

Entscheidungen
- Der Innensenator ordnet auf Dauer Tempo 30 auf einen Abschnitt der Stresemannstraße an. Dies stellt jedoch eine Ausnahme dar und soll nicht auf andere Hauptverkehrsstraßen übertragbar sein.
- Die Verkehrsbehörde muß die Schaltung der Ampelphasen umstellen, dies erfordert aber drei Wochen. Die Berechnung erfolgt durch das Bauamt und die Umsetzung durch die Hamburgischen Elektrizitätswerke (HEW).
  Ab sofort gilt jedoch Tempo 40.

Stellungnahmen
- Die Grünen kritisieren die Entscheidung „Tempo 30" als nicht ausreichend.
- Die Hauptabteilung Verkehr der Handelskammer fürchtet um den Wirtschaftsverkehr Hamburgs und ist gegen Tempolimits auf Hauptverkehrsstraßen. Höchstens auf einigen begrenzten Abschnitten (Reeperbahn) könne man so etwas akzeptieren.

– Der Verband für Güternahverkehrsgewerbe sieht Tempo 30 als unproblematisch an, solange es bei zwei Spuren je Richtung bleibt.
– Für den ADAC ist Tempo 30 eine sinnvolle Entscheidung. Er fordert zusätzlich mehr Kontrollen und härtere Strafen.

Informationen durch Zeitungen
– Es wird auf einen Fernsehfilm über ein Kind als Unfallopfer hingewiesen.
– Die Deutsche Verkehrswacht verleiht kostenlos Videos über Sicherheitstips im Verkehr.

Freitag, 6.9.91
– Demonstranten blockieren Holstenstraße.

Sonnabend, 7.9.91
– Bundesstraße 4 wird streckenweise blockiert.

Dienstag, 10.9.91
– Der Staatsrat in der Innenbehörde appelliert an die Demonstranten, die Blockaden zu unterlassen und stellt das neue Verkehrskonzept des Senats vor:
– Grüne Welle bei Tempo 30.
– Eine freie und eine Busfahrspur je Richtung.
– Verstärkte Polizeikontrollen.
– Evtl. Umleitung des LKW Verkehrs.
– Die Demonstranten versprechen, die Stresemannstraße nicht mehr zu blockieren.

Nachgeschichte

Freitag, 13.9.91
– Die Müggenkampstraße wird blockiert – Forderung: Tempo 30.

Freitag, 27.9.91
– Über 20 Hamburger Verkehrsinitiativen, Stadtteilgruppen und Umweltschutzorganisationen blockieren in einer genehmigten Demonstration 30 Verkehrsknotenpunkte.
– Kontaktstelle ist die Hamburger Umweltakademie. Unter dem Motto „Stresemannstraße ist überall" streitet man um eine andere Verkehrspolitik: Tempo 30; Busspuren; Ausbau des ÖPNV; Verlegung von Gütern auf die Bahn.
– Der ADAC richtet ein Sorgentelefon ein, damit sich gestreßte Autofahrer beschweren können.
– Zeitungen, die anfangs gegen den Autoverkehr waren, „machen Stimmung gegen die Bürgerinitiativen" (DIE ZEIT vom 30.10.1991).

Mittwoch, 9.10.91
– Die Ermittlungsverfahren gegen Blockierer werden eingeleitet.

Donnerstag, 10.10.91
- Ein Kind wird von einem LKW angefahren und schwer verletzt. Demonstrationen und Blockaden folgen.

Dienstag, 10.12.91
- Ein Kind wird von einem LKW angefahren und verletzt. Demonstrationen folgen.

Dienstag, 17.12.91
- 32 Demonstranten zeigen sich aus Solidarität selbst an, unter ihnen auch die Mutter des Unfallopfers. Insgesamt sind 150 Verfahren gegen Demonstranten eingeleitet worden.

Montag, 23.12.91
- Auf der Stresemannstraße wird eine Mutter mit Kind beim Überqueren der Straße von einem LKW verletzt. Proteste.

Freitag, 17.1.92
- Der Geschäftsführer der GRÜNEN in Altona wird zu einer Geldstrafe in Höhe von DM 1.800 verurteilt, weil er im November 1990 zusammen mit anderen Demonstranten die Straße blockiert hatte.

Mittwoch, 29.1.92
- Der Prozeß gegen einen Pastor, der 1990 die Stresemannstraße für fünf Minuten blockiert hatte, um auf die Verkehrsbelastung hinzuweisen, wird gegen Geldbuße von 1200 Mark eingestellt. (Der Rechtsanwalt hatte einen Formfehler bei der Anzeigeerstattung durch die Polizei entdeckt.)

Dienstag, 16.4.92
- Veikko R., der Fahrer des LKW, der den Tod von Nicola S. verschuldet hat, wird zu zehn Monaten auf Bewährung und vier Monaten Führerscheinentzug verurteilt.

Donnerstag, 1.10.92
- Stadtentwicklungssenatorin Traute Müller hat nach „Kompetenzgerangel" den Bereich „Verkehr" an Bausenator Eugen Wagner (SPD) abgegeben.
- Senator Eugen Wagner möchte Tempolimit und Fahrspurverengung auf der Stresemannstraße wieder rückgängig machen; Wagner: „Was eine junge Senatorin unter dem Druck der Straße gemacht hat, das geht mit mir nicht."
- Der Anwohnerinitiative wurde der Zutritt zur Distriktversammlung verboten.

II. Zentrale Sachverhalte und Erklärungen

1. Mobilisierung

Der erste Sachverhalt ist die erstaunlich rasche Mobilisierung von Demonstranten: In weniger als einer Stunde kamen mehr als Tausend Menschen zusammen, legten Blumen nieder, stellten Kerzen auf und blockierten die Straße; Schaulustige kamen hinzu. Bei näherem Zusehen ist diese rasche Mobilisierung leicht zu erklären. Sie ist auf vorangegangene Ereignisse und vorhandene Netzwerke zurückzuführen.

Vorangegangene Ereignisse: Der Tod von Nicola S. war nicht der erste, sondern der sechste Todesfall in der Stresemannstraße. Proteste der Anwohner bei den vorangegangenen tödlichen Unfällen hatten nichts genutzt – die Straße blieb eine Hauptdurchgangsstraße mit hoher Verkehrsbelastung, vor allem durch LKW, auch ein Tempolimit wurde nicht eingeführt. Der neuerliche Todesfall – fraglos verstärkt durch die Tatsache, daß es sich um ein Kind handelte, das von einem LKW überfahren wurde, der die rote Ampel übersehen hatte – traf demnach auf ein *Potential kollektiver Unzufriedenheit* oder „sentiment pool" (McCarthy 1987). Es lag keine bloße Summe individueller Deprivationen vor; sie hätte auch nach den überzeugenden Argumenten bisheriger Forschungsergebnisse nicht ausgereicht, eine soziale Bewegung zu begründen. Alle Einwohner konnten sich aus dem gleichen Grund bedroht fühlen.

Vielmehr lag eine kollektive Unzufriedenheit („grievance") vor, ja mehr noch: ein aufgestauter Zorn. Unter dieser Bedingung hätte vermutlich jedes neuerliche Ereignis ausgereicht, um dieses Potential unmittelbar zu aktivieren. Mit „unmittelbar" ist gemeint, daß es weder einer Führung noch einer erst zu schaffenden Netzstruktur bedurft hätte. Anders formuliert: Die Protestbereitschaft ist bei den Anwohnern aufgrund vorangegangener Ereignisse gestiegen und leicht aktivierbar (vgl. McCarthy und Zald 1977).

Alltagssprachlich wird ein solcher Zustand als der Tropfen bezeichnet, der ein Faß zum Überlaufen bringt. Der damit beschriebene Sachverhalt läßt sich als „kumulative Frustration" bezeichnen. Eine Enttäuschung tritt wiederholt auf, wird aber trotz Protestes aufgrund dessen jeweiliger Erfolglosigkeit nicht abgebaut. Das wiederholte Auftreten hat einen doppelten kumulativen Effekt: sowohl die Frustration über das Ereignis als auch die Legitimation des Protestes nehmen zu. Die Grenzkosten der jeweils nächsten Enttäuschung steigen. Deshalb kann auch eine relativ geringe Enttäuschung zu einem späteren Zeitpunkt in der Kette der Enttäuschungen zu einer harten Reaktion führen, die nur scheinbar unangemessen und überraschend ist. (Für solche kumulative Deprivation gibt es zahlreiche Beispiele, so die Auflösung einer Partnerschaft, die Bestrafung eines Kindes oder die Entlassung eines Arbeitnehmers.)

Um die Reaktionen der Anwohner in dieser Situation kumulativer Frustration zu erklären, können zwei Theorien herangezogen werden, die sich ergänzen: die Rational-Choice-Theorie und die Modelle zur Erstellung von Kollektivgütern.

1. Die Opportunitätskosten keines Protestes werden als sehr hoch wahrgenommen, etwa mit der Begründung „schlechter kann es nicht werden". Unter dieser Bedingung stellt sich den Individuen vermutlich auch nicht mehr die Frage (Oberschall 1980), welchen Beitrag die eigene Teilnahme zum Erfolg des Protestes haben wird. Die Kosten der Partizipation werden als sehr niedrig, der Nutzen hingegen als sehr hoch angesehen. Vermutlich hatte die Handlungsalternative „Protest" für die Bewohner einen hohen Nutzen, hingegen die Alternative „kein Protest" zwar Kosten, doch deren Auftrittswahrscheinlichkeiten wurden als sehr niedrig wahrgenommen. Es ist weiter zu vermuten, daß die Akteure zudem keine genauen *Kosten*kalküle vornehmen.

2. Für die Produktionsfunktion des Protestes bzw. der Erstellung des Kollektivguts „Veränderung der Verkehrsverhältnisse in der Stresemannstraße" bedeutete dies, mit

einer hohen Zahl demonstrationsbereiter Personen zu beginnen. Hier lassen sich die Modelle von Granovetter mit denen von Oliver, Marwell und Teixeira (1985) verbinden. Granovetter (1978: 1422) modelliert das Wachstum sozialer Bewegungen als schrittweise Teilnahme potentieller Demonstranten. Die Teilnahme eines Akteurs ist von seiner Partizipationsschwelle abhängig; sie kann als Zahl der bislang Partizipierenden definiert werden. Hierbei führt er noch eine andere Annahme ein: Sind unter den bereits Teilnehmenden Personen, zu denen der Akteur persönliche Beziehungen hat, so „zählen diese doppelt" (S. 1429), d.h. die Partizipationschwelle noch Außenstehender wird rascher erreicht. Eben dieser Sachverhalt war durch das nachbarschaftliche Netzwerk der Anwohner gegeben.

Damit hat die soziale Bewegung gleich zu Anfang eine hohe Zahl von Personen, die zur Erstellung des Kollektivguts beigetrugen. In der Theorie von Oliver, Marwell und Teixeira (1985: 537) handelt es sich um eine (große) entschiedene Untergruppe („willing subset"), die zuerst beitragen. Entsprechend sinken die Beitrittskosten für alle weiteren Akteure. Die Wahrscheinlichkeit, daß sich die soziale Bewegung über ihren ursprünglichen Kern ausbreitet, war damit gegeben. Die Produktionsfunktion hatte folgenden Verlauf:

Abbildung 1: Produktionsfunktion der Bewegung „Stresemannstraße"

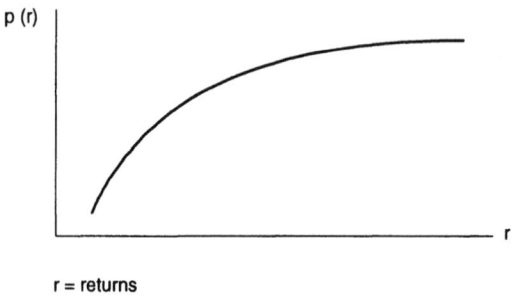

r = returns

2. Netzwerke

In der Theorie sozialer Bewegungen ist wiederholt von der Bedeutung der Mikro-Kontexte für die Mobilisierung gesprochen worden; sie werden als die entscheidende Bedingung für das Entstehen einer sozialen Bewegung angesehen (vgl. McAdam, McCarthy und Zald 1988: 709ff.; vgl. dazu Gerhards und Rucht 1992). Die Überlegungen von McAdam, McCarthy und Zald (1988: 703, 710) hierzu lassen sich in drei Hypothesen formulieren: 1. Individuelle Unzufriedenheit oder relative Deprivation allein führt nicht zu einer sozialen Bewegung. 2. Makrosoziologische Bedingungen sozialen Konfliktes allein führen nicht zum Entstehen sozialer Bewegungen, wohl aber stellen sie eine Opportunitätsstruktur für soziale Bewegungen dar. 3. Es sind Mikro-Kontexte, zumeist soziale Netzwerke, die eine Bewegung entstehen lassen. In ihnen wird die individuelle Unzufriedenheit aufgenommen und bearbeitet. Solche Mikro-Kontexte müssen eines oder mehrere von drei Merkmalen aufweisen: Homogenität der Interessen, Dichte der Interaktion, räumliche Konzentration. Im Falle der Stresemannstraße waren alle drei Merkmale gegeben. Die Anwohner waren eine räumlich konzentrierte Gruppe, die über Kontakte und Interaktionen verfügte; es bestand ein Netzwerk, somit war eine zentrale Bedingung für eine soziale Bewegung erfüllt.

Die Mikro-Kontexte sind es auch, die durch Prozesse des „framing" der Bewegung ihre Identität geben. Auch nach Snow et al. (1986: 466) sind es nicht die „grievances", sondern „the manner in which grievances are interpreted and the generation and diffusion of these interpretations". Die Verbindung zwischen dem Individuum und der sozialen Bewegung erfolgt durch „frame alignment", also die Ausrichtung gemeinsamer kognitiver Deutungsschemata. Dieser Prozeß läßt sich auch hier belegen (siehe unten).[1]

Zum anderen kommt es innerhalb von 24 Stunden zu einem Anschluß dieses Netzwerks an zwei andere, die seit langem bestehen und als soziale Bewegungs-Organisationen (SMO's) zu bezeichnen sind: der GAL und der Organisation Robin Wood. Es ist ein ehemaliger Bürgerschaftsabgeordneter der GAL, der mit einem Megaphon zum Protest aufruft, es ist dann die Organisation Robin Wood, die sich dem anschließt. Damit gewinnt der Protest in ungewöhnlich kurzer Zeit zwei Netzwerke zu seiner Organisation. Gleichzeitig wird aus der spontanen Bewegung der Anwohner ein Beispiel für die allgemeinere politische Arbeit der beiden Bewegungs-Organisationen. Das Beispiel wird hierdurch „grundsätzlicher". Die Expansion der Bewegung geschieht allerdings um den Preis ihrer Vereinnahmung. Damit erhöht sich die Chance, die Ziele der Bewegung durchzusetzen. Aber es gibt auch Nachteile: die Ziele werden nicht länger allein von den Mitgliedern der sozialen Bewegung definiert, sondern auch oder später sogar vollständig von den „Unternehmern" der Bewegungs-Organisationen. (Ein typisches Beispiel für einen solchen Verlauf sind Proteste von Anwohnern in Wohngebieten französischer Städte, die rasch von örtlichen Fraktionen der KPF vereinnahmt und zu generellen politischen Konflikten gemacht wurden. Dies entspricht einer „frame extension" in der Typologie von Snow et al. 1986: 472.)

Eine solche Übernahme wird dazu führen, daß die ursprünglichen Teilnehmer fernbleiben, weil sie nur noch einen geringen Einfluß auf Ziele und Verlauf der Bewegung haben. Ferner ist nach der Hypothese von Olson (1968) zu vermuten, daß nun, da die Ziele professionell verfolgt wurden, der Eindruck entsteht, der eigene Beitrag sei überflüssig – es erhöht sich die Zahl der Trittbrettfahrer. Beide Gründe politischer Resignation und Stellvertretung, führen zu einer geringeren Partizipation der ursprünglichen Demonstranten an der Bewegung. Ob dies im Falle der Stresemannstraße zutrifft, ist nicht mehr rekonstruierbar. Allerdings gibt es einen wichtigen Hinweis darauf, daß ein solcher Prozeß eingetreten war: Nach den zweiten politischen Ankündigungen zur Verbesserung der Verkehrssituation erklärt sich die soziale Bewegung bereit, auf weitere Blockaden zu verzichten.

---

1 Opp u.a. (1984: 72ff.; ähnlich Klandermans 1984: 586) führen als weitere Hypothese ein, die Deprivation werde erst dann zu einem größeren Engagement führen, wenn auch ein politischer Einfluß (also die Erfolgschance) wahrgenommen würde. Diese in seiner Studie über Proteste gegen Kernenergie zutreffende Hypothese kann hier aufgrund der fehlenden Individualdaten nicht geprüft werden.

3. Vom auslösenden Ereignis zum „public issue"

Ein weiterer wichtiger Schritt gelang der Bewegung ebenfalls sehr rasch: ihre Forderungen zu einem „public issue" zu machen. Zu diesem Zeitpunkt sind die Forderungen der sozialen Bewegung noch nicht einheitlich, man fordert Tempobegrenzung, Straßenverengung auf zwei Spuren oder Verkehrsumlenkung. Sprecher aller Parteien machen Vorschläge, wie man auf diese Forderungen reagieren könne und wie das Problem der Verkehrsbelastung in der Stresemannstraße zu lösen sei. Die meisten Vorschläge sind – gemessen an den Zielen der Bewegung – unzureichend oder laufen auf Zeitgewinn hinaus. Offenbar rechnet man nicht mit einer Bewegung, die ihren Protest (diesmal) über längere Zeit durchzuhalten vermag. Eine derartige Beurteilung war falsch, denn längst hatten sich Bewegungs-Organisationen und Medien (vgl. Abschnitt II.5.) der Sache der Anwohner angenommen. Die politische Reaktion ist teilweise stärker durch die Besorgnis geprägt, die Bewegung könne sich grundsätzlichere Ziele setzen, also den Fall zu einer allgemeineren Diskussion über Verkehrskonzepte machen. Ferner zeigen die zum Teil überdimensionierten Polizeiaufgebote in der Stresemannstraße, daß man eine zu große Ausweitung der Bewegung befürchtet – in räumlicher Nähe liegt das von der alternativen „Szene" geprägte Schanzenviertel, in dem es zahlreiche Demonstrationen, u.a. gegen die Sanierungskonzepte, gegeben hatte. Schließlich ging es auch darum, diese wichtige Durchgangsstraße so rasch wie möglich wieder zu öffnen. Die Bewegung behält jedoch für beträchtliche Zeit ihre Kraft. Nicht nur kommt es immer wieder zu neuen Bekundungen der Trauer durch Kerzen und Blumen am Unfallort, sondern auch zu weiteren Blockaden, vor allem einer großen am Tag der Beerdigung des jungen Mädchens.

4. Legitimität und Glaubwürdigkeit

Die soziale Bewegung „Stresemannstraße" konnte sich von Anfang an auf eine positive Beurteilung in weiten Teilen der Öffentlichkeit (Medien, Zulauf an Demonstranten) stützen. Sie wurde als Protest und nicht als abweichendes Verhalten oder Rebellion interpretiert. Dieser Sachverhalt ist nicht zwingend, wie Turner (1969) dargestellt hat. Seinen Annahmen zufolge kommt es zu einer Definition als „Protest", wenn a) andere Gruppen die Forderungen der Demonstranten als gerecht ansehen (dies werden in der Regel Gruppen sein, die sich in einer besseren Position als die der Demonstranten befinden); b) wenn die Ursachen für den Protest von den Protestierenden nicht selbst behoben werden können; c) die Aktion sich auf eine Zielgruppe richtet.

Diese Bedingungen waren im Falle der Stresemannstraße erfüllt. Zum einen lagen auch in anderen Stadtteilen ähnliche Verkehrsprobleme vor, so daß es nicht einmal auf die von Turner formulierte Bedingung einer Vergleichsgruppe in besserer Situation ankam. Zum anderen hatten frühere Proteste auf das Problem bereits hingewiesen, hierauf konnte man in den Interpretationen zurückgreifen. Schließlich dürften aber auch die dramatischen Umstände: Der Tod eines jungen Mädchens, überfahren von einem Lastwagen, die positive und anrührende Berichterstattung in den Medien, Anteilnahme und Zustimmung bewirkt haben. Die Bedingungen des auslösenden Ereignisses entsprechen dem empirischen Befund der Studie eines Studentenprotests von

Altheide und Gilmore (1972: 106): „the more participants are seen as constituting a major part of a group whose grievances are already documented, the more credible they are as protestors". Diese Glaubwürdigkeit war auch der Ausgangspunkt für die raschen Verhandlungen mit der Zielgruppe des Protests: Politikern und Angehörigen der Verwaltung. Deren Zugeständnisse hatten indirekt zugleich die Folge, die Proteste zu legitimieren (vgl. Turner 1969: 824). Die Legitimität hatte jedoch keine Auswirkungen auf die Legalität des Protestes, wie später die zahlreichen Verfahren gegen die Demonstranten belegen.

5. Öffentlichkeit und Medien

Wichtiger noch ist, daß es der Bewegung von Anfang an gelungen ist, in den Medien eine umfangreiche Berichterstattung zu erreichen. Alle regionalen Tageszeitungen, aber auch überregionale, berichten über den Fall. Die auflagenstärkste Tageszeitung Hamburgs, das Hamburger Abendblatt, aber auch die tageszeitung, berichten sogar kontinuierlich über den Verlauf, eine weitere Bedingung für die Bewegung.

Die Akteure können dreierlei Nutzen der Berichte in den Medien für ihre Ziele unterstellen. Zunächst sind es moralische Unterstützung und die Chance, neue Mitglieder für die Bewegung zu rekrutieren. Die moralische Unterstützung erhielt die Bewegung in der Tat, doch sie währte nur so lange, wie die Bewegung ihre Ziele nicht generalisiert hatte (siehe unten). Eine zusätzliche Rekrutierung ist, soweit es sich den Berichten entnehmen läßt, ebenfalls erfolgt.

Bedeutsamer ist der dritte Nutzen, die Effekte auf das Handeln von Politikern, Verwaltung und Institutionen:

- Das Problem gelangt auf die politische Agenda, die Chancen auf eine rasche Behandlung und Lösung des Problems (Eingehen auf die Forderungen der Bewegung) steigen mit der Zahl der Mitglieder der Bewegung und der Dauer der Proteste, aber auch mit der Kontinuität der wohlwollenden Berichterstattung (vgl. die Darstellung, 28. 8. 91). Alle drei Bedingungen waren im Fall der Stresemannstraße gegeben.
- Die Berichte werden von den Politikern als Bedingung potentieller Rekrutierung zusätzlicher Akteure wahrgenommen oder beurteilt. Da sie die Netzwerke der Bewegung und ihre Verbindung zu anderen Bewegungen nicht kennen, sind sie zunächst darauf angewiesen, aufgrund der tatsächlichen Zahl der Teilnehmer den Rekrutierungseffekt zu schätzen. Sie reagieren demnach auf ein Potential und überschätzen die Rekrutierungschancen. So erklärt sich auch das überdimensionierte Polizeiaufgebot bei den Blockaden. Zudem wird ein rasches Handeln als Mittel angesehen, um zu verhindern, daß die Bewegung weitere Mitglieder (oder Netzwerke) rekrutiert. Die Berichte darüber eröffnen weiteren Zulauf und erhöhen – schwer abschätzbar – die Wahrscheinlichkeit weiteren Zulaufs.

Zugespitzt läßt sich sagen: Die subjektive Konstruktion einer Öffentlichkeit bildet bei beiden Konfliktparteien, Anwohnern und Politikern, die Grundlage für das Ausmaß ihrer Stärke bzw. Schwäche in den Verhandlungen – und damit letztlich der Art der Lösung des Konflikts. Hinzukommt die illegale Form des Protests, die Blockade einer wichtigen Durchfahrtsstraße. Die Protestierenden vermuten (hoffen), die Politiker würden die Zahl und vor allem die Zuwachsrate hoch einschätzen, dies würde auf die

Geschwindigkeit politischen Handelns einen Einfluß haben und letztlich die Bewegung ihre Ziele erreichen lassen. Die Politiker handeln, weil sie unmittelbar eine weitere Rekrutierung (mit den Folgen einer Eskalation und Radikalisierung) als auch eine steigende Zahl von Sympathisanten befürchten. Letztlich geht es aber auch um negative Sanktionen der Öffentlichkeit: einen Verlust an Ansehen bei einzelnen Politikern und an Wählerstimmen. Die Wahrscheinlichkeiten hierfür sind schwer zu kalkulieren. Daher sind – so meine Vermutung – die verantwortlichen Politiker und Verwaltungsbeamte auf Indikatoren angewiesen, um diese Potentiale zu schätzen. Hierzu werden die ursprüngliche Zahl der Protestierenden und deren Zuwachsrate als Indikatoren verwendet. Die gleichen Indikatoren dienen den Demonstranten dazu, die Stärke ihrer Position und mittelbar die Legitimität ihres Protestes zu schätzen.

Diese Präsenz des Themas hat für Politik und Verwaltung die unangenehme Folge, den Fall nicht, wie man dort sagt, „aus den Schlagzeilen" zu bekommen, auf Vergessen nicht hoffen zu können, sondern zu einer raschen und sichtbaren Reaktion zu gelangen. Dieser Druck wird verstärkt durch die steigende Zahl der Institutionen, die sich an der Diskussion über den Fall beteiligen, so die Hauptabteilung Verkehr der Handelskammer, der Verband des Güternahgewerbes, der ADAC, die Deutsche Verkehrswacht.

Unter dieser Bedingung entsteht dann der für die Bewegung entscheidende Erfolg: Neun Tage nach dem Todesfall ordnet der Innensenator Tempo 30 auf dem Abschnitt Alsenstraße-Neuer Pferdemarkt in der Stresemannstraße an. Bis dafür die notwendigen Voraussetzungen geschaffen seien, solle drei Wochen lang Tempo 40 gelten. Am 14. Tag schließlich wird vom Innensenator ein neues Verkehrskonzept für die Stresemannstraße vorgestellt, das ein Tempolimit und eine Einengung auf zwei Fahrbahnen vorsieht.

6. Generalisierung des „public issue"

Der Erfolg der Bewegung, ihren Fall zu einem „public issue" zu machen, beruhte nicht zuletzt darauf, auf ein allgemeines überlokales Problem hinzuweisen. Die Proteste erfolgten zwar für die lokale Sache „Stresemannstraße", da das Problem jedoch auch in anderen Teilen der Stadt bestand, konnte der Protest als pars pro toto interpretiert werden. Eben dieser Sachverhalt – und der politische Erfolg der Bewegung – führten ein Jahr nach dem tragischen Ereignis (folgerichtig) zu einer breiten Welle von Protesten an mehr als dreißig Verkehrsknotenpunkten Hamburgs. Was die soziale Bewegung der Anwohner nicht anstrebte, andererseits Politik und Verwaltung verhindern wollte, war nun eingetreten: Aus einem Einzelfall wurde über die beteiligten Bewegungs-Organisationen eine generelle Forderung nach neuen Verkehrskonzepten. Die oben formulierte Hypothese, das Bindeglied des Mikro-Kontextes zur Makroebene läge in dem Handeln pars pro toto, bestätigt sich einen Monat später, als die Demonstrationen mit dem Motto „Stresemannstraße ist überall" geführt werden. Allerdings hatte diese Demonstration keine nachweisbaren politischen Folgen. Warum?

In dem Maße, in dem sich die Bewegung generalisierte, verlor sie für die Medien an Anschaulichkeit. Aus dem Problem eines Straßenabschnittes und dem Tod eines Mädchens wird eine demgegenüber abstrakte politische Forderung. Hierdurch sank die Aufmerksamkeit und die Sympathie einiger Tageszeitungen (mit Ausnahme der taz), vor allem der Neuigkeitswert. Es kommt, wie DIE ZEIT (3.10.1991) zusammenfassend berichtet, zunehmend zur Kritik an den Verkehrs-Demonstrationen.

Auch werden Ermittlungsverfahren gegen die Mitglieder der Bewegung eingeleitet, die die Stresemannstraße blockiert haben. Insgesamt werden 150 Verfahren eingeleitet; 32 Demonstranten, darunter die Mutter des toten Mädchens, erstatten öffentlich Selbstanzeige, um hierdurch gegen die Verfahren zu protestieren. Die Bindung an die Bewegung und deren Ziele ist also nicht mit der Einführung der neuen Maßnahmen vorüber. Angezeigt wird auch ein Pastor, der im November 1990 die Straße für fünf Minuten blockiert und zwei Polizisten beleidigt hatte, er wird mit einer Geldbuße von DM 1.200 belegt. Vor Gericht kommt auch der Geschäftsführer der GRÜNEN/GAL, der zu DM 1.800 Geldstrafe verurteilt wird, weil er ebenfalls im November 1990 die Stresemannstraße blockiert hatte. Diese Fälle und schließlich am 15.4.1992 der Prozeß gegen den 26jährigen Fahrer des Lastwagens finden in der Presse nochmals Aufmerksamkeit.

Überlagert werden diese Ereignisse durch neue Unfälle auf der Stresemannstraße und neuerliche kleinere Proteste. Die Bewegung aber in ihrem lokalen Bezug gab es nicht mehr; ihre Ziele waren im wesentlichen erreicht. Das zeigt sich nochmals später in dem Versuch, nach dem Ende der großen Proteste die Zugeständnisse zurück zu nehmen: Im Oktober 1992 hielt der Bausenator Wagner, der den Bereich „Verkehr" von der Senatorin für Stadtentwicklung, Traute Müller, übernommen hatte, vor den Mitgliedern des SPD-Distrikts St. Pauli eine Rede. In ihr sprach er sich dafür aus, die Maßnahme zur Verkehrsberuhigung in der Stresemannstraße rückgängig zu machen (was nicht geschah). Die Anwohnerinitiativen, also die ursprüngliche soziale Bewegung, schaffte es nicht (mehr), sich zu dieser Versammlung Zutritt zu verschaffen.

7. Nachwort

Im Januar 1993 legte eine Ingenieurgemeinschaft im Auftrag der Baubehörde, Amt für Verkehr, ein Gutachten „Verkehrskonzept Stresemannstraße" vor (IGS 1993). Darin führt sie aus, die Stresemannstraße weise bis heute eine hohe Lärm- und Verkehrsbelastung auf; an einem Werktag fahren hier durchschnittlich 42.000 Kfz durch, darunter der „hohe Anteil" (Gutachteraussage) von 10 Prozent LKW. Weiter stellen sie fest: „Von morgens bis abends liegen die Zuflußmengen über der Leistungsfähigkeit des Straßenabschnittes; es verändern sich lediglich die Staulängen und die auf andere Straßenabschnitte im Umfeld (Ausweichrouten) abgedrängten Verkehrsmengen" (IGS 1993: 11). Zudem ist eine Mehrbelastung benachbarter Straßen eingetreten, vor allem durch PKW. Allerdings ist die Zahl der Unfälle in allen Abschnitten der Stresemannstraße zwischen 1991 (Meßzeit: 1.4.-15.9.) und 1992 (Meßzeit: 16.9.1991 – 29.2.1992) von 671 auf 592 zurückgegangen (minus 12 Prozent), die jener mit Personenschaden um 23 Prozent, diejenige der Verletzten um 35 Prozent (S. 20). In dem wichtigen Abschnitt Bernstorffstraße/Max-Brauer-Allee ging das Verkehrsvolumen von 40.500 auf 25.900 zurück. Dennoch zeigen sich die Gutachter über die bestehende Lösung unzufrieden und schlagen weitere Veränderungen vor.

Am 21. 4. 1994 wird in Hamburg-Tonndorf, Sonnenweg, ein 12jähriger Junge auf dem Weg zur Schule von einem Lkw überfahren. Die Eltern protestieren seit sechs

Jahren gegen die „Rennstrecke Sonnenweg". Sie hatten eine Ampel, Warnschilder, Tempo 30 und ein Fahrverbot für Lkw seit 1993 gefordert. Die letzte Demonstration der Eltern hatte im Januar 1994 stattgefunden. Die Innenbehörde hatte aus finanziellen Gründen die von den Anwohnern geforderten Maßnahmen abgelehnt. Nun, im April 1994, errichteten die Anwohner Blockaden auf der Straße; Anwohner wie Medien zogen die Parallele zur Stresemannstraße.

III. Folgerungen

Mehrere Sachverhalte in diesem kurzen Prozeß einer sozialen Bewegung sind aufschlußreich. Der Protest beginnt mit einem Ereignis, das einen latenten Schwellenwert der Hinnahme überschreitet. Eine Mobilisierung wird möglich. Die Bewohner wenden sich nicht unmittelbar an die Politiker des Bezirkes oder der Bürgerschaft. Sie taten es nicht, weil sie ihre Erfolgsaussichten aufgrund der Mißerfolge früherer Proteste für zu gering hielten. Auch wollten sie keine Versprechungen, sondern sofortige Handlungen, für die sie sich auch in ihrer Empörung moralisch gerechtfertigt sahen.

Vermutlich ist es sinnvoll, zwischen Makro-Ereignissen als Auslöser individueller Aktionen, z. B. dem Zusammenbruch der DDR, und lokalen Ereignissen, die zur Veränderungen auf der Makro-Ebene führen, zu unterscheiden. Im Falle der sozialen Bewegung „Stresemannstraße" handelt es sich um ein lokales Problem, wenngleich es nicht singulär ist, da auch in anderen Teilen der Stadt Gefährdungen durch den Verkehr bestehen. Die Bewegung traf „strukturelle Spannungen" (Neidhardt und Rucht 1993: 307). Nur deshalb (pars pro toto) übernehmen so rasch bereits bestehende Bewegungs-Organisationen die spontane lokale Bewegung. Die Bewegung konnte in der Öffentlichkeit als Träger einer Stellvertreter-Funktion interpretiert werden. Dies geschah sowohl bei den Bürgern als auch bei den Politikern, da sich an den Befürchtungen der letzteren Gruppe zeigte, der Konflikt könne sich auf andere Teile Hamburgs ausweiten. Es ist demnach die latente Generalisierbarkeit des Falles, die überlokale Bewegungs-Organisationen dazu führt, hier aktiv zu werden. Sie tragen sowohl zum Erfolg der lokalen Bewegung bei als auch mit dem Erfolg zu dem in diesem Falle relativ raschen Ende der lokalen sozialen Bewegung. Dennoch läßt sich dieser Erfolg für die Bewegungs-Organisation nutzen, um ihre generellen Ziele nachdrücklicher und durch den Erfolg legitimierter zu verfolgen.

Ferner erscheint es fruchtbar, Proteste oder andere Reaktionen auf Situationen vom Typ der „kumulativen Frustration" vergleichend zu untersuchen. Mit diesem Konzept könnte eine weitere Verbindung der Theorien sozialer Bewegungen zu anderen Gebieten der Soziologie geschaffen werden. Dies konnte hier nur skizziert werden.

Auffällig ist auch, daß die Demonstranten vor einer paradoxen Situation stehen: Nur wenn sie die legalen Mittel der Eingaben und Demonstrationen zugunsten illegaler – wie der Blockade – überschreiten, erreichen sie die Aufmerksamkeit der Öffentlichkeit und der Politiker. Dies kann zu einer Legitimierung des Protestes führen – legal wird er damit nicht, denn den Demonstranten werden in Form von Verfahren und Bußgeldern die Kosten für den Protest auferlegt. Ferner zeigt der Prozeß, daß die individuellen Kosten der Partizipation über eine längere Phase höher sind als der kollektive Nutzen.

Die Analyse der Dynamik des Protestes belegt auch die Fruchtbarkeit mehrerer

Hypothesen zur Verbindung der Mikro- mit der Makroebene. Hierzu gehören die Mobilisierungsmodelle von Granovetter und von Oliver, Marwell und Teixeira, die jeweils Schwellenwerte oder kritische Massen angeben. Sie verbinden die Mikro-Ebene der Individuen mit der Meso-Ebene der sozialen Bewegung. Ferner gilt dies für die Hypothesen von Snow et al., mit denen über die Spezifikation von framing-Prozessen ebenfalls die Mikro- und Meso-Ebene verbunden werden; in allen Fällen wird das Ergebnis individuellen Handelns im Aggregat spezifiziert.

Schließlich weist der Fall Stresemannstraße auf zwei Probleme bei der Erklärung der Teilnahme an sozialen Bewegungen durch den Rational-Choice-Ansatz (u.a. Klandermans 1984; Oberschall 1973, 1980; Opp 1991; Opp et al. 1984) hin. Zum einen handelt es sich um eine dichotome Entscheidung: Teilnahme oder Inaktivität. Bei solchen Entscheidungssituationen mit nur zwei Alternativen sind die Konsequenzen beider Handlungsalternativen insofern weitgehend gleich, da die Nutzen der einen Alternative den Kosten der anderen entsprechen. Daher treten nicht nur auf der Ebene des Forschers, sondern bereits auf der der Individuen Probleme auf, beide Alternativen genau zu kalkulieren (vgl. Friedrichs, Stolle und Engelbrecht 1993). Zum anderen, und dies dürfte noch bedeutsamer sein, liegt hier eine Situation vor, in der die Individuen von einem Ereignis getroffen werden, das in einer Kette vorangegangener Ereignisse und somit früherer Nutzen-Kosten-Abwägungen steht. Nach den bislang erfolglosen Protesten hat sich eine Stimmung entwickelt, die durch starke Emotionen gekennzeichnet ist (kumulative Frustration). Der neuerliche Todesfall stellt die Anwohner auch erneut vor die bekannte Entscheidungssituation, die früher schon von einem Teil positiv für einen Protest entschieden wurde. Das neue Ereignis muß wie eine Bestätigung der ursprünglichen Forderungen gewirkt und die Legitimation des Protestes und die wahrgenommenen Einflußchancen schlagartig erhöht haben. Damit dürfte sich auch das Nutzen-Kosten-Kalkül der Individuen verändert haben. Die Kosten der Aktivität werden als extrem niedrig angesehen, der Nutzen hingegen sehr hoch. Hinzu kommt, daß die perzipierte Teilnahmebereitschaft anderer die Spontaneität des Protestes unterstützt. Es ist sogar zu überlegen, ob eine genaue Kalkulation der Kosten der Teilnahme nicht von der Spontaneität der Aktionen überrannt wird – die Konsequenzen des Handelns werden nicht oder erst später bedacht. Eine solche Interpretation als Indifferenz gegenüber den Folgen des Handelns legen die Ausführungen von Neidhardt und Rucht (1993: 313, 317) nahe.

Das Ende der sozialen Bewegung „Stresemannstraße" ist zunächst auf deren Erfolg, die Verkehrsberuhigung, zurückzuführen. Die Bewegung hatte damit ihre lokalen Ziele erreicht, deshalb waren auch die Proteste bei späteren Unfällen nicht mehr annähernd so stark. Hierfür gibt es aber auch einen zweiten Grund, der wohl der entscheidende ist. Die lokale Bewegung hatte sich sehr früh an zwei Bewegungs-Organisationen gebunden. Die Verbindung geschah, in der Typologie von Snow et al. (1986) über ein „frame bridgeing": unterschiedliche Bewegungen ähnlicher Ziele verbanden sich. Dabei waren die Ziele der Anwohner nur eine Teilmenge der sehr viel umfangreicheren Zahl der Ziele bei der Bewegungs-Organisation, GAL und Robin Wood. Wie die spätere Entwicklung zeigt, trat mit zunehmendem Erfolg der lokalen Bewegung ein „frame extension" ein, d.h. die Ziele der Anwohner wurden nur noch im Sinne der generellen Ziele der Bewegungs-Organisationen interpretiert. Dies belegen die dreißig Demonstrationen von zwanzig Organisationen einen Monat nach dem auslösenden Ereignis in der Stresemannstraße – wenngleich sie keinen sichtbaren Erfolg hatten.

Dies aber, wie oben ausgeführt, dürfte einen beträchtlichen Teil der Teilnehmer der lokalen Bewegung nicht mehr interessiert haben. Mit dem Sprung vom frame bridging zum frame extension ging der einigende lokale Konflikt verloren – und damit auch die lokalen Teilnehmer. (Wobei nicht ausgeschlossen werden kann, daß einige lokale Teilnehmer auch später an den Aktivitäten der Bewegungs-Organisationen teilnahmen.)

Literatur

Altheide, David L., und *Robert P. Gilmore*, 1972: The Credibility of Protest, American Sociological Review 37: 99-108.

Andrée, Margot, et al., 1992: Stresemannstraße ist überall. Die Entdeckung der Neuen Langsamkeit. Hamburg: Ini Strese, Bürgertreff Altona-Nord.

Friedrichs, Jürgen, Martin Stolle und *Gudrun Engelbrecht*, 1993: Rational-Choice-Theorie: Probleme der Operationalisierung, Zeitschrift für Soziologie 22: 2-15.

Gerhards, Jürgen, und *Dieter Rucht*, 1992: Mesomobilization: Organizing and Framing in Two Protest Campaigns in West Germany, American Journal of Sociology 98: 555-595.

Granovetter, Mark, 1978: Threshold Models of Collective Behavior, American Journal of Sociology 83: 1420-1443.

IGS Ingenieurgemeinschaft Stolz, 1993: Verkehrskonzept Stresemannstraße. Kaarst: IGS.

Klandermans, Bert, 1984: Mobilization and Participation: Social Psychological Expansions of Resource Mobilization Theory, American Sociological Review 49: 583-600.

McAdam, Dough, John D. McCarthy und *Mayer N. Zald*, 1988: Social Movements. S. 695-737 in: *Neil J. Smelser* (Hg.): Handbook of Sociology. Newbury Park: Sage.

McCarthy, John D., 1987: Pro-Life and Pro-Choice Mobilization: Infrastucture Deficits and New Technologies. S. 49-66 in: *Mayer N. Zald* und *John McCarthy* (Hg.): Social Movements in an Organizational Society. New Brunswick, NJ: Transaction Books.

McCarthy, John D., und *Mayer N. Zald*, 1977: Resource Mobilization and Social Movements: A Partial Theory, American Journal of Sociology 82: 1212-1241.

Neidhardt, Friedhelm, 1983: Themen und Thesen der Gruppensoziologie. S. 12-34 in: *Ders.* (Hg.): Grupensoziologie. Opladen: Westdeutscher Verlag. (Sonderheft 25 der Kölner Zeitschrift für Soziologie und Sozialpsychologie)

Neidhardt, Friedhelm, und *Dieter Rucht*, 1993: Auf dem Weg in die „Bewegungsgesellschaft"? Über die Stabilisierung sozialer Bewegungen, Soziale Welt 44: 305-326.

Oberschall, Anthony, 1973: Social Conflict and Social Movements. Englewood Cliffs, NJ: Prentice-Hall.

Oberschall, Anthony, 1980: Loosely Structured Collective Conflict: A Theory and an Application. S. 45-68 in: *Louis Kriesberg* (Hg.): Research in Social Movements, Conflict and Change. Vol. 3. Greenwich, CT: JAI Press.

Oliver, Pamela, Gerald Marwell und *Ruy Teixeira*, 1985: A Theory of Critical Mass I. Interdependence, Group Heterogeneity, and the Production of Collective Action, American Journal of Sociology 91: 522-556.

Olson, Mancur, 1968: Die Logik kollektiven Handelns. Tübingen: Mohr.

Opp, Karl-Dieter, et al., 1984: Soziale Probleme und Protestverhalten. Opladen: Westdeutscher Verlag.

Opp, Karl-Dieter, 1991: DDR '89: Zu den Ursachen einer spontanen Revolution, Kölner Zeitschrift für Soziologie und Sozialpsychologie 43: 302-321.

Snow, David A., E. Burke Worden, Steven K. Rochford und *Robert D. Benford*, 1986: Frame Alignment Processes, Micromobilization, and Movement Participation. American Sociological Review 51: 464-481.

Turner, Ralph H., 1969: The Public Perception of Protest, American Sociological Review 34: 815-831.

DIE NACHT DER BARRIKADEN

Eine Fallstudie zur Dynamik sozialen Protests*

Ingrid Gilcher-Holtey

Zusammenfassung: Analysiert wird die Mai-Bewegung in Frankreich 1968 unter dem Aspekt der Dynamik des Mobilisierungsprozesses. Der Transfer der Studentenproteste in die Arbeiterschaft, der eine Besonderheit des Mobilisierungsprozesses der französischen 68er Bewegung ausmacht, wird unter Rückgriff auf Pierre Bourdieus Modell des „kritischen Moments" erfaßt. Am Beispiel der Nacht der Barrikaden (10./11. Mai 1968) wird der Synchronisierungseffekt „kritischer Ereignisse" systematisch entfaltet. Die Verbindung von Ereignis und Struktur, mikro- und makrosoziologischen Analysen, die das Modell anstrebt, ermöglicht die Rekonstruktion des Prozesses, der in der Barrikadennacht den Umschlag universitärer Konflikte in eine allgemeine soziale Krise herbeiführt. Das Fallbeispiel zeigt, daß das „kritische Ereignis" nicht notwendigerweise sozialstrukturell determiniert sein muß, wie Bourdieu unterstellt, indes der Synchronisierungsprozeß, den es bewirkt, an kollektive Einstellungen und Dispositionen geknüpft ist. Neben den mentalen Strukturen, so wird gezeigt, fällt der Sinnstruktur, die in außergewöhnlichen Momenten aktiviert werden kann, eine entscheidende Bedeutung für den Mobilisierungsprozeß zu.

I. Das „kritische Ereignis" (Bourdieu)

Nach Mitternacht, genauer gesagt zwischen 2.12 Uhr und 5.30 Uhr des 11. Mai 1968 kommt es im Quartier Latin zum gewaltsamsten Polizeieinsatz, den es im Paris der Nachkriegszeit gegeben hat. Mit Schlagstöcken, Wasserwerfern und Tränengas gehen französische Polizisten und Einheiten der Compagnie républicaine de sécurité (CRS) gegen Studenten und Schüler vor, die sich in einer Enklave südlich des Panthéon verbarrikadiert haben. Die Aufhebung der Barrikaden – der ersten in Paris seit den Tagen der Résistance (1944) und der Pariser Kommune (1871) – sowie die Vertreibung und Verfolgung der Demonstranten, vollzogen mit äußerster Härte und Brutalität, lösen noch in der Nacht vehementen öffentlichen Protest aus. Professoren, darunter Nobelpreisträger, sowie der Erzbischof von Paris wenden sich persönlich über das Radio an die Regierung mit Appellen zur sofortigen Einstellung der Gewalt und der Aufforderung, nach einer anderen, „gerechteren" Lösung zu suchen, nach einem Dialog. Vergeblich. Polizisten verfolgen die sich in die anrainenden Häuser flüchtenden Studenten, prügeln sie aus den Privatwohnungen heraus sowie aus ambulanten Erste-Hilfe-Stationen und, wie mehrere Demonstranten bezeugen, prügeln noch auf den

---

* Der Text gibt die überarbeitete Fassung eines Vortrages im Wissenschaftskolleg zu Berlin (1992) wieder. Er ist entstanden im Zusammenhang meiner Habilitationsschrift „Die Phantasie an die Macht" – Mai 68 in Frankreich, (MS) Freiburg 1993.

Polizeistationen. Das Quartier Latin gleicht einem Schlachtfeld: 367 Personen werden schwer verletzt, 460 festgenommen, 188 Autos zerstört.[1]

Durch die Ereignisse in der Nacht vom 10. auf den 11. Mai 1968 gewinnt die französische Studentenbewegung eine Dynamik, welche binnen kurzem die Protestbewegungen in den Vereinigten Staaten und der Bundesrepublik – gemessen an der politischen Brisanz des Mobilisierungsprozesses – übersteigt. Entfacht durch die Revolte einer kleinen studentischen Minderheit auf dem Campus von Nanterre,[2] einer Vorstadt von Paris, erreicht die französische Studentenbewegung am 3. Mai die Sorbonne, das Quartier Latin, das Studentenmilieu sowie die Kreise der sympathisierenden Schüler. Die dramatischen Ereignisse lösen in der breiten Öffentlichkeit eine nationale Welle der Solidarisierung mit den Studenten aus und verknüpfen die organisierte Arbeiterbewegung mit der Studentenbewegung zu einer gemeinsamen Demonstration gegen die Regierung. In Frankreich und nur hier tritt 1968 eine Wechselwirkung zwischen Studenten- und Arbeiterbewegung ein, kommt es zu einem das ganze Land paralysierenden Generalstreik mit der höchsten Zahl von Streikenden, die es jemals in der französischen Geschichte gegeben hat, und am Ende des Mai 68 zu einer politischen Krise, die das gaullistische System ins Wanken bringt. Was bewirkte die Solidarisierung der Arbeiter mit der Studentenschaft? Wie entstand die Situation, die den Umschlag der Studentenbewegung in eine allgemeine soziale Bewegung möglich machte?

Die Studentenbewegung, so eine These, habe als „détonateur" gewirkt, sie habe innerhalb der Arbeiterschaft eine neue Radikalität entfacht (Juillard 1990: 15). Die Arbeiterbewegung, so eine andere These, sei bereits in Bewegung gewesen, die Studentenbewegung habe den Mobilisierungsprozeß lediglich verstärkt, so sei sie nicht als „détonateur", sondern als „moteur", „accélérateur" der Arbeiterbewegung anzusehen (Touraine 1968: 60; Capedevielle/Mouriaux 1988: 138). Gleichviel, ob „moteur" oder „détonateur", es bleibt die Frage nach den Faktoren, die den Transfer des Protestes von der Studenten- auf die Arbeiterbewegung, von der Universität auf die Betriebe, von einem Teilbereich der Gesellschaft auf die Gesamtgesellschaft möglich machen.

Es bestand am Vorabend der Mai-Ereignisse keine ökonomische Krisensituation in Frankreich. Zwar gab es Verteilungskonflikte – insbesondere im Bereich der unteren Lohnskalen einen Kampf um den Mindestlohn –, zwar wuchs die Zahl der Arbeitslosen – von 400.000 (1964) auf 600.000 (1968) – an, aber die französische Wirtschaft wurde weit weniger von der Rezession des Jahres 1966 erfaßt als etwa die der Bundesrepublik und unterlag daher weit geringeren Brüchen und Schwankungen. Frankreich galt, aus der Sicht der Experten von OECD und INSEE, als ein ökonomisch krisenfestes und stabiles Land (OECD 1968: 52; INSEE 1968: 1-19). Die französischen Soziologen führen daher als kausale Ursachen der Streikbewegung, die im Mai 68 zur sozialen Krise führt, nicht sozio-ökonomische, sondern primär sozio-politische und sozio-kulturelle Faktoren an: die bürokratische Verhärtung, Versteinerung der gesellschaftlichen Institutionen und den autoritären Handlungsstil, der zur Abnahme der

---

1 Zum Verlauf und Vorlauf der Ereignisse vgl. Le Monde vom 12./13. und 14. Mai 1968 sowie Joffrin (1988), Dansette (1971).
2 Zur Formation der Studentenbewegung in Nanterre vgl. Cohn-Bendit/Cohn Bendit (1968), Duteuil (1988).

persönlichen Kommunikation und Interaktion führe sowie zur Innovations-, Reform-, und Anpassungsunfähigkeit der sozialen Institutionen an die technische und wirtschaftliche Entwicklung (Crozier 1970: 170-174); das Auftauchen eines neuen sozialen Akteurs – der „neuen Arbeiterklasse" –, der die Autoritäts- und Strukturkonflikte enthüllt und den Arbeitskämpfen eine neue Perspektive weist: den anti-technokratischen Protest (Touraine 1968: 29; Touraine 1972). Doch die genannten makrosoziologischen Faktoren sind ubiquitär, kennzeichnen auch die Entwicklung in anderen europäischen Ländern, in denen es nicht zu einer vergleichbaren Streikbewegung, nicht zur Verbindung von Studentenbewegung und Arbeiterbewegung kommt. Auch in der Bundesrepublik gab es Autoritätskonflikte und forderten erstarrte politische Strukturen den Widerspruch der Studenten heraus, doch entwickelte sich hier aus der Studentenbewegung – trotz gravierender ökonomischer Einbrüche – keine Bewegung der Arbeiterschaft, und die „neue Abeiterklasse" blieb außerhalb des Mobilisierungsprozesses. Warum kam es in Frankreich zur Solidarisierung der Arbeiter mit der Studentenschaft?

Pierre Bourdieu entwickelt in seinem Buch „Homo Academicus" (1984) ein Modell, das die „allgemeine Krise", in die Frankreich im Mai 68 gerät, als „Koinzidenz der Auswirkungen einer Vielzahl latenter Krisen" erklärt (Bourdieu 1984: 258). Er wählt zur Kennzeichnung dieses Prozesses den Begriff „Synchronisierungseffekt", d.h. nicht die Addition latenter Krisen in verschiedenen „Feldern", sondern deren Synchronisation, zeitliches Überschneiden und Ineinandergreifen führt die „allgemeine Krise" herbei. Mit anderen Worten, die „allgemeine Krise" entsteht durch eine „Konjunktion unabhängiger Kausalreihen", die sich parallel entwickeln und in einem bestimmten Moment miteinander in Interaktion treten (Bourdieu 1984: 275-276). Dieser Moment – Bourdieu nennt ihn den „kritischen Moment" – wird durch „kritische Ereignisse" erzeugt. Das „kritische Ereignis" vermittelt historische Ereignisse, die „normalerweise isoliert, ohne Bezug zueinander einsetzen und aufhören" und deren Abfolge sich nicht – wie „die Chronologie der Historiker nachträglich mit Hilfe einer rückwärtsschauenden Illusion suggeriert" – zu einer „einheitlichen Kausalreihe zusammenfügt" (Bourdieu 1988: 275). Mit dem „kritischen Ereignis", das am chronologischen Ursprung einer allgemeinen Krise steht, führt Bourdieu in die Analyse makrosoziologischer Strukturen und Strukturkonflikte einen Faktor ein, dem, wie er schreibt, „durchaus ein Moment an Zufälligkeit" anhaften kann (Bourdieu 1988: 276). Sein Modell, das den Gegensatz zwischen Struktur- und Ereignisgeschichte aufhebt, schreibt den „kritischen Ereignissen" eine innovative Bedeutung und Funktion zu, hält zugleich aber an der strukturellen Determination der Ereignisse fest. Denn sie führen, nach Bourdieu, den Synchronisierungseffekt nur dann herbei, „wenn ein Verhältnis der objektiven wechselseitigen Abstimmung besteht zwischen den von der Krise betroffenen Akteuren eines Feldes, das einen kritischen Zustand erreicht, und anderen Akteuren mit ähnlichen, weil von ähnlichen sozialen Lebensbedingungen hervorgebrachten Dispositionen (lagespezifische Identität)" (Bourdieu 1988: 276). Diese Unabhängigkeit in der Abhängigkeit macht das Charakteristikum „kritischer Ereignisse" aus, die, indem sie Wahrnehmung und Erfahrungen synchronisieren, einen Zustand herbeiführen (den „kritischen Moment"), „in dem – gegen die alltägliche Erfahrung der Zeit als bloßer Weiterführung der Vergangenheit oder einer im Vergangenen angelegten Zukunft – alles möglich wird (oder doch erscheint), in dem die Zukunft wirklich kontingent, das

Kommende unbestimmt, der Augenblick wirklich als solcher erscheint – in der Schwebe, abgehoben, ohne vorgesehene noch vorhersehbare Folge" (Bourdieu 1988: 287).

Bourdieus Modell, das den Anspruch erhebt, jede Krise oder Revolution erklären zu können (Bourdieu 1988: 258, Anm. 4), bleibt abstrakt. Der Autor postuliert die historische Anwendbarkeit, löst sie selbst indes nicht ein. Er beschränkt seine systematische und empirische Analyse auf das universitäre Feld. Nachfolgend soll das Modell entfaltet werden, um die Koinzidenz von universitärer und sozialer Krise im Mai 68 zu erklären, den Transfer der Studentenproteste in die Arbeiterschaft.

II. Symbolische Aktionen

Nur dreieinhalb Stunden nach Räumung der letzten Barrikade treffen am Samstagmorgen um 9.00 Uhr in der Bourse du Travail die Führungsspitzen der Gewerkschaften CGT (Confédération générale du travail), CFDT (Confédération française démocratique du travail), FEN (Fédération de l'éducation nationale) mit Repräsentanten der Studentengewerkschaft UNEF (Union nationale des étudiants de France) und der Hochschullehrergewerkschaft SNESup (Syndicat national de l'enseignement supérieur) zusammen. Der Generalsekretär der CGT Georges Séguy schlägt vor, als Reaktion auf die Ereignisse der vergangenen Nacht einen vierundzwanzigstündigen Generalstreik in Frankreich auszurufen. CFDT und FEN stimmen zu. Eine neue Phase der Entwicklung der studentischen Protestbewegung bahnt sich an. Die Ereignisse in der Barrikadennacht haben eine Koordination der Aktion von Studenten- und Arbeiterbewegung möglich gemacht. Vergessen scheint, daß der Generalsekretär der Kommunistischen Partei, Georges Marchais, noch am 3. Mai in den protestierenden Studenten nichts als Großbürgersöhne sah, die Revolution spielen und doch nur pseudorevolutionäre Abenteurer seien. Am 11. Mai unterstützt auch seine Partei den Appell zum Generalstreik. Was ist geschehen? Führen die Ereignisse in der Barrikadennacht eine Synchronisation von Strukturkonflikten auf verschiedenen Feldern herbei? Mit anderen Worten: Sind sie sozial determiniert?

Die Rekonstruktion der Ereignisse in der Barrikadennacht zeigt, daß am Anfang der Entwicklung, die zur gewaltsamen Konfrontation zwischen Studenten und Polizei führte, eine „demonstrativ-appellative" Aktion (Raschke 1985) stand. Die nationale Studentengewerkschaft *UNEF*, die *„Bewegung des 22. März"* – eine linksradikale Studentengruppe aus Nanterre, die nach dem Vorbild des deutschen SDS agiert – sowie die Schülerkomitees *CAL* (Comités d' action lycéens) haben für den Abend des 10. Mai um 18.30 Uhr zu einer Protestkundgebung auf der Place Denfert-Rochereau aufgerufen. 10.000 Schüler und Studenten sind dem Aufruf gefolgt, um ihren drei Forderungen Nachdruck zu verleihen: 1. Wiedereröffnung der – seit dem 3. Mai geschlossenen – Sorbonne, 2. Freilassung der am selben Tag inhaftierten und zu Gefängnisstrafen von zwei Monaten ohne Bewährung verurteilten Studenten sowie 3. Abzug der Polizei aus dem Quartier Latin. Bereits am 6., 7. und 8. Mai haben sie für diese Forderungen demonstriert, dabei ist es am 6. und 7. Mai im Verlauf bzw. nach Abschluß der Demonstration zu gewaltsamen Auseinandersetzungen mit der Polizei gekommen. Am 10. Mai beginnt alles friedlich. 10.000 Studenten sitzen um den Löwen von Belfort, der Verkehr ist zum Erliegen gekommen, Studenten dirigieren ihn um. Weit und breit ist kein Polizist zu sehen.

Die Entscheidung, die dies möglich macht, ist am Vormittag auf höchster politischer Ebene – im Elysée-Palast – gefallen. Staatspräsident de Gaulle, der für ein Verbot der Demonstration eingetreten ist, hat sich den Argumenten des Polizeipräfekten von Paris Maurice Grimaud und des Innenministers Christian Fouchet gebeugt, die eine Freigabe der Demonstration befürworten, weil, aus ihrer Sicht, ein Demonstrationsverbot unter den gegebenen Umständen – man rechnet mit bis zu 20.000 Demonstranten – nicht durchzusetzen ist. De Gaulle erteilte dem Innenminister nach dem Gespräch Handlungsvollmacht (Fouchet 1971: 239-240; Grimaud 1977: 144). Nach Freigabe der Demonstration setzten auf Seiten der Regierung, die sich bis zu diesem Zeitpunkt gegenüber den Forderungen der Studenten völlig intransigent verhalten hat, Vermittlungsversuche ein, die das Ziel verfolgen, durch Entgegenkommen einen Konflikt abzuwenden.

Das erste Angebot der Regierung, zwei der drei Forderungen zu erfüllen, das der Vize-Präsident der UNEF Jacques Sauvageot zu Beginn der Kundgebung auf der Place Denfert-Rochereau übermittelt, lehnen die Demonstranten ab. Ohne Amnestie für die Verurteilten, so das Urteil der Menge, keine Einstellung der Protestaktionen. Während die Kundgebung sich nach dieser Grundentscheidung fortsetzt, leiten unabhängig voneinander Erziehungsminister Peyrefitte und Interimspremierminister Joxe – Premierminister Pompidou befindet sich in Afghanistan – zwei weitere Vermittlungsversuche ein. Peyrefitte versucht, über die nationale Erziehungsgewerkschaft FEN Druck auf UNEF und SNESup auszuüben, um beide Organisationen gleichsam in letzter Minute doch noch zur Akzeptanz des Regierungsangebotes zu bewegen; Joxe beauftragt einen Anwalt, den Spitzenrepräsentanten beider Organisationen Entgegenkommen auch hinsichtlich der Forderung nach Amnestie zu signalisieren. Beide Versuche überschneiden und behindern sich. Als sie intern endlich zugunsten der Offerte des Interimspremierministers Joxe koordiniert worden sind, wird die Mission des Anwalts Sarda extern blockiert. Er dringt zu den Repräsentanten von UNEF und SENSup nicht vor. Denn die Demonstranten haben sich mittlerweile in Bewegung gesetzt.

Wohin? Diese Frage ist eine Weile umstritten gewesen auf der Place Denfert-Rochereau. Die Veranstalter hatten keine Route festgelegt, und so setzte zunächst eine Debatte über den Zielpunkt der Demonstration ein. Sollte man zum ORTF ziehen, weil das Fernsehen die Ausstrahlung von Filmberichten über die Studentenproteste untersagt hatte? Sollte man das Justizministerium oder den Justizpalast besetzen? Das waren, wie die Reporter von *Le Monde* notierten, die Vorschläge, die aus der Menge kamen. Die Objekte lagen in den Zonen, die von der Polizei an diesem Abend abgesperrt worden waren, ein Marsch dorthin hätte zur unmittelbaren Konfrontation mit den Polizeikräften geführt. Wer dies verhinderte und eine andere Marschrichtung angab, bleibt offen.

Tatsache ist, daß der Demonstrationszug, als er sich schließlich in Bewegung setzt, über den Boulevard Arago in Richtung Santé-Gefängnis strebt, wo die Demonstranten ihre verhafteten Kommilitonen vermuten. Es sind mittlerweile 20.000, die auf das Gefängnis marschieren. Doch der Marsch auf das Santé-Gefängnis wird nicht zum Sturm auf die Bastille. Die Internationale singend, ziehen die Demonstranten am Gefängnis vorbei und belassen es bei dieser Art von symbolischer Solidarität. Da die

Polizei den Demonstranten den Übergang auf das rechte Seine-Ufer versperrt, biegt der Demonstrationszug in den Boulevard St. Michel ein, der an diesem Abend auf Entscheidung des Polizeipräfekten erstmals seit Schließung der Sorbonne wieder geöffnet ist. Der Boulevard verläuft unmittelbar an der Sorbonne vorbei, so daß das seit Tagen umkämpfte Ziel in Sichtweite rückt. Alain Geismar, der erst vor zwei Tagen die Besetzung der Sorbonne zum nächsten Ziel der Bewegung erklärt hat, führt den Demonstrationszug an und führt ihn, ohne daß es zu Zwischenfällen kommt, an der Sorbonne vorbei bis in die Höhe des Jardin du Luxembourg. Dort bleibt der Demonstrationszug stehen. Es ist 20.40 Uhr, wie die Reporter von Le Monde notieren.

Der entscheidende Augenblick ist gekommen, eine Entscheidung muß fallen. Auflösung der Demonstration oder Fortsetzung? Aber wohin? Die Reporter von Le Monde beobachten, wie in dieser Situation Alain Geismar (SNESup) und Jacques Sauvageot (UNEF) aufeinanderzueilen, Daniel Cohn-Bendit und Serge July von der „Bewegung des 22. März" stoßen hinzu. Sie schlagen vor, in die Arbeiterviertel zu ziehen, Sauvageot und Geismar befürworten, im Quartier Latin zu bleiben. Im Einklang mit der Menge der Demonstranten setzen Geismar und Sauvageot sich durch. Die Stimmung erfassend, geben die Repräsentanten der „Bewegung des 22. März" nach. Gemeinsam formulieren Sauvageot und Cohn-Bendit die Parole: „Camarades, on garde le Quartier Latin coûte que coûte" (Labro/Manceaux 1968: 64)

Damit ist die Losung getroffen, sind die Weichen gestellt, in deren Bahnen sich die Ereignisse fortbewegen. Es ist eine Situation entstanden und aus der Situation heraus eine Losung, die das Handeln von vielen freisetzt. Es gibt keine weiteren Anweisungen, was zu tun ist, keine Appelle, Barrikaden zu bauen. Nach Vorstellung Cohn-Bendits sollen die Studenten Diskussionsgruppen bilden, die sich über das Quartier Latin verteilen. Tatsächlich dringen die Demonstranten in das Gebiet südlich des Panthéon ein, doch was dann geschieht, vollzieht sich ohne Anweisung irgendeiner Gruppe oder eines Studentenführers. Die Entwicklung verläuft spontan und spielerisch. Barrikaden entstehen ohne Plan und, wie schon bald erkennbar wird, ohne funktionalen Zweck. Sie sind symbolischer Ausdruck und nur symbolisch zu verstehen als kollektiver Protest, der sich historischer Formen bedient und sich doch einfachen historischen Analogien entzieht.

Die Barrikaden von Paris in der Nacht vom 10. auf den 11. Mai 1968 sind ein historisches Zitat. Errichtet von Schülern und Studenten in Kenntnis der Bedeutung der Barrikaden in den Tagen der Kommune und während der Befreiung der Stadt von der deutschen Besatzung, beschwören sie die Erinnerung an diese historischen Vorbilder herauf, doch sie erweisen sich in Form und Zielsetzung nicht als deren Abbilder. Es sind keine tatsächlichen Befestigungsanlagen, die am Abend des 10. Mai entstehen, keine Verteidigungswälle, erdacht und erbaut aus strategisch-rationalen Verteidigungs- oder Machteroberungsabsichten. Sie haben keinen instrumentellen, sondern expressiven Charakter.

Die Demonstranten besetzen einen Raum, bauen Barrikaden, so paradox das klingen mag, ohne bewußt revolutionär zu sein. „Jeder", so Daniel Cohn-Bendit später, „machte irgendetwas, ohne genau zu wissen was. In der Rue Gay-Lussac standen plötzlich 10 Barrikaden hintereinander! Militärisch gesehen hatte das überhaupt keinen Sinn, aber alle hatten Lust, Barrikaden zu bauen" (Cohn-Bendit 1975: 34). Als die erste Barrikade entsteht, ziehen sich die Mitglieder des kommunistischen Studentenverbandes UEC (Union des étudiants communistes) zurück, die Maoisten und Trotzkisten der FER (Fédération des étudiants révolutionnaires) waren von Anfang an der Demonstration ferngeblieben. Die Barrikaden werden aus Autos, Plakatwänden, Baugittern und Pflastersteinen errichtet. Die meisten Demonstranten erkennen die Bedeutung ihres Tuns erst im Verlauf der Aktionen. Bewußtsein schaffen durch Aktion war ein Ziel, das die „Bewegung des 22. März" verfolgte. Doch, wie Daniel Cohn-Bendit später schreibt, keine Organisation, auch die Bewegung des 22. März nicht, ist mehr in der Lage, die Situation zu beherrschen (Cohn-Bendit 1975: 34). Die Aktionen verselbständigen sich.

III. Die Rolle der Medien

Der Aktionismus der Schüler und Studenten kommt der Nachrichtenproduktion und Selektion der Massenmedien entgegen. Übertragungswagen von *Europe I* und *RTL* sind unmittelbar nach Entstehung der ersten Barrikaden in das besetzte Gebiet gefahren und berichten nun vom Ort des Geschehens. Orientiert am ereignishaft Punktuellen (nicht an komplexen, langfristigen Prozessen), zieht sie das Neue und Ungewöhnliche an, „ganz besonders dann, wenn es gesellschaftliche Normen verletzt und dadurch konflikthaft aufgeladen wird" (Schmitt-Beck 1990: 650)· Die Nacht der Barrikaden im Quartier Latin erfüllt in exemplarischer Weise diese Kriterien. Durch die Vermittlung der beiden Radiostationen – zwischen denen ein wahrer Wettlauf um Interviews und aktuelle Informationen einsetzt – wächst die Außenwirkung der Bewegung. Sie sprengt nicht nur die ihr im 5. und 6. Arrondissement gezogenen Grenzen, sondern wirkt über die Grenzen der Hauptstadt hinaus. Die Berichte, im Stil von Sportreportagen gesprochen, bannen Millionen Hörer im ganzen Land in dieser Nacht.

Die Medienberichterstattung wirkt aber auch auf die Binnenstruktur der Bewegung ein. Die Anwohner des besetzten Gebietes, die Transistorradios auf Balkone und Fensterbänke stellen, um nicht nur zu sehen, sondern auch detailliert zu hören, was ringsherum geschieht, fördern indirekt diesen Prozeß. Es wird eine Atmosphäre erzeugt, die Zeitzeugen später als „stéréophonie totale" beschreiben (Sullerot 1968: 128-129). Die Radioberichterstattung trägt zum Informationsfluß innerhalb der Bewegung bei, vernetzt die getrennt in verschiedenen Straßen handelnden Akteure und steigert ihr „Wir-Gefühl". „Gegenstand der Berichterstattung der Massenmedien zu sein," so die These der Bewegungsforschung, „erleichtert sozialen Bewegungen die Bildung einer kollektiven Identität" (Schmitt-Beck 1990: 645). Dies wird durch die Rolle der Medien in der Barrikadennacht anschaulich illustriert.

Doch die Medien vermitteln und übermitteln nicht nur in dieser Nacht, sondern sie greifen auch als intermediäre Instanzen direkt in das Geschehen ein. Alain Geismar, der Vorsitzende der SNESup, telefoniert aus dem Übertragungswagen von RTL mit dem Prorektor der Sorbonne. Das Gespräch wird direkt und in voller Länge vom Sender übertragen. Der Sprecher drängt auf Tempo im Entscheidungsprozeß. Das öffentliche Gespräch legt die Bewegung zu einem frühen Zeitpunkt auf eine unnachgiebige Haltung fest, nicht nachzugeben, bevor alle drei Forderungen erfüllt worden sind.

Das Problem liegt im dritten Punkt der Forderungen: Amnestie. Kein Mitglied der

Regierung und nicht einmal Staatspräsident de Gaulle kann ein Gerichtsurteil annullieren, das ein französisches Gericht ausgesprochen hat, oder Straffreiheit verkünden. Das Prinzip der Gewaltenteilung verhindert einen solchen Eingriff der Exekutive in die Jurisdiktion. Interimspremierminister Joxe hat deshalb den Anwalt Sarda mit einer Formel ausgestattet, die eine wohlwollende Prüfung der Fälle in Aussicht stellt. Doch der Anwalt erreicht die Spitzenrepräsentanten erst, als Alain Geismar die Bewegung bereits auf den Alles-oder-Nichts-Standpunkt festgelegt hat. Für Sardas Geheimdiplomatie besteht angesichts der Öffentlichkeit, die das Radio in dieser Nacht hergestellt hat, kein Handlungsspielraum mehr. Kein Repräsentant der UNEF oder SNESup erklärt sich mehr bereit, mit dem Anwalt zu verhandeln.

Die Zeit vergeht, ohne daß die Regierung Konsequenzen aus den ergebnislosen Vermittlungsbemühungen zieht oder neue Offerten macht. Die Polizisten in den Straßen beginnen nervös zu werden. Während des ganzen Abends hat die Polizei dem Geschehen ruhig zugesehen. Sie hat nicht eingegriffen, als die ersten Barrikaden gebaut wurden, sondern abgewartet und damit die Weisung des Innenministers Fouchet befolgt, nichts zu unternehmen, solange die Vermittlungsversuche andauern. Mittlerweile sind nach Schätzung der Reporter von *Le Monde* sechzig Barrikaden errichtet worden. Die Einsatzleiter der Polizei drängen den Polizeipräfekten, etwas zu tun.

Auch auf Seiten der Demonstranten wächst die Unruhe. Etwas muß geschehen. Aber was? Es ist Alain Touraine, der die Initiative ergreift. Er schlägt seinem Schüler Daniel Cohn-Bendit vor, gemeinsam mit ihm sowie zwei weiteren Professoren und Studenten in die Sorbonne zu gehen, um mit dem Rektor zu verhandeln. Der Rektor läßt sich nach Rücksprache mit dem Erziehungsminister auf dieses Angebot ein. Zunächst wird die Delegation der Professoren von ihm empfangen, dann die Studentendelegation hinzugezogen. Niemand weist den Rektor darauf hin, daß Cohn-Bendit, die Symbolfigur des Studentenprotestes von Nanterre, Mitglied der Delegation ist. Auf die Frage des Rektors, was nach Vorstellung der Studenten zu tun sei, antwortet dieser: „C'est très simple. Vous faites évacuer les flics, ouvrez la Sorbonne, moi je trouve trois ou quatre orchestres et c'est la fête" (Cohn-Bendit 1975: 40-41). Die Antwort, die in ihrer spielerischen Definition der Wirklichkeit situationistische Elemente erkennen läßt, provoziert, doch die Situation entfaltet sich nicht. Ein Telefongespräch unterbricht. Der Innenminister teilt dem Rektor mit, wer vor ihm sitzt. Auf diese Weise erfährt der Rektor, was Millionen Franzosen bereits seit einer Stunde wissen. Um 0.35 hat RTL bekanntgegeben, daß eine Studentendelegation die Sorbonne betreten hat, darunter Daniel Cohn-Bendit, dessen Vorladung vor den Disziplinarrat der Sorbonne gemeinsam mit sieben Kommilitonen den Studentenprotest an der Sorbonne entfacht hat. Der Rektor bricht die Verhandlungen sofort ab. Um 1.50 Uhr verläßt die Studenten-Professoren-Delegation die Sorbonne, um 2.12 Uhr beginnt der Polizeieinsatz.

IV. Regierung und Öffentlichkeit

Die Regierung hat die Mission Touraines abgewartet, wenngleich sie – angesichts der Konstellation – weniger als ein Strohhalm zu sein scheint. Wie sie reagieren wird, steht bis zum Abbruch der Gespräche in der Sorbonne noch nicht fest. Es ist der Polizeipräfekt, der, wie er in seinen Erinnerungen beschreibt, den Innenminister vor

die Alternative stellt, entweder die Polizei sofort einzusetzen oder in dieser Nacht
darauf zu verzichten, gegen die Barrikaden vorzugehen. Die Polizisten seien, so seine
Argumentation, seit 13.00 Uhr im Dienst, ein längeres Warten und eine Verschiebung
des Einsatzes sei schon aus diesem Grund nicht zu vertreten, da sie psychisch und
physisch erschöpft seien (Grimaud 1977: 154). Schuf also der bloße Umstand, daß die
Polizei in großem Umfang aufmarschiert war, den Zwang, sie einzusetzen? Setzte die
Polizei die Regierung unter Druck, in Zugzwang? Der Polizeipräfekt führt in seinen
Memoiren als weiteres Argument für den Einsatz der Polizei an, daß es unter allen
Umständen den Eindruck zu vermeiden galt, die Demonstranten hätten einen Sieg
über die Polizei errungen. War es demnach das Interesse der Polizei, das den Ausschlag
für den Einsatz ihrer Kräfte gab? Der Innenminister wirft in seinen Memoiren dem
Polizeipräfekten vor, den Einsatz verzögert zu haben mit dem Argument, daß zu viele
Jugendliche von 14-18 Jahren unter den Demonstranten seien. Der Polizeipräfekt sei
davon ausgegangen, diese würden mit der letzten Metro nach Hause fahren, und habe
erst danach die Polizei einsetzen wollen. Aber kann das Warten auf die letzte Metro
ein Handlungskriterium der französischen Regierung sein?

Die Regierung hatte keine klaren Kriterien in dieser Nacht, es fehlte ihr ferner,
nach dem Scheitern ihrer Vermittlungsversuche, an einer klaren Konzeption und internen Koordination. Es fehlte eine Person, die nach innen und außen die Verantwortung für das Geschehen übernahm. Premierminister Pompidou weilte in Afghanistan
und keiner seiner Minister übernahm die Richtlinien- und Entscheidungskompetenz.
Die Regierung gab in dieser Nacht keine offizielle Stellungnahme ab. Im wesentlichen
wartete sie ab und setzte, während die Demonstranten sich ununterbrochen der Medien
bedienten, auf die Geheimdiplomatie eines Anwaltes. Nicht nur die Barrikaden, sondern auch die Politik der Regierung verwiesen auf das 19. Jahrhundert in dieser Nacht.

Die Medienberichterstattung übte entscheidenden Einfluß auf die Wahrnehmung
und Wertung des Konflikts aus. Ohne die Übertragungen der zwei Radiostationen
hätte der Konflikt weder seine dramatisch-theatralische noch seine nationale Bedeutung erhalten. Immerhin war kein öffentliches Gebäude, keine Regierungsinstanz,
keine Radio-, keine Fernsehstation besetzt, sondern nur ein kleiner Teil des Quartier
Latin, der für die Funktionsfähigkeit der Stadt Paris ohne Bedeutung war. Es bestand
keine reale Bedrohung der Regierung durch die sich verbarrikadierenden Demonstranten, sondern allenfalls eine gedachte Bedrohung der Autorität des Staates. Durch
die Berichte der Radiostationen wurde in dieser Nacht eine Öffentlichkeit konstituiert,
die aufmerksam registrierte, was passierte, und sich ein Meinungsbild machte. Dadurch
wurde ein Erwartungsdruck erzeugt, der auf die Regierung wirkte. Sie mußte auf die
Forderungen der Bewegung – wie auch immer – reagieren. Sie geriet unter Zugzwang,
dem sie sich nur unter Legitimationsverlust entziehen konnte. Unter Handlungsdruck
gestellt, fehlte es ihr an überzeugender Handlungskonzeption und Entscheidungsfä-
higkeit, und so nahm sie Zuflucht zu einem Konstrukt. Sie begann – in dem Maße, in
dem sie das Scheitern ihrer Vermittlungsbemühungen erkannte – die demonstrierenden
Studenten als Aufständische zu sehen, die Demonstration um drei Forderungen als
„émeute". Damit näherte sie sich der Auffassung von Staatspräsident de Gaulle, der
sich, nachdem er am Vormittag dem Innenminister Handlungsvollmacht erteilt hatte,
aus dem politischen Entscheidungsprozeß zurückgezogen hatte. Er war um 23.00 Uhr
zu Bett gegangen und schlief die ganze Nacht. „Une émeute", so hatte er während

der Sitzung des Ministerrats am 8. Mai 1968 erklärt, „c'est comme une incendie, ça se combat dans les premières minutes" (Dansette 1971: 107). Wenn es sich um einen Aufstand handelte, dann galt es aus Gründen der Staatsräson dagegen vorzugehen. Und so schritt die Regierung gegen die Demonstranten ein, Zweck-Mittel-Überlegungen nur in einem Punkt erwägend, nicht auf die Demonstanten zu schießen.

Die dramatischen Ereignisse in dieser Nacht wurden weniger durch die Barrikaden als durch die Reaktion der Regierung und Polizei auf die Barrikaden herbeigeführt. Die Repression der von der Regierung eingesetzten Polizei- und CRS-Gruppen machte die Barrikadennacht zu einem „kritischen Ereignis". Die Repression führte die Solidarisierung der Gewerkschaften mit der Studentenbewegung herbei, nicht die Identifikation mit den von ihr errichteten Barrikaden. Gegen die Repression war der erste gemeinsame Aufruf zum Generalstreik gerichtet und für die Erfüllung der drei Forderungen der Studenten. Um mehr ging es zunächst nicht.

Dies änderte sich erst durch eine zweite politische Intervention. Georges Pompidou, am Abend des 11. Mai aus Afghanistan zurückgekehrt, garantierte, nur vierzehn Stunden nach der gewaltsamen Räumung des Quartier Latin, in einer Fernsehansprache den Studenten die Erfüllung all ihrer Forderungen. Durch diese Entscheidung trug der Premierminister in erheblichem Maße dazu bei, das „kritische Ereignis" Barrikadennacht in den – mit Bourdieu gesprochen – „kritischen Moment" zu überführen.

V. Der „kritische Moment"

Das Nachgeben der Regierung in allen Punkten unmittelbar nach Einsatz repressiver Gewalt wendet den bereits beschlossenen Generalstreik keineswegs ab, sondern führt dazu, daß die Gewerkschaften ihre Forderungen erhöhen. Sie fordern jetzt zusätzlich den Verzicht auf Verfolgung aller noch anstehenden juristischen und universitären Strafverfahren gegen Studenten sowie demokratische Reformen des Unterrichts „au service des travailleurs", Vollbeschäftigung und die Transformation des ökonomischen Systems durch und für das Volk. UNEF und SNESup schließen sich diesen Forderungen an. Der Generalstreik findet am 13. Mai statt, dem ersten Wochentag nach der Barrikadennacht und zugleich dem 10. Jahrestag des Militärputsches in Algerien, der das Ende der IV. Republik und die erneute Machtübernahme de Gaulles in Frankreich einleitete. Es kommt in Paris zur größten Demonstration der Nachkriegszeit: 500.000 folgen dem Aufruf der Gewerkschaften zu einer zentralen Protestkundgebung und Demonstration. Auch in den anderen Städten des Landes nehmen Zehntausende an Protestveranstaltungen teil. Die Aktionen an diesem Tag „synchronisieren" wie die „Ereignisse" in der Barrikadennacht den Protest der Studenten und Arbeiter. Überall, auch in der Provinz, kommt es zu gemeinsamen Aktionen und zum Austausch von Erfahrungen und Informationen. Doch liegen dem synchronisierten Protest gemeinsame Ziele und, woran Bourdieu Entstehung und soziale Wirkung des „kritischen Ereignisses" knüpft, gemeinsame Strukturkonflikte zugrunde?

Es gab Konflikte im Produktionsbereich, Streiks und einzelne Fabrikbesetzungen in Frankreich vor dem Mai 68. Sie konzentrierten sich vor allem im Westen des Landes in den Departements Calvados und Loire Atlantique. Konfliktgegenstände waren Lohnforderungen – Anhebung des Mindestlohnes, Angleichung der Löhne und Gehälter an die des Zentrums Paris –, Arbeitszeitreduktionen – die Arbeitszeit lag bei 48 Stunden pro Woche in Frankreich in den sechziger Jahren – sowie Erweiterung der gewerkschaftlichen Rechte in den Betrieben. Die Streiks brachen spontan auf, d.h. sie wurden nicht von den Gewerkschaften initiiert und unterschieden sich hinsichtlich ihrer Form von der nationalen Aktionsstrategie der CGT und CFDT. Geführt als zeitlich unbegrenzte Protestaktionen, schlossen sie in einigen Fällen die Fabrikbesetzung als „direkt-koerzives" Element (vgl. Raschke 1985: 281) mit ein, um den Forderungen Nachdruck zu verleihen (vgl. Delale/Ragache 1978). Treibende Kraft in den meisten der Streikfälle waren die jungen, unqualifizierten Arbeiter, deren Konfliktverhalten in der Regel die Unterstützung der CFDT fand, die schneller und vorbehaltloser reagierte als die CGT. Die Streiks, die 1967 aufflackerten und sich in den Monaten Januar bis April 1968 im Westen ausweiteten, blieben jedoch begrenzte, lokale Konflikte. Sie dehnten sich nicht landesweit aus und schlugen statistisch kaum zu Buche. Die nationale Statistik wies für das Jahrzehnt 1958-1967 einen Rückgang der Streiks sowie der durch Streiks verlorenen Arbeitstage aus. Lokal und begrenzt waren auch die Konflikte im Bildungsbereich. Nur in Nanterre kam es im Vormai zum Studentenstreik, nur in Nantes und Nanterre zu Besetzungen von Universitätsgebäuden (wenn man von den Besetzungen von Studentenwohnheimen an verschiedenen Orten absieht). Insoweit war die Konfliktstruktur ähnlich, aber impliziert dies auch eine Identität der Strukturkonflikte?

Bordieu geht davon aus, daß im Reproduktionsbereich strukturelle Deklassierungen, entstanden durch die Ausweitung des tertiären Bildungswesens, zur Krise führen. Die Expansion der Bildungspopulation entwerte die Bildungstitel und schaffe eine kollektive Disposition zur Revolte (Bourdieu 1988: 259f.). Gibt es einen identischen Strukturkonflikt im Produktionsbereich? Bourdieu verweist darauf, daß es 1968 in Frankreich bereits eine Vielzahl von Facharbeitern mit Abitur oder berufsbezogenen, technischen Sekundarabschlüssen gab, die, auf manuelle Berufe verwiesen, „sich nun objektiver und subjektiver Dequalifizierung ausgesetzt sahen" (Bourdieu 1988: 263f.). Aber reicht dieser Strukturkonflikt aus zur Erklärung der Krise im Produktionsbereich, der Streikbewegung, die 7,5 bis 9 Millionen Arbeitnehmer erfaßte? Strukturelle Deklassierungen dieser oder anderer Art gibt es zu allen Zeiten, doch führen sie keineswegs zwangsläufig zu Krisen oder sozialen Bewegungen. Sie determinieren weder das „kritische Ereignis" – die Nacht der Barrikaden –, noch erklären sie hinreichend den einzigartigen Mobilisierungsprozeß der Mai-Bewegung in Frankreich.

Die Nacht der Barrikaden ist weder durch die Erfahrung struktureller Deklassierung sozial determiniert noch von Gruppen oder einzelnen intendiert. Das „kritische Ereignis" Barrikadennacht entsteht vielmehr aus einer Sequenz, oder, wenn man so will, Koinzidenz von unkoordinierten Entscheidungen der Regierung, situativen Entschlüssen einzelner Gruppen in der Bewegung und aus dem repressiven Verhalten der Polizei, d.h. aus kontingenten Handlungssituationen. Der Mobilisierungsprozeß, den es entfacht, wird in seiner Dynamik indes geprägt und gefördert durch kollektive Handlungsdispositionen, die ihre soziale Verankerung und Vermittlung insbesondere in der Tradition der französischen Arbeiterbewegung gefunden haben. Die Bereitschaft, auf Repression des Staates oder staatlicher Instanzen spontan mit Demonstrationsstreiks zu reagieren, den Streik als Mittel politischen Protestes gegen Regierungshan-

deln einzusetzen, ermöglicht die Solidarisierung der Gewerkschaften mit den Studenten und damit eine (wenngleich zunächst nur zeitlich befristete) Koordination der
Aktionen sozial heterogener Gruppen mit unterschiedlichen lagespezifischen Identitäten. Das „kritische Ereignis" Barrikadennnacht überführt mithin eine latente Hand-
lungsdisposition in manifestes Protesthandeln, indem es den Alltag und die normale
Ordnung der Dinge durchbricht, die Wahrnehmung synchronisiert, die Zeit zur öffentlichen Zeit macht, identisch für alle, gemessen an denselben Bezugspunkten. Es
schafft eine neue Situation, aus der heraus neue soziale und politische Koalitionen,
Optionen und Verhaltensdispositionen entstehen.

Das „kritische Ereignis" wirkt innovativ. Es vermittelt Studenten- und Arbeiterbewegung zu einer gemeinsamen Aktion gegen die Repression und gegen die politisch
die Verantwortung tragende Regierung. Nicht mehr die drei Forderungen der Studentenbewegung, sondern ein Machtwechsel steht zur Diskussion, für den es zwar parlamentarisch keine Mehrheit gibt, der indes innerhalb der sich außerparlamentarisch
formierenden Bewegung plötzlich in den Bereich des Möglichen rückt. „Dix ans, ça
suffit!" skandieren Sprechchöre am 13. Mai. Doch nicht nur die politische, sondern
auch die soziale Ordnung wird zur Disposition gestellt. Das Nachgeben der Regierung
gegenüber den Forderungen der Studenten widerlegt die von de Gaulle zuletzt am 8.
Mai zitierte Devise „Le pouvoir ne recule pas" und mobilisiert, gleichsam sekundär,
andere Interessengruppen mit latenten Forderungen und Unzufriedenheiten. Es sind
Arbeiter der Region Loire-Atlantique, der staatlichen Flugzeugwerke Sud-Aviation,
die einen Tag nach dem gewerkschaftlich organisierten, auf 24-Stunden befristeten
Generalstreik, die demonstrativ-appellative Aktion in eine direkt-koerzive überführen.
Sie nehmen am 14. Mai die Arbeit nicht wieder auf, sondern besetzen die Fabrik, um
auf diese Weise den „Etat patron" mit ihren seit langem gestellten Forderungen zu
konfrontieren. Diese Aktion, von den Gewerkschaftszentralen weder initiiert noch
intendiert, greift in einer Art Kettenreaktion von Sud-Aviation auf andere Betriebe
über. Fabrikbesetzungen, Fakultätsbesetzungen, die Besetzug der Sorbonne und des
Odéon verlaufen parallel in den folgenden Tagen.

Der Mobilisierungsprozeß der Arbeiter folgt der Aktionsstrategie der Studenten
(Gilcher-Holtey 1993: 539-548). Latente Unzufriedenheit, die nicht allein auf sozial-
ökonomische Ursachen zurückgeführt werden kann, sondern aus den betrieblichen
Autoritätsstrukturen resultiert, schlägt im Mai 68 in kollektive Handlungsbereitschaft
um, die gewerkschaftlicher Führung entgleitet. Der Erfolg der Studenten bei der Durchsetzung ihrer Forderungen gegen die Regierung wirkt als Beispiel. „Wenn die Regierung den Studenten nachgibt", so die Aussage eines Arbeiters, die als typisch gelten
kann, um die Stimmung in der Arbeiterschaft zu skizzieren, „warum dann nicht auch
uns" (Gavi 1968: 82-83). Der Erwartungshorizont für das Mögliche steigt. Es tritt ein
Zustand ein, in dem „alles möglich wird (oder doch erscheint)".

Neue Handlungsformen erweitern den Möglichkeitsraum. Die direkte Aktion der
Besetzung („occupation") entfaltet dynamische Mobilisierungskraft. Sie kann sich auf
eine Tradition innerhalb der Arbeiterschaft stützen, und sie bündelt kollektive Handlungsbereitschaft, ohne diese auf ein konkretes Ziel hin zu orientieren. Es kommt auf
die Intention der Akteure an. Die Streikbewegung der Arbeiterschaft entwickelt, wie
die Studentenbewegung, ihre Ziele aus der Handlungsdynamik des sozialen Interak-
tionsprozesses heraus. Die Synchronisation der Aktionen führt indes keine Anglei-

chung der Ziele und Transformationskonzeptionen von Studenten- und Arbeiterschaft herbei. Zwar greift die nichtkommunistische CFDT das Anliegen der Studentenbewegung auf, indem sie die Demokratisierung nicht nur der Universitäten, sondern aller gesellschaftlicher Institutionen verlangt, und verleiht den Arbeitskämpfen durch die Forderung nach „autogestion" eine neue Dimension.[3] Aber die kommunistisch orientierte CGT geht auf „autogestion" als Ziel des gesamtgesellschaftlichen Wandlungsprozesses nicht ein. Sie wertet die Konzeption, die primär auf Veränderung der Macht- und Entscheidungsstrukturen, nicht der Eigentumsverhältnisse orientiert ist, als „formule creuse" („inhaltslose Formel") ab und überführt die Streikbewegung in normale Tarifverhandlungen (Gilcher-Holtey 1993: 545). Die Parallelität von Studenten- und Arbeiterprotesten, welche die Eigenart und Einzigartigkeit der französischen 68er-Bewegung prägt, zerfällt. Die „französischen Zustände", welche die Aufmerksamkeit der nationalen und internationalen Öffentlichkeit bannten, lösen sich binnen weniger Wochen auf. Der „kritische Moment" wird durch die restrukturierende Macht institutionalisierter Verfahren überwunden.

VI. Folgerungen

Im Zentrum des Modells, das Pierre Bourdieu in „Homo Academicus" entfaltet, steht die Frage, unter welchen Bedingungen eine Krise der Reproduktionsweise (in ihrer bildungsspezifischen Dimension) zur Grundlage einer allgemeinen Krise werden kann (Bourdieu 1988: 257). Interessiert an der Erklärung der Wahrscheinlichkeit, unter der strukturelle Faktoren innerhalb eines spezifischen Feldes eine Krisensituation erzeugen (Bourdieu 1988: 258), greift sein Erkenntnisinteresse indes über den Rahmen seines in der Studie gewählten Untersuchungsgegenstandes (das französische Bildungssystem) hinaus. Die Rekonstruktion des Umschlages von krisenhaften Spannungen eines Feldes („lokale Krise") in eine *allgemeine* Krisensituation („kritischer Moment"), herbeigeführt durch „kritische Ereignisse", die einerseits auf die Strukturkonflikte eines Feldes rückführbar sind, andererseits ein von diesem Kontext unabhängiges, innovatives Potential entfalten können, führt zur Problematisierung des Spannungsverhältnisses von Ereignis und Struktur, Mikro- und Makroprozessen. Wenn die allgemeine Krise eine Konjunktion der Auswirkungen einer Vielzahl latenter Krisen in verschiedenen Feldern ist, die durch „kritische Ereignisse" synchronisiert werden, dann fällt den Handlungen und Geschehnissen auf der Mikro-Ebene eine Schlüsselrolle für die Entfaltung (makro-)struktureller Spannungen, die Überführung latenter Krisen in manifeste allgemeine Krisensituationen zu. Unter welchen Bedingungen kommt es dazu?

Nicht jedes „historische Ereignis" ist ein „kritisches Ereignis" und nicht jeder außergewöhnliche Moment in der Geschichte ein „kritischer Moment". Krise ist für Bourdieu an die Voraussetzung eines „sichtbaren Bruchs mit dem ihr Vorausgehenden" geknüpft (Bourdieu 1988: 257); eines Bruchs, der zum Umbruch von Strukturen führen kann. Die Krise markiert gleichsam einen transitorischen Moment, charakterisiert durch „das Auftauchen der Möglichkeit des Neuen" und die Wahrnehmung einer „offene(n) Zeit, in der alle Zukünfte möglich scheinen" und, so Bourdieu, „es gerade

---

3 Vgl. zur Konzeption der „autogestion" Rosanvallon (1976).

insofern teilweise auch sind" (Bourdieu 1988: 258). Die Krise ist gleichsam der Indikator eines neuen Bewußtseins, das „für mehr oder weniger lange Zeit Akteure zu praktischen Zeitgenossen" erhebt (Bourdieu 1988: 283), sie zur Entscheidung zwischen Alternativen zwingt (Bourdieu 1988: 285). „Kritische Ereignisse" sind mithin nur diejenigen historischen Ereignisse, die einen Bruch mit dem Alltag, dem Gewohnten, der „normalen" Zeitwahrnehmung herbeiführen und sowohl Individuen als auch Gruppen einen Zwang zur Stellungnahme auferlegen, Erwartungen und Ansprüche evozieren und projizieren. Bleibt die Frage, wie das „kritischen Ereignis" in den „kritischen Moment" umschlägt.

Bourdieus Modell liefert die kategoriale Unterscheidung zwischen „kritischem Ereignis" und „kritischem Moment", ohne die Prozesse des Überganges differenziert zu erklären und auszuführen. Es enthält keinen Verweis auf die Handlungsstrategie der Gegner der sozialen Bewegung, deren Strategien, wie das Fallbeispiel zeigt, zentral für die Situationswahrnehmung und Reaktionsweise der durch das „kritische Ereignis" entfachten Protestbewegung sind. Die Synchronisation der Wahrnehmung impliziert nicht notwendigerweise eine Koordination der Handlungsstrategien von Akteuren in unterschiedlichen Feldern. Nicht jedes „kritische Ereignis", das Wahrnehmung synchronisiert, schlägt in einen „kritischen Moment" um. Der Prozeß des Übergangs vom „kritischen Ereignis" zum „kritischen Moment" wird vielmehr durch soziale Trägergruppen und deren kognitive Zielorientierungen vermittelt, durch kontingente Einzelentscheidungen von konträren Akteuren, die den Mobilisierungsprozeß strukturieren sowie durch Entscheidungen der staatlichen Kontrollinstanzen, welche die Gegenmobilisierung organisieren. Er unterliegt mithin der Interaktion einer Vielzahl von Faktoren, deren Wechselwirkung jeweils geprüft und historisch-empirisch entfaltet werden muß.

Die Nacht der Barrikaden (10./11. Mai 1968) war ein „kritisches Ereignis" i. S. der Definition Bourdieus; ein Ereignis, das in exemplarischer Weise die genannten Kriterien erfüllt. Sie führte eine Synchronisation der Wahrnehmungen herbei, eine Interaktion von Akteuren unterschiedlicher Felder und – zumindest zeitweise – die Koordination von Protesten im Reproduktions- und Produktionsbereich zu einer sozialen Bewegung, die das ökonomische und politische System Frankreichs in eine schwere Krise stürzte, die die Vorstellung vom Ende der V. Republik heraufbeschwor und die Etablierung einer gedachten, neuen, „anderen" Gesellschaftsordnung in den Bereich des Möglichen rückte.

Das „kritische Ereignis" Barrikadennacht war nicht sozialstrukturell determiniert; der Synchronisierungseffekt, den es bewirkte, war indes an kollektive Einstellungen und Dispositionen geknüpft, die den Transfer des anti-autoritären, anti-etatistischen, anti-institutionellen Protestes der Studentenbewegung in die Arbeiterbewegung möglich machte. Eine Verstärkerfunktion im Prozeß der Synchronisation der Wahrnehmung fiel den Medien zu, die durch ihre Berichterstattung dazu beitrugen, einen begrenzten, lokalen Konflikt in eine nationale Angelegenheit zu verwandeln. Sie haben, wenn man so will, die Nacht zum Ereignis gemacht. Der Verweis auf die Wahrnehmung erzeugende und verstärkende Funktion der Massenmedien fehlt in der Systematik Bourdieus ebenso wie die Einbeziehung kognitiver Orientierungen als Faktor im Synchronisationsprozeß. Die kognitive Orientierung, die sich mit der Konzeption der „autogestion" verband, formte die „Möglichkeit des Neuen", die den „kritischen Moment" charakterisiert. Im Mai 68 erwies sich die kognitive Orientierung – angesichts der Ablehnung durch die Kommunistische Partei – als zu schwach, um den Mobilsierungsprozeß der sozialen Bewegung wirksam zu strukturieren. So fehlte es der großen Parallelaktion von Studenten- und Arbeiterbewegung an intellektueller Koordination, welche die Koordination der Trägergruppen möglich machte. Sie zerbrach. Aus dem Fallbeispiel läßt sich folgern, daß die Akzentuierung der Rolle von Ideen als Weichensteller der Bahnen, in denen sich die Interessen fortbewegen, für die Rekonstruktion des Mobilisierungsprozesses sozialer Bewegungen, die eine „allgemeine Krise" herbeiführen, ein systematisches Argument von zentraler Bedeutung ist.[4] Die Sinnstruktur, die in außergewöhnlichen historischen Situationen aktiviert werden kann, ist, so ließe sich Bourdieus Modell ergänzen, von ausschlaggebender Bedeutung für den Mobilisierungsprozeß, der den Umschlag vom „kritischen Ereignis" zum „kritischen Moment" bewirkt.

Die Eigenart der französischen 68er-Bewegung wird besonders deutlich, wenn man sie mit der 68er-Bewegung in der Bundesrepublik vergleicht. Auch in der Bundesrepublik gab es ein der Barrikadennacht vergleichbares „kritisches Ereignis": der 2. Juni 1967, der Tod des Studenten Benno Ohnesorg durch die Kugel eines Polizisten. Durch den tragischen Tod des Studenten gewann die Studentenbewegung nationale Aufmerksamkeit, sprang vom Zentrum Berlin auf alle Universitäten des Landes über, forderte die Teilnahme der liberalen Öffentlichkeit heraus. Nicht nur die Studenten, sondern auch liberale Intellektuelle begannen danach die Polizeieinsätze gegen demonstrierende Studenten als Ausdruck der illegitimen Repression der Staats- und Gesellschaftsordnung und im deutschen Kontext sogar als Ausdruck „präfaschistischer" Tendenzen zu sehen. Doch die Arbeiterbewegung wurde in ihrer Breite durch die Berliner Ereignisse nicht mobilisiert, weder zu spontanen Einzelaktionen noch zu einem organisierten Sympathiestreik. Letzteres ist in Deutschland, das die Tradition des politischen Streiks der Gewerkschaften nicht kennt, kaum möglich, für ersteres fehlte es an Kadergruppen der neuen Linken in der Arbeiterschaft. Zwar gab es einzelne Gewerkschafter, die den Kontakt mit der Studentenbewegung suchten, doch verfügten sie innerhalb der Einheitsgewerkschaft über keine Durchsetzungskraft. So gab es keine den Protesten der Studentenbewegung parallele Streikaktionen in der Bundesrepublik 1967/68, wenngleich die ökonomische Rezession und das politische Klima unter der großen Koalition eine latente Protesthaltung schürten. „Autogestion", Selbstverwaltung konnte in der Bundesrepublik angesichts der langen Kämpfe um die Betriebs- und Unternehmensverfassung kein politisches Ziel der Gewerkschaftsbewegung sein. Die Verknüpfung zwischen Studentenbewegung, einzelnen Repräsentanten der Gewerkschaften und liberalen Intellektuellen, die in einigen lokalen Zirkeln zustandekam, und auf nationaler Ebene zu einer vom SDS und der außerparlamentarischen Opposition gegen die Notstandsgesetze vereinbarten Koordinierung der Protestaktionen führte, war primär gegen die mit den Notstandsgesetzen verbundene Verfassungsänderung gerichtet. Sie hatte damit ein von vornherein institutionell fixiertes Ziel, das unterhalb der allgemeinen Emanzipationsprojektion eines Gegenentwurfs zur bestehenden Gesellschaftsordnung lag. So synchronisierte der 2. Juni 1967 zwar den Protest

---

4 Vgl. zur Rolle von Ideen für die Formation sozialer Bewegungen Eyerman/Jamison (1991); Neidhardt/Rucht, The Analysis of Social Movements (1991: 430).

der Studenten, erzeugte aber – mangels fehlender Handlungsdispositionen und kognitiver Orientierungen, die als integrative Klammer wirken konnten – keine Interaktion zwischen den Akteuren unterschiedlicher Felder, ermöglichte den Transfer der Studentenproteste in die Arbeiterschaft nicht. Das „kritische Ereignis" führte keinen „kritischen Moment" herbei.

Bourdieus Vorschlag, die Entstehung allgemeiner Krisen aus dem Zusammenwirken, zeitlichen Ineinandergreifen „unabhängiger Kausalreihen" abzuleiten, in „kritischen Ereignissen" den Umschlag latenter Spannungen in manifeste Handlungsorientierungen zu fassen und aus der Synchronisation der Wahrnehmung von Akteuren in an sich isolierten Handlungsfeldern den „kritischen Moment" der Überführung lokaler Krisen in eine allgemeine Krise zu bestimmen, offeriert einen Ansatz für die empirische Analyse von Mobilisierungsprozessen sozialer Bewegungen. Diese werden nicht mehr als unmittelbare Ergebnisse struktureller Spannungen betrachtet, sondern als Konjunktion von unterschiedlichen Intentionen verschiedener Trägergruppen, Zielorientierungen und Handlungsstrategien entfaltet. Zwar unterstellt auch Bourdieu noch eine strukturelle Determination, ein Verhältnis der wechselseitigen objektiven Abstimmung zwischen den Ereignisabläufen, aber die konstitutiven „kritischen Ereignisse" und ihr Umschlag in den „kritischen Moment" sind durch diese Rahmenbedingungen nicht hinreichend bestimmt. Um so wichtiger werden diejenigen Elemente, die aus Ereignissen „kritische Ereignisse" werden lassen. Die Nacht der Barrikaden als ein „kritisches Ereignis" ist, wie der geschilderte Ablauf zeigt, ein sehr komplexes und vielschichtiges Phänomen. Der Barrikadenbau ist ein situativ-intuitives Ereignis, dem keine Eskalation notwendig folgen muß. Es könnte bleiben, was es zunächst ist, ein nächtliches Spektakel von Jugendlichen. Die Unsicherheit und die mangelnde Koordination der Maßnahmen, mit der die Regierung darauf reagiert, sind beeinflußt durch die zufällige Abwesenheit des Premierministers. Erst durch den brutalen Polizeieinsatz wird aus dem Barrikadenbau ein Ereignis mit einem kritischen Potential. Doch auch durch dieses dritte Ereignis entsteht nicht notwendig ein „kritisches Ereignis" im Sinne von Bourdieu. Dazu wird es erst durch seine unmittelbare Veröffentlichung durch die Radiostationen, die weit über den Kreis der Betroffenen und des Quartier Latin hinaus eine Öffentlichkeit zur Reaktion zwingt.

Die Konjunktion von Ereignissen auf den genannten vier Stufen wird nicht durch strukturelle Spannungen herbeigeführt, sondern durch Kontingenzen und kollektive Handlungsdispositionen. Aus ihnen entsteht eine Situationswahrnehmung, die zu Reaktionen von zunächst nicht Beteiligten und vom Ausgangskonflikt in der Universität nicht Betroffenen führt. Erst durch deren Reaktionen, durch den Aufruf der Gewerkschaften zum Sympathiestreik sowie durch das Nachgeben des Premierministers gegenüber allen Forderungen der Studenten wird ein „kritischer Moment" erreicht, eine Situation geschaffen, in der eine allgemeine Regimekrise im Erwartungshorizont auftaucht und alles möglich erscheint. Die Reaktion der Gewerkschaften auf das kritische Ereignis führt zum Überspringen der Grenzen, die zwischen dem Hochschulmilieu und der Arbeitswelt bestehen, und eröffnet Mobilisierungsprozesse eigener Art. Was bei Bourdieu fehlt, ist die Analyse der institutionellen Differenzierung von Handlungsfeldern sowie der Prozesse, die deren Isolierung durchbrechen und zumindest auf einer symbolischen Ebene eine Interessengemeinschaft erscheinen lassen, aus der auch eine Koordination der Handlungsstrategien entstehen könnte. Eingetreten ist diese Koordination im Mai 68 in Frankreich nicht. Durch den kurzfristigen symbolischen Brückenschlag zwischen Studentenbewegung und Arbeiterbewegung, vermittelt durch die Intervention des Staates, wird die Schwelle des „kritischen Moments" erreicht, eine allgemeine Krise eingeleitet, diese indes nicht in einen Umbruch des Systems überführt. Die Studentenbewegung kann über ihre drei Forderungen aus ihrem unmittelbaren Handlungszusammenhang heraus keine allgemeinen politischen Ziele formulieren. Die mobilisierte Basis in den Betrieben wird durch die Gewerkschaftsorganisationen auf die traditionellen Ziele der Gewerkschaften verwiesen sowie auf die institutionalisierten Wege der Konfliktvermittlung in Tarifverträgen gelenkt. So wie die Entwicklung von Ereignissen zu „kritischen Ereignissen" durch heterogene Handlungskontexte der Beteiligten und ihre Kontingenzen entstehen, so wird der „kritische Moment" durch die Art und die Handlungsfähigkeit der Institutionenordnung bestimmt.

Literatur

Bourdieu, Pierre, 1988: Homo Academicus. Frankfurt a.M.: Suhrkamp.

Capdevielle, Jacques, und *René Mouriaux*, 1988: Mai 68: L'entre-deux de la modernité. Paris: Presses de la Fondation Nationale des Sciences Politiques.

Cohn-Bendit, Daniel, 1975: Le grand bazar. Entretiens avec Michel Levy, Jean-Marc Salmon, Maren Sell, Paris: Pierre Belfond (dt. Übersetzung 1975: Der große Bazar. München: Trikont).

Cohn-Bendit, Gabriel, und *Daniel Cohn-Bendit*, 1968: Linksradikalismus. Gewaltkur gegen die Alterskrankheit des Kommunimus. Hamburg: Rowohlt.

Crozier, Michel, 1970: La société bloquée. Paris: Éditions du Seuil.

Dansette, Adrien, 1971: Mai 68. Paris: Plon.

Delale, Alain, und *Gilles Ragache*, 1978: La France de 68. Paris: Éditions du Seuil.

Duteuil, Pierre, 1988: Nanterre 1965-66-67-68. Vers le mouvement du 22 mars. O.O.: Acratie.

Eyerman, Ron, und *Andrew Jamison*, 1991: Social Movements. A Cognitive Approach. Cambridge: Polity Press.

Fouchet, Christian, 1971: Mémoires d'hier et demain. Au service du général de Gaulle. Paris: Plon.

Gavi, Philippe, 1968: Des ouvriers parlent, Les Temps Modernes 265: 80-93.

Gilcher-Holtey, Ingrid, 1993: 1968 in Frankreich: Die große Parallelaktion, Berliner Journal für Soziologie 4: 539-548.

Grimaud, Maurice, 1977: En mai, fais ce qu'il te plaît. Paris: Stock.

INSEE (Institut National de la Statistique et des Études Économiques), 1968: La situation et les perspectives dans l'industrie d'après les enquêtes effectuées par l'I.N.S.E.E. en juillet 1968, Études Conjoncture. Revue mensuelle de l' I.N.S.E.E., Supplément N°8 : 1-19.

Joffrin, Laurent, 1988: Mai 68. Histoire des événements. Paris: Éditions du Seuil.

Juillard, Jacques, 1990: Diskussionsbeitrag zur Table ronde – BDIC-Histoire au présent (18. juin 1988), S. 15 in: Robert, Jean-Louis, Occupations/Négations. Les syndicats en mai 68. Matériaux pour l'histoire de notre temps, (juillet-septembre).

Labro, Philippe, und *Michele Manceaux* (Hg.), 1968: Ce n'est qu'un début. Paris: Denoël.

Neidhardt, Friedhelm, und *Dieter Rucht*, 1991: The Analysis of Social Movements. The State of the Art and Some Perspectives for Further Research. S. 421-464 in: *Dieter Rucht* (Hg.): Research on Social Movements. The State of the Art in Western Europe and the USA. Frankfurt a.M.: Campus.

OECD, 1968: Prospects in France after the Strikes, Oeconomic Outlook 3: 52-69;

Raschke, Joachim, 1985: Soziale Bewegungen. Ein historisch-systematischer Grundriß. Frankfurt a.M.: Campus.

Rosanvallon, Pierre, 1976: L'âge de l'autogestion. Paris: Éditions du Seuil.

Schmitt-Beck, Rüdiger, 1990: Die Bedeutung der Massenmedien für soziale Bewegungen, Kölner Zeitschrift für Soziologie und Sozialpsychologie 42: 611-641.

Sullerot, Evelyne, 1968: Transistors et barricades. S. 124-140 in: *Philippe Labro* und *Michele Manceaux* (Hg.): Ce n'est qu'un début. Paris: Denoël.

Touraine, Alain, 1969: Le communisme utopique. Paris: Éditions du Seuil.

Touraine, Alain, 1972: Die postindustrielle Gesellschaft. Frankfurt a.M.: Suhrkamp.

TAKTIKEN VON PROTESTBEWEGUNGEN

Das „Framing" der amerikanischen Bürgerrechtsbewegung

Doug McAdam

Zusammenfassung: Neuerdings fordern viele Wissenschaftler, die über soziale Bewegungen arbeiten, mehr Aufmerksamkeit für die kulturellen und ideellen Dimensionen kollektiver Aktionen (Brand 1990; Eyerman und Jamison 1991; Gamson 1992; McAdam 1994; Melucci 1985, 1989; Snow et al. 1986; Snow und Benford 1988; Touraine 1981). Gegenwärtig liegen jedoch nur sehr wenige systematische Theorien und empirische Forschungen vor, die diese Forderung umsetzen und dabei einen sichtbaren Fortschritt in unserem Verständnis sozialer Bewegungsprozesse mit sich bringen. Der vorliegende Aufsatz stellt den Versuch dar, zu diesem Fortschritt beizutragen. Das geschieht in vier Arbeitsschritten: Zuerst wird die vorliegende Literatur zum Thema „framing" („Rahmung") vorgestellt. Es folgt eine Kritik dessen, was ich als „idealistischen bias" in unserem Verständnis der Framing-Prozesse betrachte. Danach wird die Framing-Funktion von Bewegungstaktiken diskutiert. Abschließend wird am konkreten Beispiel der amerikanischen Bürgerrechtsbewegung erläutert, wie Taktiken eingesetzt werden können mit dem Ziel, Aktionen zu „rahmen", um auf diese Weise die Aufmerksamkeit der Medien zu erlangen und die öffentliche Meinung derart zu beeinflussen, daß diese ihrerseits die Reaktionen und sozialen Kontrollmechanismen seitens des Staates und der Bewegungsgegner einengen.

I. Das „framing" – Konzept

Zu den wohl animierendsten und brauchbarsten Arbeiten über die kulturellen Dimensionen sozialer Bewegungen gehören die Schriften von David Snow und verschiedenen seiner Kollegen (Snow et al. 1986; Snow und Benford 1988, 1992). In seinen Arbeiten wird untersucht, welche Rolle „framing" und „frame-alignment"-Prozesse bei der Entstehung und Entwicklung kollektiver Aktionen spielen. Bewegungen sind, so haben Snow und Benford (1988: 198) festgestellt, „actively engaged in the production of meaning for participants, antagonists, and observers ... They frame, or assign meaning to and interpret, relevant events and conditions in ways that are intended to mobilize potential adherents and constituents, to garner bystander support, and to demobilize antagonists". Mit dem Begriff „framing" meinen Snow und Benford jene bewußten Strategien, mit deren Hilfe Bewegungsakteure versuchen, sich selbst und ihre Thematik darzustellen, um so die von ihnen gewollten Aktivitäten zu motivieren und zu legitimieren.

Das Framing-Konzept ist wichtig, da es ein notwendiges Korrektiv zu jenen allgemeineren Strukturtheorien darstellt, die soziale Bewegungen oft nur als unvermeidbares Nebenprodukt entweder eines sich vergrößernden Spektrums an politischen Möglichkeiten (so in den politischen Prozeß- und „opportunity structure"-Theorien) oder einer allmählichen Entwicklung von Systemwidersprüchen und Systemverschiebungen (so in einigen Versionen der Theorie „neuer sozialer Bewegungen") oder aber auch der Entstehung neuer Ressourcen („resource mobilization"-Theorien) wahrnehmen. Bereits der Begriff „framing" weist darauf hin, daß Mobilisierungen und kollektive Aktionen selbst unter günstigen Umständen von bestimmten Akteuren hergestellt werden müssen, also individuelle und soziale Initiativen und Leistungen voraussetzen. Tatsächlich können alle die oben erwähnten fördernden Umstände nichts weiter bewirken, als ein bestimmtes strukturelles Potential für kollektive Aktionen zu schaffen. Ob dieses Potential ausgeschöpft wird, hängt von den Aktionen bestimmter Menschen und Gruppen ab. Die Aktionen tragen die Handschrift der Akteure und reflektieren deren Bewußtsein. „Mediating between opportunity and action are people and the ... meanings they attach to their situations" (McAdam 1982: 48).

Das Framing-Konzept hat die Aufmerksamkeit der Forschung auch auf einen Aspekt gelenkt, der in der Untersuchung sozialer Bewegungen bisher merkwürdigerweise vernachlässigt worden ist: die Alltags-Aktivitäten der Teilnehmer einer Bewegung. Die neueren empirischen Arbeiten konzentrieren sich meistens auf die Rolle, die externe Systemfaktoren bei der Förderung oder Behinderung von Bewegungsaktivitäten spielen; darin zeigt sich der Einfluß der obengenannten allgemeinen Strukturtheorien. Wir wissen folglich relativ wenig über die tatsächlichen Erfahrungen von Bewegungsaktivisten und über die ständigen strategischen Aufgaben und Operationen von Bewegungsgruppen. Das Framing-Konzept bringt diese Themen zu Bewußtsein und fordert uns auf, theoretisch fruchtbare Untersuchungen darüber anzustellen, mit welchen Mitteln Bewegungsakteure ihre typischerweise schwer durchschaubaren und meist auch sehr instabilen Umwelten mit verschiedenen Arten von „signifying work" (so Snow und Benford 1988: 198) zu beherrschen versuchen.

II. Umweltbeziehungen sozialer Bewegungen

Politische Bewegungen sehen sich mindestens sechs strategischen Problemen gegenüber. Erst deren Lösung befähigt sie zu wirkungsvollen Anstößen sozialen Wandels. Bewegungsakteure müssen vor allem in der Lage sein,
1. neue Teilnehmer zu werben,
2. das Engagement und die Solidarität ihrer Anhänger aufrechtzuerhalten,
3. für Präsenz in den Medien zu sorgen – möglichst, doch nicht notwendigerweise, mit positiver Darstellung der Bewegung,
4. die Unterstützung von verschiedenen Bezugsgruppen („bystander publics") zu mobilisieren,
5. die Möglichkeiten zur sozialen Kontrolle einzuschränken, über die ihre Gegner verfügen,
6. und schließlich Politik und staatliches Handeln mitzugestalten.
Die beiden ersten Ziele auf dieser Liste kann man als „bewegungsintern" betrachten. Bei ihnen geht es um das Bemühen, die innere Kraft der Bewegung mit Hilfe der Anwerbung und Anbindung von Aktivisten zu bewahren. Das ist natürlich ein Faktor von entscheidender Bedeutung für jede Bewegung. Er ist jedoch schon ziemlich ausgiebig von jenen Autoren untersucht worden, die sich um ein Verständnis der Dynamik

von „differential recruitment" bemühen (Gould 1991, 1993; Marwell und Oliver 1988; McAdam 1986, 1993; Rosenthal et al. 1985; Snow, Zurcher und Ekland-Olson 1980). Die anderen vier Ziele hingegen sind noch kaum zum Gegenstand empirischer Untersuchungen gemacht worden. Im folgenden richte ich auf sie mein Hauptaugenmerk, denn gemeinsam bilden sie die Herausforderung der sozialen Umwelt an eine Bewegung.

Auch wenn die Frage nach der Entstehung einer Bewegung zweifellos wichtig ist, so spricht doch auch sehr viel für die Annahme, daß Bewegungen nach ihrer anfänglichen Mobilisierung noch härteren Herausforderungen ausgesetzt sind. Zu ihrer Entstehung benötigt eine kollektive Aktion lediglich eine relativ kleine Anzahl von Aktivisten, die darauf bedacht sind, Nutzen aus der in ihren Augen erhöhten Aufnahmebereitschaft und Verwundbarkeit des Systems zu ziehen, das sie verändern wollen. Doch im Gefolge ihrer ursprünglichen Mobilisierung treffen die Bewegung und deren Bewegungsorganisationen auf ganz andere und, so darf man annehmen, sehr viel schwierigere Aufgaben. Nun stehen sie nämlich einem etablierten politischen Umfeld gegenüber, das sich zusammensetzt aus einer Reihe von strategisch wichtigen Bezugsgruppen mit sehr unterschiedlichen Interessen im Hinblick auf die Bewegung. Das Schicksal, das dem Kampf einer Bewegung letztendlich beschieden ist, hängt größtenteils davon ab, wie erfolgreich die Bewegung und ihre Trägergruppen mit den disparaten Ansprüchen dieser externen Bezugsgruppen umgehen können. Ihre Hauptwaffe beim Umgang mit einer kaum greifbaren und oft feindseligen Umwelt ist der strategische Einsatz von Framing-Prozessen. Sowohl bei der Bemühung um Aufmerksamkeit und Wohlwollen der Medien sowie um die Unterstützung aufmerksamer Publikumsgruppen als auch bei dem Versuch, Bewegungsgegner zu lähmen und staatliche Autoritäten wirksam zu beeinflussen, sind die Protestgruppen zuerst und vor allem auf verschiedene Formen der Symbolarbeit angewiesen.

Im Verlauf dieses Aufsatzes versuche ich zu zeigen, wie es der amerikanischen Bürgerrechtsbewegung mit Hilfe der strategischen Framing-Leistungen von Martin Luther King und seiner Southern Christian Leadership Conference (SCLC) gelang, die oben genannten vier Ziele größtenteils zu erreichen. Doch bevor ich mich diesem empirischen Fall zuwende, soll dargestellt werden, was meiner Meinung nach ein starker „idealistischer" Bias in der gegenwärtigen Framing-Diskussion ist.

III. Ziele und Taktiken sozialer Bewegungen – und deren Resonanz

Das Bild, welches sich die bisherige Forschung von den „Rahmungen" kollektiver Aktionen und von Framing-Prozessen ihrer Akteure macht, verrät eine fast ausschließliche Beschäftigung mit Ideen und den offiziellen Darstellungen dieser Ideen in den Äußerungen der Bewegungsakteure. So neigt die empirische Forschung in diesem Bereich dazu, sich auf Ansprachen, Texte, Statements oder andere symbolische Bekundungen der Bewegungsakteure zu konzentrieren. Solche programmatischen Äußerungen stellen sicherlich einen wichtigen Bestandteil der umfassenden „Rahmungsarbeit" einer gegebenen sozialen Bewegung dar, doch sind sie nicht die ganze Leistung, die in diesem Zusammenhang erbracht wird. Man kann vielmehr annehmen, daß sich besonders während der ersten Stadien der Mobilisierung ein altes Sprichwort bewahrheitet: Taten zählen mehr als Worte. Das heißt: Die Aktionen der Protestakteure und die von ihnen gewählte Taktik sind ein ganz entscheidender Beitrag zum gesamten „signyfying work" einer Bewegung.

Durch die Aktionen, die eine Gruppe veranstaltet, übermittelt sie eine Menge von Botschaften. Von diesen ist keine bedeutsamer als jene, welche über den Grad von Bedrohung Auskunft geben, die von einer Bewegung ausgeht. Wie uns viele Theoretiker deutlich gemacht haben, erlangen Bewegungen als Agenten sozialen Wandels viel von ihrer Wirksamkeit durch ihre Fähigkeit, die öffentliche Ordnung zu stören (Lipsky 1970; McAdam 1982; Piven und Cloward 1979; Tarrow 1994). Geht man von der entscheidenden Bedeutung dieser Fähigkeit aus, dann muß man eine gleichermaßen große Bedeutung den speziellen Formen des Framing zurechnen, mit denen Bewegungen diese Fähigkeit symbolisch ausdrücken. Es gibt meiner Meinung nach keine wichtigeren Elemente beim gesamten Framing einer Bewegung als deren taktische Entscheidungen und die Aktionen, die sie dann ausführt.

Die praktische Bedeutung dieser Beobachtungen basiert auf der Überzeugung, daß das Ausmaß an Bedrohung, das andere Gruppen aufgrund der Aktionen einer Bewegung wahrnehmen, in beträchtlichem Maß festlegt, wie sie auf diese Bewegung reagieren. Natürlich spielen noch weitere Faktoren eine Rolle. Zu den wichtigsten zählen wohl die von der Bewegung verkündeten Ziele. Insgesamt sind es vor allem die Taktiken und Ziele einer Bewegung, welche die Reaktionen der verschiedenen Bezugsgruppen auf den Konflikt weitgehend prägen. *Tabelle 1* soll diesen Zusammenhang illustrieren: Bestimmte Kombinationen von Zielen und Taktiken führen – zumindest unter Bedingungen eines demokratischen Kontextes – zu typischen Reaktionen, welche die Bewegung von ihrer Umwelt zu erwarten hat. Die Randbedingung „demokratischer Kontext" kann in diesem Zusammenhang nicht genug unterstrichen werden. Angesichts der ganz anders gearteten Legitimitätsphilosophien nicht-demokratischer Systeme muß man bei ihnen mit ganz anderen Dynamiken in der Interaktion zwischen einer Protestbewegung und den übrigen kollektiven Akteuren rechnen als im Falle von eindeutig demokratischen Systemen.

Um die Argumentation zu vereinfachen, behandele ich beide Variablen, also sowohl Ziele als auch Taktiken, dichotomisch: Ziele unterscheide ich als entweder revolutions- oder reformorientiert je nachdem, ob sie eine grundlegende Umverteilung von Reichtum und/oder Macht anstreben oder nicht. Hinsichtlich ihrer jeweiligen Taktik unterscheide ich Bewegungsgruppen danach, ob sie hauptsächlich institutionalisierte oder nicht-institutionalisierte Aktionsformen benutzen. Die Kombinationen dieser beiden Variablen bestimmen im wesentlichen das Ausmaß von Bedrohung, das in der Wahrnehmung etablierter politischer Akteure von einer bestimmten Bewegung ausgeht. Diese „perzipierte Bedrohung" wiederum wird ihrerseits auch ganz wesentlich die Umweltreaktionen auf eine Bewegung beeinflussen.

Kombiniert man die beiden dichotomischen Variablen, so ergibt sich, wie abgebildet, eine 2 x 2-Tabelle (vgl. *Tabelle 1*). Jedes Feld nennt die Reaktion, die eine Bewegungsgruppe aus ihrer Umwelt erwarten kann, wenn eine bestimmte Kombination von Taktiken und Zielen vorliegt. Ich gehe kurz auf jedes Feld ein und beginne oben links. Generell stellen diejenigen Bewegungen die größte Bedrohung dar, die gleichzeitig revolutionäre Ziele vertreten und nicht-institutionalisierte Taktiken benutzen; sie drücken Bedrohung aus mit dem, was sie sagen, und mit dem, was sie tun.

Tabelle 1: Erwartete Umwelt-Reaktionen auf Bewegungen, die sich durch folgende Kombinationen von Zielen und Taktiken auszeichnen:

		Taktiken	
		nicht-institutionalisiert	institutionalisiert
Ziele	Revolution	Repression	Gleichgültigkeit/ Überwachung/ Belästigung
	Reform	erhöhte öffentliche Aufmerksamkeit/ Zuspitzung des Konfliktes	Gleichgültigkeit/ minimale Opposition und/oder Unterstützung

Insbesondere gilt das für solche Gruppen, die bereit und in der Lage sind, zur Durchsetzung ihrer Ziele Gewalt anzuwenden. Sie haben sich jedoch auf scharfe Opposition und extreme Repressalien einzustellen. Die Baader-Meinhof-Gruppe (Neidhardt 1982) und die Irish Republican Army (IRA) sind Beispiele für solche Gruppen.

Das obere rechte Feld gilt für solche Gruppen, die revolutionäre Ziele mit vorwiegend institutionalisierten Mitteln verfolgen. Zwar mag dieses Feld auf den ersten Blick überflüssig erscheinen, doch gibt es tatsächlich eine große Zahl von Gruppen, deren Zielsetzungen und deren Rhetorik bei weitem radikaler sind als ihre Taktiken. Die kommunistischen Parteien in vielen westeuropäischen Ländern sind dafür ein gutes Beispiel; sogar in den Vereinigten Staaten mit ihrer langen Geschichte einer regelrechten Kommunismusparanoia konnte diese Partei eine gewisse Zeit lang, nämlich während der 30er und 40er Jahre, gedeihen; es handelte sich um eine ziemlich konventionelle Organisation, die sich jedoch einem radikalen Umbau des amerikanischen politischen und ökonomischen Systems verschrieben hatte. Während der späten 60er und frühen 70er Jahre bedienten sich die Black Panthers einer ähnlichen Mischung aus rhetorischem Radikalismus und institutionalisierten Taktiken. Das Schicksal beider Gruppierungen verweist auf die Untauglichkeit dieser spezifischen Ziel-/Taktik-Kombination. Laut Gamson macht eine solche Strategie in taktischer Hinsicht nur wenig Sinn, wenn man bedenkt, welches Ausmaß sozialer Kontrolle und Repression ein öffentliches Eintreten für revolutionären Wandel nach sich zieht. Gruppen, die diese Strategie verfolgen, „seem to pay the cost of violence without gaining the benefits of employing it. They are both threatening and weak, and their repression becomes a low-cost strategy for those whom they attempt to displace" (Gamson 1990: 87).

Gamsons Analyse möchte ich nur leicht verändern: Bestimmte Gruppen dieser Kategorie sind tatsächlich unterdrückt worden, vielen anderen jedoch begegnete man lediglich mit Gleichgültigkeit und vergleichsweise harmlosen Formen von Überwachung und Verfolgung. In einer Demokratie legitimiert das Bekenntnis zu revolutionären Zielen an sich noch keine gewaltsame Unterdrückung seitens des Staates. Es sind vielmehr die Mittel, mit denen diese Ziele angestrebt werden, die Art und Ausmaß der Kontrollreaktion hervorrufen. Solange sich eine Gruppe in „angemessenen Bahnen" bewegt, bleibt sie vermutlich machtlos, gibt damit jedoch den Behörden die Chance, sich den Luxus der Gleichgültigkeit zu leisten – gelegentlich gepaart mit halbherzigen Anstrengungen von Überwachung und Verfolgung. Nur selten tritt der Fall ein, daß taktisch konventionell operierende revolutionäre Gruppen einen hohen Grad an Be-

kanntschaft und Anhängerschaft erlangen; geschieht dies aber doch, dann neigen die
Sicherheitsbehörden dazu, die Bedrohung durch die Gruppe zu übertreiben – wie
geschehen in der Kommunisten-„Hexenjagd" in den frühen 50er Jahren in den USA,
oder aber sie versuchen – wie im Fall der Black Panthers – die Gruppe zu einer
gewaltsamen Auseinandersetzung mit der Polizei zu provozieren (Marx 1979, 1974).
In jedem Fall ist die Absicht die gleiche, nämlich die Taktiken der Gruppe als unrecht-
mäßig darzustellen, um so deren offene Unterdrückung zu rechtfertigen. Es sind
vornehmlich die Taktiken, die im Mittelpunkt der Kontroversen stehen, in die Protestbewegungen verwickelt werden. Die Framing-Konkurrenzen, an denen diese Bewegungen sowie der Staat, die Medien und diverse Publikumsgruppen beteiligt sind,
konzentrieren sich vor allem auf die symbolischen Aspekte von Aktionen (Neidhardt
1988: 193ff.). Das gilt im besonderen für verfassungsgemäß demokratische Staaten, in
denen die Redefreiheit auch das Bekenntnis zu revolutionären Zielen einschließt. Nicht
geschützt ist jedoch das Recht auf Anwendung beliebiger Mittel zur Durchsetzung
dieser Ziele. Diese Diskrepanz zwischen Redefreiheit und eingeschränkten Handlungsoptionen macht Protestaktionen und den Streit über ihre Auslegungen zum Angelpunkt
vieler Frame-Auseinandersetzungen.

Der am wenigsten bedrohliche und wahrscheinlich verbreitetste Typus von Bewegungsgruppen fällt in das untere rechte Feld von *Tabelle 1*. Hier handelt es sich um
Bewegungsorganisationen, die versuchen, mit Aktionen im Rahmen „angemessener
Grenzen" ihre reformerischen Ziele zu erreichen. Bei ihnen handelt es sich zum Beispiel
um professionelle „advocacy organizations", wie sie McCarthy und Zald (1973) bei
ihrer ersten Formulierung des „resource-mobilization"-Ansatzes beschrieben haben.
Wenngleich McCarthy und Zald sicherlich insofern zu Mißverständnissen Anlaß gaben,
als sie diesen besonderen Typ von Bewegungsgruppen mit Bewegungen generell gleich-
setzten, so hatten sie vorausschauend doch recht mit ihrer Auffassung, daß in Richtung
solcher formalen Bewegungsorganisationen „the trend of social movements in America" abläuft. Neuere Arbeiten über Bewegungsgruppen, die in den Vereinigten Staaten
während der letzten 40 Jahre entstanden sind, bestätigen die zunehmende Bedeutung
der von McCarthy und Zald beschriebenen professionellen „advocacy organizations"
(Berry 1989; Minkoff 1993).

Normalerweise haben diese Gruppen mit höchst unterschiedlichen Reaktionen
anderer Akteure zu rechnen – je nachdem, ob diese eine Übereinstimmung zwischen
ihren eigenen Interessen und denen der Bewegungsorganisationen sehen oder nicht.
Aufgrund ihrer relativ begrenzten, auf Reform zielenden Absichten rufen die professionellen Bewegungsorganisationen normalerweise nur die Opposition einiger weniger
Mitspieler des politischen Systems hervor, nämlich jener, die ihre Interessen von diesen
Bewegungsorganisationen direkt bedroht sehen. Doch werden solche Organisationen
andererseits auch nur von denjenigen Eliten gefördert und unterstützt, die eine deutliche Übereinstimmung zwischen ihren eigenen Interessen und denen der Bewegungsgruppen sehen. Die große Mehrheit der politisch relevanten Akteure nimmt die Gruppen wahrscheinlich gar nicht wahr oder bleibt ihnen gegenüber indifferent. Infolge
ihres Verzichts auf das Druckmittel militanter Störaktionen muß die ganze Hoffnung
professioneller Reformgruppen an ihrer Fähigkeit hängen, bei einem insgesamt geringem Mobilisierungsniveau mehr Verbündete als Gegner zu mobilisieren. Gelingt ihnen
das, dann haben sie gute Chancen, einen langsamen, schrittweisen Wandel zu bewirken;

wenn nicht, werden sie aller Wahrscheinlichkeit nach langsam und von der Öffentlichkeit unbeachtet von der Bildfläche verschwinden.

Eine wesentlich seltenere, aber im Vergleich zu den reformerischen Bewegungsorganisationen vermutlich effektivere Kombination von Zielen und Taktiken repräsentiert unser letzter Typus sozialer Bewegungen – abgebildet in *Tabelle 1* unten links. Gemeint sind diejenigen Gruppen, die reformerische Ziele durch nicht-institutionalisierte Mittel durchsetzen wollen. Das Besondere dieser Mischung liegt in ihrer kognitiven Ambiguität. Erweisen sie sich einerseits als bereit und erwiesenermaßen fähig, die öffentliche Ordnung und darüber hinaus die Handlungsfähigkeit ihrer Gegner zu stören, so erscheinen sie als mächtig und bedrohlich. Andererseits drückt aber ihr Bekenntnis zu moderaten Reformzielen durchaus Respekt für das System als Ganzes aus, und das bringt ihnen die Unterstützung verschiedenster Publikumsgruppen ein und hält gleichzeitig den Einsatz sozialer Kontrollmittel seitens ihrer Gegner in Schranken. Diese im Effekt optimale Mischung ist jedoch nicht leicht zu erreichen und hängt letztlich auch von einer hochentwickelten und flexiblen Fähigkeit zum Framing ab. Radikale Reformgruppen müssen die Kunst beherrschen, gleichzeitig mit einer Vielzahl von Publikumsgruppen angemessen umzugehen: Gegner zu bedrohen, den Staat unter Druck zu setzen und dennoch der Medienöffentlichkeit als sympathisch und ungefährlich zu erscheinen. Das ist ein schwieriger Balanceakt, der aber, wenn er gelingt, ein enormes politisches Druckmittel darstellen kann. So gesehen gilt auch für soziale Bewegungen der alte Rat von Theodor (Teddy) Roosevelt: „Walk softly but carry a big stick".

Martin Luther Kings Organisation, die Southern Christian Leadership Conference (SCLC), liefert ein vorzügliches Beispiel dafür, wie eine Bewegungsgruppe eine gewisse Zeit lang den besagten Balanceakt erfolgreich durchhalten konnte. Im folgenden geht es nun darum zu analysieren, auf welchem Wege, mit welcher Wahl von Taktiken und Framing-Maßnahmen es King und seiner SCLC gelang, die vier obengenannten Hürden von Umweltherausforderungen zu überwinden und auf diese Weise eine erhebliche Neustrukturierung der Rassenbeziehungen in den Vereinigten Staaten zu erreichen.

IV. Umweltstrategien der amerikanischen Bürgerrechtsbewegung

Man muß die abgründige Machtlosigkeit der Schwarzen noch am Vorabend ihres Kampfes berücksichtigen, um in der Lage zu sein, die enormen Herausforderungen zu verstehen, die sich für die amerikanischen Bürgerrechtsbewegung ergaben. Über zwei Drittel aller Schwarzen lebte 1950 im Süden der Vereinigten Staaten. Vom politischen Leben in dieser Region waren sie jedoch durch eine Kombination von legalen Ausflüchten und illegalen Einschüchterungen effektiv ausgeschlossen. Weniger als 20 Prozent aller im Wahlalter befindlichen Schwarzen waren in den USA im Jahre 1950 überhaupt in den Wählerlisten registriert (Bullock 1971: 227). In den Staaten des sog. „Deep South" lag der Anteil noch deutlich darunter; in Mississippi waren 1950 sogar nur 2 Prozent registriert. Die Angst hielt die Menschen von dem Versuch ab, sich in die Wählerlisten eintragen zu lassen. Das ist kein Wunder, wenn man bedenkt, daß 1955 zwei Schwarze in Mississippi umgebracht wurden, weil sie sich weigerten, ihre Namen aus den Wählerlisten zurückzuziehen (Bennett 1966: 201).

Auch gab es am Vorabend der Bewegung kein einziges Anzeichen, das auf ein
Aufbrechen des „solid South" hingedeutet hätte. Ebensowenig war zu erkennen, daß
der Wille der regionalen Politik- und Wirtschaftseliten, am „southern way of life"
festzuhalten, geschwächt gewesen wäre. Im Gegenteil: Die Entscheidung des Obersten
Gerichtshofes im Jahre 1954, welche die Rassentrennung im Bildungssektor für ver-
fassungswidrig erklärt hatte, löste eine regionale Widerstandsbewegung mit dem Ziel
aus, die weiße Vorherrschaft um jeden Preis zu erhalten. Das Zentrum dieser Bewegung
bildeten die weißen Gemeindeversammlungen (Citizen Councils) und die Parlamente
der gesamten Region. Die lokalen Councils taten alles, um die Rassentrennung in ihrer
Gegend zu erhalten, und die Parlamente verabschiedeten ein Gesetz nach dem anderen,
um den status quo in der Rassenfrage zu zementieren. Unter den verabschiedeten
Maßnahmen befanden sich in verschiedenen Staaten auch solche Gesetze, die ein
Verbot der National Association for the Advancement of Colored People (NAACP),
der bisher einzigen in dieser Region aktiven Bürgerrechtsorganisation, verfügten.

So waren also die Schwarzen des Südens am Vorabend der Bewegung von politischer Partizipation in dieser Region ausgeschlossen, und jedes echte Druckmittel war
ihnen verwehrt. Sollte es je eine Änderung der institutionellen Bedingungen dieser
Umstände geben, so mußte sie von außen erzwungen werden. Das aber heißt, zu
diesem Zweck hätte die Bundesregierung eingreifen müssen. Doch mit dem konservativen Republikaner Dwight D. Eisenhower im Weißen Haus und angesichts der
unverhältnismäßig großen Macht, welche die Südstaaten-Demokraten im Kongreß
besaßen, sah sich die Bewegung auch auf der nationalen Ebene einer Art strategischer
Blockade gegenüber. Um den Stillstand aufzubrechen, mußte die Bürgerrechtsbewegung einen Weg finden, mit dem sie eine zögerliche Bundesregierung zwingen konnte,
im Süden kräftiger zu intervenieren. Dazu wiederum war es erforderlich, die wohlwollende Beachtung durch die Massenmedien zu gewinnen, um mit ihrer Hilfe die
öffentliche Unterstützung für die Bewegung zu mobilisieren.

1. Die Erzielung von Medienaufmerksamkeit

In einer ethnographischen Studie, die alle lokalen und nationalen Bewegungsgruppen
und -organisationen einbeziehen könnte, würde man bei den Untersuchungsobjekten
wohl ein durchgängig starkes Interesse an Medienberichterstattung entdecken. Denn
in der Tat verwenden die meisten Bewegungen sehr viel Zeit und Energie darauf, die
Medien für ihre Aktionen zu interessieren und deren Berichterstattung zu beeinflussen.
Dies kann nicht verwundern angesichts der Wirkung, welche die Medien auf das
allgemeine Bewußtsein und die öffentliche Meinung über gesellschaftlich relevante
„issues" ausüben. Dennoch findet dieses Thema in der wissenschaftlichen Literatur
der sozialen Bewegungen wenig Aufmerksamkeit; Ralph Turner (1969) und seine
Studenten (Altheide und Gilmore 1972) bilden in dieser Hinsicht eine Ausnahme. Wo
schließlich doch einmal eine empirische Arbeit vorliegt, da bleibt vieles offen, was
systematisch zu untersuchen wäre (vgl. Gitlin 1980). Eine instruktive Frage ist, was
die Medien aus der Sicht der Bewegungen darstellen. Sind sie wirklich so unbedeutend,
wie es das Fehlen eines wissenschaftlichen Interesses erscheinen läßt? Oder erfaßt der

Bewegungsaktivist nicht viel eher einen systematisch wichtigen Zusammenhang, der von der Wissenschaft bisher ungebührlich vernachlässigt worden ist?

Ich neige zur letztgenannten Ansicht. Es ist nicht nur eine Voreingenommenheit, daß die Bewegungsaktivisten die Medien für besonders wichtig halten, noch sind es bloß subjektive Vorlieben, welche die Bewegungsakteure veranlassen, um die Aufmerksamkeit der Medien zu werben. Im Hintergrund stehen vielmehr strukturelle Bedingungen. Es mangelt den meisten Bewegungen an den üblichen politischen Ressourcen ihrer Gegner, und sie sind deshalb gezwungen, dieses Machtungleichgewicht durch wirksame Appelle an andere Akteure auszugleichen. Logischerweise, meine ich, sind die Medien dabei das entscheidende Instrument bei dem Versuch, Einfluß auszuüben. Die amerikanische Bürgerrechtsbewegung ist ein vorzügliches Beispiel dafür, wie diese Dynamik funktioniert, und keine Gruppe der Bürgerrechtsbewegung beherrschte sie besser als die SCLC und ihr Anführer Martin Luther King, Jun.

Vom Beginn an, nämlich schon beim „Montgomery Bus Boycott", wurde deutlich, welche faszinierende Wirkung Martin Luther King auf die Medien auszuüben verstand. Dieser Boykott im Dezember 1955 rief die moderne Bürgerrechtsbewegung ins Leben und schob King ins öffentliche Scheinwerferlicht. Von da an bis zu seinem Tod im April 1968 hatte King einen festen Platz auf den Titelseiten der Zeitungen und in den Abendnachrichten von Radio und Fernsehen. Was aber erklärt Kings dauerhafte Medienpräsenz, und warum war die SCLC als einzige unter den Bewegungsgruppen so erfolgreich darin, eine wohlwollende Aufmerksamkeit der Medien auf sich zu ziehen? Zur Beantwortung dieser Frage will ich die Rolle von drei Faktoren im folgenden betonen.

a) Der Nachrichtenwert von Störaktionen. SCLC und King beherrschten die Kunst, nachrichtenträchtige Störungen der öffentlichen Ordnung zu inszenieren. Die erste Voraussetzung für eine Berichterstattung in den Medien ist ja, daß sie einem Ereignis einen Nachrichtenwert zurechnen. An den Ereignissen in Montgomery erfuhren King und seine Helfer den engen Zusammenhang zwischen öffentlichen Störmanövern und Medienberichterstattung. Das Medieninteresse an Montgomery entstand nicht wegen der Probleme, die der Aktion zugrunde lagen, sondern wegen der in dem Boykott angelegten Gefahr von Gewalttaten und Unruhen. Alle folgenden Kampagnen Kings waren darauf angelegt, dieselbe Art von medienwirksamen Störungen der öffentlichen Ordnung wie in Montgomery zu inszenieren. Das gelang ihm nicht immer. Zum Beispiel nicht in Albany, Georgia, 1961-62: Hier begegnete Polizeipräsident Laurie Pritchett Kings Taktiken mit Massenverhaftungen ohne jene Formen von Gewalt und Störungen öffentlicher Ordnung, die für ein anhaltendes Medieninteresse so wichtig sind. Zu anderer Zeit und an anderen Schauplätzen – insbesondere in Birmingham, Alabama, 1963, und in Selma, Alabama, 1965 – reagierten die örtlichen Behörden genau mit der Art von Barbarei, welche die Aufmerksamkeit der Medien geradezu garantiert.

Allerdings erklärt die meisterhaft inszenierte Störpolitik lediglich, warum King und die SCLC in der Lage waren, die Medien für sich zu interessieren, nicht aber den ungewöhnlich wohlwollenden Tenor in der Berichterstattung. Angesichts der ungeschminkt provokatorischen Qualität ihrer Strategie verlangt die für sie generell günstige Berichterstattung nach einer zusätzlichen Erklärung. Des Rätsels Lösung liegt offenbar in Kings Fähigkeit, seine Aktionen so zu rahmen, daß sie nicht nur ankamen, sondern auch Sympathie erzeugten. Diese beiden Faktoren betreffen Kings Framing sowohl im Hinblick auf seine allgemeine Bewegungsphilosophie als auch im Hinblick auf die symbolischen Aspekte seiner tatsächlich eingesetzten Taktiken.

b) Bewegungsphilosophie („ideational framing"). Wie oben bereits festgestellt, widerspiegeln alle Arbeiten zum Thema Framing ein ausschließliches Interesse an Ideen und deren formalem Ausdruck durch die Bewegungsakteure. Diese ideellen Verkündungen – Ansprachen, Texte usw. – sind natürlich eine wichtige Komponente in der Rahmungsarbeit einer Bewegung, und Kings Erfolg, eine wohlwollende Berichterstattung zu erzielen, liegt wohl zu einem guten Teil im substantiellen Gehalt seiner Ideen und seines Denkens begründet. Einfach gesagt: Nie zuvor klang ein Schwarzenführer so wie King.[1] Mit seiner einzigartigen Verquickung von vertrauten christlichen Themen, konventioneller Demokratietheorie und Gewaltsverzichtsphilosophie brachte King ein ungewöhnlich überzeugendes und vielen zugängliches Ideenprogramm in den Kampf ein. Zuerst und vor allem fanden Kings Gedanken eine tiefe „Resonanz" (Snow et al. 1986). Mit seiner Verwendung christlicher Themen und konventioneller Demokratietheorien konnte King die Bewegung in zwei ideellen Grundfesten der amerikanischen Kultur verankern. Zweitens war das Thema der christlichen Vergebung, das sich durch Kings Gedankengut hindurchzieht, sehr beruhigend für das weiße Amerika, das von Schuldgefühlen und einer fast phobischen Angst vor schwarzer Wut und Gewalt belastet war (und nach wie vor ist). Kings Betonung von christlicher Nächstenliebe und von Gewaltverzicht versprach eine erlösende und friedvolle Heilung von Amerikas althergebrachter Rassentrennung. Drittens gab Kings Anschluß an die Gedanken Gandhis seiner eigenen Philosophie eine exotisch intellektuelle Färbung, die auf viele Nordstaaten-Medien (und auf die Intellektuellen des Nordens generell) einen besonderen Reiz ausübte. Schließlich sollte man – angesichts aller interessanten Details in Kings Gedankengut – nicht vergessen, daß die schiere Vielfalt seiner Themen den Medien (wie auch dem großen Publikum) vielfältige Anknüpfungspunkte für den ideologischen Kontakt mit der Bewegung ermöglichte. So mochten etwa die Liberalen zwar ungerührt von Kings Auslegung christlicher Theologie bleiben, sie konnten aber seiner Anwendung demokratischer Theorie zustimmen. Kurzum, seinem Gedankengut und der ganzen Bewegung, die er allmählich symbolisierte, verlieh die bloße Vielfalt seiner Themen zusammen mit dem Nachhall ihrer Grundsubstanz einen ideellen Reiz, der von vielen anderen Bewegungen nicht erreicht wird.

---

1 Die Besonderheit von Kings ideologischen Visionen mag z.T. auf seinem relativ atypischen und, gemessen an den Lebensstandards der Schwarzen im Süden der USA, privilegierten Familienhintergrund beruhen. Geboren und aufgewachsen in Atlanta als Sohn eines sehr prominenten Pfarrers genoß King nicht nur eine solide Mittelschichterziehung, sondern profitierte außerdem von den Verbindungen seiner Familie zum Südstaaten-Zentrum des politischen und intellektuellen Lebens. Kings Vertrautheit mit den verschiedensten Denkschulen verstärkte sich während seiner Amtszeit am Crozer-Theologie-Seminar in Pennsylvania und insbesondere an der Universität von Boston, wo er in Theologie promovierte. Seine formalen akademischen Erfahrungen machten ihn mit unterschiedlichen Philosophien bekannt, die später in seine eigene Ideenwelt eingingen. Zu seinem Gedankengut gehörten Demokratietheorien, die Existential-Theologie sowie die Gewaltverzichtsphilosophie Gandhis (ausführliche Details zu Kings Biographie und Philosophie enthält David Garrows Buch „Bearing the Cross" (1986)).

c) Der Symbolwert der Aktionen. Die geniale Leistung von King und Kings Helfern[2] ging allerdings über die Produktion von Ideen und deren Artikulation weit hinaus. In der Planung und Steuerung wichtiger Kampagnen erwiesen sich die Mitglieder des SCLC-Braintrust als Talente für strategische Dramaturgie: Bei ihrer Inszenierung von Demonstrationen wurden deren symbolische Aspekte stets in dem Bewußtsein mitkalkuliert, daß Botschaften und Symbole in den Aktionen selber unmittelbar zum Ausdruck kommen und auch von den Gegnern mitgelesen werden.

Das vermutlich beste Beispiel für die Vorliebe des SCLC, überzeugende und effektvolle Dramen zu inszenieren, ist die 1963er Kampagne in Birmingham, Alabama. Wie alle größeren Städte des „Deep South" war auch Birmingham 1963 noch eine ganz und gar rassengetrennte Stadt – mit nach schwarz und weiß segregierten Restaurants, Schulen, Kirchen und sogar öffentlichen Toiletten. Im April jenen Jahres startete die SCLC eine stadtweite Kampagne des zivilen Ungehorsams mit dem Ziel, die öffentlichen Einrichtungen Birminghams von der Rassentrennung zu befreien. Doch warum wählte man von all den Südstaaten-Städten ausgerechnet Birmingham? Die Antwort spricht für das strategische und dramaturgische Geschick des SCLC. Wie ein wichtiger Chronist der Ereignisse von Birmingham feststellte, „King's Birmingham innovation was pre-eminently strategic. It's essence was ... the selection of a target city which had as its Commissioner of Public Safety 'Bull' Connor, a notorius racist and hothead who could be depended on *not* to respond nonviolently" (Hubbard 1968: 5).

Die Annahme, daß die Wahl Birminghams von King bewußt strategisch geplant war, wird durch die Tatsache untermauert, daß Connor ein gescheiterter Beamter war, der bei den Neuwahlen Anfang April 1963 von einem moderateren Kandidaten besiegt worden war. Hätte die SCLC mit ihrer Kampagne bis zum Amtsantritt des gemäßigteren Politikers gewartet, dann wäre wahrscheinlich erheblich weniger Gewalt ins Spiel gekommen – und sicher auch weniger Presseresonanz. „The supposition has to be that ... SCLC, in a shrewd stratagem, knew a good enemy when they saw him ... one who could be counted on in stupidity and natural viciousness to play into their hands, for full exploitation in the press as archfiend and villian" (Watters 1971: 266). In der folgenden bemerkenswerten Passage aus seinem Buch „Why We Can't Wait" (1963) bestätigt King die gezielte Absicht hinter der Strategie für Birmingham. Bei seiner Schilderung der Planung für die Birmingham-Kampagne hält King die „Lehren" fest, die man aus den schon erwähnten Ereignissen in Albany, Georgia, (vgl. oben) gezogen hatte:

„There were weaknesses in Albany, and a share of the responsibility belong to each of us who participated. However, none of us was so immodest as to feel himself master of the new theory. Each of us expected that setbacks would be part of the ongoing effort. There is no tactical theory so neat that a revolutionary struggle for a share of power can be won merely by a row of buttons. Human beings with all their faults and strengths constitute the mechanism of a social movement. They must make mistakes and learn from them, make more mistakes and learn anew. They must taste

---

2 Mit „Kings Helfern" ist der Kreis von Beratern und Vertrauten gemeint, der den „Brain Trust" des SCLC ausmachte. Wie King waren die meisten von ihnen schwarze Pfarrer, die sich seit der Gründung des SCLC im Jahre 1957 um ihn versammelten. Zu den Prominentesten von ihnen zählten Ralph Abernathie, Fred Shuttleworth und Wyatt T. Walker.

defeat as well as success, and discover how to live with each. Time and action are the teachers. When we planned our strategy for Birmingham months later, we spent many hours assessing Albany and trying to learn from its errors" (King 1963: 34-35).

Aus dieser Erklärung Kings geht hervor, daß ein tieferes Verständnis der hier zur Diskussion stehenden Dynamik erst aus den Ereignissen von Albany erwuchs. Zu diesem besseren Verständnis trug zweifellos bei, daß immer klarer wurde, daß die Auslösung weißer Gewalt wichtig war, weil sie verstärkt das Interesse der Medien stimulierte sowie einen Anreiz gab für mehr öffentliche Unterstützung und für ein Eingreifen der Bundesregierung. Diese Lektion hatten King und seine Helfer tatsächlich gut gelernt. Nach mehreren Tagen erstaunlicher Zurückhaltung ließ 'Bull' Connor Wasserwerfer gegen die friedlichen Demonstranten sowie Kampfhunde einsetzten. Die sich dann abspielenden Szenen mit Demonstranten, die vom Wasserdruck in Schaufensterscheiben geschleudert und von zähnefletschenden Polizeihunden ange-griffen wurden, wurden gefilmt und in den Abendnachrichten bundesweit ausge-strahlt. Fotos der Ereignisse erschienen weltweit in Zeitungen und Zeitschriften. Die Sowjetunion nutzte die Bilder für antiamerikanische Propaganda im In- und Ausland. So weckte die Berichterstattung der Medien über die Ereignisse in Birmingham enorme Sympathien für die Demonstranten, und der Druck auf die Bundesregierung wuchs, zugunsten der Bewegung einzugreifen.

Durch ihre erfolgreiche Provozierung der Gewalt des Gegners einerseits und ihren eigenen Verzicht auf Gewalt andererseits gelang es King und dem SCLC, die Ereignisse von Birmingham als eine hochdramatische Konfrontation zwischen einer „guten" Bewegung und einem „bösen" System zu inszenieren. Der deutlich religiöse Akzent, durch den sich die Ideologie der Bewegung auszeichnete, verlieh speziell dieser In-terpretation eine zusätzliche Glaubwürdigkeit und Resonanz. Hier handelte es sich nicht mehr um Demonstranten, sondern um friedliche, christliche Bittsteller, die von einem bösen, grausamen System gemartert wurden. Die dramatische Qualität einer geradezu ritualisierten Konfrontation zwischen Gut und Böse erwies sich als unwi-derstehlich für die Medien und damit auch für die amerikanische Öffentlichkeit.

2. Die Mobilisierung öffentlicher Unterstützung

Auf eine günstige Medienresonanz hatten es King und seine Helfer zwar unmittelbar abgesehen, doch war das nie ihr eigentliches Ziel gewesen. Vielmehr hofierte die SCLC die Medien wegen der Rolle, die sie bei der Mobilisierung eines stärkeren öffentlichen Bewußtseins und einer breiteren Unterstützung für die Bewegung spielen konnten. Diese Unterstützung sah man als den Schlüssel zur Überwindung des toten Punktes, an dem sich die SCLC und die Bürgerrechtsbewegung insgesamt befanden. Es gab, so viel war klar, keinerlei Chance, die Anhänger der weißen Vorherrschaft in einer direkten Konfrontation zu besiegen. Alle Aussichten auf einen Wandel hingen davon ab, ob die SCLC in der Lage war, eine widerstrebende Bundesregierung zu einer nachdrücklicheren Förderung der Bürgerrechte zu bewegen.

Die Wahl John F. Kennedys zum Präsidenten im Jahr 1960 verstärkte ironischerweise die traditionelle Abneigung der Regierung gegenüber einer „Einmischung" in die Rassenbeziehungen des Südens. Die triftigste Erklärung für Kennedys Abneigung

Schaubild 1: Anteil der Bevölkerung, der die Bürgerrechte* als „das wichtigste Problem im Land" bezeichnet (1961-1965)**

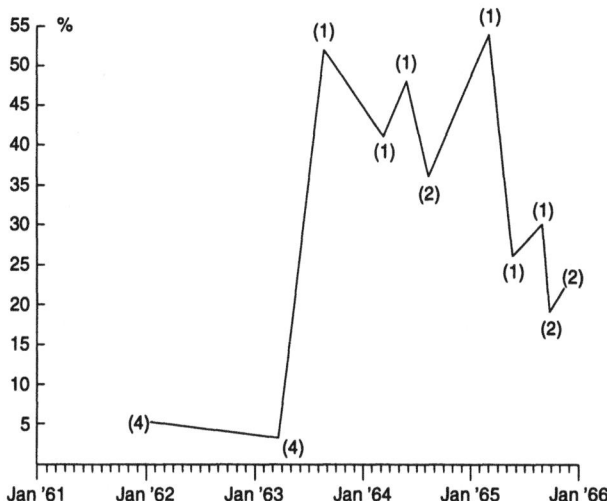

Quelle: Gallup, 1972: 1764, 1812, 1842, 1881, 1894, 1905, 1934, 1944, 1966, 1973, 1979

* In den meisten Umfragen wurde in der Fragenformulierung der Ausdruck „Bürgerrechte" verwendet; in einigen Umfragen wurde jedoch statt dessen auf die „Rassenfrage" („racial problem") Bezug genommen.

** Die Ziffern in Klammern beziehen sich auf den Rang, den die Nennung der Bürgerrechte unter all den in der Umfrage genannten Problemen einnimmt.

einzugreifen hing einerseits mit seinem geringen Wahlsiegsvorsprung zusammen, andererseits mit den „strange bedfellows", aus der seine Wahlmänner-Koalition bestand. Kennedy versammelte nicht nur die sogenannten schwarzen Stimmen sowie die Stimmen der Liberalen und der Arbeiter aus dem Norden auf sich, sondern war auch dem „solid South" verpflichtet: Seit dem Ende des 19. Jahrhunderts wählte man unter den weißen Südstaatlern die Demokraten, weil man die Republikaner als Partei Abraham Lincolns ablehnte. Also wurde Kennedy – nicht anders als seine Parteivorgänger – von rassistischen Südstaatlern und von Civil Rights-Verfechtern gewählt. Diese brüchige Koalition mußte er nun erhalten, und er mußte darum möglichst vermeiden, die weißen Südstaatler und die Civil Rights-Anhänger zu spalten. Kennedy war klar, daß der Erfolg seines politischen Programmes wesentlich von der Zustimmung der Kongreßabgeordneten aus den Südstaaten abhing, zumal deren außerordentliche Amtsdauer als Abgeordnete ihnen sowohl im Repräsentantenhaus als auch im Senat eine unverhältnismäßig einflußreiche Seniorität gesichert hatte. Mit diesem Hintergrund wahlpolitischer und legislativer Erwägungen kam Kennedy also ins Amt, fest entschlossen, in Sachen Civil Rights eine entschieden neutralistische Position einzunehmen.

Die SCLC nahm sich vor, das politische Kalkül, das von Kennedy Neutralität forderte, zu durchkreuzen. Es galt, die Vorteile, die eine Unterstützung der Bürgerrechtsbewegung in politischer und insbesondere wahltaktischer Hinsicht mit sich brachte, so zu verstärken, daß sie die Nachteile aufwogen, die sich durch das Ver-

schrecken der weißen Südstaatenwähler und ihrer gewählten Vertreter ergeben mußten. Das hieß, die Unterstützung der breiten Öffentlichkeit zu mobilisieren und damit
die Wählerplattform der Bürgerrechtsanhänger zu verbreitern. Die Daten in *Schaubild
1* sprechen wohl für den Erfolg des SCLC auf diesem Gebiet.

Zwischen 1962 und 1965 wurde das Bürgerrechtsthema auf der öffentlichen Agenda
derart prominent, daß es in allen Meinungsumfragen als eines der „wichtigsten Probleme" des Landes angesehen wurde. In sechs der elf in *Schaubild 1* aufgeführten
bundesweiten Umfragen bezeichneten es die Befragten als das brennendste Problem.
In drei anderen Umfragen rangierte es an zweiter Stelle. Nur zweimal landete es nur
auf Platz vier.

Die dramaturgische Begabung des SCLC ist an diesen Daten im übrigen deutlich
abzulesen: Die zwei höchsten Spitzen des Diagramms korrespondieren mit den von
den Medien intensiv wahrgenommenen Kampagnen in Birmingham (April bis Mai
1963) und Selma (März 1965). Durch das Geschick des SCLC, die Verfechter weißer
Vorherrschaft zu medienwirksamen Ausbrüchen rassistischer Gewalt zu provozieren,
wurde die Auseinandersetzung ständig unter den Augen der Öffentlichkeit geführt,
und der Bewegung wuchs damit ein solches Maß an Unterstützung zu, wie es nötig
war, um Kennedy und den Kongreß zu entschiedeneren Maßnahmen zu bringen.

3. Begrenzung der Optionen der Bewegungsgegner

Bisher wurde wenig über die Wirkung der SCLC-Taktiken auf die Befürworter der
Rassentrennung gesagt, obwohl ein echter Erfolg der Bewegungsaktionen am unmit-
telbarsten nicht von den Medien oder der allgemeinen Öffentlichkeit abhing, sondern
von den Gegnern der Bewegung in den Südstaaten. Hätten die Segregationisten nicht
mit solch gewaltsamen Störungen der öffentlichen Ordnung wie in Birmingham auf
die Aktionen der SCLC reagiert, dann hätte diese nicht die Presse bekommen, die für
ihre Gesamtstrategie so entscheidend war.

Tatsächlich resultierte der berühmteste Fehlschlag der SCLC aus ihrem Unvermö-
gen, genau diese Reaktion bei den Befürwortern der Rassentrennung zu provozieren;
es handelt sich um die Kampagne des SCLC in Albany, Georgia, im November 1961,
die sich über die gesamte Stadt erstreckte. Diese Aktion war in all ihren Aspekten
vergleichbar mit den späteren Kampagnen der Organisation in Birmingham und Selma.
Waren diese Kampagnen zwar ähnlich, so waren es die Reaktionen der Gegner keineswegs. Was in Albany fehlte, waren die sich ausweitenden Ausschreitungen und
der Zusammenbruch der öffentlichen Ordnung, die für die Ereignisse in Birmingham
und Selma bestimmend waren. Daß die Vorgänge derart unterschiedlich gehandhabt
wurden, lag daran, daß der Polizeichef von Albany, Laurie Pritchett, die SCLC-Strategie
genau durchschaute. Er war fest entschlossen, nicht den Bösewicht zu spielen, dessen
die Bewegung so dringend bedurfte. Und obwohl Pritchett den Demonstranten all
ihre Rechte vorenthielt, setzte er dies eher im Rahmen von Massenverhaftungen durch
und eben nicht durch jene Art der Gewaltreaktion, die in Birmingham und Selma so
viel wohlwollende Medienresonanz zugunsten der Bewegung bewirkt hatte. Die Daten
in *Schaubild 1* untermauern dies: Während die Albany-Kampagne ihren Höhepunkt

erreichte, nämlich im März 1962, befand sich das öffentliche Interesse an der Bürger-
rechtsproblematik auf dem niedrigstem Stand.

Unverkennbar liegt in all diesen Zusammenhängen eine bemerkenswerte Ironie,
die natürlich auch der SCLC und ihren Gegnern nicht entging. Dort, wo King und
die SCLC ihre Aktionen erfolgreich „rahmten", nahmen sie den um weiße Vorherrschaft
kämpfenden Suprematisten ihre stärkste Waffe, nämlich Gewalt und die Androhung
von Gewalt, und wandelten sie um in deren schwache Stelle. So konnte die SCLC den
Terror brechen, von dem das System letztlich abhängig war. De facto förderte jede
Reaktion der Segregationisten die Ziele der Bürgerrechtsbewegung; Zurückhaltung,
wie im Fall von Albany, mag ihr zwar unmittelbar die positive Medienresonanz verwehrt haben, minderte aber andererseits die Verwundbarkeit der Schwarzen und ihre
Angst vor rassistischer Gewalt. Hingegen führten die berüchtigten Gewaltvorkomm-
nisse zur Berichterstattung in den Medien, zu einer empörten Reaktion in der Öffentlichkeit und einem erhöhten Druck auf die Bundesregierung, zugunsten der Bürgerrechte zu intervenieren. Präsident Kennedy würdigte die hier zur Diskussion stehenden
Paradoxien auf seine Weise, als er 'Bull' Connor folgenden „Tribut" zollte: „Unser
Urteil über Bull Connor sollte nicht zu hart sein. Immerhin hat er in diesem Jahr eine
ganze Menge für die Civil Rights-Gesetzgebung getan" (King 1963: 144).

4. Einflußnahme auf Politik und staatliches Handeln

Es bleibt in diesem letzten Abschnitt nur noch wenig zu sagen. Das Ziel von King
und der SCLC war es, die Regierung zum Handeln zu bewegen und so die Bundespolitik in Richtung Civil Rights zu verändern. Daß ihnen das gelungen ist, das machen
mehrere Arbeiten zur Geschichte der Bewegung deutlich (Branch 1988; Garrow 1978,
1986; McAdam 1982; Rosenberg 1991). Einigkeit besteht auch darüber, daß Ausmaß
und Tempo ihrer Errungenschaften untrennbar zusammenhingen mit der erfolgreichen
Orchestrierung ihrer hier beschriebenen Proteststrategien. So sind insbesondere die
beiden bedeutendsten Gesetzgebungserfolge, die die Bewegung errungen hat – der
Civil Rights Act von 1964 und der Voting Rights Act von 1965 –, zu großen Teilen den
Kampagnen von Birmingham bzw. Selma zu verdanken.

Die Ereignisse von Birmingham waren, wie wir gesehen haben, geprägt von der
Brutalität eines 'Bull' Connor und, gegen Ende der Kampagne, von dem Bombenan-
schlag auf eine schwarze Kirche an einem Sonntagmorgen, dem drei kleine Mädchen
zum Opfer fielen. Die grausamen Bilder davon, allabendlich vom Fernsehen in die
amerikanischen Wohnzimmer gesendet, mobilisierten die öffentliche Meinung wie nie
zuvor und setzten wiederum Präsident Kennedy unter enormen Druck, sich aktiv
zugunsten der Bürgerrechte einzusetzen. Das Ergebnis war die aktive Förderung des
Civil Rights Act durch die Regierung. Noch kurz vorher war die Vorlage dieses Gesetzes
sogar in sehr abgeschwächter Form von Kennedy selbst als politisch zu riskant bezeichnet worden.

Schließlich gab es dann noch Selma. Ein letztes Mal wurde die inzwischen hin-
länglich bekannte Provokationstaktik von King und der SCLC bis zur Perfektion
inszeniert. Nachdem die Kampagne im Januar 1965 begonnen hatte, erreichte sie im
März ihren Höhepunkt mit einer Reihe von Gewalttaten seitens der Segregationisten,

die in aller Munde waren. „On March 9, state troopers attacked and brutally beat some 525 persons who were attempting to begin a protest march to Montgomery. Later that same day, the Reverend James Reeb, a march participant, was beaten to death by a group of whites. Finally, on March 25, following the triumphal completion of the twice interrupted Selma-to-Montgomery march, a white volunteer, Mrs. Viola Liuzzo, was shot and killed while transporting marchers back to Selma from the state capital" (McAdam 1982: 179). Im Gefolge dieses dramatischen Zusammenbruchs der öffentlichen Ordnung und der allgemeinen Empörung, welche die Ereignisse auslösten, reagierte die Bundesregierung gezwungenermaßen ein weiteres Mal mit einer Intervention zum Schutz schwarzer Interessen. Am 17. März 1965 legte Präsident Johnson dem Kongreß einen strengen Gesetzesvorschlag zum Wahlrecht vor. Er enthielt mehrere Verordnungen, die man den Führern der Civil Rights-Bewegung bisher als politisch zu unpopulär dargestellt hatte. Der Entwurf wurde mit überwältigender Mehrheit sowohl im Senat als auch im Abgeordnetenhaus angenommen und trat bereits am 6. August 1965 in Kraft.

Selma repräsentierte den Höhepunkt für King, die SCLC und die Bürgerrechtsbewegung insgesamt. Nie wieder gelang es King, die Provokationstaktik, die er so gut beherrschte, mit Erfolg in Szene zu setzen. Der Grund ist einfach: Sobald sich die Bewegung aus dem Süden der USA herausbewegte und sich die wesentlich komplizierteren Formen des Rassismus im Norden vornahm, kam King die willige Gegnerschaft abhanden, mit der er es im Süden zu tun gehabt hatte. Bei den Südstaatenverfechtern der Rassentrennung konnte man sich, das hatte King gelernt, darauf verlassen, daß sie, wenn man sie hinreichend provozierte, mit der Gewalttätigkeit reagieren würden, die für das Interesse der Medien und eine über deren wohlwollende Berichterstattung ausgelöste öffentliche und staatliche Unterstützung ausschlaggebend ist. Solch günstige Aktionsbedingungen herrschten jedoch eben nur im Süden. Nach 1965 machten die Civil Rights-Gruppen mehr oder minder den Eindruck einer Bewegung auf der Suche nach einem Feind. Kenneth Clark (1979: 288) bringt die amorphe Beschaffenheit der Opposition, mit der es die Bewegung in den späten 60er Jahren zu tun hatte, auf den Punkt: „What do you do in a situation in which you have the laws on your side, where whites smile and say to you that they are your friends, but where your white 'friends' move to the suburbs leaving you confronted with segregation and inferior education in schools, ghetto housing, and a quiet and tacit discrimination in jobs? How can you demonstrate a philosophy of love to this? What is the appropriate form of protest?"

Die ganz andere Art eines weißen Widerstandes im Norden nahm King und der SCLC die Möglichkeit, ihre Aktionen so dramatisch und nachhaltig zu rahmen, wie es ihnen im Süden möglich gewesen war. Ohne aufsehenerregende Ausbrüche von weißem Rassismus verloren King und die SCLC ihre Fähigkeit, die Medien auf sich zu lenken und mit ihrer Hilfe jene Art von öffentlichem Druck zu mobilisieren, der ein weitergehendes Handeln der Bundesregierung nach sich gezogen hätte. Nach 1965 hat die amerikanische Öffentlichkeit nie wieder in einer Meinungsumfrage die Bürgerrechte der Schwarzen als die Nummer Eins aller Probleme im Lande betrachtet. Seitdem ist auch im Kongreß kein nennenswertes Bürgerrechtsgesetz mehr verabschiedet worden – mit Ausnahme des Civil Rights Act von 1968.

V. Folgerungen

Die beachtliche Explosion von Theorien und empirischer Forschung über soziale Bewegungen hat in den letzten 20 Jahren das Verständnis von Bewegungsdynamiken in Europa und den Vereinigten Staaten deutlich verändert und dabei ein eindrucksvolles Wissen über dieses Phänomen hervorgebracht. Es klaffen jedoch einige Lücken. Ich habe in diesem Aufsatz versucht, mich mit zwei von ihnen zu befassen.

Obwohl die Betonung der Bedeutung von Framing-Prozessen in der Literatur neuerdings ein wichtiges Korrektiv der anfangs erwähnten ziemlich „mechanistischen" Modelle darstellt, die auf den Konzepten von „Gelegenheiten" und „Ressourcen" beruhen, gibt es doch auch mit dem Framing-Konzept einige Probleme. Erstens sperrte es sich bisher einer systematisch-empirischen Anwendung. Von einigen bemerkenswerten Ausnahmen abgesehen (z.B. Gerhards/Rucht 1992), geht es in der Literatur zu diesem Thema meist um gut klingende programmatische Erklärungen und zu wenig um detaillierte empirische Anwendungen, die es erlauben würden, den wirklichen Wert des Framing-Konzepts einzuschätzen. Ein zweites Problem betrifft das, was ich als ausgesprochenen „idealistischen bias" beim gegenwärtigen Gebrauch des Framing-Ansatzes ansehe. Man hat Framing gleichgesetzt mit den ideologischen Ausdrucksformen einer Bewegung. Es ist aber, wie ich in diesem Beitrag aufzuzeigen versuchte, unmöglich, die Symbolisierungsanstrengungen einer Bewegungsgruppe ganz zu verstehen, ohne ein genaues Augenmerk auf deren Taktiken und Aktionen zu richten. Das Talent Martin Luther Kings lag nach meiner Ansicht in seiner Fähigkeit, Aktionen so zu rahmen, daß sie eine Reihe vorhersagbarer Reaktionen nicht nur bei einer einzigen, sondern bei vier verschiedenen Bezugsgruppen hervorriefen. Der Schlüssel dazu lag in Kings Geschick, die Verfechter der Rassentrennung zu Handlungen rassistischer Gewalt zu provozieren und gleichzeitig seine Anhänger an ihren programmatischen Verzicht auf Gewalt gebunden zu halten. In der Verbindung mit den von King vertretenen religiösen Prinzipien schuf die Gegenüberstellung von friedlichen schwarzen Demonstranten und wilden weißen Angreifern solche starken und nachhaltig wirkenden Bilder, daß diese wiederum entscheidend wichtige Reaktionen bei drei weiteren Bezugsgruppen hervorriefen. Die Medien wurden angezogen von dem Drama, das in diesen Kämpfen zum Ausdruck kam. Ihre wohlwollende Berichterstattung veranlaßte eine immer empörtere Öffentlichkeit, zunehmend lauter nach Taten zugunsten der Bewegung zu rufen. Infolge des wachsenden öffentlichen Drucks sah sich die bis dahin zögernde Bundesregierung immer wieder gezwungen, mit wachsendem Nachdruck aktiv zu werden. Es war diese Dynamik, welche der Bewegung – mit King als ihrer treibenden Kraft – zu ihren entscheidenden Erfolgen verhalf. Der zentrale Faktor dieser Dynamik war, so meine These, die überzeugende Dramaturgie von Kings Taktiken, nicht seine Verlautbarungen.

Die obige Aufzählung der Bezugsgruppen, die im Kampf um die Bürgerrechte eine wichtige Rolle spielten – die Verfechter der Rassentrennung, die Medien, die allgemeine Öffentlichkeit und die amerikanische Regierung – verweist auf das zweite wichtige Anliegen, das ich mit diesem Aufsatz verfolge: Wenn wir je ein volles Verständnis von kollektivem Handeln und sozialen Konflikten entwickeln wollen, dann muß unsere Forschung die Grenzen der gegenwärtig bewegungszentrierten Sicht auf soziale Bewegungen überschreiten. Der größte Teil der Forschung zum Thema Bewegungen konzentiert sich ausschließlich auf eine bestimmte Bewegung oder gar nur auf eine bestimmte Organisation innerhalb einer Bewegung. Selbst jene weitsichtigeren Wissenschaftler, die kürzlich darauf hingewiesen haben, welch wichtige Rolle der Staat für die Dynamik sozialer Bewegungen spielt, tendieren dazu, an dieser Stelle bereits einen Schlußpunkt zu setzen (Amenta/Zylon 1991; Duyvendak 1992; Koopmans 1992; Quadagno 1992). Ich möchte aber behaupten, daß offenkundig alle Interaktionen zwischen Staat und Bewegungen durch weitere Akteure vermittelt werden. Das konnte am Beispiel der amerikanischen Bürgerrechtsbewegung eindeutig belegt werden. Will man das Schwanken der amerikanischen Regierung zwischen Aktivität und Passivität gegenüber der Bürgerrechtsbewegung verstehen, so muß man das Augenmerk in gleichem Maße auf die Aktionen der Bewegung, auf die Verfechter der Rassentrennung, auf die Medien und dann auch auf den durch Medien bestimmten Wandel der öffentlichen Meinung richten. Wir Bewegungsforscher müssen unsere Analysen generell so weit anlegen, daß in der Untersuchung das gesamte Spektrum der für eine Bewegung relevanten Akteure erfaßt wird.

(Aus dem Amerikanischen übersetzt von
Elisabeth Gräfin von Westphalen und *Friedhelm Neidhardt*)

Literatur

Altheide, David, und *Robert Gilmore*, 1972: The Credibility of Protest, American Sociological Review 37: 99-108.

Amenta, Edwin, und *Yvonne Zylon*, 1991: It Happended Here: Political Opportunity, the New Institutionalism, and the Townsend Movement, American Sociological Review 54: 250-265.

Bennett, Lerone, Jr., 1966: Confrontation. Black and White. Baltimore, MD: Penguin Books.

Berry, Jeffrey, 1989: The Interest Group Society. New York: Harper Collins.

Branch, Tylor, 1988: Parting the Waters. America in the King Years 1954-1963. New York: Simon & Schuster.

Brand, Karl-Werner, 1990: Cyclical Aspects of New Social Movements. Waves of Cultural Criticism and Mobilization Cycles of New Middle-class Radicalism. S. 23-42 in: *Russel J. Dalton* und *Manfred Kuechler* (Hg.): Challenging the Political Order. New York: Oxford University Press.

Bullock, Henry Allen, 1971: Urbanism and Race Relations. S. 207-229 in: *Rupert P. Vance* und *Nicholas J. Demerath* (Hg.): The Urban South. Freeport, NY: Books for Libraries Press.

Clark, Kenneth B., 1970: The Civil Rights Movement. Momentum and Organization. S. 270-297 in: *Richard P. Young* (Hg.): Roots of Rebellion. New York: Harper and Row.

Duyvendak, 1992: The Power of Politics. New Social Movements in an Old Polity, France 1965-1989. Unveröffentlichte Dissertation.

Eyerman, Ron, und *Andrew Jamison*, 1991: Social Movements. A Cognitive Approach. University Park, Pennsylvania: The Pennsylvania State University Press.

Gallup, George, 1972: The Gallup Poll. Public Opinion, 1935-1971, Vs. 3. New York: Random House.

Gamson, William, 1990: The Strategy of Social Protest. Belmont, CA: Wadsworth.

Gamson, William, 1992: Talking Politics. New York: Oxford University Press.

Garrow, David, Jr., 1978: Protest at Selma. New Haven, CT: Yale University Press.

Garrow, David, Jr., 1986: Bearing the Cross. Martin Luther King, Jr., and the Southern Christian Leaderschip Conference. New York: Morrow.

Gerhards, Jürgen, und *Dieter Rucht*, 1992: Mesomobilization. Organizing and Framing in Two Protest Campaigns in West Germany, American Journal of Sociology 98: 555-596.

Gitlin, Todd, 1980: The Whole World is Watching. Berkeley: University of California Press.

Gould, Roger, 1991: Multiple Networks and Mobilization in the Paris Commune, 1871, American Sociological Review 56: 716-729.

Gould, Roger, 1993: Collective Action and Network Structure, American Sociological Review 58: 182-196.

Hubbard, Howard, 1968: Five Long Hot Summers and How They Grew, Public Interest 12: 3-24.

King, Martin Luther, Jr., 1963: Why We Can't Wait. New York: Harper and Row.

Koopmans, Ruud, 1992: Democracy from Below. New Social Movements and the Political System in West Germany. Unveröffentlichte Dissertation.

Lipsky, Michael, 1970: Protest in City Politcs. Chicago: Rand McNally.

Lipsky, Michael, 1971: Case Study of a Harlem Rent Strike. S. 326-335 in: *Gary T. Marx* (Hg.): Racial Conflict. Boston: Little, Brown.

Marwell, Gerald, und *Pamela E. Oliver*, 1988: Social Networks and Collective Action. A Theory of the Critical Mass III, American Journal of Sociology 94: 502-534.

Marx, Gary T., 1974: Thoughts on a Neglected Category of Social Movement Participation. The Agent Provocateur and the Informant, American Journal of Sociology 80: 402-442.

Marx, Gary T., 1979: External Efforts to Damage or Facilitate Social Movements. Some Patterns, Explanations, Outcomes, and Complications. S. 94-125 in: *Mayer N. Zald* und *John D. McCarthy* (Hg.): The Dynamics of Social Movements. Cambridge, MA: Winthrop Publishers, Inc.

McAdam, Doug, 1982: Political Process and the Development of Black Insurgency, 1930-1970. Chicago: University of Chicago Press.

McAdam, Doug, 1986: Recruitment to High-Risk Activism. The Case of Freedom Summer, American Journal of Sociology 92: 64-90.

McAdam, Doug, o.J.: Culture and Social Movements. In: *Joseph R. Gusfield, Hank Johnston* und *Enrigue Larana* (Hg.): Ideology and Identity in Contemporary Social Movements. Philadelphia, PA: Temple University Press.

McAdam, Doug, und *Ronnelle Paulsen*, 1993: Specifying the Relationship Between Social Ties and Activism, American Journal of Sociology 98.

McCarthy, John D., und *Mayer N. Zald*, 1973: The Trend of Social Movements in America. Professionalization and Resource Mobilization. Morristown, NJ: General Learning Press.

Melucci, Alberto, 1985: The Symbolic Challenge of Contemporary Movements, Social Research 52: 789-815.

Melucci, Alberto, 1989: Nomads of the Present. Philadelphia, PA: Temple University Press.

Minkoff, Debra, 1993: Shaping Contemporary Organizational Action. Women's and Minority Social Change Strategies, 1955-85. Paper presented at the Anual Meetings of the American Sociological Association, Miami, Florida.

Neidhardt, Friedhelm, 1982: Soziale Bewegungen terroristischen Handelns. Das Beispiel der „Baader-Meinhof-Gruppe" (RAF). S. 318-392 in: *W. von Baeyer-Katte et* al.: Analysen zum Terrorismus 3: Gruppenprozesse. Opladen: Westdeutscher Verlag.

Neidhardt, Friedhelm, 1988: Große Wirkungen kleiner Reize symbolisch vermittelt. Zur Soziologie des Terrorismus. S. 193-203 in: *Ders.*, Gewalt und Terrorismus. Studien zur Soziologie militanter Konflikte. Berlin (WZB).

Piven, Frances Fox, und *Richard A. Cloward*, 1979: Poor People's Movement. New York: Vintage Books.

Quadagno, Jill, 1992: Labor Unions and Racial Conflict in the War on Poverty, American Sociological Review 57: 616-34.

Rosenberg, Gerald N., 1991: The Hollow Hope. Chicago: University of Chicago Press.

Rosenthal, Naomi, Meryl Fingrutd, Michele Ethier, Roberta Karant und *David McDonald*, 1985: Social Movements and Network Analysis. A Case Study of Nineteenth Century Women's Reform in New York State, American Journal of Sociology 90: 1022-1055.

Snow, David A., und *Robert D. Benford*, 1988: Ideology, Frame Resonance, and Participant Mobilization. S. 197-217 in: *Bert Klandermans, Hanspeter Kriesi* und *Sidney Tarrow* (Hg.): From Structrure to Action. Social Movement Participation Across Cultures. Greenwich, CT: JAI Press.

Snow, David A., und *Robert D. Benford*, 1992: Master Frames and Cycles of Protest. S. 133-135 in: *Aldon D. Morris* and *Carol McClurg Mueller* (Hg.): Frontiers in Social Movement Theory. New Haven, CT: Yale University Press.

Snow, David A., *E. Burke Rochford, Jr.*, *Steven K. Morden*, und *Robert D. Benford*, 1986: Frame Alignment Processes, Micromobilization, and Movement Participation, American Sociological Review 51: 461-481.

Snow, David A., *Louis A. Zurcher, Jr.*, and *Sheldon Ekland-Olson*, 1980: Social Networks and Social Movements. A Microstructural Approach to Differential Recruitment, American Sociological Review 45: 787-801.

Tarrow, Sidney, 1994: Power in Movement. Social Movements, Collective Action and Mass Politcs in the Modern State. New York: Cambridge University Press.

Turner, Ralph, 1969: The Public Perception of Protest, American Sociological Review 34: 815-831.

Watters, Pat, 1971: Down to Now. Reflections on the Southern Civil Rights Movement. New York: Pantheon Books.

LOKALE BEWEGUNGSNETZWERKE UND DIE INSTITUTIONALISIERUNG VON NEUEN SOZIALEN BEWEGUNGEN*

Roland Roth

Zusammenfassung: Die Ausbildung von lokalen Bewegungsmilieus stellt, wie inzwischen in empirischen Studien gezeigt wurde (Melucci et al. 1984; Zwick 1990; Gerhards 1993; Vester et al. 1993), eine wesentliche Voraussetzung für die anhaltende Mobilisierungsstärke neuer sozialer Bewegungen dar. Dennoch bleiben angesichts rascher Themenwechsel und sozialstruktureller Umbrüche Zweifel an der Dauerhaftigkeit dieser Milieus. Auch ihre theoretische Verortung ist äußerst strittig. Das Angebot reicht von der Herausbildung einer neuen dauerhaften politischen Konfliktlinie (Weßels 1991) bis zu einer spezifischen Milieubildung neuer Mittelschichten (Geiling/Vester 1991), von der gegenkulturellen Herausforderung gelebter Alternativen (Melucci 1989) bis zur Avantgarde einer postmodernen Politik (Raschke 1993; Roth 1994b). In diesem Zusammenhang stellt sich der Beitrag zwei Aufgaben: Zum einen wird auf der Grundlage von drei lokalen Fallstudien (Frankfurt am Main, Freiburg im Breisgau und Odenwaldkreis) die Frage nach der Kontinuität und dem Wandel von Bewegungsmilieus für die letzten 25 Jahre geprüft. Zum anderen werden die empirischen Ergebnisse dazu genutzt, die „paradoxe" Zeitdiagnose einer Institutionalisierung von Bewegungen zu diskutieren.

I. Lokale Bewegungsmilieus – eine Hypothese

Die Ausbildung und Stabilisierung lokaler Bewegungsnetzwerke gilt als wichtiger Faktor für die Schubkraft und Dauerhaftigkeit von sozialen Bewegungen.[1] Die zentrale Hypothese dieses Beitrags lautet, daß dies auch und besonders für die sog. neuen sozialen Bewegungen gilt. In einer zeitgeschichtlichen Perspektive können wir davon ausgehen, daß sich mit den antiautoritären Protesten der 68er-Generation erste Knotenpunkte und organisatorische Ansätze einer Bewegungsinfrastruktur gebildet haben (Kommunikationszentren, Medien, alternative Lebensformen und Projekte), die nachfolgende Mobilisierungen zu anderen Themen nachhaltig begünstigen und unterstützen, gleichzeitig Niederlagen abfedern und Lernprozesse unterstützen. Gruppen, Einrichtungen und Öffentlichkeiten der lokalen Bewegungsnetzwerke erlauben durch ihre Dauerhaftigkeit eine spezifische Dynamik von Latenz und Sichtbarkeit, von kultureller Reproduktion eines alternativen Milieus (mit Ausstrahlungen in ihr Umfeld) und manifesten Protesten. Sie bilden ein institutionelles, identitätsstiftendes Gefüge

---

* In diesem Beitrag greife ich auf Ergebnisse und Materialien aus einem DFG-Projekt über „Lokale Bewegungsnetzwerke" (1989-1993) zurück, an dem Regina Dackweiler, Margot Poppenhusen, Reiner Hartel und Peter Grottian mitgearbeitet haben. Eine Buchfassung des Abschlußberichts mit ausführlichen empirischen Belegen, auf die im folgenden verzichtet wird, ist für Herbst 1994 beim Westdeutschen Verlag vorgesehen.

1 Einen aktuellen Überblick zur Debatte über Klassen, Schichten, Milieus und Mentalitäten als Bezugsrahmen für die Analyse sozialer Praxisformen bieten Vester et al. (1993: IV.).

für eine Bewegungsszene, die durch schnellen Themenwechsel und einen raschen Verschleiß von Ideologien und politischen Orientierungen gekennzeichnet ist. Lokale Bewegungsnetzwerke vermitteln zwischen der Erprobung kultureller Alternativen und neuen Lebensstilen einerseits und öffentlichen, machtpolitisch orientierten Initiativen andererseits, deren Spektrum von spontanen Protesten bis zur Ausbildung von Alternativparteien reichen kann. Es spricht deshalb einiges dafür, daß die lokalen Bewegungsnetzwerke am nachhaltigsten jene Mobilisierungsschübe erzeugen und tragen, die sich – besonders bei neuen Herausforderungen – aus anfänglich personell, organisatorisch und strukturell „unterentwickelten" Initiativen von einzelnen bilden. Es hängt daher offenkundig mehr von existierenden Bewegungsnetzwerken als von initiierenden Gruppen ab, ob und in welchem Umfang weitere Mobilisierungsschübe zu erwarten sind.

An drei ausgewählten Orten der Bundesrepublik (Frankfurt am Main, Freiburg im Breisgau und dem Odenwaldkreis) und für einen Zeitraum von ca. 25 Jahren konnten diese Ausgangsüberlegungen anhand der Dynamik von sichtbaren Mobilisierungen (Protestereignissen), Gruppenbildungen, Projekten und Themen von lokalen Protestakteuren bestätigt werden. An jedem der Untersuchungsorte ist auch Mitte der 90er Jahre mit politischen Initiativen aus den Bewegungsmilieus und ihrem intermediären Umfeld zu rechnen. An keinem der Orte haben Individualisierungsprozesse und/oder Institutionalisierungen bzw. die Abkehr von direkten politischen Artikulationsformen ein Ausmaß angenommen, daß von einem gänzlichen Verschwinden von Bewegungspolitik von der lokalen Bühne gesprochen werden könnte. Zwar gibt es deutliche Zyklen in der Mobilisierung für bestimmte Themen, es kommen und gehen Gruppen, Projekte und Orientierungen, es verlanden einzelne Bewegungsbereiche, aber es gibt auch offensichtliche bewegungspolitische Kontinuitäten, die über Personen und Einrichtungen der lokalen Bewegungsnetzwerke gesichert und weitergegeben werden.

Damit bestätigt sich auf lokaler Ebene eine zentrale Dimension des Konzepts „neue soziale Bewegungen", die von der Existenz einer Vielzahl von Gruppierungen und Praxisformen ausgeht, die gleichwohl locker miteinander verknüpft sind und bei spezifischen Mobilisierungen zusammenwirken. Alle relevanten Strömungen der neuen sozialen Bewegungen (Frauen-, Ökologie- und neue Friedensbewegung, aber auch Bürgerinitiativen, selbstverwaltete Projekte und Betriebe) sind bzw. waren an allen Orten präsent und mehr oder weniger dicht miteinander vernetzt.[2]

---

2 Aus der Fülle von Definitionsanstrengungen ragen die inzwischen weithin anerkannten Beiträge von Raschke heraus (1985; 1991). Wesentliche Merkmale des neuen Bewegungstyps „neue soziale Bewegungen" faßt er wie folgt zusammen: „Es handelt sich um einen schwach strukturierten, fluiden und offenen Typ sozialer Bewegung:
 – Abwesenheit einer einheitlichen geschlossenen Ideologie.
 – Thematische Vielfalt und rascher Issuewechsel.
 – Geringer Grad organisatorischer Verfestigung, Bürokratisierung und Zentralisierung in Verbindung mit Führerfeindlichkeit.
 – Hohe Variabilität der Aktionsformen bei Betonung direkter Aktion.
 – Vielzahl autonomer, stark vernetzter Teilbewegungen" (Raschke 1985: 412).

II. Locality does matter!

Das Spannende und Überraschende des lokalen Vergleichs liegt jedoch jenseits solcher Globaleinschätzungen und ihrer empirischen Bestätigung. Bei der Suche nach den lokalen Formen und Verankerungen neuer sozialer Bewegungen sind an den einzelnen Orten immense Unterschiede sichtbar geworden.[3] „Lokalität" spielt für gegenwärtige soziale Bewegungen eine besondere, bisher weithin unterschätzte Rolle:

a) Neue soziale Bewegungen sind aus lokaler Perspektive nicht die übergreifende nationale und transnationale Einheit mit lokal spezifischen Verankerungen, sondern sie umfassen lediglich einige der Strömungen, Themen und Mobilisierungen einer ungleich reicheren und heterogeneren lokalen Bewegungsszenerie. Die lokalen „Teile" sind mehr als das „Ganze" der neuen sozialen Bewegungen.

b) Internationale, nationale oder regionale Themenkonjunkturen und Mobilisierungen spielen für die in sich wiederum heterogen zusammengesetzten lokalen Bewegungsmilieus durchaus eine Rolle, aber ihre Strukturierungswirkung ist nicht groß genug, um auf lokaler Ebene „vereinheitlichend" zu wirken. Was, wann und wie aufgegriffen, wofür und mit welcher Intensität mobilisiert wird, variiert lokal erheblich. Das ökologische Motto „Think globally, act locally" gilt also auch in umgekehrter Richtung: Spezifische lokale Orientierungen entscheiden über die Beteiligung an überregionalen Protesten.

c) Neben den übergreifenden Themen spielen für die untersuchten lokalen Bewegungsmilieus spezifische lokale Anlässe und Ansatzpunkte eine prägende Rolle. Gerade auch für übergreifende Bewegungsthemen und -mobilisierungen werden lokale Anknüpfungspunkte gesucht, sie werden „lokalisiert". Lokale Bewegungsakteure sind in Anspruch und Praxis zugleich „Cosmopolitans" und „Locals".[4] „Lokal" bezieht sich dabei heute weniger denn je ausschließlich auf die eigene Bewegungsszene, sondern verweist auf die lokale Gesellschaft und Politik insgesamt.

d) Lokale Bewegungsmilieus entwickeln eigene, lokal unterschiedliche Strukturierungen, die das Profil von Thematisierungen und Aktionen konturieren, das soziale Beziehungsgefüge in der „Szene" bestimmen, Normen, Hierarchien und Solidaritäten ausbilden und das Verhältnis zum intermediären Umfeld, zu den politischen Gegnern und zum lokalen Staat regulieren.[5]

---

3 In die gleiche Richtung weisen die „Biographien regionaler Bewegungsmilieus", die Vester et al. (1993: V) zu Reutlingen, Hannover und Oberhausen vorgelegt haben. Auch die Beiträge zu neuen sozialen Bewegungen in Bremen sensibilisieren eher für Differenzen, auch wenn die Herausgeber vorschnell verallgemeinernd von „Beispiel" bzw. der „großstädtischen" Prägung neuer sozialer Bewegungen sprechen (Butterwegge/Jansen 1992: 14). Auf einen Bedeutungsgewinn der lokalen Ebene insgesamt (Stichwort: New Localism) verweisen auch zahlreiche aktuelle stadtsoziologische und stadtpolitische Beiträge (z.B. Goetz/Clarke 1993).

4 Die Unterscheidung geht auf Robert K. Merton zurück, der sie im Zusammenhang mit einer empirischen Studie über lokale Einflußstrukturen entwickelt hat (Merton 1958).

5 Der Begriff „Strukturierung" knüpft an Giddens' Programm einer praxistheoretischen Auflockerung des soziologischen Strukturbegriffs an, das für die Analyse von sozialen Bewegungen besonders angemessen erscheint (zur internationalen Debatte dieses Programms s. Bryant/Jary 1991). Statt von Strukturen eines sozialen Systems geht es von reproduktiven sozialen Praktiken aus, die „Strukturmomente" aufweisen, „und daß Struktur, als raumzeitliches Phänomen, nur insofern existiert, als sie sich in solchen Praktiken

e) Die Strukturierungen lokaler Bewegungsmilieus sind dabei weder ein Abbild spezifischer lokaler Bedingungen noch beliebige Zufallsvariationen. In sie geht einerseits ein hohes Maß an Eigensinn und Selbstkonstitution der lokalen Bewegungsakteure ein.[6] Gleichzeitig sind sie Ergebnisse einer Auseinandersetzung mit den spezifischen lokalen Gegebenheiten, kulturellen Traditionen und politischen Bedingungen.[7] Sie sind somit Produkte eines „aufgeklärten" Parochialismus, der nicht traditionsgeleitet ist, aber selbst durchaus raumbezogene, lokale Interessen artikuliert sowie lokale Gemeinsamkeiten und Traditionen belebt bzw. erst stiftet.[8]

f) Die lokalen Strukturierungen sind an keinem der Orte über den gesamten Untersuchungszeitraum stabil und für alle Bewegungsbereiche gleichermaßen wirksam, sondern unterliegen langsamen Wandlungsprozessen. Sie zeichnen sich allerdings dadurch aus, daß sie verschiedene Themenwechsel, Projekte, Erfolge, Niederlagen etc. überdauern und gleichzeitig in mehreren Bewegungsbereichen wirksam sind.

III. Lokale Unterschiede

Hinter den auf Stabilisierung, Normalisierung und Kontinuität deutenden Befunden, die zu neuen sozialen Bewegungen auf einer aggregierten Makroebene vorliegen

---

realisiert und als Erinnerungsspuren, die das Verhalten bewußt handelnder Subjekte orientieren" (Giddens 1988: 69). Strukturen sind, so Giddens' zentrale Annahme, nicht allein als Zwang, sondern auch als Ermöglichungsbedingung von Handeln aufzufassen. Um diese „Dualität von Struktur" hervorzuheben, wird dem Terminus „Strukturierung" der Vorzug gegeben.

6 Auf die Bedeutung von Selbsterzeugungsprozessen für das Entstehen sozialer Bewegungen hat nachdrücklich Japp (1984) aufmerksam gemacht.

7 Im Konzept der „political opportunity structures" ist ein Ausschnitt dieser strukturierenden Faktoren systematisiert und für die Bewegungsforschung fruchtbar gemacht worden (Kriesi 1991; Tarrow 1991). Um die zusätzliche Berücksichtigung von kulturellen Faktoren hat sich Brand (1989) bemüht.

8 *Parochialität* läßt sich als Terminus für eine Analyse politischer Kultur dadurch charakterisieren,
   „– daß das politische Interesse durch eine starke Ausrichtung auf ortsunmittelbare Problemlagen und damit selbstverständlich auch durch lokale Borniertheit und Kirchturmperspektive gekennzeichnet ist;
   – daß räumliche Problemlagen Kristallisationskerne werden, um die herum sich eine besondere politische Gesellschaft herausbildet, die nicht bruchlos aufgeht in einer lokalen Abspiegelung der nationalen politischen Gesellschaft;
   – daß politische Repräsentation auf den jeweiligen politischen Entscheidungsebenen nicht einfach als Repräsentation funktionaler, sektoraler oder ideologischer Interessen der nationalen Gesamtgesellschaft begriffen werden kann, sondern eben auch als Repräsentation von Interessen, die auf der Gemeinsamkeit von Lokalität beruhen" (Lück u.a. 1976: 316f.).
   „Aufgeklärt" möchten wir die Parochialität der lokalen Bewegungsmilieus deshalb nennen, weil sie neben ihrer Orientierung auf Lokalität
   – in überlokale Mobilisierungen und Thematisierungen einbezogen bleiben,
   – traditionelle lokalgeschichtliche Ausgrenzungen aufbrechen (durch Thematisierung der Lokalgeschichte „von unten", wie z.B. die Geschichte der Frauen, oder tabuierter Zeitabschnitte, wie z.B. den Nationalsozialismus),
   – aktuelle soziale und politische Ausgrenzungen im lokalen Bereich thematisieren (Situation von AusländerInnen, Gewalt gegen Frauen etc.),
   – mit neuen Themen die lokalen Zuständigkeiten zu erweitern trachten (Roth 1990).

(Fuchs/Rucht 1992; Koopmans 1992; Rucht 1993), verbergen sich vor Ort sehr unterschiedliche Ausprägungen und Entwicklungen. An allen drei Untersuchungsorten war Ende der 80er Jahre ein Aktivitätsrückgang in den „klassischen" Bewegungsbereichen (Frauen-, Ökologie- und Friedensbewegung) zu verzeichnen. Dafür sind – neben einem allgemeinen Niedergang der letzten großen friedensbewegten Mobilisierungswelle nach 1984 bzw. 1986 – lokal sehr unterschiedliche Faktoren maßgeblich. Aber es gibt auch gegenläufige Tendenzen. Andere Akteure haben inzwischen die politische Bühne betreten oder rücken stärker in den Vordergrund der lokalen Bewegungsmilieus.

1. In *Frankfurt am Main* hatte sich jene Szene, die bis zu Beginn der 80er Jahre für die lokalen Mobilisierungen maßgeblich war, auch programmatisch von Bewegungspolitik verabschiedet. Die – aus eigener Sicht – durchaus erfolgreiche Option für institutionelle Politik, die sie in Hessen und Frankfurt zur dominierenden, auf Bundesebene durchaus einflußreichen realpolitischen Fraktion der Grünen werden ließ, hat zu einem politisch-strategischen Bedeutungsverlust einer Politik „auf der Straße" geführt. Die aus ihrem Milieu hervorgegangenen selbstverwalteten Betriebe und Projekte haben sich inzwischen weitgehend professionalisiert und institutionalisiert – nicht zuletzt mit Hilfe von Förderprogrammen des Landes und der Stadt. Im ersten Haushalt der „rotgrünen" Stadtregierung sind z.B. fast alle lokalen Frauenprojekte finanziell berücksichtigt worden. Dennoch ist der Frankfurter Bewegungssektor nicht entvölkert. Er besteht seit Beginn der 90er Jahre aus einer heterogenen Mischung von

- Stadtteil- und Bürgerinitiativen, die ihre Kritik an den spezifischen städtischen Lebensbedingungen (Wohnen, Verkehr, Kinder, Gesundheit etc.) artikulieren, aber auch zu regionalen und übergreifenden Themen mobilisieren (z.B. Anti-Kernkraft-Opposition, neue Friedensbewegung, Tschernobyl),
- einer autonom-libertären Opposition, die sich vor allem über den Startbahn-Konflikt gebildet hatte und gegen den institutionellen Integrationskurs der Realo-Grünen mobilisiert, und
- einer neuen Protestgeneration, die an die inzwischen aufgegebenen politischen Orientierungen der „Alt-Szene" anknüpft und sich gegen deren politisch-soziale Schließung zur Wehr setzt.[9]

Diese Strömungen gehören seit Mitte der 80er Jahre in Frankfurt zu jenen, die für Protestereignisse sorgen.[10] Hinter der Normalisierung und Anerkennung von Bewegungspolitik und ihren Themen verbirgt sich in Frankfurt eine fortgeschrittene soziale und politische Dekomposition eines „alten" Bewegungsmilieus, das allerdings bereits in den 70er Jahren Ausgrenzungen – etwa gegenüber weniger radikalen Bürgerinitiativen und politischen Gruppen – produzierte.

Nach dem Ende einer zwölf Jahre dauernden CDU-Stadtregierung, die gegenüber den Bewegungsmilieus überwiegend ausgrenzend bzw. repressiv agierte, sprechen

---

9 Zur Geschichte und zum politischen Selbstverständnis jener Gruppierungen, die unter dem Etikett „Autonome" firmieren, s. Geronimo (1990), Geronimo et al. (1992), Lauterbach (1994).
10 Heterogenisierung und soziale Erosion kennzeichnen die Stadtentwicklung Frankfurts insgesamt – hierzu das Themenheft „Stadtkultur Frankfurt" der Zeitschrift „Bauwelt" (Heft 1/2 vom 7.1.1994) und Noller et al. (1994); mit Blick auf die parallele Herausbildung rechter Protestmilieus s. Hennig (1991).

die Proteste der jüngsten Zeit dafür, daß sich mit der seit 1989 regierenden „rotgrünen" Stadtregierung eine bewegungsförderliche politische Chancenstruktur erneuerte, in der reformpolitische Ansprüche – wie zu Beginn der 70er Jahre – bewegungspolitisch eingeklagt und radikalisiert werden können.[11] In den Mobilisierungen gegen den Golf-Krieg, die in Frankfurt besonders umstritten waren, zeigte sich in Frankfurt eine neue Protestgeneration, die sich in den Schulen zuvor bereits entlang ökologischer und schulbezogener Themen gebildet hatte.

2. Die *Freiburger* Bewegungsbereiche dagegen präsentieren sich auch seit Beginn der 90er Jahre wesentlich homogener und integrierter. Weder haben sich die „VeteranInnen" der Bewegungsbereiche sozial und politisch so weit aus den Bewegungsmilieus entfernt, noch sind die Brüche zur jüngeren Generation so tief wie in Frankfurt. Aber gleichwohl existieren nachhaltige, angesichts nachlassender Protestaktivitäten berechtigte Zweifel an der Mobilisierungsfähigkeit des eigenen Bewegungsmilieus, ohne daß bereits zum Abschied von der Bewegungspolitik geläutet worden wäre.[12] Ein Vernetzungsprojekt ist zwar in jüngster Zeit eingestellt worden (Freiburger Frauenblatt), aber die drei großen Projektezentren, über die sich Bewegungspolitik in Freiburg über viele Jahre wesentlich reproduziert hat, sind stabil. Intensive Mobilisierungen gegen den Golf-Krieg haben diesen Eindruck bestätigt. Nicht Dekomposition, sondern ein Nachlassen der Protestenergien kennzeichnet die gegenwärtige Freiburger Situation. Lokalpolitische Öffnungen im kulturellen Bereich gegenüber einer ehemals ausgegrenzten Jugendkultur dürften dazu beigetragen haben, daß die protestfördernde Frontstellungen in diesem Milieu nachgelassen haben.

3. Ähnliches gilt auch für den *Odenwald*. Jene Infrastruktur, die mit der neuen Friedensbewegung entstand, hat etwas Patina angesetzt, und viele ihrer Aktivitäten werden zunehmend als Ritual erfahren. Ein Verlust an Anziehungs- und Integrationskraft des „Odenwälder Friedensforums", einer zentralen Bewegungseinrichtung der 80er Jahre, ist bei der Gründungsgeneration spürbar. Gleichwohl sorgen die Erfolge in der Öffentlichkeitsarbeit und in der Konsensmobilisierung angesichts fortdauernder lokaler Belastungen (militärische Tiefflüge, Munitionstransporte etc.) für eine Kontinuität in den Beteiligungszahlen lokalen Protests, gerade weil neue Akteure hinzukommen. Neuansätze, wie die „Grüne Aktionsjugend", die sich aus der lokalen Jugendszene gebildet hat, deuten darauf hin, daß bewegungspolitische Optionen virulent sind.
   Eine schwächer werdende Kontinuität und Neuanfänge prägen die aktuelle Lage im Odenwälder Bewegungsmilieu. Die Mobilisierungen gegen den Krieg am Golf und

---

11 Hierzu ausführlicher mein Beitrag über Frankfurt/M (1991a).
12 In einem Brief an die Abonnentinnen und Abonnenten ihrer aktuellen Protest-Chronologie vom Juli 1990 charakterisieren die MitarbeiterInnen des „Archivs soziale Bewegungen in Baden" die Verfassung der neuen sozialen Bewegungen in Freiburg folgendermaßen: „Anzeichen für deren langsames Ableben mußten wir schon Anfang 1989 zur Kenntnis bringen ... Diese Tendenz hält unvermindert an. Soziale Bewegungen, wie sie in den 70er und 80er Jahren die gesellschaftlichen Auseinandersetzungen wesentlich mitbestimmt haben, verlieren mehr und mehr an Gewicht, und neue Bewegungsformen bleiben vorerst noch ohne klare Konturen." Gleichwohl unterstreicht die seit mehr als zehn Jahren regelmäßig erscheinende Chronologie des lokalen und regionalen Protests das enorme Kontinuitätsbewußtsein der Freiburger Bewegungsszene.

ausländerfeindliche Anschläge im eigenen Land haben hier die Funktion des „Oden-wälder Friedensforums" bestätigt.

IV. Varianten lokaler Strukturierung

Die Strukturierung der neuen sozialen Bewegungen fällt lokal sehr unterschiedlich aus. Die lokalen Unterschiede in den mikrosozialen und sozialökologischen Grund-lagen, den themenspezifischen Mobilisierungen und kulturellen Innovationen, in den politischen Orientierungen und im Selbstverständnis der gegenwärtigen Sozialbewe-gungen sind erheblich größer als Begriffe wie „Netzwerk", „Bewegungssektor" oder „Bewegungsbereich" vermuten lassen. An jedem der Orte wirkten andere dominante Strukturierungsmuster, die dem jeweiligen lokalen Bewegungsmilieu für längere Zeit eine spezifische Prägung gegeben haben und – in unterschiedlicher Intensität – bis zur jüngsten Gegenwart (nach-)wirken.

So dominierte in Frankfurt in den 70er Jahren eine *„zentrale Gruppe"*, die mit politischen Konzepten, strategischen Orientierungen und eigenen Politikansätzen eine enorme Prägekraft für das lokale Protestmilieu gewinnen konnte. Ihre Zentralität gründete sich einerseits auf der erfolgreichen Inszenierung charismatischer Führungs-figuren, andererseits auf einer breiten Akzeptanz von politischen Leitwerten wie „Avantgarde", „Militanz" und „politisch-existentieller Radikalität" in den verschiede-nen Bewegungsbereichen. Als Motto der rasch wechselnden politischen Ideen und Ansätze könnte der Wandspruch „Immer radikal, niemals konsequent" gelten. Ihre zentrifugale Kraft erzeugte eine hierarchische Figuration, die sich über und durch rasch wechselnde politische Ansätze erhalten konnte.[13] Die „zentrale Gruppe" verlor ihre Prägekraft, als sie Ende der 70er Jahre Bewegungspolitik als erste Option aufgab und sich – als realpolitische Fraktion der Grünen – dem parlamentarischen Terrain zuwandte. Dennoch blieb ihre – nun wenig bewegungsförderliche – politische Aus-strahlung auf den lokalen Bewegungssektor auch von diesem veränderten Ort aus selbst in den 80er Jahren beachtlich. Die in der Tendenz elitären, auf Prätention und Differenz angelegten, sowie informell hierarchischen Züge dieses Strukturierungsmu-sters, die sich auch lebensweltlich in den Beziehungsmustern einer „Szene" mit „zen-tralen" (bzw. „marginalen") Personen und Projekten ausprägten, widersprechen den „Sonntagsbildern" von genuin demokratischen, pluralen und gleichberechtigten Ver-hältnissen in den neuen sozialen Bewegungen.

Die Besonderheiten der Freiburger Bewegungsbereiche verweisen auf einen *„zen-tralen Konflikt"* als dominantes Strukturierungsprinzip. Der Konflikt um den Bau eines Kernkraftwerkes in Wyhl am nahegelegenen Kaiserstuhl dominierte nicht nur über ein Jahrzehnt (von 1972 bis 1983) die regionale politische Kultur, sondern wirkte als erster massiver und für die Protestbewegungen bislang erfolgreicher, ökologischer Großkonflikt nachhaltig auf deren Strukturen zurück. Ein konsensstiftendes und ver-allgemeinerungsfähiges Ziel, pluralistische und basisdemokratische Beteiligungsstruk-turen und nach dem Konsensprinzip gefaßte verbindliche Beschlüsse, gewaltfreie

---

13 Eine begriffliche Anlehnung an Norbert Elias, dessen Figurationsanalyse sich für die Frank-furter Verhältnisse aufdrängt (zum Figurations-Begriff vgl. Elias 1976: LXVIII).

außerparlamentarische Formen und die über- bzw. unterparteiliche Organisation des
Widerstands gehören zu den weithin anerkannten Erfolgsbedingungen des Modells
„Wyhl".[14] Es erreichte als bewährte „Lern-Folie" für die Binnenstruktur der Freiburger
Bewegungsbereiche eine hohe Verbindlichkeit, und ökologische Orientierungen brei-
teten sich früh in der städtischen Szene aus. „Wyhl" wurde zudem zum Vorbild für
zahlreiche lokale Mobilisierungen, wie z.B. in den Hausbesetzungskonflikten um den
Schwarzwaldhof und das Dreisameck oder in Blockadeaktionen der neuen Friedensbewegung. Pragmatische Orientierungen und moderate Konfliktformen, inklusive Projekte und ein toleranter Pluralismus kennzeichnen weithin die Freiburger Bewegungsszene, die durch enge personen- und projektbezogene Netzwerke getragen wird. Avant-
gardismus, Militanz, große theoretische und politisch-strategische Entwürfe und charismatische Führungsfiguren fehlen weitgehend. Ein eindrucksvolles Beispiel für diese
lokale politische Kultur bietet die kollektive Kandidatur einer Gruppe von Frauen bei
den Oberbürgermeisterwahlen der Stadt im Jahre 1990, die ihr immerhin ein Fünftel
der Stimmen eintrug.[15] Dies gibt den Freiburger Bewegungsbereichen eine pluralistische, egalitäre, informell basisdemokratische Struktur, wie sie häufig den neuen sozialen Bewegungen insgesamt zugeschrieben wird.

Im Odenwaldkreis ist der späte Aufschwung der neuen sozialen Bewegungen zu
Beginn der 80er Jahre weitgehend auf die integrierende und mobilisierende Wirkung
einer *„zentralen Bewegungsorganisation"*, des „Odenwälder Friedensforums" zurückzuführen, das sich im Zusammenhang mit der neuen Friedensbewegung bildete. Zwar
hatte es – oft in Miniaturausgabe und subkulturell abgeschottet – in den späten 60er
und in den 70er Jahren auch im Odenwald die verschiedensten Gruppen und Mobilisierungen sozialen Protests gegeben (von den Bürgerinitiativen bis zu den K-Grup-
pen), aber erst im vergangenen Jahrzehnt erzielte Bewegungspolitik in diesem ländlichen Gebiet einen Durchbruch, der sich an der Zahl der lokalen Protestereignisse,
der gestiegenen Beteiligung, der Ausweitung der Themen und der öffentlichen Resonanz ablesen läßt. Dies war und ist nicht zuletzt Ergebnis einer Organisationsleistung.
Mit der bewußten Schaffung einer übergreifenden Bewegungsorganisation, die als
offenes Forum für alle regionalen Protestinitiativen, oppositionelle Gruppen und interessierte Einzelpersonen angelegt ist, gelang eine Bündelung und Verstetigung von
Bewegungsaktivitäten, die durch eine gezielte Öffentlichkeits- und Pressearbeit in ein
bis dahin noch nicht erreichtes Umfeld ausstrahlte. Im Unterschied zu Freiburg sind
die Vernetzungen regional verstreuter Initiativen und Kleinstmilieus im Odenwald,
die sich in diesem ländlichen Gebiet ohne Universitätsstadt nicht auf ein dichtes,
integrierendes, urbanes Milieu stützen können, wesentlich Produkt organisatorischer
Anstrengungen. Die öffentlichen, plenaren Entscheidungsstrukturen des „Odenwälder
Friedensforums" erfüllen demokratische Normen. Über einen regelmäßigen Informa-
tionsrundbrief bleiben Entscheidungen auch für jene transparent, die nicht zu den

---

14 Die Bauplatzbesetzungen am Kaiserstuhl und das Kooperationsmodell der „badisch-elsäs-
   sischen Bürgerinitiativen" sind zum bundesweiten Vorbild zahlreicher anderer ökologischer Konflikte und zum Sinnbild des Modells „Bürgerinitiative" schlechthin geworden,
   durch die es aus der Frontstellung zu den Protestbewegungen der 60er Jahre herausgelöst
   werden konnte (Mez 1991).
15 Zum Wahlbündnis der „Unabhängigen Frauen Freiburgs" und zur Freiburger Frauenbewegung insgesamt s. Poppenhusen (1992).

jeweils Anwesenden gehören. Gleichwohl schwebt diese Bewegungsorganisation über den diversen Aktionsgruppen und ihren spezifischen Milieus; sie ist dadurch stark von der Vernetzungsarbeit von wenigen abhängig.

Denkfiguren, die in der Debatte über die Entwicklung von sozialen Bewegungen prominent sind, wie z.b. die der Ausdifferenzierung von Bewegungsbereichen, das zyklische Auf und Ab sichtbarer Mobilisierung, Institutionalisierung als natürliches Ende sozialer Bewegung oder ein Wachstumsprozeß, bei dem jede neue Mobilisierung – wie die Jahresringe eines Baumes – zur Erweiterung des Bewegungsmilieus beiträgt, sind nicht komplex genug, um die Dynamik vor Ort angemessen zu rekonstruieren. Es gibt keine Naturbildern folgende allgemeine Entwicklungslogik. Vielmehr verdienen zwei gegenläufig wirkende Dimensionen besondere Beachtung:

Gerade im lokalen Bewegungsfeld wird zum einen die zentrale Bedeutung von *Selbstkonstitution* und Eigensinn für das Entstehen, die Entwicklung und das Ende von neuen sozialen Bewegungen deutlich. Politische Konzepte, Strategien, normative Ansprüche des eigenen Milieus, Selbstverwirklichungswünsche, existentielle Radikalität etc. – also die in den Bewegungsnetzen zirkulierende „software" – zeichnen diese kollektiven Akteure in hohem Maße aus und begleiten den Kurs ihrer Praxis. Ein Überschuß an Reflexivität reguliert die Wahrnehmung und die Reaktion auf Betroffenheiten und Ungerechtigkeitserfahrungen, die zu Aktionsanlässen werden können, aber nicht müssen. Die eigene lokale Bewegungsgeschichte liefert Anschlußmöglichkeiten und Revisionsbedürfnisse. Hinzu treten vielfältige Anstöße und Anregungen, die durch je spezifische Interpretationen von und Kontakte mit nationalen und internationalen Bewegungen zustande kommen. Zum anderen beleuchten diese Elemente der Selbsterzeugung und Kontinuierung von sozialen Bewegungen nur einen begrenzten und oft geschönten Ausschnitt eines komplexeren Vorgangs. Eine strukturierte und strukturierende *Umwelt* aus Gegnern und Unterstützern, mit institutionellen Öffnungen oder repressiver Ausgrenzung, mit Kooptationsangeboten oder Ignoranz spielt für die Entwicklung der lokalen Bewegungen eine große Rolle. Internationale und nationale Bewegungskonjunkturen spielen ebenfalls eine Rolle, wie z.B. die Mobilisierungsflaute an allen Orten im „deutschen Herbst" zeigt. Die Resultate des Zusammentreffens beider Elemente sind nicht prognostizierbar, d.h. ähnliche politische und soziale *Chancenstrukturen* werden durchaus unterschiedlich genutzt. Zugleich haben politische Haltungen und Konzepte in den Bewegungsmilieus selbst an den einzelnen Orten eine unterschiedliche Halbwertzeit. Die dominanten lokalen Strukturierungsmuster begrenzen allerdings die jeweils möglichen Variationen.

Dazu einige Illustrationen aus den drei Orten: 1. Das Avantgarde-Verständnis, das in den Frankfurter Bewegungsbereichen über alle Niederlagen und Fehlschläge hinweg lebendig geblieben ist, hat seine Ursprünge u.a. in der enormen Bedeutung des Frankfurter SDS und der Kritischen Theorie für die Außerparlamentarische Opposition. Für die Bewegungen und Gruppen der 70er Jahre lieferten vor allem internationale Debatten das entscheidende innovative Anregungspotential (Italien, Frankreich, USA etc.). Gleichzeitig waren die lokalpolitisch wirksamen Initiativen (z.B. der „Häuserkampf") bis 1977 mit einer spezifischen reformpolitischen Gelegenheitsstruktur konfrontiert, die einerseits ihren militanten, anti-reformistischen Gestus stimulierte und andererseits eine Fülle von politischen Anschlußmöglichkeiten herstellte (z.B. durch Reformprojekte im Sozial-, Bildungs- und Kulturbereich). Die konservative „Ära Wallmann" veränderte mit ihrer strikt gegen die städtische Bewegungsszene und ihre institutionellen „Brückenköpfe" gerichteten Politik diese Rahmenbedingungen entscheidend. Der von

wichtigen Teilen der Frankfurter Bewegungsmilieus daraufhin vollzogene Abschied von der
einst hoch geschätzten politischen Militanz und von Bewegungspolitik insgesamt wie der
alternative Weg in die Parlamente stellen zwar plausible, aber keineswegs notwendige Reaktionen auf die neuen politischen Bedingungen dar. Die parlamentarisch-institutionelle Option
muß schon aufgrund der erwartbaren politischen Enttäuschungen nicht das letzte Wort dieser
Szene sein.

2. Führte in Frankfurt am Main eine avantgardistische Basar-Mentalität (Cohn-Bendit 1975)
zu einer oft atemberaubenden Umschlaggeschwindigkeit von politischen Ideen und Ansätzen,
so strahlt die Freiburger Bewegungsszene eine große Beständigkeit mit selbstbewußten, aber
begrenzten politischen Ambitionen aus. Das liberal-bürgerliche politische Umfeld hat sich über
den gesamten Zeitraum kaum verändert, bewegungspolitische Koalitionen waren gelegentlich
mit dem linken Flügel der SPD möglich. Zum Eigensinn der Freiburger Szene hat – stark über
den Wyhl-Konflikt vermittelt – eine regionalistische Identität beigetragen, die sich über die
aktuellen Konflikte im Dreieckland und die Wiederentdeckung lokaler Widerstandstraditionen
und Freiheitsbewegungen festigte. So nennt sich der linke Buchladen nach einem regionalen
Helden aus den Bauernkriegen „Jos Fritz" (und nicht „Karl-Marx-Buchladen" wie in Frankfurt)
und die lokale Frauenzeitung startete mit dem Dialekt-Titel „Tatschmi-Ihaudi" (und nicht als
„Frankfurter Frauenblatt"). Ihr Bleigewicht bezieht die Freiburger Bewegungsszene aus einem
dichten Kommunikationszusammenhang, der vor allem durch drei Großprojekte stabilisiert
wird, in denen die bereits existierenden und die neu hinzukommenden Bewegungsansätze ein
gemeinsames Dach finden. Zu diesem, von selbstbewußter Autonomie geprägten Bild paßt
auch, daß die lokalen Grünen keine Szene-Partei sind und von dort auch wenig Unterstützung
erhalten.

3. Noch moderater und bodenständiger nimmt sich im Vergleich zu Frankfurt und Freiburg
der Protest im Odenwaldkreis aus. Politische Orientierungen werden – einmal erworben – auf
lange Zeit bewahrt und weitergegeben. So hielten sich K-Gruppen-Ansätze im Odenwald
besonders lange und wurden selbst in den 80er Jahren im Kontext des „Mitbürger!" oder des
„Odenwälder Friedensforums" artikuliert. Zu dieser Beständigkeit trägt auch die Rückbesin-
nung auf lokalgeschichtliche Traditionen, besonders die der Arbeiterbewegung, erheblich bei.
Der zentrale Szene-Buchladen betreibt gleichzeitig einen Verlag, der sich auf Odenwälder
Heimatliteratur spezialisiert hat, und gibt die regionale Alternativzeitung „Mitbürger!" heraus,
die sich in Erinnerung an radikaldemokratische Traditionen des Vormärz im Untertitel „Odenwälder Flugschrift" nennt. Die Fähigkeit zur Selbstkonstitution, zur konzeptionell bewußten
Schaffung von Bewegungszusammenhängen, demonstriert nachhaltig das „Odenwälder Frie-
densforum". Zwar ist es auch in Frankfurt und in Freiburg (wie an vielen anderen Orten) im
Kontext der neuen Friedensbewegung zu verschiedenen, oft konkurrierenden Foren gekommen. Sie hatten aber weder die Stabilität, noch konnten (und wollten) sie eine übergreifende
bewegungspolitische Integrationskraft entfalten, wie dies im Odenwald der Fall war. Dennoch
ist auch die Odenwälder Konstellation nicht ultrastabil und unabhängig von politischen
Chancenstrukturen. Mit der wachsenden politischen Resonanz und Anerkennung des „Odenwälder Friedensforums" in der regionalen Öffentlichkeit zeigen sich – vermittelt über Wahler-
folge von grün-alternativen Listen und Parteien in den Kommunen und im Kreistag – in den
letzten Jahren begrenzte Öffnungen in der etablierten politischen Kultur, die wiederum negative Rückwirkungen auf die Mobilisierungskraft dieser Bewegungsorganisation zur Folge
haben.

V. Facetten der lokalen Bewegungsgeschichte

Nationale und internationale Protestereignisse, Themen und Mobilisierungen spielen
auch für die lokale Bewegungspolitik eine Rolle. Sie bieten Anregungen und verlocken
zur Nachahmung. Dennoch sind sie nicht prägend genug, um die lokale Protestpraxis
auf weitgehend ähnliche Vorlagen zu formatieren. Weder bilden sich nationale und

internationale Konjunkturen lokal einfach ab, noch ist die lokale Protestgeschichte mit einer lokalen Geschichte der neuen sozialen Bewegungen gleichzusetzen. Die aus der Überblicksliteratur bekannten Phasenmodelle einzelner Bewegungen und der neuen sozialen Bewegungen insgesamt (Brand et al. 1986; Rolke 1987) sind daher auf lokaler Ebene mit Vorsicht zu behandeln. Die Gewichtung und zeitliche Folge einzelner Mobilisierungsthemen und Praxisformen variieren an den von uns untersuchten Orten in einem Maße, daß an der Zuverlässigkeit der vorhandenen Überblicksdarstellungen zur Geschichte der neuen sozialen Bewegungen in der Bundesrepublik erhebliche Fragezeichen angebracht werden müssen. Drei lokale Fallstudien erlauben zwar keine neuen verallgemeinernden Schlußfolgerungen, aber es drängt sich der Verdacht auf, daß in der bewegungsnahen Selbstpräsentation wie in der wissenschaftlichen und öffentlichen Wahrnehmung starke Verzerrungen wirksam sind, die z.B. durch die Fixierung auf spektakuläre überregionale Großereignisse, die Verallgemeinerung jeweils spezifischer lokaler (meist metropolitaner) Erfahrungen und die ungeprüfte Wiederholung von interessierten Globaldarstellungen zustande kommen. Da an allen drei, bewußt wegen ihrer unterschiedlichen Größe gewählten Orten erhebliche Abweichungen von der „herrschenden" Geschichtsschreibung festzustellen sind, kann es sich nicht nur um in der Addition zu vernachlässigende lokale Besonderheiten handeln. Vielmehr macht dieser Befund auf den mißlichen Umstand aufmerksam, daß die vorhandenen bundesdeutschen Überblicksdarstellungen nur in wenigen Fällen und Aspekten auf Primärquellen zurückgehen, sondern meist aus zweiter Hand leben und so einmal eingeschlichene Fehler reproduzieren. Eine durch lokal- und regionalgeschichtliche Studien sensibilisierte Darstellung der Geschichte neuer sozialer Bewegungen in der Bundesrepublik ist ein Desiderat.

Wie wenig lokale Bewegungsgeschichte mit den Mobilisierungen identisch ist, die im Mittelpunkt des Konzepts „Neue soziale Bewegungen" stehen, verdeutlicht das Frankfurter Beispiel besonders eindrucksvoll. Über den „Frankfurter Häuserkampf", die heftigen Auseinandersetzungen um die Tarife des Frankfurter Verkehrsverbundes 1974, die Demonstrationen gegen die Abschaffung von reformpädagogischen Kindertagesstätten („Kitas"), die politisch motivierten Umstrukturierungen des „Theaters am Turm" oder des Abendgymnasiums, die Proteste bei der Eröffnung der neuen „Alten Oper" bis zur Demonstration gegen die Diskriminierung des grünen Spitzenkandidaten Daniel Cohn-Bendit bei den letzten Kommunalwahlen durchzieht ein dichtes Band lokalpolitischer Mobilisierungen den Frankfurter Bewegungssektor, in denen er seine Identität und seinen politischen Einfluß gegenüber der etablierten Stadtpolitik geltend macht. Zwei weitere Themenstränge sind ebenfalls im Spektrum der lokalen Protestereignisse prominent, ohne deshalb schon eigene Bewegungsbereiche ausbilden zu müssen. Der eine wird durch einen vielgestaltigen Internationalismus geprägt, der von der Solidarität mit Vietnam, über die Unterstützung der iranischen Opposition gegen den Schah oder des Widerstands in Franco-Spanien bis zur Solidarität mit dem sandinistischen Nicaragua reicht. Der andere speist sich aus der Gegenwart der deutschen Vergangenheit, d.h. aus der Opposition gegen neofaschistische, antisemitische Tendenzen und Rechtsentwicklungen in der Bundesrepublik. Erinnert sei nur an einige überregional wahrgenommene Höhepunkte wie das „Rock gegen Rechts"-Festival gegen das NDP-Deutschlandtreffen am 17. Juni 1979, jene Demonstration von 1985 gegen ein Neonazi-Treffen, bei der Günter Sare von einem Wasserwerfer überrollt wurde, oder den Konflikt um die Börneplatz-Bebauung in der zweiten Hälfte der 80er Jahre. Intensivste lokale Mobilisierungen waren in Frankfurt schließlich mit Repressionserfahrungen der lokalen Bewegungsmilieus verknüpft, die gelegentlich den politischen Anlaß selbst in den Hintergrund treten ließen (z.B. ein „Tribunal gegen Folter" 1974 im Zusammenhang mit dem Frankfurter Häuserkampf, die Demonstration gegen die staatsanwaltliche Konstruktion eines „Schwarzen

Blocks" nach den neuerlichen Hausbesetzungen Anfang der 80er Jahre, Proteste nach einem massiven Polizeieinsatz bei einer Anti-Startbahn-Demonstration in der Rohrbachstraße 1981, die Mobilisierungen nach dem Tod von Günter Sare 1985).[16] Lokalpolitik, Reaktionen auf überregionale und internationale Ereignisse, Mobilisierungen gegen Rechtstendenzen und Widerstandsaktionen gegen Repressionserfahrungen machen zusammengenommen nicht nur einen beachtlichen Anteil an den lokalen Protestereignissen aus, sondern haben auch für das Selbstverständnis und die politischen Orientierungen nicht nur der Frankfurter Bewegungsmilieus eine erhebliche Bedeutung.

Während Freiburg in wesentlichen Zügen – mit der allerdings gewichtigen Ausnahme Wyhls – den geläufigen Vorstellungen über die Zusammensetzung und Abfolge neuer sozialer Bewegungen entspricht, weisen Frankfurt und der Odenwaldkreis erhebliche „Abweichungen" und „Sonderwege" auf. So startete die für die Entstehung der neuen Frauenbewegung zentrale Mobilisierung gegen den § 218 mit der „Frauenaktion 70" aus dem eher „bürgerlich links-liberalen" Umfeld und fand erst allmählich in jenen Frankfurter Frauengruppen Unterstützung, die sich aus der Außerparlamentarischen Opposition entwickelt hatten. Die allgemein mit dem „deutschen Herbst" und dem Berliner „Tunix-Kongreß" (Anfang 1978) in Verbindung gebrachte „Projektephase" setzte in Frankfurt bereits nach dem Niedergang des „Häuserkampfes" ein und erreichte bereits 1975/76 einen ersten Höhepunkt. Früher als an anderen Orten wurde aus dieser Szene auf eine „realpolitische", institutionell orientierte Politik in der „grünen" Partei gesetzt. Die neue Friedensbewegung spielte für die Altszene nur noch eine marginale Rolle, die sich lediglich bei einem spektakulären Protestereignis („Hausen-Blockade") beteiligte. Hier liegt wohl die auffälligste Differenz zur Entwicklung im Odenwald, wo erst die neue Friedensbewegung für den bewegungspolitischen Durchbruch sorgte. In ihrem Zusammenhang artikulierte sich auch die Frauenbewegung nachhaltiger, und lokale ökologische Konflikte (Mülldeponie etc.) gewannen an Schärfe.

VI. Einige Konsequenzen für das Konzept „neue soziale Bewegungen"

Für die weitere Debatte ist – nach diesen Befunden – das Konzept „neue soziale Bewegungen" bewußter, als dies bislang zumeist geschehen ist, als relatives und transitorisches anzulegen.[17] Neue soziale Bewegungen, so belehren die Entwicklungen und empirischen Unterschiede an den Untersuchungsorten, sind weder zeitlich noch räumlich ein einheitliches empirisches Objekt. Ihre Themen- und Formenvielfalt und deren schneller Wechsel machen deutlich, wie häufig generelle Charakterisierungen – wie etwa das Portrait der Mailänder Bewegungsbereiche, das Melucci et al. (1984) vorgelegt haben oder Raschkes Betonung von projektorientierter Mobilisierung und kultureller Orientierung als besondere Kennzeichen der neuen sozialen Bewegungen (1985) – lediglich verallgemeinernde Beschreibungen von historischen Momentauf-

---

16 Auch in Freiburg, das insgesamt durch weniger militante Auseinandersetzungen gekennzeichnet ist, gab es solche Kampagnen, wie die nach der Verhaftung von zwei Personen (Bernhard und Jost) im Zusammenhang mit der Räumung der Belfortstraße 1976, aber auch Solidaritätsdemonstrationen nach dem Tode von Günter Sare Ende September 1985.
17 Dafür plädiert auch Melucci (1989: 42).

nahmen darstellen, die schon nach wenigen Jahren mühsam nach einer empirischen Bestätigung suchen müssen.

Einige empirische Beobachtungen, die geläufige Vorstellungen von neuen sozialen Bewegungen erschüttern, sind besonders hervorzuheben:

a) „Alte" Orientierungen spielen in neuen sozialen Bewegungen eine erheblich größere Rolle als meist zugestanden wird. Kommunistisch-sozialistische Traditionen und Konzepte der Neuen Linken wurden mit den neuen Themen verknüpft oder blieben als Strömung selbst in den Mobilisierungen der 80er Jahre erhalten.

b) Die vorgefundenen unterschiedlichen lokalen Strukturierungsmuster verdeutlichen, daß wir nicht mit einem dominanten Mobilisierungs- und Organisationsmuster für die neuen sozialen Bewegungen insgesamt rechnen können. Sie variieren erheblich in den Dimensionen inklusiv/exklusiv, elitär/offen, pragmatisch/militant, formalisiert/informell oder ideologisch zugespitzt/populistisch.

c) Die lokale Protesttradition „färbt" die jeweiligen Einzelbewegungen erheblich ein. Die neue Frauenbewegung z.B. ist an jedem Ort deutlich verschieden – und zwar entlang der jeweiligen lokalen Strukturierungsmuster. Diese Beobachtung lädt zu einer neuen Diskussionsrunde über die feministische Kritik an der „Subsumtion" der neuen Frauenbewegung unter die neuen sozialen Bewegungen ein (Kontos 1986).

d) Die Vorstellung von relativ dauerhaften lokalen Bewegungsbereichen (Ökologie, Frauenbewegung, Friedensbewegung etc.), wie sie Melucci et al. (1984) für Mailand beobachtet haben, bedarf der Korrektur. Einen dauerhaften Bereich bildet vor allem die neue Frauenbewegung aufgrund ihres besonders dichten Netzes an Projekten und professionell orientierten Dienstleistungen. In den anderen Themenfeldern gibt es zwar auch kontinuierlich arbeitende Gruppen, aber wir treffen auf lokaler Ebene weit häufiger auf Einzelpersonen und Gruppen, die entweder gleichzeitig oder in zeitlicher Folge unterschiedlichen Themen nachgehen. So gibt es in Frankfurt Stadtteilgruppen, die zunächst zu lokalen Verkehrsproblemen mobilisierten, dann gegen Kernenergieanlagen, im Anschluß daran gegen die Startbahn-West, um dann friedenspolitisch aktiv zu werden und schließlich heute wieder zu Wohn- und Verkehrsproblemen Stellung nehmen.

e) Organisationsformen und Praxisansätze einzelner Bewegungen unterliegen raschen Veränderungen. Besonders eindrucksvoll ist in dieser Hinsicht die Frankfurter Frauenbewegung, die schon nach wenigen Jahren die zunächst konstitutive Praxis in Selbsterfahrungsgruppen verabschiedete. Auch die verschiedenen Frauenzentren bestanden nur einige Jahre, um schließlich einer differenzierten Praxis in zunehmend professionell geprägten Einzelprojekten Platz zu machen.

f) Das Beispiel Frankfurter Frauenbewegung macht zudem deutlich, daß es angemessener ist, von Frauenbewegungen zu sprechen. Dieser lokale Bewegungssektor war von Anbeginn von unterschiedlichen Akteurinnen bevölkert, die nur bei bestimmten Mobilisierungen (z.B. gegen den § 218) zusammenkamen, und heute stärker denn je das Recht auf Differenz und damit die Berechtigung unterschiedlicher individueller Lebensentwürfe, kollektiver Ansätze und Perspektiven betonen.

VII. Neue soziale Bewegungen als politische Institution

Die Auseinandersetzung mit den lokalen Ausprägungen der neuen sozialen Bewegungen hat ein zwiespältiges Ergebnis hervorgebracht. Die Ausgangshypothese, daß
auf lokaler Ebene Bewegungsmilieus entstanden seien, die zu einer vergleichsweise
kontinuierlichen Mobilisierung der neuen sozialen Bewegungen beitragen, konnte
zwar bestätigt werden. Aber die empirischen Einschränkungen sind so gravierend,
daß lokale Milieus alleine wohl keine institutionelle Garantie bieten können. Offensichtlich läßt sich die These, daß sich die neuen sozialen Bewegungen als Bewegung
institutionalisieren konnten, nur halten, wenn weitere institutionelle Verankerungen
hinzukommen. Einige sollen im folgenden zumindest angesprochen werden:

a) *Bewegungsspezifische Institutionalisierungen.* Jede Bewegung innerhalb der neuen sozialen Bewegungen hat ihre eigenen *Organisationskerne* hervorgebracht, die (meist nur
für eine begrenzte Zeit) im Namen der Bewegung sprechen können bzw. ein übergrei-
fendes Forum abgeben. Dies gilt für die Außerparlamentarische Opposition (SDS, die
Zeitschrift „neue kritik", Kongresse, später studentisch geprägte marxistisch-leninisti-
sche bzw. maoistische Parteien etc.), die neue Frauenbewegung (die Zeitschriften
„Emma" und „Courage", die Berliner Sommeruniversitäten, Frauen-Jahrbücher etc.),
die Ökologiebewegung (Bürgerverband Bürgerinitiativen Umweltschutz – BBU, Bund
für Umwelt und Naturschutz in Deutschland – BUND etc.) und die neue Friedensbewegung (Bonner Koordinationsausschuß, Aktionskonferenzen, Netzwerk Friedenskooperative etc.). Auffällig ist die teilweise geringe Beständigkeit solcher zentralen Bewegungsorganisationen, deren Niedergang jedoch nicht mit dem der Bewegungen
identisch ist, wie z.B. der Bedeutungsverlust des BBU für den ökologischen Protest,
das Einstellen von „Courage" oder die Umwandlung des zentralen Koordinationsaus-
schusses der Friedensbewegung in ein Netzwerk Friedenskooperative zeigen. In den
sozialen Bewegungen sind jeweils Kräfte aktiv, die gegen Zentralisierungen, den Aufbau von bürokratischen Apparaten, die Installierung autoritativer Sprecherinnen bzw.
Sprecher ankämpfen, weil sie dies als Verletzung der Autonomie ihrer lokalen Gruppe
etc. deuten. Festgefügte Organisationen (wie z.B. Greenpeace) provozieren nicht selten
Gegengründungen (Robin Wood).

Der Anteil von übergreifenden Organisationen, formalisierten Mitgliedschaften
und professioneller Arbeit ist in einzelnen Bewegungen sehr unterschiedlich (am stärksten in der neuen Friedensbewegung und der Ökologiebewegung, deutlich geringer
in der neuen Frauenbewegung). Der Verzicht auf übergreifende Einrichtungen oder
ihre schwache und häufig revidierte Institutionalisierung bietet den Vorteil, Leitwerte
wie Autonomie, Selbsttätigkeit, Selbstverwaltung oder direkte Aktionsformen vor Ort
zu bewahren. Repräsentation, die Bildung von Führungsgruppen und der Zwang zu
ideologischer Vereinheitlichung können so gering gehalten werden. Dies geht nicht
notwendig auf Kosten der spezifischen Möglichkeiten, die institutionelle Politik eröffnet, wie z.B. dauerhaftes, strategiegeleitetes Handeln, Kompromißfähigkeit und Pro-
grammentwicklung. Unterhalb organisatorischer Praktiken lassen sich weitere Formen
bewegungsspezifischer Institutionalisierung entdecken. So hat in allen Bewegungs-
strömungen eine *Entdeckung und „Erfindung" einer eigenen (Vor-)Geschichte* stattgefun-

den.[18] Einige Erscheinungsformen sind die Entdeckung von historischen Vorläufern (exemplarisch in der Frauenbewegung, aber auch in der Ökologiebewegung), das symbolische Anknüpfen an historische, oft regionale oder lokale Traditionen in der aktuellen Bewegungsrhetorik (z.b. alemannische Traditionen im „Dreyeckland"), die Schaffung von Bewegungsarchiven und Sammlungen, die Konjunktur von „Barfuß"-HistorikerInnen, die „alternative" Stadtrundfahrten, Ausstellungen und Publikationen zur bewegten Lokalgeschichte anbieten. In allen Bewegungen läßt sich auch mehr oder weniger ausgeprägt eine *Ritualisierung von Protestformen* feststellen, die eine eigene, von äußeren Anlässen unabhängige Rhythmik des Protests erlaubt. Ostermärsche, Hiroshima-Tag, Anti-Kriegstag und Friedenswochen stehen z.b. im Kalender der Friedensbewegung. Die Walpurgisnacht und der Internationale Frauentag, der Christopher-Street-Day oder der Kreuzberger 1.Mai sind weitere Beispiele. All dies ist in den Bewegungen flankiert von einer intensiven Nutzung von *Symbolen*, Farben und Kleidungsstücken sowie anderen Accessoires, die in einzelnen Teilbewegungen via Habitus, Outfit und Lebensstil phasenweise Zugehörigkeiten signalisieren. Allerdings geht von diesen Lebensstilelementen angesichts schneller modischer und konsumkultureller Wechsel nur wenig Stabilität aus.

b) *Themen- und kampagnenspezifische Einrichtungen* in einzelnen Bewegungen. Die strukturelle Weiterentwicklung der Bewegungen vollzieht sich zumindest in der Bundesrepublik nicht in Richtung Zentralisierung, Hierarchie, Großorganisation, sondern vor allem als *themenspezifische Ausdifferenzierung* und *Professionalisierung*. So stellt sich z.b. die Ökologiebewegung in dieser Perspektive als Ansammlung von vielfältigen Gruppen, Projekten, themenspezifischen Konferenzen dar (u.a. Müll- und Atommüllkonferenzen, Energiekonferenzen, Treffen der Verkehrsinitiativen, der Widerstandsgruppen gegen eine atomare Wiederaufarbeitung). Oft haben sie eine eigene Publizistik als Koordinationsmedium (Recycling-Rundbrief, Müll-Magazin etc.). Die in dieser Dimension sehr dynamische Entwicklung steckt voller Ambivalenzen. Einerseits lebt der an spezifischen Ereignissen und zu bestimmten Anlässen aufkommende „sichtbare" Protest sehr stark von der Vor- und Zuarbeit solcher kontinuierlich mit spezifischen Themen befaßten Gruppen und Einrichtungen. Sensibilisierung, kritische Öffentlichkeit, Alternativentwürfe gehören zu ihrer Leistungsbilanz.[19] Andererseits gibt es einen starken Druck in Richtung Professionalisierung, die zwar einen „kritischen Professionalismus" in den etablierten gesellschaftlichen Institutionen befördern hilft, zugleich aber in Gefahr gerät, sich von den Motiven und Orientierungen der „Betroffenen" abzukoppeln und die eigene Profession zum zentralen Bezugssystem zu machen.[20]

---

18 „Die Konstruktion von Tradition eröffnet eine besondere Chance zur Schaffung neuer Institutionen, zur sozialstrukturellen Innovation" (Elwert 1991: 323).

19 In dieser alltäglichen Praxis der kognitiven Mobilisierung sehen Eyerman und Jamison (1991) ein wesentliches Merkmal gegenwärtiger sozialer Bewegungen. Solche Leistungen werden gerne von einer populären Kritik übersehen, die in den Mobilisierungen der neuen sozialen Bewegungen vor allem Angstkommunikation oder den Austausch von Betroffenheiten entdeckt.

20 Professions- und Wissenschaftskritik spielen in den Mobilisierungen der neuen Protestbewegungen von Anbeginn eine wichtige Rolle. Erinnert sei nur an die studentenbewegte Parole „Unter den Talaren steckt der Muff von tausend Jahren". Vermutlich gibt es heute keine wissenschaftliche Disziplin bzw. Sparte der Humandienstleistungen, die von der Kritik der neuen sozialen Bewegungen unberührt geblieben wäre. Schon der Umstand, daß

c) *Überregionale, bewegungsübergreifende Einrichtungen und Projekte.* Für zahlreiche Quer-
schnittsaufgaben haben sich eigene Infrastrukturen entwickelt, wie z.B. Ökonomie
(Netzwerk-Selbsthilfe, Ökobank), Bildung (Alternative Bildungsstätten), Öffentlichkeit
(„taz"), Kultur (freie Gruppen), Gesundheit (Gesundheitsläden und -tage). In diesem
Kontext können auch die *Grünen* gestellt werden. Ihr Verhältnis zu den neuen sozialen
Bewegungen ist stets politisch wie sozialwissenschaftlich umstritten gewesen. Aus der
hier gewählten Perspektive erscheinen die Grünen als politisches Projekt, das sich aus
der Bewegungspolitik heraus entwickelt hat und noch immer in wechselndem Umfang
an deren Milieus gebunden ist. Der strömungspolitische Streit um die „notwendigen"
Anpassungsprozesse der Grünen im Zuge ihrer Parlamentarisierung ist geläufig. Auch
aus politikwissenschaftlicher Perspektive ist keine Lösung des Dilemmas der Grünen
in Sicht, zwischen den Erfolgsbedingungen von Parteienkonkurrenz und Parlaments-
arbeit einerseits und den „basisdemokratischen" Partizipationsansprüchen der Mitgliedschaft und des politischen Umfelds (vor allem des Bewegungssektors) andererseits
zu vermitteln (Raschke 1993). Die gemessen an den Wahlstimmen äußerst geringen
Mitgliedzahlen machen deutlich, daß Parlaments- und Parteipolitik (wie „alternativ"
auch immer) als politische Option bislang keinen dominierenden Status im Bewegungssektor erobern konnten. Auch in den anhaltenden formkritischen Kontroversen
innerhalb der Partei kommt diese spezifische „Milieu"-Bindung der Grünen zum
Ausdruck. Sie setzt der Selbsttransformation der Grünen in Richtung „normale" Partei
offensichtlich Grenzen. Die Bewegungsmobilisierungen der 80er und frühen 90er Jahre
– angefangen mit den „Jugendrevolten", über die neue Friedensbewegung, die Wak-
kersdorf-Mobilisierungen, die bewegten Reaktionen auf Tschernobyl, den Volkszäh-
lungsboykott von 1987/88 bis zur Opposition gegen den Golfkrieg und die jüngsten
Mobilisierungen gegen rechtsradikale Anschläge – sprechen nicht dafür, daß nach der
Ära der Bewegungen nun die große Stunde der grünen Parteipolitik geschlagen habe.
Eher ist auch weiterhin ein spannungsreiches Nebeneinander zu erwarten. Dennoch
ist ein schnelles Verlanden der Ansprüche, eine Partei „neuen Typs" zu repräsentieren,
bei den Grünen nicht zu übersehen. Ein drastisches Beispiel ist der Umgang mit der
bundesdeutschen Parteienfinanzierung, der sich schließlich auch die Grünen soweit
wie möglich bedienen. Mit dem realpolitischen Flügel hat sich ein Kurs durchgesetzt,
der keine Experimente mit der politischen Form mehr vonnöten sieht, ein Trend, der
durch das Scheitern an der Fünfprozentklausel bei den ersten gesamtdeutschen Wahlen
noch verstärkt wurde. Ob den Grünen eine Organisationsreform in Richtung „professionelle Rahmenpartei" (Raschke 1993) gelingt, ist gegenwärtig offen.

d) *Unkonventionelles politisches Handlungsrepertoire.* Für die beteiligten Individuen sichern die beschriebenen organisatorischen Gefüge der Bewegungspolitik eine Erweiterung ihres politischen Handlungsrepertoires. Da Protest nur in den seltensten Fällen
als individuelle Aktion von einzelnen denkbar ist, sorgt der Bewegungssektor dafür,
daß die vielfältigen organisatorischen Voraussetzungen für kollektives Handeln bereit
stehen. Sie sind eine notwendige Voraussetzung für die beobachtbare Erweiterung des

---

diese gesellschaftlichen Praxisfelder in den letzten Jahrzehnten expandierten (Vester et al.
1993), macht deutlich, daß die Professions- und Wissenschaftskritik vor allem den Alterna-
tivenreichtum in ihrem jeweiligen Feld gesteigert hat. Radikale Absagen an die bestehenden
Wissenschaften blieben ebenso marginal wie der Auszug aus den Professionen.

individuellen Handlungsrepertoires in Richtung „unkonventioneller" Formen der politischen Beteiligung. Je nach Aktionsform sind mehr oder weniger umfangreiche Mobilisierungsvoraussetzungen zu schaffen. Dies beginnt mit den Formen kognitiver Mobilisierung, d.h. Informations- und Diskussionsveranstaltungen, die über die entsprechenden Themen informieren. Konsensbildungsprozesse (consensus formation) über angemessene Aktionsformen, den richtigen Ort und Zeitpunkt sowie Parolen und Symbole folgen. Alles ist begleitet von nach innen und nach außen gerichteter Medienarbeit. Die sichtbaren Aktionen selbst sind nur die Spitze eines Eisbergs der dafür notwendigen Aktivitäten. Der organisatorische Aufwand variiert. Bei kleinen und wenig riskanten Demonstrationen ist er üblicherweise geringer als bei hoch riskanten Aktionen des zivilen Ungehorsams. Letztere erfordern oft aufwendige interne Gruppenprozesse, um die nötige Handlungssicherheit und wechselseitiges Vertrauen zu schaffen. Die Existenz von Solidaritätsfonds, von Rechts- und Gerichtshilfen senkt die Zugangsbarrieren und macht auch riskantere Formen des Protestierens zu einer Option von vielen. Erst solche institutionellen Infrastrukturen machen eine Entwicklung möglich und verständlich, die in der Umfrageforschung lediglich als Erweiterung des individuellen Handlungsrepertoires erscheint. Faktisch sind die abgefragten Einstellungen und Handlungsbereitschaften jedoch an die Existenz von Interaktionsnetzwerken gebunden, vor allem wenn aus dem Potential praktisches Handeln werden soll.[21] Die in den zurückliegenden beiden Jahrzehnten gestiegene Wertschätzung von Themen und politischen Aktionsformen der neuen sozialen Bewegungen läßt sich daher als weiterer Beleg für die Institutionalisierungsthese werten. Die *Normalisierung „unkonventionellen" Handelns* zeugt von einer Institutionalisierung von Bewegungspolitik bei den Individuen selbst.[22]

Jenseits der unmittelbar politischen Dimension des Bewegungssektors wird über eine Fülle möglicher Leistungen für die Beteiligten spekuliert. Die Mutmaßungen sind zu widersprüchlich, um ein deutliches Bild abzugeben. Diskutiert werden u.a. die Freuden der Geborgenheit in selbstgewählten „posttraditionalen" Gemeinschaften und die Kälte der Individualisierungsschübe, die durch neue Optionen entsteht. Die Kritik an der künstlichen Verlängerung der Adoleszenz und die Weigerung, erwachsen zu werden, steht neben der Vermutung, daß in Bewegungsinstitutionen gerade jene kreative Flexibilität erlernt werden kann, nach der bürokratische Institutionen heute dürsten (Homuth 1994).

e) Intermediäres Umfeld. Trotz entsprechender Selbst- und Fremdstilisierungen bildet der Bewegungssektor insgesamt keine Gegengesellschaft, die sich jenseits des Bestehenden wähnen könnte. Vielmehr existiert auf lokaler Ebene (aber auch darüber hinaus) ein intermediärer Bereich, der Formen und Inhalte des Bewegungssektors selektiv aufgreift und damit zugleich für die „Normalbevölkerung" zugänglich macht. Dies gilt in erster Linie für die Bürgerinitiativen, die nicht selten auf Formen direkter Politik und auf Bewegungsdiskurse zurückgreifen. Selbsthilfegruppen von Alten sowie im

---

21 Dem wird inzwischen auch gelegentlich Rechnung getragen, wie z.B. in der Netzwerkstudie von Pappi zu den Bundestagswahlen von 1987 (Pappi 1991).

22 Der Trend zur Repertoire-Erweiterung ist – trotz nachlassender Medienresonanz und öffentlicher Aufmerksamkeit – eindeutig und relativ ungebrochen; exemplarisch dazu die Berlin-Studie von Klingemann (1991).

Sozial- und Gesundheitsbereich haben oft einen ähnlichen Status, aber auch zahlreiche Gruppierungen in etablierten Institutionen (Kirchen- und Gewerkschaftsgruppen, Jugendhausinitiativen, Studentenverbände etc.) sind gelegentlich als Teil des intermediären Bewegungsumfelds anzusehen. Dieser Bereich erweitert sich durch neue kommunale Einrichtungen, die in Reaktion auf Protestpolitik geschaffen wurden (Gleichstellungsstellen, Seniorenbeiräte, Umweltbeauftragte, Selbsthilfekontaktstellen, Beratung für den zweiten Arbeitsmarkt etc.). Besonders für die letzte Gruppe wird die grundlegende Ambivalenz intermediärer Einrichtungen deutlich. Sie bilden den notwendigen gesellschaftlichen Resonanzboden und verhindern subkulturelle Selbstghettoisierung, aber sie beeinträchtigen auch jene Radikalität, Autonomie und Mobilisierungsbereitschaft, von der Bewegungspolitik lebt.[23]

Erst das Zusammenspiel dieser Dimensionen berechtigt, im strikten Sinne von Bewegung als Institution zu sprechen. Auffällig ist die Vielgestaltigkeit in den einzelnen Dimensionen und ihre wechselseitige Verschränkung. Ihr institutionelles Aussehen entspricht eher einem „mobilisierenden Netzwerk von Netzwerken" (Neidhardt 1985) als den gesellschaftlich dominierenden Strukturmustern Bürokratie und Organisation. In den letzten dreißig Jahren ist dieses institutionelle Gefüge angewachsen, hat sich insgesamt als flexibler und beständiger erwiesen, als jeweils zeitgenössisch vermutet wurde. Dieses vielgliedrige Geflecht macht es möglich, daß einzelne Elemente und Einrichtungen wegfallen können, einzelne Personen und Gruppen für kurz oder für immer aus der Bewegungspolitik aussteigen, Projekte und Themen den Weg in die Normalität anderer Institutionen antreten, ohne daß dies insgesamt ein Ende der Institution „Bewegung" sein muß.

Dem flexiblen Netzwerkbild entspricht auch eine breite Diskurspalette, deren linkslibertärer Kern an Gemeinschaft und Gleichheit orientierte Solidaritäten mit individuellen Freiheitsrechten und der Anerkennung von Differenz und Besonderheit kombiniert. Immer auch vorhandene Tendenzen in Richtung ideologischer Vereinheitlichung blieben auf Dauer erfolglos.

VIII. Neue soziale Bewegungen und lokale Öffentlichkeit

Mit der Institutionalisierung von neuen sozialen Bewegungen hat sich zugleich ein Akteur im intermediären politischen Raum eingerichtet, dessen emphatische Orientierung an und extreme Angewiesenheit auf Öffentlichkeit häufig festgestellt worden ist.[24] In zeitgeschichtlicher Perspektive stellen die neuen Protestbewegungen eine Reaktion auf einen Strukturwandel der Öffentlichkeit dar, den Habermas zu Beginn der 60er Jahren als Refeudalisierung gekennzeichnet hatte (Habermas 1962). Gemeint war eine Auszehrung der öffentlichen Sphäre und der Verlust ihrer kritischen Impulse durch die herrschaftliche Inszenierung von Öffentlichkeit, in die sich machtvolle kor-

---

23 Charakteristisch hierfür ist die Aussage einer Insiderin der Frankfurter Frauenszene, die uns nach der Ernennung einer „grünen" Frauendezernentin aus den eigenen Reihen 1989 versicherte, Frauenbewegung spiele sich von nun an in deren Vorzimmer ab.
24 Eine gute Übersicht zur Bedeutung von Öffentlichkeit und Massenmedien für soziale Bewegungen bietet Schmitt-Beck (1990).

porative Akteure wie Parteien, Verbände und Staatsorgane teilten. Gerade auf kommunaler Ebene war dieser Prozeß, ablesbar z.B. am Niedergang der selbständigen Lokalpresse, weit fortgeschritten. Wie massiv die Herausforderungen der neuen sozialen Bewegungen wirken mußten, verdeutlichen empirische Studien über Funktion und Qualität der Lokalpresse und lokalpolitischen Berichterstattung, die Jarren folgendermaßen zusammenfaßt:

„– eine weitgehend von ökonomischen und politischen Eliten dominierte Lokalberichterstattung;

– eine weitgehend oberflächliche, kaum Hintergrund und übergeordnete Zusammenhänge, wie z.B. Formen der Politikverflechtung, berücksichtigende Berichterstattung;

– starke Personalisierung in der lokalen Berichterstattung und Vernachlässigung von politischen Strukturfragen;

– das Vorherrschen einer in der Tendenz kritiklosen und konfliktscheuen Berichterstattung;

– keine zur Partizipation anregende Informationsaufbereitung und -darstellung;

– geringe Bereitschaft zur lokalpolitischen Kritik in Form von Kommentaren, Glossen etc.;

– Übernahme von Presseinformationen – insbesondere von organisations- und konfliktstarken – lokalen Institutionen ohne Recherche ('Verlautbarungsjournalismus')"
(Jarren 1993: 301).

Die Bewegungspraxis vor Ort läßt sich als praktische Kritik an dieser elitären Engführung lokaler Öffentlichkeit lesen: ausgegrenzte Themen werden auf die Tagesordnung gesetzt; benachteiligte Gruppen und Akteure erheben öffentlich ihre Stimme oder finden advokatorische Bewegungsakteure; im Medium radikaler Kritik werden Gesellschaftsstrukturen zur Sprache gebracht; als kollektive Akteure stemmen sie sich gegen die Personalisierungen einer Honoratiorenöffentlichkeit; schon ihre Existenz als gelebte Alternative und/oder protestbereites Milieu garantiert Kritik, Konflikt und die Entfaltung von Alternativen; ihre Verlautbarungen und Initiativen aus Bewegungen sind auf Mobilisierung und Beteiligung angelegt.

Schon diese schematische Gegenüberstellung macht verständlich, daß von den örtlichen Bewegungsmilieus eine Revitalisierung lokaler Öffentlichkeit ausgegangen ist. An jedem der von uns untersuchten Orten sind die öffentlichen Debatten heute alternativenreicher und strittiger. Dazu haben die lokalpolitischen Übersetzungen von großen Bewegungsthemen wie Frieden und Ökologie ebenso beigetragen wie die Herausforderungen der Grenzen institutioneller Politik, wie sie programmatisch von der neuen Frauenbewegung mit der Parole „Das Private ist politisch" vorangetrieben wurden. Die lokalen Bewegungsmilieus haben damit Widerspruch auf Dauer gestellt. In der Folge hat vor allem das engagierte Publikum der nicht-organisierten Öffentlichkeit deutlich zugenommen.

Diese positive Leistungsbilanz wird jedoch durch offensichtliche Defizite geschmälert. Gerade der Bereich der alternativen Öffentlichkeit gleicht einer zerklüfteten Dauerbaustelle, auf der Zerfall, Neu- und Weiterbau in kaum mehr unterscheidbaren Mischungsverhältnissen vorkommt. Weder für lokale Bewegungsmilieus insgesamt noch für einzelne Bewegungen oder im Zeitverlauf lassen sich stabile Öffentlichkeitsformen identifizieren. Lokale Alternativzeitungen und spezielle Zeitungsprojekte haben häufig eine geringe Lebenserwartung oder verändern sich mit jeder Machergeneration bis zur Unkenntlichkeit.[25] In einzelnen Bewegungen spielt sich gelegentlich im Zeitraffer und en miniature ein „Strukturwandel der Öffentlichkeit" ab, in dem die alternativen Ansprüche der Gründungsphase verschlissen werden.[26] Administrative Gegenstrategien, wie die Einrichtung von lokalen Presse- und Informationsämtern, publizistische Mitnahme- und Diffusionseffekte hin zu den etablierten Medien dürften für diese raschen Formveränderungen ebenso wichtig sein wie die öffentliche Anerkennung von Bewegungspolitik und Bewegungsthemen.

Die insgesamt eher schwachen und raschen Veränderungen ausgesetzten Öffentlichkeitsformen neuer sozialer Bewegungen lassen zwei konträre Deutungen zu. In der Perspektive von Jürgen Habermas lassen sie sich als typische Erscheinungsform von nicht-organisierten „autonomen Öffentlichkeiten" einer entwickelten Zivilgesellschaft deuten (Habermas 1992: 460ff.). Ihr fragiler Zustand verweist jedoch – so die in der Habermas-Kritik entwickelte Gegenposition (Calhoun 1992: 37) – auf eine strukturelle Schwäche. Es fehlt der Bewegungspolitik an jenen institutionellen Formen und Garantien, die ihr dauerhaften Einfluß in der Auseinandersetzung mit mächtigen Gegenspielern sichern könnten.

IX. Bewegungen im Institutionengefüge

Es fällt leicht, in der theoretischen Debatte Angebote für ein Institutionenverständnis zu finden, die für das beschriebene Gebilde passen. „Soziale Institutionen existieren, indem sie in menschlichen Akten und Interaktionen aktualisiert werden. Durch menschliches Handeln entstehen Institutionen als Netzwerkstrukturen ständig neu, werden stabilisiert oder verändert." So faßt z.B. Ephrem Else Lau (1978: 119) das Programm des interaktionistischen Institutionenverständnisses zusammen. Die französische institutionelle Analyse oder die Arbeiten von Cornelius Castoriadis bieten weitere Anhaltspunkte (vgl. Roth 1994a). Dennoch wäre dies Rosinenpicken, bliebe die institutionelle Umwelt außer Acht. Die Provokation der Institutionenphilosophie von Gehlen oder Schelsky liegt just in ihrem ebenso selektiven wie übermächtigen Realitätsgehalt. In einer bürokratischen und formalisierten Umwelt drohen weiche, reflexive und offene Formen der Institutionalisierung zum bloßen „Einfügsel" (Schelsky) zu verkommen. Wie steht es in dieser Hinsicht mit den neuen sozialen Bewegungen? Ein Blick auf die Demokratiefrage mag genügen.

Die beschriebene Verankerung von Bewegungspolitik stellt zweifellos einen Zuwachs an demokratischer Substanz in der politischen Kultur der Bundesrepublik dar. Vor allem ausländische Beobachter haben in den letzten Jahren auf diesen Prozeß der „Demokratisierung von unten" (Burns/van der Will 1988; Koopmans 1992) hingewiesen. Seine demokratischen Impulse bestehen nicht nur darin, daß nun das vormals „unkonventionelle" Repertoire politischen Handelns (Demonstrationen, Aktionen des

---

25 Zu den Konzepten und zur Entwicklungsdynamik alternativer Öffentlichkeit s. Stamm (1988).
26 Für die feministische Öffentlichkeit diskutieren Dackweiler und Holland-Cunz (1991) diesen Prozeß am Beispiel Frankfurts.

zivilen und weniger zivilen Ungehorsams etc.) von vielen genutzt wird, vielmehr hat gleichzeitig eine nachhaltige thematische Entgrenzung von Politik stattgefunden. Alle Aspekte unserer Lebensweise sind tendenziell zum Politikum geworden.

Angesichts dieser Entgrenzung von Politik fehlt es an institutionell garantierten demokratischen Formen innerhalb und außerhalb des im engeren Sinne politischen Bereichs. Weder die existierenden Formen der Partei- und Verbandspolitik noch die diversen staatlichen Vermittlungs- und Verhandlungssysteme bieten Antworten auf die basisdemokratischen Ansprüche. Auch die Bewegungspolitik selbst stellt sie nicht dar. Immerhin hält sie an einem „kommunitären" Politikverständnis fest, in dem nicht alle Wege zum Staate führen. Mit den spannungsreichen Orientierungsmarken Lokalität und Globalität bricht sie mit der Fixierung auf den Nationalstaat und auf „nationale Lösungen".

Wieweit auch immer die Demokratisierung aller Lebensbereiche voranschreiten mag, Bewegungspolitik wird dabei einen festen Ort haben müssen. Ihre eigene demokratische Substanz ist, wie wir in den Lokalstudien gesehen haben, keineswegs garantiert, sondern selbst eher ein Projekt, dessen Realisierung mehr oder weniger bewußt betrieben wird. Von der Existenz sozialer Bewegungen ist also keineswegs auf eine demokratische Zivilgesellschaft zu schließen. Unsere Bilanz des demokratischen Gehalts der lokalen Bewegungsstrukturen ist widersprüchlich ausgefallen. Da es sich dabei nicht um die Ergebnisse naturwüchsiger Prozesse oder eherner Gesetze handelt, sind sie auch prinzipiell demokratisch(er) gestaltbar.

Der bewegte Demokratiezuwachs „von unten" ist nicht gleichbedeutend mit einem Zuwachs an gesamtgesellschaftlicher demokratischer Substanz. Gerade in den letzten Jahren mehren sich die Zeichen, daß wir Beteiligte und Beobachter eines Nullsummenspiels, möglicherweise sogar einer Verlustgeschichte in Sachen Demokratie sind. Dazu nur einige Hinweise:

- In Richtung Verlust deuten die überwiegenden Formen der Einbindung des Protests wie marginale Institutionalisierungen (z.B. die lokalen Frauenbüros) oder der vielbeklagte „Themenklau" oder die symbolische Politik, die zum Verschleiß der Protestthemen führen, ohne in der Sache selbst Fortschritte zu erzielen.
- Versuche, wie z.B. in der Verfassungsdebatte der letzten Jahre, eine stärkere Verankerung direkt-demokratischer Verfahren oder eine Stärkung der kommunalen Ebene zu erreichen, sind kläglich gescheitert. Die institutionellen Herausforderungen durch die neuen sozialen Bewegungen haben keine demokratischen Reformen in Gang setzen können. Statt dessen dominieren institutionelle „Involutionstendenzen", um einen Begriff von Johannes Agnoli (Agnoli/Brückner 1968) aufzunehmen. Zunehmende Korruptionsdichte, Politik- und Parteienverdrossenheit sind die spektakulären Ausdrucksformen einer etablierten Politik, die sich angesichts der ungebetenen Herausforderungen einigelt und ihr angemaßtes und fiktiv gewordenes Politikmonopol verteidigt. Daß dabei die eigenen demokratischen Spielregeln, wo hinderlich, dran glauben müssen, ließe sich am Dauerskandal einer permanent und immer aufs Neue verfassungswidrigen Parteienfinanzierung verdeutlichen. Vom „institutionellen Rigorismus", wie ihn Offe (1984) einmal eingeklagt hatte, finden sich in der dominanten politischen Arena wenig Spuren.

Zusammengenommen spricht dies nicht für eine Stärkung, sondern – selbst am bescheidenen Maßstab liberaler Demokratie gemessen – eher für eine Tendenz zur „fragilen Demokratie" (Etzioni-Halevy 1989). Das Ende des Kalten Krieges, der Zusammenbruch des Ostblocks und – en miniature – die deutsch-deutsche Vereinigung haben entgegen der euphorischen Stimmungen des Jahres 1989 keinen demokratisch-zivilgesellschaftlichen Schub ausgelöst. Nicht die neuen sozialen Bewegungen, sondern Gegenbewegungen und rechtsradikale Mobilisierungen beherrschen – nicht nur hierzulande – die politische Szene. Mit den Systemgrenzen sind auch die sozialen Grenzziehungen erschüttert. Die populistischen Mobilisierungen entlang der Themen Migration, Asyl, Flüchtlinge, Ausländer zielen auf eine erneute soziale Schließung. Der von Poulantzas schon 1978 skizzierte „autoritäre Etatismus" eignet sich heute zur Kennzeichnung der Bonner Politik in der neuen Bundesrepublik. Die Demonstrationen gegen Rassismus und Ausländerfeindlichkeit, selbst die Lichterketten und Schweigemärsche der letzten Jahre zeigten, daß auch weiterhin mit politischem Widerspruch zu rechnen ist. Daran haben die bestehenden lokalen Bewegungsnetzwerke einen erheblichen Anteil.

Literatur

Agnoli, Johannes, und *Peter Brückner*, 1968: Die Transformation der Demokratie. Frankfurt a.M.: Neue Kritik.

Brand, Karl-Werner, 1989: Zyklen des „Middle Class Radicalism". Eine international und historisch vergleichende Untersuchung der „neuen sozialen Bewegungen". München (Habilitationsschrift).

Brand, Karl-Werner, Detlef Büsser und *Dieter Rucht*, 1986: Aufbruch in eine andere Gesellschaft. Neue soziale Bewegungen in der Bundesrepublik. Frankfurt a.M./New York: Campus (aktual. Neuausgabe).

Bryant, Christopher G.A., und *David Jary* (Hg.), 1991: Giddens' Theory of Structuration. London: Routledge.

Butterwegge, Christoph, und *Hans G. Jansen* (Hg.), 1992: Neue soziale Bewegungen in einer alten Stadt. Versuch einer vorläufigen Bilanz am Beispiel Bremens. Bremen: Steintor.

Calhoun, Craig (Hg.), 1992: Habermas and the Public Sphere. Cambridge/London: MIT Press.

Cohen, Jean L., 1985: Strategy or Identity: New Theoretical Paradigms in Contemporary Social Movements, Social Research 4: 663-716.

Cohn-Bendit, Daniel, 1975: Der große Basar. München: Trikont.

Dackweiler, Regina, und *Barbara Holland-Cunz*, 1991: Strukturwandel feministischer Öffentlichkeit, Beiträge zur feministischen Theorie und Praxis 14: 105-122.

Elias, Norbert, 1976: Über den Prozeß der Zivilisation. Frankfurt a.M.: Suhrkamp.

Elwert, Georg, 1991: Fassaden, Gerüchte, Gewalt, Merkur 45: 318-332.

Etzioni-Halevy, Eva, 1989: Fragile Democracy. The Use and Abuse of Power in Western Societies. New Brunswick/London: Transactiom Publishers.

Eyerman, Ron, und *Andrew Jamison*, 1991: Social Movements. A Cognitive Approach. Cambridge: Polity Press.

Fuchs, Dieter, und *Dieter Rucht*, 1992: Support for New Social Movements in Five Western European Countries. Discussion Paper FS III 92-102. Berlin: Wissenschaftszentrum.

Geiling, Heiko, und *Michael Vester*, 1991: Die Spitze eines gesellschaftlichen Eisbergs: Sozialstrukturwandel und neue soziale Milieus. S. 237-260 in: *Roland Roth* und *Dieter Rucht* (Hg.): Neue soziale Bewegungen in der Bundesrepublik Deutschland. Bonn: Bundeszentrale für politische Bildung (2., überarbeitete und erweiterte Auflage).

Gerhards, Jürgen, 1993: Neue Konfliktlinien in der Mobilisierung öffentlicher Meinung. Opladen: Westdeutscher Verlag.

Geronimo (Pseudonym), 1990: Feuer und Flamme. Zur Geschichte und Gegenwart der Autonomen. Berlin: Edition ID-Archiv.

Geronimo (Pseudonym) et al., 1992: Kritiken, Reflexionen und Anmerkungen zur Lage der Autonomen. Berlin: Edition ID-Archiv.

Giddens, Anthony, 1988: Die Konstitution der Gesellschaft. Frankfurt a.M./New York: Campus.

Giddens, Anthony, 1993: Tradition in der post-traditionalen Gesellschaft, Soziale Welt 44: 445-485.

Goetz, Edward G., und *Susan E. Clarke* (Hg.), 1993: The New Localism. Comparative Urban Politics in a Global Era. Newbury Park u.a.: Sage.

Guggenberger, Bernd, und *Claus Offe* (Hg.), 1984: An den Grenzen der Mehrheitsdemokratie. Politik und Soziologie der Mehrheitsregel. Opladen: Westdeutscher Verlag.

Habermas, Jürgen, 1962: Strukturwandel der Öffentlichkeit. Neuwied: Luchterhand.

Habermas, Jürgen, 1992: Faktizität und Geltung. Frankfurt a.M.: Suhrkamp.

Hennig, Eike, 1991: Die Republikaner im Schatten Deutschlands. Frankfurt a.M.: Suhrkamp.

Homuth, Karl (Hg.), 1994: Erfinde Dich selbst! Multikultur und moderne Identitätskrise. Essen: Klartext.

Japp, Klaus, 1984: Selbsterzeugung oder Fremdverschulden. Thesen zum Rationalismus in den Theorien sozialer Bewegungen, Soziale Welt 35: 313-329.

Jarren, Ottfried, 1993: Lokale Medien und lokale Politik. S. 296-308 in: *Roland Roth* und *Hellmut Wollmann* (Hg.): Kommunalpolitik. Politisches Handeln in den Gemeinden. Opladen: Leske + Budrich und Bonn: Bundeszentrale für politische Bildung.

Klingemann, Hans-Dieter, 1991: Bürger mischen sich ein: Die Entwicklung der unkonventionellen politischen Beteiligung in Berlin 1981-1990. S. 375-404 in: *Hans-Dieter Klingemann, Richard Stöss* und *Bernhard Weßels* (Hg.): Politische Klasse und politische Institution. Opladen: Westdeutscher Verlag.

Kontos, Silvia, 1986: Modernisierung der Subsumtionspolitik? Die Frauenbewegung in den Theorien neuer sozialer Bewegungen, Feministische Studien 2: 34-49.

Koopmans, Ruud, 1992: Democracy from Below. New Social Movements and the Political System in West Germany. Amsterdam (Diss.).

Kriesi, Hanspeter, 1991: The Political Opportunity Structure of New Social Movements: Its Impact on Their Mobilization. Discussion Paper FS III 91-103. Berlin: Wissenschaftszentrum.

Lau, Ephrem Else, 1978: Interaktion und Institution. Zur Theorie der Institution und der Institutionalisierung aus der Perspektive der verstehend-interaktionistischen Soziologie. Berlin: Duncker & Humblot.

Lauterbach, Jörg, 1994: Staats- und Politikverständnis autonomer Gruppen in der BRD, Widersprüche 14 (Heft 50): 101-119.

Lück, Volker, u.a., 1976: Industrieller Ballungsraum, in: Zeitschrift für Soziologie 4: 309-318.

Melucci, Alberto, 1984: Altri codici. Aree di movimento nella metropoli. Bologna: Il Mulino.

Melucci, Alberto, 1989: Nomads of the Present. Social Movements and Individual Needs in Contemporary Society. Philadelphia: Temple U. Press.

Merton, Robert K., 1958: Patterns of Influence: Local and Cosmopolitan Influentials. S. 387-420 in: *Ders.:* Social Theory and Social Structure. Glencoe: Free Press.

Mez, Lutz, 1991: Von den Bürgerinitiativen zu den GRÜNEN. Zur Entstehungsgeschichte der „Wahlalternativen" in der Bundesrepublik Deutschland. S. 379-391 in: *Roland Roth* und *Dieter Rucht* (Hg.): Neue soziale Bewegungen in der Bundesrepublik Deutschland. Bonn: Bundeszentrale für politische Bildung (2. überarbeitete und erweiterte Auflage).

Neidhardt, Friedhelm, 1985: Einige Ideen zu einer allgemeinen Theorie sozialer Bewegungen. S. 193-204 in: *Stefan Hradil* (Hg.): Sozialstruktur im Umbruch. Karl Martin Bolte zum 60. Geburtstag. Opladen: Leske.

Noller, Peter A., u.a. (Hg.), 1994: Stadt – Welt. Über die Globalisierung städtischer Milieus. Frankfurt a.M./New York: Campus.

Oberreuter, Heinrich (Hg.), 1986: Wahrheit statt Mehrheit? An den Grenzen der parlamentarischen Demokratie. München: Olzog.

Offe, Claus, 1984: Von der Suchtbildung der Parteien. Vermutungen, wie sich die Flick-Affäre auf Staat und Politik auswirkt, Die Zeit vom 7.12.1984: 4.

Pappi, Franz Urban, 1991: Die Anhänger der neuen sozialen Bewegungen im Parteiensystem der Bundesrepublik Deutschland. S. 458-468 in: *Roland Roth* und *Dieter Rucht* (Hg.): Neue soziale Bewegungen in der Bundesrepublik Deutschland. Bonn: Bundeszentrale für politische Bildung (2., überarbeitete und erweiterte Auflage).

Poppenhusen, Margot, 1992: Viel bewegt – nichts verrückt? 20 Jahre Frauenbewegung in Freiburg 1972-1992. Freiburg: Jos Fritz Verlag.

Poulantzas, Nicos, 1978: Staatstheorie. Politischer Überbau, Ideologie, Sozialistische Demokratie. Hamburg: VSA.

Preuß, Ulrich K., 1984: Politische Verantwortung und Bürgerloyalität. Von den Grenzen der Verfassung und des Gehorsams in der Demokratie. Frankfurt a.M.: S. Fischer.

Preuß, Ulrich K., 1990: Revolution, Fortschritt und Verfassung. Zu einem neuen Verfassungsverständnis. Berlin: Wagenbach.

Raschke, Joachim, 1985: Soziale Bewegungen. Frankfurt a.M./New York: Campus.

Raschke, Joachim, 1991: Zum Begriff der sozialen Bewegung. S. 31-39 in: *Roland Roth* und *Dieter Rucht* (Hg.): Neue soziale Bewegungen in der Bundesrepublik Deutschland. Bonn: Bundeszentrale für politische Bildung (2. überarbeitete und erweiterte Auflage).

Raschke, Joachim, 1993: Die Grünen. Wie sie wurden, was sie sind. Köln: Bund-Verlag.

Rolke, Lothar, 1987: Protestbewegungen in der Bundesrepublik. Opladen: Westdeutscher Verlag.

Roth, Roland, 1990: Stadtentwicklung und soziale Bewegungen in der Bundesrepublik. S. 209-234 in: *Renate Borst* et al. (Hg.): Das neue Gesicht der Städte. Basel u.a.: Birkhäuser.

Roth, Roland, 1991a: Frankfurt am Main – Skizzen zu einer Bewegungsmetropole. S. 149-167 in: *Frank-Olaf Brauerhoch* (Hg.): Frankfurt am Main – Stadt, Soziologie und Kultur. Frankfurt a.M.: Vervuert.

Roth, Roland, 1991b: Proteste und soziale Bewegungen im Odenwald, Forschungsjournal Neue Soziale Bewegungen 4: 60-72.

Roth, Roland, 1994a: Demokratie von unten. Neue soziale Bewegungen auf dem Weg zur politischen Institution. Köln: Bund-Verlag.

Roth, Roland, 1994b: Postfordismus und postmoderne Bewegungen. In: *Karl Homuth* (Hg.): Erfinde Dich selbst! Multikultur und moderne Identitätskrise. Essen: Klartext. (i.E.)

Roth, Roland, und *Dieter Rucht* (Hg.), 1991: Neue soziale Bewegungen in der Bundesrepublik Deutschland. Bonn: Bundeszentrale für politische Bildung (2. überarbeitete und erweiterte Auflage).

Rucht, Dieter, 1993: Modernisierung und neue soziale Bewegungen. Theoretische und empirisch-vergleichende Analysen. Berlin: Habilitationsschrift.

Schmidt-Beck, Rüdiger, 1990: Über die Bedeutung der Massenmedien für soziale Bewegungen, Kölner Zeitschrift für Soziologie und Sozialpsychologie 42: 642-662.

Stamm, Karl-Heinz, 1988: Alternative Öffentlichkeit. Die Erfahrungsproduktion neuer sozialer Bewegungen. Frankfurt a.M./New York: Campus.

Tarrow, Sidney, 1991: Kollektives Handeln und politische Gelegenheitsstruktur in Mobilisierungswellen: Theoretische Perspektiven, Kölner Zeitschrift für Soziologie und Sozialpsychologie 43: 647-670.

Vester, Michael, et al., 1993: Soziale Milieus im gesellschaftlichen Strukturwandel. Köln: Bund-Verlag.

Weßels, Bernhard, 1991: Erosion des Wachstumsparadigmas: Neue Konfliktstrukturen im politischen System der Bundesrepublik. Opladen: Westdeutscher Verlag.

Zwick, Michael, 1990: Neue soziale Bewegungen als politische Subkultur. Frankfurt a.M./New York: Campus.

Die Autoren der Beiträge

Klaus von Beyme, 1934, Dr.phil., Professor für Politikwissenschaft an der Universität Heidelberg. Veröffentlichungen (Auswahl): Interessengruppen in der Demokratie, 1980 (2. Aufl.); Die politische Elite der Bundesrepublik Deutschland, 1973 (2. Aufl.); Parteien in westlichen Demokratien, 1984 (2. Aufl.); Das politische System der Bundesrepublik Deutschland, 1993 (7. Aufl.); Die politische Klasse im Parteienstaat 1992 (2. Aufl).

Jürgen Friedrichs, 1938, Prof. Dr., Professor für Soziologie an der Universität zu Köln. Studium der Soziologie, Philosophie, Psychologie und Volkswortschaftslehre an den Universitäten Berlin und Hamburg. 1968-1974 Assistent am Institut für Soziologie der Universität Hamburg. 1974-1991 Professor an der Universität Hamburg, 1991 Ruf auf einen Lehrstuhl für Soziologie an der Universtiät zu Köln; Direktor des Forschungsinstituts für Soziologie. Arbeitsschwerpunkte: Methoden, Stadtforschung, Soziologische Theorie. Veröffentlichungen: Methoden der empirischen Sozialforschung, (14. Aufl.) 1994; Stadtanalyse, (4. Aufl.) 1994; Stadtentwicklung in Ost- und Westeuropa (Hg.), 1985; Die Städte in den 80er Jahren (Hg.), 1985; The Changing Downtown, 1986; Affordable Housing and the Homeless (Hg.), 1988; Soziologische Stadtforschung (Hg.), 1988; Sozialwissenschaftliche Dissertationen ind Habilitationen in der DDR 1951-1991, 1993; A Theory of Urban Decline, Urban Studies, 1993.

Jürgen Gerhards, 1955, Dr. phil., Professor für Kultursoziologie und Allgemeine Soziologie an der Universität Leipzig. Veröffentlichungen: Soziologie der Emotionen, München 1988; Intime Kommunikation (mit Bernd Schmidt), Baden-Baden 1992; Mesomobilization. Organizing and Framing in Two Protest Campaingns (mit Dieter Rucht), in: American Journal of Sociology 1992; Neue Konfliktlinien in der Mobilisierung öffentlicher Meinung, Opladen 1993.

Ingrid Gilcher-Holtey, Professorin für Allgemeine Geschichte unter besonderer Berücksichtigung der Zeitgeschichte an der Universität Bielefeld. Arbeitsgebiete: Soziale Bewegungen, Intellektuelle um die Jahrhundertwende, französische Sozialgeschichte, Methoden der modernen Sozial- und Gesellschaftsgeschichte. Veröffentlichungen: Das Mandat des Intellektuellen. Karl Kautsky und die Sozialdemokratie, Berlin (Siedler) 1986; „Max Weber und die Frauen". In: Max Weber ein Symposium, hg. von Christian Gneuss und Jürgen Kocka, München (Beck) 1988, 142-154; Modelle 'moderner' Weiblichkeit. Frauen im akdemischen Milieu Heidelbergs um 1900. In: Bildungsbürgertum im 19. Jahrhundert, hg. von M. Rainer Lepsius, Stuttgart (Klett) 1992, 176-205; Die Phantasie an die Macht. Mai 68 in Frankreich, erscheint 1995.

Mathias Kepplinger, 1943, Prof. Dr., Institut für Publizistik an der Johannes-Gutenberg-Universtiät Mainz. Forschungsgebiete: Politische Kommunikation, Kommunikatorforschung, Medienwirkungsforschung, Erhebungsmethoden. Publikationen u.a.: Wie das Fernsehen Wahlen beeinflußt, 1994 (zus. m. H.B. Brosius und S. Dahlem); Am Pranger. Eine Fallstudie zur Rationalität öffentlicher Kommunikation, 1994 (zus. m. U. Hartung); Ereignismanagement. Wirklichkeit und Masenmedien, 1992; Künstliche Horizonte. Folgen, Darstellung und Akzeptanz von Technik in der Bundesrepublik, 1989; Der Einfluß von Fernsehnachrichten auf die öffentliche Meinungsbildung, 1989 (zus. m. K. Gotto, H.-B. Brosius und D. Haak); Darstellungseffekte. Experimentelle Untersuchungen zur Wirkung von Pressefotos und Fernsehfilmen, 1987.

Hanspeter Kriesi, 1950, ist Professor für politische Wissenschaft an der Universität Genf, wo er Schweizer Politik und vergleichende Politik lehrt. Vor seiner Berufung nach Genf war er zunächst Privatdozent für Soziologie an der Unversität Zürich, dann Professor für kollektives politisches Verhalten an der Universität Amsterdam. Er hat an mehreren Studien zur Mobilisierung neuer sozialer Bewegungen in Westeuropa teilgenommen. Daneben hat er auch Arbeiten zu Wirtschaftsverbänden, zur direkten Demokratie sowie zur Funktionsweise des politischen Systems der Schweiz ganz allgemein publiziert. Gegenwärtig befaßt er sich einerseits mit dem Rechtsradikalismus, andererseits mit der Bereitschaft der Schweizer Bevölkerung zu umweltgerechtem Verhalten.

Doug McAdam, Professor für Soziologie an der Universität of Arizona. Sein gegenwärtiges empirisches Forschungprogramm umaßt eine landesweite Umfrage zu dem Verhältnis zwischen politischer Beteiligung und Biograpie sowie ein gemeinsam mit Dieter Rucht durchgeführtes Projekt zur landesweiten Verbreitung von Bewegungsinhalten. Veröffentlichungen: Political Processes and the Development of Black Insurgency, 1982; Freedom Summer, 1988; Comparative Perspectives on Social Movements (Hg. zus. m. J. McCarthy und M. Zald), im Druck.

Friedhelm Neidhardt, 1934, Professor für Soziologie an der Freien Universität Berlin, Präsident des Wissenschaftszentrums Berlin, Präsidiumsmitglied der Berlin-Brandenburgischen Akademie der Wissenschaften. Veröffentlichuungen über Jugend, Familie, Gruppen, soziale Bewegungen, Terrorismus, Öffentlichkeit, Wissenschaft.

Bernhard Peters, 1949, Professor für politische Theorie im Fachbereich Sozialwissenschaften der Universität Bremen. Forschungen zu Formen der Differenzierung und Integration moderner Gesellschaften und zur Rolle und Verfassung moderner Öffentlichkeit. Veröffentlichungen: Rationalität, Recht und Gesellschaft 1991; Die Integration moderner Gesellschaften 1993.

Birgit Peters, 1963, M.A., Doktorandin am Wissenschaftszentrum Berlin für Sozialforschung. Forschungsgebiete: Massenkommunikation, Öffentlichkeit.

Hans Peter Peters, 1955, Dr. rer. soc., wissenschaftlicher Mitarbeiter, Programmgruppe Mensch, Umwelt, Technik des Forschungszentrums Jülich. Forschungsgebiete: Empirische Sozial- und Kommunikationsforschung, öffentliche Kommunikation über Technik und Risiken, Experten-Laien-Verhältnis. Veröffentlichungen u.a.: The Credibility of Information Sources in West Germany after the Chernobyl Disaster, Public Understanding of Science, 1992; Mass Media Coverage of Technological and Environmental Risks: A Survey of Research in the United States and Germany (zus. m. S. Dunwoody), Public Understanding of Science, 1992; Orientierung unter Unsicherheit: Bewertung der Informationspolitik und Medienberichterstattung nach „Tschernobyl" (zus. m. L. Hennen), KZfSS, 1990; „Chernobyl" and the Nuclear Power Issue in West German Public Opinion (zus. m. G. Albrecht, L. Hennen u. H.U. Stegelmann), Journal of Environmental Psychology, 1990.

Birgit Pfetsch, 1963, Dr. phil., Wissenschaftszentrum Berlin für Sozialforschung. Forschungsgebiete: politische Kommunikation, Medien und Politik, politische Öffentlichkeitsarbeit. Veröffentlichung: Politische Folgen der Dualisierung des Rundfunksystems in der BRD 1991.

Patrick Rössler, M.A., wissenschftlicher Mitarbeiter am Institut für Sozialwissenschaften, Universität Hohenheim. Forschungsgebiete: Wirkung von Masenmedien, insbesondere zur Agenda-Setting-Funktion, Film- und Fernsehkritik. Veröffentlichung: Dallas und Schwarzwaldklinik, 1988.

Roland Roth, 1949, Prof. Dr., Fachhochschle Magdeburg, FB Sozial- und Gesundheitswesen. Forschungsgebiete: Politische Soziologie der Bundesrepublik Deutschland, Gesellschaftstheorien, Neue soziale Bewegungen. Veröffentlichungen: Demokratie von unten. Neue soziale Bewegungen auf dem Weg zur Institution, 1994; Kommunalpolitik. Politisches Handeln in den Gemeinden (Hg. zus. m. H. Wollmann), 1994; Neue soziale Bewegungen in der Bundesrepublik Deutschland (Hg. zus. m. D. Rucht), 1991; Das neue Gesicht der Städte (Hg. zus. m. R. Borst u.a.), 1990.

Dieter Rucht, 1946, wissenschaftl. Mitarbeiter in der Abteilung „Öffentlichkeit und soziale Bewegung" des Wissenschaftszentrums Berlin für Sozialforschung. Hauptarbeitsgebiete: Soziale Bewegungen und politischer Protest. Neuere Buchveröffentlichungen: (zus. mit Roland Roth) (Hg.), Neue soziale Bewegungen in der Bundesrepublik Deutschland. Bonn: Bundeszentrale für politische Bildung 1991; (Hg.), Research on Social Movements. Frankfurt a.M. und Boulder: Campus und Westview 1991; Modernisierung und neue soziale Bewegungen. Frankfurt a.M.: Campus 1994.

Michael Schenk, 1948, Dr. Dr. rer. pol. habil., o. Universitäts-Professor für Kommuniationswisswenschaft und Sozialforschung, Universität Hohenheim; geschfätsführender Direktor des Instituts für Sozialwissenschften. Veröffentlichungen u.a.. Kommunikationsstrukturen in Bürgerinitiativen, 1982; Soziale Netzwerke und Kommunikation, 1984; Medienwirkungsforschung, 1987; Kabelfernsehen in Deutschland, 1991 (Hg. zus. m. M. Jäckel).

Rüdiger Schmitt-Beck, 1956, Dr. phil., wiss. Mitarbeiter am Mannheimer Zentrum für Europäische Sozialforschung (MZES), Universität Mannheim. Forschungsgebiete: politische Kommunikation/Politikvermittlung/Öffentlichkeitsarbeit, Wahlsoziologie, soziale Bewegungen/politische Partizipation, politische Kultur. Veröffentlichungen u.a.: Die Friedensbewegung in der Bundesrepublik Deutschland, 1990; Wählerpotentiale von Bündnis 90/Die Grünen im Ost-West-Vergleich, J.f.Soz.Forsch 1994; Dealignment durch Massenmedien?, in: H.-D. Klingemann und Max Kaase (Hg.): Wahlen und Wähler, 1994 (zus. m. P. Schrott).

Beate Schneider, 1947, Prof. Dr., Institut für Journalistik und Kommunikationsforschung der Hochschule für Musik und Theater Hannover. Forschungsgebiete: Nationale und internationale Mediensysteme, Pressekonzentration. Veröffentlichungen u.a.: Strukturen, Anpassungsprobleme und Entwicklungschancen der Presse in den neuen Bundesländern, 1991.

Klaus Schönbach, 1949, Prof. Dr., Institut für Journalistik und Kommunikationsforschung, Hochschule für Musik und Theater Hannover. Forschungsgebiete: Massenmedien und Wahlen, Wirkungen und Publikum der Massenmedien. Veröffentlichungen u.a.: Trennung von Nachricht und Meinung, 1977; Das unterschätzte Medium: Politische Wirkungen von Presse und Fernsehen im Vergleich, 1983; Audience Responses to Media Diversification (Hg. zus. mit Lee B. Becker), 1989; Medienwirkungen und ihre Ursachen (zus. mit Wolfgang Eichhorn), 1992; Germanys „Unity" Election (zus. mit Hilli A. Semetko), 1994.

Dieter Stürzebecher, 1958, Dipl.-Pol., Dipl.-Journ., wiss. Mitarbeiter, Institut für Journalistik und Kommunikationsforschung der Hochschule für Musik und Theater Hannover. Forschungsgebiete: Journalismus, Medienstruktur, Veröffentlichungen u.a.: Westdeutsche Journalisten im Vergleich und: Journalisten im vereinigten Deutschland, in: Publizistik, 1993 (mit B. Schneider und K. Schönbach).

English Summaries

Friedhelm Neidhardt: **The Public, Public Opinion, and Social Movements,** pp. 7-41.

The modern general public is a field of communication which is relatively free accessible. In this field of communication "speakers" with special interests to set a theme and to persuade others try, using the mass media, to find attention and consent at a special "audience". This communication is structured by political and economical interests of the public actors as well as the demands of the audience for entertainment and orientation. In democracies based on market economy the audience is of strategic importance as the electoral body and as client. In this paper it is analyzed in what measure and under which conditions the general public is fulfilling not only functions of transparency, but also functions of validation as well as (via the production of public opinion) functions of orientation. All these functions influence first the audience and after that directly or indirectly the political decision making process by way of demoscopical determinable public opinion. The article presents an overview of the invited papers of this special issue to general questions, which appear when the relation between the general public and the political process is systematically analyzed. The role social movements play in this intermediary process of generating public awareness is given special attention.

Bernhard Peters: **The Public Sphere,** pp. 42-76.

Conceptions of an enlightened public opinion and of a critical, debating public have an important place in modern political thought. Theoretical and empirical research on contemporary societies has been very sceptical about these normative claims. The article first describes basic features of a normative model of the public sphere. It then uses the normative model as a heuristic device to explore the potentials and structural limitations of public communication under real-world conditions. Enabling and constraining conditions both within the public sphere and in its social environment are considered. These conditions necessitate certain revisions of the normative model. But the sceptical conclusion that the public is a merely a phantom (W. Lippman) seems unwarranted.

Jürgen Gerhards: **Political Public Sphere: A System- and Actor-theoretical Attempt of Description,** pp. 77-105.

The article tries to describe the structure and the function of the political public sphere of modern societies by using system theory of Niklas Luhmann on the one hand and rational choice theory on the other hand: differentiated subsystems of society can be interpreted as "constraints", by which abstract but substantial goals and means are defined; individual and collective actors, who act in a subsystem, will choose those actions to realize their specific goals, that will require the less amount of time and energy. This general theoretical assumption is used to develop a concept of the political public sphere. In a first step mass medial public sphere as a differentiated subsystem of society, in a second step the political system as a differentiated subsystem of society is described. Finally, the political public sphere as an observing system of the political system is described. The articles tries to give an answer to the question why it is rational for citizens and collective actors to observe the political public sphere and which actions they will choose to influence the political public sphere.

Rüdiger Schmitt-Beck and *Barbara Pfetsch:* **Political Actors and the Mass Media: Generating Publicity in Electoral Campaigns,** pp. 106-138.

The first part of the paper presents a general model of political communication in election campaigns. Such campaigns are conceptualized as competitions between political actors seeking to gain influence on the public sphere. Since in modern industrial societies the mass media are the most important channel by which the public sphere is constituted, the competing political parties try to influence the content of the media in a way that is favorable to their communication goals. Media content can therefore be understood as the result of an interaction between political actors and the mass media. The conditions of this interaction are the subject of the content analyses that are presented in the second part of the paper. The presence of pseudo-events in media reporting serves as an indicator for the success of the parties' media strategies. The analyses demonstrate that the German media are in general very responsive to such strategically staged events. Particularly open to pseudo-events are the wire service "dpa", public television, and the media of the East German new states. The news factor conflict is of some importance as well, but only in specific patterns of interaction with other variables.

Klaus Schönbach, Dieter Stürzebecher and *Beate Schneider:* **Educators and Missionaries? Self-Concepts of German Journalists,** pp. 139-161.

A 1992-93 representative survey of about 1,600 German journalists reveals that only a few of them regard themselves as "missionaries", as educators who should guide their audience. Also, there is no evidence for a particularly sneering attitude toward their audience, and almost no differences in ethical behaviours can be found between journalists of different role concepts. The reasons why German journalists were viewed as "educators" – such as being formed by the "1968" movement, leftist political attitudes, and professional frustrations – did not prove to be valid determinants of that specific role concept.

Hans Peter Peters: **Scientific Experts Communicating about Technology, Environment and Risks,** pp. 162-190.

An important class of current political conflicts refers to science and technology as a cause of, for example, risk and environmental problems or as a possible solution to such problems. The article analyzes form and prerequisites of expert participation in the public debate of such topics. Assuming an arena model of mass communication, according to which the communicators have to follow certain arena rules if they want to participate in the public discourse, these rules are analyzed with respect to experts. As it turned out, scientific reputation has only a limited value for being "accredited" as an expert for the public discourse. Furthermore, in the context of a societal controversy there is a tendency to assign the experts to one side of the controversy or the other, and to look at expertise as a persuasive resource which must be dealt with from an ideology-critical point of view rather than from the perspective of a specific claim of truth. Hence, expertise becomes devaluated as a means to solve conflicts. This, however, may also be seen more positively as a bias toward the rejection of unjustified "inherent necessities". Finally, it is suggested that an assessment of the merits and deficiencies of the public arena must not be based on an isolated treatment but rather has to take into account the interdependencies of the public arena with the other societal arenas.

Birgit Peters: **"The Public Elite" – Conditions and Significance of Prominence,** pp. 191-213.

This article describes the public sphere as a specific communication system. Taking into account that this system potentially has as much communicators and recipients as the society has members, the question arises which are the selection criteria of public discourse. Because it is not possible for every recipient to listen to every communicator, there must be a process of selection. In this context prominent figures are important. They receive the greatest public attention, place themes on the public agenda and perhaps play the role of opinion leaders. If these assumptions are correct, prominent figures form an influential section of the population. Previous research has paid little attention to this phenomenon. In this article I define theoretically and empirically the phenomenon of 'Prominenz', the current prominent figures, the processes that establish prominence, and the functions and effects of these prominent actors.

Hans Mathias Kepplinger: **Mediated Conflicts: Definitions, Approaches, Results,** pp. 214-233.

Based on the distinction between private and public conflicts, mediated conflicts are identified as a specific category of public conflicts. They are defined as controversies between at last two disputants with information about a conflict object via mass media in front of a public. The structure of communication between the participants, the structure of communication contents, the function of communication, the criteria for rational strategies and the dynamics of mediated conflicts are described and illustrated with examples from various studies. It is demonstrated that the conditions for reasoned actions in a mediated conflict fundamentally differ from the relevant conditions in private conflicts and public conflicts without involvement of the mass media.

Hanspeter Kriesi: **The Challenge Citizens are Facing Because of the Transformation of the Public Space,** pp. 234-260.

Starting from a model of deliberative democracy this paper analyzes in some detail the deliberation of citizens in the context of direct-democratic votes in Switzerland. On the basis of representative surveys which are regularly held after such votes, the paper studies the extent to which the media are able to influence the quality of the deliberative process of the citizens during the campaign preceding them. The results show that citizens typically do not have readymade opinions which are no longer accessible to public debate. Much rather there exists an important latitude with regard to the formation of public opinion before popular votes in Switzerland. Moreover, the analyses also indicate that the process of opinion formation before such votes is much more open and less manipulatable than the more pessimistic among the hypotheses about the consequences of the transformation of the public space led us to believe.

Michael Schenk and *Patrick Rössler:* **The Depreciated Audience. The Influence of Mass Media and Interpersonal Communication on Issue Awareness and Opinion Formation,** pp. 261-295.

Modern societies are characterized by an increasing influence of the mass media on the formation of public opinion concerning political issues. The anchorage function in the process of mass communication, which is maintained by homogeneous social groups and networks, is questioned in regard of a greater individual mobility and changing patterns of interpersonal contact. Subsequently, the relevance of personal communication for media effect studies seems to be reduced. The present study uses a multiple method design with the individual as the unit of analysis, and tries to update the definition of the connection between interpersonal and mass communication. The contents of media coverage exert only little influence on a cognitive level (salience of political problems), and the same holds true for the mediation of opinions. On the other hand, the individual activity in interpersonal discussions about political problems qualifies as the most significant factor influencing the salience of an issue (agenda-setting) as well as the attitudes on this special issue (persuasion). The interpersonal environment is described with the concept of egocentric networks. The most important factor represents the congruence of the individual with the issue salience and the opinions of his alteri in the social network. Additionally, we find projection effects of the individual opinion on the perceived climate of opinion ("looking glass effects"). The study supports the hypothesis, that the interpersonal factor seem to be underestimated in research on mass media effects.

Werner Bergmann: **Effects of the Dominant Public Opinion on the People's Opinion,** pp. 296-319.

Since the 1950s, survey-data prove a constant decline in anti-semitic attitudes in the Federal Republic. This can be attributed mostly to a cohort effect: members of the younger generations grown up in postwar German political culture show markedly less anti-semitic attitudes than the older cohorts. This development is analyzed as a collective learning process brought about by a consonant, highly moralized public climate of opinion, especially disseminated by the mass media, disclosing or marginalizing deviant contributions. In different periods of West-German history anti-semitism and the Holocaust came onto the public agenda (triggered by scandals, trials against Nazi war-criminals or remembrance days). This had a measurable direct and indirect impact on the attitudes Germans hold toward Jews. This attitude change was mediated by a change of the norms and programs (school curricula, religious convictions and dogmas, laws) in major institutions of society, like schools, churches, courts. The quantitative decrease of anti-semitism was reinforced by qualitative changes a) in the framing of the issue making the Holocaust the "master frame" in the interpretation of National Socialism and b) in the lowering the thresholds to define certain events as cases of anti-semitism. This qualitative changes support the argument that in Germany over the last forty years a collective learning process has taken place.

Klaus von Beyme: **Mass Media and the Political Agenda of the Parliamentary System,** pp. 320-336.

The influence of mass media is frequently exaggerated in scientific literature because research concentrates on symbolic politics and the uncovering of scandals. The daily routine of decision-making in parliament attracted much less attention. In the arena of decisional politics the function of agenda-setting is more frequently concentrated in the new social movements, the parties and the government. But the media have an important function of reinforcement which is quite different according to six types of key discussion elaborated in this essay.

Dieter Rucht: **The Public as Mobilizing Factor for Social Movements,** pp. 337-358.

Occasionally is has been emphasized that the public is an important factor for social movement mobilization. However, this insight hardly resulted in elaborated theoretical reflection and empirical research. Whereas concepts of framing and political opportunity structure at least indirectly refer to the role of the public, interaction theory allows to take into account systematically mass media and its audience as important reference groups of social movements. Although social movements need public resonance and support in order to influence political decision-making and social change, they refer to the public in very different ways, depending on the type of movement, the movement's developmental phase, target groups, properties of countergroups and strategic preferences of the actors involved. These differences are hypothetically stated by contrasting old vs. new, power-oriented v. culture-oriented and left-wing vs. right-wing movements.

Jürgen Friedrichs: **Stresemannstraße. A Case Study on the Dynamics of Social Protest,** pp. 359-374.

For several weeks, residents of a major traffic artery in Hamburg blocked this road due to the death of a young girl. The process of this protest and the growing social movement is described. Its success is explained by propositions from the literature of social movements. Models of the production function and propositions from rational choice theory are used to account for participation. Further, the effects of mobilizing media on the targeted persons of local government and administration are elaborated. The concept of threshold for participation is discussed and a set of hypotheses to specify the occurrence of a threshold are suggested. Finally, it is shown by this case study how macro- and microlevel analysis of social movements can be related.

Ingrid Gilcher-Holtey: The Night of the Barricades. A Case Study on the Dynamics of Social Protest, pp. 375-392.

The author analyses the dynamics of the May 1968 movement in France, referring to Pierre Bourdieu's model of the "critical event". The "night of the barricades" (10/11 May) is taken as an example to develop systematically the effect of synchronization produced by a "critical event". The combination of events and structural strains, micro- and macro-analysis renders possible the reconstruction of the processes which led in the night of the barricades to the sudden turn from student movement, confined by university conflicts into the awareness of a general social crisis and the mobilization of the public at large. The case study shows that the "critical event" is not necessarily predetermined by structural strains, as Bourdieu's model suggests, but that the process of synchronization, which the "critical event" produces, is also depending on collective attitudes and mentalities. Cognitive orientations, which can be activated suddenly in extraordinary moments, are, so the author's thesis, decisive elements in the process of mobilization.

Doug McAdam: Movement Framing and the Public, pp. 393-412.

In recent years a great many social movements scholars have called for more attention to the cultural or ideational dimensions of collective action. To date, however, very little in the way of systematic theory and/or empirical research has been produced that would translate this general injunction into tangible gains in our understanding of social movement processes. This article represents a modest attempt to contribute to such an effort. Specifically, I aim to do four things in the article: 1. review the existing work on "framing" and "frame alignment processes"; 2. critique what I regard the "ideational bias" in our understanding of framing processes; 3. discuss the framing function of movement tactics; and 4. conclude by using the concrete case of American civil rights movement to illustrate the way in which tactics were consciously used to "frame" action and thereby attract media attention and shape public opinion in ways that constrained the social control options of the federal government and the movement's opponents.

Roland Roth: Local Movement Networks and the Institutionalization of New Social Movements, pp. 413-436.

Many scholars (e.g. Melucci, Gerhards, Vester) have emphasized that local movement areas are forming the basis of "new social movements". This study presents research findings in three West German localities. The results offer some empirical evidence for the assumption. But they also nourish doubts about certain images of new social movements: The previously "challenging codes" lost their provocative character. Processes of co-optation and the integration of the movement politics into local politics going along with a fragmentation of the movement sector itself are marked. Nevertheless, while conventional politics is loosing both its strength and legitimacy, protest politics is still going strong. A revitalized local public sphere is one of the key features of a multi-faceted process in the institutionalization of new social movements. They have become an intermediary institution in the German political system.

Aus dem Programm
Sozialwissenschaften

Werner Fuchs-Heinritz/Rüdiger Lautmann/Otthein Rammstedt/ Hanns Wienold (Hrsg.)

Lexikon zur Soziologie

3., völlig neubearb. und erw. Aufl. 1994. 763 S. Kart.
ISBN 3-531-11417-4

Das Lexikon zur Soziologie ist das umfassendste Nachschlagewerk für die sozialwissenschaftliche Fachsprache. Für die 3. Auflage wurde das Werk völlig neu bearbeitet und durch Aufnahme zahlreicher neuer Stichwortartikel erheblich erweitert. Das Lexikon zur Soziologie bietet aktuelle, zuverlässige Erklärungen von Begriffen aus der Soziologie sowie aus Sozialphilosophie, Politikwissenschaft und Politischer Ökonomie, Sozialpsychologie, Psychoanalyse und allgemeiner Psychologie, Anthropologie und Verhaltensforschung, Wissenschaftstheorie und Statistik.

Klaus Merten/Siegfried J. Schmidt/ Siegfried Weischenberg (Hrsg.)

Die Wirklichkeit der Medien

Eine Einführung in die Kommunikationswissenschaft

1994. XIV, 690 S. Kart.
ISBN 3-531-12327-0

Medien und Kommunikation sind für unsere Gesellschaft unverzichtbar: Sie prägen politische, wirtschaftliche und soziale Prozesse – zunehmend auch unseren Alltag. In diesem einführenden Lehrbuch werden die Bedingungen, Formen und Leistungen von Medienkommunikation beschrieben und analysiert. Ausgehend von einer grundlegenden Darstellung kommunikativer Prozesse werden in 20 Beiträgen aktuelle kommunikationswissenschaftliche Modelle, Methoden und Er-

gebnisse vorgestellt. Themen sind u. a. die individuellen und sozialen Voraussetzungen der Kommunikation, die Wirklichkeitskonstruktion durch Medien, die Entwicklung, Organisation und Ökonomie der Medien, die Medientechnik, der Journalismus und die Perspektiven der „Informationsgesellschaft". Einen weiteren Schwerpunkt bilden die Wirkungen der Medien – zum Beispiel auf Kinder. Insgesamt bietet das Lehrbuch eine interdisziplinäre, problemorientierte Einführung in die nationalen und internationalen Dimensionen von Medien und Kommunikation.

Raymond Boudon/ François Bourricaud

Soziologische Stichworte

Ein Handbuch

1992. 680 S. Kart.
ISBN 3-531-11675-4

Die Autoren dieses sozialwissenschaftlichen Standardwerkes behandeln in mehr als siebzig Grundsatzartikeln zu Schlüsselbegriffen, Theorien und historisch wesentlichen Autoren die zentralen Probleme der Soziologie. Insgesamt bietet der Band eine ebenso umfassende wie kritische Einführung in Entwicklung und Stand der Soziologie und ihrer einzelnen Bereiche.

WESTDEUTSCHER VERLAG
OPLADEN · WIESBADEN

Kölner Zeitschrift für Soziologie und Sozialpsychologie
– Lieferbare Sonderhefte

Band 7
René König/Johannes Winckelmann (Hrsg.)
Max Weber zum Gedächtnis
Materialien und Dokumente zur Bewertung von
Werk und Persönlichkeit
2. Aufl. 1985. 492 S.Kart.   ISBN 3-531-11791-2

Band 11
Ernst E. Hirsch/Manfred Rehbinder (Hrsg.)
**Studien und Materialien zur
Rechtssoziologie**
2. Aufl. 1971. 412 S. Kart.   ISBN 3-531-11061-6

Band 14
Günter Lüschen/Eugen Lupri (Hrsg.)
Soziologie der Familie
2. Aufl. 1974. 527 S. Kart.   ISBN 3-531-10937-5

Band 16
Peter Christian Ludz (Hrsg.)
Soziologie und Sozialgeschichte
1972. 623 S. Kart.   ISBN 3-531-11186-8

Band 17
Alphons Silbermann/René König (Hrsg.)
Künstler und Gesellschaft
1975. 356 S. Kart.   ISBN 3-531-11284-8

Band 18
Nico Stehr/René König (Hrsg.)
Wissenschaftssoziologie
1975. 525 S. Kart.   ISBN 3-531-11326-7

Band 21
Günter Lüschen (Hrsg.)
Deutsche Soziologie seit 1945
Entwicklungsrichtungen und Praxisbezug
1979. 370 S. Kart.   ISBN 3-531-11479-4

Band 22
Nico Stehr/Volker Meja (Hrsg.)
Wissenssoziologie
Studien und Materialien
1981. 477 S. Kart.   ISBN 3-531-11540-5

Band 24
Gert Schmidt/Hans-Joachim Braczyk/Jost von dem
Knesebeck (Hrsg.)
Materialien zur Industriesoziologie
1982. 530 S. Kart.   ISBN 3-531-11615-0

Band 25
Friedhelm Neidhardt (Hrsg.)
Gruppensoziologie
Perspektiven und Materialien
1983. 577 S. Kart.   ISBN 3-531-11673-8

Band 26
Ernst-Wilhelm Müller/René König/
Klaus-Peter Koepping/Paul Drechsel (Hrsg.)
Ethnologie als Sozialwissenschaft
1984. 515 S. Kart.   ISBN 3-531-11726-2

Band 28
Klaus Heinemann (Hrsg.)
Soziologie wirtschaftlichen Handelns
1987. 438 S. Kart.   ISBN 3-531-11931-1

Band 30
Max Kaase/Winfried Schulz (Hrsg.)
Massenkommunikation
Theorien, Methoden, Befunde
1989. 541 S. Kart.   ISBN 3-531-12103-0

Band 31
Karl Ulrich Mayer (Hrsg.)
Lebensverläufe und sozialer Wandel
1990. 467 S. Kart.   ISBN 3-531-12187-1

Band 32
Stephan Leibfried/Wolfgang Voges (Hrsg.)
Armut im Wohlfahrtsstaat
1992. 490 S. Kart.   ISBN 3-531-12314-9

Band 33
Jörg Bergmann/Alois Hahn/
Thomas Luckmann (Hrsg.)
Religion und Kultur
1993. 382 S. Kart.   ISBN 3-531-12506-0

Band 34
Friedhelm Neidhardt (Hrsg.)
**Öffentlichkeit, öffentliche Meinung,
soziale Bewegung**
1994. Ca. 400 S. Kart.   ISBN 3-531-12650-4

WESTDEUTSCHER
VERLAG
OPLADEN · WIESBADEN

MIX
Papier aus verantwortungsvollen Quellen
Paper from responsible sources
FSC® C105338

FSC
www.fsc.org

If you have any concerns about our products,
you can contact us on
ProductSafety@springernature.com

In case Publisher is established outside the EU,
the EU authorized representative is:
**Springer Nature Customer Service Center GmbH
Europaplatz 3, 69115 Heidelberg, Germany**

Printed by Libri Plureos GmbH
in Hamburg, Germany